kosmos Naturführer

kosmos Naturführer

Zahradnik / Cihar

Der Kosmos-Tierführer

*Ein Bestimmungsbuch
mit 1092 Farbbildern*

Franckh-Kosmos Verlags-GmbH & Co.

Text von Dozent Dr. Jiří Zahradník und Dr. Jiří Čihař
Aus dem Tschechischen übertragen von Jürgen Ostmeyer
Grafische Gestaltung von Zbyněk Weinfurter
Mit 1093 Farbzeichnungen von D. Čepická (76), K. Drchal (47),
K. Hísek (451), J. Malý (24) und F. Severa (495)
sowie 11 Schwarzweißzeichnungen von F. Severa

Genehmigte Lizenzausgabe für
Bechtermünz Verlag im
Weltbild Verlag GmbH, Augsburg 1996
Erste Auflage Artia, Prag 1978
© 1990, 1996 Aventinum Nakladatelství, s. r. o., Prag
© 1978, 1990, 1996 für die deutschsprachige Ausgabe
Franckh-Kosmos Verlags GmbH & Co., Stuttgart
Alle Rechte vorbehalten
Gesamtherstellung: Neografia, Martin
Printed in Slovakia / Imprimé en Slovaquie
ISBN 3-86047-395-6
3/07/08/52-02

Inhalt

Grundlagen der zoologischen Systematik	6
Übersicht des Tiersystems	7
Verbreitung der Tiere	8
Übersicht der höheren Systemeinheiten	11
Stamm Porifera — Schwämme	11
Stamm Cnidaria — Nesseltiere	11
Stamm Acnidaria — Nessellose Hohltiere	11
Stamm Plathelminthes — Plattwürmer	12
Stamm Nemathelminthes — Schlauchwürmer	13
Stamm Priapulida — Priapswürmer	13
Stamm Mollusca — Weichtiere	13
Klasse Gastropoda — Schnecken	14
Klasse Bivalvia — Muscheln	15
Klasse Cephalopoda — Kopffüßer oder Tintenfische	16
Stamm Annelida — Ringel- oder Gliederwürmer	16
Klasse Polychaeta — Vielborster	16
Klasse Clitellata — Gürtelwürmer	17
Ordnung Oligochaeta — Wenigborster	17
Stamm Arthropoda — Gliederfüßer	17
Klasse Arachnida — Spinnentiere	19
Klasse Crustacea — Krebstiere	19
Klasse Diplopoda — Tausend- oder Doppelfüßer	20
Klasse Chilopoda — Hundertfüßer	20
Klasse Insecta — Insekten	20
Stamm Tentaculata — Kranz- oder Armfühler	24
Stamm Branchiotremata — Kiemenlochtiere	24
Stamm Echinodermata — Stachelhäuter	24
Stamm Chordata — Chordatiere	25
Unterstamm Vertebrata — Wirbeltiere	25
Klasse Cyclostomata — Rundmäuler	25
Klasse Chondrichthyes — Knorpelfische	26
Klasse Osteichthyes — Knochenfische	27
Überordnung Chondrostei — Knorpelganoide	27
Überordnung Teleostei — Echte Knochenfische	27
Klasse Amphibia — Lurche	28
Klasse Reptilia — Kriechtiere	28
Unterklasse Testudinata — Schildkröten	28
Unterklasse Squamata — Schuppenkriechtiere	28
Klasse Aves — Vögel	29
Klasse Mammalia — Säugetiere	29
Entstehung und Evolution der Lebewesen	29
Bestimmungsteil	31
Literaturhinweise	375
Register der abgebildeten Arten	376

Grundlagen der zoologischen Systematik

Das zoologische System ordnet die Tierarten aufgrund ihrer Verwandtschaft und Ähnlichkeit. Die Grundlage bilden einige wenige systematische Hauptkategorien: Reich, Stamm, Klasse, Ordnung, Familie, Gattung und Art. Daneben verwendet die heutige wissenschaftliche Systematik noch weitere Kategorien wie z. B. Unterstamm, Unterklasse, Überordnung, Unterordnung, Überfamilie, Unterfamilie, Untergattung, Unterart und so weiter. Die gegenseitigen Beziehungen der Grundkategorien sehen wir in den folgenden Beispielen, in denen zwei allgemein bekannte Tierarten ins zoologische System eingeordnet werden: die Honigbiene *(Apis mellifera)* und der Braunbär *(Ursus arctos)*.

Reich (Regnum)	Tiere *(Animalia)*	
Stamm (Phyllum)	Gliederfüßer *(Arthropoda)*	Chordatiere *(Chordata)*
Klasse (Classis)	Insekten *(Insecta)*	Säugetiere *(Mammalia)*
Ordnung (Ordo)	Hautflügler *(Hymenoptera)*	Raubtiere *(Carnivora)*
Familie (Familia)	Bienen *(Apidae)*	Bären *(Ursidae)*
Gattung (Genus)	Biene *(Apis)*	Bär *(Ursus)*
Art (Species)	Honigbiene *(Apis mellifera)*	Braunbär *(Ursus arctos)*

Von oben nach unten nimmt die Zahl der Kategorien zu: es gibt nur ein Reich, aber 28 Stämme, die Anzahl der Klassen beträgt schon ein Vielfaches und so weiter.
Viele Jahrzehnte hat es gedauert, bis dieses System einigermaßen sicher und stabil war, und bis auf den heutigen Tag können wir nicht behaupten, daß es bereits endgültige Form angenommen hätte. Die Entdeckung neuer Arten und neue Erkenntnisse über das Tierleben spiegeln sich im System wider, ergänzen und verändern es. Als Begründer dieser Systematik gilt mit Recht der schwedische Naturforscher Carl v. Linné (1707 bis 1778), der sein ganzes Leben dem Studium der Tier- und Pflanzenwelt widmete und beide auf der Grundlage der Ähnlichkeit ordnete. Im Alter von 28 Jahren gab er 1735 erstmalig sein Werk „Systema Naturae" heraus. Es erschien in Latein, der Verständigungssprache der damaligen wissenschaftlichen Welt. Linné hat sein Werk unablässig vervollständigt und erneut herausgegeben, 1758 erschien bereits die zehnte Ausgabe. Für Wissenschaft und Systematik hatte es überhaupt ganz außerordentliche Bedeutung, denn es wurde festgelegt, daß nur die in dieser Ausgabe von „Systema Naturae" vorkommenden Namen auch für die Zukunft in der Wissenschaft gelten sollten, ältere Bezeichnungen wurden ungültig. Für unsere Generation ist Linnés Buch eher ein historisches Dokument, da es nur wenige Arten enthält, doch bleibt es die Grundlage, auf der allmählich das heute bekannte System aufgebaut wurde. Wie wichtig die „Systema Naturae" ist, zeigt, daß sie 1956 — also nach fast 200 Jahren — vom Britischen Museum in London in ihrer ursprünglichen Gestalt neu herausgegeben wurde.
Ein weiterer wichtiger Beitrag Linnés war die Artenbezeichnung der Lebewesen. Der Name jeder Art besteht aus zwei Worten (binäre Nomenklatur): Das erste Wort gibt die Gattungszugehörigkeit an, das zweite bezeichnet die Art, zum Beispiel *Carabus coriaceus*, *Carabus intricatus*. Zu jedem Namen wird auch der Name des Forschers hinzugefügt, der die Art zum ersten Mal benannt hat. In unserem Falle also: *Carabus coriaceus* L., *Carabus intricatus* L. (L. ist die Abkürzung für Linné). In wissenschaftlichen Arbeiten wird in der Regel außer dem Namen des Entdeckers auch das Datum der Beschreibung angegeben.
Jede neue Art wird anhand eines oder mehrerer Exemplare beschrieben. Dabei beschreibt man den sogenannten Holotyp (den es nur einmal gibt) und die Paratypen. Das sind alle Exemplare, die dem Autor bei der Beschreibung zur Verfügung standen und zur Bestimmung von innerhalb der Art auftretender Variabilität dienten.
Nicht selten entdeckten mehrere Forscher unabhängig voneinander ein und dieselbe Art und benannten sie verschieden. Welcher Name gilt nun? Nach dem Gesetz der Priorität hat der Name Gültigkeit, der mit der Artbeschreibung als erster in die Literatur einging, also der älteste. Manchmal ist die Priorität eindeutig, doch ist es schon oft vorgekommen, daß mehrere Beschreibungen im gleichen Jahr erschienen sind. In einem solchen Fall müssen genaue Nachforschungen über das Erscheinungsdatum der betreffenden Arbeiten angestellt werden, soweit das überhaupt möglich ist. Alle weiteren Namen der Art gelten als Synonyme. Eine ganze Reihe von Arten hat keine oder nur wenige Synonyme, andere haben eine ganze

Anzahl. Manche Synonyme werden in der Literatur immer weiter genannt, so daß sie nicht außer acht gelassen werden dürfen (auch in diesem Buch wird so verfahren).
Gelegentlich treten sehr komplizierte systematische Fragen auf, die der einzelne Wissenschaftler nicht lösen kann. Mit ihnen befaßt sich die internationale Kommission für zoologische Nomenklatur (ICZN) in London. Sie tritt nach Bedarf zusammen und gibt über solche Streitfälle Gutachten (Opinions) heraus.
International verbindlich ist nur die wissenschaftliche Terminologie, die lateinische und latinisierte Ausdrücke verwendet. Natürlich gibt es auch in den verschiedenen Sprachen Populärnamen. Sie haben aber keine internationale Verbindlichkeit, oft sind sie ungenau und nicht einmal in den Weltsprachen einheitlich. Häufig kennen sogar Fachleute diese Populärnamen in ihrer Muttersprache nicht genau und orientieren sich lieber nach der wissenschaftlichen Nomenklatur.

Übersicht des Tiersystems

Alle Stämme sowie die wichtigsten Unterstämme und Klassen sind aufgeführt, Seitenzahlen hinter den Namen weisen auf den Bestimmungsteil hin.

Reich: *Animalia* (Tierreich)
  Unterreich: *Protozoa* (Urtiere)
    Stamm: *Flagellata* (Geißeltiere)
    Stamm: *Rhizopoda* (Wurzelfüßer)
    Stamm: *Sporozoa* (Sporentiere)
    Stamm: *Ciliata* (Wimpertiere)
    Stamm: *Protociliata*
  Unterreich: *Metazoa* (Vielzeller)
    Stamm: *Mesozoa* („Mitteltiere")
    Stamm: *Porifera* (Schwämme) S. 11
      Klassen: *Calcarea* (Kalkschwämme) S. 32, *Silicea* (Kieselschwämme) S. 32
    Stamm: *Cnidaria* (Nesseltiere) S. 11
      Klassen: *Hydrozoa* (Hydroidpolypen und Saumquallen) S. 34, *Scyphozoa* (Schirm- oder Scheibenquallen) S. 34, *Anthozoa* (Korallentiere) S. 36
    Stamm: *Acnidaria* (Nessellose Hohltiere) S. 11
    Stamm: *Plathelminthes* (Plattwürmer) S. 12
      Klassen: *Turbellaria* (Strudelwürmer) S. 38, *Trematoda* (Saugwürmer), *Cestoda* (Bandwürmer)
    Stamm: *Kamptozoa* (Kelchwürmer)
    Stamm: *Nemertini* (Schnurwürmer)
    Stamm: *Nemathelminthes* (Schlauchwürmer) S. 13
      Klassen: *Gastrotricha* (Bauchhaarlinge), *Rotatoria* (Rädertiere), *Nematodes* (Fadenwürmer) S. 38, *Nematomorpha* (Saitenwürmer), *Kinorhyncha*, *Acanthocephala* (Kratzer)
    Stamm: *Priapulida* (Priapswürmer) S. 38
    Stamm: *Mollusca* (Weichtiere) S. 13
      Klassen: *Polyplacophora* (Käferschnecken) S. 40, *Solenogastres* (Wurmmollusken), *Monoplacophora* (Einschaler), *Gastropoda* (Schnecken) S. 40, *Scaphopoda* (Grabfüßer) S. 58, *Bivalvia* (Muscheln) S. 58, *Cephalopoda* (Kopffüßer oder Tintenfische) S. 70
    Stamm: *Sipunculida* (Spritz- oder Sternwürmer)
    Stamm: *Echiurida* (Igelwürmer)
    Stamm: *Annelida* (Ringel- oder Gliederwürmer) S. 72
      Klassen: *Polychaeta* (Vielborster) S. 72, *Myzostomida*, *Clitellata* (Gürtelwürmer) S. 72
    Stamm: *Onychophora* (Stummelfüßer)
    Stamm: *Tardigrada* (Bärtierchen)
    Stamm: *Pentastomida* (Zungenwürmer)
    Stamm: *Arthropoda* (Gliederfüßer)

Unterstamm: *Trilobitomorpha* (Dreilapper)
Unterstamm: *Chelicerata* (Scherenhörnler)
  Klassen: *Merostomata, Arachnida* (Spinnentiere) S. 19, *Pantopoda* (Asselspinnen)
Unterstamm: *Branchiata* (Kiemenatmer)
  Klasse: *Crustacea* (Krebstiere) S. 82
Unterstamm: *Tracheata* (Röhrenatmer)
  Klassen: *Symphylla* (Zwergfüßer), *Pauropoda* (Wenigfüßer), *Diplopoda* (Tausend- oder Doppelfüßer) S. 86, *Chilopoda* (Hundertfüßer) S. 86, *Insecta* (Insekten) S. 88
Stamm: *Tentaculata* (Kranz- oder Armfühler) S. 192
  Klassen: *Phoronida* (Hufeisenwürmer), *Bryozoa* (Moostierchen) S. 192, *Brachiopoda* (Armfüßer)
Stamm: *Branchiotremata* (Kiemenlochtiere) S. 86
Stamm: *Echinodermata* (Stachelhäuter) S. 192
  Klassen: *Crinoidea* (Seelilien), *Holothuroidea* (Seewalzen, Seegurken) S. 192, *Echinoidea* (Seeigel) S. 192, *Asteroidea* (Seesterne) S. 192, *Ophiuroidea* (Schlangensterne) S. 192
Stamm: *Pogonophora* (Bartwürmer)
Stamm: *Chaetognatha* (Pfeilwürmer)
Stamm: *Chordata* (Chordatiere) S. 194
Unterstamm: *Tunicata* (Manteltiere)
Unterstamm: *Cephalochordata, Acrania* (Schädellose)
Unterstamm: *Vertebrata* (Wirbeltiere) S. 194
  Klassen: *Cyclostomata* (Rundmäuler) S. 194, *Chondrichthyes* (Knorpelfische) S. 196, *Osteichthyes* (Knochenfische) S. 198, *Amphibia* (Lurche) S. 236, *Reptilia* (Kriechtiere) S. 242, *Aves* (Vögel) S. 256, *Mammalia* (Säugetiere) S. 342

Verbreitung der Tiere

Gegenwärtig besiedeln die Tiere nahezu die ganze Erdoberfläche. Dichte und Charakter dieser Besiedlung sind das Ergebnis unablässiger Veränderungen, die unsere Erde und ihre Bewohner durchliefen und noch durchlaufen. Einschneidende Veränderungen der Tierwelt gehen langfristig vor sich. Von großer Bedeutung waren in der Vergangenheit Verbindung und Trennung von Kontinenten und Inseln, das Wirken von Eis- und Zwischeneiszeiten, die Entstehung neuer Gebirge usw. Man könnte daher meinen, daß es in der Gegenwart zu keinen bedeutenden Änderungen in der Faunazusammensetzung kommt. Mittlerweile ist aber ein neuer Faktor in der Natur aufgetreten, der in der früheren Entwicklung kaum von Bedeutung war: der Mensch und seine hochentwickelte Technik.
Der Mensch greift gewaltsam in die Natur ein: Ursprüngliche Waldbestände werden vernichtet, auf Ackerland wird gebaut, Boden und Pflanzenwelt werden mit einer Vielzahl giftiger Präparate behandelt (Herbizide, Insektizide). All das beeinflußt die Struktur der lebenden Natur und wird in der Zukunft noch weit größere Folgen nach sich ziehen.
Einige Tiere ändern auch spontan ihr Verbreitungsareal. Um das Jahr 1930 begann die Türkentaube *(Streptopelia decaocto)* ihre Wanderung aus der ursprünglichen Heimat auf dem Balkan, um im Verlauf weniger Jahrzehnte bis nach West- und Nordeuropa vorzudringen. Dort lebt sie heute nicht selten zahlreich in menschlicher Nähe. Ein weiteres Beispiel der Ausbreitung einer Tierart liefert der Kartoffel- oder Coloradokäfer *(Leptinotarsa decemlineata)*. Er lebte ursprünglich in Amerika und ernährte sich von wilden Nachtschattengewächsen, später ging er auf Kartoffelkulturen über. Durch den Güterverkehr wurde er nach Westeuropa eingeschleppt, und von dort hat er sich allmählich über den ganzen Kontinent ausgebreitet und wurde zum neuen ständigen Bewohner. Noch viele andere Arten wurden auf ähnliche Weise über die ganze Welt verschleppt, unter ihnen nicht wenige Schädlinge.
Auch größere Tiere wurden vom Menschen aus einer geographischen Region in die andere verschleppt. Außer den Haustieren, die der Mensch an alle Orte, die er selbst bewohnte, mitnahm, auch wenn sich dort für sie nur minimale Existenzmöglichkeiten boten, sei die

Bisamratte *(Ondatra zibethica)* als Beispiel erwähnt. Aus Amerika wurde sie nach Böhmen in die Nähe von Prag eingeführt, von wo aus sie sich auf dem europäischen Kontinent ausbreitete.
Viele Arten hat der Mensch einfach unbewußt über die ganze Erde verschleppt. Nachdem aber die große Bedeutung einiger räuberischer Insektenarten, die wichtige Regulierungsfaktoren der Schädlingsbestände sind, klargeworden war, begann er, sie einzubürgern. Die kleine Marienkäferart *Novius cardinalis* wurde aus Australien nach Nordamerika und später in die übrigen Erdteile gebracht; aus Europa wurde eine Reihe wichtiger Käferarten (z. B. Puppenräuber, *Calosoma*) in die nearktische Region eingeführt.
Allerdings hat der Mensch nicht nur zur Verbreitung vieler Tierarten beigetragen, sondern auch viele Arten völlig ausgerottet. Es gibt bereits ein ganzes Verzeichnis von Arten, die heute bereits ausgestorben oder vom Aussterben bedroht sind. So sind z. B. in Afrika die großen Säuger und Vögel im Schwinden begriffen, in Australien ist die Beuteltierfauna aufs höchste gefährdet usw. Es sterben auch Arten innerhalb kleinerer Gebiete aus, z. B. in Böhmen der Apollofalter *(Parnassius apollo)*, in Großbritannien der Schwammspinner *(Lymantria dispar)* u. a.
Es gibt Tierarten, die weltweit verbreitet sind — entweder auf natürliche Weise oder mit menschlicher Hilfe. Diese Arten bezeichnet man als Kosmopoliten. Zahlreiche andere Arten haben ein verhältnismäßig großes Verbreitungsgebiet, das sich über mehrere zoogeographische Regionen erstrecken kann.
Sehr viele Tiere kommen aber nur in einer einzigen Region vor und zeigen sich dort auch nur in einem bestimmten Gebiet, außerhalb dessen man sie vergeblich suchen würde. So leben z. B. zwei Menschenaffenarten — Schimpanse und Gorilla — im afrikanischen Tropenwald. Die dritte Art — der Orang-Utan — lebt in der orientalischen Region. Das Känguruh ist ein typischer Vertreter der australischen Region, Giraffe und Okapi gehören in die afrikanische Region usw.
Der größte Artenreichtum herrscht in den Tropen und Subtropen. Von dort aus nimmt die Zahl der Tiere nach Norden und Süden, also in Richtung auf die gemäßigten Zonen und Polargebiete merklich ab. In den Polargebieten überleben nur noch solche Arten, die sich den dort herrschenden rauhen Lebensbedingungen gut angepaßt haben.
Mit der Verbreitung der Lebewesen auf dem Erdball befaßt sich die Zoogeographie, die sich auf die Forschungsergebnisse verschiedener wissenschaftlicher Disziplinen stützt wie Zoologie, Paläontologie, Geographie u. a. Nach Vorkommen und Verbreitung der Lebewesen teilten die Zoogeographen die Erde in Reiche (Gaea) ein, die sich ihrerseits wieder in Regionen (Regio), Teilregionen (Subregio), Provinzen usw. gliedern. Jede Region zeichnet sich einerseits durch eine bestimmte, nirgendwo anders lebende Tierwelt aus, andererseits aber auch durch eine Vielzahl von Arten, die aber auch außerhalb ihrer Grenzen vorkommen. Der Grenzverlauf zwischen zwei Regionen kann natürlich nur annähernd festgelegt werden. Dort, wo sich zwei Regionen berühren, sind die Übergänge in der Faunenzusammensetzung fließend.
Die Zahl der Regionen hat man bis heute noch nicht eindeutig festgelegt. Der Meinung mancher Forscher zufolge müßten einige zusammengefaßt (z. B. die paläarktische und nearktische zur holoarktischen Region), andere wiederum in selbständige Teile zergliedert werden (z. B. die australische Region). Für uns genügt es, die Erdoberfläche in neun Regionen einzuteilen:

1. *Die paläarktische Region* liegt klimatisch gesehen in der gemäßigten und subtropischen Zone. Flächenmäßig ist sie sehr ausgedehnt: sie umfaßt den größten Teil Europas (bis zum Polarkreis), weite Teile Asiens (in der gemäßigten Zone über Sibirien und China bis Japan, ferner Klein- und Vorderasien, die arabische Halbinsel), Nordafrika (bis zum nördlichen Wendekreis) und die umliegenden Inseln (Madeira, Kanarische Inseln, Azoren usw.).
2. *Die nearktische Region* liegt in der gemäßigten und subtropischen Zone des nordamerikanischen Kontinents, sie erstreckt sich über Südkanada, die USA und das Hochland von Mexiko. Die Fauna der nearktischen Region gleicht weitgehend der paläarktischen Fauna und liefert so einen Beweis für die frühere Verbindung dieses Kontinents mit Eurasien.
3. *Die afrikanische Region* (nicht ganz zutreffend auch äthiopische Region genannt) erstreckt sich größtenteils über die Tropen. Sie nimmt aber nicht den ganzen afrikanischen Kontinent ein, da der Norden bis zum nördlichen Wendekreis zur paläarktischen Region gehört. Zur

afrikanischen Region gehören ferner der Süden der arabischen Halbinsel, die Insel Sokotra und weitere kleinere Inseln vor der afrikanischen Westküste.
Manche Forscher rechnen die Insel Madagaskar auch zur afrikanischen Region. Es gibt aber eine Reihe von Belegen für die Andersartigkeit der madagassischen Tierwelt und ihrer Entstehung in langer Isolierung, so daß Madagaskar besser als selbständige Region zu betrachten ist.

4. *Die madagassische Region* liegt zum größten Teil in der tropischen Zone und gehört zu den kleinsten Regionen. Sie umfaßt Madagaskar und die umliegenden Inseln. Im Hinblick auf die Artenverbreitung handelt es sich um ein bemerkenswertes Gebiet, das in ferner Vergangenheit mit dem afrikanischen Festland verbunden war. Zur Abtrennung kam es aber noch vor dem Vordringen eurasischer Arten nach Afrika. Interessanterweise weist die Tierwelt Madagaskars eine Reihe von Abweichungen gegenüber der der benachbarten Inseln auf.

5. *Die orientalische Region* (auch als indische bzw. indomalaiische Region bezeichnet) erstreckt sich klimatisch über Tropen und Subtropen. Geographisch umfaßt sie Vorder- und Hinterindien mit einer Vielzahl angrenzender Inseln: Sri Lanka, die indonesische Inselwelt und die Philippinen. Die Nordgrenze dieser Region verläuft entlang des Himalaya-Südhangs durch Nordchina bis zur Yangtsekiang-Mündung. Wie in anderen Regionen ist auch hier die Fauna nicht im ganzen Gebiet einheitlich, ungeachtet der Grenzzone, in der es zu starken Durchsetzungen mit Arten aus der paläarktischen Region kommt. Einige Inseln weisen einen eng verwandten Artenbestand auf (Borneo, Sumatra, Malakka). Sie dürften sich also vor noch nicht allzulanger Zeit erst getrennt haben. Das gleiche gilt auch für Sri Lanka, das mit Indien verbunden war.

6. *Die neotropische oder südamerikanische Region* liegt in den Tropen und Subtropen. Sie umfaßt den südamerikanischen Kontinent, Mittelamerika (Nordgrenze ist das Hochland von Mexiko) und die Westindischen Inseln. Diese Region ist reich an Tropenwäldern, Steppen, Wüsten, Flüssen und Riesenströmen sowie großen Sumpfgebieten, Seen und Hochgebirgsmassiven.
Vor etwa 60 Millionen Jahren war Südamerika vom weiteren Festland isoliert. In dieser Zeit bildete sich hier eine eigene Tierwelt aus. Erst vor ca. 2 bis 3 Millionen Jahren kam es zur Verbindung mit Nordamerika durch die Landenge von Panama, die als schmaler Landstreifen aus dem Meer aufstieg. Dadurch konnten die Tiere erstmals in Nordsüdrichtung wandern. Mittelamerika wurde so zu einem Übergangsgebiet, in dem man zahlreiche Arten aus beiden benachbarten Regionen findet.

7. *Die australische Region* wird gelegentlich als eine einzige Region aufgefaßt, manchmal aber auch in mehrere selbständige Regionen aufgeteilt. Klimatisch gesehen liegt sie in den Tropen, Subtropen und in der gemäßigten Zone. Geographisch umfaßt diese Region Australien, Tasmanien, Sulawesi (Celebes), die Molukken, Neu-Guinea, die Kleinen Sunda-Inseln, Neuseeland sowie die Inseln Mikronesiens, Melanesiens und Polynesiens. In den vergangenen Erdzeitaltern durchlief der australische Kontinent viele Veränderungen, ehe er seine heute bekannte Gestalt annahm, die in der Hauptsache in der Kreidezeit während des Mesozoikums entstand. Als Einheit gilt die dortige Fauna als die älteste der Welt (die allerälteste Tierwelt ist auf Neuseeland zu finden).

8. *Die arktische Region* umfaßt den Nordteil des europäischen und nordamerikanischen Kontinents (in Europa ab 66° nördlicher Breite), hinzu kommen die Inseln im nördlichen Eismeer von Eurasien und Nordamerika, Grönland und Island eingeschlossen. Die Region erstreckt sich grob umrissen von der Juli-Isotherme 10 °C an nach Norden. Obwohl die arktische Region ein ausgedehntes Gebiet umfaßt, ist die Fauna sehr arm. Hier existieren nur Lebewesen, denen die Anpassung an das rauhe Polarklima und die kurze Vegetationszeit gelungen ist.

9. *Die antarktische Region* umfaßt die Antarktis und die subarktischen Inseln. Ihre Tierwelt ist wie die der arktischen Region sehr artenarm. An größeren Tieren leben hier Robben, an Vögeln finden wir hauptsächlich Pinguine und Albatrosse.

Übersicht der höheren Systemeinheiten

Stamm Porifera — Schwämme

Die Schwämme gehören zu den primitivsten Vielzellern. Es gibt sehr viele kleine Arten, aber auch mittelgroße. Die größte bekannte Art erreicht einen Durchmesser von rund 2 m. In der Form sind Schwämme sehr vielgestaltig. Manche Arten leben einzeln, andere bilden flache Überzüge, bizarre, oft strauchähnliche Büsche oder kugelige Gebilde. Schwämme können sich nicht aktiv bewegen. Ihr Körperbau ist sehr einfach. Muskel-, Nerven-, Gefäß- und Ausscheidungssystem fehlen. Ihre Körperwandung besteht aus zwei Schichten (es handelt sich aber noch nicht um Ektoderm und Entoderm), zwischen denen eine gallertartige Masse, das Mesenchym, liegt. In ihr liegen verschiedene lebenswichtige Zellen, auch bildet sich in dieser Schicht das Skelett, an dessen Entstehung vor allem Kalk- und Kieselnadeln beteiligt sind. Aber auch Sponginfasern können als Baumaterial auftreten. Der Schwammkörper ist von winzigen Öffnungen durchzogen, durch die Wasser in den Organismus eindringt. Mit dem Wasser werden winzige einzellige tierische und pflanzliche Organismen (Plankton), von denen der Schwamm lebt, mitgeführt. Durch die einzige größere Körperöffnung, die Ausströmöffnung, wird das Wasser wieder aus dem Körper ausgeschieden. Schwämme leben in Salz- und Süßwasser; Meeresschwämme vermehren sich durch Eier, aus denen Larven entstehen. Diese sind im Gegensatz zum Mutterorganismus aktiv beweglich. Bei den weit weniger zahlreichen Süßwasserschwämmen entstehen Überwinterungsstadien, die sogenannten Dauerknospen oder Gemmulae.
Gegenwärtig sind auf der Erde etwa 5000 Schwammarten bekannt, die man in zwei Klassen und eine Vielzahl von Ordnungen einteilt.

Stamm Cnidaria — Nesseltiere

Dieser Stamm umfaßt sowohl winzig kleine als auch recht große Arten. Viele sind nur ein paar Millimeter groß, doch gibt es auch Quallen mit einem Schirmdurchmesser von über 1 m. Nesseltiere leben im Wasser, die meisten Arten kommen im Meer vor. Es gibt einzeln und kolonieweise lebende Arten, festsitzende und freitreibende. Ihr Körper ist bereits komplizierter organisiert als der der Schwämme. Die Körperhülle besteht aus zwei Zellschichten: dem äußeren Ektoderm und dem inneren Entoderm. Dazwischen liegt eine gallertige Schicht, die Mesogloea, die sehr dünn, aber — bei Quallen — auch sehr dick sein kann. Im Ektoderm liegen Nesselzellen, die einen Giftstoff enthalten. In jeder Nesselzelle liegt ein aufgerollter hohler Nesselfaden. Durch Reizung wird der Faden herausgeschleudert, und die Beute durch das injizierte Nesselgift betäubt oder gelähmt. Besonders viele Nesselzellen sitzen vor allem an den Fangarmen, die in verschiedener Anzahl um die Mundöffnung herum angeordnet sind. Durch den Mund wird bei den Nesseltieren nicht nur Nahrung aufgenommen, er dient gleichzeitig auch als Ausscheidungsöffnung. Die Nesseltiere leben räuberisch; sie ernähren sich vom Fang aller möglichen Wasserlebewesen.
Die Angehörigen dieses Stammes treten in zwei Formen auf — als festsitzende Polypen und als freischwimmende Medusen (siehe Bild 1). Bei einigen Gruppen kommt kein Medusenstadium zustande (z. B. bei *Hydra*), bei anderen wechseln beide Stadien regelmäßig ab. Die Entwicklung der Nesseltiere ist ziemlich kompliziert: Aus den von der Meduse gebildeten Eiern entstehen Larven, die zu Polypen heranwachsen. Am Polypenkörper schnüren sich Medusen ab. Lange Zeit war unbekannt, daß Meduse und Polyp eigentlich zu ein und demselben Lebewesen gehören; jedes Stadium wurde in der Literatur als eigene Art geführt. Heute kennt man etwa 9000 Arten, die in drei Klassen sowie eine Vielzahl von Ordnungen und Familien eingeteilt werden.

Stamm Acnidaria — Nessellose Hohltiere

In Gestalt und Größe bestehen große Unterschiede. Einige Arten sind sackförmig, andere bandartig flach. Es gibt Arten, die wenige Millimeter lang werden, andere erreichen rund 1 m. Durch den Tierkörper lassen sich zwei senkrecht aufeinanderstehende Symmetrieachsen legen. Aus dem Körpervorderende wachsen zwei Fühler, an denen besondere Klebezel-

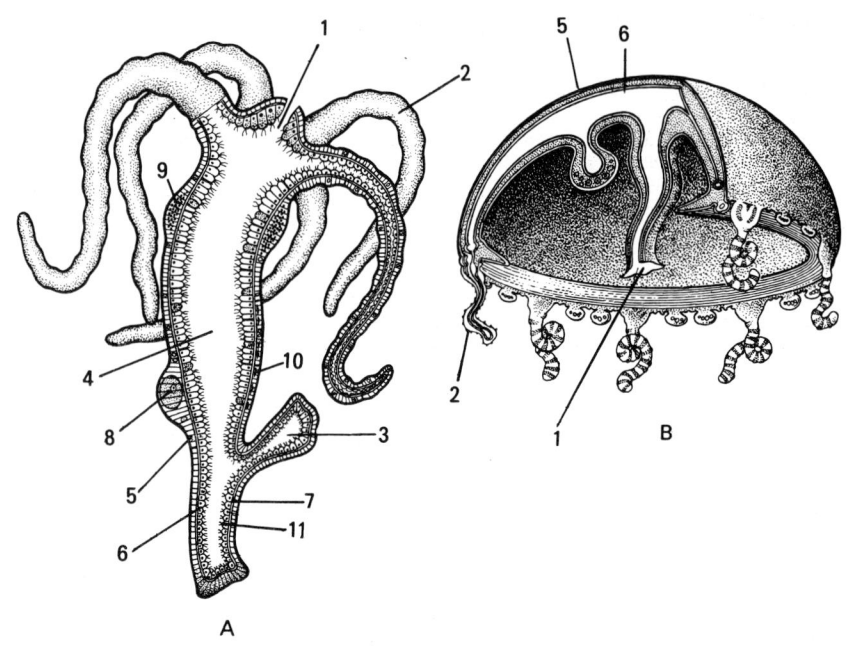

1 Nesseltierschema: A — Polyp, B — Meduse, 1 — Mund, 2 — Fangarm, 3 — Knospe, 4 — Körperhöhle, 5 — Ektoderm (äußere Körperschicht), 6 — Entoderm (innere Körperschicht), 7 — Stützlamelle, 8 — Eierstock (Ovarium), 9 — Hoden (Testes), 10 — Nervenzelle, 11 — Nährzelle

len sitzen (Collozyten). Sie scheiden ein klebriges Sekret aus, das dem Beutefang dient. Längs des Körpers stehen 8 Reihen dichtgebündelter Borsten. Sowohl Fühler als auch Borsten dienen zur Fortbewegung, wobei der Mund immer nach vorne gerichtet ist.
Die *Acnidaria* leben im Meer. Sie sind Zwitter, vermehren sich aber auch ungeschlechtlich.
Der Stamm enthält nur eine Klasse, die Ctenophora oder Rippenquallen.
Auf der ganzen Welt kennt man nur rund 80 Arten.

Stamm Plathelminthes — Plattwürmer

Plattwürmer besitzen alle einen flachen, gewebegefüllten Körper, in dem die Organe liegen. Einige Arten messen nur wenige Millimeter, andere mehrere Dezimeter; die extrem großen Arten werden sogar 15 bis 20 Meter lang. Nerven-, Muskel-, Ausscheidungs- und Fortpflanzungssystem sind vorhanden, Gefäße und Atmungsorgane fehlen.
Viele Arten leben frei (im Wasser, im Boden usw.), andere parasitieren in den Organen aller möglichen Tiere, auch im Menschen (Saugwürmer, Bandwürmer). Da diese Parasiten in der Natur nicht ohne weiteres anzutreffen sind, werden sie hier nicht eingehender behandelt und abgebildet. Die Plattwürmer sind Zwitter, die eine Unmenge Eier produzieren. Viele Arten machen einen sehr komplizierten Entwicklungszyklus durch, zu dessen Gelingen außer dem eigentlichen Wirt noch ein, gegebenenfalls noch ein zweiter Zwischenwirt nötig ist.
Bisher sind über 12 000 Arten bekannt, die man in drei Klassen mit zahlreichen Ordnungen und Familien einteilt.

Stamm Nemathelminthes — Schlauchwürmer

Der langgestreckte, röhrenförmige Körper der Schlauchwürmer ist ungegliedert. Neben mikroskopisch kleinen Arten gibt es auch solche, die eine Länge von mehreren Dezimetern besitzen; die längste Art mißt sogar über 8 m. Bei den Schlauchwürmern ist kein Gefäßsystem entwickelt. Viele Arten leben frei im Wasser, in feuchter Umgebung im Boden usw., andere leben als Parasiten in Tieren (auch im Menschen) und in Pflanzen. Im Gegensatz zu den Plattwürmern sind die Schlauchwürmer meist zweigeschlechtlich. Es gibt über 12 000 Arten, die man in sechs Klassen einteilt.

Stamm Priapulida — Priapswürmer

Die Priapswürmer sind mittelgroß, die größte Art mißt nicht mehr als 80 mm. Sie haben einen gestreckten, walzenförmigen Körper mit einer starken, chitinhaltigen Kutikula. Um den Mund sitzen kräftige Haken. Ihr Körperbau ist einfach. Die Körperhöhle ist mit einer Flüssigkeit gefüllt, in der roten Blutfarbstoff (Haemerythrin) enthaltende Zellen schwimmen. Ein Gefäßsystem haben die Tiere nicht. Sie leben in kalten Meeren von der Küste bis in eine Tiefe von rund 4000 Metern eingegraben im Schlick des Grundes. Priapswürmer sind zweigeschlechtlich. Die Eier werden im Wasser befruchtet, aus ihnen schlüpfen winzige Larven. Dieser Stamm ist der zahlenmäßig kleinste, zu ihm gehören nur vier Arten.

Stamm Mollusca — Weichtiere

Dieser Stamm umfaßt kleinere Arten, aber auch solche, die einige Dezimeter erreichen. Als größtes Weichtier gilt der Kopffüßer *Architeuthis dux,* der einigen Autoren zufolge mit den Armen eine Länge von 18 Metern erreicht.
Der Körper ist weich und glitschig, auf seiner Oberfläche sitzen viele kleine schleimausscheidende Drüsen. Der Körper gliedert sich in Fuß, Eingeweidesack und Mantel. Der stark muskulöse Fuß ist der am besten entwickelte Körperteil. Er dient hauptsächlich der Fortbewegung. Kriechende Weichtiere schieben sich mit dem Fuß langsam auf einer ausgeschiedenen Schleimschicht voran. Einige Arten können sich mit dem Fuß in den Boden einwühlen; die Füße schwimmender Arten haben oft Flossenform. Über dem Fuß liegt der Eingeweidesack mit schwach entwickelter Muskulatur. Er enthält alle inneren Organe. Die als Mantel bezeichnete Hautfalte und der Fuß schließen zwischen sich die sogenannte Mantelhöhle ein. In diese Höhle münden die Ausscheidungs-, Verdauungs- und Geschlechtsorgane. Bei den im Wasser lebenden Arten finden sich in der Mantelhöhle Kiemen.
Ein wichtiges Merkmal der Weichtiere ist die Schale, in die sich der weiche Körper völlig zurückziehen kann. Diese Schale ist recht unterschiedlich ausgebildet und nicht immer von außen sichtbar. Die bekanntesten Schalentypen sind Schneckengehäuse und Muscheln. Die Gehäuse sind einteilig, verschieden stark gewölbt und sehr häufig spiralig gewunden. Die Muschel dagegen ist zweiteilig, beide Hälften sind meist gleich groß, doch kann auch eine Hälfte größer und anders geformt sein als die andere. Die Muschelschalen sind flach oder gewölbt; mit Hilfe von Muskeln können sie geschlossen werden. Bei einigen Arten entwickeln sich auf der Körperrückseite nur lose miteinanderverbundene Plättchen (z. B. bei den Käferschnecken) oder verschieden starke Platten unter der Haut (z. B. die bekannte Sepiaschale der Tintenfische). Die Schale der Weichtiere gehört zum Körper, sie kann nicht gewechselt werden und wächst mit dem Tier. Sie besteht vorwiegend aus kohlensaurem Kalk, also einem starren, nicht formbaren Material. Auf der Oberfläche bildet sich aber eine Schicht aus formbarem Material, in der oft verschiedene Farbstoffe eingelagert sind. An der Innenseite der Schale sitzt bei vielen Arten eine unterschiedlich starke, glänzend-opalisierende Perlmuttschicht. Die Schalen sind teils glasartig spröde, teils ziemlich massiv.
Schalenform, Zahnzahl am Schloß oder das Vorhandensein verschiedengestaltiger Zähnchen an der Mündung dienen als Erkennungsmerkmal. Bei der Beschreibung von Weichtieren wird meist auch die Größe der Schalen angegeben: bei Gehäusen die Höhe und die größte Breite, bei Muscheln Länge, Höhe und Breite. Unter Länge verstehen wir die Entfernung zwischen Vorder- und Hinterrand, unter Höhe die Entfernung zwischen Ober- und Unterrand, als Breite bezeichnet man die größte Entfernung beider aufeinandergeklappter Muschelhälften.

Im Gegensatz zu den bisher behandelten Stämmen haben die Weichtiere gut entwickelte Organe. Im Vorderteil des Verdauungstraktes sitzt bei den meisten Arten die Radula, eine Art Raspel, mit der das Tier seine Nahrung zerkleinert (Muscheln haben keine Radula, sie sind Strudler). Die zerkleinerten Nahrungsteilchen wandern allmählich in den Magen, wo sie verdaut werden. Unverdaute Reste werden mit dem After in die Mantelhöhle ausgeschieden. Eine Reihe Ganglienpaare bildet das Nervensystem. Auch Sinnesorgane sind entwickelt (Augen, Gleichgewichtsorgan [Statozyste], Tastzellen usw.). Auch ein Gefäßsystem ist vorhanden, es ist wie bei den meisten Niederen Lebewesen offen, d. h. das Blut fließt nicht in einem Kreislauf, sondern frei in der Körperhöhle. Der Blutfarbstoff enthält Kupfer. Als Ausscheidungsorgane dienen Nieren, deren Austrittsöffnungen ebenfalls in die Mantelhöhle münden. Weichtiere leben im Salz-, Süß- und Brackwasser, aber auch auf dem trockenen Land. Wir finden unter ihnen sowohl Fleisch- als auch Pflanzenfresser. Es gibt auch räuberische Arten, die größeren Lebewesen nachstellen. Die kleinen, im Wasser lebenden Arten fressen meist Plankton.

Weichtiere sind zum größten Teil getrenntgeschlechtlich, doch gibt es auch zahlreiche Zwitter. Sie legen Eier, ihre Entwicklung ist entweder direkt, oder sie durchlaufen ein Larvenstadium wie die meisten im Meer lebenden Weichtiere.

Die Tiere dieses Stammes haben für den Menschen eine nicht unbeträchtliche Bedeutung. In vielen Küstenländern dienen Muscheln und Schnecken als Nahrung. Eine ganze Reihe von Muscheln wird wegen der Gehäuse gesammelt. Die Schalen werden als Andenken verkauft, die Gehäuse einiger Arten wurden lange Zeit hindurch als Zahlungsmittel verwendet (Kaurimuscheln). Einige Weichtierarten sind Zwischenwirte von Entwicklungsstadien verschiedener parasitierender Würmer (z. B. des Großen Leberegels *Fasciola hepatica*). Andere fressen das Gemüse oder Obstfrüchte ab.

Die Weichtiere bilden nach den Gliederfüßern den zweitgrößten Stamm des Tierreiches. Heute kennt man nahezu 130 000 Arten. In den vergangenen Erdzeitaltern war dieser Stamm noch artenreicher, die meisten Arten, die in den vergangenen Zeiten lebten, sind ausgestorben. Man teilt die Weichtiere in zwei Unterstämme mit insgesamt sieben Klassen ein. Am zahlreichsten und bekanntesten sind die Schnecken *(Gastropoda)* und die Muscheln *(Bivalvia)*.

Klasse Gastropoda — Schnecken

Diese Klasse umfaßt eine Vielzahl kleiner, mittelgroßer und großer Arten (das Gehäuse der größten Arten erreicht bis zu 60 cm. Die meisten Schnecken haben einen kräftigen, muskulösen Fuß, ihre Eingeweide liegen in der Regel im asymmetrisch gebauten Gehäuse. Am Körpervorderteil sitzt ein Kopf mit ausstülpbaren Fühlern. An ihren Spitzen bzw. an der Basis sitzen paarige Augen. Der Fuß ist von unterschiedlicher Länge und Stärke, bei Wasserschnecken erfährt er alle möglichen Umbildungen.

Das Schneckenhaus ist spiralig gedreht und enthält keine Scheidewände. Auch der darin geborgene Eingeweidesack ist spiralig gewunden. Das Schneckenhaus wird von den Manteldrüsen ausgeschieden und ist bei vielen Arten eindrucksvoll gefärbt. Meist ist es rechtswindend, seltener linkswindend. Der älteste Gehäuseteil ist die Spitze, am Unterrand wächst es ständig nach. Das Gehäuse einer ausgewachsenen Schnecke erkennt man daran, daß der Mündungsrand zurückgebogen ist. Viele Arten bilden zum Überwintern einen festen, dauerhaften Deckel aus.

Viele in den Meeresgrund eingewühlte Arten bilden ein unterschiedlich langes Röhrchen aus, den Sipho, durch den sie Wasser ansaugen.

Die auf dem Land lebenden Lungenschnecken atmen Luftsauerstoff durch Lungen, die Wasserschnecken atmen meist mittels Kiemen, nicht selten aber auch mit Lungen. Große Bedeutung für die Atmung hat auch die feuchte Haut der Schnecken.

Schnecken bewohnen alle möglichen Biotope: sie leben in Salz-, Süß- und Brackwasser, viele auch ständig auf dem Trockenen. Die meisten Landschnecken brauchen eine bestimmte Luftfeuchtigkeit, deshalb verbergen sie sich meist unter Steinen, unter der Rinde von Baumstümpfen usw. Schnecken fressen sehr verschiedene Nahrung, es gibt unter ihnen Allesfresser und Pflanzenfresser. Manche Arten fressen Aas, viele leben räuberisch. Auch Schmarotzer gibt es unter den Schnecken.

Schnecken sind entweder getrenntgeschlechtlich oder Zwitter. Sie legen ihre Eier entweder

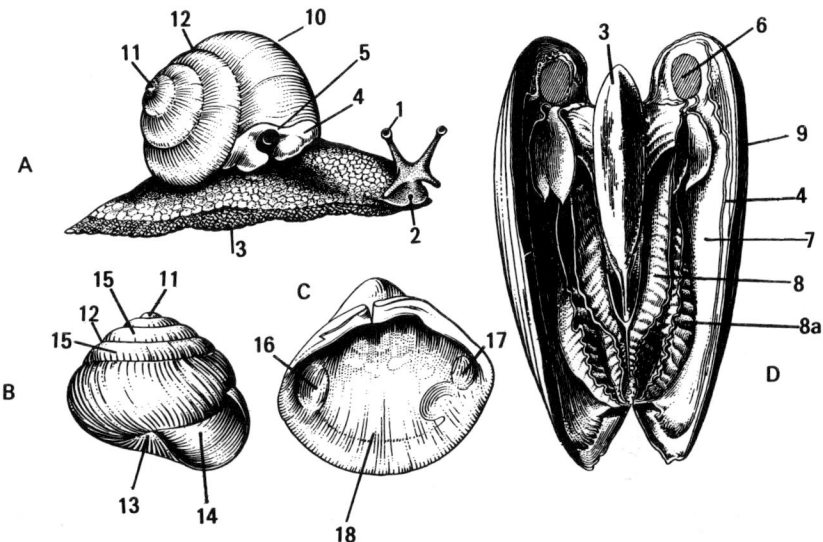

2 Weichtiere *(Mollusca)*: A — Gesamtansicht einer Schnecke *(Gastropoda)*, B — Gehäuse, C — Muschel, D — Gesamtansicht einer Muschel *(Bivalvia)* 1 — Auge, 2 — Mund, 3 — Fuß, 4 — Mantelrand, 5 — Atemöffnung, 6 — Vorderer Schließmuskel, 7 — Mantel, 8, 8a — Innen- und Außenkiemen, 9 — Schale, 10 — Gehäuse, 11 — Gehäusespitze, 12 — Naht, 13 — Nabel, 14 — Mündung, 15 — Umgänge, 16 — vorderer Schließmuskeleindruck, 17 — hinterer Schließmuskeleindruck, 18 — Mantellinie

einzeln oder in Gelegen ab; die Gelege umhüllen sie mit einer Schutzschicht. Aus den Eiern schlüpfen entweder junge Schnecken oder Larven.
Die Schnecken bilden die artenreichste Weichtierklasse mit über 100 000 Arten.

Klasse Bivalvia — Muscheln

Es gibt kleinere und größere Muschelarten (die größte hat 1,35 m lange Schalen). Die Körperorganisation der Muscheln unterscheidet sich beträchtlich von der der Schnecken. Der Muschelkörper ist bilateral symmetrisch und seitlich abgeflacht. Zu beiden Seiten des Körpers liegt der gut entwickelte Mantel. Der weiche Körper liegt in zwei gewölbten Schalen eingebettet — der eigentlichen Muschel. An der Rückseite sind beide Schalenhälften durch ein elastisches Band (Ligament) miteinander verbunden. Nur in Ausnahmefällen finden sich Muschelschalen, die kleiner sind als der Körper. An der Schaleninnenseite sitzt das charakteristische Schloß, es wird von einigen Zähnen gebildet, die bei beiden Hälften ineinander passen. Auch können wir an der Innenseite der Schalen Abdrücke der Muskeln erkennen, mit denen das Tier beide Schalenhälften zusammenzieht. An der Außenseite der Muscheln ist das sogenannte Umbo zu sehen, der älteste Schalenteil. Die Außenfläche ist entweder glatt oder häufiger von radial bzw. konzentrisch verlaufenden Rippen durchzogen. Die Zuwachszonen der Muschel erscheinen als dunklere Flächen.
Die Muschelschalen sind bei einigen Arten gleich, bei anderen ungleich ausgebildet (z. B. bei Austern). Die Schalen einer ganzen Reihe von Meeresmuscheln haben kleine Flügel (Gattung *Pecten*).
Betrachten wir eine lebende Muschel, so entdecken wir am Vorderrand eine Öffnung, durch die der Fuß hervorgeschoben wird. Hinten finden wir zwei weitere Öffnungen: durch die

untere Einströmöffnung wird frisches, sauerstoffreiches und Nahrung enthaltendes Wasser zugeführt, durch die etwas höher sitzende Ausströmöffnung wird das verbrauchte Wasser mit den Nahrungsresten ausgestoßen. Bei Muschelarten, die in den Grund eingegraben leben, sind Aus- und Einströmöffnung zu Röhren, den Siphonen, verlängert. Viele Muscheln scheiden Haftfäden ab (Byssus), die anfangs weich sind, im Wasser aber schnell erhärten. Mit diesen Fäden setzen sich die Tiere auf einer Unterlage fest.
Die Muscheln leben ausschließlich im Wasser und sind Kiemenatmer. Die meisten Arten leben auf dem Grund im Sand und Schlamm, andere halten sich mit ihren Byssusfäden an Felsen und anderen Unterlagen fest, einige haben die Fähigkeit, sich in Holz oder Stein einzubohren. Muscheln ernähren sich von Plankton.
Die Muscheln pflanzen sich durch Eier fort, von denen ungeheuere, oft in die Millionen gehende Mengen abgelegt werden. Das ist begreiflich, da sehr viele der winzigen, aus den Eiern schlüpfenden Larven anderen Tieren als Nahrung dienen.
Bis heute kennt man etwa 20 000 Muschelarten.

Klasse Cephalopoda — Kopffüßer oder Tintenfische

Die Tintenfische sind die am weitest entwickelten Weichtiere. Unter ihnen finden wir auch den größten Vertreter des Stammes. Ihr Körper ist bilateral symmetrisch, oval oder beutelförmig. Um die Mundöffnung herum sitzen mindestens acht Fangarme, die mit Saugnäpfen versehen sind. Eine äußere Schutzschale besitzt nur die Gattung *Nautilus*. Die Schale ist durch Trennwände unterteilt, und das Tier bewohnt immer nur die letzte Kammer. Bei den anderen Kopffüßern hat sich die Schale zu einer unter der Haut liegenden Platte umgebildet. Die Tintenfische sind räuberische Meeresbewohner. Einige Tiefseearten strahlen verschiedenfarbiges Licht aus.
Heute kennt man über 700 lebende Arten, doch haben sich aus vergangenen Erdzeitaltern Belege für über 10 000 ausgestorbene Arten erhalten.

Stamm Annelida — Ringel- oder Gliederwürmer

Kleine bzw. mittelgroße Arten, die größte Art wird etwa 3 Meter lang. Die Tiere haben gegliederte, oft wurmförmig gestreckte Körper, an deren Spitze ein kleines Glied, der Kopflappen oder Prostomium sitzt. Nach dem Prostomium folgt eine unterschiedlich große Zahl Körperglieder (manchmal bis zu einigen Hundert). Das Körperende wird vom Endsegment oder Pygidium gebildet. Die äußere Gliederung der Ringelwürmer ist auch im Körperinneren festzustellen. Die Segmente sind hier durch dünne Querwände (Dissepimente) getrennt. Jeder Körperabschnitt enthält ein Paar Nierenorgane. Auch das Strickleiternervensystem durchzieht den ganzen Körper. Ungegliedert sind der Verdauungstrakt und das Gefäßsystem, das einen geschlossenen Kreislauf darstellt. Seine Hauptbestandteile sind Längs- und Ringadern, die oft unter der Haut durchscheinen; am wichtigsten sind Bauch- und Rückenader. Durch die Rückenader strömt das Blut in Richtung Kopf, durch die Bauchader in umgekehrter Richtung. Blutfarbstoffe sind entweder Hämoglobin oder Chlorokruorin.
Ringelwürmer leben sowohl in Salz- und Süßwasser als auch auf dem Trockenen (meist im Erdboden). Ihre etwa 8 700 Arten sind in drei Klassen eingeteilt.

Klasse Polychaeta — Vielborster

Man kennt Vielborster von nur wenigen Millimetern Länge und andere, die mehrere Dezimeter messen (die längste Art findet man in der Gattung *Eunice*, sie mißt 3 Meter). Der Körper der Vielborster ist langgestreckt-röhrenförmig, gelegentlich auch abgeflacht und stark untergliedert. An den Gliedern sitzen seitliche Ausläufer von unterschiedlicher Länge, die Parapodien. Gelegentlich haben sie auch Flossenform; sie gelten als Vorläufer von Gliedmaßen und dienen den Tieren tatsächlich zur Fortbewegung. Aus den Parapodien wachsen Büschel unterschiedlich langer und kräftiger Borsten. Am Kopflappen, dem Prostomium, sitzen in der Regel fangarmähnliche Ausläufer. Zahlreiche Vielborster fallen durch ihre Färbung auf — rot, grün oder auch blau. Diese Farben kommen durch Pigment, durchscheinendes Blut oder aufgenommene Nahrung zustande. Da sich die Tiere häufig zu Gesellschaf-

ten versammeln, sehen ihre Standorte oft wie eine phantastisch aufgeblühte Wiese aus. Die Vielborster haben Sinnesorgane bzw. Sinneszellen entwickelt, die am ganzen Körper, hauptsächlich aber an den Fangarmen sitzen. Die meisten Vielborster haben Augen, die bei einigen Arten sogar recht weit entwickelt sind. Augen finden wir z. B. am Kopflappen, an den Fangarmen und den Parapodien.
Fast alle Vielborster sind Meeresbewohner. Sie leben in der Küstenzone, nur einige Arten gehen in größere Tiefen. In den Küstengewässern leben die Polychaeten zwischen der Vegetation, auf Korallenriffen, auf Klippen. Viele Arten schwimmen frei im Wasser, andere bauen Röhren, in denen sie sich verbergen oder wühlen sich in den Sand ein. Einige Arten bewohnen ihre Röhren nur zeitweilig, andere verlassen sie nie. Diese Röhren stellen die Tiere entweder aus Körpersekreten oder aus einer Mischung aus Sand, winzigen Muscheln und Ausscheidungen her. Oft findet man die Röhren in großer Zahl dicht aneinandergebündelt; in ihnen sitzen die Tiere verborgen und strecken nur ihre Fangarme hervor.
Die Nahrung der Vielborster hängt von der jeweiligen Lebensweise der Tiere ab. Die in Röhren sitzenden Arten z. B. ernähren sich von Planktonorganismen, die von der Wasserströmung in Reichweite der Fangarme gebracht werden.
Vielborster sind getrenntgeschlechtlich; die Weibchen legen unterschiedlich viele Eier ab (oft mehrere tausend), aus denen Larven schlüpfen. Einige Arten können phosphoreszieren.
Über die ganze Welt verbreitet kennt man etwa 5 300 Arten.

Klasse Clitellata — Gürtelwürmer

Es gibt Gürtelwürmer von einigen Millimetern Länge, andere werden einige Dezimeter groß (die längsten gehören zur Gattung *Megascolides* und messen 2 bis 3 Meter). Ihr Körper ist wurmartig gestreckt, gegliedert und im Querschnitt rund bzw. oben und unten abgeflacht. Fühler und Parapodien sind nicht vorhanden. An den Körpergliedern sitzen Borsten.
An einem bestimmten Körperabschnitt befindet sich ein Gürtel — das sogenannte Clitellum. Hier wird bei der Begattung Schleim zur Festheftung des Partners gebildet. Die Gürtelwürmer leben in der Hauptsache im Süßwasser und in feuchten Biotopen auf dem Land — wir finden sie im Erdreich, unter Steinen, in alten Baumstümpfen, unter Rinde usw.
Gürtelwürmer sind Zwitter. Die Geschlechtsorgane sind auf einen bestimmten Körperabschnitt beschränkt.
Die rund 3400 Arten sind in zwei Ordnungen geteilt, die sich leicht voneinander unterscheiden lassen.

Ordnung Oligochaeta — Wenigborster

3 100 Arten.
Wurmartig, außen und innen gegliederter Körper, mit mindestens vier Borstenpaaren an jedem Segment. Saugnäpfe sind nicht vorhanden. Oligochaeten ernähren sich von pflanzlichen Resten und kleinen Lebewesen.
Beispiel: Regenwürmer

Ordnung Hirudinea — Egel
300 Arten.
Körper abgeflacht, mit nur äußerlich erhaltener Gliederung. Kurzes Clitellum. Am Vorder- und Hinterende befindet sich je ein großer Saugnapf. In der Mitte des vorderen liegt die Mundöffnung. Keine Borsten. Hirudineen ernähren sich teils als Außenparasiten an größeren Tieren (Blutsauger) oder räuberisch von Kleinlebewesen. Sie kommen überwiegend im Süßwasser vor, aber auch im Meer und an Land.
Beispiel: Blutegel

Stamm Arthropoda — Gliederfüßer

Die Vertreter dieses Stammes sind von unterschiedlicher Größe. Es gibt Gliederfüßer, die kleiner als einen Millimeter sind, die meisten messen jedoch bis zu einigen Zentimetern. Es gibt auch Arten, die über einen Meter lang sind. Der größte Arthropode mißt einschließlich der langen Beine ca. 3 Meter.

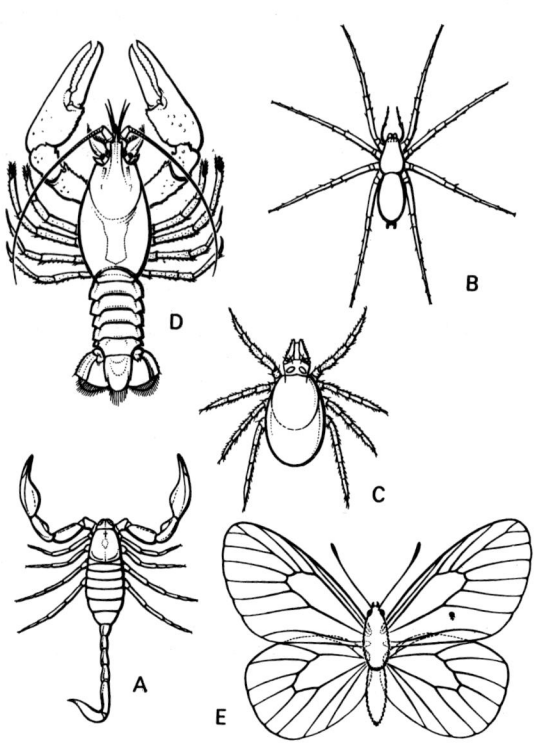

3 Gliederfüßerschema
(Arthropoda): A — Skorpion *(Scorpiones)*, B — Spinne *(Arachnoidea)*, C — Milbe *(Acari)*, D — Krebs *(Crustacea)*, E — Insekt *(Insecta)*

Bedingt durch die ungeheuere Formenvielfalt ist eine kurze Charakterisierung dieses Stammes nicht einfach. Der Körper der Gliederfüßer ist von einer chitinhaltigen Kutikula bedeckt, in sich unterteilt und trägt eine unterschiedliche Zahl gegliederter Extremitäten. Diese sitzen entweder an Brust und Hinterleib oder nur an dem Brustteil. Der Kopf trägt eine Reihe sehr verschieden geformter Anhänge. Bei den Insekten, der weitaus größten Klasse der Gliederfüßer, finden wir auch Flügel. Bei einigen Gruppen läßt sich der Körper nur in zwei Teile gliedern: die Kopfbrust (Cephalothorax) und den Hinterleib (Abdomen); bei anderen sind Kopf (Caput) Brust (Thorax) und Hinterleib (Abdomen) sichtbar voneinander abgesetzt. Eine feste Kutikula bildet das Außenskelett (Exoskelett).
Die einzelnen Segmente dieses Skeletts sind entweder lose durch eine elastische Membran oder starr miteinander verbunden. An jedem Körpersegment unterscheidet man Rückenplatte (Tergit), Unterseite (Sternit) und Seitenteile (Pleuriten). Während des Wachstums muß das Außenskelett von Zeit zu Zeit abgestreift werden, d. h. die Gliederfüßer müssen sich häuten.
Das Körpersystem der Gliederfüßer ist recht kompliziert: Sinnesorgane sind in hohem Maße entwickelt. Das Gefäßsystem ist offen, d. h. die Körperflüssigkeit (Hämolymphe) bewegt sich frei in der Körperhöhle.
Gliederfüßer atmen auf verschiedene Weise: Die im Wasser lebenden Arten sind Kiemenatmer. Die Kiemen sitzen an den Beinen. Die landbewohnenden Arten atmen entweder mit Lungen oder über ein verästeltes Luftröhrensystem, die Tracheen.
Gliederfüßer bewohnen alle möglichen Lebensräume auf der ganzen Erde. Vorwiegend leben sie auf dem Trockenen, nur ein kleiner Teil lebt im Wasser.
Die meisten Gliederfüßer sind getrenntgeschlechtlich; es gibt aber auch Zwitter. Die mei-

sten Arten legen Eier, einige sind lebendgebärend. Aus dem Ei schlüpft entweder ein Jungtier, das allmählich zum fertigen Tier heranwächst, oder aber die Entwicklung durchläuft ein Larvenstadium – manchmal auch noch ein Puppenstadium –, aus dem dann erst das erwachsene Tier hervorgeht.
Die Gliederfüßer sind der artenreichste Tierstamm. Man schätzt heute die Artenzahl auf über 850 000. Man unterteilt die Gliederfüßer nach verschiedenen Merkmalen, vor allem nach dem Bau der Mundwerkzeuge und der Atmungsweise in vier Unterstämme, zu denen mehrere Klassen, viele Ordnungen und eine Unzahl von Familien gehören.

Klasse Arachnida — Spinnentiere

Diese Klasse gehört zum Unterstamm *Chelicerata;* in ihr finden wir sehr kleine, aber auch größere Arten (die größte mißt 18 cm). Ihr Hinterleib, Opisthosoma genannt, ist entweder ungegliedert oder weist Segmente auf.
Spinnentiere haben sechs Gliedmaßenpaare, von denen das dritte, vierte, fünfte und sechste Paar Laufbeine sind. Die ersten beiden Gliedmaßenpaare sind umgebildet. Aus dem ersten Paar wurden Kieferfühler (Cheliceren) mit höchstens drei Gliedern, die winzige Scheren oder Stechorgane tragen (z.B. bei den Milben). Das zweite Gliedmaßenpaar wurde zu Kiefertastern (Pedipalpen), die alle möglichen Formen aufweisen können. Hat eine Art kleine Cheliceren, so sind zum Ausgleich mächtige Pedipalpen entwickelt, die manchmal an Krebsscheren erinnern (z.B. bei den Skorpionen), doch können sie auch die Gestalt von Laufbeinen haben (Spinnen). Die meisten Spinnentiere besitzen mehrere Punktaugenpaare (Ocellen), die zentral oder seitlich am Kopf sitzen.
Spinnentiere sind Landbewohner, die in feuchten wie auch in trockenen Biotopen vorkommen. Zahlreiche Arten leben räuberisch und jagen auch größere Beute. Einige haben eine Giftdrüse am Hinterleib, andere weben mit Hilfe von Spinndrüsen Netze. Viele Arten saugen Blut und Pflanzensäfte.
Die meisten Spinnentiere sind getrenntgeschlechtlich. Die Weibchen legen Eier; manche Arten bringen auch lebende Junge zur Welt. Oft findet man bei diesen Tieren auch eine ausgeprägte Brutpflege.
Bisher sind rund 36 000 Arten bekannt. Die wichtigsten Ordnungen sind: Skorpione *(Scorpiones),* Webespinnen *(Araneae),* Afterskorpione *(Pseudoscorpiones),* Weberknechte *(Opiliones),* Milben *(Acari).*

Klasse Crustacea — Krebstiere

Die Krebstiere gehören zum Unterstamm *Branchiata;* unter ihnen gibt es Arten unterschiedlicher Länge (die größte mißt 60 Zentimeter; die Japanische Riesenkrabbe mit ihren extrem langen Beinen wird sogar 3 Meter lang). Die Körperformen sind langgestreckt oder kurzgedrungen. Die Körperoberfläche wird von einer mehrschichtigen chitinhaltigen Kutikula gebildet, in die auch manchmal kohlensaurer Kalk eingelagert wird. Auf diese Weise entsteht ein Außenskelett, das sehr fest ist.
Der Krebstierkörper besteht nicht aus einer gleichbleibenden Zahl von Segmenten, sondern die Segmentzahl kann zwischen den einzelnen Gruppen stark schwanken. Der Kopf ist nur in selteneren Fällen deutlich abgesetzt. In der Regel ist er mit einem oder mehreren Gliedern der anschließenden Körperpartie zur Kopfbrust (Cephalothorax) verbunden. Einige Krebstiere besitzen einen Rückenschild (Carapax), der entweder den ganzen Körper bedeckt oder wenigstens einige Segmente wie ein Dach überspannt. Das letzte Körpersegment bezeichnet man als Telson.
Die Krebstiere besitzen drei Gliedmaßentypen: Fühler, Mundwerkzeuge und die eigentlichen Rumpfgliedmaßen, die in der Regel nur an der Brust, in einigen Fällen aber auch am Hinterleib sitzen. Die Hinterleibsbeine sind anders ausgebildet als die Brustgliedmaßen. Krebse haben Facetten- und Punktaugen. Sie atmen vermittels Kiemen oder durch die ganze Körperoberfläche.
Krebstiere leben in allen möglichen Gewässern. Einige leben auch auf dem Land (Asseln, *Isopoda).* Schwimmende Krebse ernähren sich von Plankton, am Wassergrund lebende Krebse sammeln alle möglichen Reste oder sie leben auch räuberisch. Einige Arten fressen auch Aas.

Unter den Krebstieren gibt es zahlreiche Parasiten, die sich in ihrem Körperbau stark von dem beschriebenen Schema unterscheiden.
Die meisten Arten sind getrenntgeschlechtlich. Die Larven der marinen Arten leben meist frei im Meer, während die Larvenentwicklung z.B. beim Flußkrebs in der Eihülle stattfindet.
Die rund 35 000 Krebsarten teilt man in neun Unterklassen, zahlreiche Überordnungen und viele Familien ein. Die Systematik dieser sehr umfangreichen Klasse steht bis jetzt noch nicht endgültig fest.

Klasse Diplopoda — Tausend- oder Doppelfüßer

Diese Klasse gehört zum Unterstamm *Tracheata*. Ihre Vertreter sind klein bis mittelgroß, die längste Art mißt 28 Zentimeter. Bei einigen Arten ist der Körper wurmartig gestreckt und oft oben abgeflacht. Bei anderen wird der Körper aus mehreren Panzern gebildet (diese Tiere können sich zu einer Kugel zusammenrollen). Die Anzahl der mit Anhängen ausgestatteten Körperglieder schwankt, an den ersten drei Gliedern sitzt je ein Gliedmaßenpaar, an den übrigen sitzen je zwei. An jedem Glied finden sich auch zwei Paar Atemöffnungen. Die Zahl der Beine variiert stark, nicht einmal innerhalb einer Art ist sie immer konstant. Die geringste Anzahl sind 13 Beinpaare, doch haben einige Arten mehrere Dutzend Beinpaare. Als Maximum werden bis zu 300 Gliedmaßenpaare angegeben. Einige Tausendfüßer besitzen mehrere Punktaugen, andere Arten dagegen sind völlig blind. Tausendfüßer sind getrenntgeschlechtliche Tracheenatmer. Wir finden sie oft unter Steinen, in abgefallenem Laub, alten Baumstümpfen, im Erdreich, in Höhlen, in Gärten, Gewächshäusern usw. Sie sind feuchtigkeitsliebende, nachtaktive Tiere. Sie fressen verwesendes Laub, moderndes Holz, gelegentlich auch junges Pflanzengewebe.
Die über 7000 Arten teilt man in zwei Ordnungen ein.

Klasse Chilopoda — Hundertfüßer

Auch die Hundertfüßer gehören zum Unterstamm *Tracheata*. Ihre Vertreter haben gestreckte, aus flachen Gliedern zusammengesetzte Körper mittlerer Länge (die längste Art mißt 27 Zentimeter). Beide Geschlechter sind einander ziemlich ähnlich.
Alle Segmente — mit Ausnahme der letzten beiden — tragen je ein Beinpaar. Die Zahl der Körperglieder kann einige Dutzend betragen. Auf die vielgliedrigen Fadenfühler folgen vier Gliedmaßenpaare, die als Mundwerkzeuge dienen. Hinter dem mächtigen Oberkiefer liegen zwei Unterkieferpaare (das zweite dient nur zum Halten der Nahrung) und schließlich die Kieferfüße, die am ersten Rumpfglied sitzen. In ihren nach vorn gerichteten Spitzen münden Giftdrüsen, deren Sekret auf zahlreiche andere Gliederfüßer tödlich wirkt. Hundertfüßer vermehren sich durch Eier, ihre Entwicklung dauert zwei bis drei Jahre.
Hundertfüßer sind Nachttiere; tagsüber verbergen sie sich unter Steinen, im Erdboden, in alten Baumstümpfen, unter liegendem Holz usw. Sie sind Fleischfresser und vertilgen alle möglichen anderen Gliederfüßer, deren Larven, Regenwürmer und andere kleine Tiere in großer Zahl. Die meisten Arten leben in den Tropen.
Auf der Erde kennt man heute rund 2800 Arten, die in zwei Ordnungen eingeteilt werden.

Klasse Insecta — Insekten

Der Insektenkörper besteht aus drei Teilen: aus Kopf, Brust und Hinterleib. An der Brust sitzen meist drei gegliederte Bein- und zwei Flügelpaare. Insekten haben ein Außenskelett, das von einer unterschiedlich starken Chitinkutikula gebildet wird. Jeder Körperabschnitt setzt sich aus mehreren Segmenten zusammen, deren Grenzen nicht immer deutlich sichtbar sind.
Der Insektenkopf trägt Fühler, Augen und die Mundwerkzeuge. Vorne am Kopf sitzt die Oberlippe (Labrum), sie bedeckt die Kiefer (Mandibulae). An sie schließt der sogenannte Kopfschild (Clypeus) an, ferner die Stirn (Frons), der Scheitel (Vertex) und das Hinterhaupt (Occiput). An der Kopfvorderseite sitzen unterschiedlich große Facettenaugen, die aus einer Vielzahl Einzelaugen oder Ommatidien bestehen. Einige Insekten haben darüber hinaus auch noch Punktaugen (Ocellen). Hinter den Augen sitzen die Wangen (Genae). Von unten werden die Kiefer durch die Unterlippe (Labium) geschützt. Die Fühler besitzen meist elf

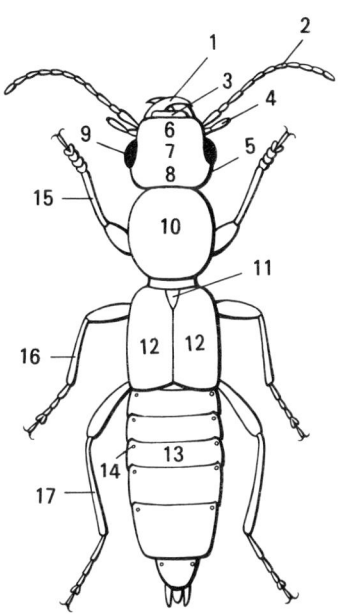

4 Schema des Insektenkörpers:
1 — Oberkiefer (Mandibeln), 2 — Fühler, 3 — Oberlippe (Labrum), 4 — Kiefertaster (Palpus maxillaris), 5 — Kopf, 6 — Clypeus 7 — Stirn (Frons), 8 — Scheitel, 9 — Facettenauge, 10 — Schild, 11 — Schildchen, 12 — Vorderflügel (hier: Flügeldecken), 13 — Hinterleib, 14 — Atemöffnung, 15 — 16 — 17 — Vorder-, Mittel- und Hinterbeine

Glieder, ihre Form ist sehr verschieden; Der Fühlerbau ist nicht einmal innerhalb der Ordnungen einheitlich. Bei den Beintastlern *(Protura)* fehlen die Fühler vollständig, bei anderen Insektengruppen können sie zu Stummeln reduziert sein (z.B. bei einigen Schildläusen). Vorne am Kopf sitzen die Mundwerkzeuge, deren Bau verschieden sein kann. Der häufigste Typ sind die beißenden Mundwerkzeuge. Sie bestehen aus Oberkiefern (Mandibeln) und Unterkiefern (Maxillen). Nach oben und unten sind die Kiefer von Ober- und Unterlippe abgedeckt. Oft sind die Oberkiefer groß und kräftig, ihr Innenrand trägt häufig Zähne. Etwas tiefer befinden sich die Unterkiefer, an denen gegliederte Anhänge, die Kiefertaster (Palpi maxillares) sitzen. Ein zweites Tasterpaar (Palpi labiales) sitzt an der Unterlippe. Neben diesem weit verbreiteten Grundtyp der beißenden Mundwerkzeuge haben sich weitere abweichende Formen entwickelt, die der jeweilig aufgenommenen Nahrung angepaßt sind. Das sind vor allem saugend-leckende und stechend-saugende Mundwerkzeuge. In beiden Fällen sind die Kiefer zu einem mehr oder weniger langen und kräftigen Saugrüssel umgestaltet (über einen auffallend langen Rüssel verfügen z.B. einige Schmetterlinge, Schnabelfliegen, verschiedene Blattläuse). Gelegentlich verwächst der Kopf mit dem anschließenden Körperabschnitt zur Kopfbrust.

Die Brust besteht aus drei Segmenten: der Vorder-, Mittel- und Hinterbrust (Prothorax, Mesothorax, Metathorax), die entweder voneinander abgesetzt sind oder verschieden ineinander übergehen. Jedes Brustglied trägt an der Unterseite ein Beinpaar, an der Mittel- und Hinterbrust sitzt je ein Flügelpaar.

Insekten haben drei Beinpaare, doch können auch ein oder mehrere Beinpaare verkümmert sein. Das Insektenbein besteht aus fünf unterschiedlich großen und starken Teilen: Hüfte (Coxa), Schenkelring (Trochanter), Schenkel (Femur), Schiene (Tibia) und Fuß (Tarsus). Am Ende des aus ein bis fünf Gliedern bestehenden Fußes sitzen ein bis zwei Krallen (Unguiculi). Form, Länge und Stärke der Beine unterscheiden sich, je nach Funktion. Die drei Beinpaare eines Tieres können gleich sein, doch sind oft bestimmte Paare zur Erfüllung einer Spezialfunktion umgestaltet. Die häufigsten Typen sind Lauf-, Grab-, Spring- und Schwimmbeine. Ein Sonderfall sind die Fangbeine.

Bei den meisten Insekten finden wir zwei Flügelpaare, wobei das vordere Flügelpaar meist

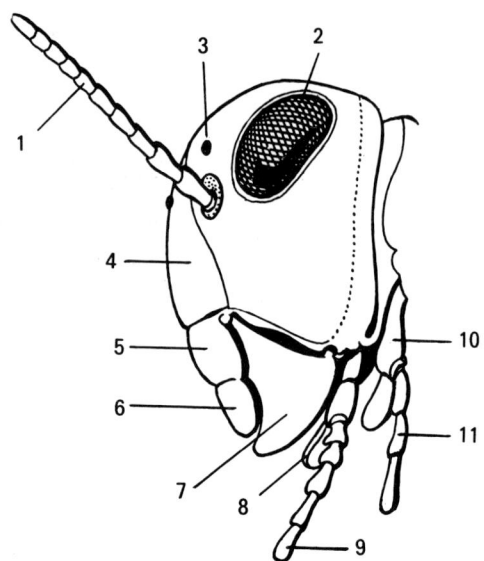

5 Insektenkopf:
1 — Fühler, 2 — Facettenauge, 3 — Punktauge (Ocelle), 4 — Stirn, 5 — Clypeus (Kopfschild), 6 — Oberlippe (Labrum), 7 — Oberkiefer (Mandibeln), 8 — Unterkiefer (Maxillen), 9 — Kiefertaster (Palpus maxillaris), 10 — Unterlippe (Labium), 11 — Lippentaster (Palpus labialis)

größer ist als das hintere. Bei einigen Arten hat sich auch nur ein Flügelpaar entwickelt. Der Grundtyp sind die Hautflügel, die aus zwei dünnen aufeinanderliegenden Häutchen bestehen, zwischen denen eine Äderung verläuft. Diese Flügel sind entweder kahl oder mit Härchen bzw. farbigen Schuppen besetzt. Bei vielen Insektenordnungen unterscheiden sich erstes und zweites Flügelpaar in Form und Bau voneinander. So ist z.B. bei den Käfern das Vorderpaar zu Flügeldecken (Elytrae) umgebildet, während das Hinterpaar aus Hautflügeln besteht. Ähnlich ist es bei den Ohrwürmern, dort bildet das erste Paar kurze Flügeldecken, unter denen die häutigen Hinterflügel zusammengefaltet liegen. Bei den Blattwanzen werden aus dem ersten Flügelpaar sogenannte Halbdecken. In der Ruhe nehmen die Flügel verschiedene Stellungen ein. Einige ragen schräg nach hinten, andere werden dachartig oder flach auf dem Leib zusammengelegt. Einige Insektengruppen sind primär flügellos (Urinsek-

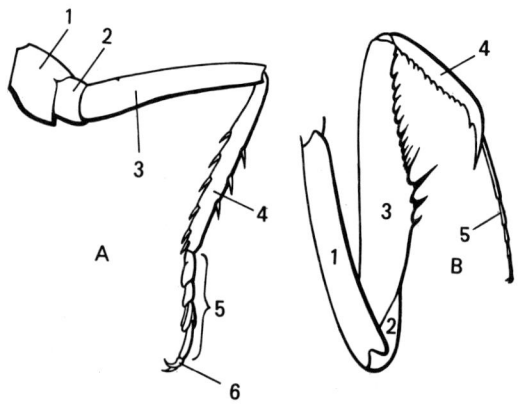

6 Insektengliedmaßen:
A (gängiger Typ): 1 — Hüfte (Coxa), 2 — Schenkelring (Trochanter), 3 — Schenkel (Femur), 4 — Schiene (Tibia), 5 — Fuß (Tarsus), 6 — Kralle (Unguiculus), B — abgewandelte Beinform (Fangbein der Gottesanbeterin)

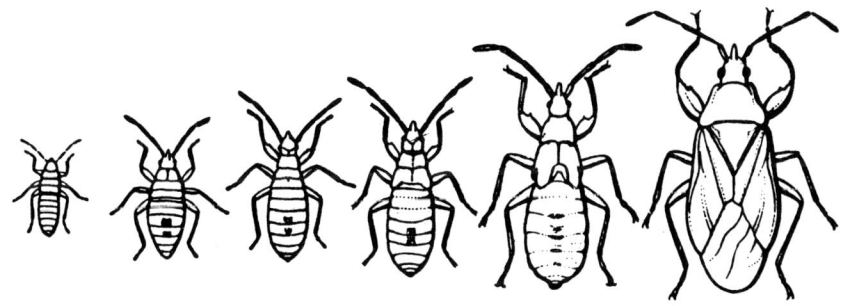

7 Unvollkommene Verwandlung der Insekten:
5 Larvenstadien + Imago

ten, *Apterygota*), aber auch in anderen Gruppen gibt es dauernd bzw. zeitweilig ungeflügelte Arten (Ameisen, Blatt- und Schildläuse u.a.).
Der Hinterleib der Insekten ist der größte der drei Körperabschnitte. Bei primitiven Insekten tragen die vordersten Glieder kleine Auswüchse, bei anderen Arten sitzen am Ende ganz unterschiedlich geformte Anhänge. Die Weibchen einiger Arten haben einen mehr oder weniger langen Legebohrer.
Die überwiegende Mehrzahl der Insekten lebt auf dem Trockenen; nur ein kleiner Prozentsatz aller Arten hat seine Heimat im Wasser. Nahrung sind meist Kleinlebewesen, Aas, Ausscheidungen, Nahrungsmittel, Pflanzengewebe, Nektar und Blütenstaub, Textilien, Leder usw.
Die Weibchen der meisten Insektenarten legen Eier (ovipare Arten) in unterschiedlicher Zahl. Insekten entwickeln sich entweder durch unvollkommene Verwandlung (Hemimetabolie) oder vollkommene Verwandlung (Holometabolie). Bei unvollkommener Verwandlung schlüpft aus dem Ei eine Larve, die sich während des Heranwachsens mehrfach häutet und sich aus der letzten Larvenstufe in das Vollinsekt (Imago) verwandelt. Diese Larven (oft auch Nymphen genannt) sehen dem Vollkerf ziemlich ähnlich.

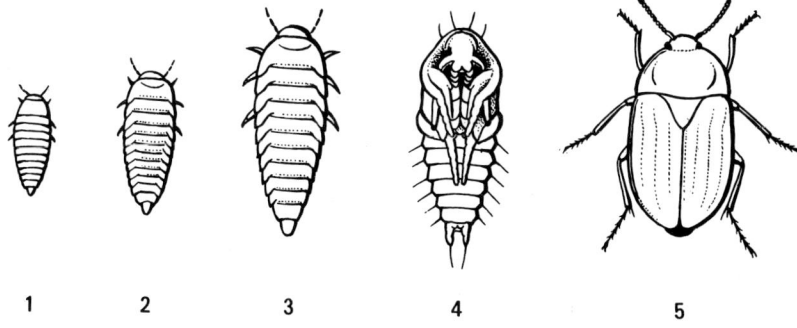

1   2   3   4   5

8 Vollkommene Verwandlung der Insekten: 1 — 3 Larvenstadien, 4 — Puppe, 5 — Imago

Bei vollkommener Verwandlung schlüpft aus dem Ei eine Larve, die sich während ihres Wachstums gleichfalls mehrfach häutet, sich aber nach einer bestimmten Zeit zur Puppe (Pupa) verwandelt. Meist sind diese Puppen bewegungsunfähig; die Puppenruhe dauert mehrere Wochen bis Monate. Aus der Puppe schlüpft dann das Vollinsekt. Die Larve eines Insekts mit vollkommener Verwandlung ähnelt der Imago nicht. Direkte Entwicklung (Ametabolie) finden wir bei einigen sehr primitiven Insektenarten. Die Jungtiere ähneln den fertigen Insekten sehr stark, nur sind sie kleiner und können sich noch nicht fortpflanzen.
Insekten haben in der Natur eine sehr große Bedeutung. So stellen sie die wichtigsten Pflanzenbestäuber dar und sind damit aus dem Kreislauf der Natur nicht wegzudenken. Andere Arten sorgen für die Beseitigung aller möglichen verwesenden Stoffe und tragen so zur Humusbildung bei. Für den Menschen nützlich sind viele Insektenarten, die sich von anderen Insekten ernähren, die auf Kulturpflanzen Schaden anrichten. Die moderne Wissenschaft bemüht sich darum, solche Arten zur biologischen Schädlingsbekämpfung heranzuziehen. Andere Arten sind Rohstofflieferanten (Farbstoffe, Schellack, Wachs, Seide), — wieder andere dienen dem Menschen als Nahrung (Heuschrecken, Termiten). Diesen nützlichen Insekten stehen die Schädlinge gegenüber, die in einigen Wirtschaftsbereichen Schäden anrichten, andere belästigen Mensch und Tier durch Blutsaugen und Stiche, wodurch sie auch zu Krankheitsüberträgern werden.
Im ganzen Tierreich sind die Insekten die artenreichste Klasse. Entomologen schätzen, daß bisher über 800 000 Arten beschrieben wurden, davon allein über 300 000 Käfer! Die Zahl der auf unserer Erde lebenden Insektenarten liegt jedoch wesentlich höher, da viele tropische Gebiete bisher nicht erforscht werden konnten. Die Klasse der Insekten wird in drei Unterklassen und über 30 Ordnungen eingeteilt.

Stamm Tentaculata — Kranz- oder Armfühler

Armfühler sind festsitzende Lebewesen von unterschiedlicher Größe (die größten Arten erreichen 30 Zentimeter). Um den Körper herum bilden sie ein Schutzgehäuse (oft aus Chitin); um ihre Mundöffnung herum sitzen Fangarme. Sie leben einzeln oder in Kolonien im Meer und im Süßwasser.
Die Stellung dieses Stammes im zoologischen System ist noch nicht gesichert. Sehr viel aus dem Leben seiner Vertreter ist noch unbekannt. Wir kennen etwa 5000 Arten, die in drei Klassen eingeordnet werden.

Stamm Branchiotremata — Kiemenlochtiere

Die Vertreter dieses Stammes sind verschieden groß. Es gibt sehr kleine, aber auch ziemlich lange Tiere (die größte Art wird bis zu 2,5 Meter lang). Ihr Körper besteht aus drei Abschnitten. Die Kiemenlochtiere wohnen einzeln oder kolonieweise im Meer.
Die etwa 80 Arten teilt man in drei Klassen ein.

Stamm Echinodermata — Stachelhäuter

Die in diesem Stamm zusammengefaßten Lebewesen unterscheiden sich voneinander nicht nur in Gestalt, sondern auch in Entwicklungsgang und Alter. Gemeinsames Merkmal ist die strahlige Symmetrie (Radialsymmetrie) des Körpers, eine im ganzen Tierreich einmalige Erscheinung. Grundlage der Symmetrie ist die Fünfstrahligkeit, d.h. die Arme, Furchen usw. treten immer zu fünft bzw. als ein Vielfaches dieser Zahl auf. Ein weiteres wichtiges Merkmal ist die bei den meisten Stachelhäutern typische Skelettbildung: Unter einer dünnen Oberhaut entsteht eine Art Panzer von unterschiedlicher Stärke. Das Skelett besteht aus Kalkplättchen, Kalknadeln und Kalkstacheln, deren Spitzen aus der Oberhaut hervorragen. Bei vielen Arten sind diese Plättchen ziemlich massiv und liegen dicht beieinander; bei den Seewalzen bzw. Seegurken besteht das Skelett nur aus mikroskopisch kleinen Skleriten. Die Skelette zahlreicher Arten fallen durch ihre besonders schöne Färbung auf. An lebenden Tieren lassen sich gut die sogenannten Ambulakralfüße beobachten, das sind ausstülpbare Säckchen, die der Fortbewegung dienen.

Die innere Körperorganisation der Stachelhäuter ist ziemlich kompliziert; bis auf den heutigen Tag sind einige Funktionen noch nicht zufriedenstellend geklärt.
Nach der Stellung der Mundöffnung teilt man die Stachelhäuter in vier Gruppen ein:
1. Seelilien *(Crinoidea)* haben unterschiedlich große becherförmige Körper, die Mundöffnung ist nach oben gerichtet.
2. Seesterne *(Asteroidea)* und Schlangensterne *(Ophiuroidea)* haben abgeflachte Körper, der Mund ist nach unten gerichtet.
3. Seeigel *(Echinoidea)* haben kugelige Körper und gleichfalls abwärtsweisende Münder.
4. Seegurken oder Seewalzen *(Holothuroidea)* haben einen beutelförmigen Körper mit seitwärts liegender Mundöffnung.

Stamm Chordata — Chordatiere

Am Rücken der Chordatiere liegt über dem Verdauungsapparat eine walzenförmige Körperachse, die sogenannte Rückensaite oder Chorda. Darüber liegt das röhrenförmige Zentralnervensystem. Das sackförmige Herz befindet sich auf der Bauchseite hinter dem Kopf. Die Atemorgane stehen mit dem Vorderteil des Verdauungstraktes, dem Schlund, in enger Verbindung. Im Laufe der Keimesentwicklung treten immer Kiemenspalten auf, mindestens sind aber ihre Anlagen noch erkennbar. Niedere, ständig im Wasser lebende Chordatiere besitzen das ganze Leben über Kiemenspalten.
In diesen Stamm gehören sowohl Wasser- als auch Landlebewesen aller Größenordnungen — von sehr kleinen Arten bis zu den größten Tieren, die auf unserer Erde gelebt haben. Heute kennt man etwa 45 000 Arten, die in drei Unterstämme mit sieben Klassen und zahlreichen Ordnungen eingeteilt werden.
Die Unterstämme *Tunicata* und *Cephalochordata* werden in diesem Buch nicht behandelt, sondern nur der wichtigste und artenreichste Chordatenunterstamm, die *Vertebrata.*

Unterstamm Vertebrata — Wirbeltiere

Der Wirbeltierkörper läßt deutlich drei Abschnitte erkennen: Kopf, Rumpf und Schwanz. Die Rückensaite reicht nur bis an den Schädel, überdies ist sie in der Regel nur im Keimlingsstadium vorhanden. Nur in seltenen Fällen bleibt sie bei den niederen Formen das ganze Leben über erhalten. Bei den höheren Formen wird sie von einer in Wirbel gegliederten Skelettachse, der Wirbelsäule, ersetzt, deren obere Fortsätze den Nervenstrang (Rückenmark) schützen, während die Fortsätze an der Bauchseite, die Rippen, die inneren Organe umschließen. Die Haut ist mehrschichtig. In den meisten Fällen haben die Wirbeltiere zwei Extremitätenpaare sowie ein hochentwickeltes Knorpel- oder Knochenskelett.
Man teilt den Unterstamm in zwei Überklassen ein — die Kieferlosen *(Agnatha)* und die Kiefermäuler *(Gnathostomata).* Zu den Kieferlosen zählt man die Wirbeltiere, bei denen keine Kiefer entwickelt sind, zu den Kiefermäulern solche, deren Oberkiefer fest am Schädel sitzt bzw. mit ihm verwächst, während der Unterkiefer frei beweglich ist. Die einzige heute noch lebende Klasse der Kieferlosen sind die Rundmäuler *(Cyclostomata),* alle übrigen Klassen gehören zur Überklasse der Kiefermäuler.

Klasse Cyclostomata — Rundmäuler

Rundmäuler sind Wasserwirbeltiere mit schlangenähnlich langgestrecktem Körper, der von einer nackten, drüsenreichen Haut überzogen ist. Sie besitzen keine paarigen Flossen, sondern nur einen unpaarigen Flossensaum. Skelett und Schädel bestehen aus Knorpel. Die Rückensaite der Rundmäuler bleibt zeitlebens erhalten, in ihrer Scheide sitzen nur Wirbelansätze. Hinter dem Kopf finden sich an jeder Seite sechs bis vierzehn Kiemenspalten. Das Nasenloch ist unpaarig, der Mund ein kieferloser Saugnapf.
Diese Kiemenatmer ernähren sich entweder von kleinen Wasserlebewesen, oder sie leben als Schmarotzer. Die Rundmäuler sind getrenntgeschlechtlich; sie legen Eier, aus denen Larven schlüpfen. Heute kennt man auf der Erde nur einige Dutzend Arten, die in zwei Ordnungen eingeteilt werden.

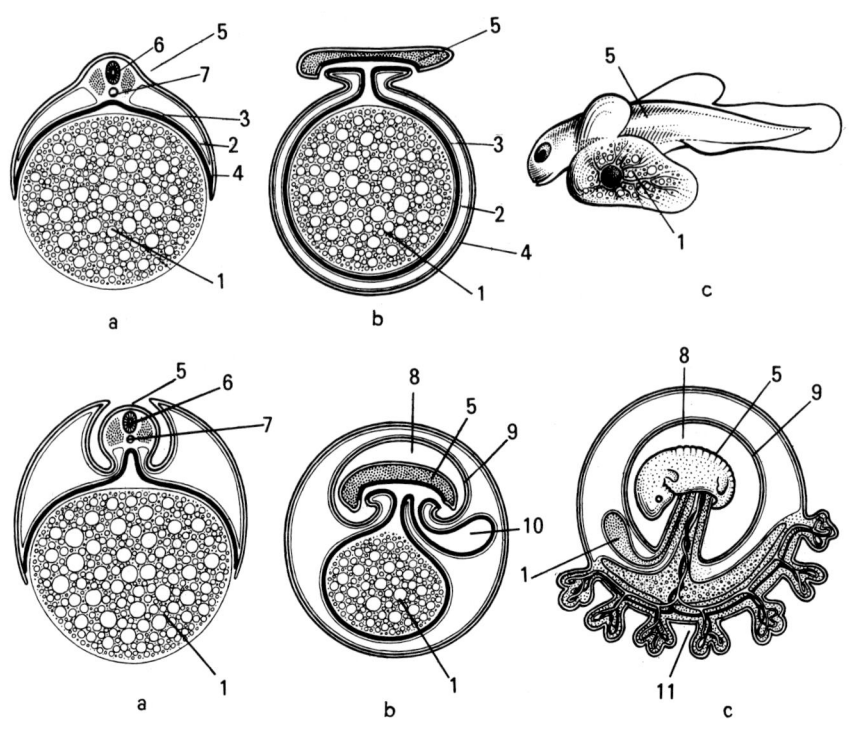

9 Embryonalentwicklung der Wirbeltiere: oben — niedere Wirbeltiere *(Anamnier):* Fischkeimling, nicht von Keimhüllen. umgeben; unten — höhere Wirbeltiere *(Amnioten):* Säugetierkeimling mit Keimhüllen. a — Querschnitt, b — Längsschnitt, c — fortgeschrittenes Entwicklungstadium des Keimlings 1 — Dottersack, 2 — Entoderm, 3 — Mezoderm, 4 — Ektoderm, 5 — Keimling, 6 — Nervenröhre, 7 — Chorda (Rückensaite), 8 — Amnionkammer, 9 — Amnion (Schafshaut), 10 — Allantois (embryonaler Harnsack), 11 — Placenta (Mutterkuchen)

Klasse Chondrichthyes — Knorpelfische

Die Knorpelfische sind wasserbewohnende Wirbeltiere mit entweder nacktem oder von harten Placoidschuppen bedecktem Körper. Entwicklungsgeschichtlich sind diese Schuppen mit den Zähnen der höheren Wirbeltiere verwandt. Hinter dem Kopf haben die Knorpelfische fünf bis sieben Kiemenspaltenpaare, durch die das Wasser in die Kiemensäcke gelangt. Gelegentlich sind die Kiemensäcke miteinander verbunden und münden nach außen in eine einzige mittelgroße Spalte. Die Schwanzflosse ist heterocerk, d.h. ihr Oberlappen, durch den die Wirbelsäule verläuft, ist größer als der Unterlappen. Die Chorda ist entweder ganz oder doch wenigstens teilweise erhalten, das Skelett besteht aus Knorpel. Die Knorpelfische haben ein muskulöses Röhrenherz und eine Spiralfalte im Darm, beides Merkmale, die auf die Altertümlichkeit und primitive Körperorganisation dieser Klasse hinweisen.
Heute leben in den Meeren (nur ausnahmsweise im Süßwasser) über 200 Knorpelfischarten. Man teilt sie in zwei Unterklassen mit drei Ordnungen ein.

Klasse Osteichthyes — Knochenfische

Diese Klasse umfaßt die überwiegende Mehrzahl der heutigen Fische. Ihr weitgehend aus Knochen bestehendes Skelett wird zum einen von Deckknochen (einem Hautprodukt) zum anderen aus Chondralknochen (Knochen, die embryonal als Knorpel vorgebildet sind) gebildet. Fische sind Kiemenatmer, die Kiemenblätter sind für gewöhnlich an die Kiemenbogen angeschlossen. Der gesamte Kiemenapparat wird von einer Knochenplatte, dem Kiemendeckel, abgedeckt. Der Leib ist meistens von Schuppen bedeckt (jedoch nie von Placoidschuppen), gelegentlich auch nackt. Die meisten Knochenfische haben eine Schwimmblase. Die Fische legen ihre winzigen Eier (Rogen) in großer Zahl ab, wo sie dann in der Regel außerhalb des Körpers befruchtet werden.

Heute kennt man rund 25 000 Fischarten auf der Erde; sie leben in allen Ozeanen und Binnengewässern. Man teilt sie in zwei Unterklassen, mehrere Überordnungen und 45 Ordnungen ein. In europäischen Gewässern sind nur die Vertreter folgender Überordnungen anzutreffen:

Überordnung Chondrostei — Knorpelganoide

Bei diesen Tieren sind nur einige Schädelteile verknöchert. Der größte Teil des Skelettes bleibt knorpelig. Der vordere Kiemendeckel fehlt, die Schwanzflosse ist heterocerk. Die Chorda bleibt das ganze Leben lang erhalten. Es gibt nur eine einzige Ordnung.

Überordnung Teleostei — Echte Knochenfische

Diese Fische haben ein Knochenskelett mit voll entwickelten Wirbeln. Ihr Körper ist von Kammschuppen (Ctenoidschuppen) bzw. Rundschuppen (Cycloidschuppen) bedeckt, seltener von Knochenplättchen. Bei einigen Arten ist die Haut nackt. Normalerweise sind zwei Kiemenpaare vorhanden, eine Spiralfalte ist nicht entwickelt.
Der Fischkopf endet vorn in einer Schnauze, die stumpf abgerundet oder lang ausgezogen ist. Die Augen sitzen zu beiden Seiten des Kopfes, vor ihnen liegen ein bis zwei Nasenlochpaare. Der Mund ist entweder endständig (an der Schnauzenspitze), oberständig (nach oben gerichtet) oder unterständig (an der Kopfunterseite). Hinter dem Kopf liegt zu beiden Seiten je eine Kiemenöffnung, geschützt durch einen beweglichen, knöchernen Kiemendeckel.
Als Fortbewegungsorgan dienen die Flossen in paariger (Brust- und Bauchflossen) und unpaariger (Rücken-, Schwanz- und Afterflosse) Anordnung. Sie werden durch Flossenstrahlen verstärkt.
An den Seiten des Fischkörpers liegt ein besonderes Sinnesorgan, die Seitenlinie, die auf den ersten Blick als eine sich auf dem Kopf verzweigende und über die Körperseiten verlaufende Punktreihe sichtbar ist. Mit ihr können Fische Druckwellen im Wasser registrieren.
Auf der ganzen Welt leben heute rund 20 000 Arten Knochenfische, die in über 40 Ordnungen mit ca. 430 Familien eingeteilt werden.

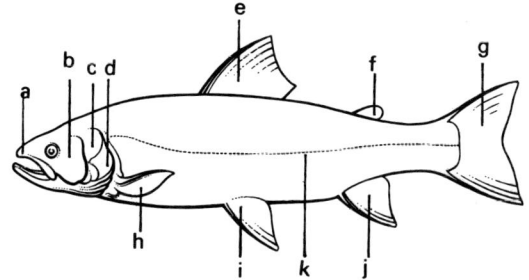

10 Topographie des Fischkörpers: a — Schnauze, b—d — Kiemendeckel, aus mehreren Knochen bestehend (b — Praeoperculum, c — Operculum, d — Suboperculum), e — Rückenflosse, f — Fettflosse, g — Schwanzflosse, h — Brustflosse, i — Bauchflosse, j — Afterflosse, k — Seitenlinie

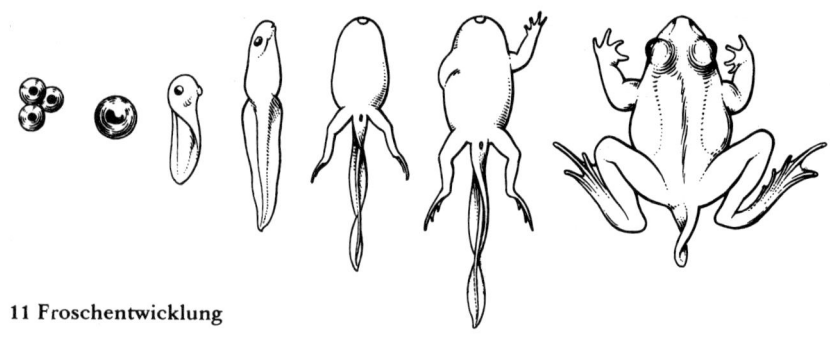

11 Froschentwicklung

Klasse Amphibia — Lurche

Die Lurche haben in der Regel eine nackte, drüsenreiche Haut und zwei Gliedmaßenpaare, die aber in einigen Fällen reduziert sind. Erwachsene Tiere atmen normalerweise mit Lungen und durch die Haut, im Larvenstadium aber meist über Kiemen. Die Eier werden sowohl im Körper als auch außerhalb befruchtet. Aus den Eiern schlüpfen beinlose Larven (bei den Froschlurchen die Kaulquappen), die im Laufe ihrer sich im Wasser abspielenden Entwicklung eine Umwandlung (Metamorphose) durchmachen: Gliedmaßen entstehen, aus dem Kehlabschnitt des Verdauungstraktes werden Lungen usw. Der metamorphisierte Lurch verläßt das Wasser und lebt auf dem Trockenen weiter. Lurche sind besonders zahlreich in den Tropengebieten, nach Norden und Süden nimmt die Artenzahl stark ab.
Auf der Erde gibt es heute etwa 1900 Lurcharten, die in zwei Ordnungen gestellt werden.

Klasse Reptilia — Kriechtiere

Einige dieser Landwirbeltiere haben sich sekundär dem Leben im Wasser angepaßt, sie pflanzen sich aber stets auf dem Trockenen fort. Die Reptilien entwickeln sich unmittelbar ohne Larvenstadium, die Keimlinge sind in Eihüllen eingeschlossen. Die Tiere sind wechselwarm, ihre Fähigkeit zur Wärmeregulierung ist verschwindend gering. Der Kopf ist mit dem Rumpf durch einen Hals verbunden, der den Kopf sehr beweglich macht. Die Haut der Reptilien ist verhornt und mit Schuppen bedeckt. Die ausschließlichen Lungenatmer besitzen Gliedmaßen und die dazugehörigen Skelettpartien; sie sind bei einigen Gruppen jedoch sekundär verkümmert. Die Zahl der heute lebenden Arten wird auf 4000 bis 5000 geschätzt. Sie verteilen sich auf vier Unterklassen. Nur zwei Unterklassen leben in Europa.

Unterklasse Testudinata — Schildkröten

Die Schildkröten sind Reptilien mit kurzem, breitem Körper, dessen Rumpf durch einen mit dem Skelett verwachsenen Knochenpanzer geschützt ist. Auf der Panzeroberseite wachsen Hornplatten. Der Rückenpanzer (Carapax) ist gewölbt, der Bauchpanzer (Plastron) flach. Beide Teile sind seitlich miteinander verwachsen und lassen Öffnungen für Kopf, Beine und Schwanz frei. Die Kiefer der Schildkröten sind zahnlos.
Es gibt unter den Schildkröten Land- und Wassertiere, Fleisch- und Pflanzenfresser. Man teilt sie in vier Ordnungen mit etwa 220 Arten ein.

Unterklasse Squamata — Schuppenkriechtiere

Diese größte Reptilienklasse umfaßt Arten, deren Körper mit verschieden großen und verschieden geformten Schuppen bedeckt ist. In dieser Klasse finden sich Lebewesen mit gut entwickelten Beinen, ausgezeichnete Läufer und Kletterer (Eidechsen), wie auch Arten mit völlig reduzierten Extremitäten, die sich kriechend fortbewegen (Schlangen).

Die meisten Arten bewohnen die Tropen und Subtropen. Sie leben auf der Erde, auf Bäumen und Sträuchern sowie im Wasser, meist sind sie Fleischfresser. Schlangen haben oft Giftzähne, mit denen sie ihre Beute töten. Bisher wurden über 4000 Arten, eingeteilt in über 30 Familien, beschrieben.

Klasse Aves — Vögel

Vögel sind gleichwarme Tiere, deren Körper von einem Federkleid umhüllt ist. Typisch für dieses Federkleid sind die Deckfedern, unter denen Flaumfedern sitzen, die für die Wärmeisolierung sorgen. Die Vordergliedmaßen der Vögel sind zu Flügeln ausgebildet. Die Kiefer (Schnäbel) sind in der Regel langausgezogen, ihre Knochen sind miteinander verwachsen und von einer Hornschicht bedeckt. Die Haut der Vögel ist trocken und bis auf die Bürzeldrüse drüsenlos. Die Vögel legen Eier, aus denen die Jungtiere schlüpfen.
Man kennt heute etwa 10 000 Arten, die über die ganze Erde verbreitet sind. Man teilt die Vögel in drei Überordnungen ein: Laufvögel *(Ratitae)*, Schwimmvögel *(Impennes)* und Flugvögel *(Carinatae)*.

Klasse Mammalia — Säugetiere

Die Säugetiere sind die am höchsten organisierten Wirbeltiere. Ihre Körpertemperatur ist konstant oder schwankt nur wenig. Das Nervensystem ist hochentwickelt. Der Körper ist von einem Haarkleid bedeckt, die zwei Gliedmaßenpaare befähigen sie zum Laufen, Klettern und Graben. Ein charakteristisches Merkmal sind die zahlreichen Hautdrüsen. Die Säugetiere sind getrenntgeschlechtlich, die Geschlechtsorgane sind hoch differenziert.
Die Jungen der Säugetiere werden durch Milch ernährt, die in den Milchdrüsen der Muttertiere entsteht. Die niederste Säugergruppe sind die Kloakentiere *(Monotremata)*, die noch Eier legen. Sie brüten sie entweder im Nest oder in einer Bauchtasche aus. Die Beuteltiere *(Marsupialia)* bringen Junge im embryonalen Zustand zur Welt, die sie in einem Beutel säugen. Die Jungen der Plazentalier *(Placentalia)* entwickeln sich in der Gebärmutter des Muttertieres, dort werden sie durch die Plazenta ernährt.
Im Mittelohr der Säugetiere sitzen drei Gehörknöchelchen, der äußere Gehörgang endet in einer Ohrmuschel. Der Kopf ist mit der Wirbelsäule durch zwei Nackengelenke verbunden.
Die Säugetiere sind über die ganze Erde mit Ausnahme der Antarktis verbreitet; sie leben in allen nur möglichen Lebensräumen. Man kennt heute rund 8000 Arten.

Entstehung und Evolution der Lebewesen

Der ungeheure Arten- und Formenreichtum der auf unserer Erde vorkommenden Lebewesen ist das Ergebnis einer Entwicklung, die mehrere Milliarden Jahre in Anspruch nahm. Nach der allgemein anerkannten Theorie Oparins entstand aus der leblosen Materie erstes Leben im sauerstofflosen Raum bereits zu der Zeit, in der sich die Erdrinde formte. Die ersten lebenden Organismen waren mikroskopisch klein und ähnelten einigen der heutigen Bakterien und Blaualgen. Sie konnten in der sauerstofflosen Umgebung leben. Erst die „Erfindung" der Photosynthese und die Anreicherung des Sauerstoffs in der Erdatmosphäre erlauben den Fortgang der Entwicklung und die Entstehung komplizierterer Organismen.
Die ersten lebenden Organismen, die die Paläontologen bisher auf der Erde entdeckt haben, werden in die Zeit des frühen Archäozoikums datiert. Es handelt sich um sogenannte Mikrofossilien, versteinerte Bakterien und Blaualgenreste, die sich in uralten geologischen Schichten erhalten haben. Mit der Radiokarbonmethode konnte ihr Alter auf etwa 3,3 Milliarden Jahre bestimmt werden. Wahrscheinlich fallen aber die Anfänge der eigentlichen biologischen Organisation lebender Materie in eine noch viel ältere Zeit.
Vor einer aus geologischer Sicht nicht besonders langen Zeit, vor etwa 570 Millionen Jahren, begann das Phanerozoikum, das Zeitalter, von dem an auf der Erde Lebewesen im heutigen Sinne vorkommen. Man teilt es in vier große Abschnitte ein:

Der älteste Abschnitt ist das Erdaltertum oder Paläozoikum, das 570—230 Millionen Jahre zurückliegt. Seine älteste Periode ist das Kambrium. Zu dieser Zeit war das Festland wahrscheinlich noch ohne Leben. In den Meeren lebten aber zu jener Zeit bereits zahlreiche wirbellose Lebewesen — Korallen, Weichtiere, Gliederfüßer und Würmer. Im anschließenden Ordovizium begann das Leben allmählich aus dem Meer auf das Land vorzudringen. Im Silur zeigten sich im Meer die ersten fischartigen Wirbeltiere, die ersten Pflanzen begannen mit der Besiedlung des Festlandes. Im Verlauf der folgenden Periode, dem Devon, nahm die Tierwelt an Vielfalt zu. Die Entwicklung der Landwirbeltiere fällt in die Wende von Devon und Karbon. Auf dem Land entwickelten sich primitive Gefäßpflanzen. Die fünfte Paläozoikumsperiode, das Karbon, war die Ära der Amphibien, an ihrem Ende erscheinen die ersten Reptilien. Die letzte Periode des Paläozoikums ist das Perm, in ihm begannen sich die Reptilien kräftig zu entwickeln und zu spezialisieren. In dieser Zeit begann auch die Entwicklung der Säugerechsen, Reptilien mit gewissen Säugetiermerkmalen.
In der weiteren langen Periode, dem Erdmittelalter oder Mesozoikum erfuhren die Reptilien ihre höchste Entfaltung. Sie beherrschten das Wasser, das Land und die Luft. In der Trias lebten Reptiliengruppen, aus denen weitere wichtige Kriechtiergruppen entstanden — wie die Dinosaurier, die Plesiosaurier, die Krokodile usw. Der Gipfel ihrer Entwicklung lag in der Jura- und Kreidezeit; mit Ende der Kreidezeit starben sie aus. In der Trias begann innerhalb einiger Reptiliengruppen auch die Entwicklung von Vögeln und Säugetieren.
Zu Beginn des Tertiärs begannen die Säugetiere und Vögel das Land zu beherrschen. Am Ende dieser Periode ähnelten Pflanzen- und Tierwelt bereits der heutigen. Die Vögel erlebten im Tertiär ihre Hochblüte und blieben bis heute eine evolutionär aufsteigende Gruppe. Der große Aufschwung der Säuger fällt ins Tertiär und Quartär, ihre Evolution gipfelt in der Primatenordnung und der Entwicklung des Menschen. Die Entstehung des Menschen datiert aus dem späten Tertiär an der Wende von Miozän und Pliozän. Der letzte, relativ kurze Abschnitt in der Geschichte des Lebens auf der Erde begann vor zwei bis drei Millionen Jahren und hält noch an. Das ist das Quartär, das wir in zwei Perioden unterteilen: Die ältere ist das Pleistozän, die jüngere, noch andauernde, das Holozän. Im Quartär kam es zur periodischen Abkühlung und Erwärmung des Klimas, also zum Wechsel von Eiszeiten (Glaziale) und wärmeren Zwischeneiszeiten (Interglaziale).
Im Verlauf des frühesten Quartärs erschien dann die selbständige Gattung *Homo*, der Mensch. Das Zeitalter des Quartär wird deswegen auch Zeitalter des Menschen — Anthropozoikum genannt.
Der französische Zoologe Jean B. Lamarck (1744—1829) behauptete als einer der ersten in der Neuzeit, daß sich das Reich der Lebewesen schrittweise von einfacheren zu komplizierteren Formen entwickelt habe. Zum eigentlichen Begründer der Entwicklungs- oder Evolutionstheorie wurde der englische Biologe Charles Darwin, der in seinem Buch „The Origin of Species by Means of Natural Selection" (Über den Ursprung der Arten durch natürliche Zuchtwahl) den Grundstein der modernen Entwicklungstheorie gelegt hat, die heute nach ihm Darwinismus heißt. Diese und andere Theorien Darwins beeinflußten weitgehend die Entwicklung der Naturwissenschaften in den folgenden Jahrzehnten. Die Grundlagen der Theorien Darwins haben bis heute nichts von ihrer Gültigkeit verloren, wenn auch seine Ansichten in mancher Hinsicht durch die moderne Wissenschaft korrigiert werden mußten.
Die Vielfalt der Natur ist also das Ergebnis eines langwierigen, allmählichen Entwicklungsprozesses. Flora und Fauna bilden heute in der Natur Einheiten, die man als Gesellschaften bezeichnet. Als Gesellschaft gilt nicht nur die Gesamtheit aller Tiere an einem bestimmten Ort, ihr unvermeidlicher Bestandteil ist die ganze Umgebung, in der die Tiere leben. Alle Organismen einer solchen Gesellschaft bilden ein ausgewogenes Ganzes, das sich mit seiner Umgebung im Gleichgewicht befindet. Wenn dieses natürliche Gleichgewicht durch Eingriffe von außen beeinträchtigt wird, so wird die ganze Gesellschaft ernsthaft gestört.
Nicht selten hat der Mensch seine Stellung in der Natur verkannt. Er war sich nicht bewußt bzw. vergaß, daß auch er ein untrennbarer Bestandteil der Natur ist und nicht einfach ihr Besitzer. Zahllos sind die Fälle, in denen der Mensch für sein schlechtes Verhältnis zur Natur büßen mußte und immer aufs neue büßt. Wir müssen daher aus den Fehlern der gesamten Menschheitsgeschichte lernen und versuchen, das Unheil, das wir, bzw. unsere Vorfahren, angerichtet haben, soweit wie möglich wieder gutzumachen. Es geht nicht an, durch Gleichgültigkeit oder Gewinnsucht immer neue Irrtümer zu begehen, die unabsehbare negative Folgen für unsere Umwelt und die gesamte Biosphäre der Erde haben können.

Bestimmungsteil

Schwämme

Stamm: **Schwämme** — *Porifera*
Klasse: **Kalkschwämme** — *Calcarea (Calcispongiae)*
Familie: *Sycettidae*

1 Rettichkalkschwamm *Sycon raphanus.* Länge 5—20 mm. Der eiförmige oder runde, beborstete Körper ist gelblich bzw. bräunlich gefärbt. Das Skelett besteht aus Kalknadeln. Die Ausströmungsöffnung (Osculum) ist von vielen Wimpern umgeben. Der Schwamm lebt in Salzwasser mit genügend Detritus. Verbreitung: Europäische Küstenwässer.

Klasse: **Kieselschwämme** — *Silicea*
Familie: *Suberitidae*

2 Korkschwamm *Suberites domuncula.* Durchmesser 40—60 mm, kugelförmig. Oberfläche glatt, Farbe orange. Der Schwamm wächst um die Gehäuse von Meeresschnecken, in denen die Krabbe *Paguristes oculatus* wohnt. Da er recht schnell wächst, vergrößert sich auch die Behausung der Krabbe, so daß sie kein neues Haus suchen muß. Der Schwamm kommt auf sandigem Meeresboden an der Küste stellenweise häufig vor. Verbreitung: Mittelmeer.

Familie: *Tedaniidae*

3 *Tedania anhelans.* Länge etwa 70 mm. Bräunlich, grünlich oder bläulich. Der Schwamm kommt zahlreich auf schlammig-sandigem Grund bis in eine Tiefe von 2 m vor. Verbreitung: Mittelmeer.

Familie: **Süßwasserschwämme** — *Spongillidae*

4 Geweihschwamm — *Spongilla lacustris.* Körper weich. In durchsonntem Wasser grün (die grüne Färbung rührt von Grünalgen her, meist von der Gattung *Pleurococcus*), sonst gelblich grau und braun. Im Frühjahr und Sommer ist der Schwamm sehr häufig zu finden. Er bildet Überzüge auf Steinen, ins Wasser ragenden Ästen usw. Später wächst er heran und bildet strauchartig verzweigte Gebilde von unterschiedlicher Länge aus. Die Größe des ganzen Schwammes hängt von der Ausdehnung der Unterlage ab, auf der er lebt. Die Büschel dieser Schwammart riechen nach Jod oder Schlamm. Vermehrung durch sog. Gemmulae. Das sind kugelförmige Dauerstadien, die nach dem Absterben des Schwammes überwintern und im Frühjahr ein neues Exemplar hervorbringen, (außerdem auch geschlechtliche Fortpflanzung). Im Körper dieses Süßwasserschwammes leben oft verschiedenartige Insektenlarven, vor allem der Gattung *Sisyra*, Köcherfliegenlarven (Trichoptera) und eine Reihe weiterer Lebewesen. Verbreitung: Paläarktische, nearktische und afrikanische Region (Süßwasserseen).

5 Klumpenschwamm — *Ephydatia fluviatilis.* Die Art bildet verschieden starke und lange Überzüge auf Steinen und verschiedenen Pflanzenteilen im Wasser, sie bewohnt ruhige Süß- und Brackwässer und überlebt auch die Winterzeit. Verbreitung: Paläarktische und nearktische Region.

Familie: **Badeschwämme** — *Spongiidae*

6 Badeschwamm — *Spongia officinalis.* Körperdurchmesser 15—20 cm (manchmal auch mehr). Gehört zu den bekanntesten Schwämmen. Der weiche Körper wird aus Sponginfasern gebildet. Färbung violett bis schwarz. An der Küste in geringen Tiefen von 10 bis 40 Metern. Der Schwamm sitzt fest auf seiner Unterlage. Wegen seines weichen Skeletts wird er gesammelt, getrocknet und auf dem Markt verkauft. Aus dem gleichen Grund wird auch der verwandte Pferdeschwamm *(Hippospongia communis)* gesammelt. Sein Skelett ist härter, es eignet sich eher zum Abwischen von Schultafeln usw. Verbreitung: Mittelmeer.

Nesseltiere

Stamm: **Nesseltiere** — *Cnidaria*
Klasse: **Hydroidpolypen und Saumquallen** — *Hydrozoa*
Familie: **Polypen** — *Hydridae*

1 Brauner Süßwasserpolyp — *Pelmatohydra oligactis*. Länge 30 mm, bräunlich gefärbt. Um die einzige Körperöffnung, die gleichzeitig als Mund und als Ausscheidungsöffnung dient, sitzen einige Fangarme. Sie können sich in der Längsrichtung stark ausdehnen und haben besondere Zellen, in denen die Nesselfäden zusammengerollt sind. Durch Herausschleudern dieser Nesselfäden fängt der Polyp seine Beute, meist Einzeller, Kleinkrebse und andere Kleinlebewesen. Er lebt im Süßwasser. Die ausgewachsenen Tiere erscheinen im Herbst und Winter. Er vermehrt sich sowohl durch Eier als auch durch Knospung. Bei der Knospung entsteht am Körper des Polypen ein knospenartiges Gebilde, das zu einem selbständigen kleinen Polypen heranwächst, sich abtrennt und allein weiterlebt. Verbreitung: Großteil Europas (im Norden bis Finnland und Großbritannien).

2 Grüne Hydra — *Chlorohydra viridissima*. Länge 10—15 mm. Um die Körperöffnung sitzen 6—12 Fangarme. Die grüne Farbe stammt von Algen, mit denen der Polyp in sehr enger Symbiose lebt. Im Süßwasser an hellen Stellen zwischen den Pflanzen, meist in kalten Gewässern. Verbreitung: Vom Balkan über Mitteleuropa bis in den Norden.

Familie: *Campanulariidae*

3 Glockenpolyp — *Laomedea geniculata*. Die Art bildet ganze Büsche verschieden gestalteter Einzeltiere aus. Ein Busch wird bis zu 40 mm hoch, an ihm sitzen sowohl richtige Polypen als auch Medusen, die sich allmählich loslösen und im Plankton umherschwimmen. Der ganze Busch wird von einer festen Hülle (Theka) umgeben. Die Vermehrung geht recht kompliziert vor sich (das gilt auch für die übrigen Arten). Die Medusen bilden Eier aus, aus denen Polypen hervorgehen. Auf diesen entstehen dann neue Medusen. (Diese Vermehrungsweise heißt Generationswechsel oder Metagenese). Die Art kommt sehr häufig auf Algen und auf dem Grund vor. Verbreitung: Europäische Atlantikküsten, Mittelmeer.

Familie: *Aglaopheniidae*

4 Federpolyp — *Aglaophenia tubulifera*. Die Art bildet Büsche aus, die bis zu 50 mm lang werden und als Ganzes den Eindruck einer Vogelfeder erwecken. Stellenweise kommt sie zahlreich an Felswänden in 1—2 Meter Tiefe vor. Verbreitung: Mittelmeer.

Klasse: **Schirm- oder Scheibenquallen** — *Scyphozoa*
Ordnung: **Fahnenquallen** — *Semaeostomae*
Familie: *Pelagiidae*

5 Kompaßqualle — *Chrysaora hyoscella*. Durchmesser 300 mm. Am Rand des relativ flachen Schirms sitzen 32 Lappen und 24 Tentakel. Auf dem weißgelben Schirm sind 16 strahlenförmig angeordnete braune Streifen zu erkennen. Stellenweise zahlreich. Verbreitung: Mittelmeer, europäische Atlantikküsten, auch an der Nordseeküste.

Familie: *Ulmariidae*

6 Ohrenqualle — *Aurelia aurita*. Durchmesser 400 mm. Die Qualle besitzt zahlreiche kurze Arme, um die Mundöffnung herum sitzen vier lange, flache Mundarme. Häufig; oft treibt sie in Gesellschaften an der Küste. Ihre Nahrung besteht aus Kleinlebewesen (Plankton). Verbreitung: Mittelmeer und europäische Atlantikküsten.

Ordnung: **Wurzelmundquallen** — *Rhizostomae*

7 Lungenqualle — *Rhizostoma pulmo*. Schirmdurchmesser 200—800 mm. Die Art hat einen gewölbten weißlichen Schirm mit blauviolettem Rand. An den gekräuselten Teilen der acht Mundarme zahlreiche Nesselzellen. Diese größte europäische Qualle kommt im Winter und Frühjahr häufig an der Küste vor, oft in Gesellschaften. Verbreitung: Mittelmeer.

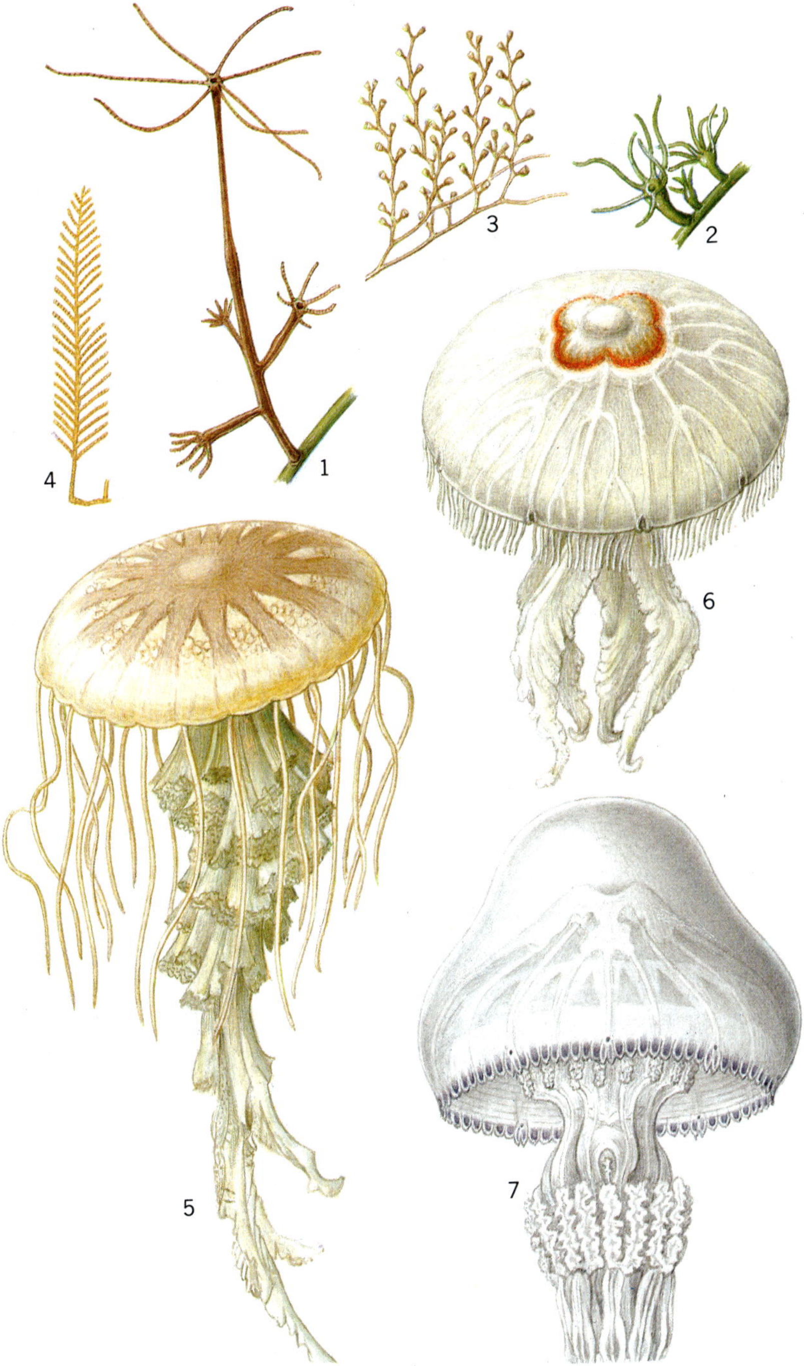
1
2
3
4
5
6
7

Korallentiere

Klasse: **Korallentiere** — *Anthozoa*
Unterklasse: **Sechsstrahlige Korallentiere** — *Hexacorallia*
Ordnung: Seeanemonen, Seenelken, Seerosen — *Actiniaria*

1 Wachsrose — *Anemonia sulcata*. Höhe 10—20 cm. Mit vielen Nesselarmen (150—200), die bis zu 100 mm lang werden. Gelbbraun bis leuchtend grün, an der Küste bis in eine Tiefe von ca. 6 Metern. Die Wachsrose sitzt auf Felsen an Stellen mit hinreichendem Licht. Auch in verunreinigten Gewässern ist sie noch lebensfähig. Nahrung sind Weichtiere, Schalentiere und kleine Fische. Verbreitung: Mittelmeer, europäische Atlantikküste bis zum Ärmelkanal.

2 Schmarotzerrose — *Calliactis parasitica*. Höhe 100 mm. Früher auch unter dem Namen *Adamsia rondeletii* bekannt. Färbung weiß, gelb und braun. Läßt sich auf Gehäusen von Weichtieren (z.B. der Gattung *Murex*) nieder, in denen entweder noch der Erbauer, das Weichtier, oder eine Krabbe lebt. Bekannt ist die Lebensgemeinschaft der Schmarotzerrose und des Einsiedlerkrebses *Pagurus arrosor*. Zieht der Krebs um, nimmt er auch die Rose mit auf die neue Muschel. Dies Zusammenleben bietet beiden Tieren Vorteile. Der Krebs sorgt für den Ortswechsel der Koralle, sie schützt ihn mit ihren Nesselarmen. Stellenweise häufig, sowohl im Flachwasser als auch in der Tiefe. Verbreitung: Mittelmeer.

3 Saumrose, Seemannsliebchen — *Cereus pedunculatus*. Höhe 60—90 mm. Gelbbraun bis weiß, im oberen Körperdrittel zahlreiche Saugnäpfe. Rund 700 Fangarme in 8 Reihen angeordnet (die inneren sind länger als die äußeren). Diese Seeanemone sitzt auf Steinen, Felsen, Muscheln usw. in geringer Tiefe im Küstenwasser, gelegentlich sogar in großer Zahl. Lebendgebärend. Verbreitung: Mittelmeer, europäische Atlantikküste (auch in der Nordsee).

Ordnung: **Zylinderrosen** — *Ceriantharia*

4 Zylinderrose — *Cerianthus membranaceus*. Länge 200 mm. Mit röhrenförmig gestrecktem, verschieden gefärbtem Körper (von weiß über braun bis violett), an dessen Vorderende etwa 100 Fangarme in vier Reihen angeordnet sind. Die Zylinderrose besitzt eine große Regenerationsfähigkeit; sie bewohnt Küstengewässer in einer Tiefe von 1—35 Metern. Verbreitung: Mittelmeer.

Unterklasse: **Achtstrahlige Korallentiere** — *Octocorallia*
Ordnung: **Lederkorallen** — *Alcyonaria*

5 Tote Manneshand — *Alcyonium digitatum*. Bildet bis zu 200 mm große Kolonien, die aus Polypen bestehen, von denen jeder acht verzweigte Arme aufweist. Die Polypen sind weiß und können sich völlig in das Gehäuse zurückziehen. Kolonien je nach Färbung der Gehäuse weißlich, orangefarben oder rot. Die Art kommt auf dem Meeresgrund vor, oft sitzt sie auf Austernschalen. Verbreitung: Europäische Atlantikküsten.

Ordnung: **Seefedern** — *Pennatularia*

6 Seefeder — *Pennatula phosphorea*. Länge 200 mm. Bildet Kolonien aus einer Vielzahl von Exemplaren, das Ganze sieht aus wie eine Vogelfeder. Skelett rot, Polypen weiß. Die Art lebt auf sandigem Meeresgrund. Bei Reizung verbreitet sie ein kaltes Licht. Verbreitung: Kosmopolit.

Stamm: **Nessellose Hohltiere** — *Acnidaria*
Ordnung: **Melonenquallen** — *Beroidea*

7 Melonenqualle — *Beroë cucumis*. Länge 160 mm. Rosa, Vorderende abgerundet, Mundöffnung sehr breit; Fangarme und Nesselzellen fehlen. Die Tiere treiben frei im Meer und fangen andere Hohltiere. Verbreitung: Zirkumpolar.

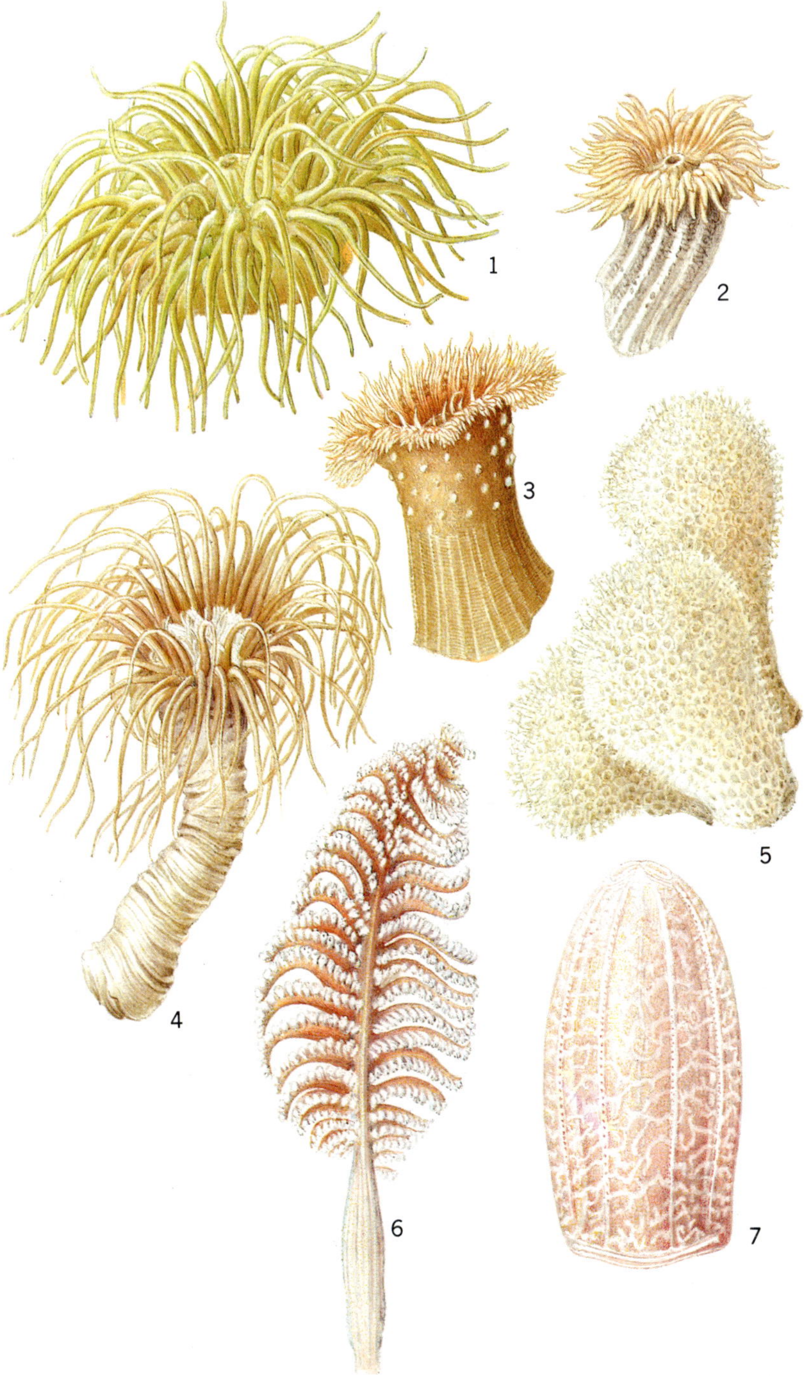
1
2
3
4
5
6
7

Strudelwürmer — Fadenwürmer — Priapswürmer

Stamm: **Plattwürmer** — *Plathelminthes*
Klasse: **Strudelwürmer** — *Turbellaria*
Ordnung: *Tricladida*

1 Bachplanarie — *Planaria gonocephala*. Länge bis zu 25 mm. Heute wird dieser Strudelwurm häufiger zu Gattung *Dugesia* gestellt. Mit gestrecktem, bräunlichem, schwarzbraunem bzw. graubraunem Körper, an dessen Vorderseite ösenartige Gebilde sitzen. Die Entfernung zwischen den Augen ist etwa gleich groß wie die vom Auge zum Körperrand. Die Bachplanarie lebt in reinem, fließendem Süßwasser, bei Bewegung ändert sich die Körperform dauernd; frißt Kleinlebewesen. Da der Verdauungstrakt keinen After besitzt, werden die unverdauten Nahrungsreste durch die Mundöffnung ausgeschieden. Wie alle verwandten Arten mit großer Regenerationsfähigkeit. Verbreitung: Paläarktische Region.

2 Milchweiße Planarie — *Dendrocoelum lacteum*. Länge 26 mm. Färbung milchig-weiß. Der Abstand zwischen den Augen ist größer als die Entfernung Auge — Körperrand. Liebt saubere, schwach fließende und stehende Süßwasser, dort hält sie sich unter Steinen auf. Auch im Brackwasser anzutreffen. Verbreitung: Europa, im Norden bis Fennoskandinavien.

3 *Polycelis cornuta*. Länge 18 mm. Die Art fällt vor allem durch die beträchtlich langgestreckten ohrenartigen Ansätze auf, sie besitzt zahlreiche, parallel zum vorderen Körperrand angeordnete Augen. Verbreitung: Großteil Europas, fehlt im Norden.

Stamm: **Schlauchwürmer** — *Nemathelminthes*
Klasse: **Fadenwürmer** — *Nematodes*
Ordnung: *Anguilluloidea*

4 Essigälchen — *Anguillula aceti*. Länge 0,8—2,4 mm. Lebt in altem, gärendem Essig sowie in Baumsäften. Das Weibchen bringt etwa 45 lebende Junge zur Welt. Verbreitung: Kosmopolit.

Ordnung: **Pfriemenschwänze** — *Oxyuroidea*

5 Madenwurm — *Enterobius vermicularis*. Länge: ♂ 0,5—1 cm, ♀ 1,5—2 cm. Das Männchen unterscheidet sich vom Weibchen durch die Borsten (Spiculi) am geringelten Körperende. Parasit, lebt im menschlichen Dickdarm. Nachts kriecht er heraus und hält sich in der Aftergegend auf, wo er bis zu 12 000 winziger Eier ablegt. Der Mensch kann durch diese Eier, besonders an dem ungewaschenen Obst, infiziert werden. Die Eier bleiben leicht an den Früchten haften, vor allem nach Berührung mit der Erde (dadurch sind vor allem Kinder betroffen). Bei unzureichender Hygiene kann man sich immer wieder von neuem anstecken (Selbstansteckung). Der vom Parasiten durch die Eiablage hervorgerufene Juckreiz verführt zum Kratzen, dabei bleiben Eier an den Fingern haften und werden zur neuen Infektionsquelle. Aus den Eiern entwickeln sich Larven, die sich mehrmals häuten. Die vom Madenwurm hervorgerufene Erkrankung heißt Oxyuritis. In einigen Ländern, in denen nicht hinreichend auf Hygiene geachtet wird, ist dieser Schmarotzer immer noch weit verbreitet. Auch in zivilisierten Ländern kommt er nicht selten bei Kindern vor.
Verbreitung: Kosmopolit.

Stamm: **Priapswürmer** — *Priapulida*

6 Priapswurm *Priapulus caudatus*. Länge 30—80 mm. Der fleischrote, walzenförmig gestreckte Körper besitzt an seinem Vorderteil, der etwa ein Viertel der Gesamtlänge einnimmt, eine Vielzahl von Kutikularhäkchen. Dieser Priapswurm lebt in der Küstenzone der Meere, dort wühlt er sich in den Schlamm ein. Räuber, stellt allen möglichen Lebewesen nach. Verbreitung: Europäische Nordatlantikküste (fehlt südlich der belgischen Küste), nearktische und neotropische Region.

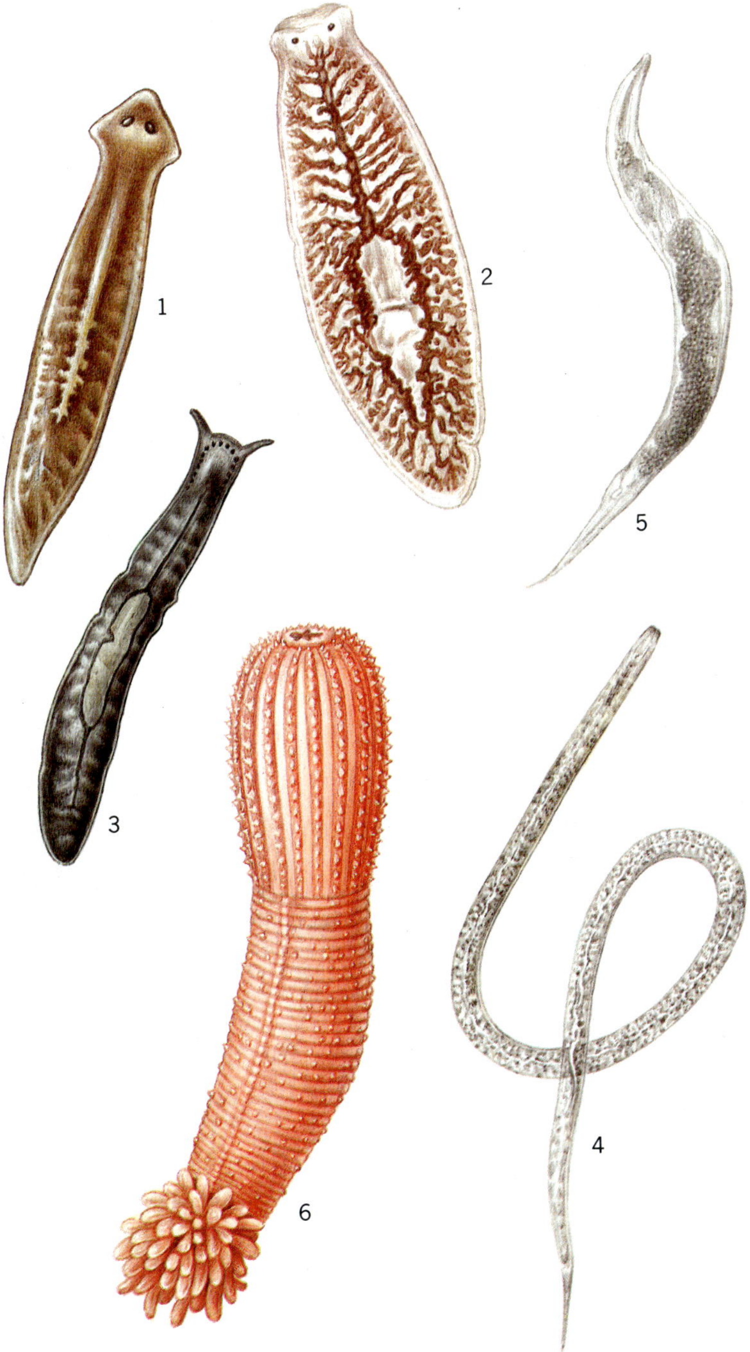
1
2
5
3
6
4

Schnecken

Stamm: **Weichtiere** — *Mollusca*
Klasse: **Käferschnecken** — *Polyplacophora*
Familie: **Käferschnecken** — *Chitonidae*

1 Käferschnecke — *Lepidochiton cinereus.* Länge 10—22 mm. Form oval, mit breitem Fuß. Schale aus acht Plättchen, von denen das erste und das achte sowohl eine radiale als auch konzentrische Skulpturierung aufweisen. Die Platten sind meist grau, grünlich oder auch rötlich. Sie sind gegeneinander beweglich und erlauben dem Tier, sich bei Gefahr zu einer Kugel zusammenzurollen. Meist sitzen Käferschnecken aber fest auf ihrer Unterlage. Ihre Nahrung besteht aus Algen. Verbreitung: Europäische Atlantikküste, häufig an den Küsten Großbritanniens.

Klasse: **Schnecken** — *Gastropoda*
Ordnung: **Urschnecken** — *Diotocardia*
Familie: **Meer- oder Seeohren** — *Haliotidae*

2 Meerohr *Haliotis tuberculata.* Länge der Schale 80—90 mm, Höhe 60 mm. Schale flach, Oberfläche radial und konzentrisch gerillt. Unten am Schalenrand sind sieben Öffnungen in einer Reihe, durch die das Tier seine Tastsinnesorgane herausstreckt. An der inneren Schalenwandung sitzt eine starke Perlmuttschicht. Der Fuß ist sehr breit und weist eine große Anzahl seitlicher Fasern auf. Das Meerohr lebt in geringer Tiefe auf Steinuntergrund, mit Vorliebe saugt es sich an der Unterseite von Steinen fest. Fortpflanzung im August/September. Nahrung sind vor allem Algen. Diese Schnecke wird hauptsächlich wegen ihrer dicken Perlmuttschicht gesammelt, aber auch gegessen. Einzige Art der Gattung *Haliotis* an den europäischen Küsten. Verbreitung: Mittelmeer, Kanarische Inseln, Azoren, Senegal. In der Nordsee lebt sie nicht.

Familie: **Lochschnecken** — *Fissurellidae*

3 Lochschnecke *Emarginula huzardi.* Schalenlänge 13—20 mm. Die weißlich gefärbte Schale hat die Form eines gestreckten, spitzen Hutes. Sie ist fest und hat zahlreiche radial auseinanderstrebende Rippen, daneben auch feinere konzentrische Rillen. Im Meer auf Untiefen mit hartem Grund, gern unter Steinen. Die Lochschnecke frißt Algen. Verbreitung: Mittelmeer.

Familie: **Napfschnecken** — *Patellidae*

4 Gewöhnliche Napfschnecke *Patella vulgata.* Schalenlänge 50—60 mm. Schalenoberseite bräunlich oder grünlich und stark gerillt, Innenseite perlmuttglänzend braun-weiß gestreift. Die Napfschnecke lebt festsitzend auf Steingrund, den sie nur in der Nacht verläßt, um Pflanzennahrung zu suchen. Eßbar. Verbreitung: Europäische Atlantikküste (einschließlich Großbritannien), Mittelmeer.

Familie: **Kreiselschnecken** — *Trochidae*

5 Gemeine Buckelschnecke *Gibbula divaricata.* Höhe des Gehäuses 23 mm, Breite ca. 19 mm. Der Körper sitzt in dem Gehäuse mit sechs Windungen geschützt. Die Oberfläche der Oberwindungen ist glatt, die unteren sind spiralig gerillt. Gehäuse gelbgrün und karminrot gestreift. Die Art lebt in geringer Meerestiefe zwischen Algen, unter Steinen usw. und ernährt sich von Algen. Verbreitung: Im Mittelmeer häufig.

6 *Monodonta articulata.* Höhe des Gehäuses 30—50 mm, Breite 24—42 mm. Die Schnecke bildet ein sechs-, manchmal auch siebenmal gewundenes mittelgroßes, festes Gehäuse aus, das farblich ziemlich variabel ist und durch einen Kalkdeckel verschlossen wird. Häufig an felsigen Küsten, auch an Felsfundamenten von Hafenbauten. Verbreitung: Mittelmeer, Portugal.

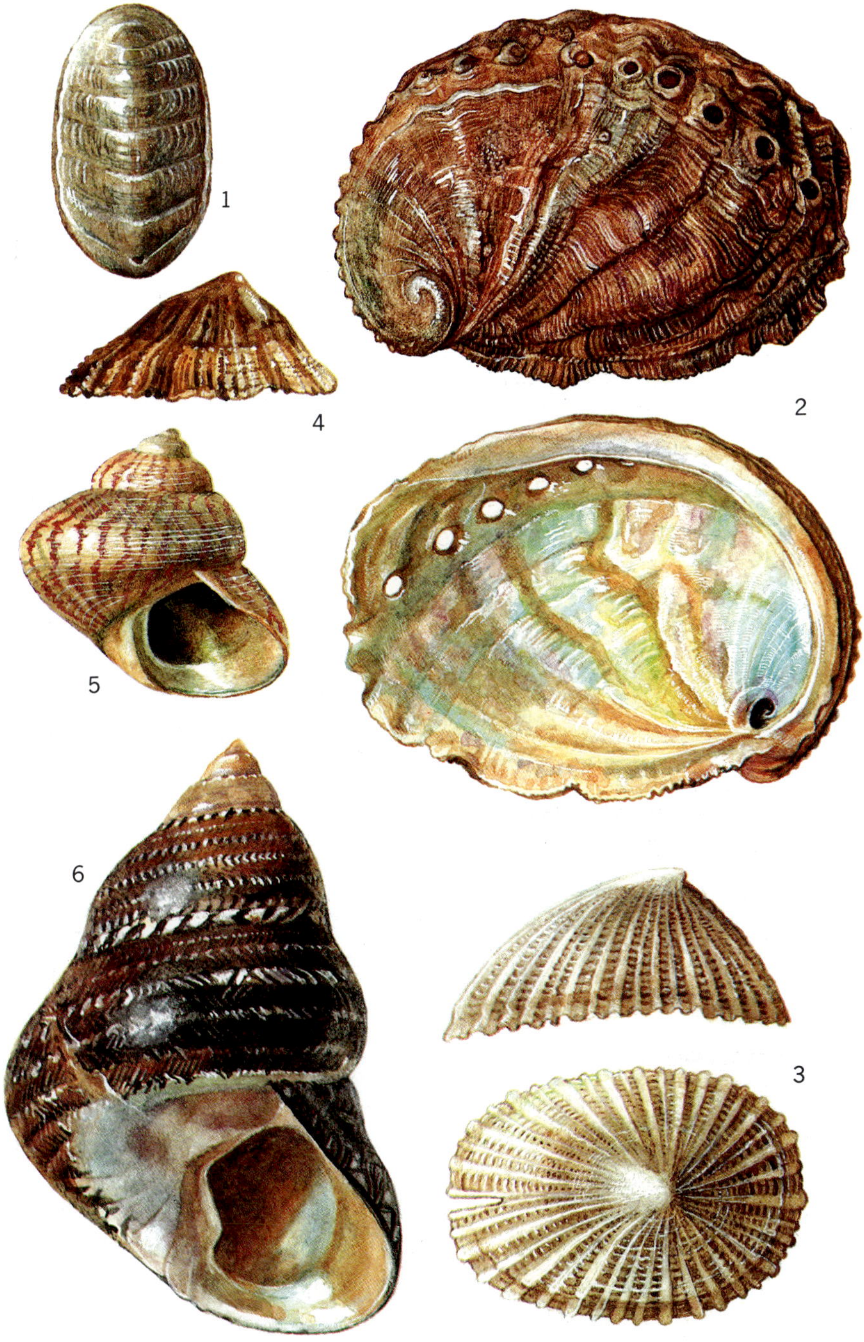
1
2
4
5
6
3

Schnecken

Ordnung: *Monotocardia*
Familie: **Sumpfdeckelschnecken** — *Viviparidae*

1 Sumpfdeckelschnecke *Viviparus viviparus.* Gehäusehöhe 32—40 mm, Breite 24—30 mm, seit neuerem auch *V. contectus* genannt. Die Spitze des dünnwandigen Gehäuses ist scharf, die Mündung oval und von einem Plättchen verschlossen. Um den asymmetrisch angeordneten Plattenkern ziehen sich deutlich erkennbare konzentrische Ringe, an denen der Zuwachs abzusehen ist. Links oben ist kein Einschnitt zu erkennen. Die Sumpfdeckelschnecke lebt im Süßwasser und bewohnt stehende Gewässer mit reicher Vegetation. Verbreitung: Europa (von Norditalien, Spanien, Portugal bis Südskandinavien, Großbritannien, Ural), Kaukasus.

2 Gebänderte Sumpfdeckelschnecke *Viviparus fasciatus.* Gehäusehöhe 30—32 mm, Breite 23—24 mm. Ähnelt der Sumpfdeckelschnecke, doch ist das Gehäuse insgesamt schlanker, aus massiverem Material und läuft nicht in eine Spitze aus. Süßwassertier, das sich eher in leicht bewegten Gewässern aufhält. Verbreitung: Großteil Europas, einschließlich Großbritanniens. In Deutschland lebt die Schnecke in den großen Flüssen (Rhein, Main u.a.).

Familie: **Strandschnecken** — *Littorinidae*

3 Gemeine Strandschnecke *Littorina littorea.* Gehäusehöhe 15—40 mm. Die Schnecke besitzt ein spitzes graues, braun gestreiftes Gehäuse mit 6—7 Windungen. Das Gehäuse ist mit einem Deckel versehen, mit dem sich das Tier bei Ebbe einschließt. Die Schnecke lebt in der Gezeitenzone in Küstennähe auf Steinen, Pflanzen und Hafenbauten, gelegentlich verläßt sie auch das Wasser. Eßbar, wird viel gesammelt. Verbreitung: Europäische Atlantikküste, Ostsee, an die Ostküste der USA verschleppt.

4 Kleine Strandschnecke *Littorina neritoides.* Gehäusehöhe 4—10 mm, Breite ca. 3 mm. Das Gehäuse hat fünf Windungen und besitzt einen Deckel zum Schutz vor Austrocknung. Die Schnecke lebt an Felsküsten im Salzwasser, sie steigt auch über die Wasseroberfläche empor. Verbreitung: Europäische Atlantikküste, Großbritannien, Nordsee (seit 1950), Mittelmeer, Madeira.

Familie: **Wendeltreppenschnecken** — *Epitoniidae*

5 Gemeine Wendeltreppe *Epitonium clathrus.* Gehäusehöhe ca. 30 mm, Breite 12 mm. Auch *Scala clathrus* genannt. Der Körper ist in einem schönen, reich skulpturierten Gehäuse mit 12—15 Windungen verborgen, auf ihm sitzt ein Schmuck aus stark erhobenen Rippen. Die ovale Öffnung wird von einer Platte verschlossen. Auf schlammigem und sandigem Meeresboden bis zu 100 m Tiefe. Verbreitung: Europäische Atlantikküste, Mittelmeer.

Familie: **Pantoffelschnecken** — *Calyptraeidae*

6 Chinesisches Dach *Calyptraea chinensis.* Gehäusehöhe 7 mm, Durchmesser 29 mm. Die Schnecke hat ein dünnwandiges, milchweißes Gehäuse, dessen Gipfelpunkt genau in der Mitte liegt. Lebt in geringer Tiefe mit Vorliebe an festen Gegenständen. Verbreitung: Europäische Atlantikküste, Mittelmeer.

7 Pantoffelschnecke *Crepidula fornicata.* Gehäusehöhe 20 mm, Durchmesser bis zu 47 mm. Die Gehäuseform ist vom Untergrund, auf dem das Tier lebt, abhängig. Die junge Schnecke ist beweglich, im Alter bleibt sie an einer Stelle seßhaft. In der Regel sitzt eine ganze Reihe von Tieren aufeinander: unten die Weibchen, in der Mitte Zwitter und oben die Männchen. Die Schnecke lebt nur in geringen Tiefen. Verbreitung: Europa (an den Küsten Großbritanniens seit 1880, mit Austern aus den USA eingeschleppt, an der holländischen Küste seit 1929; später kam es zur Besiedlung weiterer europäischer Küstenstriche am Atlantik), nearktische Region.

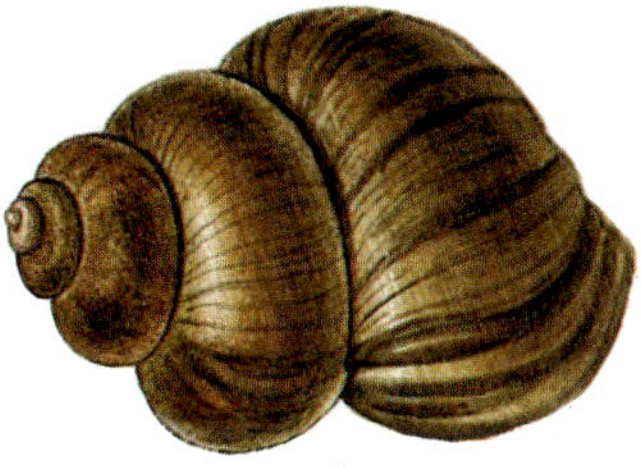

1

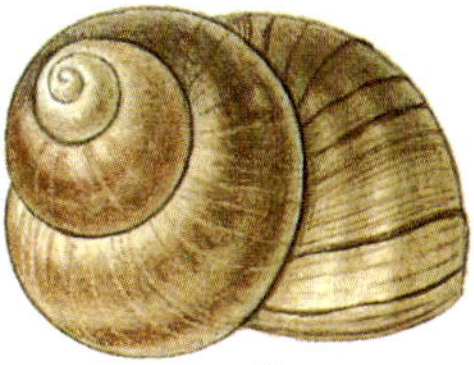

2

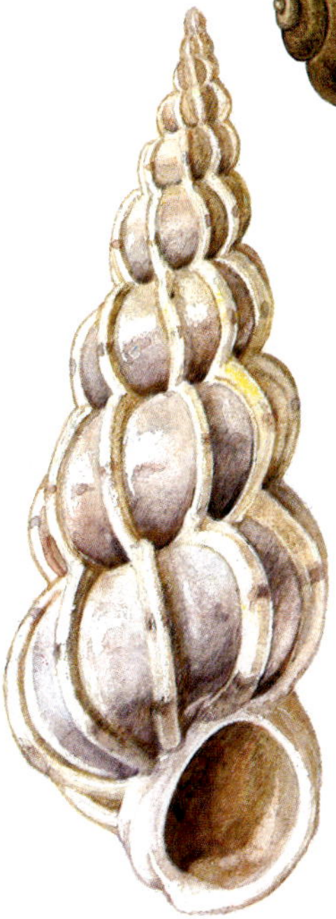

5

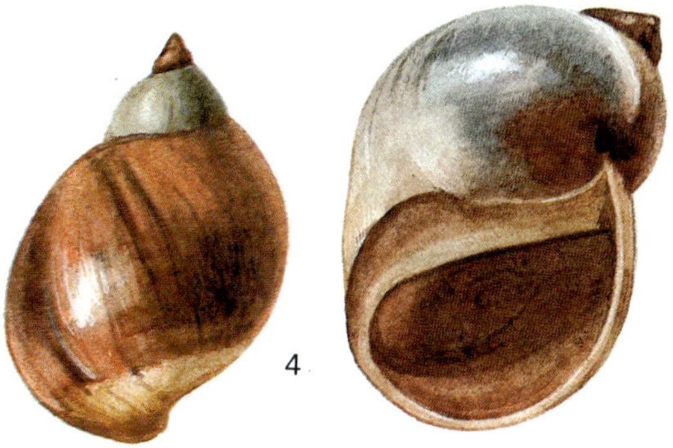

4

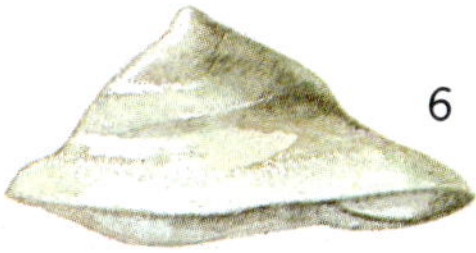

6

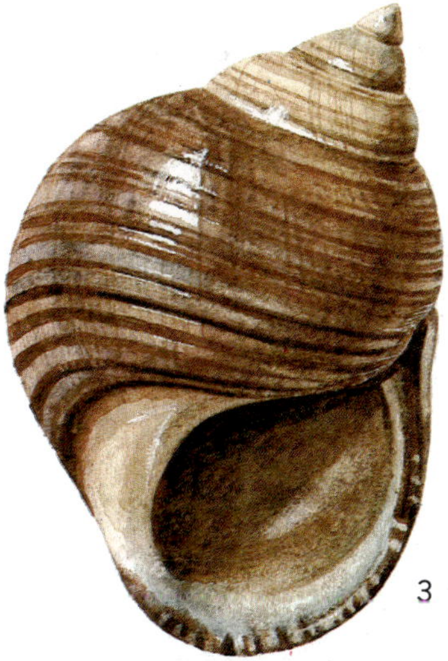

3

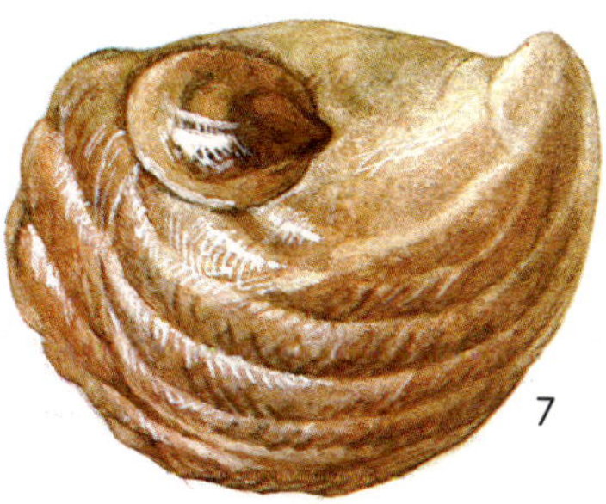

7

Schnecken

Familie: **Stachelschnecken** — *Muricidae*

1 Stachelschnecke *Trunculariopsis trunculus.* Schalenlänge etwa 100 mm. Schale mit breitem Siphonalkanal. Die Schnecke lebt auf schlammigem Meeresboden und gehört zu den Arten, die als Lieferanten des Purpurfarbstoffes bekannt waren. Verbreitung: Mittelmeer.

2 Austernbohrer *Ocenebra erinacea.* Gehäusehöhe ca. 60 mm. Mit dickwandigem, gelblichweiß bis dunkelbraun gefärbtem Gehäuse, dessen Mündung gleichfalls in einen Siphonalkanal ausläuft. Auf der Gehäuseoberseite sitzen zahlreiche mächtige Dorne (von diesem Merkmal stammt der wissenschaftliche Name der Art: *erinaceus* heißt Igel). In geringer Tiefe auf hartem Grund, Fortpflanzung im Mai/Juni. Räuberische Art, die alle möglichen Weich- und Krustentiere überfällt und verzehrt (z.B. Austern). Die Schnecke wird wegen des fleischigen Fußes und wegen des schönen Gehäuses gefangen. Verbreitung: Mittelmeer, Atlantikküste von Westschottland bis zu den Azoren und Madeira.

Familie: **Stachelschnecken** — *Thaididae*

3 Nordische Purpurschnecke *Nucella lapillus.* Gehäusehöhe 35–45 mm. Die Schnecke bildet ein dickwandiges Gehäuse mit einer ovalen, verdickten Mündung, an deren Außenrand Zähnchen sitzen. Räuber, der in der Küstenzone auf Sand- und Steingrund lebt. Beute sind andere Weichtiere. Verbreitung: Europäische Atlantikküste bis Norwegen, Nordafrika.

Familie: **Kiemenschnecken, Kinkhörner** — *Buccinidae*

4 Kiemenschnecke *Buccinum undatum.* Gehäusehöhe bis zu 110 mm, Breite 65 mm. Die Schnecke hat ein mächtiges Gehäuse mit großer Mündung, sechs bis acht Windungen und einer reichen Oberflächenskulptur. Auf graugelbem Grund liegt noch eine dunkelbraune organische Schicht. Die Art lebt in der Gezeitenzone auf Sand- und Schlammgrund bis zu einer Tiefe von 200 Metern. Die Gehäuse von Exemplaren aus größerer Tiefe haben eine dünnere Wandung. Diese Schnecke verzehrt sowohl Aas als auch lebende Tiere. Das Weibchen legt seine Eier in einem Kokon ab. In einem solchen Kokon finden sich etwa 1000 Eier, doch entwickelt sich nur ein geringer Prozentsatz, da die zuerst geschlüpften Larven die anderen Eier fressen. Recht häufig, wird wegen des fleischigen Fußes gefangen. Verbreitung: Atlantikküste, Nordsee, seltener Mittelmeer.

Familie: **Reusenschnecken** — *Nassariidae*

5 Reusenschnecke *Nassarius reticulatus.* Höhe des Gehäuses etwa 30 mm. Die Schnecke hat ein spitzkegelförmiges Gehäuse, auf dessen Oberfläche sich spiralige Streifen hinziehen. Die Innenwandung der verdickten Mündung ist mit einigen Zähnen besetzt. Bewohnt oft in größerer Anzahl den weichen Meeresboden, doch kommt sie auch an der Felsküste im Tangbewuchs vor. Verbreitung: Mittelmeer, europäische Atlantikküste, Schwarzes Meer.

Familie: **Kegelschnecken** — *Conidae*

6 Mittelmeerkegel *Conus ventricosus.* Gehäusehöhe bis zu 57 mm; auch *C. mediterraneus* genannt. Färbung recht variabel, manchmal braungelb, gelegentlich auch olivbraun. Meist mit weißlichem Band und bräunlicher Punktierung. An Felsküsten zwischen Pflanzen häufig. Verbreitung: Mittelmeer, Westafrika.

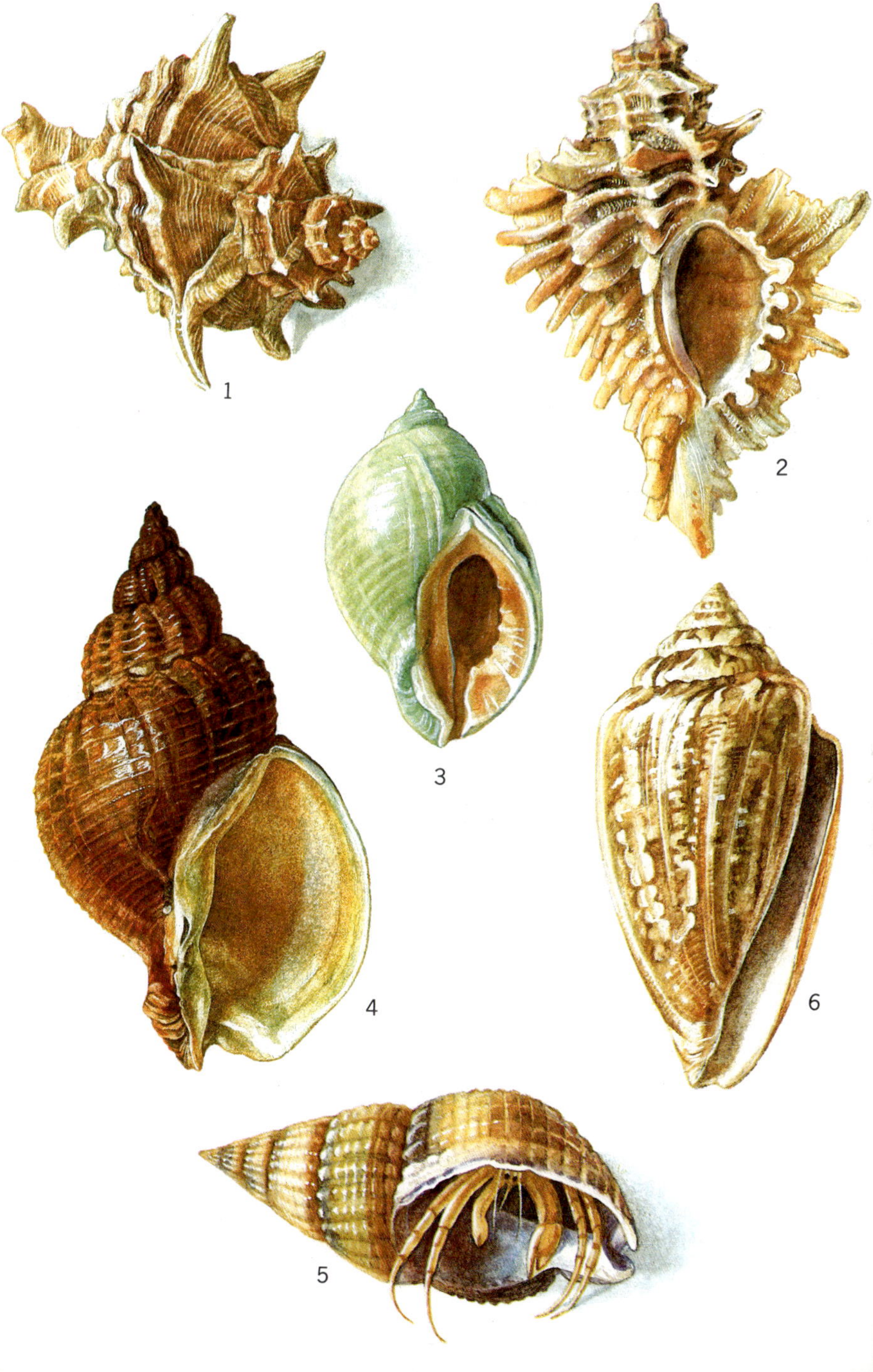
1
2
3
4
6
5

Schnecken

Ordnung: **Wasserlungenschnecken** — *Basommatophora*
Familie: **Schlammschnecken** — *Lymnaeidae*

1 Kleine Schlammschnecke *Lymnaea truncatula.* Gehäusehöhe 7—14 mm, Breite 3,5—6,3 mm. Die Art hat nur ein kleines, langgestrecktes kegelförmiges Haus aus 5—5,5 Windungen, die durch eine tiefe Naht voneinander getrennt sind. Häufig in kleinen Gewässern — Tümpeln, Gräben oder Bewässerungskanälen — dort lebt sie auf Pflanzen. Gelegentlich kriecht sie auch über die Wasseroberfläche empor oder wühlt sich in den Schlamm ein. Im Körper der Schlammschnecke durchläuft der Leberegel *(Fasciola hepatica),* ein Schafparasit, einen Teil seines sehr komplizierten Lebenszyklus. Ohne den Zwischenwirt, die Schlammschnecke, ist er nicht entwicklungsfähig. Verbreitung: Paläarktische und nearktische Region.

2 Große Schlammschnecke *Lymnaea stagnalis.* Gehäusehöhe bis zu 60 mm, Breite 22—30 mm. Der Wirbel des Gehäuses ist genauso hoch oder nur etwas höher als die Mündung. Form und Färbung ziemlich variabel. Diese Schlammschnecke lebt in ruhigem Süßwasser, in niedrigen Lagen gegebenenfalls auch im Brackwasser. Verbreitung: Paläarktische und nearktische Region.

3 Ohrschlammschnecke *Lymnaea auricularia.* Gehäusehöhe 25—30 mm, Breite 20—30 mm. Das breite Gehäuse wird von nur vier Windungen gebildet. Die oberen drei sind klein, die unteren breit. In stehenden Gewässern mit reicher Vegetation, manchmal auch in langsam fließenden Flüssen. Verbreitung: Großteil Europas, Nord- und Ostasien, nach Nordamerika eingeschleppt.

Familie: **Posthorn- oder Tellerschnecken** — *Planorbidae*

4 Posthornschnecke *Planorbarius corneus.* Gehäusehöhe 11—13 mm, Breite 25—33 mm. Oberseite tief eingesenkt. Das dunkelbraune Gehäuse weist oft eine netzartige Zeichnung auf und besteht aus 4,5 bis 5 Windungen. Die Art bewohnt stehende oder langsam fließende Gewässer mit reicher Vegetation. Fehlt in höheren Lagen. Verbreitung: Großteil Europas, Kaukasus, Kleinasien, Ostsibirien.

5 Geränderte Tellerschnecke *Planorbis planorbis.* Gehäusehöhe 3,5—4 mm, Breite 12—17 mm. Der Körper ist im Gehäuse von 5,5—6 Windungen geborgen, an der Unterseite sitzt ein Kiel. In niederen Lagen in vegetationsreichen stehenden Gewässern. Verbreitung: Paläarktische und nearktische Region.

6 Glänzende Tellerschnecke *Segmentina nitida.* Gehäusehöhe 1,5—1,8 mm, Breite 5—7 mm. Die Schnecke besitzt ein kleines, flaches Gehäuse aus 4,5—5 Windungen. Die Mündung ist liegend-herzförmig. Häufig, in Tümpeln, Gräben, Teichen und Sümpfen. Verbreitung: Großteil der paläarktischen Region.

Familie: **Mützenschnecken** — *Ancylidae*

7 Fluß-Napfschnecke *Ancylus fluviatilis.* Schalenlänge 4,7—7,3 mm. Die Schale ist oval, ihre Spitze nach rechts hinten ausgezogen. Sie ist dünnwandig und weist radiale Rillen auf. Die Fluß-Napfschnecke kommt auf Steinen in saubereren Bächen, Flüssen und Seen vor, vor allem in Hügel- und Gebirgslandschaften. Durch die fortschreitende Verschmutzung der Wasserläufe ist sie bereits an vielen Standorten verschwunden. Verbreitung: Europa, Kaukasus, Transkaukasien, Nordafrika.

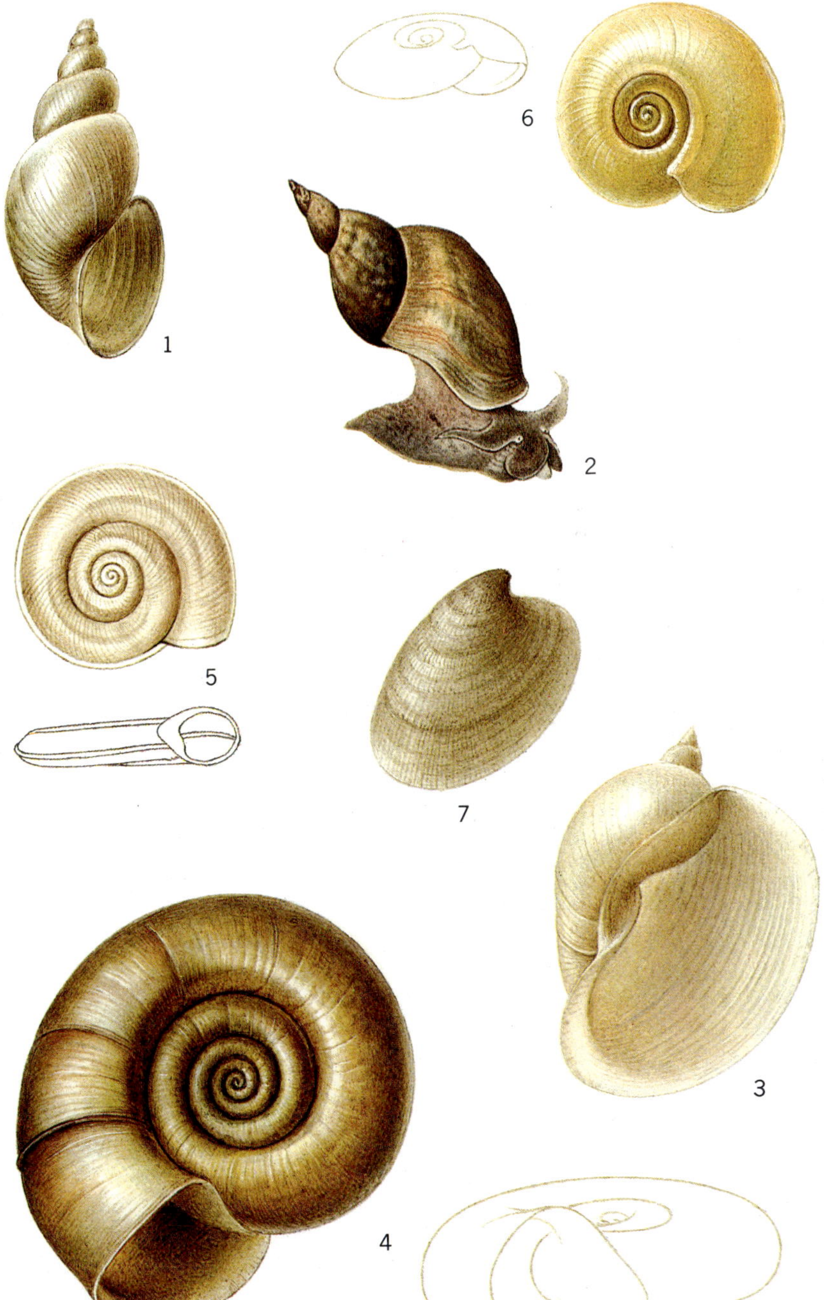
1
2
3
4
5
6
7

Schnecken

Ordnung: **Landlungenschnecken** — *Stylommatophora*
Familie: *Pupillidae*

1 Moosschraube *Pupilla muscorum*. Gehäusehöhe 3−4 mm, Breite 1,8−2 mm. Mit kleinem starkwandigen, rotbraunen Gehäuse, an dessen Mündung ein bis zwei Zähnchen sitzen. Häufige Art, die trockene, grasbestandene Hänge vor allem auf Kalkuntergrund bewohnt. Oft unter Steinen. Verbreitung: Eurasien, Nordwestafrika, Nordamerika.

Familie: *Vertiginidae*

2 Zylindrische Windelschnecke *Truncatellina cylindrica*. Gehäusehöhe 1,8−2 mm, Breite ca. 1 mm. Das gelbbraune walzenförmige Gehäuse besteht aus 5−6 Windungen, jede Windung ist sehr fein gerillt. In der Gehäusemündung keine Zähnchen. Die Schnecke lebt in trockenen Grassteppen, auf trockenen Wiesen und Felsen; Wälder meidet sie. Verbreitung: Europa bis zum 60. Breitengrad, Kaukasus, Transkaukasien, Kleinasien, Nordafrika.

3 Zwerg-Windelschnecke *Vertigo pygmaea*. Gehäusehöhe 1,5−2,2 mm, Breite 1,2−1,5 mm. Die Schnecke hat ein braun glänzendes Gehäuse, in dessen Mündung meist 5 Zähne sitzen (manchmal auch nur 4 oder 6). Sie liebt feuchte Standorte — Wiesen, Raine; auch auf Felsen. Verbreitung: Europa (mit Ausnahme des Nordens und Südens), Kaukasus, Transkaukasien, Westasien, Nordamerika.

Familie: **Grasschnecken** — *Valloniidae*

4 Stachelschnecke *Acanthinula aculeata*. Gehäusehöhe 1,8−2,1 mm, Breite 2−2,3 mm. Hornbraunes Gehäuse aus vier Windungen. Auf den letzten beiden Windungen sitzen Rippen, auf denen feine Stacheln sind. In Wäldern unter feuchtem Laub, auf morschendem Holz usw. Verbreitung: Europa (fehlt in Nordskandinavien), Kaukasus, Transkaukasien, Nordafrika.

5 Gerippte Grasschnecke *Vallonia costata*. Gehäusehöhe 1,3 mm, Durchmesser 2,1−2,7 mm. Die Art hat ein gelbgraues Gehäuse mit deutlich erkennbaren Rippen in radialer Anordnung (auf der letzten Windung bis zu 36). Auf Wiesen und Felsen häufig. Verbreitung: Paläarktische und nearktische Region.

6 Glatte Grasschnecke *Vallonia pulchella*. Gehäusehöhe 1,3 mm, Durchmesser 2 bis 2,5 mm. Mit weißlich-gelbgrauem Gehäuse von fast kreisrunder Form. An feuchten Orten wie Wiesen, Rainen, unter Steinen usw. Verbreitung: Paläarktische und nearktische Region.

Familie: **Vielfraßschnecken** — *Enidae*

7 Große Vielfraßschnecke *Zebrina detrita*. Gehäusehöhe 20−22 mm, Breite 9−10 mm. Mit glänzend weißem Gehäuse, auf dem manchmal braune Streifen zu sehen sind. Ausgesprochen wärmeliebend, vor allem auf Kalkböden. Verbreitung: Europa (vom Süden bis nach Mitteleuropa, wo die Nordgrenze ihrer Verbreitung verläuft), Iran.

Familie: **Bernsteinschnecken** — *Succineidae*

8 Bernsteinschnecke *Succinea putris*. Gehäusehöhe 16−22 mm, Breite 8−11 mm. Die Mündung des gelblichen Gehäuses hat eine Höhe, die etwa $^2/_3$ der Gesamthöhe entspricht. Das Haus besteht aus 3−4 Windungen. Die Bernsteinschnecke lebt vor allem in niederen Lagen, in Auwäldern, im Schilf und auf Wasserpflanzen. Verbreitung: Europa, West- und Nordasien.

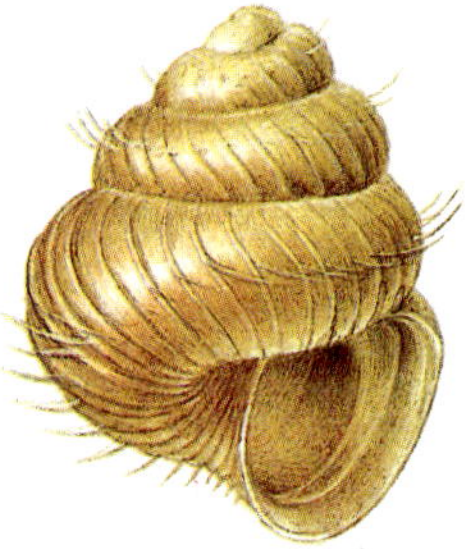

4

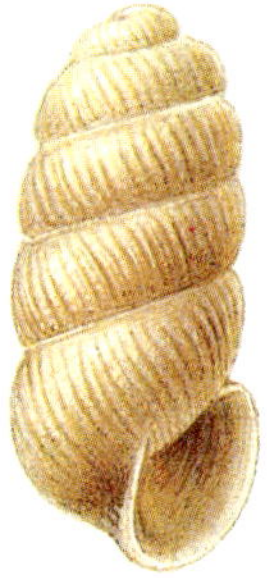

2

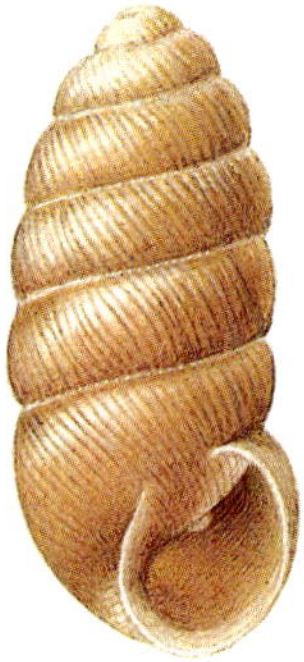

1

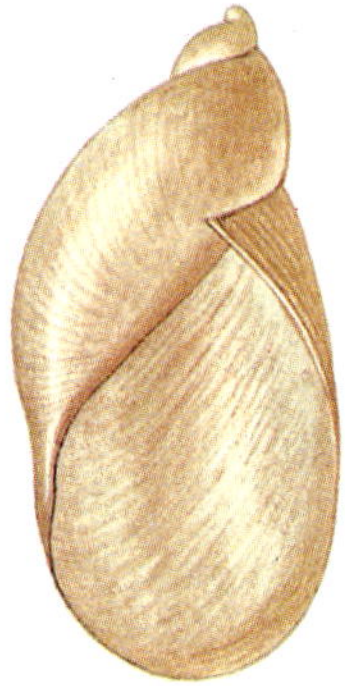

8

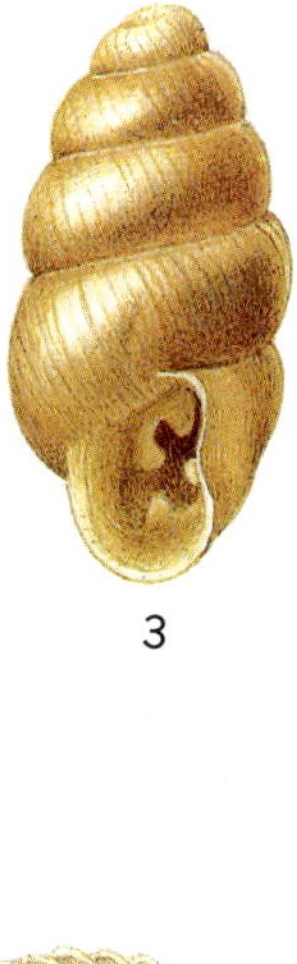

3

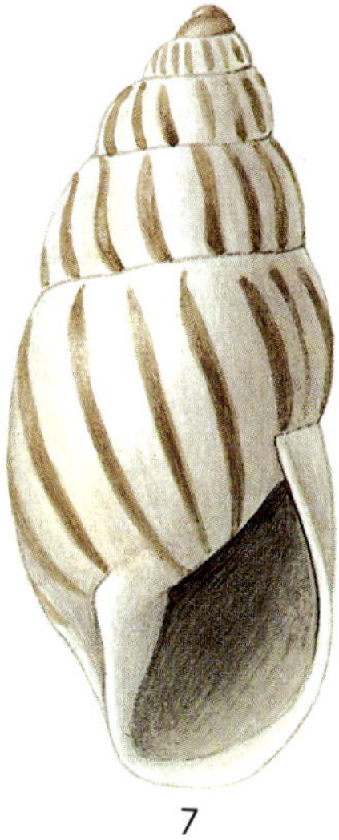

7

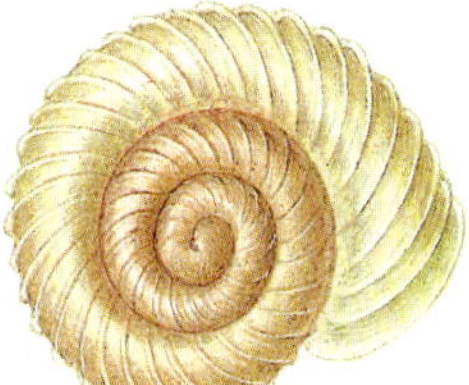

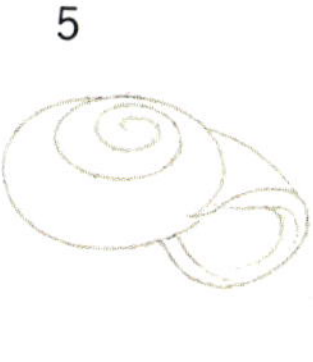

5

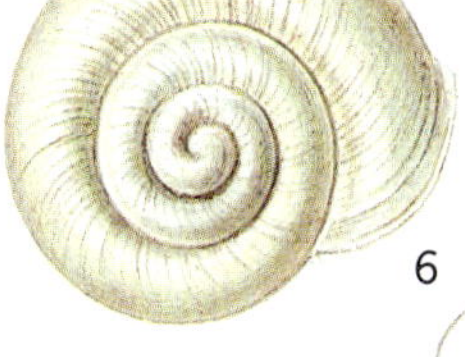

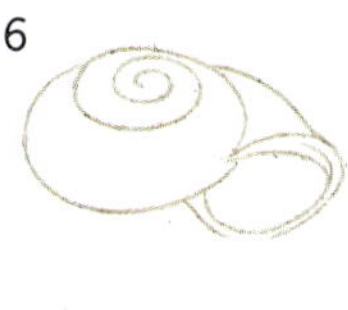

6

Schnecken

Familie: **Schließmundschnecken** — *Clausiliidae*

1 Feingerippte Schließmundschnecke *Clausilia dubia*. Gehäusehöhe 12—13 mm, Breite 2,8—3 mm. Gehäuse wie bei vielen weiteren Arten spindelförmig gestreckt. Eine genaue Bestimmung ist nur mit Hilfe eines Vergrößerungsglases möglich, da die Erkennungsmerkmale in der Gehäusemündung untersucht werden müssen. Die Art hat ein Haus mit dichter Querstreifung, über diese Struktur verlaufen auch noch feine Spiralrillen. An feuchten Stellen, an Felsen (gerne in Burgruinen) und in alten Baumstümpfen. Verbreitung: Großteil Europas (Westeuropa, vom Nordbalkan bis Südskandinavien, Großbritannien).

2 *Gracillaria filograna*. Gehäusehöhe 7,5—9 mm, Breite 2—2,2 mm. Das Gehäuse hat 9—10 Windungen, die stark hervortreten und an der Naht durch eine Rille voneinander getrennt sind. Die Rippen des Gehäuses liegen weit voneinander entfernt. Die Art bewohnt feuchte Wälder mit genügend verwesendem Laub; Baumstämmen weicht sie aus. Verbreitung: Südalpen, in den Gebirgen Sachsens und Thüringens, Ostharz, Karpaten, Nordwestbalkan, nach Osten bis Moskau.

3 *Cochlodina orthostoma*. Gehäusehöhe 12—13 mm, Breite 3 mm. Die Schnecke bildet ein braunes Gehäuse aus, über dessen Oberfläche feine Rippen verlaufen, der Gehäusewirbel ist dick. Häufige Art, gerne auf moosüberzogenen Felsen, Bergahorn-Stämmen *(Acer pseudoplatanus)* und Buchen in Laubwäldern. Verbreitung: Europa von den Karpaten über die Ostseeländer bis Finnland, im Osten bis in die Ukraine.

4 Feingefältelte Schließmundschnecke *Iphigena plicatula*. Gehäusehöhe 10—15 mm, Breite 2,8—3 mm. Über ihr schlankes Gehäuse verlaufen außer den Rippen auch feine Spiralen. Von den Niederungen bis in Gebirgslagen in Wäldern in altem Laub, auf Baumstämmen, in Stümpfen, an Felsen und Wänden. Verbreitung: Von Norditalien bis Südskandinavien, Ostfrankreich, fehlt in einigen Gebieten der Norddeutschen Tiefebene.

Familie: **Diskusschnecken** — *Endodontidae*

5 Gefleckte Diskusschnecke *Discus rotundatus*. Gehäusehöhe 2,4—2,8 mm, Breite 5,8—7 mm. Auf horngelbem Gehäuse sitzen rotbraune Flecken. Häufige, in Wäldern lebende Art, verkriecht sich im Laub, unter altem Holz, Steinen usw. Auch in alten Burgen. Verbreitung: Großteil Europas (im Norden bis Südskandinavien, Litauen), Nordafrika.

Familie: **Glanzschnecken** — *Zonitidae*

6 Gemeine Glanzschnecke *Vitrea crystallina*. Gehäusehöhe ca. 2 mm, Breite 3—4 mm. Das Gehäuse hat 4,5—5 Windungen, die letzte ist etwa 1,5 mal so breit wie die vorhergehende. An feuchten Stellen unter altem Laub, mit Vorliebe in Erlenbeständen, im Moos usw., von den Niederungen bis ins Gebirge. Verbreitung: Großteil Europas, Nordwestafrika.

Familie: **Glasschnecken** — *Vitrinidae*

7 Kugelige Glasschnecke *Vitrina pellucida*. Gehäusehöhe ca. 3,5 mm, Breite 4,9—6 mm. Glänzend glattes Gehäuse mit drei bis dreieinhalb Windungen. Sehr häufige und weit verbreitete Art. Sowohl in feuchten wie auch trockenen Gebieten — in Wäldern, Steppen, auf Felsen, Wiesen und Kulturflächen, verbirgt sich unter altem Laub, unter Steinen und Moos. Verbreitung: Eurasien (auch auf Island), Nordamerika.

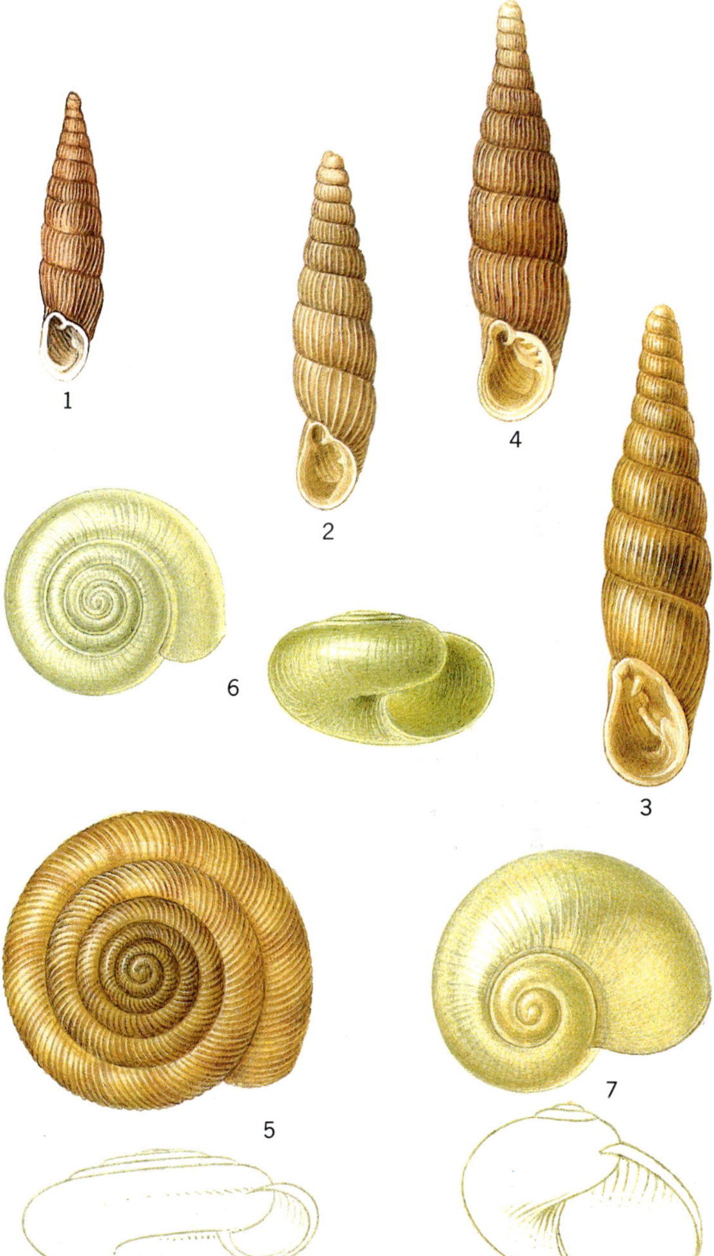
1
2
4
6
3
5
7

Schnecken

Familie: **Wegschnecken** — *Arionidae*

1 Rote Wegschnecke *Arion rufus.* Länge 120—150 mm. Färbung verschieden, es gibt orange- und ziegelrote, braune sowie schwarze Tiere. Der Fußrand ist immer rot. An feuchten Stellen, vor allem in Laubwäldern. Allesfresser, der sich neben pflanzlicher Nahrung auch von Aas ernährt. Verbreitung: Europa vom Nordteil der Pyrenäenhalbinsel bis Südskandinavien, Großbritannien und Island.

2 Braune Wegschnecke *Arion subfuscus.* Länge 60—70 mm. Ocker- bis orangegelbe Art mit deutlichem, nicht scharf umgrenzten dunklem Streifen auf den Körperseiten. Auf ihrem Schild sitzt eine dunkle Zeichnung in Form einer Lyra. In Laub- und Nadelwäldern. Gern kriecht sie unter die Rinde alter Stämme und sucht dort nach Schimmelpilzen. Frißt auch Waldpilze und Früchte. Verbreitung: Großteil Europas (außer dem Südbalkan, der Pyrenäenhalbinsel und Italien).

Familie: **Egelschnecken** — *Limacidae*

3 Ackerschnecke *Deroceras reticulatum.* Länge 50—60 mm. Grundfarbe hellgrau, gelblich weiß oder rotbraun, darüber breitet sich eine dunkle netzartige Zeichnung. An feuchten Orten, in Wäldern, auf Wiesen, Feldern und Gärten unter Laub, Steinen und Holzstücken. Allesfresser, der in Gärten und Gewächshäusern Schaden anrichten kann. Diese und verwandte Arten werden von Laien leicht mit den Arten der Familie *Arionidae* verwechselt, doch bestehen zwischen ihnen beträchtliche Unterschiede. So z. B. mündet die Atemöffnung bei den *Arionidae* vor der Schildmitte, bei den *Limacidae* erst hinter der Schildmitte. Die Ackerschnecke wurde früher mit *D. agreste* zu einer Art zusammengefaßt. Verbreitung: Kosmopolit.

4 *Lehmannia macroflagellata,* ca. 50 mm lang, ähnelt der verwandten Art *L. marginata,* in deren Gesellschaft sie gelegentlich auftritt. Lebt in Bergwäldern, vorwiegend in Laubbeständen (Buchen) und geht auch über die obere Waldgrenze bis zu 2000 m hoch. Verbreitung: Mitteleuropa, Gebirge des Karpaten- und Sudetenbogens.

5 Große Egelschnecke *Limax maximus.* Länge 120—150 mm. Gehört zu den größten Arten und ist hellgrau bis weißlich gefärbt, über jede Körperseite ziehen sich 1—3 Reihen dunkler Flecken hin. Das Tier scheidet farblosen Schleim aus. In Parks und Gärten, seltener in Wäldern, auch in Kellern. Die Große Egelschnecke lebt von Pflanzengewebe und allen möglichen Lebewesen (frißt Weichtiere). Verbreitung: Europa.

6 *Bielzia coerulans.* Länge 100—120 mm. Körper mit blauer, violetter bis fast schwarzer Färbung, ohne dunkle Zeichnungen. Ihr Rückenkiel ragt hoch auf. Ausgesprochene Gebirgsart, die häufig unter der Rinde alter Bäume, Steinen oder Laub anzutreffen ist. Verbreitung: Karpaten und Sudetengebirge.

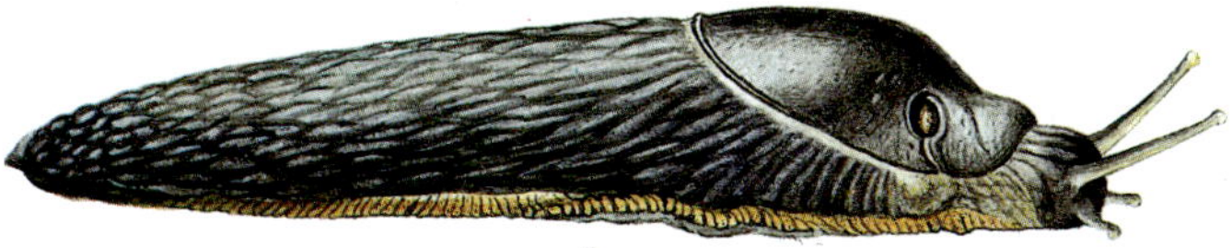

1

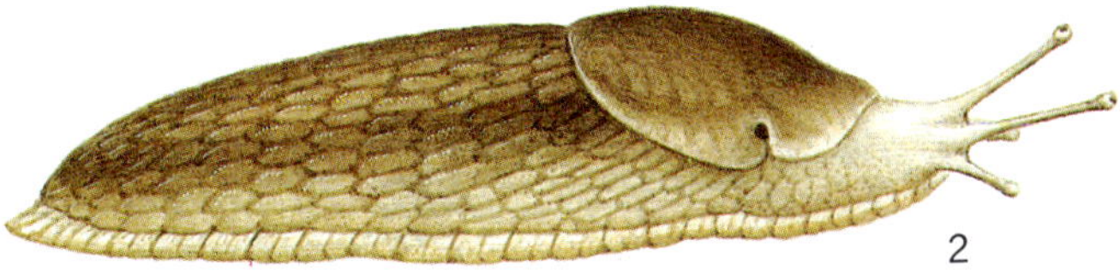

2

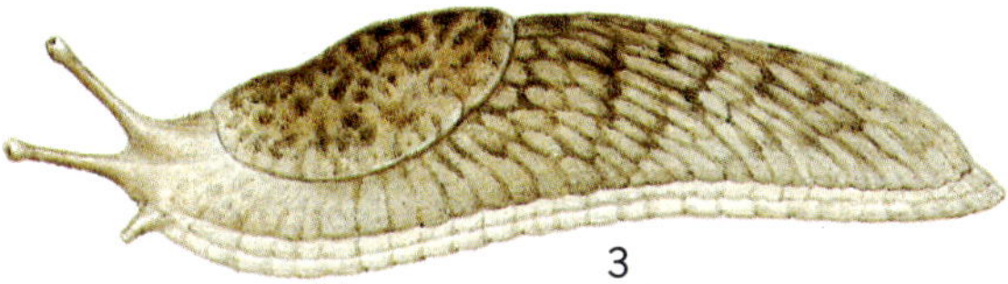

3

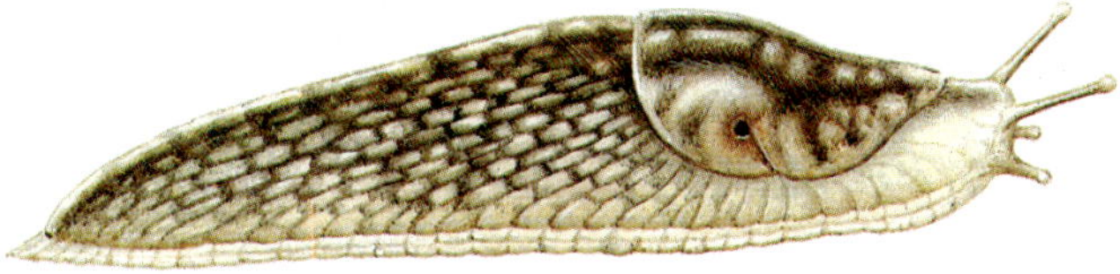

4

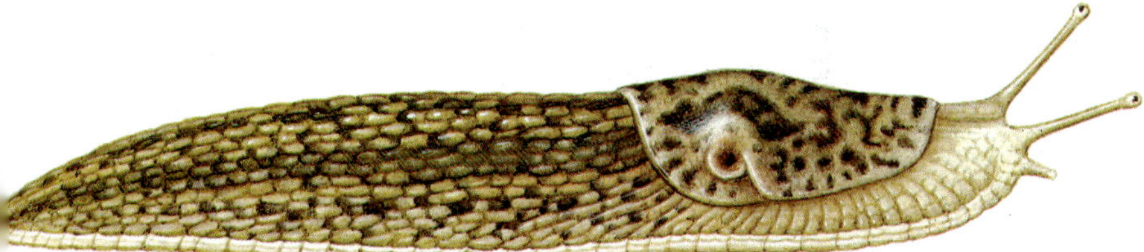

5

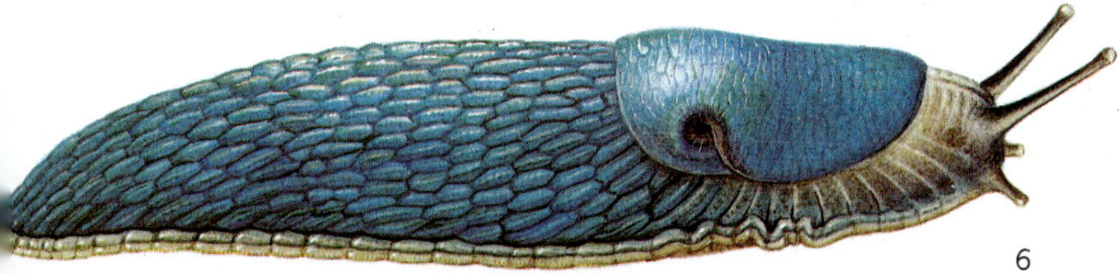

6

Schnecken

Familie: **Schnirkelschnecken** — *Helicidae*

1 Weitgenabelte Heideschnecke *Helicella itala*. Gehäusehöhe 7—8 mm, Breite 15—16 mm, auch unter der Bezeichnung *H. ericetorum* bekannt. Das weißlich-gelbe Gehäuse hat 5 1/4 bis 5 3/4 Windungen. Oft einfarbig, doch in der Regel mit hellbraunen, transparenten Streifen. Wärmeliebend, meist an trockenen Hängen, mit Kalksteinunterlage. Verbreitung: West- und Mitteleuropa.

2 Weiße Heideschnecke *Helicella obvia*. Gehäusehöhe ca. 8 mm, Breite 16 mm, auch als *H. candicans* beschrieben. Mit weißem Gehäuse, über das sich dunkle, undurchsichtige Streifen hinziehen, die sich manchmal zu ganz dünnen Linien verjüngen oder in eine Reihe von Punkten übergehen. Das Gehäuse besteht aus 5 1/2 bis 5 3/4 Windungen. Diese Heideschneckenart liebt Wärme und Trockenheit, sie ist daher oft an waldlosen Hängen und Bahndämmen zu finden. Da sie auch kühlere Standorte verträgt, setzt sie sich leicht in neuen Gegenden fest, wenn sie dorthin eingeschleppt wurde. Verbreitung: Südost- und Mitteleuropa, in Deutschland am Oberrhein, in Thüringen und im Harz, seltener in der Norddeutschen Tiefebene.

3 Zweizähnige Laubschnecke *Perforatella bidens*. Gehäusehöhe 7 mm, Breite 10 mm. Glänzend braunes Gehäuse aus sieben Windungen, der untere Mündungsrand ist mit zwei Zähnchen versehen („bidens"). Die Schnecke lebt in den Niederungen an feuchten Standorten, in Auwäldern, Erlenbeständen usw. Verbreitung: Mittel- und Osteuropa, in Deutschland in Ostholstein und längs des Mains.

4 Rötlich gelippte Laubschnecke *Monachoides incarnata*. Gehäusehöhe 9—10 mm, Breite 13—16 mm. Gehäuse in der Form eines breiten, flachen Kegels, graugelb bis rötlich-braun mit feinkörniger Oberfläche. Liebt Feuchtigkeit, lebt im Wald unter altem Laub und auf Kräutern, auch auf Kulturland. Verbreitung: West- und Mitteleuropa, Südskandinavien, Nordbalkan. Fehlt in Großbritannien.

5 Einzähnige Laubschnecke *Trichia unidentata*. Gehäusehöhe 5—6 mm, Breite 7—8 mm. Gehäuse relativ hoch, hornbraun, mit kurzen Härchen bestanden. In der Mündung sitzt ein kräftiger Zahn. Lebt in Berg- und Vorgebirgslandschaften, wo sich in den Wäldern unter Laub und Steinen genug Feuchtigkeit findet. Verbreitung: Nördliche Kalkalpen, die Gebirgszüge Süddeutschlands, Böhmerwald, Riesengebirge usw.

6 Behaarte Laubschnecke *Trichia hispida*. Gehäusehöhe 4,5—5 mm, Breite 7—8,5 mm. Gehäuse aus 5—6 Windungen, graubraun bis rotbraun von Härchen überzogen, die bis zu 0,3 mm lang werden. Diese Schnecke liebt feuchte Standorte und lebt daher vorwiegend in niederen Lagen auf Wiesen, in erlenbestandenen Tälern und Gärten. Im Moos, Laub, unter Steinen und in altem Mauerwerk. Verbreitung: Europa (im Norden bis zum Polarkreis), Kaukasus.

7 Eingerollte Zahnschnecke *Helicodonta obvoluta*. Gehäusehöhe 5 mm, Breite 11 mm. Flaches, haarbestandenes Gehäuse, Mündung dreigelappt. Wärmeliebender Waldbewohner auf Kalksteingrund. Unter altem Laub, Steinen und altem Holz. Verbreitung: West- und Mitteleuropa, Nordbalkan, Großbritannien und Italien.

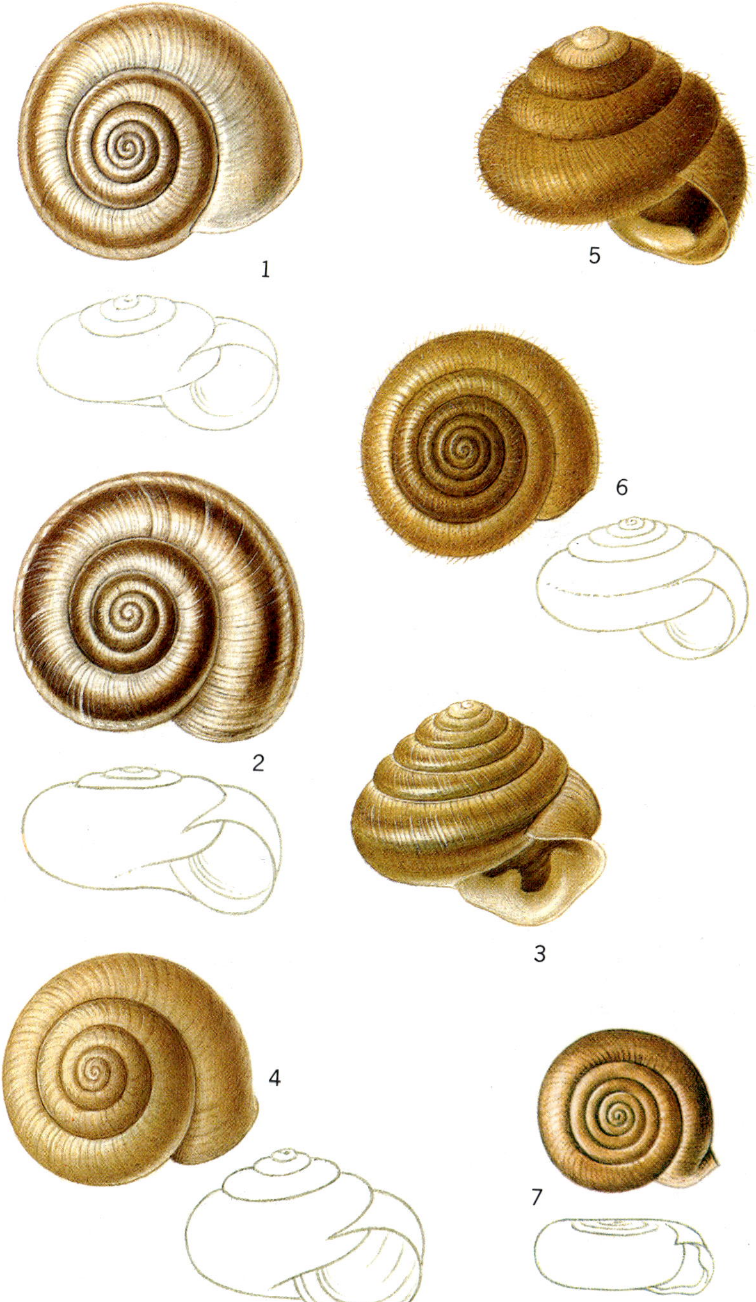
1
5
6
2
3
4
7

Schnecken

Familie: Schnirkelschnecken — *Helicidae*

1 Steinpicker *Helicigona lapicida.* Gehäusehöhe 7,5—8,5 mm, Breite 16—17 mm. Auf dem linsenförmigen graubraunen Gehäuse sitzen rotbraune Flecken. Vorwiegend in Hügellandschaften auf Buchenstämmen, dem Mauerwerk alter Burgen und Felsen. Verbreitung: Europa, von den nördlichen Teilen der Pyrenäenhalbinsel bis Südskandinavien, Großbritannien, Baltenländer.

2 Gefleckte Schnirkelschnecke *Arianta arbustorum.* Gehäusehöhe 18—21 mm, Breite 18—25 mm. Relativ großes, hell- oder dunkelbraun gefärbtes Gehäuse mit gelben Flecken und einem dunklen Streifen. Die Mündung ist rundlich und hat einen weißen Rand. Die Schnecke lebt in feuchten Wäldern von den Niederungen bis ins Gebirge; sie wird 5 Jahre alt. Ihre Nahrung besteht aus Blättern und Früchten verschiedener Pflanzen. Verbreitung: Europa: Pyrenäen, Frankreich, Großbritannien, Mitteleuropa nördlich der Alpen, Baltenländer, Ukraine, Skandinavien.

3 Ungenabelte Maskenschnecke *Isognomostoma isognomostoma.* Gehäusehöhe ca. 6 mm, Breite 10,5 mm. Mit braunem, ziemlich flachem und von relativ langen Haaren überzogenem Gehäuse. Die Zähne und die Lamelle geben der Mündung eine dreilappige Form. Die Schnecke bewohnt Berg- und Vorgebirgswälder und hält sich dort an steinigen Stellen auf, auch unter altem Laub und unter Holzstücken nicht selten. Verbreitung: Mitteleuropäische Gebirge, Pyrenäen.

4 Hain-Bänderschnecke *Cepaea nemoralis.* Gehäusehöhe 17—18 mm, Breite 22—23 mm. Die rotbraune bis schwarze Mündung des Gehäuses ist fast genauso hoch wie breit. Die Schnecke lebt vorwiegend in Gärten und Parks, auch in lichten Wäldern. Verbreitung: West- und Mitteleuropa, Südskandinavien, Litauen, Nordbalkan.

5 Garten-Bänderschnecke *Cepaea hortensis.* Gehäusehöhe 15—16 mm, Breite 19—21 mm. Das Gehäuse ist dunkel gestreift, die Mündung ist breiter als hoch und hell umrandet. Bewohnt feuchtere Orte in Wäldern und Hainen, gelegentlich auch auf Kulturland. Verbreitung: Mittel- und Westeuropa, Großbritannien, Südskandinavien, Südfinnland, Nordamerika.

6 Weinbergschnecke *Helix pomatia.* Gehäusehöhe und -breite ca. 40 mm. Gehört zu den bekanntesten Schnecken, ihre leeren Gehäuse finden sich oft in Wäldern und an Rainen. Das Gehäuse ist gelbbraun und mit fünf nicht immer deutlich sichtbaren dunkleren Streifen verziert. Es hat 4,5—5 Windungen. Die Schnecke reift erst im dritten und vierten Lebensjahr heran. Hermaphrodit (Zwitter). Ihre Eier messen im Durchmesser etwa 5,5 mm und sind von einer Kalkschale umgeben. Die Weinbergschnecke lebt vorwiegend in wärmeren Lagen in Wäldchen und auch auf Kulturland. Ihre Nahrung bilden alle möglichen Pflanzen. Mancherorts wird sie auch auf Farmen gezüchtet. Verbreitung: West-, Mittel- und Südosteuropa, Südskandinavien, Großbritannien und Baltenländer.

7 Mittelmeer-Weinbergschnecke *Helix aspersa.* Gehäusehöhe ca. 35 mm, Breite 38 mm. Die Schnecke hat ein gelbes Gehäuse, auf dem fünf dunkle Streifen sitzen. An manche Orte wurde sie mit Gemüse eingeschleppt. Verbreitung: Westeuropa und Mittelmeerraum.

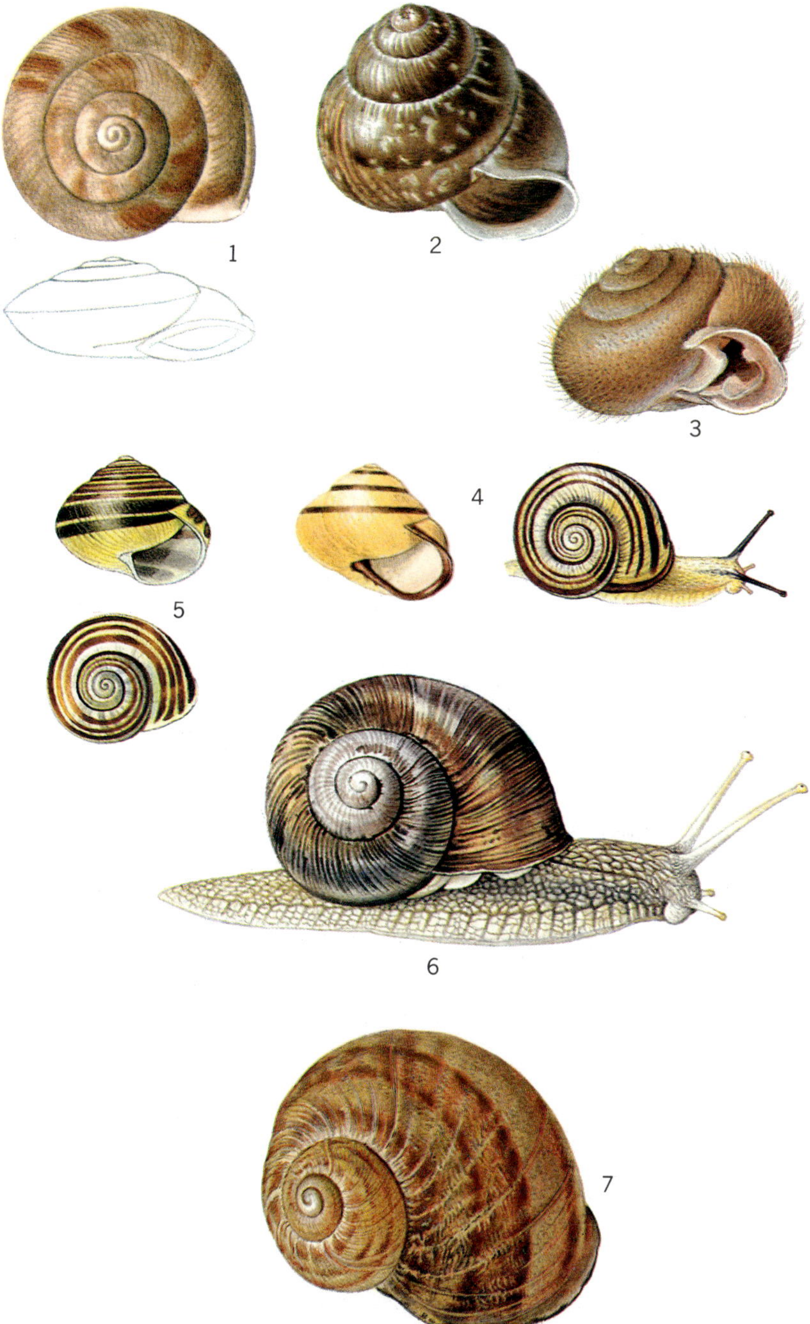
1
2
3
4
5
6
7

Grabfüßer — Muscheln

Klasse: **Grabfüßer** — *Scaphopoda*
Familie: **Zahnschnecken** — *Dentaliidae*

1 Meerzahn *Dentalium dentale.* Schalenlänge 30—50 mm. Das Tier bildet eine gestreckte Schale aus, die die Form eines winzigen Elefantenstoßzahnes hat. Ähnliche Schalen haben auch die verwandten Arten. Außer der Schalengröße (einige Arten haben nicht einmal 5 mm lange Schalen) dient die Oberflächenskulptur als Haupterkennungsmerkmal. Über die weiße, leicht geschwungene Schale dieser Art verlaufen 18—20 Rillen, manchmal weist sie auch rote Streifen auf. Die beiden Schalenenden sind offen. Der Meerzahn lebt auf schlammigem und sandigen Meeresboden, mit dem Fuß gräbt er sich in den Sand ein, nur das spitze Hinterteil steht hervor. Er kommt sogar noch in mehreren hundert Metern Tiefe vor. Nahrung sind hauptsächlich die verschiedenen Arten der einzelligen Foraminiferen, die er mit seinen Fangarmen im Sand aufspürt. Die sich aus den Eiern entwickelnden Larven treiben frei im Wasser. Verbreitung: Europäische Atlantikküste, Mittelmeer, fehlt in der Ostsee.

2 Elefantenzahnschnecke *Dentalium vulgare.* Schalenlänge etwa 60 mm. Über die Oberfläche der mattweißen Schale verlaufen zahlreiche Rillen. Das Schalenende ist stumpf abgeschnitten und hat keinen Einschnitt. Die Art lebt bis in eine Tiefe von rund 70 m auf Sedimentböden. Vermehrungszeit ist im April/Mai. Verbreitung: Mittelmeer, Mittelteil der Atlantikküste.

Klasse: **Muscheln**[*] *Bivalvia*
Ordnung: **Kammkiemer** — *Taxodonta*
Familie: **Nußmuscheln** — *Nuculidae*

3 Gemeine Nußmuschel *Nucula nucleus.* Länge 12 mm, Höhe 9 mm, Breite 5,6 mm. Schalenoberseiten gelbweiß, die Innenseiten haben Perlmuttglanz. Der Schalenunterrand ist fein gezahnt. Die Art kommt in großer Zahl in Tiefen über 5 m in Sedimentböden auf dem Grund vor. Verbreitung: Europäische Atlantikküste von Portugal bis Norwegen, Mittelmeer, Schwarzes Meer.

Familie: *Nuculanidae*

4 *Nuculana minuta.* Länge ca. 14 mm. Das Schalenvorderende ist breit abgerundet, das Hinterende schmal ausgezogen. Auf der Oberfläche sitzen feine Rillen in konzentrischer Anordnung. Lebt bis zu einer Tiefe von 40 m auf weichen Meeresböden. Verbreitung: Nordsee, arktische Meere.

Familie: **Archenmuscheln** — *Arcidae*

5 Arche Noah *Arca noae.* Länge ca. 70 mm, Höhe 30 mm, Breite 36 mm. Die Oberfläche der bootsförmig gestreckten Schalen ist hellgrau bis braun gefärbt, die Innenseiten sind in der Regel dunkelbraun. Auf der Oberseite sind deutlich die erhabenen konzentrischen Ringe auszumachen, die das Schalenwachstum verraten. Hier finden sich jedoch auch radiale Rillen. Der Schalenvorderrand ist lang, gerade und mit einer Reihe gleich großer Zähne ausgestattet. Häufige Art, die in verschiedenen großen Tiefen (von 0 bis 120 m) auf steinigem und sandigem Grund lebt und sich mit Vorliebe auf den Schalen anderer Weichtiere oder auf Fels niederläßt. Eßbar, wird daher häufig gefangen und auf Fischmärkten angeboten. Verbreitung: Europäische Atlantikküsten (nach Norden bis Großbritannien), Afrika (bis zum Senegal), Mittelmeer. Fehlt im Schwarzen Meer.

---

[*] Die Größenangaben beziehen sich auf Muschellänge (Entfernung zwischen Vorder- und Hinterrand), Höhe (Entfernung zwischen Ober- und Unterrand) und Breite (größte Ausdehnung beider aufeinander geklappter Schalenhälften).

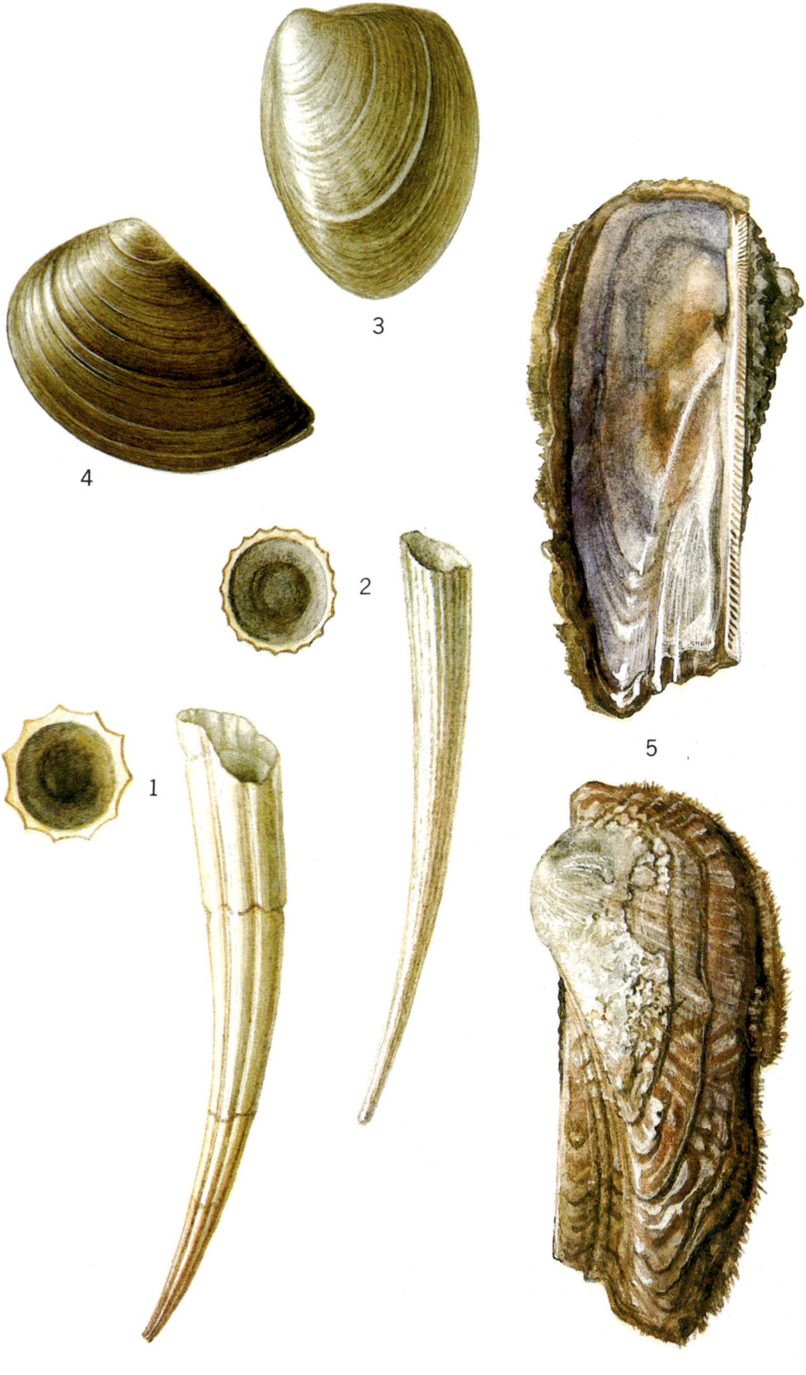
3
4
2
1
5

Muscheln

Ordnung: **Ungleichmuskler** — *Anisomyiaria*

Familie: **Miesmuscheln** — *Mytilidae*

1 Mittelmeer-Miesmuschel *Mytilus galloprovincialis.* Länge 60—80 mm, Höhe 40 mm, Breite 35 mm. Das vordere Schalenende ist spitz. Auf ihrer glatten, blauschwarzen oder gelbbraunen Oberfläche lassen sich deutlich dunklere Streifen ausmachen, die die einzelnen Wachstumsperioden markieren. Schaleninnenfläche blauweiß oder blaugrau. Sehr häufig auf Klippen und an Hafenbauten. An ihrer Unterlage hält sie sich vermittels der sog. Byssusfäden fest, auf diese Weise schützt sich die Muschel vor der Brandung. Ihre Nahrung besteht vorwiegend aus Kleinorganismen, sie pflanzt sich im Mai/Juni fort; ihre Larven leben im Plankton. Diese Art gehört zu den seit jeher gefangenen Weichtieren, oft wird sie zusammen mit Austern *(Ostrea)* gezüchtet. In Küstengegenden sehr häufig auf den Märkten angeboten. Verbreitung: Schwarz- und Mittelmeerküste, Großbritannien.

Familie: **Steckmuscheln** — *Pinnidae*

2 Edle Steckmuschel *Pinna nobilis.* Länge 700—900 mm. Mit braunroten Schalen, die vorn spitz zulaufen und sich nach hinten keulenförmig erweitern. Die Oberfläche ist vor allem bei jungen Exemplaren mit vielen, in Reihen angeordneten Schuppen bedeckt. Innenseiten mit Perlmuttglanz. Die Tiere halten sich ab drei Meter Tiefe im Küstensand auf, in den sie sich mit der Spitze eingraben und mit Hilfe ihrer Byssusfäden verankern. Das Fleisch dieser Muschel ist eßbar und von ausgezeichneter Qualität, auf Fischmärkten wird es häufig angeboten. Verbreitung: Mittelmeer.

Familie: **Kammuscheln** — *Pectenidae*

3 Jakobsmuschel *Pecten jacobaeus.* Länge 130—150 mm, Höhe 120 mm, Breite 30 mm, meist jedoch kleiner. In der Schalenform ähnelt sie den übrigen Arten dieser Familie. Auf der Oberfläche 14—16 radial auseinanderstrebende Rippen. Wie bei anderen Arten auch, weisen die rechte und linke Schale jeweils eine andere Färbung und Form auf. Die eine ist gewölbter, die andere flacher. Die flügelartigen Ansätze seitlich des Wirbels sind bei beiden Schalen symmetrisch. Auf sandigem Meeresgrund ab 25 m Tiefe, eßbar. Verbreitung: Mittelmeer, Kanarische und Kapverdische Inseln.

4 Kleine Pilgermuschel *Aequipecten opercularis.* Länge 80 mm, Höhe 75 mm, Breite 24 mm. Auf jeder Schale sitzen 18—22 erhabene Radialrippen. Die Färbung ist im ganzen recht variabel. Die Muschel lebt auf sandigem Meeresboden, aber auch auf anderem Untergrund. Wie andere Arten auch ist sie ein guter Schwimmer. Eßbar, ihr Fleisch gilt als Delikatesse. Verbreitung: Europäische Atlantikküste, Mittelmeer.

5 Bunte Kammuschel *Chlamys varia.* Länge 50—60 mm, Höhe 60—65 mm, Breite 18 mm. Mit farblich variablen Schalen, häufig gelblich-weiß, aber auch braun, rot oder ganz dunkel. Über jede Schale verlaufen 25—33 strahlenförmig auseinanderstrebende, mit deutlich erkennbaren Schuppen besetzte Rippen. Die Flügelfortsätze sind asymmetrisch. Meist bis in eine Tiefe von 60 m auf Sandgrund, doch auch in Korallenformationen. Häufig, wird regelmäßig gefangen. Verbreitung: Europäische Atlantikküste von Spanien bis Norwegen, Kapverdische Inseln, Mittelmeer.

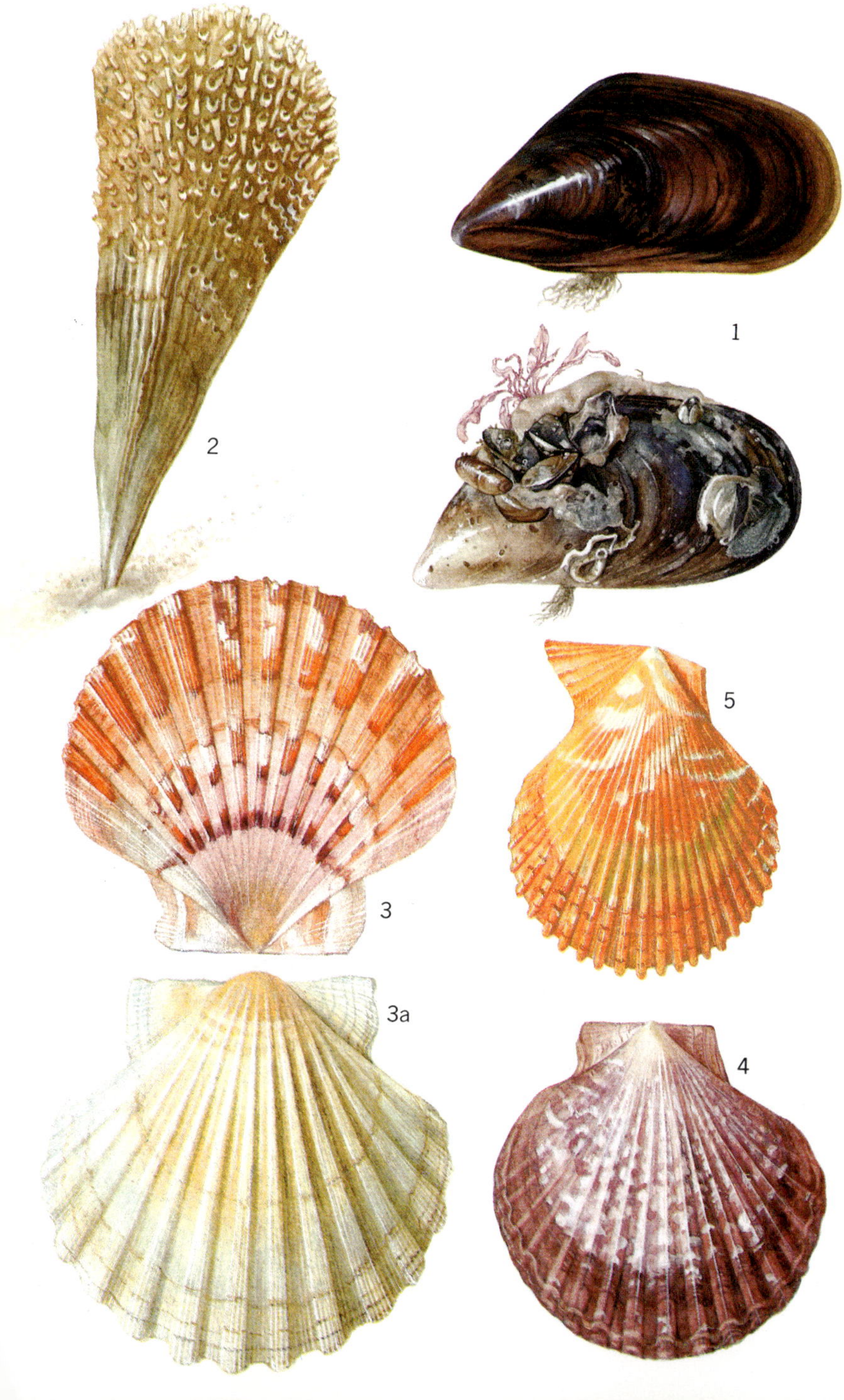
1
2
3
3a
4
5

Muscheln

Familie: **Feilenmuscheln** — *Limidae*

1 Gewöhnliche Feilenmuschel *Lima lima.* Länge 35 mm, Höhe 50 mm, Breite 18—22 mm. Die schönen, an der Spitze mit Flügelfortsätzen ausgestatteten starkwandigen, innen und außen porzellanweißen Schalen haben 19—24 Radialrippen, deren abstehende Schuppen in konzentrischen Reihen angeordnet sind. Diese Reihen lassen Aufschlüsse über das Wachstum der Muschel zu. Zwischen den Rippen liegen tiefe, glatte Rillen. Die Feilenmuschel ist häufig auf steinigem Grund; oft zwischen Meeresschwämmen und in Korallenschichten *(Anthozoa).* Verbreitung: Mittelmeer, südwesteuropäische Küsten, Kanarische und Kapverdische Inseln, Nordamerika u. a.

Familie: **Zwiebelmuscheln** — *Anomiidae*

2 Sattelmuschel *Anomia ephippium.* Länge 50—65 mm, Höhe 50—60 mm, Breite 18—20 mm. Schalen dünn, braunrot bis braungelb. Über die Oberfläche verlaufen konzentrische Rillen und Rippen in unregelmäßiger Form. An der Unterschale liegt die Byssusöffnung, an der Innenseite der Oberschale sitzen drei Eindrücke (Unterscheidungsmerkmal). Die Sattelmuschel lebt in geringer Tiefe vom 0—30 m an Holz oder anderem Material festgesaugt auf hartem Meeresgrund. Verbreitung: Schwarzes Meer, Mittelmeer, Atlantikküste von den Kapverdischen Inseln bis Norwegen.

Familie: **Austern** — *Ostreidae*

3 Europäische Auster *Ostrea edulis.* Schalendurchmesser 70—150 mm. Die starken, unregelmäßig runden Schalen sind nicht gleich. Die untere sitzt fest auf ihrer Unterlage, meist auf Fels oder Stein. Austern brauchen Seewasser mit hohem Salzgehalt. Sie leben in Gesellschaften, oft bilden sie zusammenhängende Bänke. Die Tiere erreichen ein Alter von zehn Jahren, oft sogar noch mehr. Ihre Nahrung besteht aus Kleinorganismen, die sie aus dem Wasser filtern. Austern sind Zwitter, deren Geschlecht sich im Laufe des Lebens ändert. Erst sind sie Männchen, später Weibchen, dann wieder Männchen usw. Die Larven schwimmen im Wasser, nach einer gewissen Zeit suchen sie einen geeigneten Ort aus — einen Felsen, eine Muschelschale o. ä. —, auf dem sie sich niederlassen und festwachsen. Die Austern haben in ihrem Verbreitungsareal eine Reihe von Formen hervorgebracht, die früher als selbständige Arten galten. *O. edulis tarentia* (3a) hat eine quer-ovale Schale mit feinen Lamellen auf der Oberseite. *O. edulis adriatica* (3b) hat eine quer-eirunde Schale, auf deren Oberseite in dichten Reihen angeordnet große Lamellen sitzen. In Küstengebieten hat die Auster bis auf den heutigen Tag große wirtschaftliche Bedeutung, sie wird gesammelt und auf dem Markt gehandelt. Sie wird aber auch in großen Mengen gezüchtet. Früher bildeten die Austernbänke vor der europäischen Küste einen zusammenhängenden Gürtel, doch hat der planlose Fang die einstmals sehr zahlreichen Austernbestände derart geschädigt, daß sie mancherorts völlig verschwunden sind. Dank der Einschränkung einiger Fangmethoden ist es in den letzten Jahren stellenweise zur allmählichen Erholung der Bestände gekommen. Außer ihrem gefährlichsten Feind, dem Menschen, haben die Austern eine Reihe Feinde unter den verschiedenen Meerestieren, z. B. einige Seesterne u. a. Verbreitung: Europäische Atlantikküste bis zum Polarkreis, nordafrikanische Küste, Schwarzes Meer, Mittelmeer.

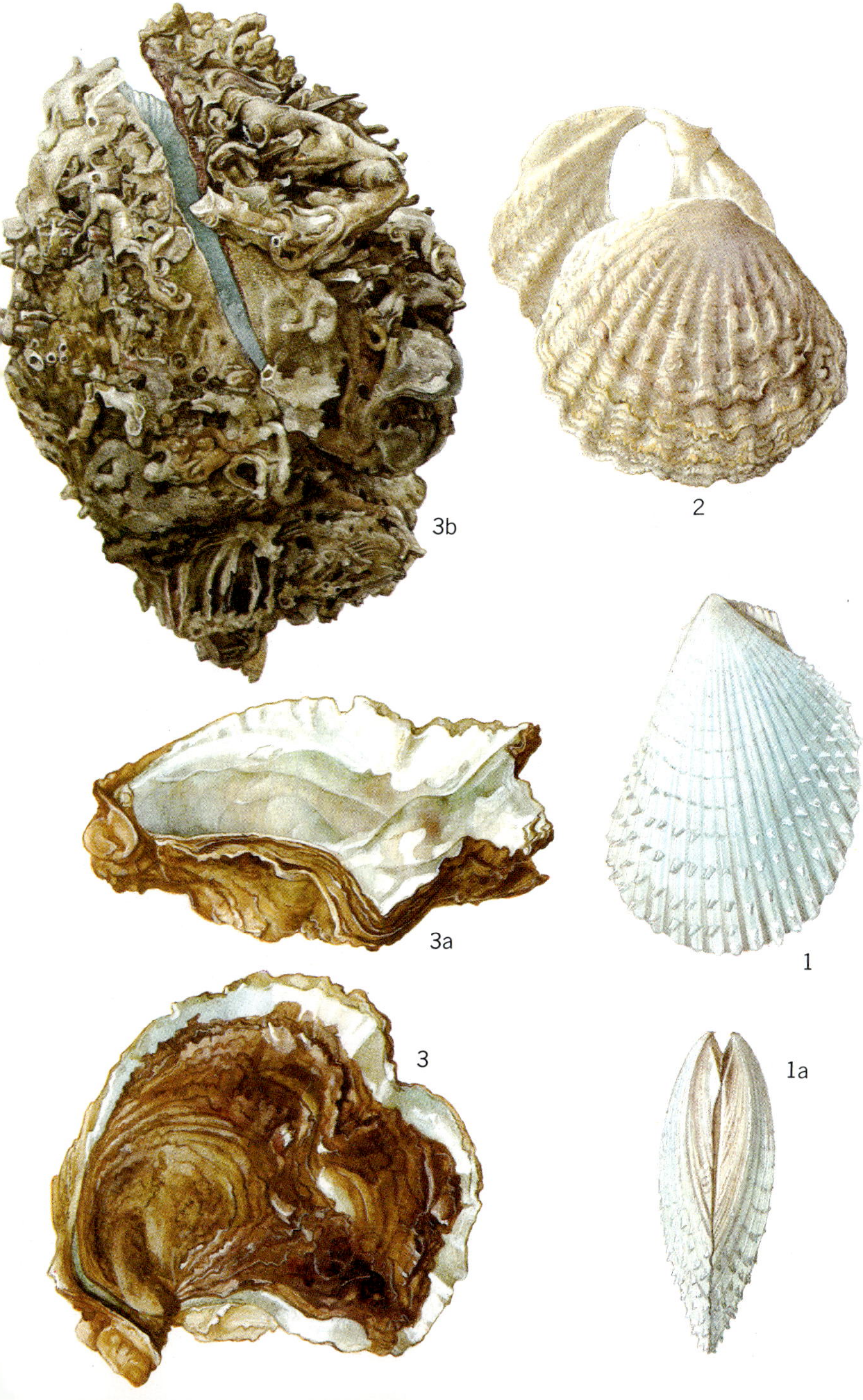
3b
2
1
3a
3
1a

Muscheln

Ordnung: **Blattkiemer** — *Eulamellibranchiata*
Familie: **Flußmuscheln** — *Unionidae*

1 Aufgeblasene Flußmuschel *Unio tumidus.* Länge 70—80 mm, Höhe 36—40 mm. Breite 23—26 mm. Die grünbraunen Schalen sind am Vorderrand breit abgerundet, hinten laufen sie spitz zu. Der Unterrand ist gleichfalls abgerundet (dadurch unterscheidet sich die Art u. a. von der Malermuschel *U. pictorum,* deren Schale einen geraden Unterrand hat). Sie lebt in ruhigen stehenden oder langsam fließenden Gewässern, (in Teichen, Altwässern). Innerhalb ihres Verbreitungsgebiets bildet sie mehrere geographische Rassen aus. Z.B. bewohnt *U. tumidus depressus (rhenanus)* den Rhein und seine linken Nebenflüsse; sie ist häufig. Verbreitung: Europa (fehlt im Süden und in den Gebirgszonen Mitteleuropas), Transkaukasien, Westsibirien.

2 Teichmuschel *Anodonta cygnea.* Länge 170—220 mm, Höhe 84—120 mm, Breite 52—60 mm. Die Teichmuschel hat schwache, breit ovale oder gestreckte Schalen und lebt im Schlammgrund von Teichen, Flüssen und Stauseen. Aus ihren Eiern entwickeln sich wie bei weiteren Arten kleine schmarotzende Larven, sog. Glochidien, die auf Fischen leben. Nach einer gewissen Zeit verlassen sie ihren Wirt und leben frei im Wasser. Verbreitung: Eurasien (fehlt im Mittelmeerraum), Nordamerika.

Familie: **Perlmuscheln** — *Margaritiferidae*

3 Flußperlmuschel *Margaritifera margaritifera.* Länge 120—150 mm, Höhe 50—72 mm, Breite 30—45 mm. Bewohnt saubere Bäche in den Niederungen und in Hügellandschaften und wird 60—80 Jahre alt. Wegen der mancherorts bereits bedrohlichen Wasserverschmutzung geht die Art stark zurück. Bildet echte Perlen. Verbreitung: Europa, Sibirien, Kamtschatka, Nordamerika.

Familie: **Astartemuscheln** — *Astartidae*

4 *Astarte sulcata.* Länge 19 mm, Höhe 15, Breite 8 mm. Konzentrisch gerippte Schale, an den Meeresküsten häufig. Verbreitung: Von den Kanarischen Inseln bis Norwegen (im Mittelmeer selten), Nordamerika.

Familie: **Kugelmuscheln** — *Sphaeriidae*

5 Gemeine Kugelmuschel *Sphaerium corneum.* Länge 12—15 mm, Höhe 10—11 mm, Breite 7,5—9 mm. Kommt häufig in stehenden oder langsam fließenden Gewässern vor (auch in Mühlbächen und Sümpfen). Die dünnwandigen Schalen sind konzentrisch gerillt. Verbreitung: Paläarktische Region.

6 Häubchenmuschel *Musculium lacustre.* Länge 8—9,3 mm, Höhe 6—7,6 mm, Breite 4—4,3 mm. Kommt in schlammigen stehenden und langsam fließenden Gewässern häufig vor. Verbreitung: Paläarktische Region.

7 Erbsenmuschel *Pisidium amnicum.* Länge 8—10 mm, Höhe 6—7 mm, Breite 4—5 mm. Eine der größten Muscheln dieser Gattung, zu der noch eine ganze Reihe sehr kleiner Arten gehört, deren Bestimmung schwierig ist. Die Schalen dieser Art sind stark gewölbt, dickwandig, gelb oder braun gefärbt. Lebt im feinen Schlamm auf dem Grund von Flüssen und größeren Bächen. Verbreitung: Großteil Europas, Nordasien, Nordafrika.

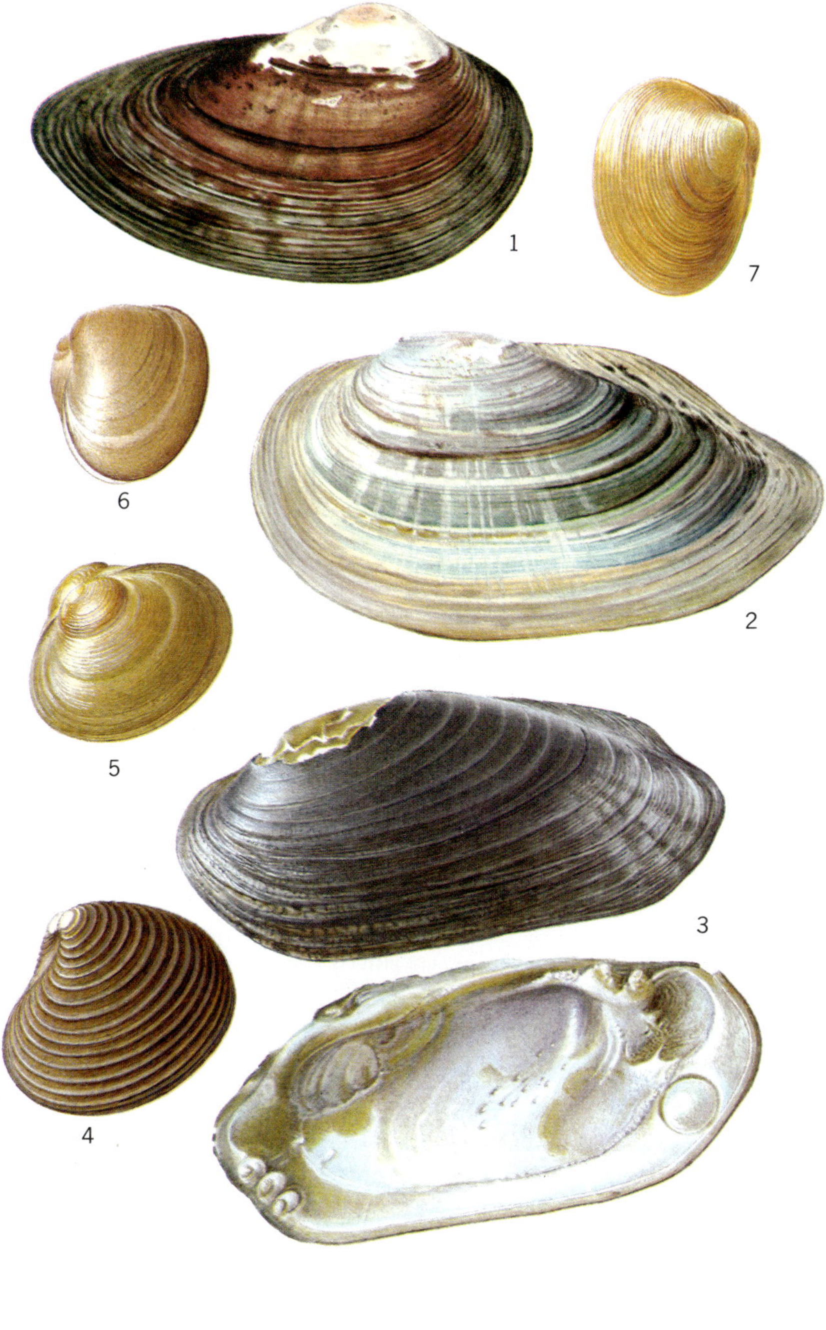
1
7
6
2
5
3
4

Muscheln

Familie: **Dreikantmuscheln** — *Dreissenidae*

1 Wandermuschel *Dreissena polymorpha*. Länge 20—30 mm, Höhe 13—15 mm, Breite 17—20 mm. Schale spitz, mit einem Kiel versehen, der sich vom Vorder- bis zum Hinterrand zieht. Mit Hilfe ihrer Byssusfäden läßt sich die Muschel in Flüssen, Seen und Kanälen auf verschiedenen Gegenständen nieder (auf Steinen, Holzbalken usw.). Häufig, oft in ganzen Kolonien. Verbreitung: Ursprünglich im Einzugsgebiet der Flüsse am Schwarzen Meer und am Kaspisee, eingeschleppt in alle anderen Gebiete (die Flüsse Deutschlands, Österreichs, der Tschechischen Republik, Schwedens, Dänemarks usw.).

Familie: **Herzmuscheln** — *Cardiidae*

2 Eßbare Herzmuschel *Cerastoderma edule*. Länge 30—50 mm, Höhe und Breite ca. 30 mm. Über die auffälligen, breit gerippten Schalen verlaufen konzentrische dunkle Streifen. Die Eßbare Herzmuschel lebt flach in den sandigen Grund eingegraben. Im Winter oft auf den Märkten in Küstennähe angeboten, gilt als Delikatesse. Verbreitung: Europäische Meere, Kanarische Inseln, Nordamerika.

3 Große Herzmuschel *Acanthocardia aculeata*. Länge bis zu 80 mm, Höhe 75 mm, Breite 50 mm. Über die Schalen verlaufen 20—22 mit auffälligen Dornen besetzte Rippen. Lebt sowohl in der seichteren als auch tieferen Küstenzone. Häufige Art, die gesammelt und auf dem Markt angeboten wird. Verbreitung: Mittelmeer, Atlantikküste von Marokko bis zur Westküste Großbritanniens.

4 Knotige Herzmuschel *Acanthocardia tuberculata*. Länge 65 mm, Höhe 65 mm, Breite 50 mm. Über die Oberflächen der schmutzig-gelben Schalen mit braunschwarzen, konzentrischen Streifen verlaufen 19—24 abgerundete Rippen. Eßbar, wühlt sich in den Sand oder Schlamm des Grundes ein. Verbreitung: Europäische Atlantik- und Mittelmeerküste, Madeira, Kanarische Inseln.

5 Stachlige Herzmuschel *Acanthocardia echinata*. Länge 55 mm, Höhe 50 mm, Breite 38 mm. Auf den Schalen sitzen 18—21 Rippen mit Auswüchsen und Dornen. Lebt bis zu einer Tiefe von 360 m auf weichem Meeresboden; eßbar. Verbreitung: Atlantikküste von den Kanarischen Inseln bis Island, Norwegen und Grönland, selten im Mittelmeer.

Familie: **Venusmuscheln** — *Veneridae*

6 Braune Venusmuschel *Callista chione*. Länge 80—110 mm, Höhe 65—85 mm, Breite 41—48 mm. Schmutzig-graue bis braune, fast glatte Schalen mit radialen dunklen Streifen. Lebt in den Sand eingewühlt, nur ihr Sipho ragt heraus. Mit seiner Hilfe strudelt sie Nahrung ein — Algen und Kleinlebewesen. Eßbar, wohlschmeckend. Verbreitung: Mittelmeer, Atlantikküste von den Kanarischen Inseln bis Irland.

7 Rauhe Venusmuschel *Venus verrucosa*. Länge 40—70 mm, Höhe 39—68 mm, Breite 27—48 mm. Die dickwandigen Schalen haben auf der Oberfläche starke konzentrische Rillen, zu denen hinten und vorn noch radiale Rillen treten. Lebt in den Sand- oder Lehmsandboden eingewühlt. Eßbar. Verbreitung: Mittelmeer, europäische Atlantikküste, Westafrika.

8 Helle Artemis *Dosinia lupinus*. Länge 25—30 mm, Höhe 25—30 mm, Breite 12 bis 14 mm. Glatte, weißliche bis gelbliche Schalen, an denen nur die Wachstumszonen auszumachen sind. Lebt flach in den Grund eingewühlt, sehr häufig. Verbreitung: Mittelmeer, europäische Atlantikküste bis Nordnorwegen.

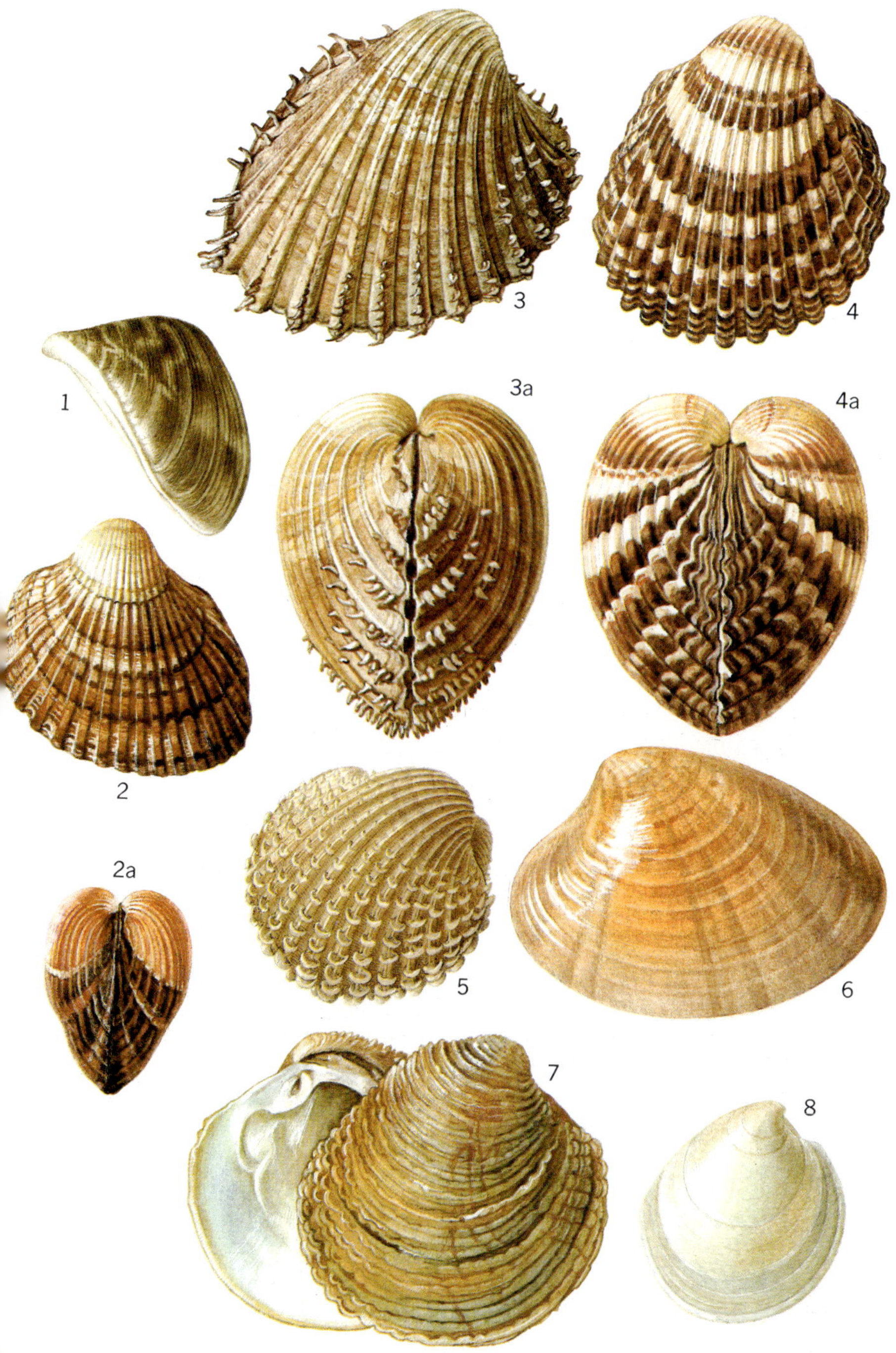
3
4
1
3a
4a
2
2a
5
6
7
8

Muscheln

Familie: **Engelsflügel** — *Petricolidae*

1 Amerikanische Bohrmuschel *Petricola pholadiformis.* Länge 60—80 mm, Höhe 25 bis 32 mm, Breite 20—25 mm. Schalen schwach, weißlich mit unregelmäßiger konzentrischer Linierung und Radialrippen an der Vorderseite. Lebt in geringen Tiefen und bohrt sich auch in die Bauten der Meeresringelwürmer *(Annelida)* ein. Verbreitung: Ostküste Nordamerikas, 1890 nach Europa (Großbritannien) eingeschleppt, heute auch an der Westküste Europas (Holland ab 1905), Westküste Afrikas.

Familie: **Stumpf- oder Koffermuscheln** — *Donacidae*

2 Gebänderte Stumpfmuschel *Donax vittatus.* Länge 35 mm, Höhe 14—18 mm, Breite 10—12 mm. Auf weißen bis gelbbraunen Schalen sowohl konzentrische Streifen als auch Radialrippen. Lebt bis zu 35 m tief, ihre Schalen finden sich oft am Strand. Verbreitung: Mittelmeer, europäische Atlantikküste bis Norwegen, Kanarische Inseln, Marokko.

Familie: **Pfeffermuscheln** — *Scrobiculariidae*

3 Gemeine Pfeffermuschel *Scrobicularia plana.* Länge 50—55 mm, Höhe 40 mm, Breite 15 mm. Die schwachen, flachen Schalen sind meist weißlich oder gelblich-weiß. Sie wühlt sich etwa 10 bis 15 cm tief in den sandigen Grund ein und streckt nur ihren Sipho heraus, auf diese Weise nimmt sie auch Nahrung auf. Die Schalen findet man oft am Strand. Eßbar. Verbreitung: Mittelmeer, europäische Atlantikküste von Norwegen bis Afrika (Senegal).

Familie: **Plattmuscheln** — *Tellinidae*

4 Platte Tellmuschel *Angulus tenuis.* Länge bis zu 25 mm, Höhe 15—17 mm, Breite 5 bis 6 mm. Auf ihren dünnen, gelblichweißen bis rosa Schalen sind die konzentrischen Streifen gut sichtbar. Schaleninnenseite rosa. An Sandküsten häufig, dient oft größeren Fischen als Nahrung. Verbreitung: Mittelmeer, Schwarzes und Asowsches Meer, europäische Atlantikküste bis Norwegen, Marokko.

Familie: **Trogmuscheln** — *Mactridae*

5 Trogmuschel *Mactra cinerea.* Länge 40—60 mm, Höhe 34—45 mm, Breite 16—28 mm. Weißliche, konzentrisch gestreifte Schalen, die gelegentlich auch radiale Streifen aufweisen. Innenseite weiß. Die Trogmuschel lebt in 20—30 m Tiefe auf sandigen und anderen weichen Meeresböden, oft wird sie von den Wellen auf den Strand geworfen. Gewöhnlich auf den Märkten angeboten. Verbreitung: Mittelmeer, Westküste Europas bis nach Norwegen hinauf.

Familie: **Scheiden- oder Messermuscheln** — *Solenidae*

6 Schwertförmige Messerscheide *Ensis ensis.* Länge 115—160 mm, Höhe 18—21 mm, Breite 12—16 mm. Auffallend langgestreckte und schmale Schalen; sie sind gelbweiß oder grünbraun, glänzen und lassen deutlich die rotbraun gefärbten Zuwachszonen erkennen. Die Schalen haben leicht geschwungene Form, beide Enden sind stumpf gekappt. Die Art lebt auf sandigem oder schlammig-sandigem Boden, in den sie sich ein Stück einwühlt und nur ihre Atemröhren ausstreckt. Sie kann sich aber auch bis zu einem Meter tief eingraben. Eßbar. Verbreitung: Vom Mittelmeer bis in die Nordsee.

7 Schotenförmige Messerscheide *Ensis siliqua.* Länge 180—200 mm, Höhe 28—33 mm, Breite 10—11 mm. In der Form ähnelt ihre Schale der vorausgehenden Art, nur ist sie länger und gerade. Weißlich mit violetten Streifen. Die Art kommt auf sandigem Grund häufig vor und wird wie auch *E. ensis* auf den Fischmärkten angeboten. Verbreitung: Von Marokko bis Südnorwegen, fehlt im Mittelmeer.

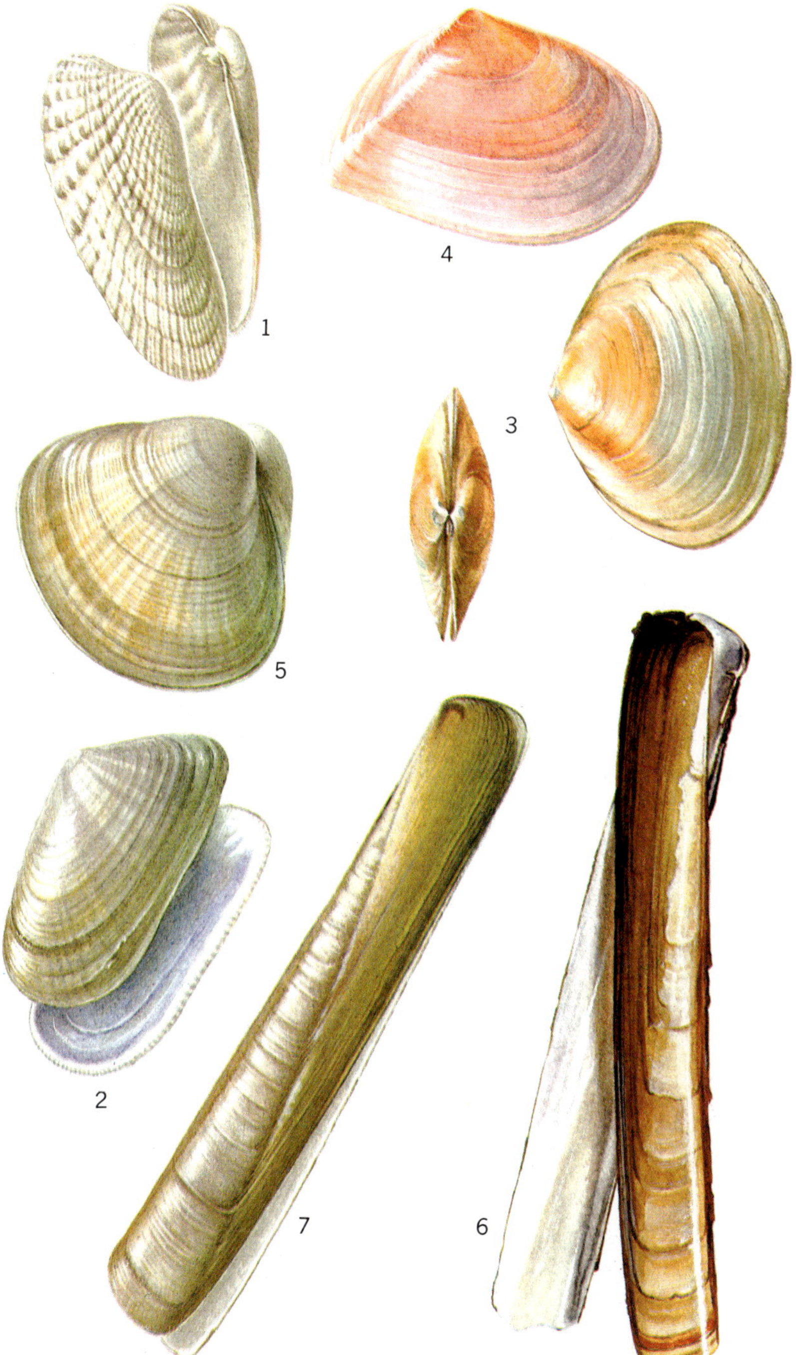
1
4
3
5
2
7
6

Muscheln — Tintenfische

Familie: **Klaffmuscheln** — *Myidae*

1 Sandklaffmuschel *Mya arenaria.* Länge 100—130 mm, Höhe 60—73 mm, Breite 40—45 mm. Die ovalen, vorn abgerundeten Schalen sind bräunlich gefärbt. Die Art lebt etwa 20 cm tief in den Sand oder Schlamm des Meeresbodens eingewühlt. Aus diesem Versteck schiebt die Muschel ihr mächtiges Sipho hervor, dessen Länge das Vierfache der Schalenlänge ausmachen kann. Eßbar. Verbreitung: Nordeuropäische Küsten, Nordamerika, ins Schwarze Meer wahrscheinlich eingeschleppt.

Familie: **Bohrmuscheln** — *Gastrochaenidae*

2 Zahnlose Bohrmuschel *Gastrochaena dubia.* Länge 20 mm, Höhe 10 mm, Breite 8 mm. Die weiß bis braun gefärbten Muschelschalen haben einen sehr kurzen Vorderrand, ihr Hinterrand ist breit abgerundet. Bohrt sich in alle möglichen harten Materialien ein, in Felsen oder in die harten Gehäuse anderer Weichtiere, z. B. von Austern. Aus Kalksteinbruchstücken erstellt es sich ein Schutzgehäuse für den ganzen Körper, auch für die Röhren (Sipho). Verbreitung: Europäische Atlantikküste, Schwarzes Meer, Mittelmeer.

Familie: **Bohrmuscheln** — *Pholadidae*

3 Dattelmuschel *Pholas dactylus.* Länge 90—150 mm, Höhe 33 mm, Breite 20—35 mm. Die weißen Schalen mit der gelblichen Haut sind am Vorderende spitz gestreckt und hinten abgerundet, auf ihrer Oberfläche sind zahlreiche konzentrische und radiale Rippen zu sehen. Die Art bohrt Gänge in weichem Gestein und in Holz. Mantel und Sipho scheiden phosphoreszierenden Schleim aus. Eßbar. Verbreitung: Mittelmeer, Schwarzes Meer, europäische Atlantikküste, Kanarische Inseln.

Familie: **Schiffsbohrwürmer** — *Teredinidae*

4 Gewöhnlicher Schiffsbohrwurm *Teredo navalis.* Körperlänge 100—200 mm. In seinem Aussehen unterscheidet sich diese Muschel beträchtlich von allen bisher beschriebenen und abgebildeten Arten. Ihre Schalen sind verkümmert und sitzen am verbreiterten Vorderende des schlangenförmigen Körpers. Mit diesen Schalen bohrt sich das Tier ins Holz ein. Seine Nahrung besteht zum einen aus Holzspänen, die bei der Bohrtätigkeit anfallen, zum anderen aus Plankton, das es mit seinem Sipho aufnimmt. Um den ganzen Körper scheidet der Mantel ein dünnes kalkhaltiges Röhrchen aus. Bei Massenauftreten wird die Bohrtätigkeit dieser Weichtiere für Hafenanlagen und Schiffe besonders unangenehm. Vor allem aus vergangenen Zeiten sind Katastrophen bekannt, die von dieser Art hervorgerufen wurden. Verbreitung: Kosmopolit.

Klasse: **Kopffüßer oder Tintenfische** — *Cephalopoda*
Familie: **Tintenfische** — *Sepiidae*

5 Gemeiner Tintenfisch *Sepia officinalis.* Länge 30—40 cm. Im Frühjahr erscheint der Gemeine Tintenfisch häufig an der Küste, später lebt er in tieferem Wasser. Die Saugnäpfe an den Kopfarmen sind in 4 Reihen angeordnet, an den Fangarmen sitzen 5—6 größere Saugnäpfe (dadurch unterscheidet er sich von verwandten Arten). Räuber. Im Körper sitzt eine plattenförmige Innenschale, die sog. Sepiaschale. Bei Gefahr verspritzt das Tier einen dunklen Farbstoff. Der Tintenfisch ist ein guter Schwimmer, er bewegt sich einmal mit Hilfe seiner kleinen Flossen, zum anderen durch das Ausspritzen von Wasser aus seiner Mantelhöhle (Rückstoßprinzip). *S. officinalis filliouxi* lebt in der Nordsee und sucht zur Laichzeit die holländischen Küstengewässer auf. Verbreitung: Vom Mittelmeer bis in die Nordsee.

Familie: **Kalmare** — *Loliginidae*

6 Kalmar *Loligo vulgaris.* 50 cm lang. Besitzt wie die Sepia eine Innenschale. Gestreckter Körper mit relativ großen Flossen. Verbreitung: Atlantik, Mittelmeer, gelegentlich auch Nord- und Ostsee.

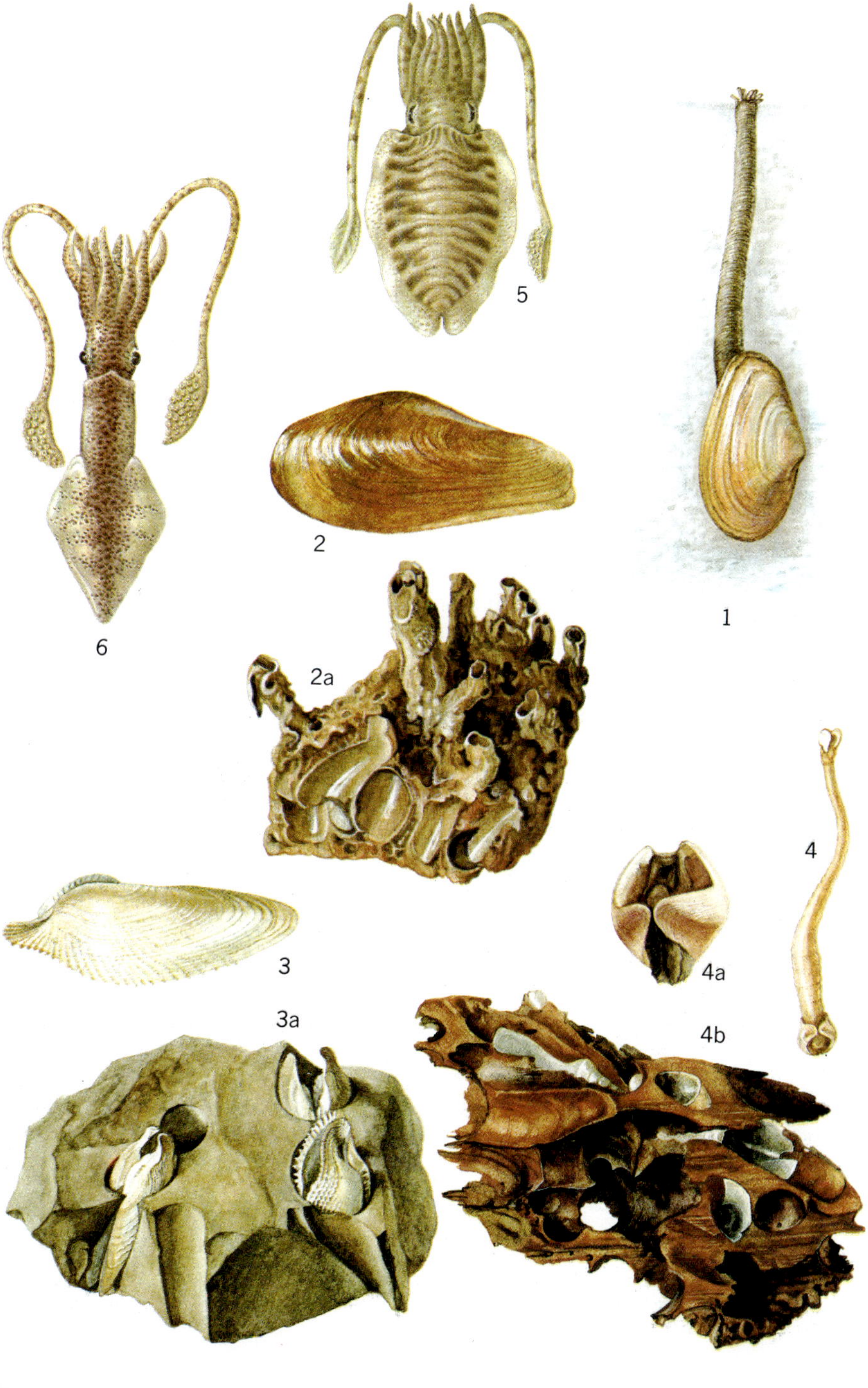
5
1
6
2
2a
4
4a
3
3a
4b

Ringelwürmer

Stamm: **Ringel- oder Gliederwürmer** — *Annelida*
Klasse: **Vielborster** — *Polychaeta*
Ordnung: **Umherirrende** — *Errantia*
Familie: **Seemäuse oder Seeraupen** — *Aphroditidae*

1 Gemeine Seemaus *Aphrodite aculeata.* Länge 100—200 mm, Breite 60 mm. Der gestreckt eiförmige Körper ist von einer Vielzahl Härchen besetzt. Die seitlichen Haare glänzen in den Regenbogenfarben, die Rückenhaare bilden einen dichten Überzug, unter dem die Rückenplatten (Parapodienausläufer), der Schutz des weichen Körpers, völlig verschwinden. Auf weichem Meeresboden, ernährt sich von Kleinlebewesen. Verbreitung: Europäische Atlantikküste, Nordsee, Ostsee, Mittelmeer.

Familie: **Nereiden** — *Nereidae*

2 Seeringelwurm *Nereis diversicolor.* Länge 60—120 mm, Breite 2—6 mm. Der langgestreckte Körper setzt sich aus 70—120 Gliedern zusammen. Färbung veränderlich, von Gelb über Orange, Grün bis Rötlich. Der Seeringelwurm lebt im sandig-schlammigen Meeresboden an der Flachküste, wo er sich ein etwa 30 cm tiefes Röhrchen wühlt. Verträgt auch Brackwasser, ernährt sich von Aas. Verbreitung: Europäische Atlantikküste, Nordsee, Ostsee, Mittelmeer.

Ordnung: **Festsitzende** — *Sedentaria*
Familie: **Sandwürmer** — *Arenicolidae*

3 Köderwurm, Sandpier, Pieraas *Arenicola marina.* Länge 150—400 mm. Körper gelbbraun, olivgrün oder braun, läuft nach hinten spitz zu. Auffällig am Köderwurm sind die roten Kiemen, von denen er in der Regel 13 Paare besitzt. Im weichen Meeresboden in einer bis zu 30 cm tiefen Röhre. Nahrung ist mit Kleinlebewesen durchsetzter Sand. Sehr häufig, seine Standorte lassen sich leicht an den Löchern und den Ausscheidungshäufchen erkennen. Verbreitung: Mittelmeer, europäische Atlantikküste, Nordsee, Ostsee.

Familie: *Serpulidae*

4 Glatter Kalkröhrenwurm *Protula tubularia.* Bis zu 50 mm lang; Körper aus 100—125 Gliedern. Das Tier sitzt in einer Röhre verborgen, nur einige Dutzend lebhaft gefärbter Fangarme ragen daraus hervor. Oft sitzen diese Röhrchen auf Klippen oder Steinen fest. Verbreitung: Atlantik (auch Nordsee), Ärmelkanal, Mittelmeer.

Klasse: **Gürtelwürmer** — *Clitellata*
Ordnung: **Wenigborster** — *Oligochaeta*
Familie: **Naiden** — *Naididae*

5 Gezüngelte Naide *Stylaria lacustris.* Länge 5,5—18 mm. Körper durchsichtig; im Süßwasser zwischen der Vegetation häufig anzutreffen. Verträgt auch Brackwasser. Verbreitung: Eurasien, Nordamerika.

Familie: **Schlammröhrenwürmer** — *Tubificidae*

6 Bachröhrenwurm *Tubifex tubifex.* Länge 25—30 mm. Der Wurm ist rot gefärbt und hält sich gerne in verschmutztem Wasser in aus Schlamm zusammengeklebten Röhren auf. Aquarianer verwenden ihn als Fischfutter. Verbreitung: Fast über die ganze Welt.

Familie: **Enchyträen** — *Enchytraeidae*

7 Weiße Enchyträe *Enchytraeus albidus.* Länge 20—40 mm. Die gelblich-weißen Tiere leben im Kompost, an den Ufern von Teichen und Bächen zwischen der Vegetation, unter Steinen, aber auch an der Meeresküste. In Blumentöpfen mit Zierpflanzen befallen sie die feinen Haarwürzelchen. Sie vermehren sich sehr schnell und werden deshalb auch als Futter für Aquarienfische und Ziervögel gezüchtet. Verbreitung: Über die ganze Welt.

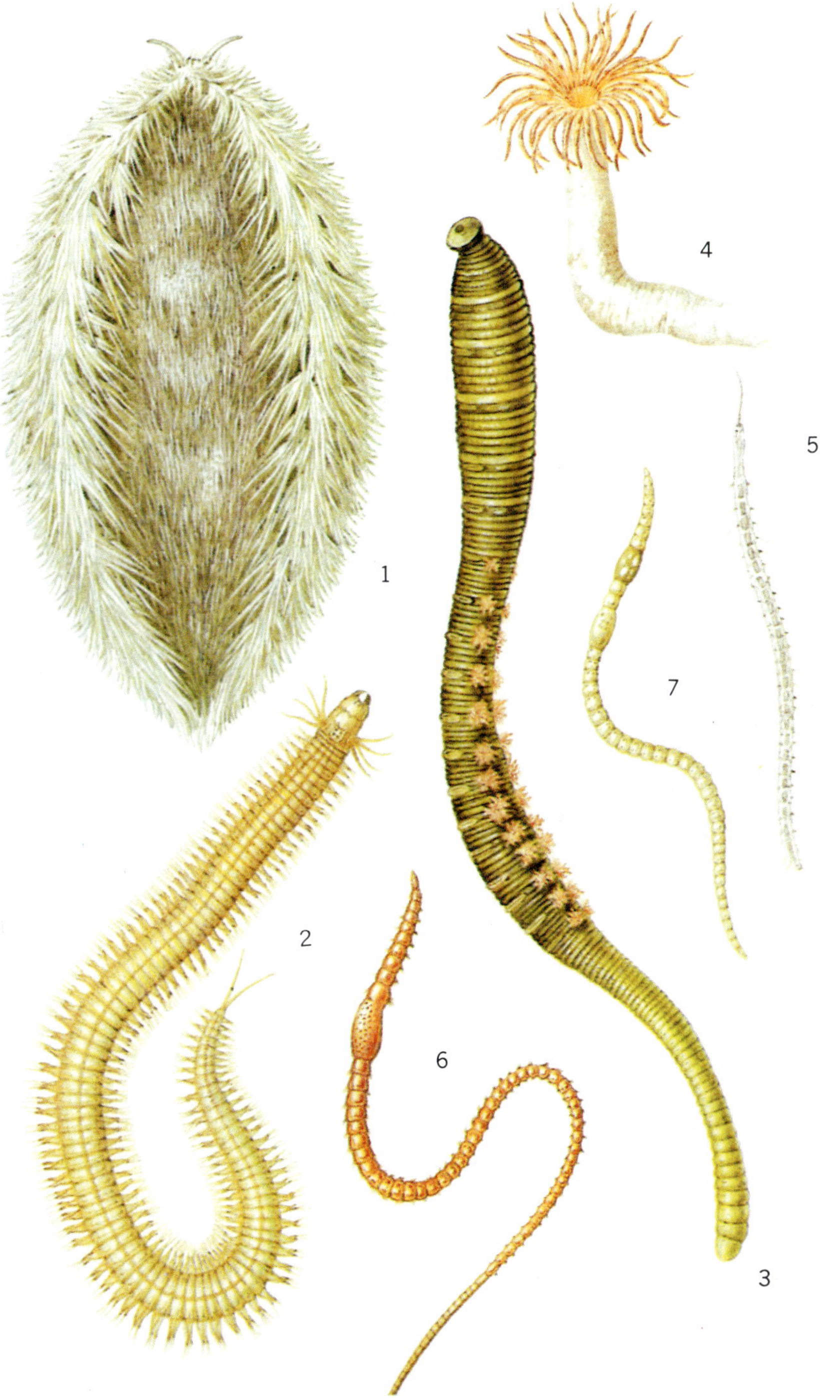
4
5
1
7
2
6
3

Ringelwürmer

Familie: **Regenwürmer** — *Lumbricidae*

1 Gemeiner Regenwurm *Lumbricus terrestris,* Länge 90—300 mm, Breite 6—9 mm. Körper aus 110 bis 180 Gliedern, der Hinterleib ist abgeflacht. Der Wurm lebt vor allem in lehmigen Böden, wie alle weiteren Regenwurmarten ist er ein sehr nützliches Tier. Durch das Wühlen von Gängen belüftet er den Boden, auch hat er bedeutenden Anteil an der Humusbildung. Diese Art ist wie verschiedene andere Regenwürmer ein Zwitter, der sich durch Eier vermehrt. Er legt sie in einen Kokon, das Material dazu wird von dem zwischen dem 31. und 37. Glied liegenden Gürtel oder Sattel (Clitellum) ausgeschieden. Verbreitung: Europa, in die übrigen Kontinente eingeschleppt.

2 Roter Waldregenwurm *Lumbricus rubellus,* Länge 60—150 mm, Breite 4—6 mm. Farbe rotbraun, rot oder rotviolett, der Gürtel erstreckt sich von 26. bis zum 32. Glied. In mittelfeuchten Humusböden und im Fallaub häufig. Verbreitung: Europa, über die ganze Welt verschleppt.

3 *Allolobophora caliginosa.* Länge 60—170 mm, Breite 4—5 mm. Gehört zu den gängigen und sehr häufig vorkommenden Arten. Färbung ziemlich variabel, graublau, grau, rosa, braun. Auch die Zahl der Körperglieder schwankt, sie bewegt sich zwischen einhundert und über zweihundert Gliedern. Verbreitung: Europa.

4 *Allolobophora rosea.* Länge 25—150 mm, Breite 3—4 mm. Färbung fleischrot, kommt auf trockenen und feuchten Böden vor. Verbreitung: Europa.

5 *Eisenia lucens (E. submontana).* Länge 90—135 mm, Breite 5—6,5 mm. Auf den Körpergliedern sitzen braune Streifen. Lebt unter der Rinde alter Laubbäume und Baumstümpfe (vorwiegend Buchen), im Holzmulm und Moos in der Vorgebirgs- und Bergregion. Häufige Art, kann phosphoreszieren. Verbreitung: Mitteleuropa, Nordbalkan, Rußland.

6. *Octolasium lacteum.* Länge 30—180 mm, Breite 2—8 mm. Färbung meist milchig-grau, seltener rotbraun. In allen Bodentypen, fehlt jedoch im Sand. Verbreitung: Ursprünglich Europa, in andere Kontinente eingeschleppt.

Ordnung: **Egel** — *Hirudinea*
Familie: **Blutegel** — *Hirudinidae*

7 Pferdeegel *Haemopis sanguisuga.* Länge 60—100 mm. Grünbraun, seitlich am Körper können gelbe Streifen sitzen, doch fehlen bei ihr die rotbraunen Längsstreifen. Der Pferdeegel ist wie seine Verwandten ein Zwitter und in stehenden und langsam fließenden Gewässern häufig. Räuber, der Kleinlebewesen nachstellt und seine Beute ganz verschlingt. Blut saugt er nicht. Verbreitung: Europa.

Familie: **Schlundegel** — *Herpobdellidae*

8 Hundeegel *Herpobdella octoculata.* Länge 60 mm, Breite 8 mm. Färbung variabel- von Braun bis zu schmutzigem Grün. Auf den Körpergliedern sitzen gelbe bzw. gelbweiße Flekken. Lebt in stehenden und langsam fließenden Gewässern, verträgt auch verschmutztes Wasser. Nahrung sind alle möglichen Wasserlebewesen. Verbreitung: Europa.

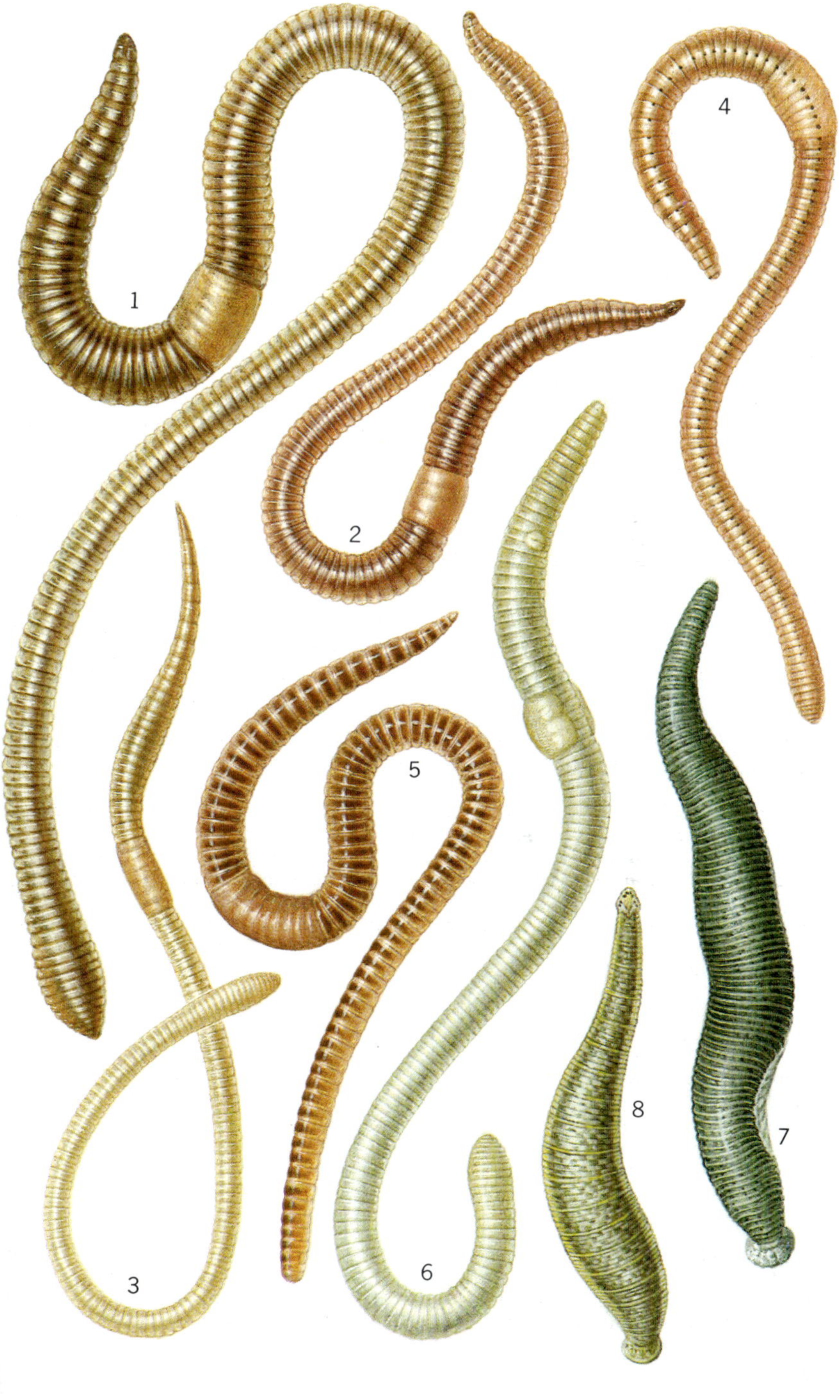
1
2
3
4
5
6
7
8

Spinnentiere

Stamm: **Gliederfüßer** — *Arthropoda*
Klasse: **Spinnentiere** — *Arachnida*
Ordnung: **Skorpione** — *Scorpiones*
Familie: **Skorpione** — *Chactidae*

1 Skorpion *Euscorpius carpathicus.* Länge 40 mm. Diese braun gefärbte Art ist wie die übrigen Skorpione wärmeliebend. Der Hinterleib ist langgestreckt und am Ende mit einer Giftdrüse ausgestattet. Die Mundwerkzeuge sind Cheliceren und Pedipalpen, die wie die Scheren von Krebsen aussehen. Mit ihnen fängt er die verschiedenen Gliederfüßer, die er dann an die Cheliceren weiterreicht. Verbreitung: vor allem Süd-, Südwest- und Mitteleuropa, Balkan, Kaukasus, Kleinasien, Nordafrika.

Ordnung: **Webespinnen** — *Araneae*
Familie: **Röhrenspinnen** — *Eresidae*

2 Röhrenspinne *Eresus niger.* Länge ♂ 8—11 mm, ♀ 9—16 mm. Die Geschlechter unterscheiden sich farblich voneinander. Das Weibchen ist schwarzbraun, das Männchen schwarz, auf der roten Rückenseite des Hinterleibs mit vier schwarzen Flecken. Wärmeliebend. Die Weibchen leben gemeinschaftlich in Gängen. Räuberisch, fängt Käfer. Verbreitung: Europa (im Norden bis Dänemark und Großbritannien), transkaspisches Gebiet, Turkestan, Altai.

Familie: **Zitterspinnen** — *Pholcidae*

3 Zitterspinne *Pholcus opilionoides.* Länge 4,5—5 mm. Häufig in Häusern, Ställen und unter Steinen. Das Weibchen trägt den Kokon mit den Eiern in den Cheliceren umher. Verbreitung: Mittel- und Südeuropa (fehlt in Großbritannien), Turkestan, China.

Familie: **Jagdspinnen** — *Sparassidae*

4 Grasgrüne Huschspinne *Micromata roseum.* Länge ♂ 8,5—9,5 mm, ♀ 11—13 mm. Diese Art hat einen grünen Hinterleib, das Männchen ziert ein roter Streifen. Spinnt kein Netz, die Beute wird mit den Vorderbeinen gefangen. Im Frühjahr sehr oft auf den herabgefallenen Blättern auf Waldwiesen, später auf Sträuchern. Verbreitung: Paläarktische Region.

Familie: **Krabbenspinnen** — *Thomisidae*

5 Braune Krabbenspinne *Diaea dorsata.* Länge 5—7 mm. Auffällig durch die grüne Gesamtfärbung des Körpers, nur die Oberseite des Hinterleibs ist braun. Ab Mai finden wir die Spinne häufig in buschbestandenen Eichenwaldungen und Nadelwäldern. Verbreitung: Europa, Kaukasus, Turkestan.

6 Krabbenspinne *Misumena vatia.* Länge ♂ 4 mm, ♀ 10 mm. Die Art ist sehr oft auf blühenden Margeriten anzutreffen, wo sie auf Insekten lauert. Weibchen von unterschiedlicher Körperfarbe je nach aufgenommener Nahrung. Sucht in der Farbe passende Blüten auf. Die Männchen ändern ihre Farbe nicht. Verbreitung: Paläarktische Region.

Familie: **Spring-** oder **Hüpfspinnen** — *Salticidae*

7 Zebra-Springspinne *Salticus scenicus.* Länge 4,5—7,5 mm. Auf ihrem Hinterleib sitzen dunkle Streifen, sie kann springen. Wärmeliebend, häufig an sonnenbeschienenen Felsen oder Mauern. Verbreitung: Europa, Sibirien, Nordafrika, Nordamerika.

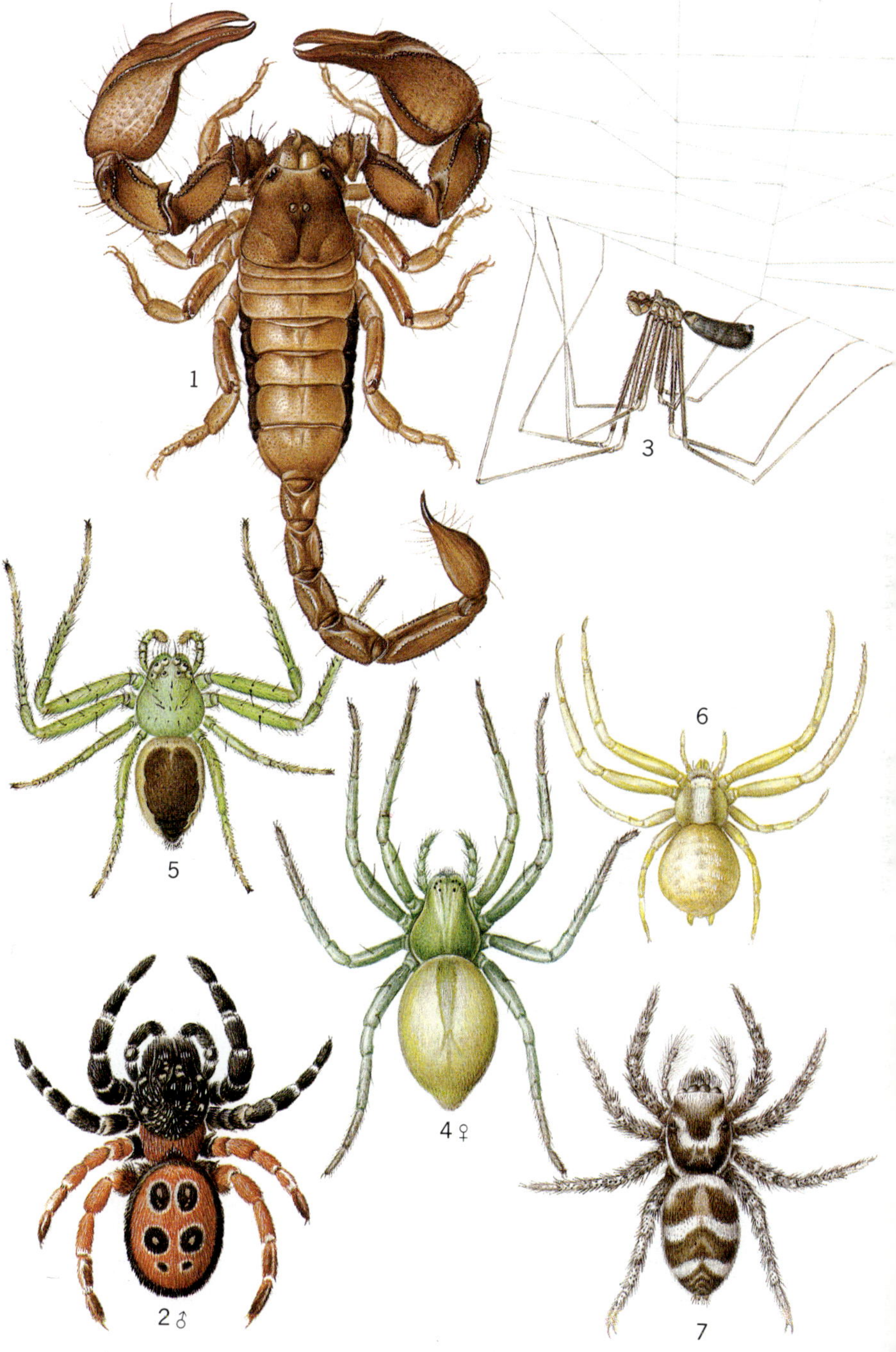
1
3
6
5
4 ♀
2 ♂
7

Spinnentiere

Familie: **Wolfsspinnen** — *Lycosidae*

1 *Alopecosa aculeata.* Länge ca. 5 mm. Eine Reihe verwandter Arten in Europa. Häufig in Wäldern. Ihre Beute fängt sie mit Hilfe eines Netzes. Das Weibchen stellt für seine Nachkommenschaft einen etwa 6 mm langen grüngelben Kokon her. Verbreitung: Paläarktische und Nearktische Region.

2 Wolfsspinne *Xerolycosa nemoralis.* Länge 5—7 mm. Über den Kopf verläuft ein gerader heller Streif, der mit feinen weißen Härchen durchwachsen ist. Das Weibchen legt etwa 60 Eier in einen weißlichen Kokon ab. Eine an trockenen Standorten häufige Art — in Nadelwäldern, auf Lichtungen, Heideflächen usw. Verbreitung: Paläarktische Region.

Familie: **Raubspinnen** — *Pisauridae*

3 Raubspinne *Pisaura mirabilis.* Länge 11—13 mm. Über den länglichen, hellbraun gefärbten Hinterleib verläuft ein doppeltes Zackenband, das sich aus einer Reihe dunkler und heller Punkte zusammensetzt. Vor allem in Niederungen an sonnigen Orten, auf Kräutern und Sträuchern, in Wäldern und Waldsteppen. Vor der Kopulation fängt das Männchen ein Beutetier (eine Fliege o. ä.), spinnt es ein und überreicht es dem Weibchen. Das Weibchen legt seine Eier in einen blaugrünen kugelförmigen Kokon ab. Zunächst trägt es ihn mit den Mundwerkzeugen umher, später spinnt es zwischen den Blättern ein Dach, legt den Kokon darunter ab und bewacht ihn. Verbreitung: Paläarktische Region.

Familie: **Trichterspinnen** — *Agelenidae*

4 Wasserspinne *Argyroneta aquatica.* Länge 8—15 mm. Die Wasserspinne lebt in stehenden oder langsam fließenden, sauberen Gewässern mit hinreichender Vegetation. Sie atmet Luftsauerstoff, von dem sie sich jeweils einen gewissen Vorrat an der Oberfläche holt. Die Luftbläschen hält sie in der Behaarung des Hinterleibs und an der Bauchseite des Kopfbruststückes fest. Zwischen den Wasserpflanzen spinnt sie Glocken, in die sie von der Oberfläche Luft bringt. In diesen Glocken halten sich die Tiere auch vorwiegend auf. Zur Eiablagezeit verstärkt das Weibchen die Glocke, spinnt in ihr eine Art Zwischendecke, auf der sie die Eier ablegt, um sie in der Unterhälfte zu bewachen. Verbreitung: Europa (von Norditalien bis Skandinavien), Sibirien, Zentralasien, Neuseeland.

5 Hausspinne *Tegenaria ferruginea.* Länge 9—14 mm. Gehört zu den größten „Hausspinnen" und lebt in der Nähe des Menschen — in Kellern, Schuppen, in Mauerwerk, in Winkeln — überall, wo sie ungestört ist. Zum Beutefang legt sie bis zu ½ Meter lange waagerechte Netze an. Ähnelt der Art *T. domestica,* die wichtigsten Unterscheidungsmerkmale sind die rötliche Hinterleibsoberseite und die längeren Beine. Verbreitung: Europa, Sibirien.

Familie: **Streckerspinnen** — *Tetragnathidae*

6 Streckerspinne *Tetragnatha extensa.* Länge 8,5—12 mm. Lebt auf den Blättern von Wasserpflanzen an Teichufern, wo sie Netze baut. Verbreitung: Fast über die ganze Welt.

Familie: **Kreuzspinnen oder Radnetzspinnen** — *Araneidae*

7 Kürbisspinne *Araneus cucurbitinus.* Länge 6,5—7,5 mm. Kommt im Mai/Juni auf Sträuchern und Nadelhözern vor. Man erkennt die Kürbisspinne an den 4—5 dunklen Punktpaaren auf dem grünlichen oder gelblichen Hinterleib. Verbreitung: Paläarktische Region.

8 Gartenkreuzspinne *Araneus diadematus.* Länge ♀ bis zu 17 mm. In der Färbung veränderlich, neben ihr treten mehrere ähnliche, große Arten auf. Oft auf Bäumen und Sträuchern, wo sie ihre Netze anlegt. Verbreitung: Paläarktische und nearktische Region.

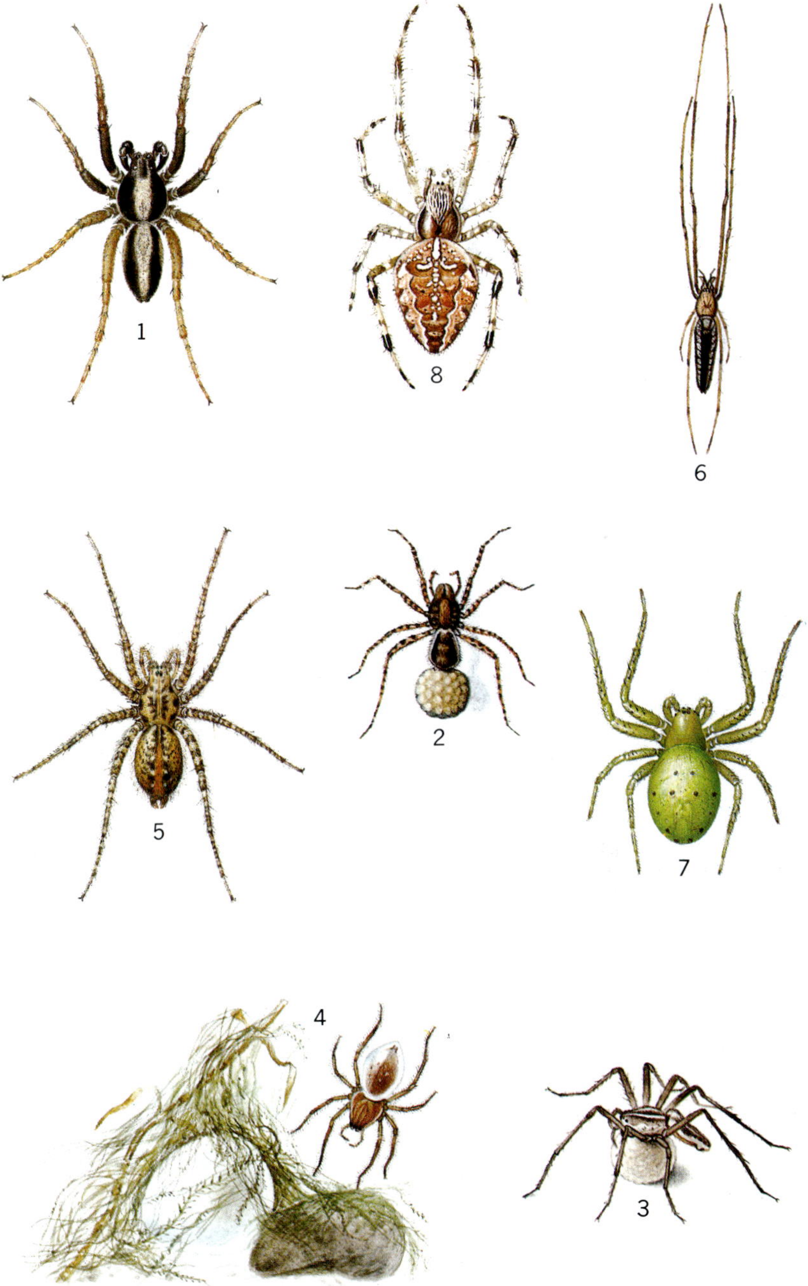
1
8
6
5
2
7
4
3

Spinnentiere

Ordnung: **Afterskorpione** — *Pseudoscorpiones*
Familie: *Chthoniidae*

1 Afterskorpion *Chthonius ischnocheles*. Länge 1,6 — 2,5 mm. Die Art zeichnet sich einmal durch die scherenförmigen Taster (Pedipalpen), zum anderen durch die großen Cheliceren aus, mit denen sie ihre Beute „zerschneidet". Unter Steinen und in der Waldstreu. Verbreitung: Europa, im Norden bis Dänemark und Schweden.

Familie: *Cheliferidae*

2 Bücherskorpion — *Chelifer cancroides*. Länge 2,6 — 4,5 mm. Besitzt mächtig entwickelte Taster (Pedipalpen) und ernährt sich von allen möglichen kleinen Insektenarten. Auch in der freien Natur (unter Baumrinde) oder in Vogelnestern, am häufigsten aber in menschlichen Behausungen. Verbreitung: Kosmopolit.

Ordnung: **Weberknechte oder Kanker** — *Opiliones*
Familie: *Phalangiidae*

3 Weberknecht *Phalangium opilio*. Länge 6 — 9 mm. Rücken grau bis rostbraun mit einem dunkleren, zweimal eingeschnürten Längsstreifen. An hellen Standorten (z. B. auf Feldern) lebende Exemplare sind heller gefärbt. Die Art ist überall häufig, auf der Erde, auf Bäumen, Felsen, Telegrafenstangen usw. Ihre Nahrung besteht aus lebenden und toten Lebewesen sowie Pflanzengewebe. Das Weibchen frißt oft das Männchen auf, die Eier überwintern. Ausgewachsene Weberknechte finden wir von Ende Mai bis November. Verbreitung: Europa, Sibirien, Nordafrika, Nordamerika.

4 Wandkanker *Opilio parietinus*. Länge 5 — 8 mm. Mit eiförmigem, beim Weibchen grau gefärbten Körper, über dessen Mitte eine nicht besonders deutliche Zeichnung verläuft. Das Männchen ist gelblich. Kulturfolger, der in Schuppen, Kellern, an Zäunen und Mauern lebt. Die Tiere sitzen mit gespreizten Beinen. Erwachsene Weberknechte dieser Art erscheinen von Ende August bis November. Verbreitung: Eurasien und nearktische Region.

Ordnung: **Milben** — *Acari*
Familie: *Parasitiformes*

5 Käfermilbe — *Parasitus coleoptratorum*. Länge ca. 1 — 1,2 mm. Die Tiere sind orangefarben, ihre Larven sitzen vorwiegend an der Körperunterseite von Mistkäfern *(Geotrupes)*. Von ihnen lassen sie sich auf Pferdemist tragen, wo sie Nahrung finden: Fliegenlarven und kleine Würmer. Verbreitung: Europa.

Familie: **Zecken** — *Ixodidae*

6 Holzbock *Ixodes ricinus*. Länge ♀ ca. 4 mm, nach dem Blutsaugen ca. 10 mm. Überall häufige Art. Die jungen Larven klettern auf Sträucher und lassen sich auf ihren ersten Wirt herab, in der Regel ein auf dem Boden nistender Vogel oder eine Eidechse. Drei bis fünf Tage saugen sie Blut, um sich danach auf dem Boden in die Nymphe, ihr nächstes Entwicklungsstadium, zu verwandeln. Auch sie saugt Blut, aber nur von bestimmten Säugetierarten. Nach einiger Zeit verläßt sie das Tier und verwandelt sich auf der Erde in die Imago. Das Weibchen muß vor der Eiablage Blut saugen. Verbreitung: Über die ganze Welt.

Familie: **Laufmilben** — *Trombidiidae*

7 Sammetmilbe *Trombidium holosericeum*. Länge 4 mm. Auffällig rot gefärbt, der Körper ist mit feinen Samthärchen bedeckt. Die Milbe lebt auf der Erde, ihre Larven parasitieren auf Insekten. Verbreitung: Europa.

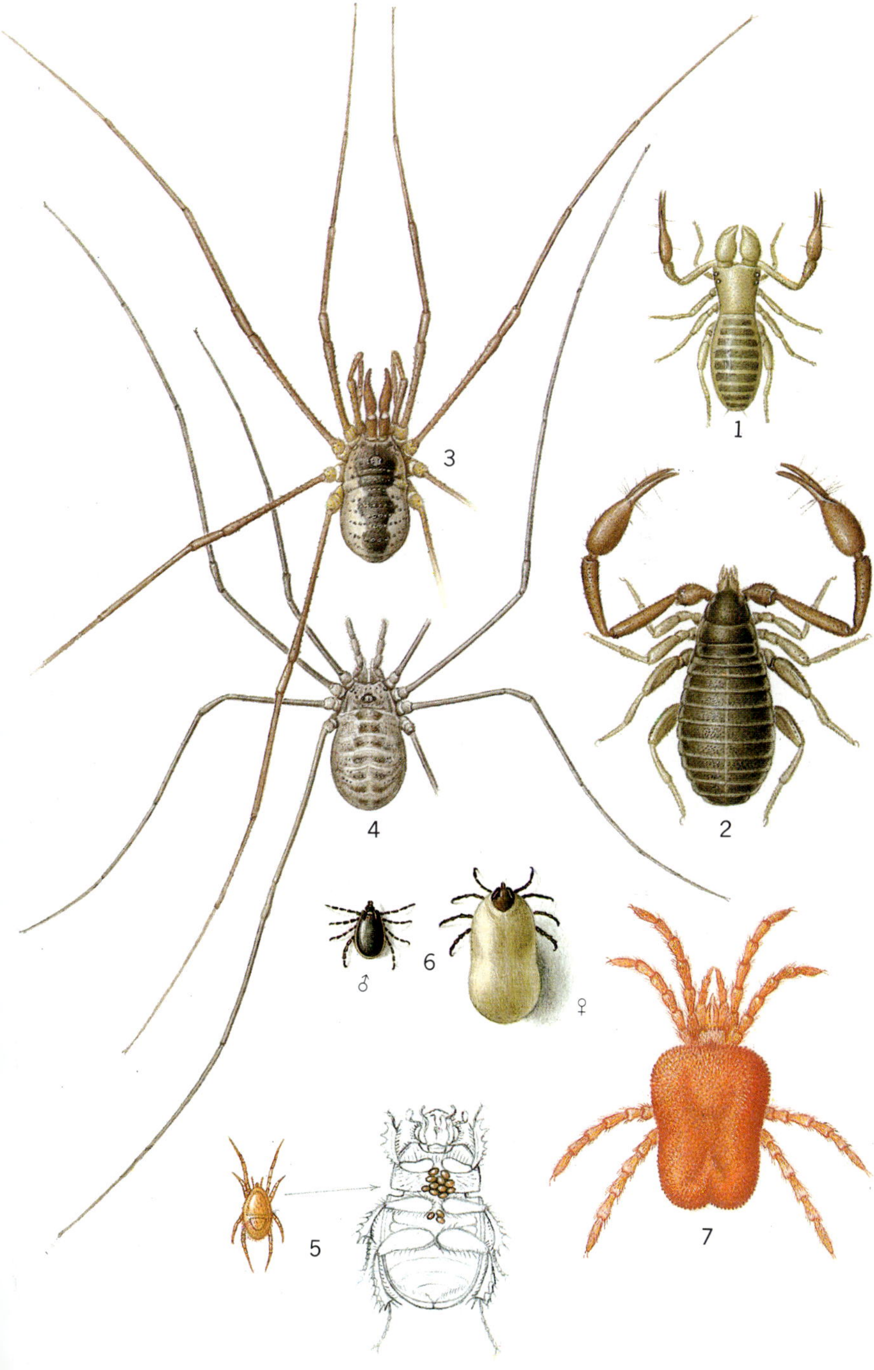
1
2
3
4
5
6
♂
♀
7

Krebstiere

Klasse: **Krebstiere** — *Crustacea*
Ordnung: **Kiemenfußkrebse** — *Anostraca*
Familie: *Chirocephalidae*

1 Frühjahrskiemenfuß *Siphonophanes grubii*. Länge 12—28 mm, davon 3 mm Anhänge. Die Art lebt stellenweise zeitig im Frühjahr in Kleingewässern, die sich bei der Schneeschmelze bilden (an Stellen mit altem Laub). Die ausgewachsenen Tiere leben von Februar bis Mai, oft in der Gesellschaft von Blattfußkrebsen. Verbreitung: Mitteleuropa, Frankreich, Dänemark.

Ordnung: **Blattfußkrebse** — *Notostraca*
Familie: **Kieferfüße** — *Triopsidae*

2 Kiemenfuß *Triops cancriformis*. Länge bis zu 10 cm, davon die Hälfte auf die Borsten. Der Körper wird von 32—35 Gliedern gebildet, von denen die letzten 4—7 keine Füße tragen. Dieser Blattfußkrebs hat 48—57 Gliedmaßenpaare. Ein großer Teil des Körpers ist von einer schildartigen Hülle bedeckt, die an der Vorderseite breit abgerundet ist. Der Krebs lebt in Pfützen, gelegentlich in der Gesellschaft der verwandten Art *Lepidurus apus* von April bis September. Verbreitung: Großteil der paläarktischen und nearktischen Region (lebt nicht weiter nördlich als bis zum 60. Breitengrad).

Ordnung: **Wasserflöhe** — *Cladocera*
Familie: *Daphnidae*

3 Gemeiner Wasserfloh *Daphnia pulex*. ♀ 1,5—4,5 mm, ♂ 1,2—1,8 mm. Sehr gängige Art. Körper in einer grob skulpturierten Schale geborgen. Bewohnt Tümpel im Wald, nimmt auch mit dem weniger sauberen Wasser von Fisch- und Dorfteichen vorlieb. Als Nahrung dienen Detritus und verschiedene Algen. Wichtiges Fischfutter. Verbreitung: Paläarktische und nearktische Region.

Ordnung: **Ruderfußkrebse** — *Copepoda*
Familie: **Schwimmer** — *Cyclopidae*

4 Riesenhüpferling *Macrocyclops fuscus*. Länge 1,8—4 mm. Gehört ähnlich wie die Wasserflöhe zum Plankton. Bewohnt vegetationsdurchwucherte Gewässer. Verbreitung: Europa.

Ordnung: **Flohkrebse** — *Amphipoda*
Familie: *Gammaridae*

5 Bachflohkrebs *Gammarus pulex:* Länge 12—15 mm. Heute wird diese Art auch *Rivulogammarus pulex* genannt. Graugelb, der Körper ist seitlich abgeflacht und bogenförmig geschwungen. In fließenden, sauberen Gewässern, unter Steinen in Quellen usw. Verbreitung: Großteil Europas, Kleinasien.

Ordnung: **Asseln** — *Isopoda*
Familie: **Landasseln** — *Oniscidae*

6 Mauerassel *Oniscus asellus*. Länge bis zu 18 mm. Dunkelgrau, längs der Körperachse hell gefleckt. Variable Art, die sehr häufig an feuchten Stellen in Wäldern, Häusern, unter Steinen, in feuchtem Laub usw. vorkommt. Verbreitung: Großteil Europas, Nordamerika.

7 Kellerassel *Porcellio scaber*. Länge bis zu 16 mm. Die Art ist sehr variabel, auf gelblichem Untergrund sitzt eine graue Zeichnung. In der freien Natur wie auch in Häusern lebt sie zahlreich an feuchten Stellen. Verbreitung: Kosmopolit.

Familie: **Rollasseln** — *Armadillidiidae*

8 *Armadillidium vulgare*. Länge bis zu 15 mm. Grau gefärbt, gelegentlich gefleckt. Lebt an trockeneren Stellen, unter Steinen, liegenden Stämmen, in altem Mauerwerk. Verbreitung: Fast über die ganze Welt.

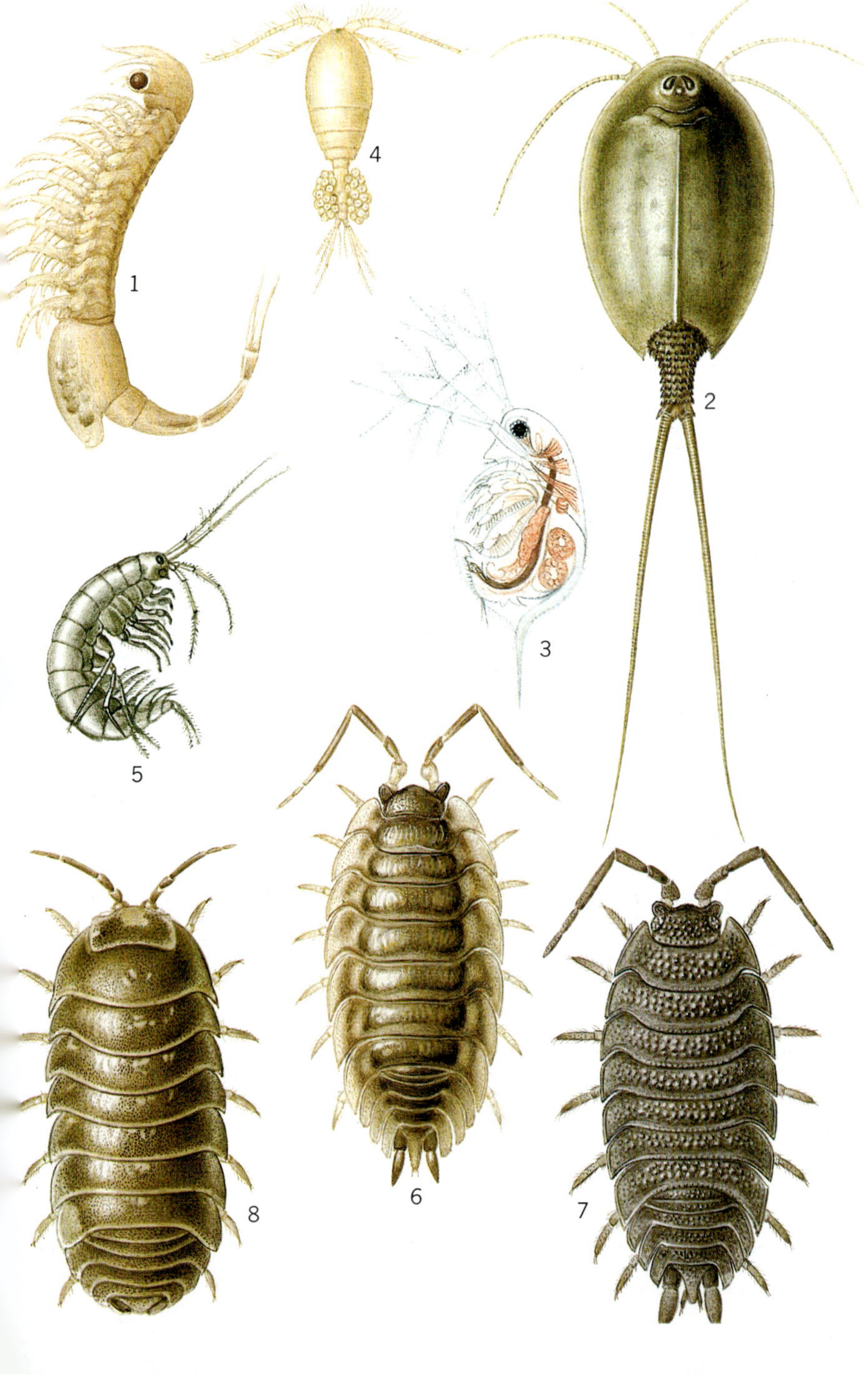
1
2
3
4
5
6
7
8

Krebstiere

Ordnung: **Zehnfußkrebse** — *Decapoda*
Familie: **Garnelen** — *Crangonidae*

1 Nordseegarnele *Crangon crangon.* Länge 40—50 mm. Graugelb, gelb oder grünlich, auf dem Rücken gelegentlich dunkelbraun. Die Garnele ist ein Nachttier, das sich tagsüber in den Grund einwühlt. Bewohnt die Küstengewässer in einer Tiefe von 10—50 m und kommt oft in großen Mengen vor. Im Sommer zieht sie stromaufwärts und hält sich im Brackwasser der Flußmündungen auf. Ernährt sich von Kleinlebewesen, Algen und Detritus. Das Weibchen legt seine Eier von April bis Juni und im Oktober/November. Man fängt sie in großen Mengen mit Krabbenkuttern und verkauft sie in Delikatessengeschäften, man verwendet sie aber auch als Köder oder als Rohstoff zur „Fischmehl"-Herstellung. Verbreitung: Mittelmeer, Küsten Westeuropas (zahlreich in Nord- und Ostsee), Ostküste Nordamerikas.

Familie: **Hummer** — *Nephropsidae*

2 Hummer *Homarus gammarus.* Länge 300—500 mm, auch *H. vulgaris.* Mächtiger Bewohner von Fels- und Steinküsten bis in eine Tiefe von etwa 40 m. Seine gewaltigen Scheren sind ungleich entwickelt (eine ist dünner). Er jagt nachts, als Nahrung dienen ihm alle möglichen Meerestiere (Weichtiere, Krebse). Das Weibchen legt seine Eier im Juli/August ab. Der Hummer wird gefangen und ist eine begehrte Delikatesse. Stellenweise gingen die Hummerbestände so stark zurück, daß einige Länder den Hummer teilweise unter Schutz stellten. Verbreitung: Mittelmeer, europäische Atlantikküste (auch Nordsee).

Familie: **Flußkrebse** — *Astacidae*

3 Edelkrebs *Astacus astacus.* Länge 120—160 mm. In den letzten Jahren ging sein Bestand in der freien Natur empfindlich zurück. Gründe sind zum einen die zunehmende Wasserverschmutzung (der Edelkrebs braucht sauberes Wasser), zum anderen die Ausbreitung der Krebspest. Lebt in fließenden und stehenden Gewässern, wo er sich in die Ufer einwühlt (unter Baumwurzeln) oder unter Steinen verbirgt. Der Krebs jagt kleinere Tiere (kleine Fischchen, Kaulquappen) und frißt auch Aas. Das Weibchen legt einige Dutzend Eier, die es unter den Hinterleibsgliedern mit sich trägt. Verbreitung: Von Mitteleuropa bis Südskandinavien.

Familie: **Einsiedlerkrebse** — *Paguridae*

4 Bernhardskrebs *Eupagurus bernhardus.* Länge etwa 35 mm. Einsiedlerkrebse haben einen weichen Hinterleib und suchen deshalb leere Gehäuse von Meeresschnecken auf, um so ihren Hinterleib zu schützen. Mit dem Vorderteil schauen sie aus dem Gehäuse hervor. Der Bernhardskres lebt auf sandigem und steinigem Meeresboden, gelegentlich steigt er in beachtliche Tiefen hinab. Er ernährt sich von Kleinlebewesen und verschiedenen Abfallteilchen (Detritus). Verbreitung: Europäische Atlantikküste (bis in die Nordsee).

Familie: **Schwimmkrabben** — *Portunidae*

5 Blaukrabbe *Portunus holsatus.* Länge etwa 40 mm. Gehört zu den mittelgroßen Krebsarten und hat einen glatten, graugrün gefärbten Panzer. Lebt an der Meeresküste sowie in tieferem Wasser und ist stellenweise zahlreich. Verbreitung: Europäische Atlantikküste (Nordsee).

Familie: **Felsenkrabben** — *Grapsidae*

6 Wollhandkrabbe *Eriocheir sinensis.* Länge etwa 75 mm. Mit großen, vor allem bei den Männchen dicht behaarten Scheren. Meereskrabbe, die stromaufwärts in die Flüsse wandert, doch vermehrt sich nur in Salzwasser. Verbreitung: Gelbes Meer. Zu Beginn dieses Jahrhunderts wurde sie nach Europa eingeschleppt und verbreitet sich stromaufwärts in den Flüssen Elbe, Ems und Weser.

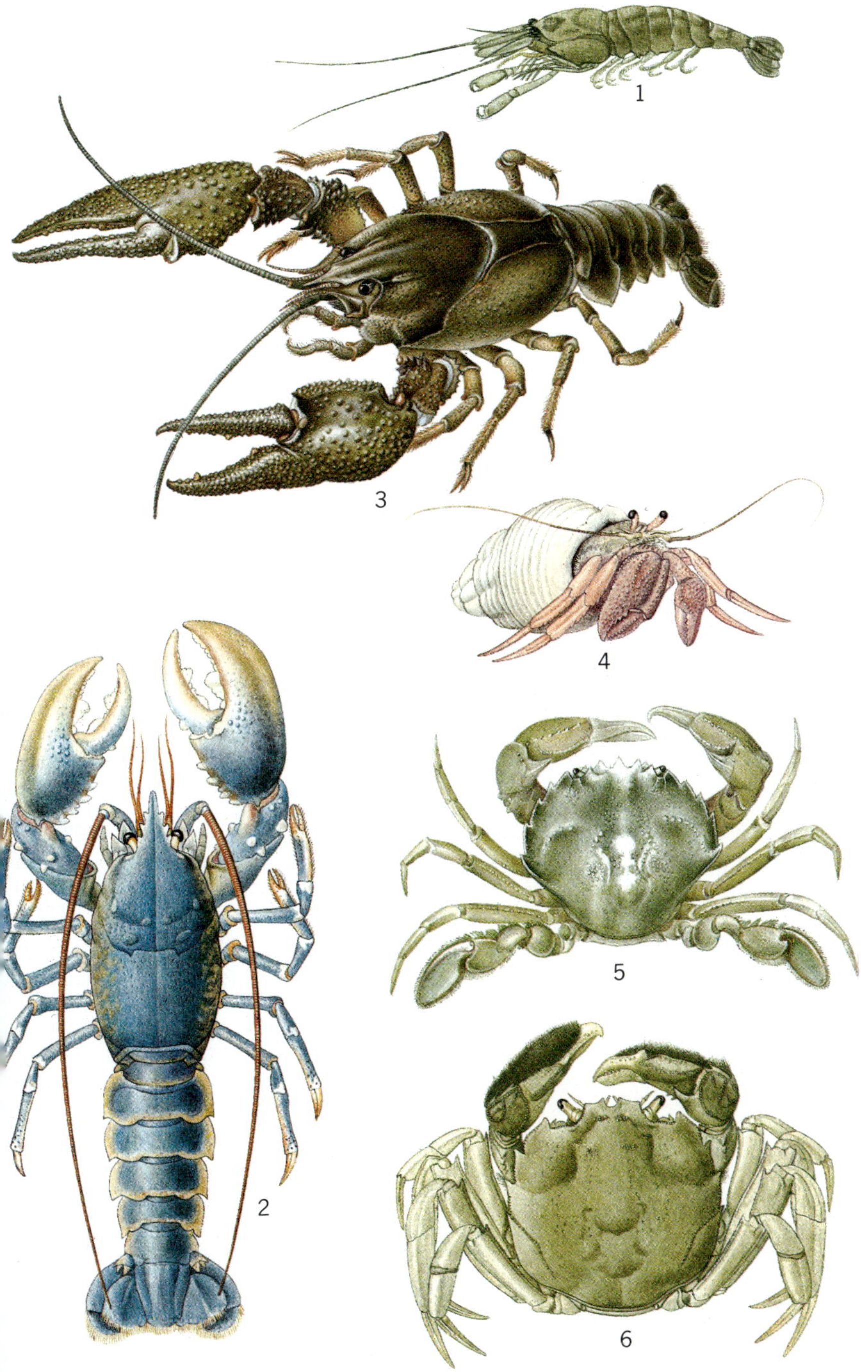

1
3
4
2
5
6

Tausendfüßer — Hundertfüßer

Klasse: **Tausend- oder Doppelfüßer** — *Diplopoda*
Familie: **Bandfüßer** — *Polydesmidae*

1 *Polydesmus complanatus.* Länge 15—23 mm, Breite 2,3—3,2 mm. Gängige Art. An feuchten Örten z. B. in Erlenbeständen oder unter der Rinde alter Baumstümpfe in verschiedenen Laubwäldern. Verbreitung: Mitteleuropa, nach Norden bis Mittelschweden.

Familie: *Blaniulidae*

2 *Blaniulus guttulatus.* Länge 7,5—16 mm, Breite 0,4—0,7 mm. Der Körper wird von einigen Dutzend Gliedern gebildet, die bis zu 103 Beinpaare tragen. Die Tiere sind glänzend weißlich bis gelbgrau. Auf den Metazoniten (d. h. auf der hinteren Gliedhälfte) sitzen karminrote Flecken. Die Art hat keine Punktaugen, sie lebt im Erdreich, in Gärten und Gewächshäusern, Pflanzenfresser. Im Garten sucht sie schadhaftes Obst (Erdbeeren, Falläpfel). Kein Schädling! Verbreitung: Großteil Europas (im Norden bis Skandinavien, Großbritannien), Nordamerika (Kanada).

Familie: **Schnurfüßer** — *Iulidae*

3 Erdschnurfüßer *Iulus terrestris.* Länge 17—23 mm, Breite 1,5—2,1 mm. Diese Art hat bis zu 89 Beinpaare. Der Körper ist langgestreckt, schwarz oder schwarzbraun, an den Seiten heller. Die Beine sind gelbweiß gefärbt, am Kopf befinden sich 42 Punktaugen. An feuchten Stellen sind Erdschnurfüßer häufig: im abgefallenen Laub in Gärten und Wäldern, unter Steinen usw. Verbreitung: Europa (von der Balkanhalbinsel bis Skandinavien im Norden, Litauen, Estland).

4 *Schizophyllum sabulosum.* Länge 15—47 mm, Breite 1,6—4 mm. Gängige Art, die leicht an den beiden aus gelbroten Flecken gebildeten Längsstreifen zu erkennen ist. Am letzten Körperglied ist ein Schwänzchen auszumachen. Das Tier zeigt sich von Frühjahr bis Herbst an allen möglichen Standorten im Wald, auf Kalkstein- und Sandböden, unter Steinen und auf Baumästen. Verbreitung: Europa.

Klasse: **Hundertfüßer** — *Chilopoda*
Familie: **Steinläufer** — *Lithobiidae*

5 Brauner Steinläufer *Lithobius forficatus.* Länge 20—32 mm. Liebt dunkle, feuchte Orte. Unter Steinen, Rinde und alten Holzstücken sehr häufig. Wird der Steinläufer gestört, verschwindet er blitzschnell im Dunkeln. Räuber, der verschiedene Gliederfüßer (auch Angehörige der eigenen Art), Regenwürmer usw. jagt. Das Weibchen legt seine gelblichweißen Eier einzeln ab. Die junge Larve hat nur sieben Beinpaare, ihre Zahl nimmt bei jeder Häutung zu. Auch ausgewachsene Steinläufer häuten sich, doch bekommen sie keine weiteren Beine mehr hinzu. Verbreitung: Über die ganze Welt.

Familie: **Erdläufer** — *Geophilidae*

6 Erdläufer *Geophilus longicornis.* Länge 20—40 mm. Diese häufige Art hat bis zu 57 Beinpaare. Das Weibchen ist für seine Brutpflege bekannt. Es hüllt die Eier in ein besonderes Sekret ein, anschließend wird das ganze Gelege eingepackt, und das Muttertier ringelt sich spiralförmig darum. So schützt es seine Eier vor Infektionen und Feinden. Während dieser Zeit nimmt das Weibchen keine Nahrung auf. Bis zur zweiten Häutung sorgt es für die jungen Larven, dann sind sie selbständig. Die Entwicklung zum ausgewachsenen Tier dauert zwei Jahre. Verbreitung: Über die ganze Welt.

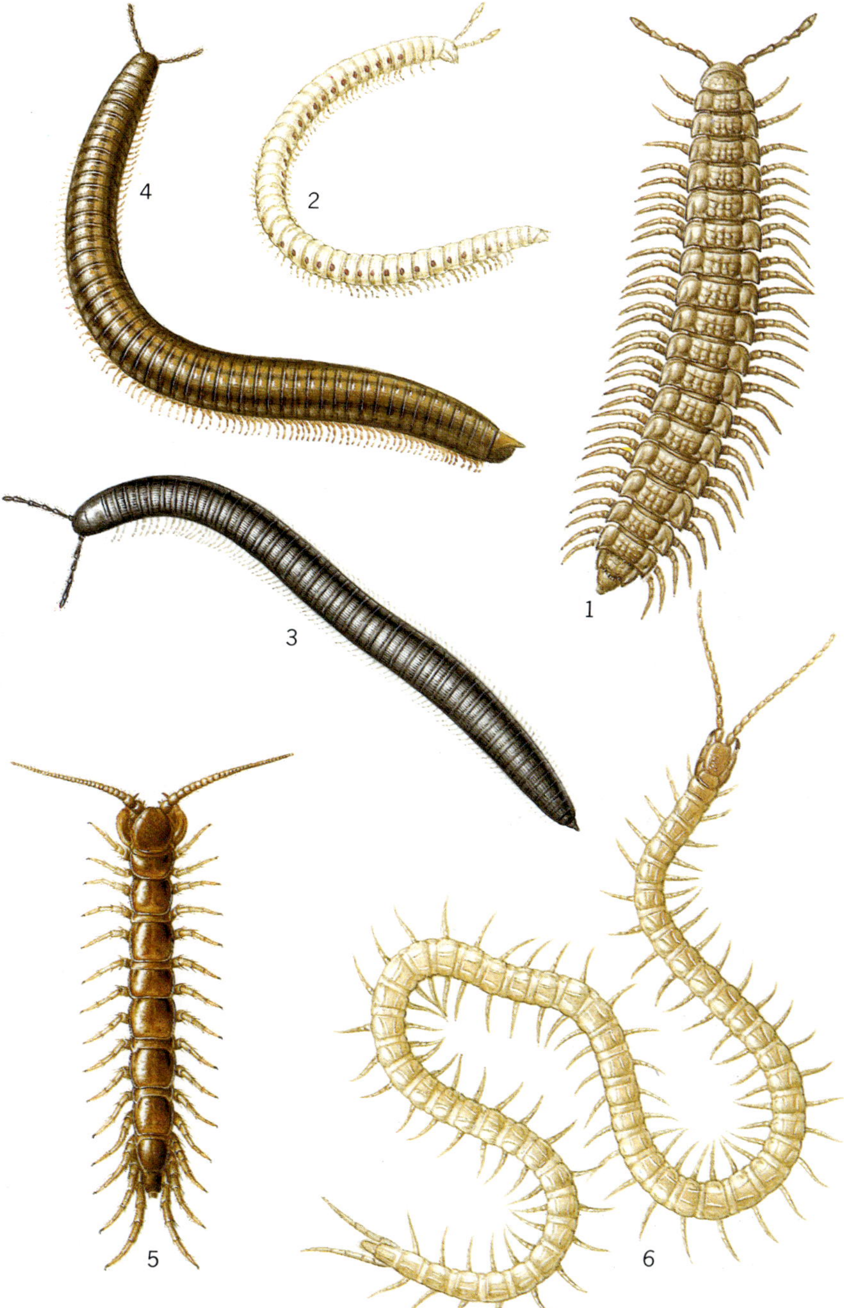
4
2
1
3
5
6

Insekten

Klasse: **Insekten** — *Insecta*
Ordnung: **Doppelschwänze** — *Diplura*
Familie: *Campodeidae*

1 Campodea fragilis. Länge 3,5 mm. Blinde Art. Am Körperende sitzen zwei Borsten, die kürzer als der Körper sind. An feuchten Orten im Erdreich, unter Holz und Steinen, gelegentlich auch in Ameisenhaufen. Verbreitung: Kosmopolit.

Ordnung: **Springschwänze** — *Collembola*
Familie: *Poduridae*

2 Schwarzer Wasserspringer *Podura aquatica.* Länge 1,1—1,5 mm. Sehr häufige Art. Bei der Schneeschmelze im Frühjahr sehr zahlreich auf der Wasseroberfläche. Verbreitung: Eurasien, Nordamerika.

Ordnung: **Fischchen** — *Zygentoma*
Familie: **Silberfischchen** — *Lepismidae*

3 Silberfischchen *Lepisma saccharina.* Länge 7—10 mm. In Mitteleuropa in Wohnungen, Speisekammern, Lagerräumen, Bibliotheken (Kulturfolger), in Südeuropa auch in der freien Natur häufig. Sehr schnell laufendes Nachttier, dessen Körper mit feinen silbrig-grauen Schuppen bedeckt ist. Verbreitung: Über die ganze Welt.

Ordnung: **Eintagsfliegen** — *Ephemeroptera*
Familie: **Eintagsfliegen** — *Ephemeridae*

4 Eintagsfliege *Ephemera danica.* Körperlänge 15—24 mm, Borsten 14—40 mm. Mit bräunlichen Flügeln, auf denen dunklere Flecken sitzen. Die Imago fliegt in größter Zahl im Juni, aber auch schon im Mai und sogar noch im August. Die Larven entwickeln sich in fließenden Gewässern hügliger Gebiete. Verbreitung: Großteil Europas.

Ordnung: **Libellen** — *Odonata*
Familie: **Prachtlibellen** — *Calopterygidae*

5 Blauflügel-Prachtlibelle *Calopteryx virgo.* Seejungfer. Körperlänge 50 mm, Spannweite 70 mm. Die Flügel des Männchens sind glänzend blaugrün, die des Weibchens bräunlich. In Ruhe liegen sie über dem Hinterleib und sind mit der Oberseite zueinander gekehrt. Die Geschlechter lassen sich auch an dem sog. Flügelmal am vorderen Flügelrand unterscheiden — nur die Weibchen besitzen es. Die Imago fliegt von Mai bis September in der Nähe von Bächen und Flüssen. Die Seejungfer ist aber kein ausdauernder Flieger, häufig läßt sie sich auf der Ufervegetation nieder. Das Weibchen legt etwa 300 Eier in das Gewebe verschiedener Wasserpflanzenarten ab, z. B. Pfeilkraut, Wasserliesch, Igelkolben u. a. Die Larven leben im Wasser. Wachsen sie heran, verlassen sie das Wasser und verwandeln sich in die Imago. Ihre Entwicklung dauert zwei Jahre, die Larve überwintert zweimal. Verbreitung: Eurasien.

6 Gebänderte Prachtlibelle *Calopteryx splendens.* Länge 50 mm, Spanweite 70 mm. In Körperform und Größe ähnelt sie der vorhegehenden Art, doch haben die Männchen auf Vorder- und Hinterflügeln einen breiten blau bzw. blaugrün gefärbten Streifen. Die Flügel der Weibchen sind hellgrün transparent und besitzen ein Flügelmal. Die Art fliegt an fließenden Gewässern von April bis Mitte September und steigt bis ins Gebirge auf. Die Larve erreicht eine Länge von 20 mm; sie überwintert zweimal. Ihre Entwicklung dauert zwei Jahre. Verbreitung: Europa, Vorderasien, Nordafrika.

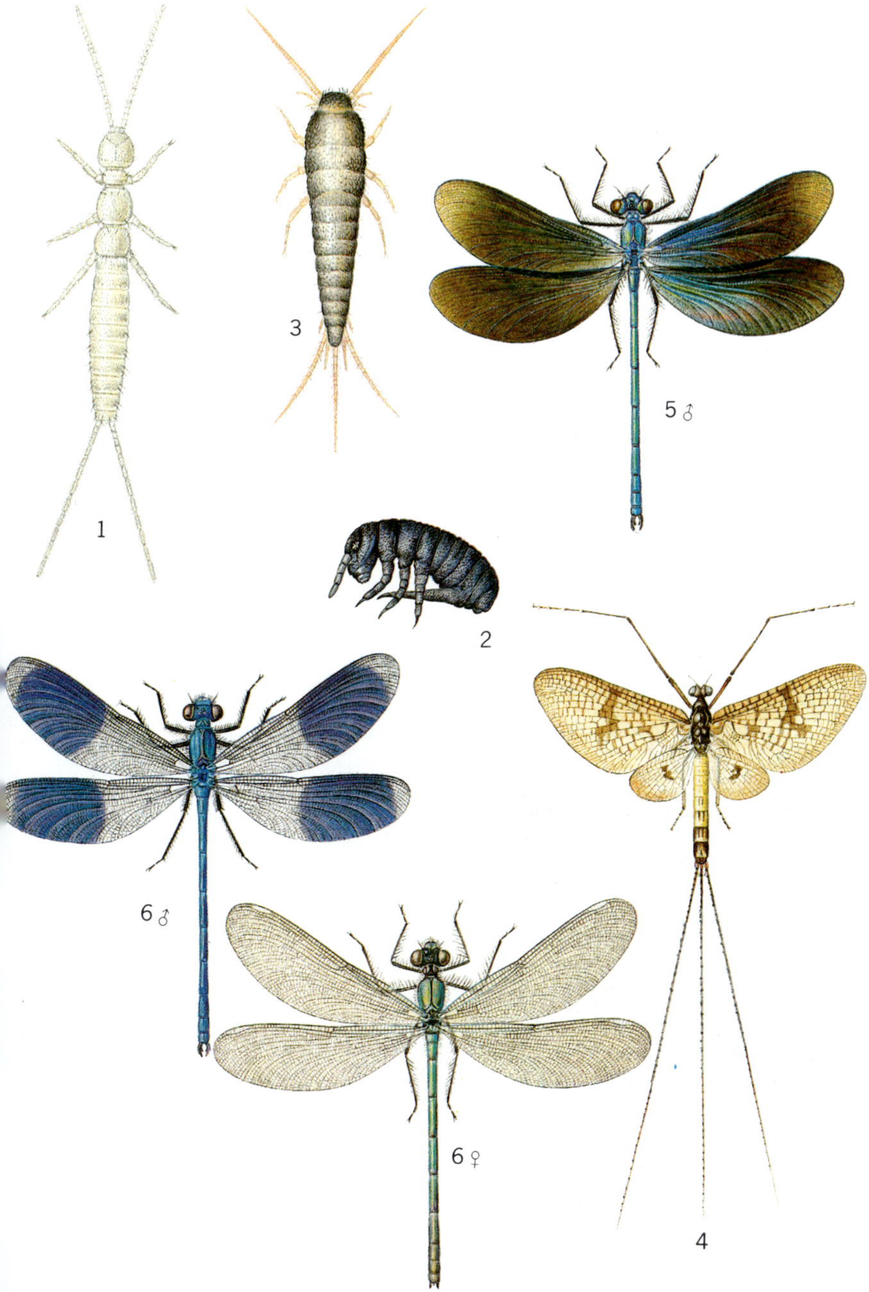
1
2
3
4
5 ♂
6 ♂
6 ♀

Insekten

Familie: **Schlanklibellen** — *Coenagrionidae*

1 Frühe Adonislibelle *Pyrrhosoma nymphula*. Länge 35 mm, Spannweite 45 mm. Schwarzrot gefärbt, auf der schwarzen Brust zwei rote Längsstreifen, auf der rötlichen Grundfarbe des Hinterleibs eine schwarze Zeichnung. Die Imago fliegt von April bis August über stehenden oder langsam fließenden Gewässern. Das Weibchen legt seine Eier in verschiedene Pflanzen am Wasserrand ab, in der Regel wird es dabei vom Männchen begleitet. Die Larvenentwicklung dauert ein Jahr. Verbreitung: Europa und Kleinasien.

Familie: **Edellibellen** — *Aeschnidae*

2 Blaugrüne Mosaikjungfer *Aeschna cyanea*. Länge 65—80 mm, Spannweite 95 bis 110 mm. Eine der häufigsten Arten der ganzen Familie und ein ausgezeichneter Flieger. Das Männchen hat deutlich sichtbar ausgeschnittene Hinterflügel, auf der Oberseite der letzten Hinterleibsglieder blaue Flecken, auf den übrigen Gliedern grüne. Die Flügel des Weibchens sind nicht ausgeschnitten, alle Hinterleibsflecken sind grün. Die Blaugrüne Mosaikjungfer fliegt vom Frühjahr bis Anfang November um Teiche, Seen und Tümpel. Sie entfernt sich auch vom Wasser und fliegt sogar bis in die Städte. Die Eier überwintern, die Larvenentwicklung dauert zwei Jahre. Verbreitung: Großteil Europas, Kleinasien und Nordafrika.

Familie: **Flußjungfern** — *Gomphidae*

3 Gemeine Keiljungfer *Gomphus vulgatissimus*. Länge 45—50 mm, Spannweite 60 bis 70 mm. Von Mai bis Juli an Gewässern, auf Wiesen, Lichtungen und Waldwegen. Das Weibchen fliegt dicht über der Wasseroberfläche, um gelegentlich den Hinterleib einzutauchen und Eier abzulegen, die auf den Grund sinken. Verbreitung: Europa und Kleinasien.

Familie: **Segellibellen** — *Libellulidae*

4 Vierfleck *Libellula quadrimaculata*. Länge 40—50 mm, Spannweite 70—85 mm. An jedem Flügelknoten sitzt ein dunkler Fleck (insgesamt an allen Flügeln vier Flecken, Name!). Von Mai bis August sehr häufig an stehenden Gewässern. Die Larve überwintert zweimal. Verbreitung: Eurasien, Nordamerika.

5 Blutrote Heidelibelle *Sympetrum sanguineum*. Länge 35—40 mm, Spannweite 50 bis 60 mm. Bis Oktober an stehenden Gewässern. Sucht warme Standorte auf Uferwiesen, an Gebüschen usw. auf. Ihre Entwicklung ist einjährig. Verbreitung: Eurasien, Nordafrika.

Ordnung: **Stein- oder Uferfliegen** — *Plecoptera*
Familie: *Perlidae*

6 Steinfliege *Perla burmeisteriana*. Länge 17—28 mm, Spannweite 55—58 mm. Dunkler Vorder- und heller Hinterleib; die Imago fliegt an Gewässern. Verbreitung: Mittel- und Südeuropa, Balkan, Westeuropa.

Ordnung: **Ohrwürmer** — *Dermaptera*
Familie: *Labiidae*

7 Kleiner Ohrwurm *Labia minor*. Länge 5—9 mm. Von Frühjahr bis Herbst zahlreich auf Feldern, Wiesen, an Waldrändern und in Mistbeeten; fliegt tagsüber. Verbreitung: Nahezu über die ganze Welt.

Familie: **Eigentliche Ohrwürmer** — *Forficulidae*

8 Gemeiner Ohrwurm *Forficula auricularia*. Länge 14—23 mm. Tagsüber unter Steinen, Holzstücken, Laub, alten Lumpen usw. verborgen, häufig in Häusern. Er nimmt pflanzliche und tierische Nahrung zu sich, oft frißt er Blattläuse. Im Winter legt das Weibchen in einer unterirdischen Kammer mehrere Dutzend Eier ab, hält sie sauber und schützt sie, auch pflegt es die jungen Larven. Verbreitung: Über die ganze Welt.

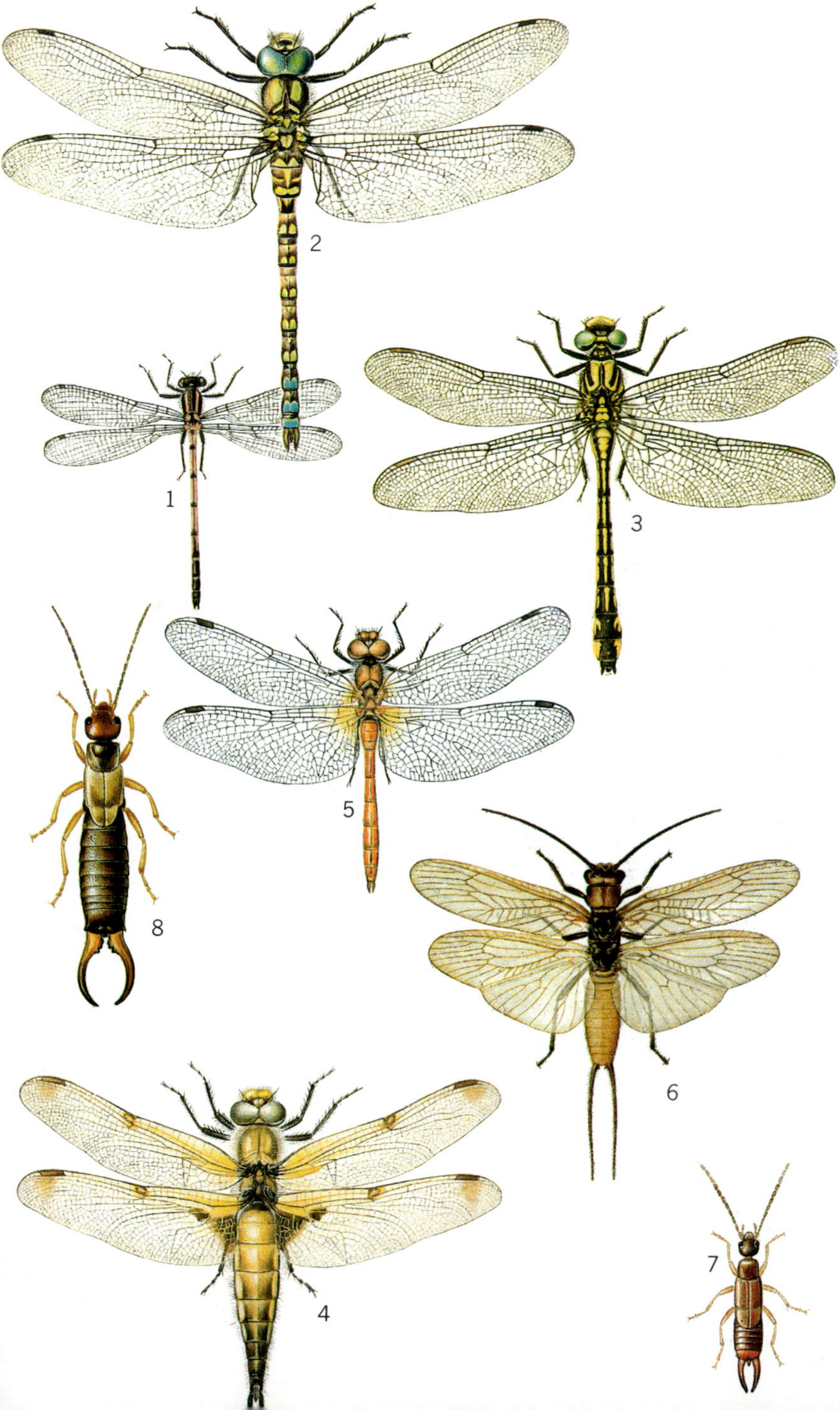
2
1
3
5
8
6
4
7

Insekten

Ordnung: **Schaben** — *Blattodea*
Familie: **Schaben** — *Blattidae*

1 Gemeine Waldschabe *Ectobius lapponicus*. Länge 7—10 mm. In Wäldern häufig. Das Weibchen legt seine Eier in einen etwa 3 mm langen Kokon. Verbreitung: Europa, Westsibirien.

2 Gemeine Küchenschabe *Blatta orientalis*. Länge 18—30 mm. Wärmeliebendes Nachttier, das in menschlichen Behausungen lebt und sich dort von allen möglichen Resten ernährt. Das Männchen hat beide Flügelpaare, die jedoch kürzer als der Hinterleib sind, beim Weibchen sind nur Flügelstummel entwickelt. Das Weibchen legt seine Eier in einen 7—12 mm langen Kokon (Oothek) ab. Nach dem Schlüpfen durchläuft die Larve bis zu zehn Entwicklungsstufen. Die Imago lebt etwa ein Jahr lang. Die Schaben sind keine ausgesprochenen Schädlinge, sie werden aber dadurch lästig, daß sie Nahrungsmittel verunreinigen und Krankheitserreger übertragen können. Verbreitung: Weltweit.

Ordnung: **Langfühlerschrecken** — *Ensifera*
Familie: **Singschrecken** — *Tettigoniidae*

3 Großes Heupferd *Tettigonia viridissima*. Länge 28—42 mm. Von Juli bis Oktober auf Sträuchern, Feld- und Wiesenpflanzen, abends klettert das Tier auf Bäume. Seine Nahrung besteht aus vielerlei Insekten. Mit seiner mächtigen Legeröhre legt das Weibchen etwa 100 Eier ins Erdreich ab, wo diese auch überwintern. Die Männchen zirpen Tag und Nacht. Verbreitung: Europa, Kaukasus. Kleinasien, Sibirien und Nordafrika.

4 Warzenbeißer *Decticus verrucivorus*. Länge 24—44 mm. Auf Wiesen, Feldern, Heideflächen usw., seine Nahrung besteht aus Insekten, gelegentlich auch aus Pflanzengewebe. Die Imago kommt von Juni bis September vor, die Eier überwintern. Verbreitung: Eurasien.

Familie: **Grillen** — *Gryllidae*

5 Feldgrille *Gryllus campestris*. Länge 20—26 mm. Die Feldgrille lebt von Mai bis Juli und hält sich in Kammern auf, die sie an warmen, trockenen Stellen, z. B. auf Wiesen und an Rainen aushebt. Sie ernährt sich von kleinen Insekten und Pflanzengewebe; die Eiablage des Weibchens dauert mehrere Tage. Die Larven leben zunächst gemeinschaftlich, später legt jede ihr eigenes Kämmerchen an, in dem sie auch überwintert. Während der Vermehrungszeit stridulieren die Männchen besonders intensiv. Verbreitung: Mittel- und Südeuropa, Südteil Großbritanniens, Westasien, Nordafrika.

6 Waldgrille *Nemobius sylvestris*. Länge 7—10 mm. Von Juni bis September im Laub der Wälder. Meist überwintern die Larven. Verbreitung: Europa (die Nordgrenze der Verbreitung verläuft durch Mitteleuropa), Nordafrika.

Familie: **Maulwurfsgrillen** — *Gryllotalpidae*

7 Maulwurfsgrille, Werre *Gryllotalpa gryllotalpa*. Länge 35—50 mm. Die Art hat sich dem unterirdischen Leben angepaßt (das vordere Beinpaar wurde zu Grabfüßen ausgebildet), zur Paarung kommt sie jedoch an die Oberfläche. Das Männchen trägt zwei lange Borsten am Hinterleib, bei beiden Geschlechtern sind die Unterflügel länger als der Hinterleib. Die Imago lebt von April bis Oktober auf Wiesen und in Gärten, sie ist ein guter Flieger und Schwimmer. Meist ernährt sie sich von verschiedenen Insekten, im Notfall nimmt sie jedoch auch pflanzliches Gewebe. Die Weibchen legen ihre Eier in einer Erdhöhle ab. Sie betreiben Brutpflege bei Eiern und frisch geschlüpften Larven. Die Entwicklung dauert zwei Jahre, sowohl Larven als auch Imago können überwintern. Verbreitung: Europa, Westasien, Nordafrika.

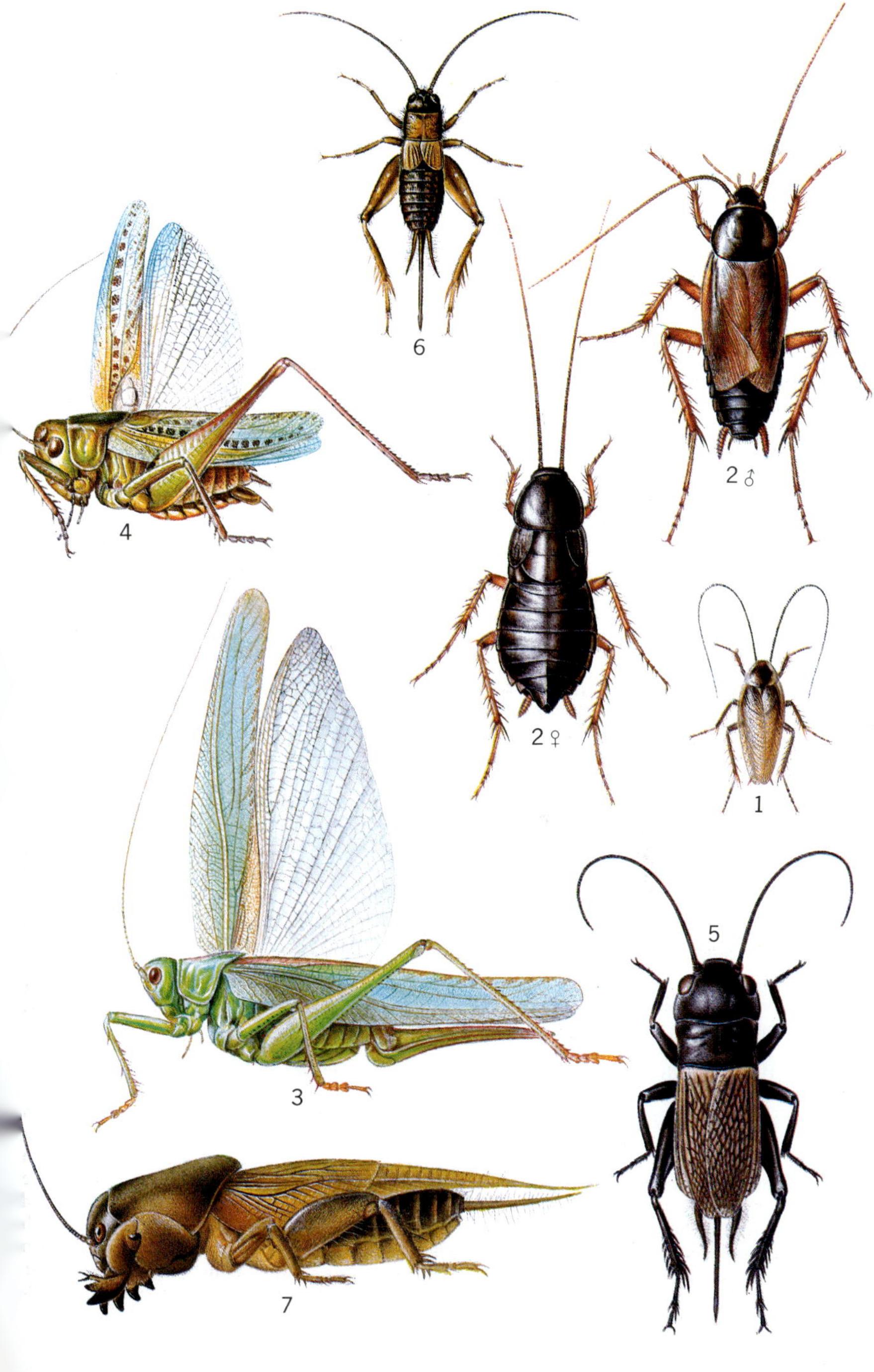

6
2 ♂
4
2 ♀
1
5
3
7

Insekten

Ordnung: **Kurzfühlerschrecken** — *Caelifera*
Familie: **Dornschrecken** — *Tetrigidae*

1 Säbeldornschrecke *Tetrix subulata*. Länge 7—10 mm. Zahlreich an feuchten und auch trockeneren Standorten zwischen Niederungen und Gebirgen, wie alle Kurzfühlerschrecken ein Pflanzenfresser. Verbreitung: Europa, Sibirien, Nordafrika und Nordamerika.

Familie: **Knarrschrecken** — *Catantopidae*

2 Schönschrecke *Calliptamus italicus*. Länge 14—34 mm. Bewohnt trockene Wiesen- und Brachflächen, die Imago lebt von Juli bis September. Verbreitung: Hauptsächlich Süd- und Mitteleuropa, Klein- und Vorderasien (Syrien), Nordafrika.

Familie: **Feldheuschrecken** — *Acrididae*

3 Schnarrschrecke *Psophus stridulus*. Länge 23—32 mm. Die Imago tritt von Juni bis Oktober vorwiegend im Berggelände auf Wiesen und Lichtungen auf. Beide Geschlechter können stridulieren, am auffälligsten ist ihre Stridulation jedoch beim Flug des Männchens. Wegen der Schnarrtöne, die diese Art von sich gibt, gab ihr der schwedische Naturwissenschaftler C. Linné den Namen. In den letzten Jahren wurde sie in der Natur immer seltener. Verbreitung: Europa (fehlt in Skandinavien und Großbritannien), Sibirien.

4 Europäische Wanderheuschrecke *Locusta migratoria*. Länge 33—65 mm. In ihrem Verbreitungsgebiet hat die Art mehrere geographische Rassen ausgebildet, die sich in der Färbung voneinander unterscheiden. Bei jeder Rasse lassen sich zwei Phasen feststellen: die Solitärphase, d. h. standortstreue Phase, und die Migrationsphase, d. h. Wanderphase. Kommt es zur Übervölkerung, wird aus der standortstreuen die Wanderphase und umgekehrt. Die Existenz dieser beiden Lebensphasen ist auch bei einer Reihe weiterer Arten bekannt, die vor allem in den Subtropen und Tropen zu den gefürchtetsten Schädlingen gehören. Früher galt diese Art in Europa als bedeutender Schädling (in Afrika bis heute), da sie ein Pflanzenfresser mit einem erheblichen Nahrungsbedarf ist. Die Wanderheuschrecken traten in dichten Schwärmen auf, deren Einfall in einer Landschaft die gesamte Ernte vernichtete. Die Geschichte Europas berichtet über zahlreiche Heuschreckenplagen, deren Bekämpfung so gut wie aussichtslos war. Die mitteleuropäische Heimat der Wanderheuschrecken war die Donaugegend, hier kam es zur Vermehrung der Tiere und zur Ausbreitung über die angrenzenden Landstriche. In der Gegenwart stellt sie kein Problem mehr dar, ihr sporadisches Auftreten hat nur noch lokalen Charakter. Verbreitung: Europa mit Ausnahme des Nordens, große Teile Asiens und Afrikas, Madagaskar.

5 Blauflüglige Ödlandschrecke *Oedipoda caerulescens*. Länge 15—28 mm. Die Unterflügel sind meist blau mit einem breiten dunklen Streifen unterhalb der Spitze (es finden sich aber auch Exemplare mit gelben bzw. rötlichen Flügeln). Darin ist sie einigen weiteren Arten ähnlich, z. B. *Sphingonotus caerulans*. Von Juli bis September kommt sie an trockenen Stellen, auf Heide- und Steppenflächen, trockenen Hängen usw. vor. Verbreitung: Europa (fehlt jedoch in Großbritannien), Klein- und Vorderasien, Nordafrika.

6 Grashüpfer *Stenobothrus lineatus*. Länge 16—25 mm. Lebt auf Wiesen, Heiden, Waldwegen u. ä. und zeichnet sich durch große Farbvariabilität aus. Das Männchen striduliert nur leise. Verbreitung: Europa bis zum Süden Schwedens und Großbritanniens, Westasien, Sibirien.

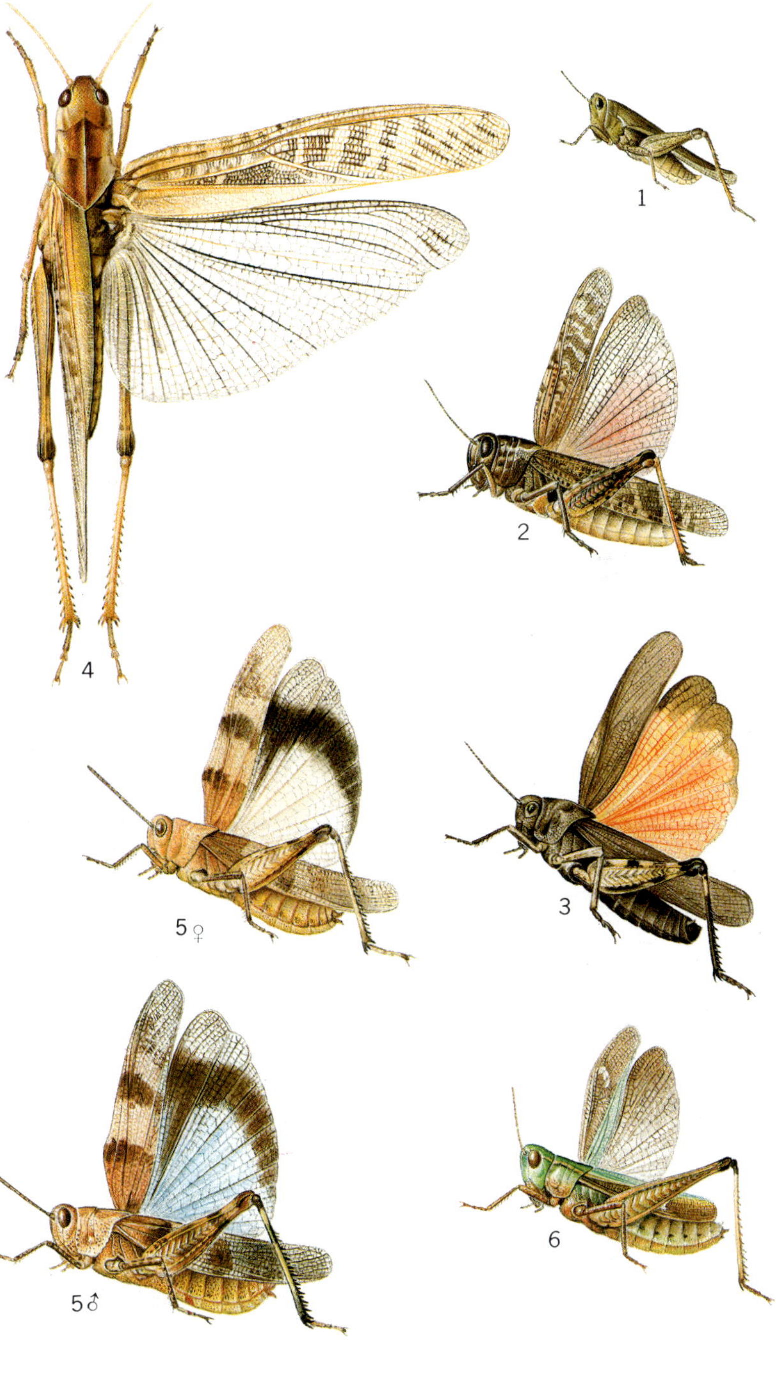
1
2
3
4
5 ♀
5 ♂
6

Insekten

Ordnung: **Wanzen** — *Heteroptera*
Familie: **Baumwanzen** — *Pentatomidae*

1 Streifenwanze *Graphosoma lineatum.* Länge 9—11 mm. Auf der Rückenseite des Körpers sitzen charakteristische schwarze Streifen auf rotem Grund. Die Art ist wärmeliebend und hält sich auf erblühten Doldenblütlern und anderen Pflanzen auf. Verbreitung: Süd- und Mitteleuropa, Klein- und Vorderasien.

2 Spitzling *Aelia acuminata.* Länge 7—9,5 mm. Häufige Art, die im April aus den Winterverstecken kommt. Sie lebt auf Gräsern einschließlich Getreide und legt dort im Frühjahr ihre Eier auf die Blätter ab. Die Larven verwandeln sich im August zur Imago. Verbreitung: Eurasien und Nordafrika.

3 Baumwanze *Palomena viridissima.* Länge 12—14 mm. Ähnelt der verwandten Art *P. prasina,* doch ist ihr 3. Fühlerglied etwa um ein Viertel kürzer als das 2., während bei *P. prasina* diese Glieder gleich lang sind. Lebt auf Sträuchern und Bäumen, die Imago überwintert. Verbreitung: Europa (in Norden seltener, fehlt in Großbritannien), Asien (einschließlich Nordindien).

4 Kohlwanze *Eurydema oleracea.* Länge 5—7 mm. Farblich sehr variabel, die Grundfarbe ist metallisch grün bzw. bläulich, die Flecken auf der Rückenseite sind meist rot oder gelb, weiß oder orange. Lebt auf verschiedenen Kreuzblütlern, die Imago überwintert. Verbreitung: Eurasien.

5 Räuberische Schildwanze *Picromerus bidens.* Länge 11—14 mm. Im Juli/August in Laubwäldern. Dort jagt sie Larven der verschiedenen Insekten, z. B. Schmetterlingsraupen, Blattkäferlarven u. a. Die Eier überwintern. Verbreitung: Paläarktischer Bereich.

Familie: **Lederwanzen** — *Coreidae*

6 *Mesocerus marginatus.* Länge 12—14 mm. Die Art lebt an feuchten Standorten vor allem auf Sauerampfer, Brombeeren, Greiskraut u. a. Verbreitung: Europa, Klein- und Zentralasien.

Familie: **Feuerwanzen** — *Pyrrhocoridae*

7 Feuerwanze *Pyrrhocoris apterus.* Länge 7—12 mm. Gehört zu den ersten Frühjahrsinsekten, bei günstiger Witterung zeigt sie sich bereits mit Winterausgang. Am Fuß von Baumstämmen in Parks, Alleen usw., meist findet sich eine größere Anzahl von Tieren beieinander. Ernährt sich von toten und lebenden Gliederfüßern, aber auch von Pflanzensäften. Verbreitung: Eurasien, Nordafrika, Mittelamerika u.a.

Familie: **Sichelwanzen** — *Nabidae*

8 Sichelwanze *Nabis rugosus.* Länge 6—7 mm. Gehört zu den auf Grasflächen sehr häufigen Arten. Die Imago überwintert unter dem Gras. Verbreitung: Paläarktischer Bereich.

Familie: **Bettwanzen** — *Cimicidae*

9 Gemeine Bettwanze *Cimex lectularius.* Länge 3,5—8 mm. Sehr bekannte lästige Art, die Menschenblut, seltener auch Tierblut saugt. Sie kann einige Monate lang hungern. Um den Einstich, durch den die Bettwanze Blut gesaugt hat, bildet sich ein juckender roter Fleck. Die Wanzen saugen in der Nacht, tagsüber halten sie sich hinter Bildern, unter der Tapete usw. versteckt in unsauberen, schlecht gepflegten Wohnungen, Hotels u. Kasernen auf. Das Weibchen legt nach und nach 100—200 Eier, doch muß es vorher Blut gesaugt haben. Verbreitung: Kosmopolit.

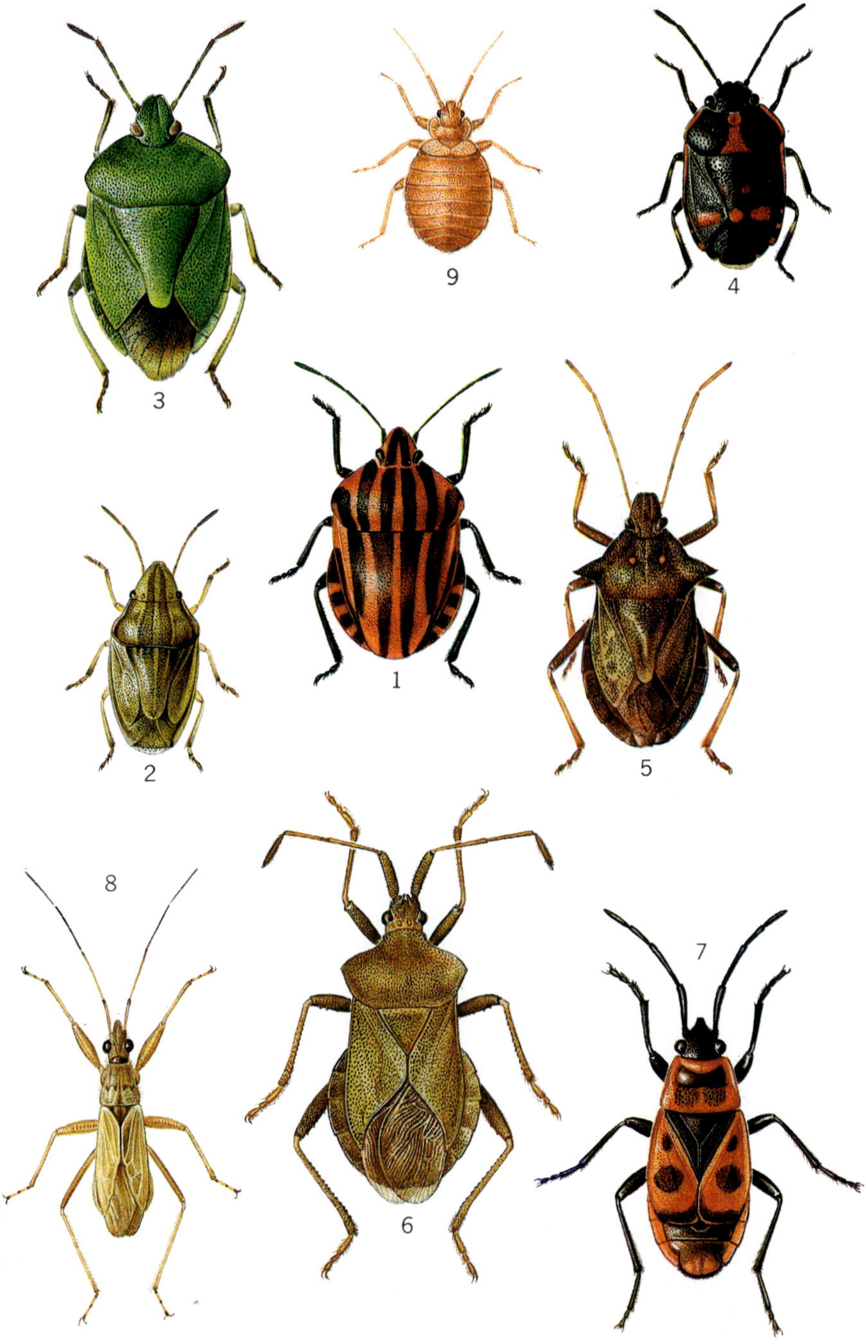
3
9
4
1
2
5
8
6
7

Insekten

Familie: **Blumenwanzen** — *Anthocoridae*

1 Blumenwanze *Anthocoris nemorum*. Länge 3—4,5 mm. In Laubwäldern und Gärten sehr häufig. Sie stellt verschiedenen Insekten nach, z. B. Schildläusen und anderen Kerbtieren, etwa Milben, doch saugt sie gelegentlich auch Pflanzensäfte. Die Imago überwintert, sie erscheint zeitig im Frühjahr auf blühenden Weidengewächsen. Im Laufe eines Jahres 1—3 Generationen. Verbreitung: Großteil Europas, Kleinasien, Nordasien, Nordafrika.

Familie: **Weich- oder Blindwanzen** — *Miridae*

2 Lindenwanze *Phytocoris tiliae*. Länge 6,1—6,9 mm. Die Art lebt auf verschiedenen Gehölzen, z. B. Eiche, Linde, Esche und Apfel. Sie jagt verschiedene kleine Insektenlarven, Milben usw. Die Imago tritt im Juli/August auf. Verbreitung: Europa (außer dem hohen Norden), Nordafrika.

3 Gemeine Wiesenwanze *Lygus pratensis*. Länge 5,8—6,7 mm. Sehr häufige Art, die ihre Winterverstecke schon zeitig im Frühjahr verläßt. Im Laufe eines Jahres 1—2 Generationen. Verbreitung: Paläarktischer Bereich.

4 *Deraeocoris ruber*. Länge 6,5—7,5 mm. In der Farbe recht variable Art, die auf Laubhölzern und Kräutern lebt. Imago und Larve jagen Schildläuse und andere kleine Insekten. Die Eier überwintern. Verbreitung: Europa, Nordafrika, Nordamerika.

Familie: **Wasserläufer** — *Gerridae*

5 Wasserläufer *Gerris gibbifer*. Länge 10—13 mm. Die Art lebt auf der Oberfläche von Tümpeln und Pfützen. Während eines Jahres zwei Generationen. Sie hat große Ähnlichkeit mit einigen weiteren, in der gleichen Umgebung vorkommenden Arten. Die Imago überwintert. Verbreitung: Europa (fehlt im Norden bzw. kommt selten vor), Vorderasien, Nordafrika.

Familie: **Rückenschwimmer** — *Notonectidae*

6 Gemeiner Rückenschwimmer *Notonecta glauca*. Länge 14—16 mm. Der Rückenschwimmer hat einen kurzen, kräftigen Stachel, mit dem er fühlbar zustechen kann. Er bewohnt stehende Gewässer wie z. B. Teiche, Tümpel oder Pfützen, wo er zwischen den Pflanzen umherschwimmt. Das Weibchen legt seine Eier vom Winter bis zum Frühling in die Stiele von Wasserpflanzen. Die Imago erscheint im Sommer. Innerhalb seines ausgedehnten Verbreitungsgebietes hat die Art verschiedene geographische Formen ausgebildet. Verbreitung: Europa, Kaukasus, Nordafrika.

Familie: **Skorpionwanzen** — *Nepidae*

7 Wasserskorpion *Nepa cinerea*. Länge 18—22 mm. Räuberisch lebende Art. Ihre Vordergliedmaßen sind zu Greifwerkzeugen umgestaltet. Am Körperende sitzt eine ziemlich lange Atemröhre. Der Wasserskorpion bewohnt stehende und langsam fließende Gewässer im Uferschlamm. Die Imago überwintert. Nach der Überwinterung legt das Weibchen seine Eier in Stengel und Blätter von Wasserpflanzen ab. Verbreitung: Großteil des europäischen Kontinents.

Familie: **Schwimmwanzen** — *Naucoridae*

8 Schwimmwanze *Ilyocoris cimicoides*. Länge 15 mm. In stehenden und schwach fließenden Gewässern, die Imago überwintert. Im April und Mai legt das Weibchen seine Eier ins Gewebe der Wasserpflanzen. Verbreitung: Großteil Europas, Kaukasus.

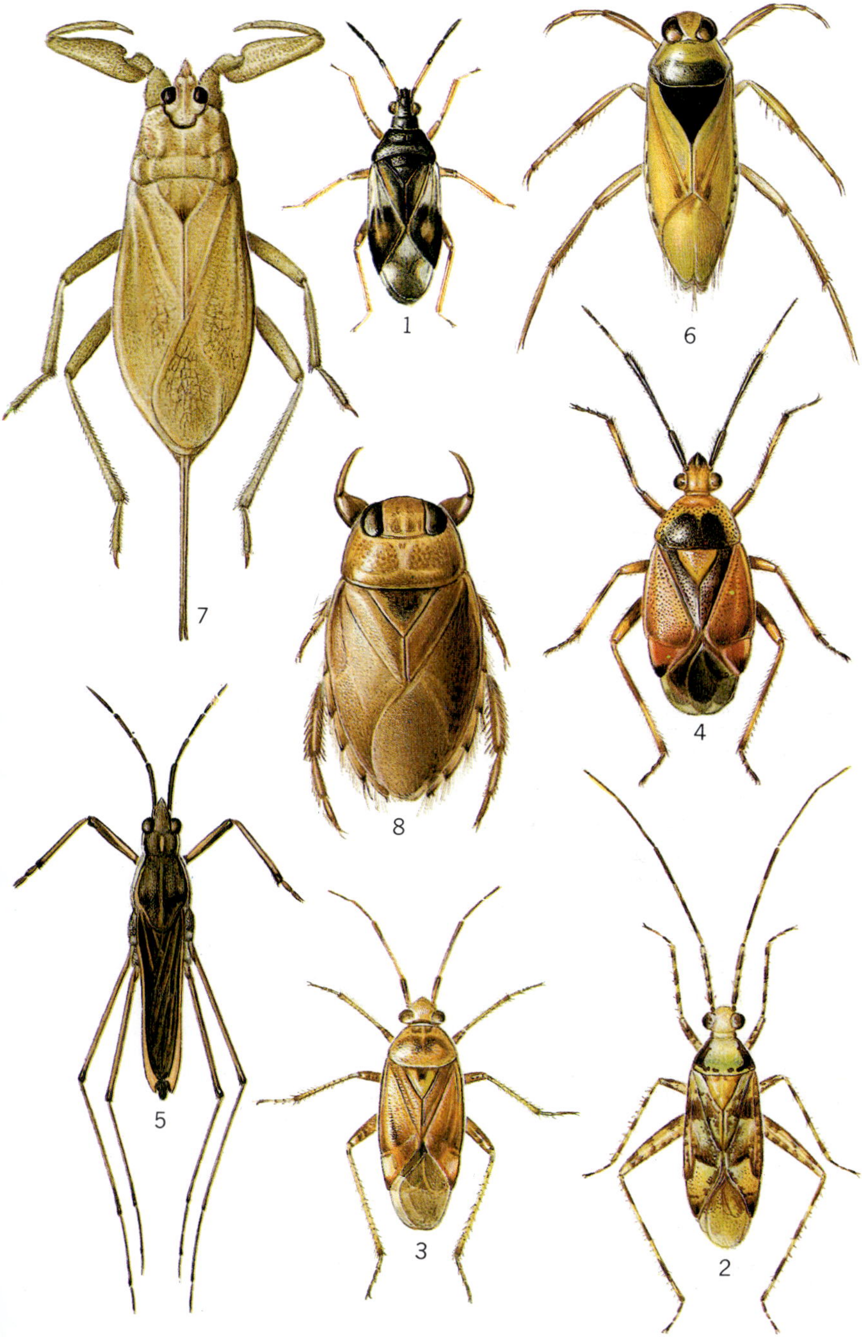

1
6
7
4
8
5
3
2

Insekten

Ordnung: **Gleichflügler** — *Homoptera*
Unterordnung: **Zikaden** — *Cicadinea*
Familie: **Singzikaden** — *Cicadidae*

1 Blutrote Zikade *Tibicen haematodes.* Länge 26–38 mm, Vorderflügelspannweite 75–85 mm. Gehört zu den größten europäischen Arten und lebt mit Vorliebe in Weinbergen. Das Männchen striduliert sehr durchdringend. Verbreitung: Süd- und Mitteleuropa, Kaukasus.

Familie: **Schaumzikaden** — *Cercopidae*

2 Blutzikade *Cercopis vulnerata.* Länge 9,5–11 mm. Ähnelt der Schaumzikadenart *C. sanguinolenta:* im Juni/Juli häufig auf verschiedenen Pflanzen. Ihre von einer schaumigen Masse umgebenen Larven leben an den Pflanzenwurzeln. Verbreitung: Fast ganz Europa.

Familie: **Zwergzikaden** — *Iassidae (Cicadellidae)*

3 Zwergzikade *Cicadella viridis.* Länge 5–9 mm. Im Juli/August kommt diese Art zahlreich auf feuchten Standorten wie Wiesen, Waldschneisen usw. vor. Verbreitung: Paläarktische und nearktische Region.

Unterordnung: **Blattläuse** — *Aphidinea*
Familie: **Röhrenläuse** — *Aphididae*

4 Schwarze Kirschlaus *Myzus cerasi.* Länge 2 mm. Lebt auf Kirschblättern und tritt in manchen Jahren massenhaft auf. Auf dem befallenen Blatt. Die wichtigsten Feinde der Kirschlaus sind die Marienkäfer und die Weichkäfer. Verbreitung: Kosmopolit.

Familie: **Tannenläuse** — *Adelgidae*

5 Grüne Fichtengallenlaus *Sacchiphantes viridis.* Länge 1,7–2 mm. Sie bildet an jungen Fichtentrieben zapfenförmige Gallen, die aus einer Vielzahl kleiner Kammern bestehen. In ihnen entwickeln sich die Larven. Verbreitung: Europa.

Unterordnung: **Schildläuse** — *Coccinea*
Familie: **Röhrenschildläuse** — *Ortheziidae*

6 Nesselröhrenschildlaus *Orthezia urticae.* Länge des Weibchens 2,5–3,5 mm, mit Eiersack 8–10 mm. Lebt vorwiegend auf Brennesseln. Das Männchen besitzt ein Flügelpaar, das Weibchen ist flügellos, sein Körper ist von Wachslappen umgeben, die eine recht ausgedehnte Körperbedeckung ausbilden können. Verbreitung: Europa, Klein- und Mittelasien, Sibirien, Mongolei und Algerien.

Familie: *Cryptococcidae*

7 Buchenwollaus *Cryptococcus fagisuga.* Länge 0,8–1 mm. In großen Kolonien auf Buchenstämmen. Die gelblich gefärbten Weibchen und ihre Larven verschwinden unter den weißlichen Wachsgebilden. Verbreitung: Europa, Kleinasien, Armenien, Nordamerika.

Familie: **Deckelschildläuse** — *Diaspididae*

8 Weidenschildlaus *Chionaspis salicis.* Länge 1,9–2,5 mm. Lebt auf ganz verschiedenen Pflanzen, wie z. B. auf Esche, Vogelbeere, Heidelbeere u. a. Das flache rote Weibchen sitzt unter weißlichem Schild, dort legt es auch seine Eier ab. Verbreitung: Paläarktische Region.

Unterordnung: **Blattflöhe** — *Psyllinea*

9 Apfelblattsauger *Psylla mali.* Länge 3,5 mm. Lebt auf Apfelbäumen. Die flachen Larven scheiden große Mengen Honigtau ab und verkleben so Blätter und Blüten. Verbreitung: Nahezu die ganze Welt.

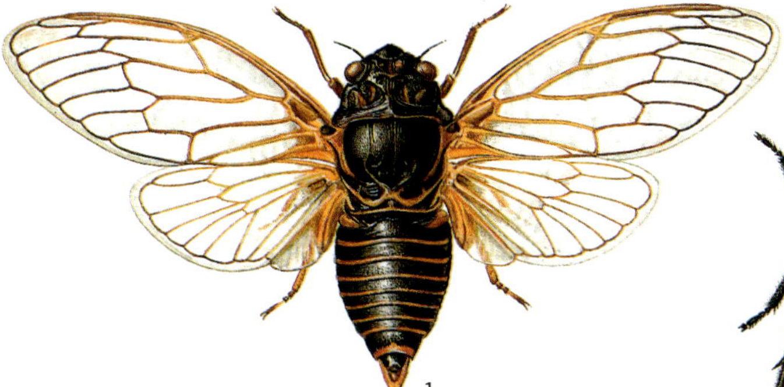
1

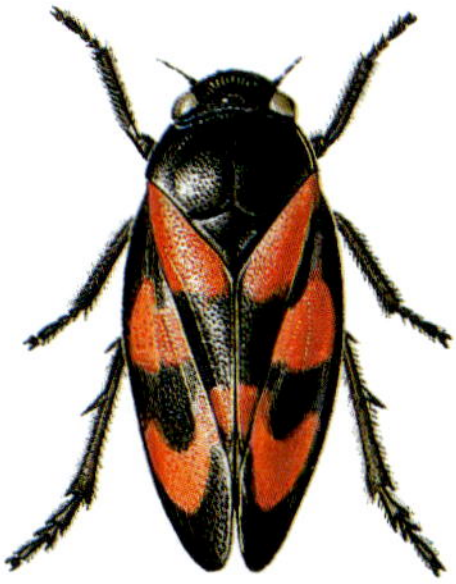
2

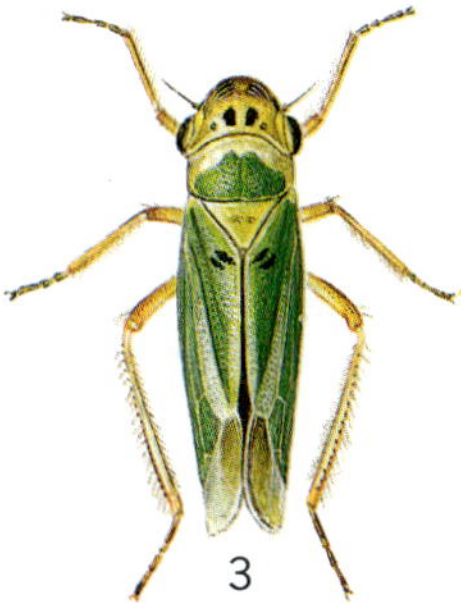
3

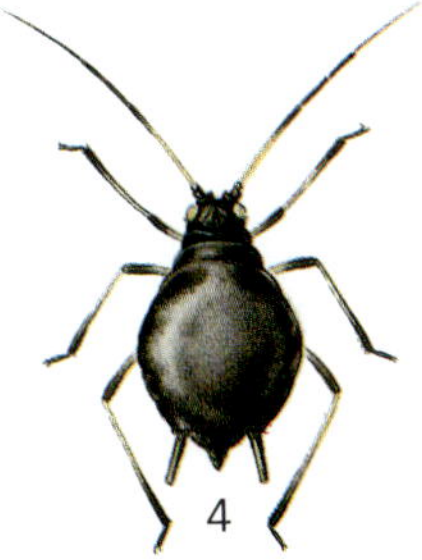
4

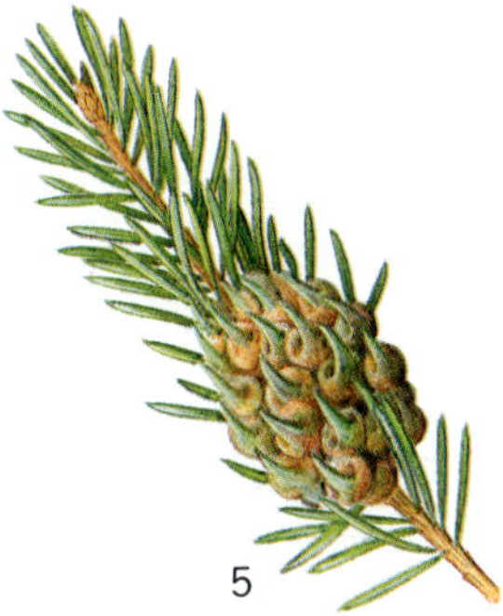
5

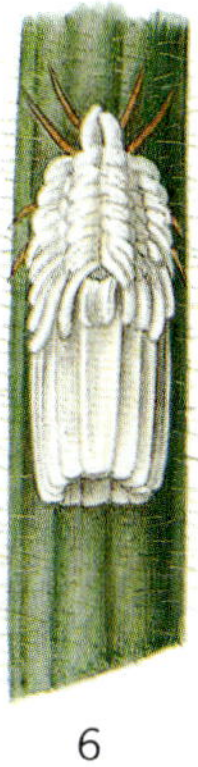
6

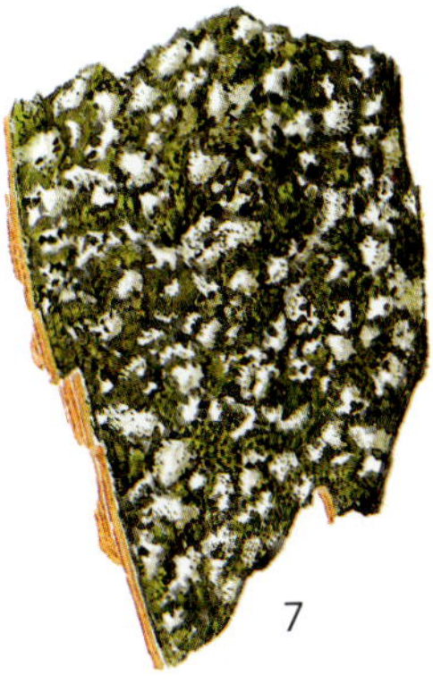
7

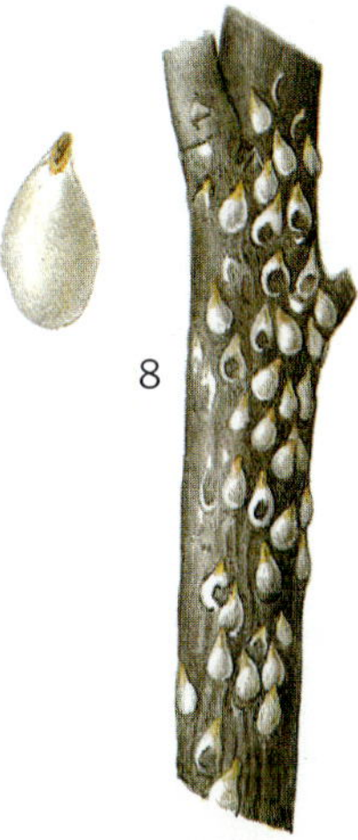
8

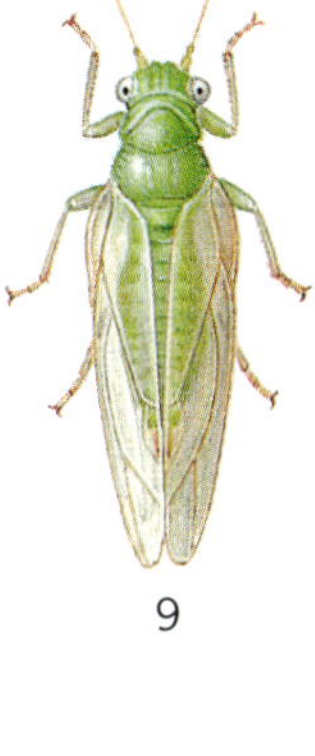
9

Insekten

Ordnung: **Schlammfliegen** — *Megaloptera*
Familie: **Wasserflorfliegen** — *Sialidae*

1 Schlammfliege *Sialis lutaria*. Länge 10—15 mm, Spannweite 25 mm. In Ruhe stehen die Flügel dachartig über dem Körper zusammengeklappt. Die Schlammfliege fliegt schwerfällig und hält sich auf der Ufervegetation in Gewässernähe auf. Das Weibchen legt seine Eier auf Wasserpflanzen oder Steine ab. Die Larve lebt im Wasser und ernährt sich von Kleinlebewesen. Die ausgewachsene Larve verläßt das Wasser, beginnt mit der Tracheenatmung und verpuppt sich im Erdreich. Ihre Entwicklung ist zweijährig. Verbreitung: Ganz Europa (mit Ausnahme des Südostens), Sibirien.

Ordnung: **Kamelhalsfliegen** — *Raphidioptera*
Familie: **Kamelhalsfliegen** — *Raphidiidae*

2 Kamelhalsfliege *Raphidia notata*. Länge ca. 15 mm, Spannweite der Vorderflügel 25—29 mm. Sie hat große Ähnlichkeit mit einigen weiteren Arten, in deren Gesellschaft sie auch auftritt. Beide Geschlechter haben eine auffallend lange Vorderbrust, das Weibchen besitzt eine lange, dünne Legeröhre. Sie lebt in Wäldern auf Sträuchern und auf der Vegetation des Unterwuchses. Die Larven haben einen ziemlich flachen Körper, sie leben auf Blättern sowie unter Baumrinde. Imago und Larven sind Räuber, ihre Bedeutung für die Forstwirtschaft ist nicht gering. Verbreitung: Nord- und Mitteleuropa, fehlt auf dem Balkan und auf der Iberischen Halbinsel.

Ordnung: **Echte Netzflügler** — *Planipennia*
Familie: **Florfliegen** — *Chrysopidae*

3 Florfliege *Chrysopa perla*. Länge 10 mm, Spannweite 25—30 mm. Von Mai bis September häufig in den Wäldern. Färbung blaugrün, die Längsadern der Flügel sind grün. Imago und Larve leben räuberisch, sie fressen Blattläuse. Verbreitung: Europa.

4 Gelbe Florfliege *Chrysopa flava*. Länge 15 mm, Spannweite 35—45 mm. Von Juni bis September in Wäldern und Gärten. Verbreitung: Europa, Nordafrika, Nordamerika.

Familie: **Bachhafte** — *Osmylidae*

5 *Osmylus chrysops*. Länge 25 mm, Spannweite 37—52 mm. Die Imago fliegt nachts um fließende Gewässer, die amphibisch lebende, räuberische Larve überwintert. Verbreitung: Europa (im Norden bis Südschweden).

Familie: **Ameisenjungfern** — *Myrmeleonidae*

6 Geflecktflügelige Ameisenjungfer *Myrmeleon formicarius*. Länge 35 mm, Spannweite 65—75 mm. Im Aussehen ähnelt die Ameisenjungfer den Libellen. Die Imago fliegt nur abends in den Nadelwäldern sandiger Gegenden von Juni bis August. Die Larve („Ameisenlöwe") hebt eine ziemlich große Grube aus, auf deren Grund sie auf Beute, meist Ameisen, lauert. Sie überwintert ein- bis zweimal und verpuppt sich in einem Kokon im Sand. Verbreitung: Großteil Europas, im Norden bis Südnorwegen und Schweden, fehlt in Großbritannien.

Familie: **Schmetterlingshafte** — *Ascalaphidae*

7 Schmetterlingshaft *Ascalaphus libelluloides*. Länge 20—25 mm, Spannweite 45—53 mm. Von allen übrigen Gleichflüglern unterscheidet sich die Art durch ihre langen, in eine keulenförmige Verdickung auslaufenden Fühler. Sie ist sehr wärmeliebend und ein ausgezeichneter Flieger. Die Imago tritt von Juni bis August auf. Verbreitung: Südwestteile Europas (die Nordgrenze ihrer Verbreitung verläuft durch Böhmen), Nordwestafrika.

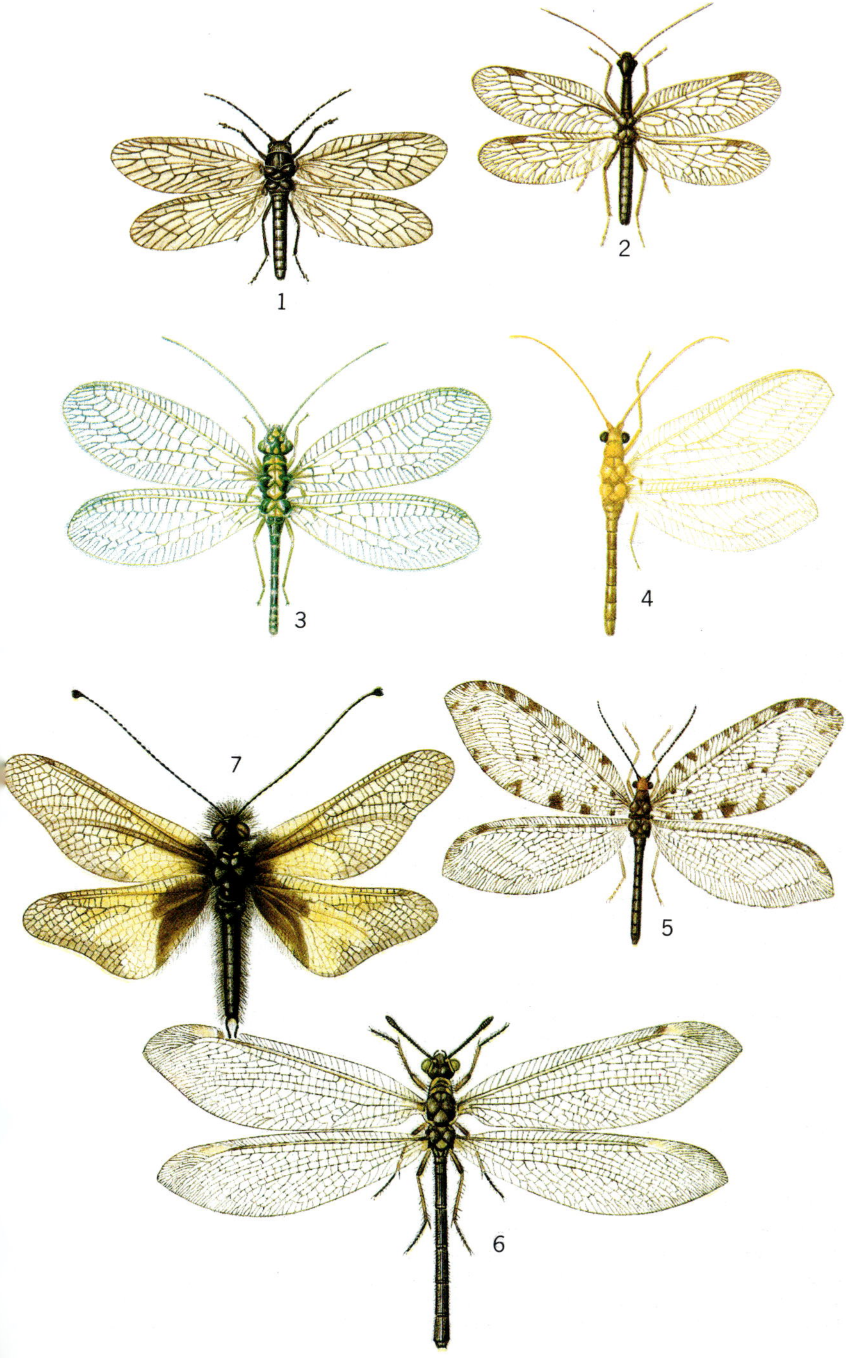
1
2
3
4
7
5
6

Insekten

Ordnung: **Käfer** — *Coleoptera*
Familie: **Sandlaufkäfer** — *Cicindelidae*

1 Feld-Sandlaufkäfer *Cicindela campestris.* Länge 12—15 mm. Vielerorts häufig auf Wald- und Feldwegen, Rainen und Sandflächen. Fliegt bereits zeitig im Frühjahr aus, legt jedoch nie größere Entfernungen im Flug zurück. Wie seine Verwandten Fleischfresser, der Larven und Imagines aller möglichen Insekten nachstellt. Auch seine Larve lebt räuberisch. In lehmigen Böschungen legt sie eine mehrere Dezimeter lange Röhre an, in deren Eingang sie sich aufhält. Diesen Eingang zu ihrer Behausung kann sie durch eine bestimmte Kopfhaltung verschließen. Ihre Beute schleppt sie in die Röhre, um sie dort zu verzehren. Die ausgewachsene Larve verpuppt sich am Röhrengrund. Verbreitung: Ganz Europa, Sibirien, Nordafrika.

Familie: **Laufkäfer** — *Carabidae*

2 Körniger Schaufelläufer *Cychrus caraboides.* Länge 15—23 mm. Lebt in feuchten Wäldern von der Niederung bis ins Gebirge und geht bis zu 2000 m hoch. Räuber, hält sich unter liegendem Holz, Steinen oder unter der Rinde von Baumstümpfen versteckt. Seine Beute kaut und schluckt er nicht einfach. Zunächst scheidet er zersetzenden Magensaft auf sie aus, um dann diese verflüssigte Nahrung aufzusaugen. Auf die gleiche Weise fressen auch andere Laufkäferarten. Verbreitung: Großteil Europas.

3 Goldleiste *Carabus violaceus.* Länge 18—34 mm. Mit auffallendem schmalen violetten, grünlichen bzw. blaugrünen Randstreifen um Schild und Flügeldecken. Stellenweise überall anzutreffen, vor allem in feuchten Wäldern, gelegentlich auch auf Feldern und in Gärten. Dringt bis ins Gebirge vor. Verbreitung: Fast ganz Europa, Kaukasus, Westsibirien.

4 Gartenlaufkäfer *Carabus hortensis.* Länge 23—30 mm. Ein gutes Erkennungsmerkmal sind die deutlich sichtbaren goldfarbenen Punkte auf den Flügeldecken. Feuchtigkeitsliebende Art, die nachts in Wäldern und Gärten jagt, tagsüber versteckt bleibt. Verbreitung: Großteil Europas, nach Süden bis Griechenland, nach Osten bis zum Ural. In einigen Landschaften Westeuropas kommt er nicht vor, in Deutschland fehlt er z. B. in Westfalen, Hessen, Baden.

5 Goldlaufkäfer *Carabus auratus.* Länge 20—27 mm. Ähnelt durch seine Metallfärbung dem Goldglänzenden Laufkäfer *(C. auronitens),* doch unterscheidet er sich von ihm durch die Rippenstruktur auf den Flügeldecken. Bewohnt Felder und Gärten, wo er allen möglichen, sogar verhältnismäßig großen Insekten nachstellt, z. B. Maikäfern, Kartoffelkäferlarven usw. Da der erwachsene Käfer überwintert, erscheint er schon zeitig im Frühjahr. Verbreitung: vorwiegend West-, z. T. auch Mitteleuropa. In Osteuropa ersetzt ihn der Goldglänzende Laufkäfer.

6 Körnerwarze *Carabus cancellatus.* Länge 18—27 mm. Der Käfer lebt in Feldern und Wäldern, wo er und seine Larve beträchtliche Bedeutung für die Bekämpfung aller möglichen Schädlinge haben. In einigen Landstrichen aber durch Insektenvertilgungsmittel seltener geworden. Sehr leicht mit einer der verwandten Arten zu verwechseln. Verbreitung Großteil Europas (fehlt jedoch wie viele weitere große Laufkäferarten in Großbritannien) Sibirien.

7 Glatter Laufkäfer *Carabus glabratus.* Länge 22—32 mm. Bewohnt feuchte Wälder, in denen er bis hoch ins Gebirge aufsteigt. Im Gegensatz zu vielen anderen Laufkäfern jagt e auch tagsüber. Verbreitung: Ganz Europa bis zum Ural.

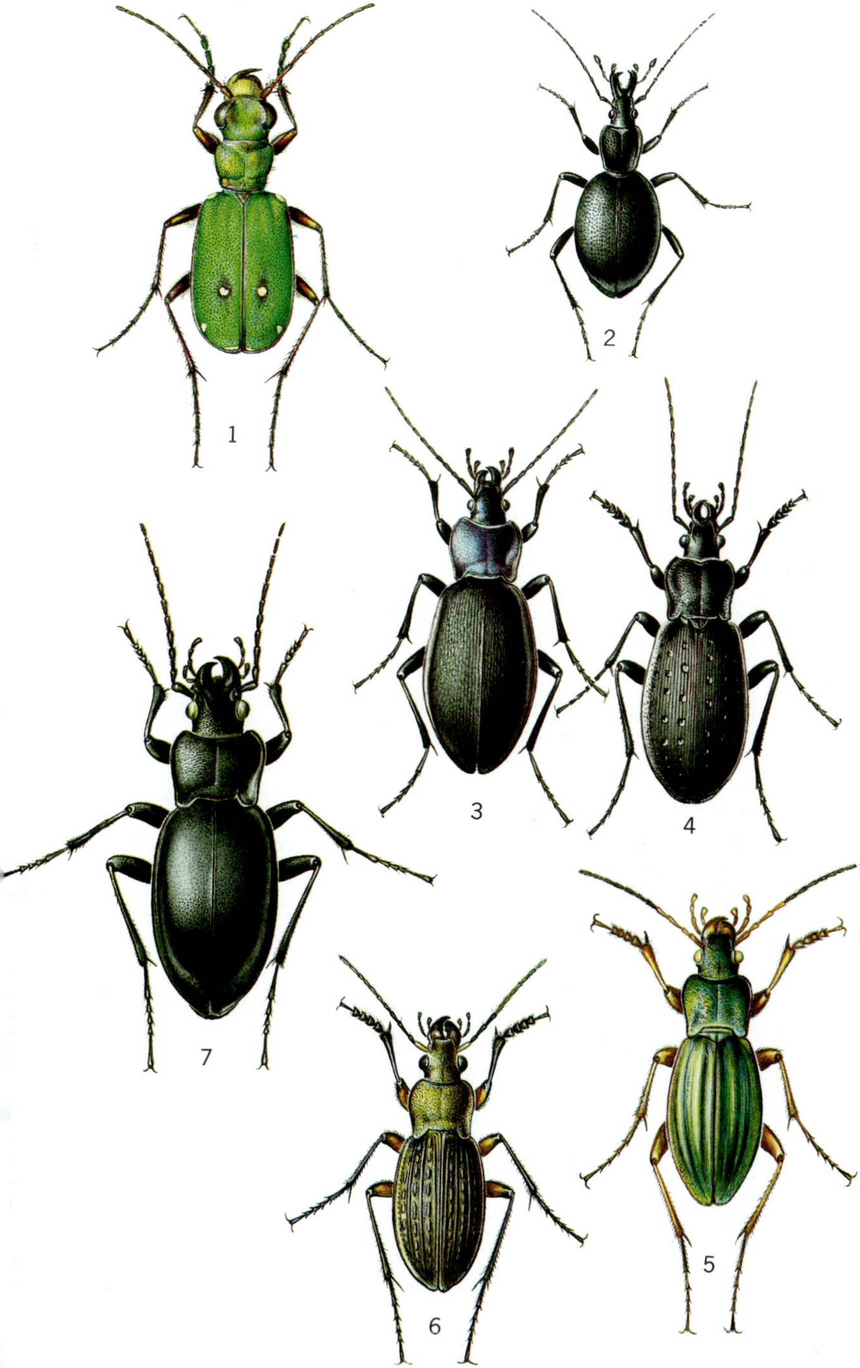
1
2
3
4
7
5
6

Insekten

Familie: **Laufkäfer** — *Carabidae*

1 Eilkäfer *Notiophilus biguttatus.* Länge 5 mm. Eine der sehr häufigen kleinen Laufkäferarten, von denen es in den Wäldern Europas eine Vielzahl gibt. Besitzt wie seine Verwandten auffallend große Augen. Verbreitung: Paläarktische Region.

2 Putzkäfer *Agonum sexpunctatum.* Länge 7—9 mm. Mit oft recht variabler Metallfärbung. Neben Exemplaren mit grün gefärbtem Schild und goldroten Decken gibt es auch solche, deren Schild blau ist und deren Decken bronzen bzw. blauviolett bis schwarz sind. Vorwiegend im Gebirgsvorland, auch im Gebirge unter Steinen an Rainen, Feldwegen und in Wäldern. Verbreitung: Großteil Europas, Sibirien.

3 Grabkäfer *Pterostichus niger.* Länge 16—21 mm. In Wäldern, Feldern und Gärten häufig. Die europäische Fauna kennt eine ganze Reihe ähnlicher, schwarz gefärbter Arten. Verbreitung: Europa, Kaukasus, Sibirien.

4 Behaarter Schnelläufer *Harpalus rufipes.* Länge 14—16 mm. Auf den Flügeldecken sitzt eine dichte gelbliche Behaarung. Auf Feldern, Wegen und unter Steinen kommt die Art überall vor. In der älteren Literatur auch *H. pubescens* genannt. Verbreitung: Paläarktische Region.

Familie: **Schwimmkäfer** — *Dytiscidae*

5 *Graptodytes pictus.* Länge 2,3 mm. In pflanzenreichen Tümpeln. Verbreitung: Großteil Europas.

6 Schlammschwimmer *Ilybius fenestratus.* Länge 11—12 mm. Häufiger Bewohner von Altwässern, Tümpeln und Waldquellen. Verbreitung: Nordteile Südeuropas, Mittel- und Nordeuropa bis Lappland, Sibirien, Nordamerika.

7 Furchenschwimmer *Acilius sulcatus.* Länge 16—18 mm. Wie die übrigen Schwimmkäfer weist auch der Furchenschwimmer beträchtliche Unterschiede zwischen Männchen und Weibchen auf: Das Männchen hat Saugnäpfe an den Vorderfüßen, die Flügeldecken des Weibchens sind gefurcht. Er lebt vorwiegend in Tümpeln, Teichen und ruhigen Flußarmen, auch in zeitweilig entstehenden größeren Pfützen; sogar verschmutztes Wasser macht ihm nicht viel aus. Imago und Larve sind Räuber. Sie atmen durch Tracheen und müssen wie alle Schwimmkäfer Luftsauerstoff an der Wasseroberfläche schöpfen. Verbreitung: Von Mittelitalien und Nordspanien bis nach Nordeuropa, Transkaukasien, Sibirien, Nordafrika.

8 Gemeiner Gelbrandkäfer *Dytiscus marginalis.* Länge 35 mm. Bewohnt am liebsten Fischteiche, doch auch Gartenbassins, in die er auf dem Luftweg gelangt. Der Gelbrandkäfer jagt Kleinlebewesen, verschmäht aber auch Aas nicht. In Fischteichen richtet er keinen Schaden an, da ihm nur kranke und schwächliche Fischchen zum Opfer fallen. Die räuberische Larve hat einen großen flachen Kopf mit mächtigen Beißwerkzeugen. Die ausgewachsene Larve verläßt das Wasser, gräbt sich am Ufer ins Erdreich ein und verpuppt sich dort in einem Kokon. Der erwachsene Käfer lebt bis zu anderthalb Jahren. Verbreitung: Großteil Europas (fehlt meist auf dem Balkan), Kaukasus, Sibirien, Japan, Nordamerika.

Familie: **Taumelkäfer** — *Gyrinidae*

9 Taumelkäfer *Gyrinus natator.* Länge 5—7 mm. Sein Auge ist durch eine Scheidewand in zwei Teile unterteilt. Mit dem unteren Teil beobachtet er das Leben im Wasser, mit dem oberen nimmt er den Bereich über der Wasseroberfläche wahr. Häufig auf der Oberfläche von Fischteichen anzutreffen. Verbreitung: Europa, Sibirien, Mongolei, Nordafrika.

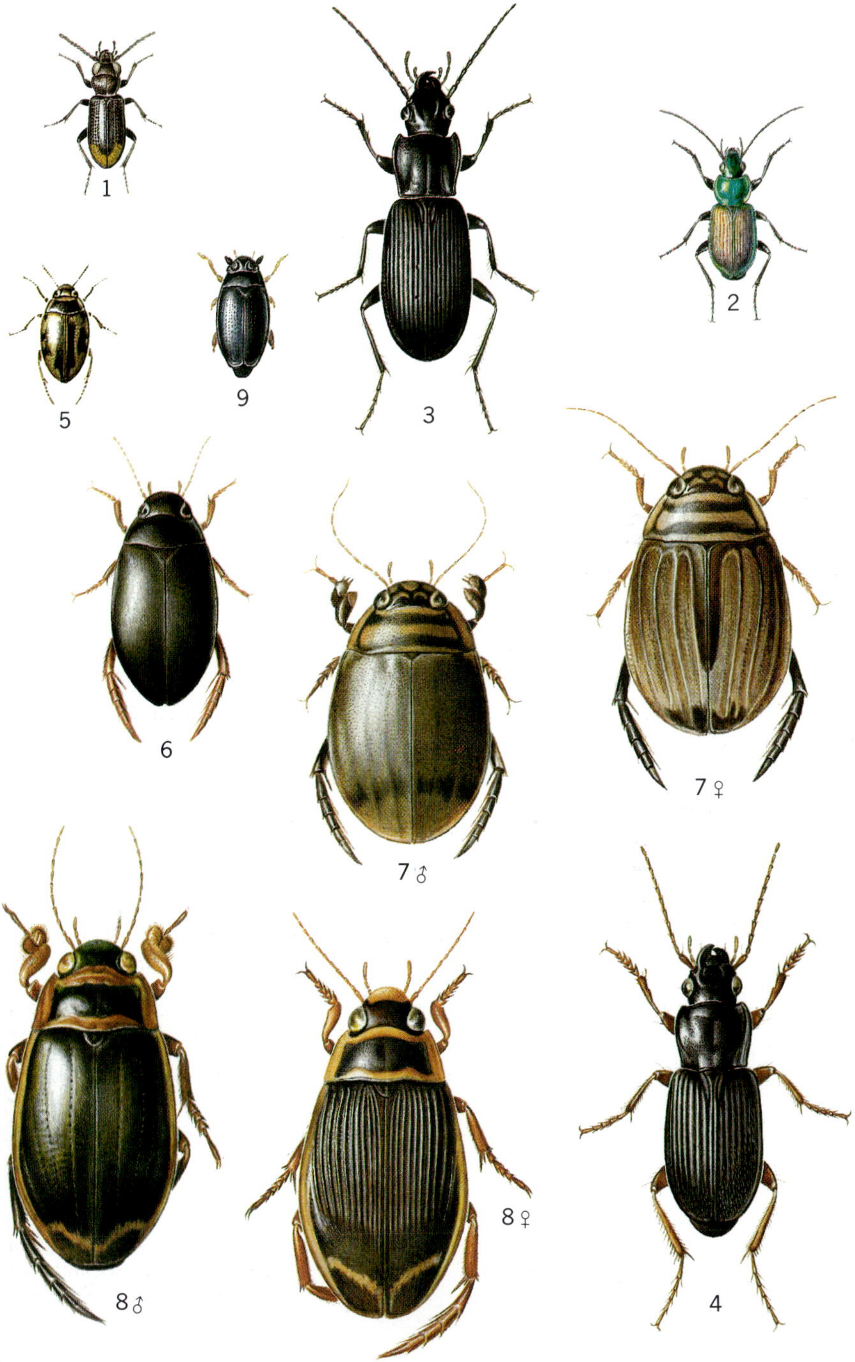
1
2
9
5
3
6
7 ♂
7 ♀
8 ♂
8 ♀
4

Insekten

Familie: *Hydraenidae*

1 *Hydraena riparia.* Länge 2,2—2,4 mm. Kleiner, länglicher Wasserkäfer mit auffallend entwickelten Tastern, die mächtiger als die hinter ihnen sitzenden Fühler sind. In den europäischen Gewässern noch eine Reihe ähnlicher Arten. Verbreitung: Mittelitalien, Mittel- und Nordeuropa.

Familie: **Kolbenwasserkäfer** — *Hydrophilidae*

2 Großer Kolbenwasserkäfer *Hydrous piceus.* Länge 34—47 mm. Bewohnt hauptsächlich stehende Gewässer — Teiche, Flußaltwässer, Tümpel im Wald usw., wo er genug Algen und andere Wasserpflanzen vorfindet. Pflanzen sind nämlich die einzige Nahrung des erwachsenen Käfers. Seine Larve lebt räuberisch und ernährt sich von Kleinlebewesen. Ähnlich wie die Schwimmkäfer, die aber nicht mit den Kolbenwasserkäfern verwandt sind, atmen sie Luftsauerstoff, doch schöpfen sie ihn an der Wasseroberfläche auf eine andere Art. Dazu dienen die kurzen, keulenförmig endenden Fühler. Zur Zeit der Eiablage spinnt das Weibchen ein Körbchen, in das es seine Eier ablegt. Das Körbchen wird an einem freischwimmenden Blatt befestigt, es endet in einem eigenartigen Kamin. In diesen Behälter werden etwa 50 Eier eingebracht, das Ganze treibt frei auf der Wasseroberfläche. Die Larven entwickeln sich im Wasser. Nach dem Heranwachsen begeben sie sich ans Ufer und verpuppen sich in der Erde. Noch bis vor kurzem galt der Kolbenwasserkäfer als bedeutender Schädling der Fischbrut. Man nahm an, daß er mit seinem scharfen, an der unteren Körperseite der Imago entwickelten Kiel die kleinen Fische tötet. Daher wurde der Käfer erbarmungslos verfolgt, so daß er heute an vielen Orten bereits Seltenheit besitzt; an zahlreichen Standorten, an denen er früher häufig vorkam, ist er völlig verschwunden. In Deutschland steht er unter Naturschutz. In den europäischen Gewässern lebt auch eine verwandte Art — *H. aterrimus,* nur um ein Geringes kleiner als der große Kolbenwasserkäfer. Verbreitung: Paläarktische Region.

3 Kleiner Kolbenwasserkäfer *Hydrophilus caraboides.* Länge 14—18 mm. Stellenweise zahlreich auftretende Art in Altwässern, Teichen und Tümpeln, wo eine reiche Wasserflora genügend Nahrung bietet. Im Unterschied zu vielen anderen, vor allem den kleinen Kolbenwasserkäferarten, die nur auf dem Grund oder zwischen den Pflanzen umherkriechen, ist er ein guter Schwimmer. Verbreitung: Paläarktische Region.

4 *Sphaeridium scarabaeoides.* Länge 5,7 mm. Seine morphologischen Merkmale reihen ihn zwar unter die Kolbenwasserkäfer ein, doch lebt er nicht im Wasser. Er hält sich auf dem Trockenen auf, wo er frischen Kuhmist aufzusuchen pflegt. Verbreitung: Paläarktische und nearktische Region.

Familie: **Stutzkäfer** — *Histeridae*

5 *Hister cadaverinus.* Länge 4—7 mm, seit neuerem auch *H. impressus* genannt. Gehört zu den häufigsten Vertretern seiner Familie. Ernährt sich von Aas, doch locken ihn auch verwesende Pflanzenreste (alte Waldpilze usw.) und gärende Säfte an, die aus frischen Baumstümpfen, verletzten oder gefällten Bäumen quellen. Verbreitung: Großteil der paläarktischen Region.

6 *Hister quadrinotatus.* Länge 6—8 mm. Auf jeder Flügeldecke mit je zwei roten Flecken, die beiden vorderen liegen an der Außenecke der Decke, gelegentlich gehen die Flecken auch ineinander über. Der Käfer lebt im Viehdung und kommt mancherorts zahlreich vor. Verbreitung: Europa, Kaukasus, Vorderasien.

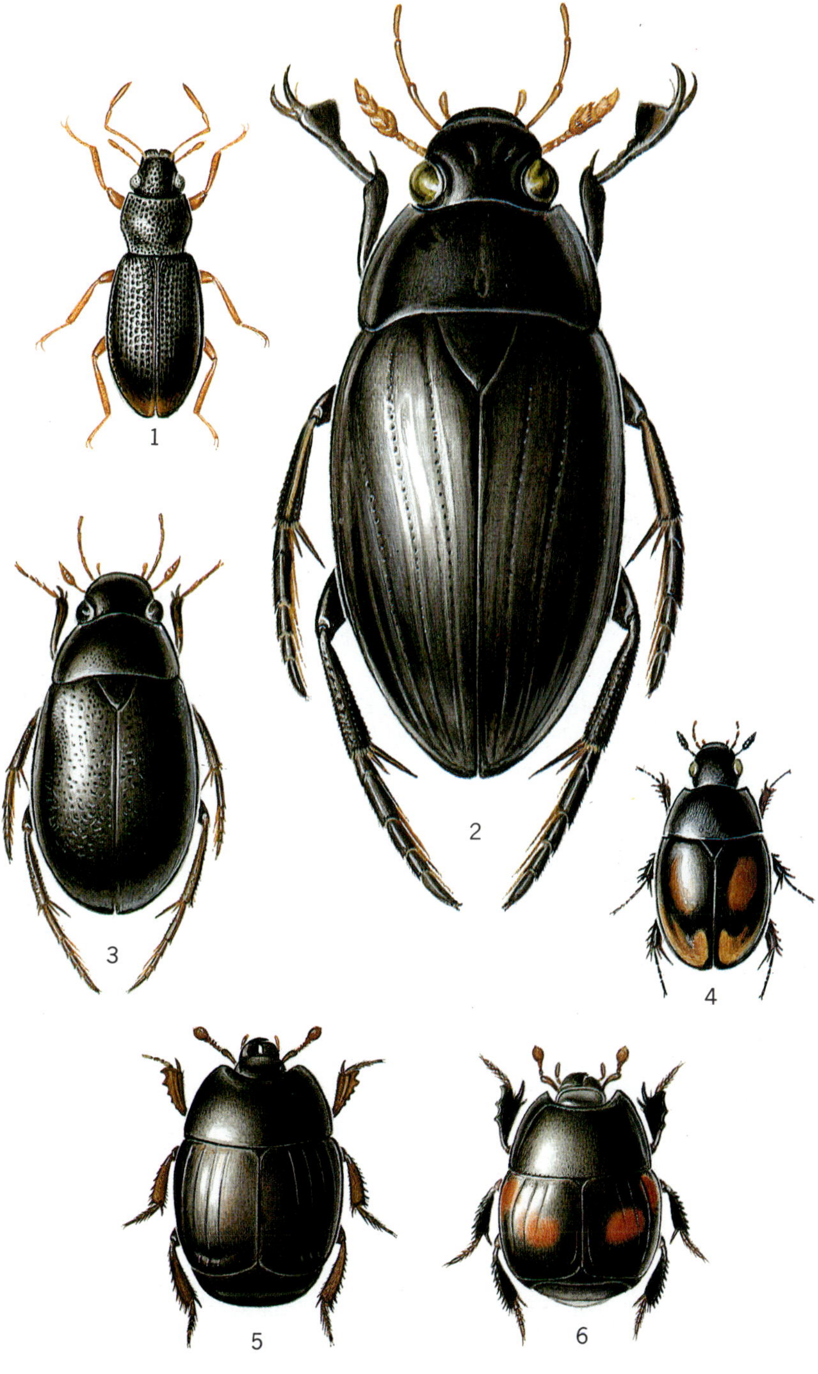
1
2
3
4
5
6

Insekten

Familie: **Aaskäfer** — *Silphidae*

1 Gemeiner Totengräber *Necrophorus vespillo.* Länge 10—24 mm. Gehört zu den Totengräbern, auf deren Flügeldecken orangefarbene Flecken sitzen; diese Arten sind einander ziemlich ähnlich. Totengräber suchen die Kadaver kleiner Tiere auf und begraben sie, um auf diese Weise die Nahrung für die nächste Generation sicherzustellen. So eine kleine Tierleiche verschwindet binnen einiger Stunden unter der Erde. Das Weibchen glättet sie unablässig und verarbeitet sie zu einer „Nahrungskugel". In unmittelbarer Nähe dieser Kugel legt es dann einen Gang an, in dem es etwa 10 Eier ablegt. Die Totengräberlarven schlüpfen bereits nach ein paar Tagen, sie riechen die nahe Nahrungsquelle und kriechen zu ihr hin, doch sind sie nicht in der Lage, sich selbständig zu sättigen. Sie warten, bis ihnen das Muttertier einen Tropfen der Nahrungsflüssigkeit in den Mund schiebt. Erst später nehmen sie selbständig Nahrung auf, nach jeder Häutung werden sie erneut von der Mutter gefüttert. Nach etwa einer Woche verpuppen sie sich, nach weiteren zwei Wochen wird aus der Puppe die Imago. Verbreitung: Großteil der paläarktischen Region, nearktische Region.

2 Schwarzer Totengräber *Necrophorus humator.* Länge 18—28 mm. An seinen Fühlerenden sitzen rote Keulen. Dadurch unterscheidet er sich von dem Großen Totengräber *N. germanicus,* dessen Fühler in schwarze Keulen auslaufen. Verbreitung: Europa, Kaukasus, Vorderasien, Nordafrika.

3 Rothalsige Silphe *Oeceoptoma thoracica.* Länge 12—16 mm. Die Art ist leicht an dem rotfarbigen Schild zu erkennen. Sehr häufig auf toten Tieren, verwesenden Pflanzenstoffen (auf alten Waldpilzen) und in Exkrementen. Verbreitung: Europa, Sibirien, Japan.

4 Rübenaaskäfer *Blitophaga opaca.* Länge 9—12 mm. Dieser Käfer wird gelegentlich zu den Schädlingen gerechnet, da er sich auch von Zuckerrüben ernährt. Meist ist er aber harmlos, da seine Hauptnahrung aus verschiedenen Gräsern und Unkräutern besteht. Mancherorts bereits selten. Die Imago erscheint im zeitigen Frühjahr. Verbreitung: Ganz Europa, Nord- und Mittelasien, Nordamerika.

Familie: **Kurzflügler** — *Staphylinidae*

5 *Oxyporus rufus.* Länge 7—12 mm. Der Käfer erscheint zwar schon ab Mai in den Wäldern, doch ist er am häufigsten im Juli/August, wenn die Pilze wachsen. In ihren Fruchtständen entwickeln sich nämlich seine Larven. Der Käfer selbst ist Fleischfresser und stellt in den Pilzen allen möglichen Insektenlarven nach, er nagt sich dort Gänge von Körperbreite. Oft ist er an der Hutunterseite oder zwischen den Lamellen eines Pilzes zu finden. Verbreitung: Großteil Europas, Kaukasus, Sibirien.

6 Großer Kurzflügler *Staphylinus caesareus.* Länge 17—25 mm. Ähnelt anderen Kurzflüglerarten mit braunen Decken. Ernährt sich von verschiedenen Larven, auch fliegt er tote Tierkörper sowie verwesende pflanzliche Stoffe an. Vom Frühjahr an zu finden. In höher gelegenen Landstrichen ist er häufiger, in den Niederungen fehlt er ganz oder kommt nur selten vor. Verbreitung: Europa, Nordamerika.

7 *Creophilus maxillosus.* Länge 15—25 mm. Wie hunderte anderer Kurzflüglerarten lebt er räuberisch. Er hält sich auf Misthaufen, Abfällen oder Aas auf, wo er Insektenlarven nachstellt. Verbreitung: Paläarktische, nearktische und orientalische Region.

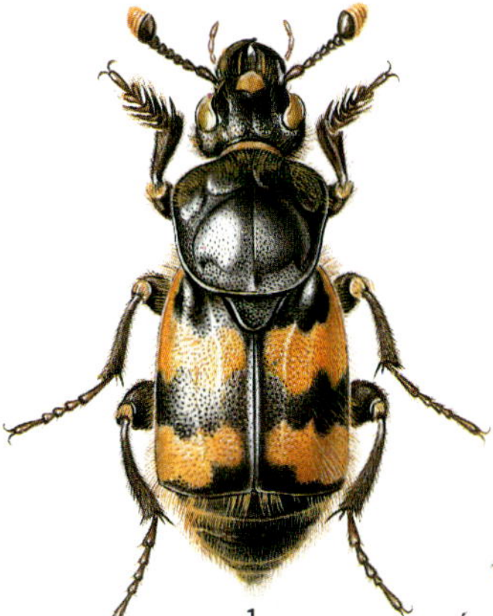

1

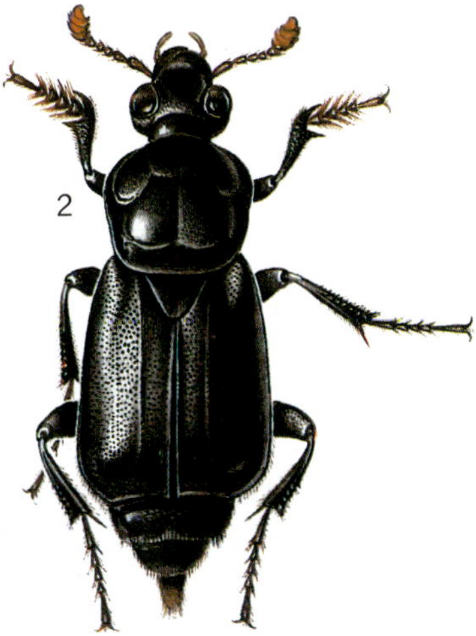

2

3

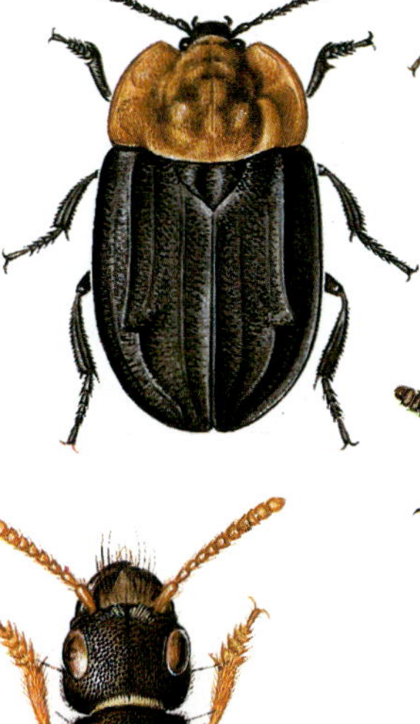

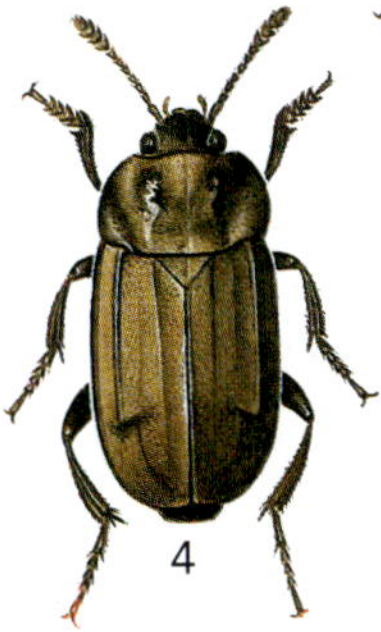

4

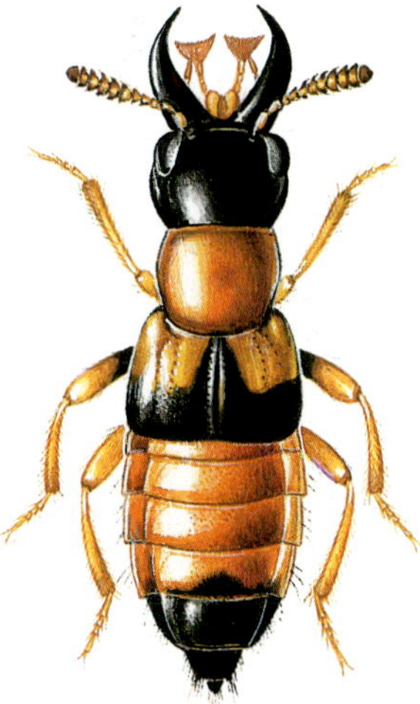

5

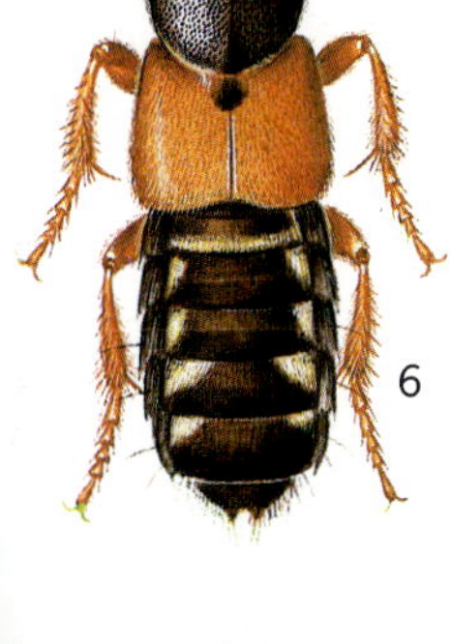

6

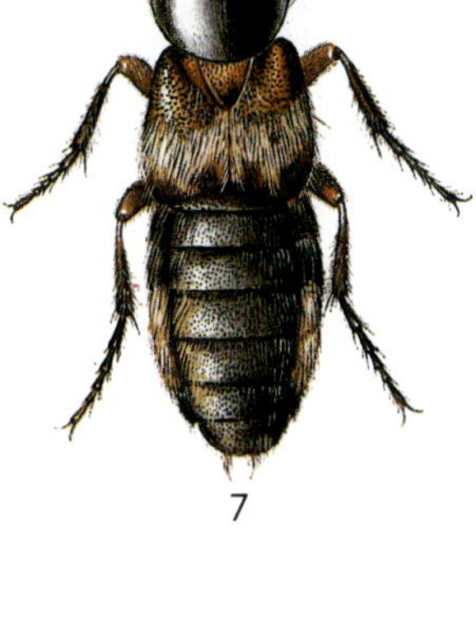

7

Insekten

Familie: **Hirschkäfer** — *Lucanidae*

1 Hirschkäfer *Lucanus cervus.* Länge des Männchens einschl. Oberkiefer bis zu 75 mm, Weibchen 25—40 mm. Gehört zu den größten Käfern der europäischen Fauna. Die Weibchen sind mit funktionsfähigen Kiefern ausgestattet, bei den Männchen haben sich riesige, verästelte, mit kleinen Zähnchen besetzte Mandibeln entwickelt, doch sind sie nicht zum Beißen da, da der Käfer den aus verletzten Bäumen rinnenden Saft saugt. Diese Kiefer dienen vielmehr als Waffe bei den Paarungskämpfen zweier Männchen um ein Weibchen. Bei einigen Männchen finden sich auch weniger entwickelte Kiefer (sog. *capreolus*-Form). Die Weibchen bohren sich in die Stümpfe verschiedener Eichen ein, gelegentlich auch in andere Laubbäume (Buche, Ulme usw.), um dort Eier zu legen. Die Larve ernährt sich vom Holz des Baumstumpfes, sie ist ziemlich massig und fett. Ihre Entwicklung dauert sehr lange, manchmal bis zu 5 Jahre. Die ausgewachsene Larve erreicht eine Länge von ca. 100 mm. Sie erstellt sich eine feste Wiege, in der sie sich verpuppt. Der Käfer schlüpft im Herbst und überwintert in seiner Wiege. Er erscheint erst im Laufe des folgenden Juni und lebt nur bis Juli. In den letzten beiden Jahrzehnten ist der Hirschkäfer selten geworden, da sehr viele ursprüngliche Standorte alter Eichen zerstört wurden. Unter Naturschutz. Verbreitung: Großteil Europas.

2 Kopfhornschröter *Sinodendron cylindricum.* Länge 12—16 mm. Gleichfalls mit auffälligem Geschlechtsdimorphismus. Das Männchen trägt auf dem Kopf ein nach hinten gebogenes Horn, das Weibchen nur einen kleinen Buckel. Der Käfer bewohnt Laubwälder in Vorgebirgs- und Gebirgslage, die Imago lebt im Juni/Juli. Verbreitung: Europa, Sibirien.

3 Rehschröter *Systenocerus caraboides.* Länge 10—14 mm. Metallglänzend grün, blaugrün, blauviolett bis blauschwarz. Die Käfer fliegen an sonnigen Frühlingstagen; mancherorts ist ihr Vorkommen häufig, besonders in Eichen- und Buchenwäldern. Verbreitung: West- und Mitteleuropa.

Familie: **Mai-, Rosen-, Dung- und Mistkäfer** — *Scarabaeidae*

4 Dungkäfer *Aphodius fimetarius.* Länge 5—8 mm. Vom zeitigen Frühjahr an in Pferde- und Rinderkot, dort legt das Weibchen auch seine Eier ab. Die ausgewachsenen Larven bohren sich in die Erde ein, wo sie sich verpuppen. Verbreitung: Eurasien, Nordafrika, Nordamerika.

5 Großer Roßkäfer *Geotrupes stercorarius.* Länge 16—25 mm. Wie viele verwandte Arten für seine Brutpflege bekannt. Die Käfer heben einen ca. 50 cm langen senkrechten Schacht aus, zu dem das Weibchen Seitengänge anlegt. Jeder ist etwa 20 cm lang und endet in einem Kämmerchen. Diesen Gang füllt der Käfer mit Mist an, das Weibchen legt in der Kammer ein Ei. Die Larven ernähren sich vom angesammelten Dung, von dem mehr als genug vorhanden ist. Die Entwicklung zieht sich über zwei Vegetationsperioden hin. Verbreitung: Paläarktische Region.

6 Frühlingsmistkäfer. *Geotrupes vernalis.* Länge 12—20 mm. Auch er baut ein Nest, doch in anderer Anordnung als der Große Roßkäfer. Den Hauptteil bildet eine trichterförmige Grube, von deren Spitze waagerechte, ca. 20 cm lange, mit Dung angefüllte Gänge ausgehen. Erst dann wird ein senkrechter Schacht angelegt, der von der Trichterspitze einen halben Meter in die Tiefe führt. In ein Kämmerchen am Grund dieses Schachtes legt das Weibchen ein einziges Ei ab. Am Ende wird alles mit Dung vollgestopft. Die weiße Larve verzehrt allmählich diese angesammelten Vorräte. Wie die anderen Arten vertilgt der Mistkäfer Exkremente und trägt zur Humusbildung bei. Verbreitung: Europa, Kleinasien.

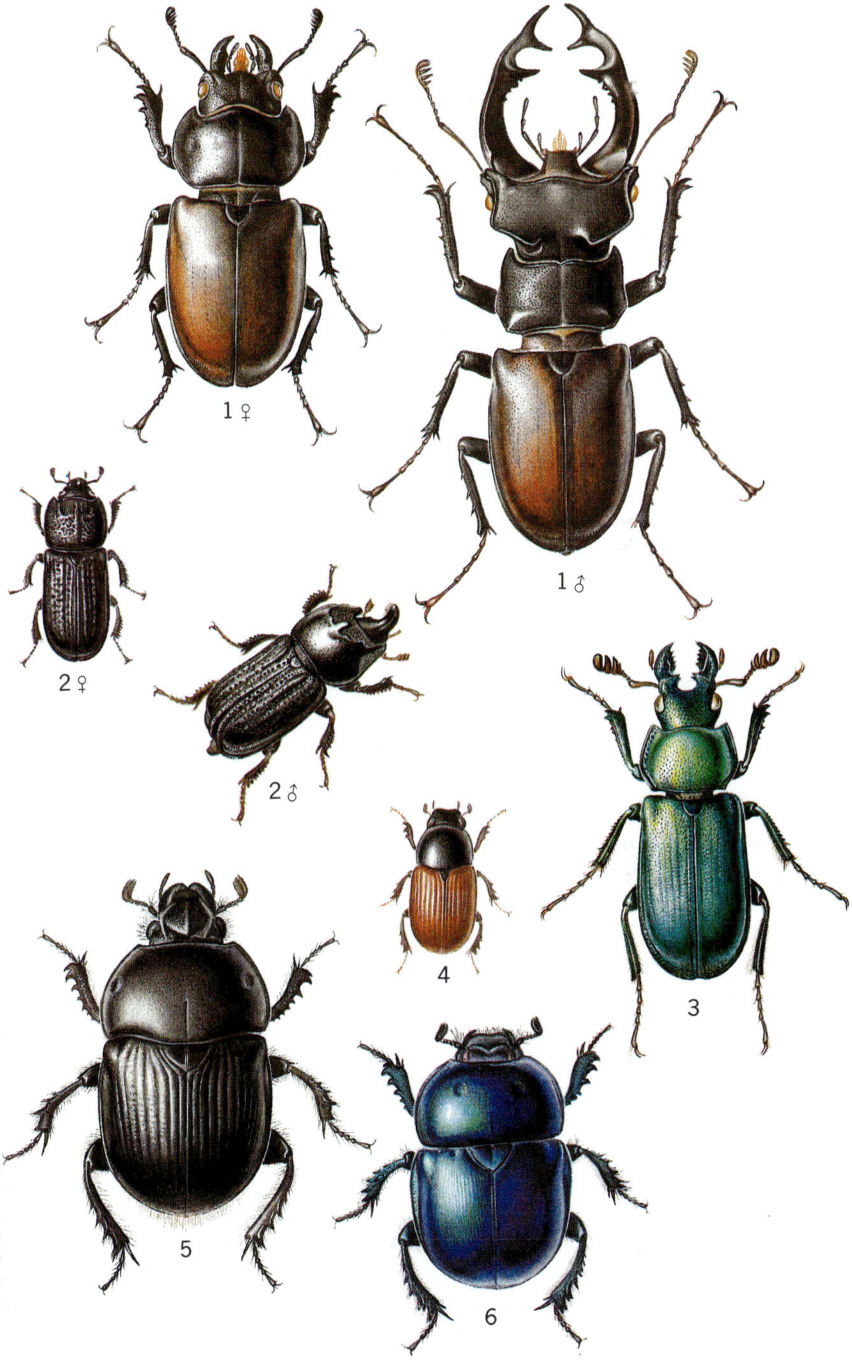
1 ♀
1 ♂
2 ♀
2 ♂
3
4
5
6

Insekten

Familie: **Mai-, Rosen-, Dung- und Mistkäfer** — *Scarabaeidae*

1 *Serica brunnea*. Länge 8—10 mm. Fliegt von Juni (im Süden ab Mai) bis August. Tagsüber hält er sich unter Rinde, Steinen und im Moos verborgen, mit der Dämmerung fliegt er aus und tritt in größeren Gesellschaften auf. Er fliegt zum Licht, daher fliegt er nicht selten durch ein erleuchtetes Fenster in Wohnungen. Das Weibchen legt seine Eier einige Zentimeter tief in die Erde. Sandboden wird bevorzugt, doch wird auch mit der Gartenerde auf Beeten usw. vorliebgenommen. Die Larven ähneln den Engerlingen des Maikäfers, doch sind sie kleiner. Die Entwicklung dauert ein Jahr. Verbreitung: Großteil Europas (im Norden bis über den Polarkreis hinaus), Südsibirien, Nordafrika.

2 Junikäfer *Amphimallon solstitiale*. Länge 14—18 mm. Abends und nachts fliegende Art, die sich im Juni oft in größeren Schwärmen auf Wiesen, an Waldrändern und Bäumen in Parks und Alleen zeigt. Die Entwicklung dauert drei Jahre. Verbreitung: Paläarktische Region.

3 Feld-Maikäfer *Melolontha melolontha*. Länge 20—30 mm. Einst einer der bekanntesten großen Käfer, der jedoch heute nach intensiver Bekämpfung vielerorts selten geworden ist oder nur noch sporadisch erscheint. In einigen europäischen Landschaften kann er aber auch heute noch Schaden anrichten. Der Fächerfühler des Männchens besteht aus wesentlich größeren Blättern als beim Weibchen, außerdem sind es bei ihm sieben (beim Weibchen sechs). Das Weibchen legt die Eier in die Erde. Aus ihnen schlüpfen Larven (Engerlinge), die sich von den Würzelchen verschiedener Pflanzen ernähren. Ihre Entwicklung zieht sich über zwei bis drei Jahre hin. Die Imago schlüpft im Herbst, überwintert in der Erde und kommt im Frühjahr zum Vorschein. Jahre mit größerem Maikäfervorkommen werden als Maikäferjahre bezeichnet. Verbreitung: Großteil Europas, fehlt jedoch z. B. in Spanien und Süditalien.

4 Julikäfer *Anomala dubia*. Länge 12—15 mm. Der Käfer fliegt an Standorten mit Sand- oder Lehmsanduntergrund. Häufigstes Auftreten im Juli, an wärmeren Tagen zeigt er große Aktivität. Verbreitung: Von Süditalien bis Südschweden und Südfinnland.

5 Gartenlaubkäfer *Phyllopertha horticola*. Länge 8—11 mm. Sehr häufig in Gärten, an Waldrändern, Rainen usw. meist im Juni. Gern sucht er erblühte Rosen auf, deren Blumenkronblätter er befrißt. Verbreitung: Europa, Sibirien, Mongolei.

6 Zottiger Rosenkäfer *Tropinota hirta*. Länge 8—11 mm. Schon ab April auf den Blütenständen von Korbblütlern (zunächst auf Habichtskraut, später auf Margeriten). Seine Larven leben in der Erde und fressen alte Graswurzeln an, so daß sie keinen Schaden anrichten. Verbreitung: Europa, Klein- und Vorderasien, Nordamerika, dorthin eingeschleppt.

7 Rosenkäfer *Cetonia aurata*. Länge 14—20 mm. In den Frühlingsmonaten auf blühenden Heckenrosen, Holunder- und Zwergholunderblütenständen usw. Sein Flug ist eigenartig, da er nicht die Flügeldecken öffnet, sondern die Hautflügel unter ihnen hervorschiebt. Die Larven entwickeln sich meist in morschen Buchen- und Eichenstümpfen wie auch im Gartenkompost. Larven aus den Nestern der Waldameise gehören zur Art *Potosia cuprea*, Rosenkäferlarven finden sich nur selten in Ameisenhaufen. Die Entwicklung dauert ein Jahr. Verbreitung: Europa außer den nördlichsten Gebieten, Klein- und Vorderasien, Sibirien.

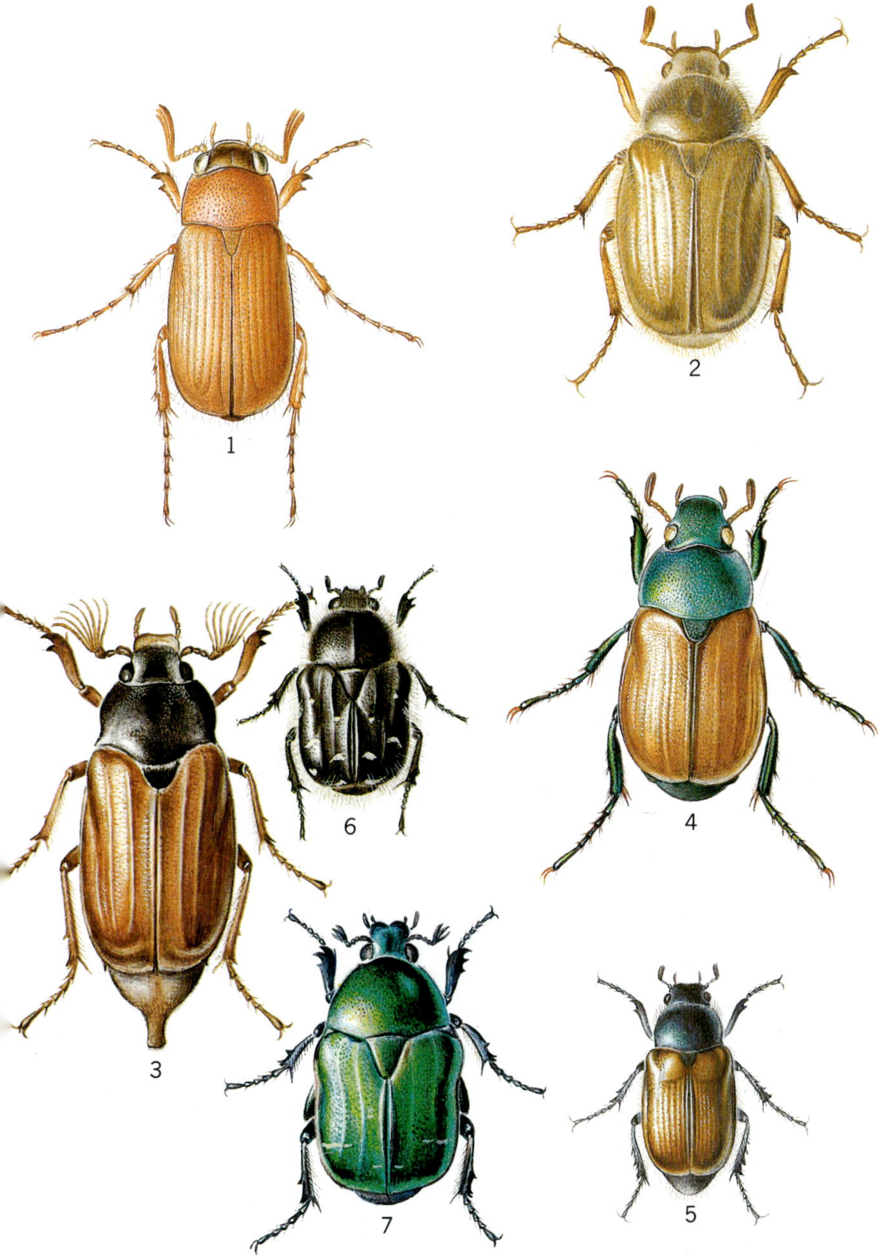
1
2
3
6
4
7
5

Insekten

Familie: **Pillenkäfer** — *Byrrhidae*

1 Pillenkäfer *Byrrhus pilula*. Länge 7,5 — 11 mm. Bei Gefahr kann er sich vollendet totstellen: Er legt Fühler und Beine in die Ritzen an der Körperunterseite und verwandelt sich so in eine unbewegliche Kugel. In Wäldern und Feldern häufige Art. Verbreitung: Paläarktische Region.

Familie: **Prachtkäfer** — *Buprestidae*

2 Mattglänzender Blütenprachtkäfer *Anthaxia nitidula*, Länge 5 — 7 mm. In warmen Gebieten ziemlich häufige Art. Fliegt reife Blütenstände von Habichtskraut, Heckenrosen usw. an. Larvenentwicklung in vertrocknenden Obstbäumen. Verbreitung: Mittel- und Südeuropa (fehlt im Norden), Kleinasien, Nordafrika.

3 Ländlicher Prachtkäfer *Buprestis rustica*. Länge 12 — 18 mm. Manchmal recht häufig in lichten Nadelwäldern. Verbreitung: Nordteil Südeuropas, Mittel- und Nordeuropa, Kaukasus, Südsibirien.

4 Gefleckter Eichenprachtkäfer *Agrilus biguttatus*. Länge 10 mm. Von Mai bis Juli auf jungem Eichengebüsch auf Lichtungen, am Waldrand und an Baumstümpfen wie auch auf gefällten Eichenstämmen. Die Larven entwickeln sich unter der Rinde absterbender Äste oder Stämme. Verbreitung: Europa (im Norden seltener), Kaukasus, Kleinasien, Iran, Nordafrika.

5 Kleiner Zwergprachtkäfer *Trachys minutus*. Länge 3 — 3,5 mm. Stellenweise sowohl auf Blüten als auch am Weidenlaub häufige Art. Die Larven leben in den Blättern und legen dort Gänge an. Verbreitung: Europa mit Ausnahme des Nordens, Kaukasus, Kleinasien, Sibirien.

Familie: **Schnellkäfer** — *Elateridae*

6 Mausgrauer Schnellkäfer *Adelocera murina*. Länge 11 — 17 mm. Auf Flügeldecken und Schild sitzen feine weißliche und gelbe Schuppen, deren Menge die Gesamtfärbung des Käfers bestimmt. Manche Exemplare sind so dicht beschuppt, daß sie fast weiß aussehen. Die Imago zeigt sich von Frühjahr bis Herbst in Wäldern, Gärten, auf Wiesen und Feldern, sie geht bis ins Gebirge. Die wie bei den anderen Schnellkäfern „Drahtwurm" genannte Larve ernährt sich von den Haarwurzeln aller möglichen Pflanzen. Verbreitung: Europa, Kaukasus, Sibirien, Nordamerika.

7 *Athous vittatus*. Länge 8 — 10 mm. Meist sitzen auf den Flügeldecken Streifen, die jedoch bei manchen Exemplaren nicht entwickelt sind; dann sind die Decken einfarbig gelb- oder dunkelbraun. Häufiger Käfer, der die Laubwälder der Niederungen, in Hügellandschaften und manchmal auch im Gebirge bewohnt. Verbreitung: Europa, Kaukasus, Kleinasien.

8 Erzschnellkäfer *Corymbites aeneus*. Länge 10 — 17 mm. Glänzt metallisch, der Ton ist jedoch ziemlich variabel, in der Regel grünlich oder kupfern, manchmal auch blau, blauviolett oder schwarz. Die Imago zeigt sich vom zeitigen Frühjahr bis in den Spätherbst auf Pflanzen an Rainen, Feldwegen auf Wiesen usw. Die Larven leben in der Erde. Gelegentlich Kulturpflanzenschädling. Verbreitung: Europa, Sibirien.

9 Purpurschnellkäfer *Corymbites purpureus*. Länge 8 — 14 mm. Über die roten Flügeldecken verlaufen charakteristische erhabene Längsrippen, daher mit keiner anderen Art zu verwechseln. Im Gebirgsvorland schon vom zeitigen Frühjahr an auf verschiedenen Laubsträuchern. Gelegentlich recht häufig. Verbreitung: Mittel- und Südeuropa, Asien (Iran, Himalaja u.a.).

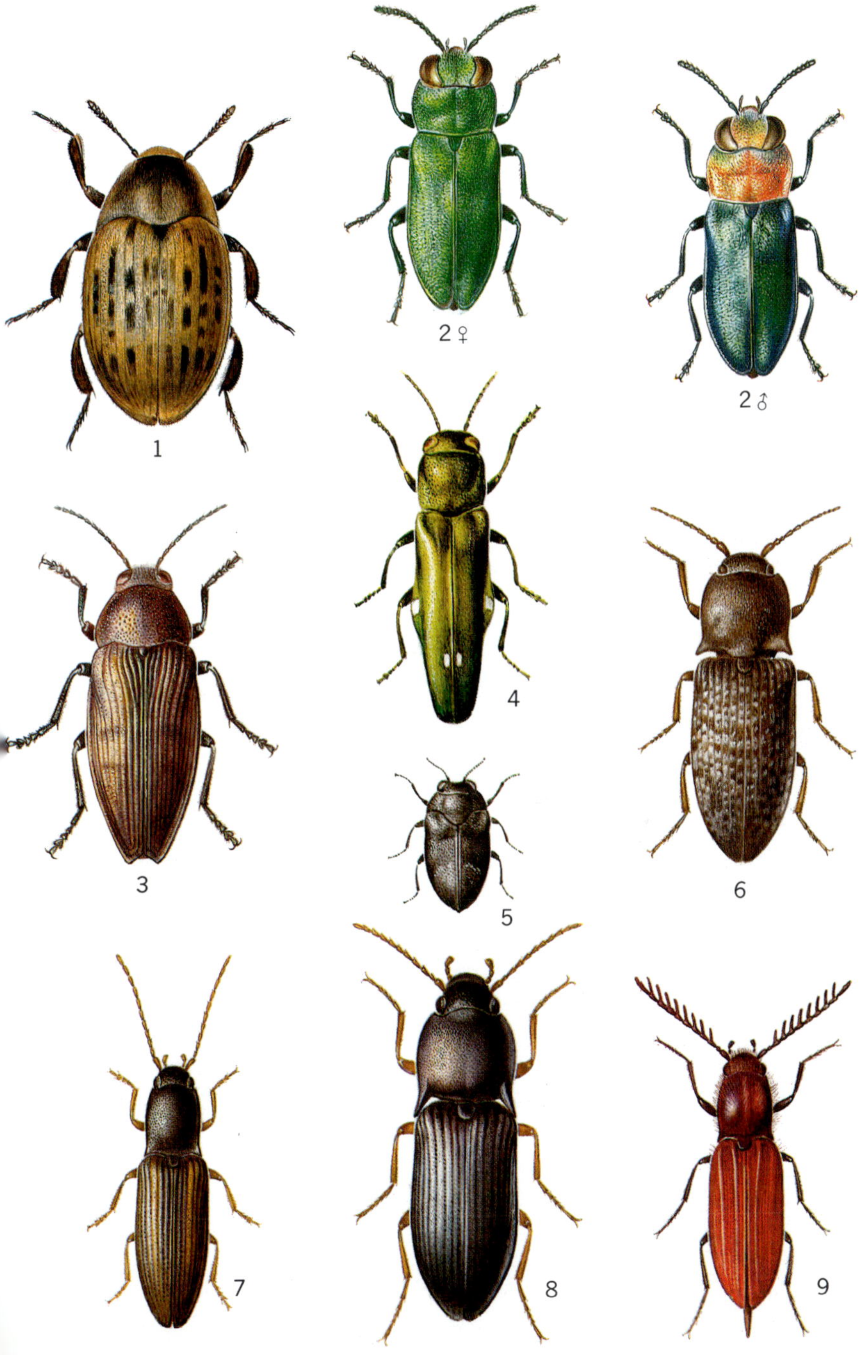

1
2 ♀
2 ♂
3
4
5
6
7
8
9

Insekten

Familie: **Leuchtkäfer** — *Lampyridae*

1 Gelbhals-Johanneswürmchen *Lampyris noctiluca*. Das Männchen ist 11—12 mm lang, das Weibchen 16—18 mm. Die Geschlechter unterscheiden sich beträchtlich. Das Männchen hat Hautflügel und Decken, kann also fliegen, das Weibchen ist ungeflügelt und kriecht nur am Boden. Beide haben an der Körperunterseite ein kompliziertes Leuchtorgan, das ein durchdringendes Licht von der Wellenlänge 518—656 nm ausstrahlt. Das Licht entsteht durch einen komplizierten chemischen Prozeß bei Anwesenheit von Sauerstoff. Die ebenfalls leuchtenden Larven erreichen eine Länge von 23 mm, sie leben im Gras und sind Fleischfresser. Verbreitung: Mittelmeerraum bis Mittelskandinavien, Kaukasus, Sibirien, China.

Familie: **Weichkäfer** — *Cantharidae*

2 Gemeiner Weichkäfer *Cantharis fusca*. Länge 11—15 mm. Der Gemeine Weichkäfer lebt auf Blüten und Blättern, wo er Blattläusen nachstellt. Auch seine schwarz gefärbten Larven sind Räuber. Sie überwintern; es kommt vor, daß Regen und Wind sie aus ihren Winterverstecken treiben, dann erscheinen sie auf dem Schnee. Verbreitung: Europa von Nordspanien und Italien bis Südskandinavien.

3 *Rhagonycha fulva*. Länge 7—10 mm. Von ähnlich hell gefärbten Arten vor allem durch die dunklen Fühler und durch die dunklen Flügeldeckenenden unterschieden. Oft erscheinen die Käfer im Spätsommer auf blühenden Doldenpflanzen auf den Wiesen. Sie jagen Blattläuse und kleinere Insektenlarven. Verbreitung: Europa, der hohe Norden ausgenommen, Kaukasus, Vorderasien.

Familie: **Rotdeckenkäfer** — *Lycidae*

4 *Dictyopterus aurora*. Länge 7—13 mm. Im Unterwuchs des Waldes und auf Baumstümpfen an Standorten in Gebirge und Vorgebirge. Verbreitung: Europa, über Sibirien erreicht er Korea und Japan.

Familie: **Speck- und Pelzkäfer** — *Dermestidae*

5 Speckkäfer *Dermestes lardarius*. Länge 7—9,5 mm. Ursprünglich lebte der Speckkäfer in der freien Natur, auch heute findet man ihn noch in den Nestern einiger Vögel. Allmählich wurde aus ihm aber ein Begleiter des Menschen, in dessen Nähe er sich heute meist aufhält — in Wohnungen, Lagerräumen, Museen, Taubenschlägen und Bienenstöcken. Der Käfer selbst ist unschädlich, doch suchen seine behaarten Larven als Nahrung alle möglichen Erzeugnisse menschlicher Tätigkeit auf (Textil, Leder, naturwissenschaftliche Sammlungen usw.). Verbreitung: Kosmopolit. Durch den Menschen ist er auch in die Regionen gekommen, in denen er ursprünglich fehlte.

6 Pelzkäfer *Attagenus pellio*. Länge 4—5,5 mm. Ebenfalls ein Kulturfolger, der sich in Wohnungen und Lagerräumen aufhält. Erscheint schon im Februar/März. Später zahlreich auf Blüten. Die Larven tragen am Hinterleib einen Schwanz aus langen Borsten, sie sind gefürchtete Schädlinge für Leder, Textilien und naturwissenschaftliche Sammlungen. Verbreitung: Über die ganze Welt.

7 Teppichkäfer *Anthrenus scrophulariae*. Länge 3—4,5 mm. Der Käfer ist von feinen, farbigen Schuppen bedeckt, die seine Färbung ausmachen. Die Imago ist völlig unschädlich und lebt auf Blüten. Außer der Vegetationszeit hält sich die Art oft in Wohnungen auf, wo sich ihre Larven entwickeln. Sie befallen Pelze, Teppiche, Textilien, Federn und naturwissenschaftliche Sammlungen. Der schlimmste Feind solcher Sammlungen ist aber nicht diese Art, sondern der Wollkrautblütenkäfer *(A. verbasci)*. Verbreitung: Großteil Europas, Vorderasien, Nordamerika usw.

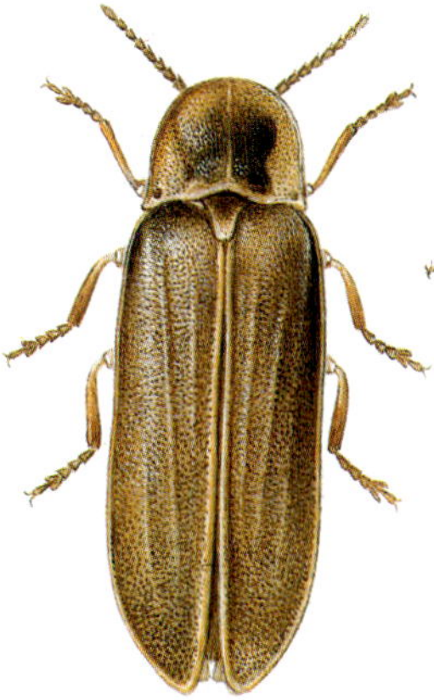
1 ♂

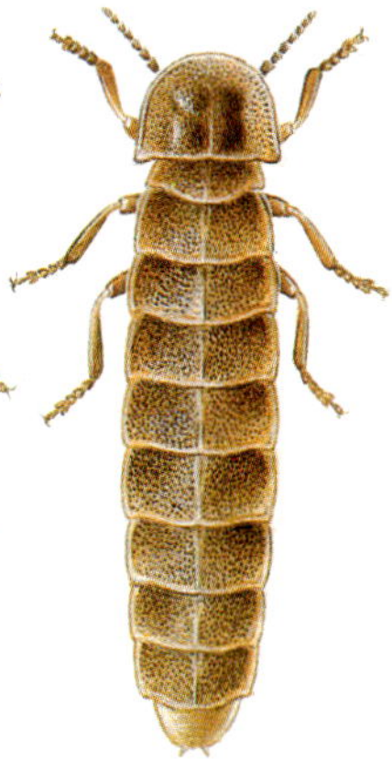
1 ♀

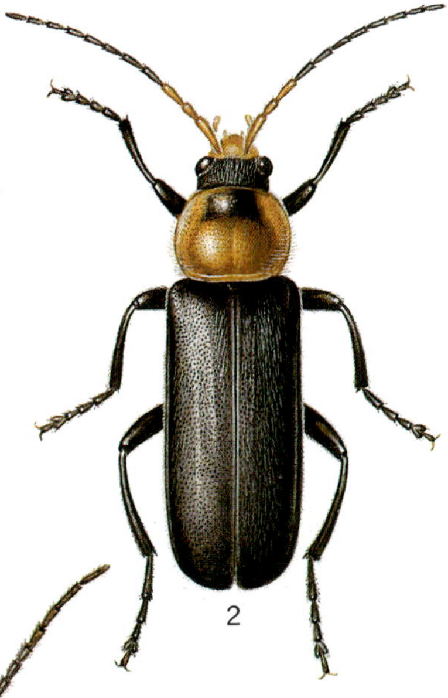
2

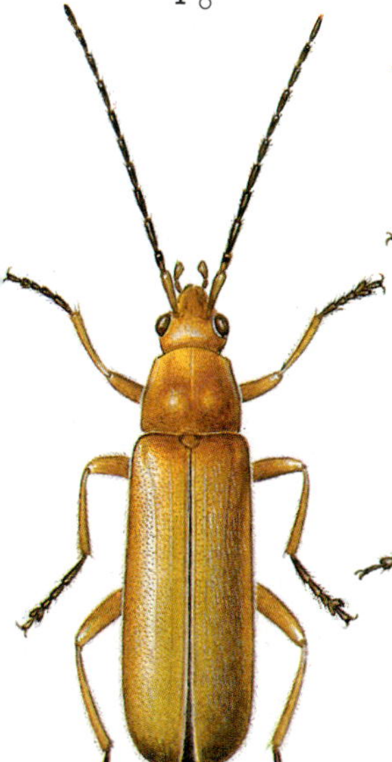
3

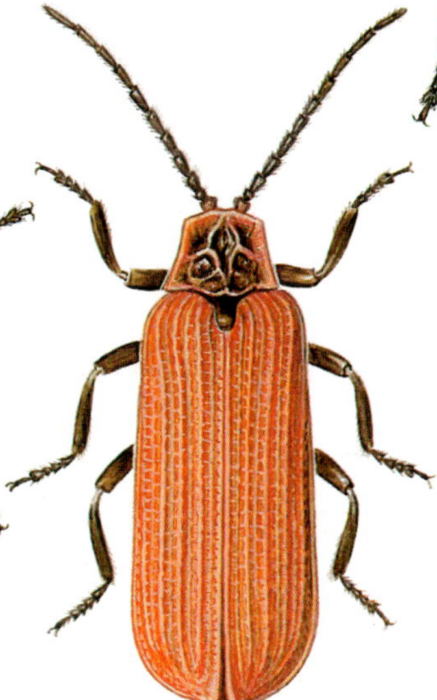
4

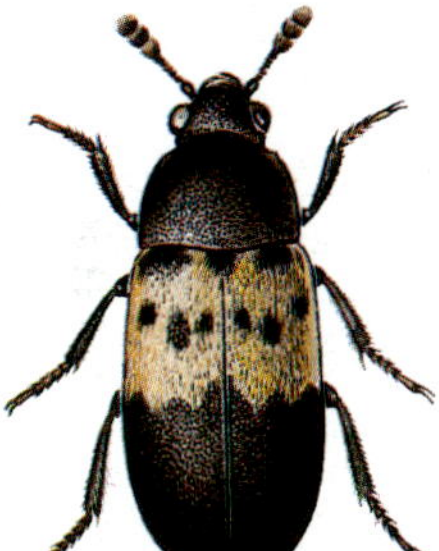
5

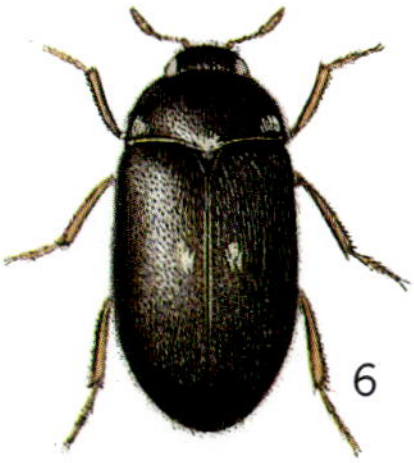
6

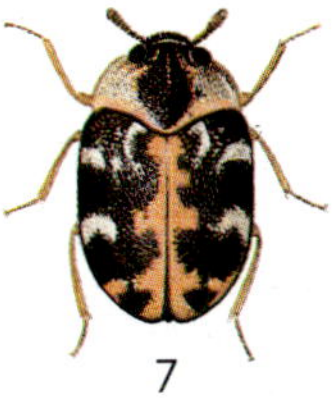
7

Insekten

Familie: **Poch- oder Klopfkäfer** — *Anobiidae*

1 Gemeiner Holzwurm *Anobium punctatum*. Länge 3—5 mm. Die Käfer entwickeln sich im alten Holz von Fußböden, Möbeln, Dachbalken und Schnitzereien. Sie erzeugen ein eigenartiges Tickgeräusch, das vor allem in der nächtlichen Stille durchdringend zu hören ist. Der ausgeschlüpfte Käfer verläßt das Holz durch eine kleine Öffnung, in deren Nähe das Weibchen später seine Eier ablegt. Den jungen Larven dient die Öffnung als Eingang zu ihrem späteren Lebensbereich. Sie nagen im Holz, das ihre einzige Nahrung darstellt, feine Gänge. Die schwer verdauliche Zellulose verdauen sie mit Hilfe symbiotischer Organismen, die in ihrem Körper in Darmsäckchen sitzen. Verbreitung: Paläarktische, nearktische und australische Region.

Familie: **Diebskäfer** — *Ptinidae*

2 Kräuterdieb *Ptinus fur*. Länge 2—4,3 mm. Bekannt wegen der beträchtlichen Unterschiede in Körperform und Färbung beider Geschlechter. Meist lebt er in Wohnungen, Ställen, auf Dachböden oder in Landklosetts, auch in Vogelnestern. Verbreitung: Paläarktische und nearktische Region.

Familie: **Buntkäfer** — *Cleridae*

3 Ameisenbuntkäfer *Thanasimus formicarius*. Länge 7—10 mm. Von Frühjahr bis Herbst auf Meterholz und gefällten Stämmen, wo er Borkenkäfern nachstellt. Sehr nützliche Art, die sehr viele Insektenschädlinge vertilgt. Verbreitung: Eurasien und Nordafrika, nach Nordamerika eingeführt.

Familie: **Zipfelkäfer** — *Malachiidae*

4 Zipfelkäfer *Malachius bipustulatus*. Länge 5—6 mm. Den ganzen Sommer über häufig auf Gräsern und anderen blühenden Pflanzen anzutreffen. Bei Gefahr schiebt er seitlich aus dem Körper rote Säckchen hervor. Verbreitung: Europa, Kleinasien, Sibirien.

Familie: **Werftkäfer** — *Lymexylonidae*

5 Bohrkäfer *Hylecoetus dermestoides*. Länge 6—18 mm. Die Imago lebt nur 2—4 Tage. Die Larven entwickeln sich in Eichen- oder Buchenholz, meist in Baumstümpfen, in denen sie enge, lange Gänge bohren. Ihre Nahrung besteht aber nicht aus Holz, sondern aus Ambrosiapilzen. Verbreitung: Mittel- und Nordeuropa, Sibirien.

Familie: **Glanzkäfer** — *Nitidulidae*

6 Rapsglanzkäfer *Meligethes aeneus*. Länge 1,5—2,7 mm. Sehr zeitig im Frühjahr auf verschiedenen Blüten. Später zieht er auf Raps um und ernährt sich von dessen Blütenknospen und jungen Blättern. Die Weibchen legen ihre Eier in die Rapsblüten, die ausgewachsenen Larven verpuppen sich im Erdboden. Verbreitung: Paläarktische und nearktische Region.

7 *Pocadius ferrugineus*. Länge 2,8—4,5 mm. In Stäublingspilzen, dort spielt sich seine ganze Entwicklung ab. Verbreitung: Europa, Kaukasus.

8 Rindenglanzkäfer *Glischrochilus quadripunctatus*. Länge 3—6,5 mm. Sowohl unter Baumrinde als auch auf verletzten Stämmen, aus denen Saft quillt. Hauptnahrung sind Borkenkäfer. Verbreitung: Europa, Sibirien.

9 *Pityophagus ferrugineus*. Länge 4—6,5 mm. Dieser Käfer lebt unter Baumrinde und jagt Borkenkäfer. Verbreitung: Nadelwälder Europas, vor allem vom Nordbalkan an nach Norden, Kaukasus.

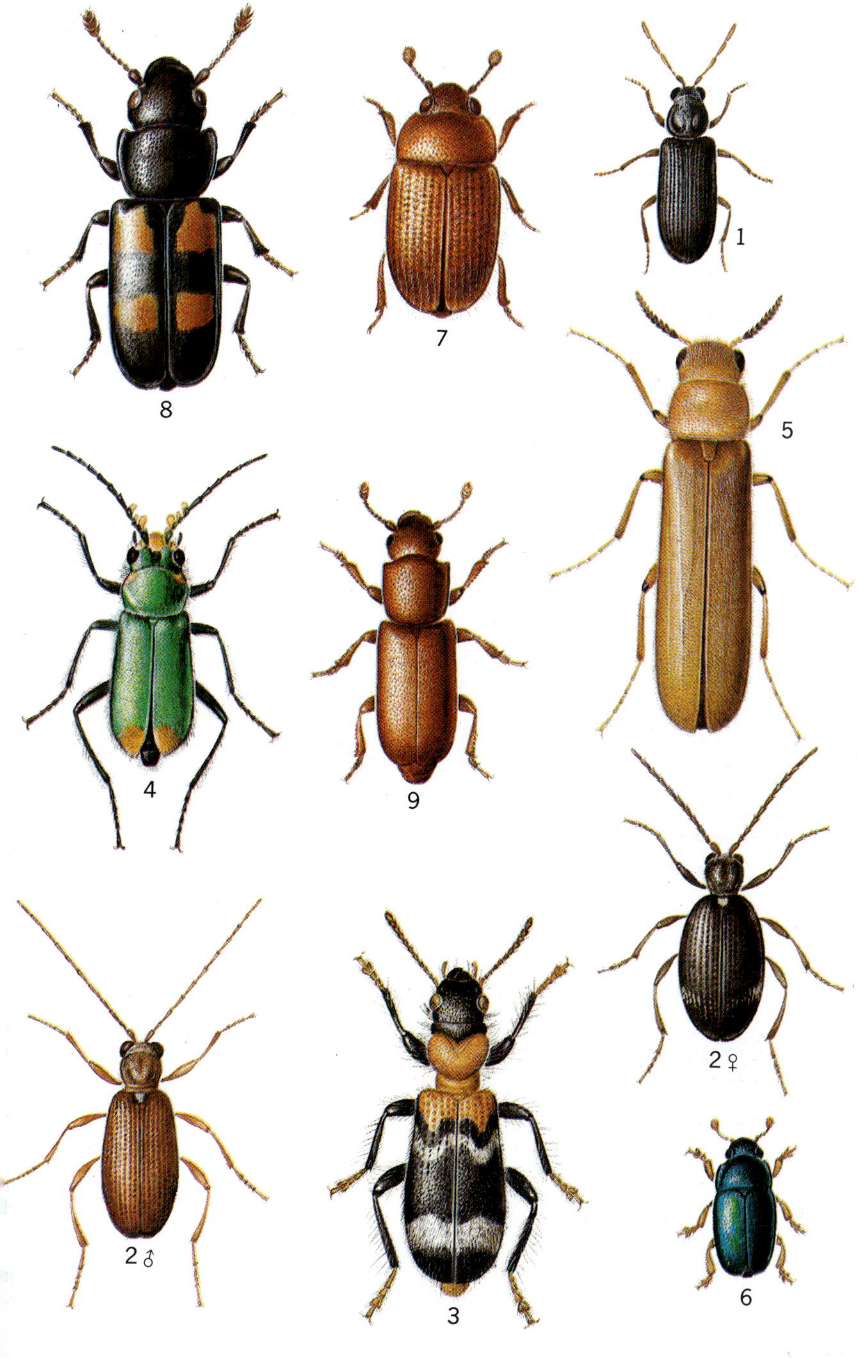
8
7
1
5
4
9
2 ♀
2 ♂
3
6

Insekten

Familie: **Plattkäfer** — *Cucujidae*

1 Plattkäfer *Uleiota planata.* Länge 4,5—5,5 mm. Mit auffallend langen Fühlern, die er bei Gefahr nach vorn streckt, dabei verharrt er regungslos. Unter der Rinde verschiedener Baumarten, zumeist auf Laubbäumen. Verbreitung: Südteil der paläarktischen Region.

Familie: **Blütenfresser** — *Byturidae*

2 Himbeerkäfer *Byturus tomentosus.* Länge 3,2—4 mm. Als Imago ist er weitaus weniger bekannt als im Larvenstadium. Die längliche Larve, der „Himbeerwurm", kommt vor allem in Himbeer-, weniger in Brombeerfrüchten vor. Die Imago sitzt auf Himbeer- und Brombeerblüten. Verbreitung: Paläarktischer Bereich außer dem Norden.

Familie: **Glattkäfer** — *Phalacridae*

3 Glattkäfer *Olibrus aeneus.* Länge 2,5—2,8 mm. Häufig im Spätsommer auf blühender Kamille, der Nährpflanze seiner Larven. Verbreitung: Europa von Norditalien bis Lappland, Sibirien.

Familie: **Marienkäfer** — *Coccinellidae*

4 Zweipunkt *Adalia bipunctata.* Länge 3,5—5,5 mm. Zeichnet sich durch beträchtliche Farbunterschiede aus. Neben den typischen roten Exemplaren mit schwarzen Punkten gibt es Formen (4a), bei denen die rote Farbe auf zwei Punkte zurückgeht und das Schwarz überwiegt. Oft überwintern sie in menschlichen Behausungen. Ab Juli erscheint die neue Generation. Käfer und Larve sind Räuber, die beachtliche Mengen von Blattläusen vertilgen. Verbreitung: Großteil der paläarktischen Region, nach Nordamerika eingeführt

5 Siebenpunkt *Coccinella septempunctata.* Länge 5,5—8 mm. Gehört zu den bekanntesten und nützlichsten Käferarten. Imago und Larve leben auf blattlausbefallenen Pflanzen und ernähren sich von diesem Schädling. Die Larve ist graublau, schwarz und gelb bis orangefarben gefleckt, sie verpuppt sich auf Blättern. Die Imago überwintert, häufig sitzen die Tiere in ganzen Gesellschaften unter Rinde, Steinen, in Grasbüscheln usw. Die Käfer zeigen sich zeitig im Frühjahr in den ersten sonnigen Tagen. Verbreitung: Europa, Asien, Nordafrika.

6 Augenmarienkäfer *Anatis ocellata.* Länge 8—9 mm. Körperform und Fleckenzahl sind sehr veränderlich. Von den Niederungen bis ins Gebirge meist in Nadelwäldern, jagen dort Blattläuse. Die Larve ist rot gefleckt. Verbreitung: Europa, Kaukasus, Sibirien, Japan, nach Nordamerika eingeführt.

7 *Thea vigintiduopunctata.* Länge 3—4,5 mm. Der Käfer ist von den übrigen Arten leicht durch seine leuchtend gelbe Färbung und die 22 kleinen Pünktchen auf den Flügeldecken zu unterscheiden. Er kommt auch in Gebirgslandschaften vor. Verbreitung: Südteil der paläarktischen Region.

8 *Chilocorus renipustulatus.* Länge 4—5 mm. Auf jeder Flügeldecke sitzt ein rundlicher roter Fleck. Darin ähnelt er der Art *Ch. bipustulatus,* bei der die roten Felder auf den Decken jedoch von mehreren länglichen Flecken gebildet werden. Nützling. Verbreitung: Paläarktische Region.

Familie: **Stäublingskäfer** — *Endomychidae*

9 Stäublingskäfer *Endomychus coccineus.* Länge 4—6 mm. Der Käfer bewohnt Buchenwälder, oft kommt er in Gesellschaften unter der Rinde gefällter Bäume vor, wo Schimmel wuchert. Auch in Baumpilzen zu finden. Verbreitung: Europa (im Süden nur in höheren Lagen)

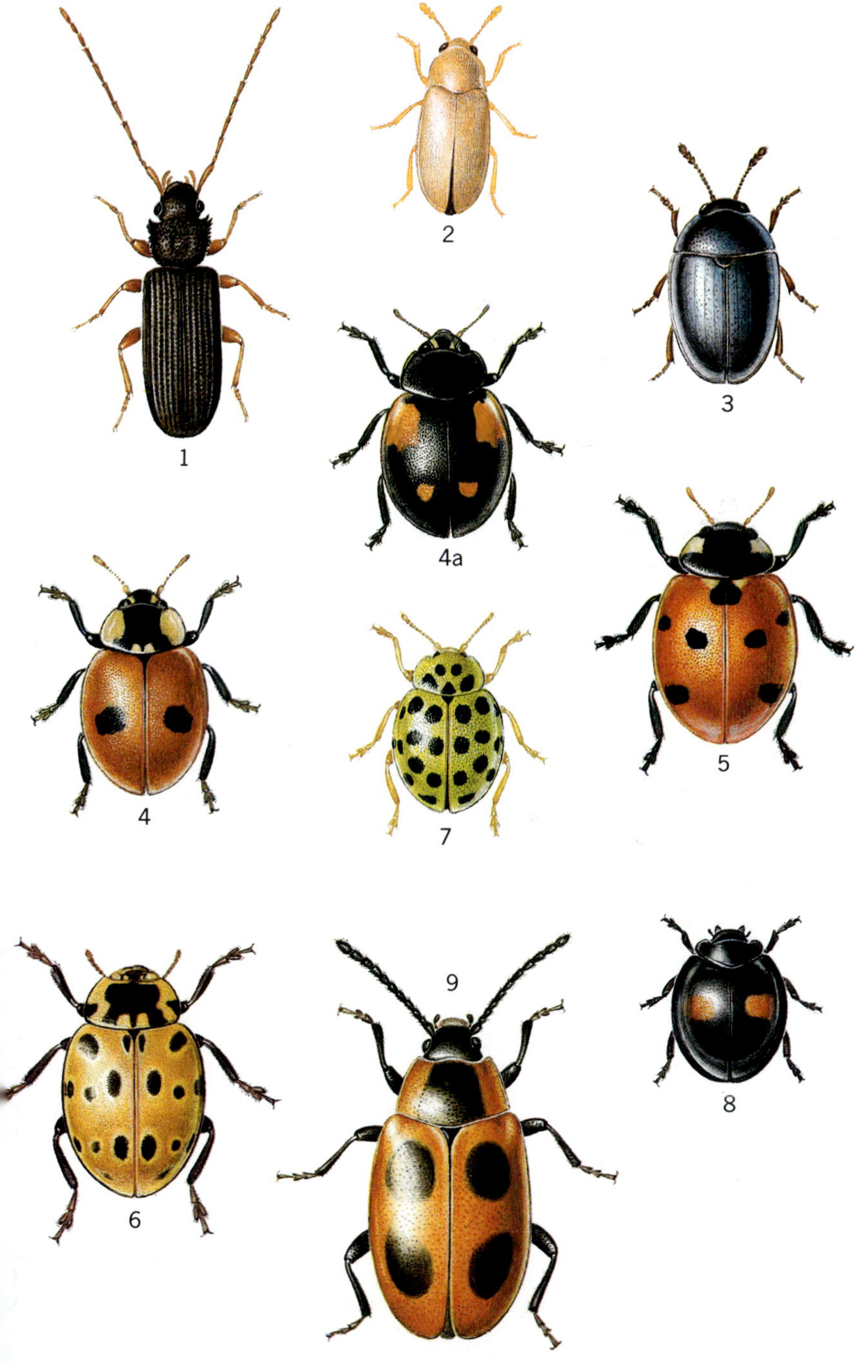
1
2
3
4a
4
7
5
9
6
8

Insekten

Familie: **Rindenkäfer** — *Colydiidae*

1 Rindenkäfer *Ditoma crenata*. Länge 2,6—3,5 mm. Häufig unter der Rinde alter Baumstümpfe, meist in Gesellschaften. Der Käfer ernährt sich von kleinen Insektenlarven, z. B. Borkenkäferlarven. Verbreitung: Paläarktische Region.

Familie: **Schwarzkäfer** — *Tenebrionidae*

2 Mehlkäfer *Tenebrio molitor*. Länge 15 mm. Seine ganze Entwicklung findet im Mehl statt. Das Weibchen legt einige hundert Eier, die es mit einem klebrigen Schutzsekret umhüllt. Nach 1—2 Wochen schlüpfen die Larven aus, sie wachsen rasch. Der Volksmund nennt sie Mehlwürmer, sie werden auch als Futter für verschiedene Tiere gezüchtet. Verbreitung: Kosmopolit.

Familie: **Wollkäfer** — *Lagriidae*

3 Wollkäfer *Lagria hirta*. Länge 7—10 mm. In feuchterer Umgebung auf der Vegetation von Wiesen, Rainen und an Bächen. Verbreitung: Europa, Sibirien.

Familie: **Feuerkäfer** — *Pyrochroidae*

4 Scharlachroter Feuerkäfer *Pyrochroa coccinea*. Länge 14—15 mm. Im Gegensatz zu *P. serraticornis* mit schwarzem Kopf und schwarzem Schildchen. Die Käfer erscheinen im Mai/Juni auf Blüten, Baumstümpfen und gefällten Bäumen. Die Larve ist ziemlich flach und lebt unter der Rinde von totem Holz, Stümpfen usw. Verbreitung: Von den Nordteilen Südeuropas bis Südskandinavien.

Familie: **Stachelkäfer** — *Mordellidae*

5 Stachelkäfer *Variimorda fasciata*. Länge 6—9 mm. Von den verwandten Arten unterscheidet er sich durch die graubraune Zeichnung auf den Flügeldecken. Lebt auf Blüten. Verbreitung: Europa, Kaukasus, Kleinasien, Iran usw.

Familie: **Öl- oder Blasenkäfer** — *Meloidae*

6 Ölkäfer, Maiwurm *Meloe violaceus*. Länge 10—32 mm. Mit komplizierter Verwandlung. Das Weibchen legt eine große Anzahl Eier ab, da viele junge Larven bereits unmittelbar zu Beginn ihres Lebens umkommen. Die geschlüpfte Ölkäferlarve wird Triungulin genannt, da sie an den Füßen drei Krallen hat. Früher wurde sie sogar für eine selbständige Tierart gehalten. Der Triungulin kriecht in eine Blüte und wartet auf die Ankunft seines künftigen Wirts, eine Erdbiene. In ihrer Behaarung wird er ins Bienennest getragen, wo er sich weiter verwandelt. Im Laufe der Entwicklung entsteht die sog. Scheinpuppe, ein puppenähnliches Ruhestadium. Aus ihr geht eine weitere Larve hervor, die sich wiederum verpuppt. Aus der Puppe schlüpft dann der Käfer. Die Scheinpuppe stellt ein zusätzliches Entwicklungsstadium dar, aus diesem Grund wird die ganze Verwandlung Überverwandlung bzw. Hypermetamorphose genannt. Der Körper der Ölkäfer enthält das giftige Cantharidin, das zerstörend auf die Nierenfunktion wirkt. Wesentlich mehr davon enthält die sog. Spanische Fliege *Lytta vesicatoria* aus der gleichen Familie. Verbreitung: Europa, Sibirien.

Familie: **Scheinbockkäfer** — *Oedemeridae*

7 *Oedemera podagrariae*. Länge 8—10 mm. Mit nach hinten auseinanderlaufenden Flügeldecken, die die Hautflügel sehen lassen. Das Männchen hat auffällig entwickelte Schenkel. Im Sommer halten sich die Käfer in Blüten auf, ihr Aussehen ähnelt verblüffend den Bockkäfern. Verbreitung: Großteil Europas, Kleinasien, Sibirien.

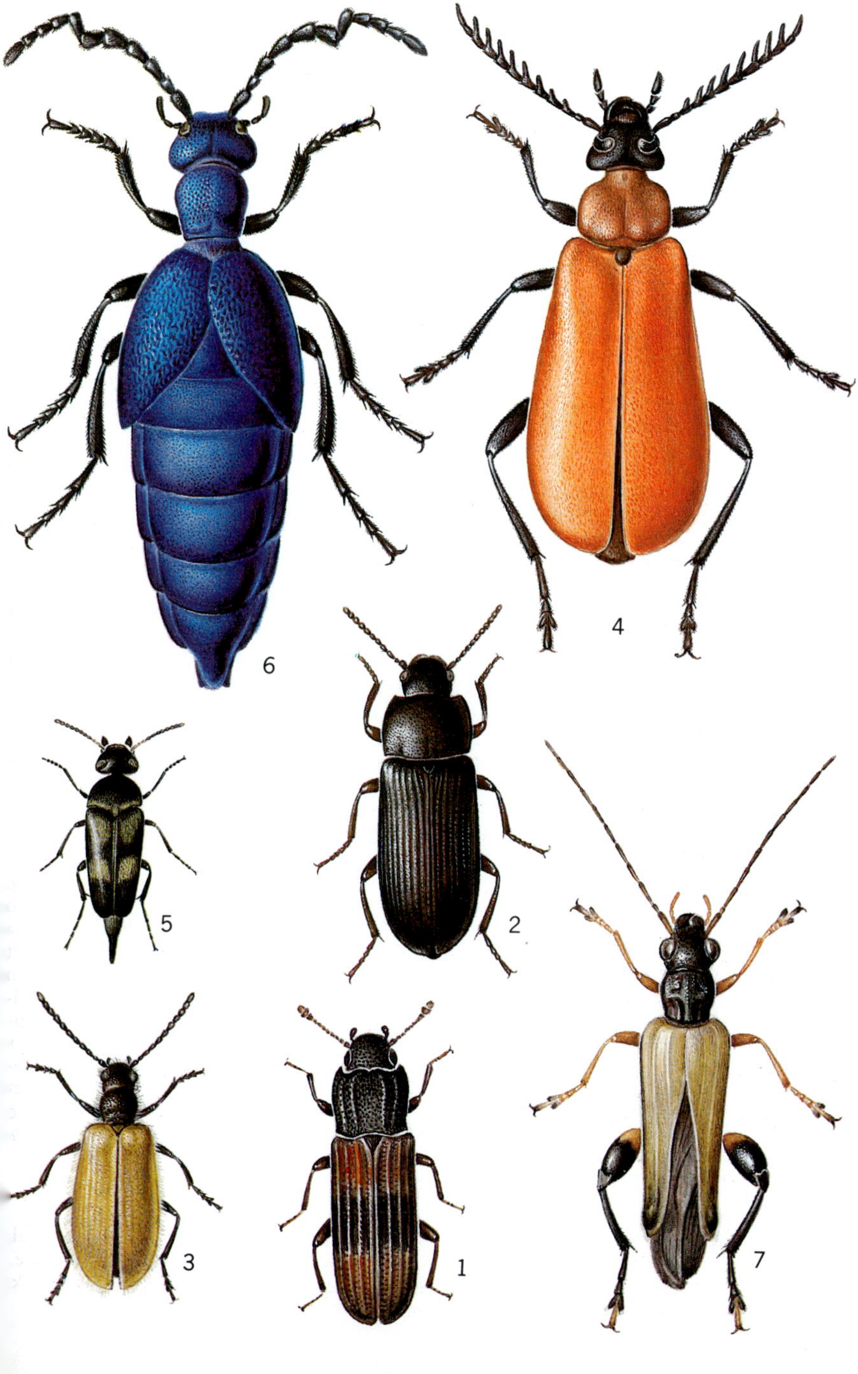
6
4
5
2
3
1
7

Insekten

Familie: **Bockkäfer** — *Cerambycidae*

1 Sägebock *Prionus coriarius.* Länge 18—45 mm. Wie auch andere Bockkäfer weist der Sägebock auffälligen Geschlechtsdimorphismus auf. Die Fühler sind zwar bei Männchen und Weibchen relativ kurz, doch hat das Männchen 12 kräftige, stark gesägte Glieder, die Fühler des Weibchens bestehen aus nur 11 weniger kräftigen und weniger gesägten Gliedern. Der Käfer läßt Knarrgeräusche hören, sie entstehen durch Reibung der Flügeldecken an einer Schenkelleiste des hinteren Beinpaares. Die Käfer bewohnen alte Laub- und Nadelwälder, in denen sie während der Dämmerung von Frühjahr bis Herbst fliegen, am häufigsten sind sie im August. Das Weibchen legt seine Eier in Stämme und alte Baumstümpfe. Die Larve erreicht eine Länge von ca. 50 mm und verpuppt sich in Stubben. Die Käfer werden von vielen Nachttieren gejagt, in Wäldern mit Sägebockvorkommen findet man zur Zeit ihres Fluges oft Flügeldecken auf den Wegen. Verbreitung: Großteil Europas, Kaukasus, Vorderasien, Westsibirien, Nordafrika.

2 Zangenbock *Rhagium inquisitor.* Länge 10—21 mm. In Nadelwäldern von den Niederungen bis ins Gebirge, die Imago ist mancherorts häufig auf Holz und Blüten. Die Larve lebt unter der Fichtenrinde, hier verpuppt sie sich auch in einer von Holzspänen umgebenen Wiege. Der Käfer schlüpft darin im Herbst, verläßt sie aber erst im Frühjahr. Verbreitung: Europa, Westsibirien, Nordamerika.

3 Rothalsbock *Leptura rubra.* Länge 10—19 mm. Die beiden Geschlechter unterscheiden sich durch Körperform, Größe und Färbung. Das Männchen ist schlanker, kleiner, hat schmutzig-gelb gefärbte Decken und einen schwarzen Schild. Das Weibchen ist größer, gedrungener und orangerot. Auch ihre Fühler sind unterschiedlich. Sehr häufige Art, die im Sommer auf Baumstümpfen, Blüten, gefällten Stämmen und Meterholz fliegt. Die Larven entwickeln sich meist in alten Baumstümpfen, in denen sie ihre Gänge nagen und sich verpuppen. Die Imago nagt sich durch eine kreisrunde Öffnung ins Freie. Verbreitung: Europa, Sibirien, Nordafrika.

4 Schmalbock *Strangalia maculata.* Länge 14—20 mm. Auf seinen gelblichen Decken sitzen verschieden große dunkle Flecken. Die Imago kommt von Mai bis August häufig auf den Blüten der Waldwiesen vor. Entwicklung meist in Laubhölzern. Verbreitung: Europa, Kaukasus, Transkaukasien, Syrien, Iran.

5 *Strangalia melanura.* Länge 6—9,5 mm. Von Mai bis September häufig auf Blüten zu finden, die Larven entwickeln sich im Holz. Verbreitung: Europa, Kaukasus, Transkaukasien, Sibirien, Mongolei.

6 Waldbock *Spondylis buprestoides.* Länge 12—24 mm. Mit auffallend gedrungenem Körper, mächtigen Kiefern und kurzen Fühlern. Tagsüber versteckt sich der Waldbock unter der Rinde von Baumstümpfen, unter liegenden Stämmen usw., abends fliegt er aus. Seine Larve lebt in alten Kiefernstümpfen. Verbreitung: Europa, Kleinasien, Sibirien, China, Japan.

7 Fichtensplintbock *Tetropium castaneum.* Länge 9—18,5 mm. Bewohnt Fichtenwälder, die Imago fliegt von Mai bis Juli. Das Weibchen legt 80—120 Eier unter die Schuppen der Fichtenrinde. Zunächst lebt die Larve unter der Rinde, später bohrt sie sich ins Holz ein, schließlich nagt sie in einer Tiefe von 2—4 cm eine Kammer, um sich darin zu verpuppen. Meist befällt der Käfer erkrankte Bäume. Verbreitung: Eurasien.

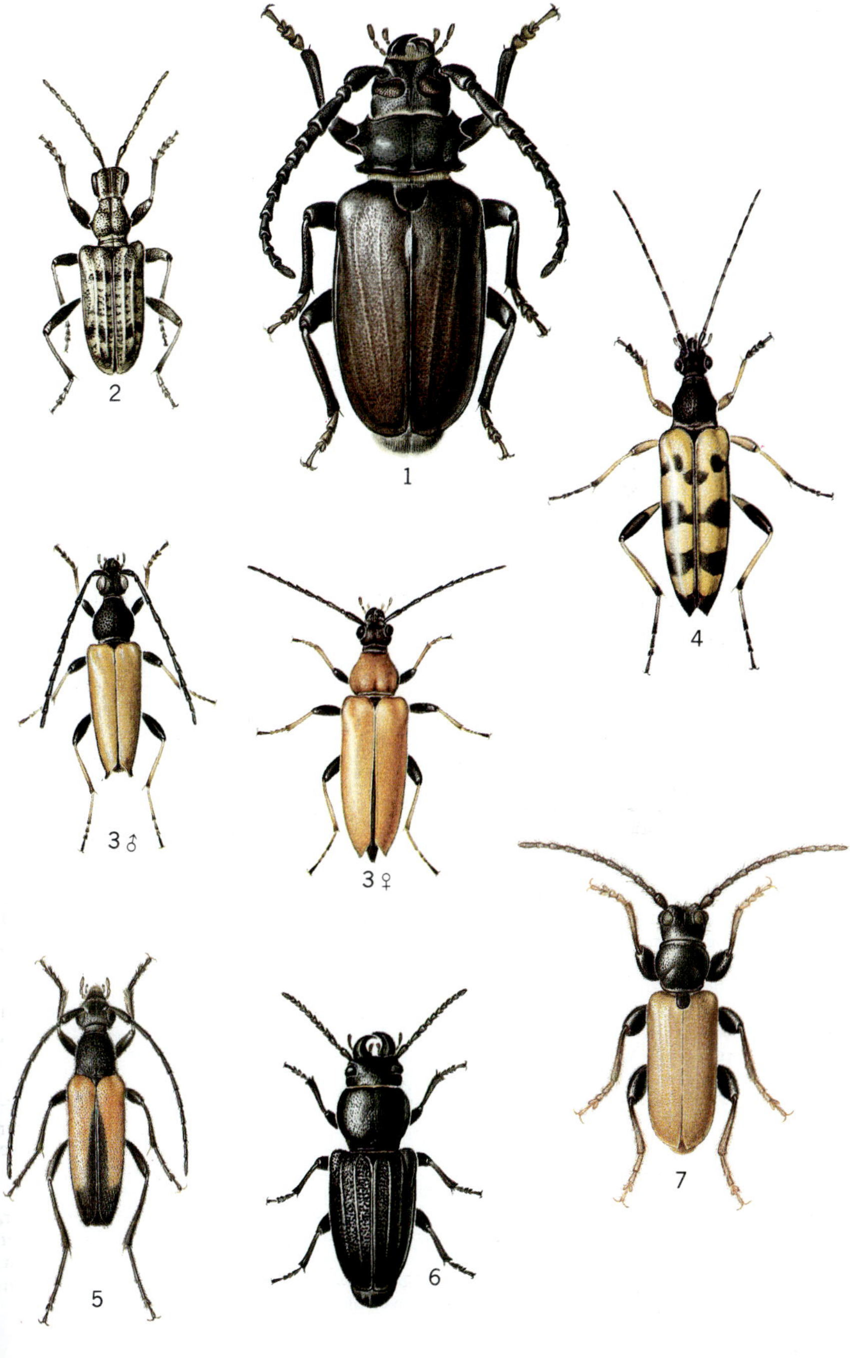
2
1
4
3 ♂
3 ♀
7
6
5

Insekten

Familie: **Bockkäfer** — *Cerambycidae*

1 Großer Eichen- oder Heldbock *Cerambyx cerdo.* Länge 24—53 mm. Gehört zu den größten europäischen Käfern und bewohnt alte Laub-, vor allem Eichenwälder. Der Käfer erscheint im Juni/Juli. Die Imago fliegt in der Dämmerung und nachts unter ziemlicher Geräuschentwicklung. Tagsüber halten sich die Tiere unter der Rinde und in Gängen in altem Holz versteckt. Das Weibchen legt ca. 80 Eier in die Eichenrinde. Die junge Larve muß sich allmählich durch die harte Rinde in den Bast und ins Holz durchbeißen, wo sie sich schließlich in einem hakenförmigen Gang verpuppt. Sie erreicht eine Länge von 70 bis 90 mm, ihre Entwicklung dauert drei bis fünf Jahre. Der Käfer schlüpft im Sommer aus, verläßt aber seine Kammer nicht, sondern wartet die nächste Vegetationszeit ab. Gegenwärtig geht die Art stark zurück, da ihre ursprünglichen Standorte abnehmen. In einigen Ländern steht er unter Naturschutz (Deutschland, Tschechien). Verbreitung: Europa.

2 Kurzdeckenbock *Molorchus minor.* Länge 6—16 mm. Der Kurzdeckenbock und einige verwandte Arten sind eine Ausnahme unter den Bockkäfern; sie haben verkürzte Flügeldecken, die nur einen Teil des Hinterleibs bedecken. Von April bis Juli kommen die Käfer häufig auf blühenden Pflanzen vor, meist auf Doldenblütlern. Die Larven entwickeln sich in schwächeren, abgestorbenen Stämmen und Ästen von Fichte und Kiefer, dort legen sie gewundene Gänge an. Verbreitung: Europa, Kaukasus, Transkaukasien, Klein- und Vorderasien, Sibirien, Japan.

3 Moschusbock *Aromia moschata.* Länge 13—34 mm. Meist grün bis blaugrün, gelegentlich überwiegt der Blauton. Die Imago verströmt Moschusduft, sie sitzt auf Blüten und gefällten Bäumen. Entwicklung meist in Weidenholz. Verbreitung: Europa, Sibirien, Japan.

4 Hausbock *Hylotrupes bajulus.* Länge 7—21 mm. Sommerliche, die Sonne liebende Art; Nadelwaldbewohner, dessen Larve einige Jahre im Holz lebt. Der Käfer zeigt sich gelegentlich auch auf Dachböden und in Wohnungen, wohin er aus Balken oder Möbeln gelangen kann. Verbreitung: Kosmopolit.

5 Blauer Scheibenbock *Callidium violaceum.* Länge 8—16 mm. Meist mit blauen Decken, sie können aber auch grün oder rotviolett sein. Die Käfer leben von Mai bis August in Fichtenwäldern. Ihre Larven entwickeln sich unter der Rinde, vor dem Verpuppen dringen sie ins Holz ein. Oft schlüpfen Käfer im Gebälk von Dachstühlen aus, was das Auftreten mehrerer Generationen zur Folge haben kann, da die Larven auch in totem Holz leben können. Verbreitung: Paläarktische Region.

6 Rothaarbock *Pyrrhidium sanguineum.* Länge 8—12 mm. Bereits im April auf Eichenmeterholz, in das die Weibchen ihre Eier ablegen. Der Käfer ist leicht an dem roten Samtüberzug am ganzen Körper zu erkennen. Verbreitung: Mittel- und Südeuropa, Kaukasus, Klein- und Vorderasien, Nordafrika.

7 Eichenwidderbock *Plagionotus arcuatus.* Länge 6—20 mm. Seine Färbung ähnelt dem Farbtyp der Wespen, in ihrer Form sind die gelben Flecken und Streifen auf den Flügeldecken recht variabel. Die Imago fliegt im Mai/Juni emsig in Eichenwäldern umher und sucht gefällte Stämme auf. Das Weibchen legt etwa 30 Eier, die es mit der Legeröhre in Rindenspalten einbringt. Die Larve dringt in den Bast ein und nagt hier bis zu 2 m lange Gänge, die sie mit Spänen auffüllt. Die ausgewachsene Larve erreicht eine Länge von 40 mm. Sie überwintert, um im Frühling ins Holz vorzudringen, wo sie sich in einer Tiefe von einigen Zentimetern verpuppt. Verbreitung: Europa, Transkaukasien, Kleinasien, Nordafrika.

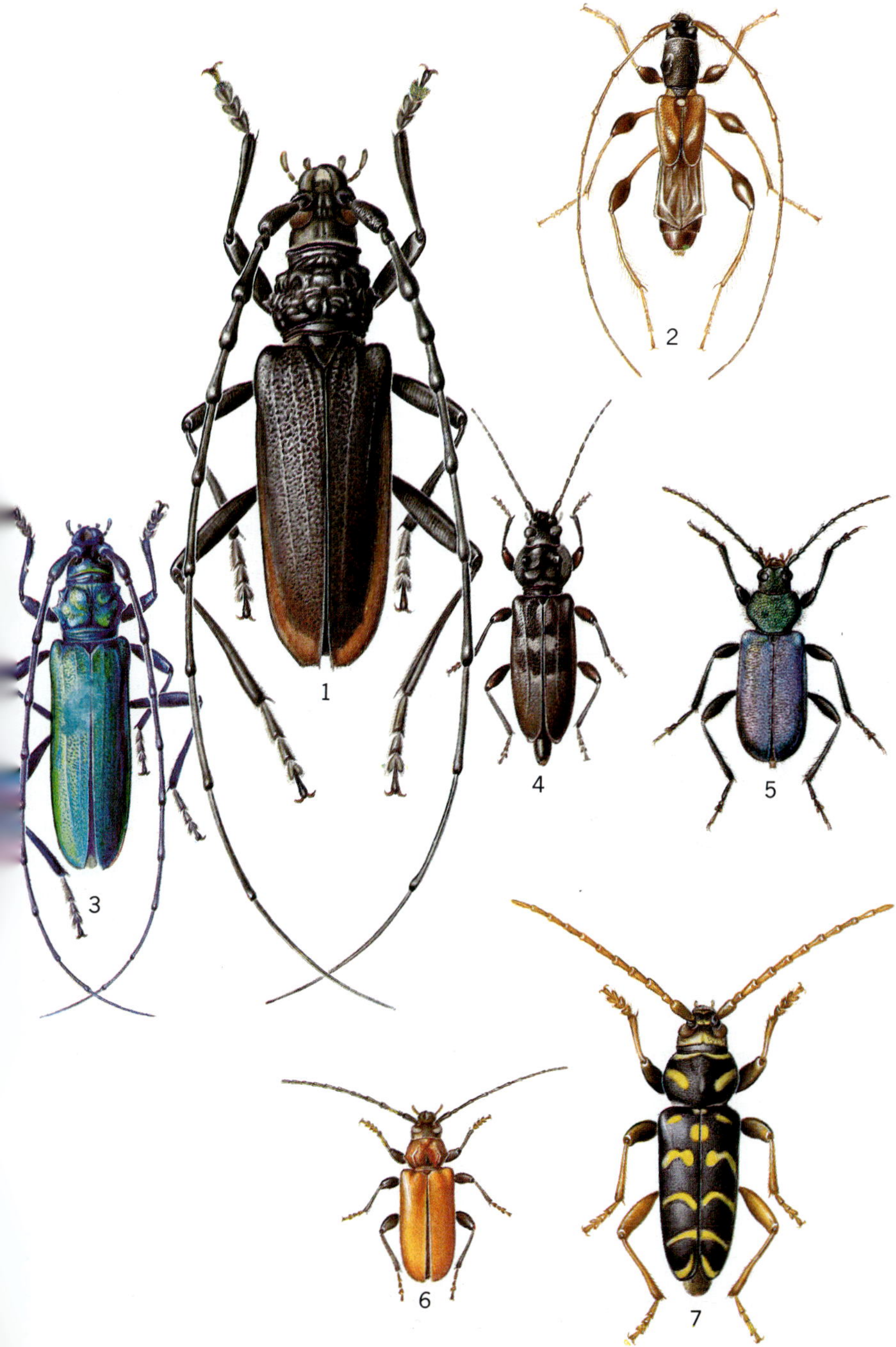
1
2
3
4
5
6
7

Insekten

Familie: **Bockkäfer** — *Cerambycidae*

1 Erdbock *Dorcadion pedestre.* Länge 11—17 mm. Unterscheidet sich von den meisten Bockkäfern nicht nur durch seinen gedrungenen Körper mit den kurzen Fühlern, sondern auch durch seinen Entwicklungsablauf. Seine Larve lebt nämlich nicht im Holz, sondern an den Wurzeln verschiedener Gräser. Die Imago kommt in sandigen Gegenden von April bis Juni häufig vor. Verbreitung: Ostteil Mitteleuropas, Balkan.

2 Zimmermannsbock *Acanthocinus aedilis.* Länge 12—20 mm. Zeigt auffälligen Geschlechtsdimorphismus. Der Körper des Weibchens endet in der stumpf abgeschnittenen Legeröhre, seine Fühler messen etwa das Anderthalbfache der Körperlänge. Die Fühler des Männchens können fünfmal so lang wie der Körper werden. Er gehört zu den zeitigsten Bockkäfern, schon im März/April ist er auf liegenden Kiefernstämmen zu finden. Durch seine Färbung verschmilzt er völlig mit der Farbe des Stammes. Das Weibchen legt im Frühjahr etwa 40 Eier in die Kiefernrinde, wobei es zuerst mit den Beißwerkzeugen eine Vertiefung nagt, in die es dann die Legeröhre schiebt. Die Larve lebt unter der Rinde von Baumstämmen und Meterholz, unter der sie ihre krummen Gänge nagt. Die ausgewachsene Larve verpuppt sich in der Rinde oder im Holz in einer Wiege, die sie zuvor angelegt hat. Eine Zimmermansbockpuppe ist leicht an den in Schlingen zusammengelegten Fühlern zu erkennen. Die Imago schlüpft im Herbst und überwintert in der Wiege. Verbreitung: Europa, Sibirien, Ostasien (Korea, Mongolei usw.).

3 Splintbock *Liopus nebulosus.* Länge 6—10 mm. Unauffälliger, häufiger Bockkäfer der Laubwälder, dessen Imago bereits im April nach dem Schlüpfen aus der Puppe erscheint. Die Larve entwickelt sich in schwachen, trockenen Stämmen und starken Ästen von Laubbäumen, vorwiegend Hainbuchen, Eichen, Buchen u. a. Sie nagt unter der Rinde gewundene Gänge, die sie mit Spänen auffüllt. Verbreitung: Mittel- und Nordeuropa.

4 Kleiner Pappelbock *Saperda populnea.* Länge 9—15 mm. Im Mai/Juni auf Espen und Pappeln, manchmal auch auf Weiden. Die Äste solcher Bäume tragen beulenartige Gebilde, deren Urheber die Larven sind. Bei der Eiablage beißt das Weibchen einige flache Querfurchen in die Zweigrinde, dann höhlt es eine Vertiefung aus. Das Gebilde umrahmt es noch und gibt ihm die Form eines nach oben offenen Hufeisens. Dann schiebt es den Legebohrer hinein und legt in jedes Hufeisen ein Ei ab. Die Larve lebt im Pflanzengewebe, das durch diese Reizung schnell wächst. Allmählich, manchmal auch erst im zweiten Jahr, beißt sich die Larve ins Zweiginnere durch. Die am Zweig entstandene Beule verholzt mit der Zeit. Die Larve verpuppt sich im Inneren, der Käfer kommt durch eine runde Öffnung ins Freie. Verbreitung: Großteil Europas, Transkaukasien, Kleinasien, Sibirien, Korea, Nordafrika, Nordamerika.

5 Linienbock *Oberea oculata.* Länge 15—21 mm. Leicht an seinem gestreckten, schmalen Körper und den zwei Punkten auf dem Schild zu erkennen. Die Imago hält sich von Juni bis September auf Weiden- und Salweidenbeständen auf. Die Larven entwickeln sich in jungen Zweigen, in denen sie einen engen, etwa 3 cm langen Gang nagen. Verbreitung: Europa und Sibirien.

6 Pflaumenbock *Tetrops praeusta.* Länge 3—5 mm. Von April bis Juli auf verschiedenen Blüten. Die Larve entwickelt sich in den Zweigen von Rosen, Weißdorn und verschiedenen Obstbäumen. Die befallenen Zweige trocknen vom Ende her ein, ihre Rinde fällt ab. Verbreitung: Europa, Transkaukasien, Kleinasien, Nordafrika.

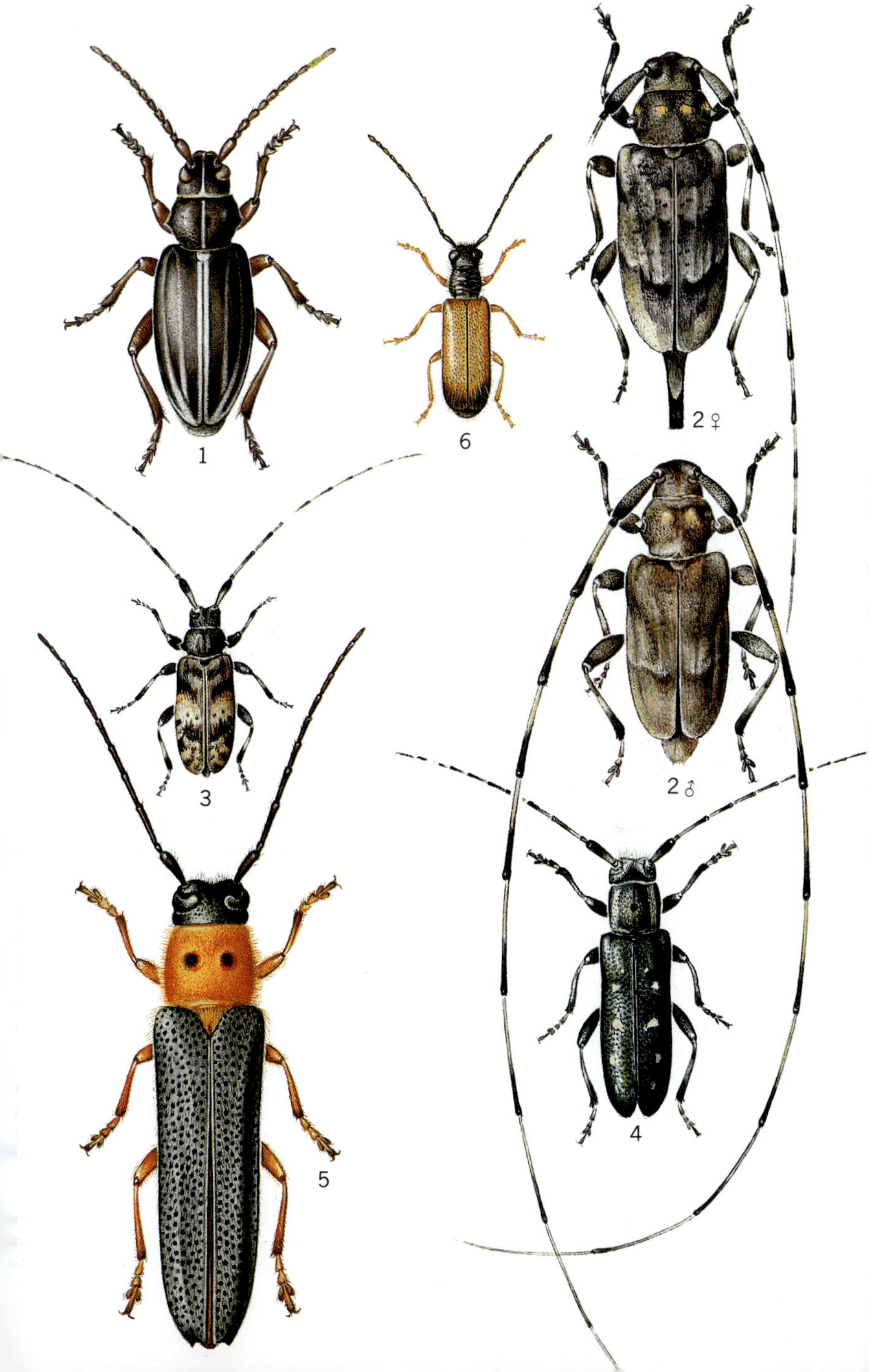
1
6
2♀
2♂
3
4
5

Insekten

Familie: **Samenkäfer** — *Bruchidae*

1 Erbsenkäfer *Bruchus pisorum.* Länge 4—5 mm. Bekannter Erbsenschädling. Die Käfer, die im Frühjahr in Gärten und auf Feldern erscheinen, haben den Winter entweder in Erbsensamen in Haushalten oder Lagerräumen oder aber einfach draußen in den Wäldern überlebt. Sie ernähren sich von Staubgefäßen und jungen Blütenkronblättern. Das Weibchen legt seine Eier auf die jungen Erbsenschoten und versieht sie mit einem festen Schutzüberzug, damit sie nicht vom Regen weggespült werden. In jedem Erbsenkorn kann sich nur eine einzige Larve entwickeln, die sich durch die Schotenwand in die Erbse einbohren muß. Sie ist zunächst rosa und hat Beine, im Samenkorn verändern sich nach der Häutung ihre Farbe und Form: Sie ist jetzt weiß und beinlos. Später verpuppt sich die Larve im Samenkorn. Verbreitung: Die Heimat des Käfers war wohl der Mittelmeerraum, mit seiner Wirtspflanze wurde er über die ganze Welt verbreitet.

Familie: **Blattkäfer** — *Chrysomelidae*

2 Rothalsiges Getreidehähnchen *Oulema melanopus.* Länge 4—4,8 mm. In manchen Gegenden Getreideschädling, anderswo nur in geringer Anzahl. Der Käfer kommt vor allem auf Hafer und Gerste vor, auf diesen Pflanzen ist er schon im Frühjahr anzutreffen. Die Nahrung des Käfers und seiner Larve besteht aus den Blättern der Wirtspflanze. Das Weibchen legt seine Eier längs des Hauptnervs auf diese Blätter ab. Verbreitung: Europa, Sibirien, Nordafrika und Nordamerika; dorthin wurde er als Schädling eingeschleppt.

3 Lilienhähnchen — *Lilioceris lilii.* Länge 6—8 mm. Der Käfer weist große Ähnlichkeit mit der verwandten Art *L. merdigera* auf, doch unterscheidet er sich durch die Farbe des Kopfes *(L. merdigera* hat einen roten Kopf). Der Käfer kommt in Gärten auf Liliengewächsen vor, meist auf der Weißen Lilie, von deren Blättern sich Käfer und Larve ernähren. Das Weibchen beginnt bereits im April mit der Eiablage und fährt damit bis zum Herbst fort; einige Weibchen überwintern und legen im nächsten Frühling erneut Eier. Die ausgewachsene Larve verläßt ihre Wirtspflanze und verkriecht sich zum Verpuppen in die Erde. Im Laufe eines Jahres erscheinen in der Regel zwei, manchmal auch drei Generationen. Verbreitung: Europa, Asien, Nordafrika.

4 *Smaragdina cyanea.* Länge 4,5—6,5 mm. Von Mai bis Juli vor allem auf Sauerampfer häufige Art. Verbreitung: Europa.

5 Fallkäfer — *Cryptocephalus sericeus.* Länge 7—8 mm. Der Kopf sitzt bei diesem Käfer und seinen verwandten Arten unter dem Schild verborgen, so daß er am besten von der Seite zu erkennen ist. Auf diese Eigenschaft weist schon der wissenschaftliche Name dieser Familie hin; kryptos — verborgen und képhalé — Kopf. Der Käfer ist gewöhnlich metallisch grün, gelegentlich auch goldglänzend, purpurrot oder blau. Den Sommer über findet man ihn häufig auf den Blütenständen von Habichtskraut *(Hieracium),* auf blühender Schafgarbe und anderen Pflanzen auf Wiesen und Rainen. Verbreitung: Europa von Norditalien bis in den Norden des Kontinents, Kleinasien, Sibirien.

6 *Cryptocephalus moraei.* Länge 3—5 mm. Auf schwarz glänzendem Grund mit gelben Flecken, die an der Naht der beiden Flügeldecken ineinander übergehen können und dann einen gelben Querstreifen bilden. Auch kommt es vor, daß sich nur die hinteren oder vorderen Flecken miteinander verbinden. Der Käfer kommt häufig auf Blüten an sonnigen Standorten vor. Verbreitung: Europa.

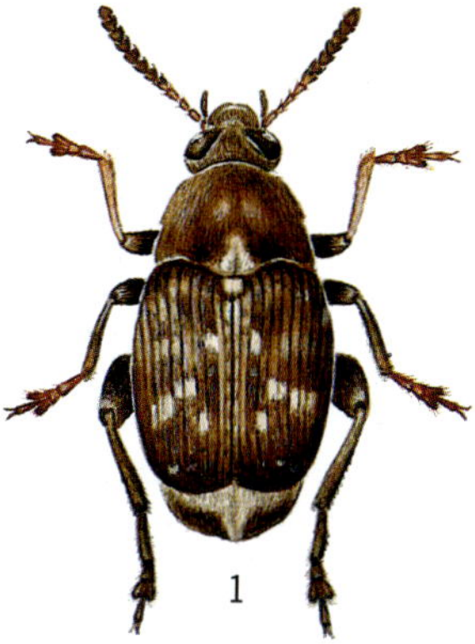
1

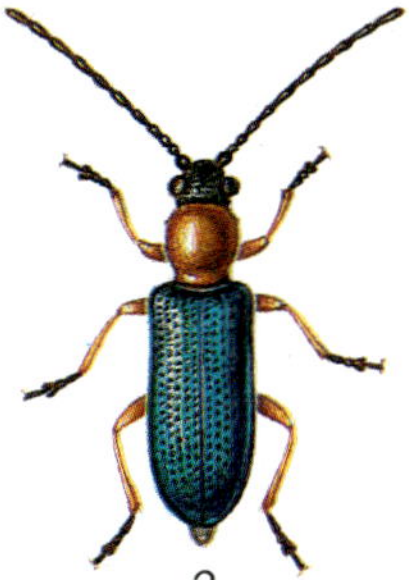
2

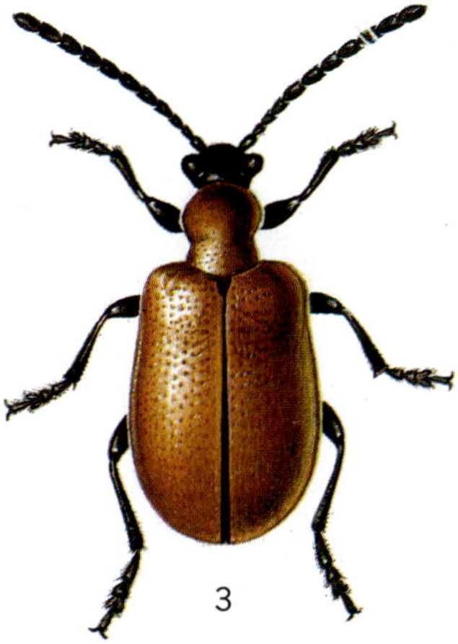
3

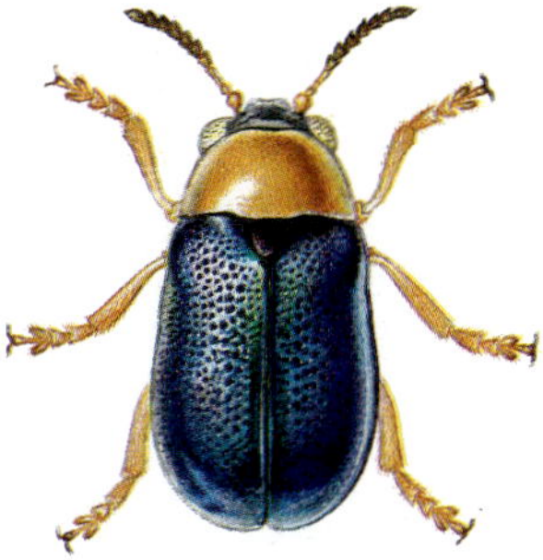
4

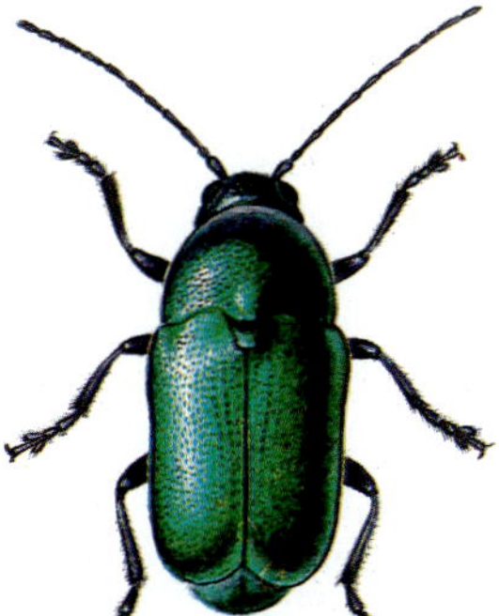
5

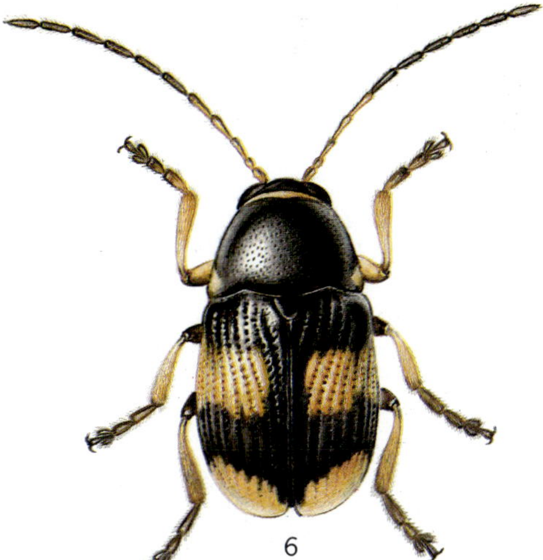
6

Insekten

Familie: **Blattkäfer** — *Chrysomelidae*

1 *Chrysomela coerulans.* Länge 6,5—9 mm. Herrlich blau bis blaugrün glänzend. Käfer und Larven leben auf Minze an Bächen und auf feuchten Wiesen in Vorgebirgs- und Gebirgslandschaften. Verbreitung: Süd- und Mitteleuropa, Klein- und Mittelasien, Südchina.

2 *Chrysomela staphylea.* Länge 6,5—9 mm. Der Käfer zeigt sich die ganze Vegetationszeit über häufig auf Lippenblütlern, oft läuft er auf Feldwegen herum. Verbreitung: Paläarktische und nearktische Region.

3 *Dlochrysa fastuosa.* Länge 5—6,5 mm. Ein wirklich herrlicher (fastuosus = herrlich) Käfer, ein Pflanzenfresser wie die anderen Blattkäfer auch. Häufig auf Hanfnessel, Taubnessel und Brennessel. Verbreitung: Eurasien.

4 *Plagiodera versicolora.* Länge 2,5—4,5 mm. In der Regel blau, gelegentlich auch blaugrün oder kupferfarben. Käfer und Larven zeigen sich auf dem Laub von Weiden und Pappeln (die Larven skelettieren Blätter). Verbreitung: Großteil der paläarktischen Region, Nordamerika und ein Teil der orientalischen Region.

5 Erzfarbiger Erlenblattkäfer *Melasoma aenea.* Länge 6,5—8,5 mm. Gleichfalls farbvariabel. Meist ist er grün, doch gibt es auch blaue und goldrote Exemplare. Käfer und Larven leben auf Erlenblättern. Verbreitung: Europa (fehlt im Mittelmeerraum), Sibirien, Mongolei, Nordchina, Japan.

6 Weidenblattkäfer *Phyllodecta vulgatissima.* Länge 4—5 mm. Erscheint sehr zeitig im Frühjahr und kommt noch bis in den Herbst hinein durchweg häufig auf Weidenblättern vor, auf denen auch seine Larven leben. Verbreitung: Nord- und Mitteleuropa, Sibirien, Korea, Nordamerika.

7 Kartoffelkäfer, Coloradokäfer — *Leptinotarsa decemlineata.* Länge 8—9 mm. Erst seit etwa 100 Jahren nimmt der Kartoffelkäfer seinen Platz in der europäischen Tierwelt ein. Eine Zeitlang war er in Kartoffelanbaugebieten das Schreckgespenst aller Bauern. Die Heimat dieses Käfers liegt auf dem nordamerikanischen Kontinent; Käfer und Larven ernähren sich von wilden Nachtschattengewächsen. Nachdem im vergangenen Jahrhundert die Kartoffel auch hier intensiver kultiviert worden war, stellte der Käfer seine Ernährungsgewohnheiten um und wechselte überall da, wo er eingeschleppt wurde, auf diese neue Pflanze über. Dabei verschmäht er auch andere Nachtschattengewächse nicht wie z. B. Tollkirsche *(Atropa belladonna)*, Stechapfel *(Datura stramonium)*, Tabak *(Nicotiana tabacum)* u. a. Immer häufiger ist er in Europa in großer Entfernung von landwirtschaftlichen Nutzflächen zu finden (z. B. im Riesengebirgs-Nationalpark, in der Hohen Tatra). Der Käfer überwintert. Das Weibchen beginnt mit der Eiablage zeitig im Frühjahr und setzt sie den ganzen Sommer über fort. Die Gelege klebt es an den Blättern der Wirtspflanze fest. Die Larven haben eine ganz typische Färbung: Sie sind leuchtend rot und haben zwei schwarze Punktreihen an den Körperseiten (7a). Nach der dritten Häutung werden sie orangefarben. Schließlich verläßt die Larve ihre Wirtspflanze, um sich im Erdboden zu verpuppen. Der Käfer schlüpft bereits nach zwei Wochen, doch ruht er vor dem Ausfliegen noch eine Woche unter der Erde aus. In Mitteleuropa entstehen je nach Klimabedingungen ein bis zwei Generationen jährlich. Verbreitung: Durch den Menschen über die ganze Welt verschleppt.

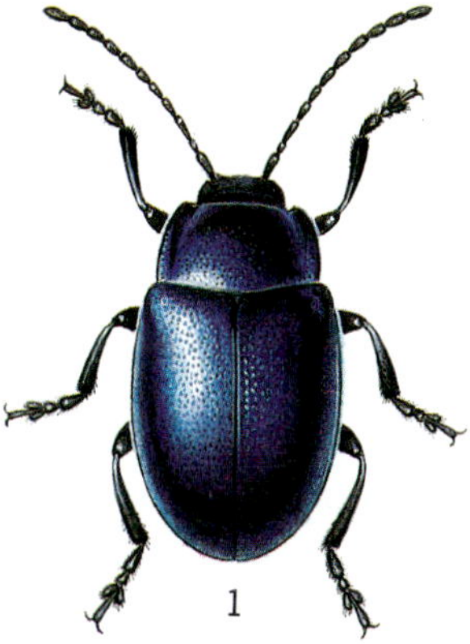
1

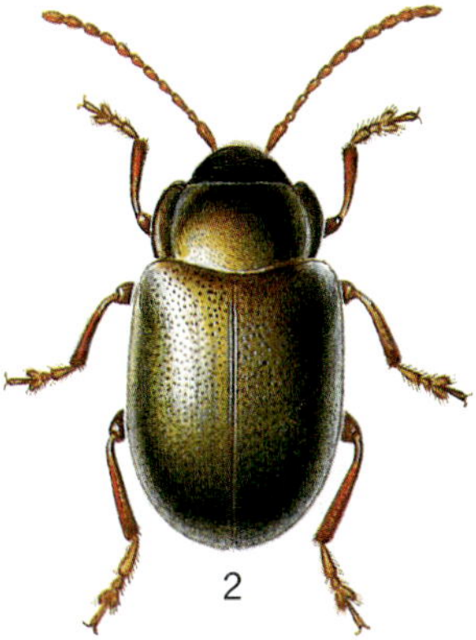
2

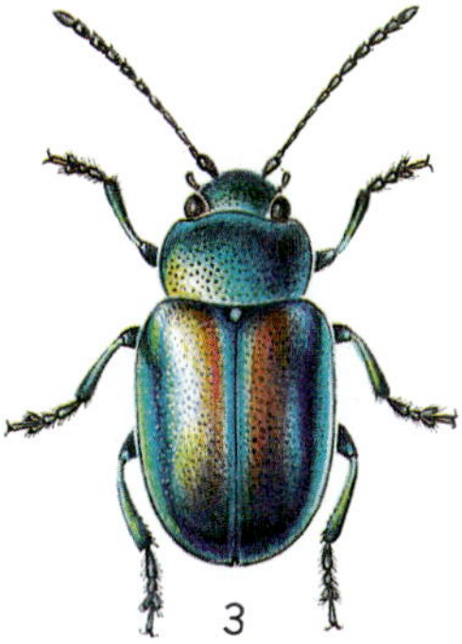
3

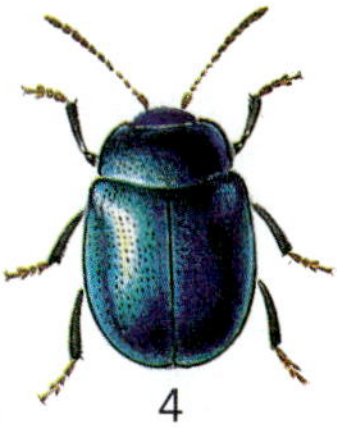
4

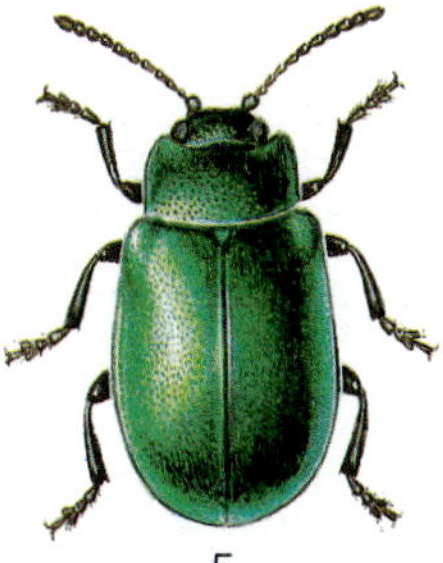
5

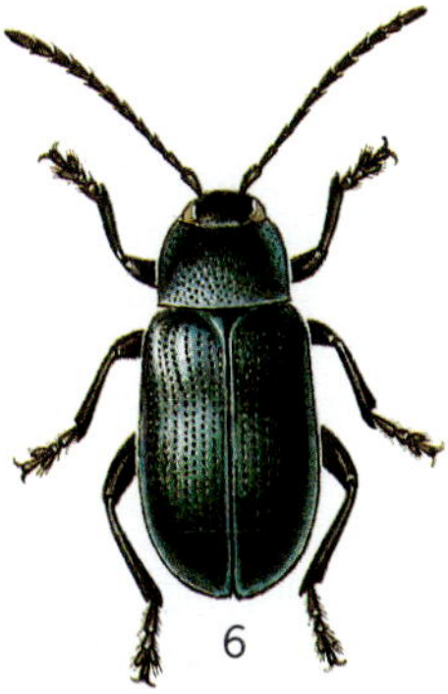
6

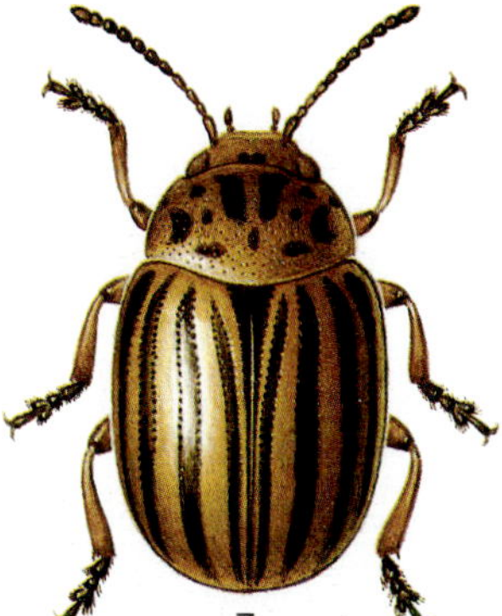
7

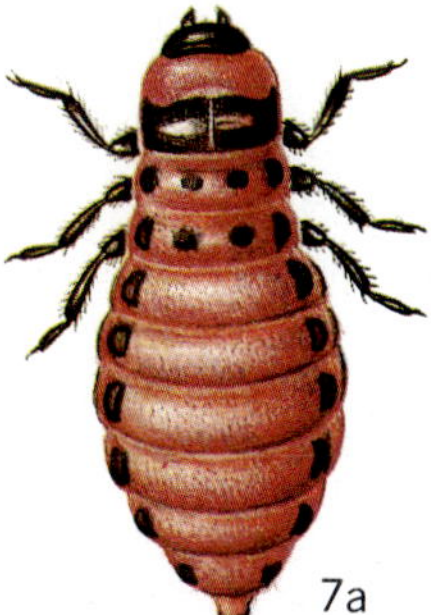
7a

Insekten

Familie: **Blattkäfer** — *Chrysomelidae.*

1 Rainfarn-Blattkäfer *Galeruca tanaceti.* Länge 6,5—11 mm. Kommt die ganze Vegetationszeit über häufig vor, ziemlich schwerfällig kriecht er auf Wald- und Feldwegen dahin. Verbreitung: Westteil der paläarktischen Region.

2 Blauer Erlenblattkäfer *Agelastica alni.* Länge 6—7 mm. Vom Frühjahr an häufig auf Erlen anzutreffen, dort erscheinen auch später seine Larven. Als Nahrung dienen dem Käfer und seiner Larve Blätter, die Larven skelettieren das Laub. Die Imago überwintert. Verbreitung: Ursprünglich paläarktische Region, nach Nordamerika eingeschleppt.

3 *Phyllobrotica quadrimaculata.* Länge 5—7 mm. An feuchten Stellen, an Sumpfrändern usw. Meist sitzen auf seinen Decken vier schwarze Flecken, bei manchen Exemplaren fehlen aber die Flecken an den Flügeldeckenbasen. Durch eine Reihe von Merkmalen, vor allem durch diese Flecken, unterscheidet er sich von der verwandten Art *P. adusta,* die nur zwei dunkle Flecken an den Deckenspitzen besitzt. Verbreitung: Europa.

4 Grüner Schildkäfer *Cassida viridis.* Länge 7—10 mm. Lebende Exemplare sind leuchtend grün, bei Tieren in entomologischen Sammlungen verblaßt das Grün allmählich und geht ins Gelbliche über. In Ruhe versteckt der Käfer Fühler und Beine unter Schild und Decken. Pflanzenfresser, der sich bevorzugt auf Lippenblütlern aufhält. Das Weibchen legt seine Eier in Gruppen von 8 bis 15 auf die Blätter ab. Es umhüllt die Eier mit einem Schutzsekret und bedeckt das Gelege noch mit einer weiteren Schicht. Farblich ähnelt die Larve der Imago. Auf ihrem Körper haben sich harte Haare entwickelt, am Hinterleib sitzt eine Gabel. Sie verpuppt sich auf dem Blatt, die Imago schlüpft nach ca. einer Woche, sie überwintert. Verbreitung: Großteil der paläarktischen Region.

Familie: **Rüsselkäfer** — *Curculionidae*

5 Mittlerer Schwarzer Rüsselkäfer *Otiorrhynchus niger.* Länge 6,5—10 mm. In Fichtenwäldern von Gebirgs- und Vorgebirgslandschaften. Das Weibchen legt seine Eier in den Boden, die Larven ernähren sich von allen möglichen Würzelchen. Verbreitung: Mittel- und Südeuropa.

6 Glanzrüßler *Polydrosus sericeus.* Länge 6—8 mm. Farblich sehr schön. Diese Schönheit wird aber erst unter einer Präparierlupe oder unter dem Mikroskop deutlich, wenn man die grüngolden glänzenden Schuppen erkennt. Häufiger Käfer, der sich im Mai/Juni auf verschiedenen Laubbaumarten zeigt, sehr oft auf Birken, die auch andere Rüsselkäferarten beherbergen. Verbreitung: Von Südeuropa bis Südskandinavien, Sibirien.

7 Fichtenrüßler *Polydrosus mollis.* Länge 6—8,5 mm. Ähnelt der vorangegangenen Art, nur sind seine Schuppen rotbraun-kupfern, gelegentlich auch grünlichgrau. Im Frühjahr zeigt sich die Imago häufig auf jungen Zweigen von Laubbäumen oder Sträuchern. Mit dem kräftigen Rüssel, an dessen Ende die Kiefer sitzen, bohren die Fichtenrüßler Blattknospen an, um sich vom Inhalt zu ernähren. Auch auf jungen Fichten- und Tannentrieben anzutreffen. In Mitteleuropa sind keine Männchen bekannt, darum wird angenommen, daß sich die Art durch Jungfernzeugung (Parthenogenese) vermehrt. Verbreitung: Vom Balkan bis Nordeuropa, Sibirien.

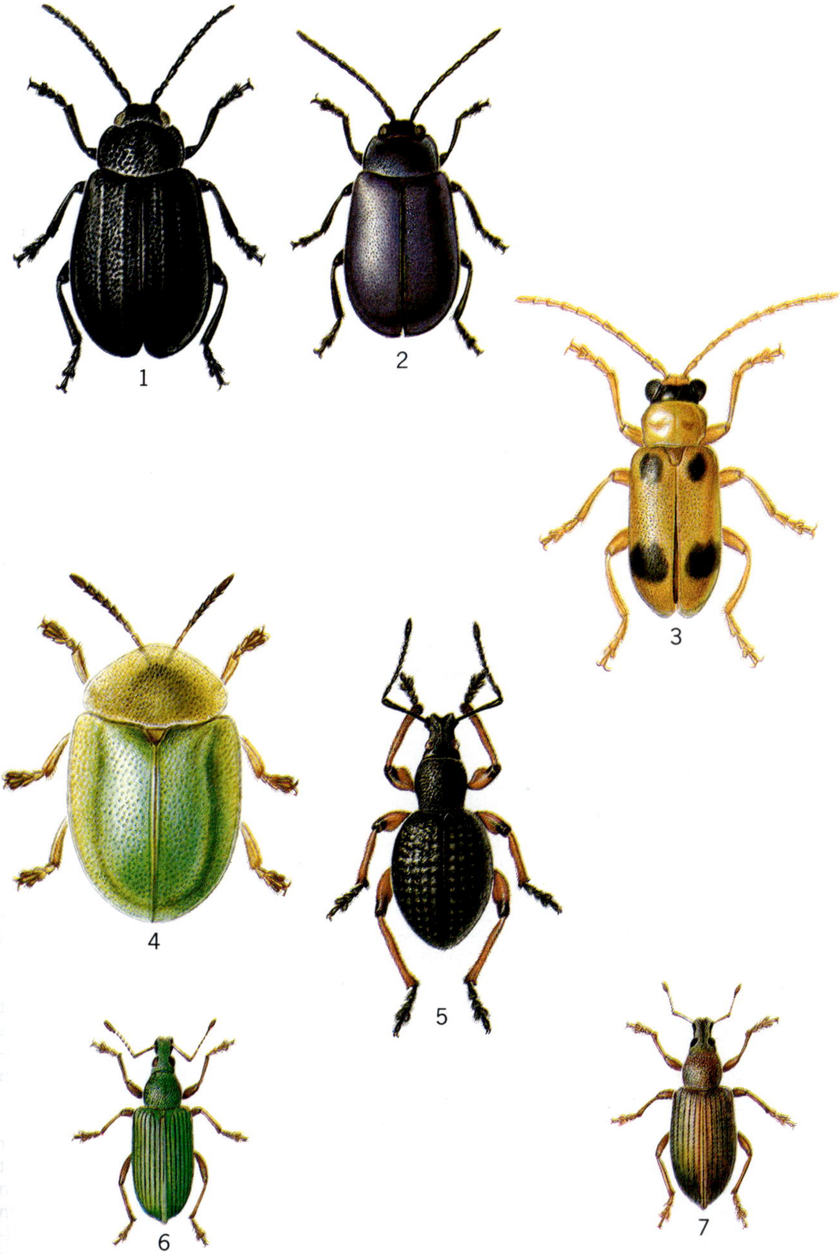
1
2
3
4
5
6
7

Insekten

Familie: **Rüsselkäfer** — *Curculionidae*

1 Großer Brauner Rüsselkäfer *Hylobius abietis.* Länge 7,3—13,5 mm. Bekannter und häufiger Bewohner von Kiefernwäldern. Seine Imago kann ein Alter von zwei bis drei Jahren erreichen. Sie überwintert unter gefällten Stämmen, im Laub, in Baumstümpfen usw. Die Nahrung des Käfers besteht aus der Rinde junger Kiefern, die er ringförmig abnagt. Im Sommer wechseln die Käfer auf alte Bäume über, wo sie an der Rinde der Zweige nagen. Die Larven entwickeln sich in Kiefernstümpfen, in denen sie sich auch nach dem Überwintern verpuppen. Verbreitung: Europa, Sibirien, Japan.

2 *Liparus glabrirostris.* Länge 14—21 mm. Gehört zu den größten Rüsselkäfern der europäischen Fauna. Bewohnt Vorgebirgs- und Gebirgsgegenden; mit Vorliebe auf Pestwurzblättern an Bächen und Waldrändern. Eine ähnliche Art ist *L. germanus.* Verbreitung: Mittel- und Südwesteuropa, Norditalien.

3 Apfelblütenstecher *Anthonomus pomorum.* Länge 3,4—4,3 mm. Der Käfer kommt in Obstgärten vor, wo seine Larve häufiger als er selbst anzutreffen ist. Sie lebt in vertrockneten Knospen von Apfelblüten. Der geschlüpfte Käfer verläßt dieses Versteck, in dem er sich entwickelt hat und lebt im Laub, das ihm als Nahrung dient. Verbreitung: Großteil Europas, in Nordafrika Algerien, nach Nordamerika eingeschleppt.

4 Eichelbohrer *Curculio venosus.* Länge 5—7,5 mm. Auf Eichen, wo sich seine Larven in vorzeitig abfallenden Eicheln entwickeln. Sie verpuppen sich in der Erde. Verbreitung: Europa, Kaukasus, Kleinasien.

5 Braunwurzrüßler *Cionus scrophulariae.* Länge 4—5 mm. Im Sommer oft auf Braunwurz zu finden. Von den verwandten Arten durch den hell gefärbten Schild und zwei dunkle Flecken inmitten der Flügeldecken unterschieden. Verbreitung: Europa, Kaukasus, Klein- und Vorderasien, Turkestan.

Familie: **Roller** — *Attelabidae*

6 Pappelblattroller *Byctiscus populi.* Länge 3,8—6 mm. Metallisch grün, auch blau oder schwarz. Das Männchen unterscheidet sich vom Weibchen durch zwei nach vorn gekehrte Stacheln auf dem Schild. Er ist auf Espen und Pappeln, seltener auf anderen Laubbäumen anzutreffen. Die Larven entwickeln sich in Blättern, die das Weibchen zu einer Röhre „zusammennäht". Verpuppung in der Erde. Verbreitung: Eurasien.

7 Birkenblattroller *Deporaus betulae.* Länge 2,5—4 mm. Auf Birken häufig. Die Männchen unterscheiden sich durch ihre kräftigen Schenkel von den Weibchen. Die Weibchen nähen aus Blättern Behälter, in die sie ihre Eier ablegen und in denen sich später auch die Larven entwickeln. Verbreitung: Großteil Europas, Sibirien, Mongolei, Nordafrika.

Familie: **Borkenkäfer** — *Scolytidae*

8 Großer Waldgärtner *Blastophagus piniperda.* Länge 3,5—4,8 mm. Lebt unter der Kiefernrinde, wo das Weibchen einen 10—12 cm langen Muttergang nagt. Die Imago überwintert, zeitig im Frühjahr fliegt sie aus und sucht gefällte Kiefernstämme auf. Verbreitung: Paläarktische Region.

9 Buchdrucker *Ips typographus.* Länge 4,2—5,5 mm. Der bekannteste Vertreter der ganzen Familie, auch wenn mancherorts andere Arten häufiger auftreten. Er kommt in größerer Zahl vor allem auf Wind- oder Schneebrüchen vor. Er sucht etwa sechzigjährige Fichten auf, jüngere Bäume befällt er nur bei Überhandnahme. Die Männchen sind polygam. Das Fraßbild besteht aus zwei und mehr Muttergängen (je nach Anzahl der Weibchen). Verbreitung: Europa, Kleinasien, Sibirien, Korea, Nordchina.

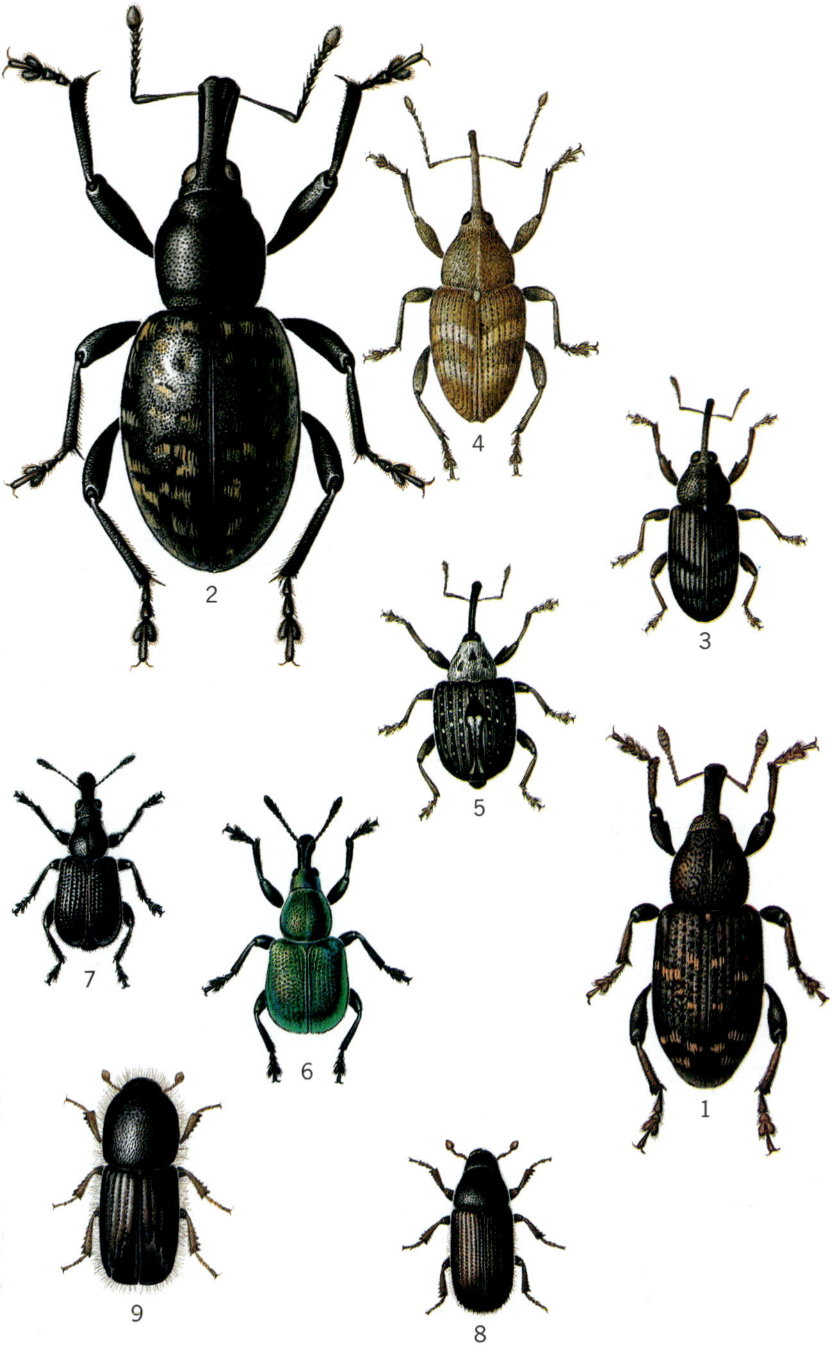
2
4
3
5
1
7
6
9
8

Insekten

Ordnung: **Hautflüger** — *Hymenoptera*
Familie: **Buschhorn-Blattwespen** — *Diprionidae*

1 Kiefernbuschhorn-Blattwespe *Diprion pini*. Länge 7—10 mm. Bewohnt Kiefernwälder mit schwachen oder kränklichen Bäumen. Die Weibchen halten sich meist im Gezweig auf, die Männchen fliegen umher. Ein Weibchen legt ungefähr 150 Eier in die Kiefernnadeln ab. Zu diesem Zweck ritzt es die Nadel mit dem Legebohrer auf, in einer Reihe bringt es ca. 20 Eier ein. Die Larven leben auf den Kiefernnadeln und ernähren sich von ihnen. Diese Blattwespe bringt ein bis zwei Generationen hervor. Die Larven der zweiten Generation verpuppen sich entweder in Rindenspalten oder verkriechen sich in den Boden. Vor der Verpuppung überwintern sie ein- bis zweimal. Verbreitung: Mittel- und Nordeuropa, Spanien, Nordafrika.

Familie: **Blattwespen** — *Tenthredinidae*

2 *Tenthredo zonula*. Länge 9—10 mm. Wichtiges Erkennungsmerkmal ist das erste gelbe Fühlerglied. Im Frühsommer sehr häufig auf erblühten Doldenpflanzen. Verbreitung: Europa, Kleinasien, Nordafrika.

3 Grüne Blattwespe *Rhogogaster viridis*. Länge 10—13 mm. Leuchtend grün, oft sitzt auf dem Hinterleib ein dunkler Streif. Ähnelt der Art *R. picta*, hat aber keine schwarzen Flecken an den Seiten. Die Larve ist ein Pflanzenfresser, die Imago lebt räuberisch. Häufig in Wäldern, an Feldrändern und in Gärten. Verbreitung: Ganz Europa, gemäßigte Zone Asiens, bis Japan.

4 Kirschblattwespe *Caliroa cerasi*. Länge 5 mm. Die Kirschblattwespe entwickelt sich auf Kirschbäumen, wo das Weibchen seine Eier unter die Blatthaut ablegt. Die schwarzen Larven, die die Blätter skelettieren, riechen nach Tinte. Sie verpuppen sich in der Erde. Verbreitung: Eurasien, Nord- und Südafrika, Nordamerika, Australien.

Familie: **Holzwespen** — *Siricidae*

5 Kiefern-Holzwespe *Sirex juvencus*. Länge 14—30 mm. Ähnelt der Fichten-Holzwespe *(S. noctilio)*, hat aber orangefarbene Fühler. Die Larven entwickeln sich meist in Fichten- oder Kiefernstämmen. Verbreitung: Ganz Europa, Japan, Nordafrika, nearktische und australische Region.

Familie: **Schlupfwespen** — *Ichneumonidae*

6 Holzschlupfwespe *Rhyssa persuasoria*. Länge 18—35 mm. Gehört zu den größten europäischen Schlupfwespenarten. Weibchen mit einem 30 bis 35 mm langen Legebohrer. Die Art lebt in den Wäldern, dort fliegen die Weibchen auf gefällten Stämmen umher, in denen die Larven von Pflanzenwespen der Gattungen *Urocerus, Xeris, Sirex* u. a. leben. Mit dem Legebohrer dringen sie durch das Holz zur Larve vor und legen ein Ei in ihren Körper. Die Schlupfwespenlarve entwickelt sich auf Kosten der anderen Wespenlarve. Verbreitung: Europa, Nordamerika.

7 Schwarze Schlupfwespe — *Pimpla instigator*. Länge 10—24 mm. Die Larven dieser und vieler verwandter Arten entwickeln sich in Schmetterlingslarven. Verbreitung: Europa, Nordafrika.

8 *Ophion luteus*. Länge 15—20 mm. Mit seitlich abgeflachtem Hinterleib. Häufig in Gärten und fliegt auch durch geöffnete Fenster in erleuchtete Räume. Das Weibchen legt seine Eier in verschiedene Schmetterlingsraupen, z. B. der Nonne *(Lymantria monacha)*. Verbreitung: Ganze paläarktische Region.

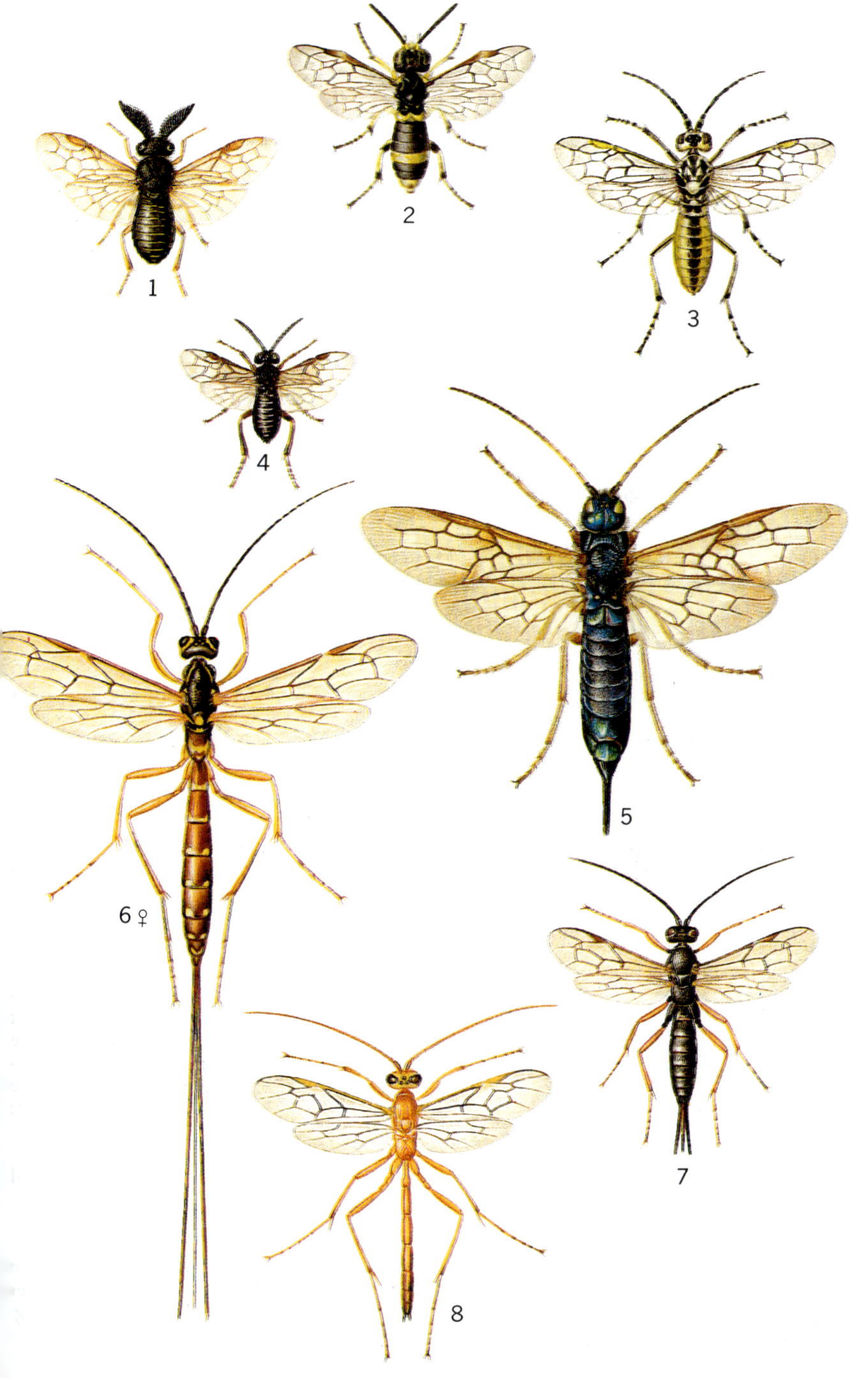
1
2
3
4
5
6 ♀
7
8

Insekten

Familie: **Gallwespen** — *Cynipidae*

1 Schwammgallwespe *Biorhiza pallida.* Geschlechtliche Generation 1,7 — 2,8 mm, ungeschlechtliche Generation 3,5 — 6 mm. Wie alle Gallwespen mit kompliziertem Entwicklungszyklus sowie beträchtlichen Formunterschieden zwischen geschlechtlicher und ungeschlechtlicher Generation. Bildet zwei Gallentypen: einen an den Wurzeln, den anderen an den Zweigen von Eichen. Die Gallen an den Zweigen sind recht auffällig, sie werden bis zu 40 mm groß und haben die Form von Kartoffeln. In dieser Galle entsteht die geschlechtliche Generation, Männchen und Weibchen erscheinen im Laufe des Juni. Das meist ungeflügelte Weibchen kriecht nach der Befruchtung in die Erde und legt seine Eier an Eichenhaarwurzeln ab. Hier entsteht ein ganz anderer, kugeliger Gallentyp, in dem sich ausschließlich Weibchen entwickeln. Sie erscheinen im Winter des folgenden Jahres, klettern zu den Knospen an den Zweigen hinauf und legen dort ihre Eier. Dort entwickeln sich dann wieder die bereits erwähnten kartoffelförmigen Gallen. Verbreitung: Europa, Kleinasien, Nordafrika.

2 Eichengallwespe *Cynips quercusfolii.* Geschlechtliche Generation 2,3 — 2,5 mm, ungeschlechtliche Generation 3,4 — 4 mm. Erzeugt Galläpfel an den Eichenblättern. Sie haben die Form grüner, gelblicher oder rötlicher Kügelchen und sitzen einzeln oder in Gesellschaften an der Eichenblattunterseite. In ihnen entstehen Weibchen. Im Herbst fallen die Gallen mit dem Blatt zu Boden, von November bis Februar schlüpfen die Weibchen, die ihre Eier in die Knospen legen. Dort entwickeln sich kleine Gallen mit Männchen und Weibchen. Im Mai/Juni legen die Weibchen dieser Generation ihre Eier auf die Blattunterseiten, und es entstehen wieder die schon beschriebenen Galläpfel. Früher dienten die Galläpfel zur Tintenherstellung. Verbreitung: Europa, Kleinasien.

3 *Andricus lignicolus.* Ungeschlechtliche Generation 4 — 4,5 mm. Auf jungen Eichentrieben. Dort entstehen harte Gallen, in denen sich agame Weibchen (aus ihren Eiern entwickelt sich die nächste Generation ohne Befruchtung) entwickeln. Verbreitung: Europa, Kleinasien.

4 *Andricus fecundator.* Geschlechtliche Generation 1,5 — 1,9 mm, ungeschlechtliche Generation 4,3 — 4,8 mm. Gehört gleichfalls zu den charakteristischen Bewohnern von Eichenbeständen und bringt zwei Gallentypen hervor. In den zapfenartigen, an den Zweigen sitzenden Gallen entstehen agame Weibchen, die im Spätherbst und Frühjahr auftreten. Sie legen ihre Eier in Blütenknospen. Ihre Nachkommen — die geschlechtliche Generation, entwikkeln sich in kleinen Gallen in den Blüten. Sie reifen im Mai heran, im Juni schlüpft die Imago. Verbreitung: Europa, Vorderasien.

5 Eichenlinsengallwespe *Neuroterus quercusbaccarum.* Geschlechtliche Generation 2,5 — 2,9 mm, ungeschlechtliche Generation 2,5 — 2,8 mm. Die geschlechtlichen Weibchen legen Eier an der Blattunterseite ab, dort entstehen linsenförmige Gallen. Im Herbst fallen sie ab, im März darauf schlüpfen nur Weibchen aus. Die legen ihre Eier in Blütenknospen, wo kugelige Gallen entstehen, in denen sich die geschlechtliche Generation entwickelt. Männchen und Weibchen schlüpfen im Juni, die Entwicklung dauert ein Jahr. Verbreitung: Europa, Kleinasien, Nordafrika.

6 Gemeine Rosengallwespe *Diplolepis rosae.* Länge 3,7 — 4,3 mm. Bringt einen einzigen Gallentyp an Heckenrosen hervor, den sog. Schlafapfel oder Moosrose. Die Größe ist unterschiedlich, erst ist sie grün, später kommen Gelb- und Rottöne hinzu. Die Galle hat mehrere Kammern, meist schlüpfen Weibchen aus, Männchen sind sehr selten. Außer der Rosengallwespe bewohnen noch viele andere Hautflügler diese Galle. Verbreitung: Europa.

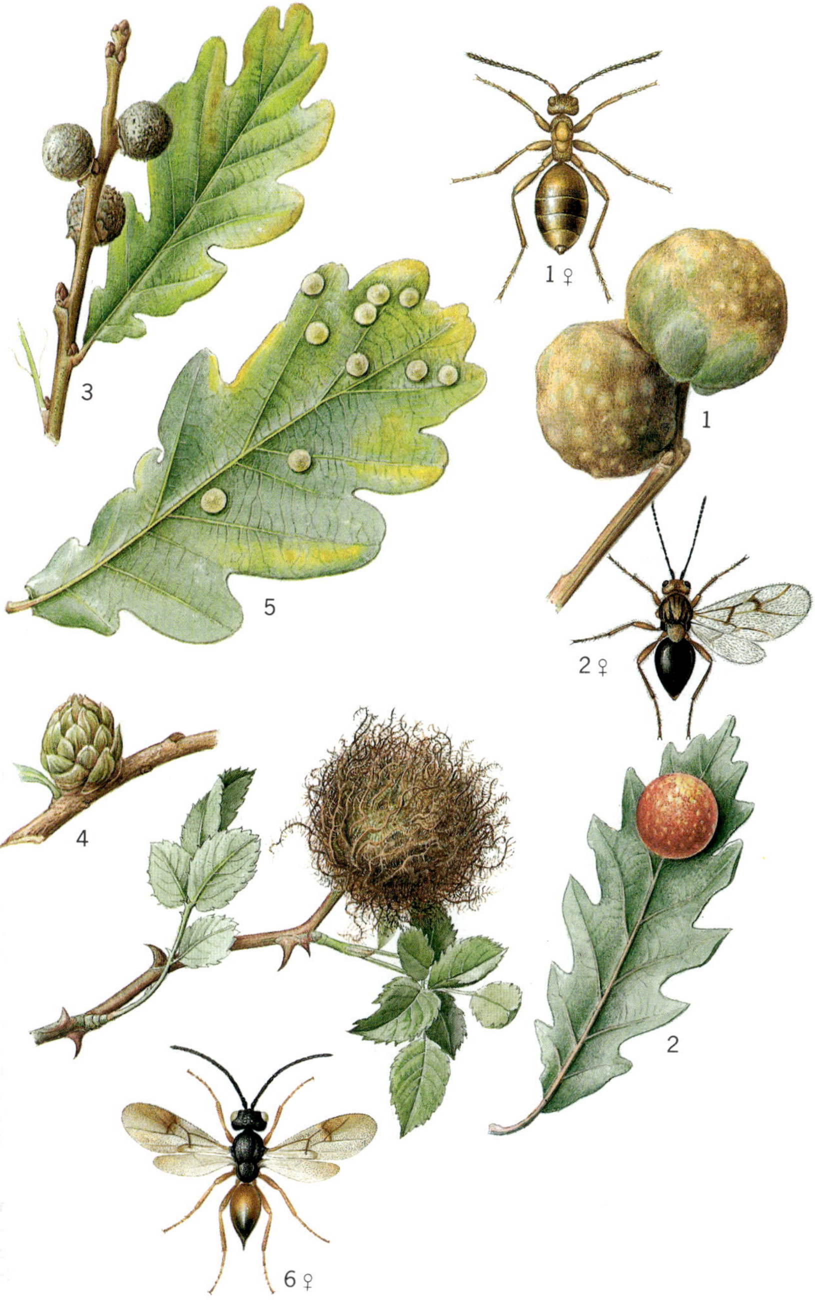
1 ♀
1
2 ♀
2
3
4
5
6 ♀

Insekten

Familie: **Dolchwespen** — *Scoliidae*

1 Dolchwespe *Scolia quadripunctata*. Länge 10—18 mm. An ihrem Hinterleib eine unterschiedliche Anzahl gelber Flecken, meist vier, doch können es auch mehr bzw. weniger sein. Die Imago fliegt auf Blüten und ernährt sich von Nektar. Die Nahrung der Larve besteht aus dem Körpergewebe verschiedener Blatthornkäferlarven, z. B. der Gattungen *Epicometis, Cetonia, Anisoplia* u. ä. Verbreitung: Europa außer dem Norden, Kaukasus, Transkaukasien, Iran, Ägypten, Algerien.

Familie: **Spinnenameisen** — *Mutillidae*

2 Spinnenameise *Mutilla europaea*. Länge 10—15 mm. An den fleckenlosen, bläulichen Vordergliedern des Hinterleibs leicht von verwandten Arten zu unterscheiden. Das Männchen hat Flügel, das Weibchen ist flügellos. Ihre Larven leben in Hummelnestern. Verbreitung: Paläarktische Region.

Familie: **Goldwespen** — *Chrysididae*

3 Feuergoldwespe *Chrysis ignita*. Länge 7—10 mm. Die herrliche metallische Färbung ist recht variabel. Der Vorderkörper ist blaugrün bis blau, der Hinterleib golden, goldrot oder purpurn. Die Imago sitzt auf blühenden Doldenpflanzen oder an sonnenbeschienenen Hauswänden auf dem Land. Ihre Larven entwickeln sich als Parasiten in Wespen- und Bienenlarven (Familie *Eumenidae, Vespidae, Sphecidae, Apidae*). Verbreitung: Großteil der paläarktischen Region.

Familie: **Ameisen** — *Myrmicidae*

4 *Manica rubida*. Die Arbeiterin mißt 5—9 mm, die Art kommt in den Bergen und Gebirgsvorlandschaften vor, sie nistet unter Steinen und im Boden. Sie kann empfindlich stechen. Verbreitung: Ganze paläarktische Region.

Familie: **Ameisen** — *Formicidae*

5 Glänzendschwarze Holzameise *Lasius fuliginosus*. Länge 3—5 mm. Nistet in hohlen Bäumen und baut dort sog. Kartonnester, die in ihrer Struktur einem Meeresschwamm ähneln. Von diesem Nest aus führen gut unterhaltene Wege ins Freie. Verbreitung: Eurasien, Nordamerika.

6 Rote Waldameise *Formica rufa*. Länge 6—11 mm. Vorkommen in Fichtenwäldern. Das eigentliche Nest liegt unter der Erde, darüber wird ein großer Haufen Nadeln und anderer Kleinteile zusammengetragen. In diesem Bau lebt die Arbeiterkaste neben den geschlechtlichen Tieren (Männchen und Weibchen). Das Weibchen ist nicht in der Lage, ein eigenes Nest zu gründen (einige andere Ameisen können das). Entweder kriecht das Weibchen in ein fremdes Nest der Waldameise, also der eigenen Art, oder in das Nest einer versklavten Ameisenart (*Formica fusca*). In diesem Nest leben eine Zeitlang die Populationen beider Arten, allmählich überwiegt aber die Rote Waldameise. *F. rufa* vertilgt eine große Menge aller möglichen Schädlingslarven, sie ist ein wichtiger Faktor bei der Erhaltung des natürlichen Gleichgewichts. Diese Ameise reagiert sehr empfindlich auf alle Chemikalien, aus diesem Grund ging sie in den letzten Jahren vielerorts zurück. In einer Reihe von Ländern steht sie deshalb unter Naturschutz (Deutschland, Tschechische Republik u. a.). Verbreitung: Europa (fehlt im Süden), Kaukasus, Sibirien, Nordamerika.

7 Roßameise *Camponotus ligniperda*. Länge 7—14 mm. Gehört zu den größten Ameisen der europäischen Fauna und ähnelt der Art *C. herculeanus*. Das Weibchen legt sein Nest allein ohne die Hilfe einer anderen Art an. Die Nester entstehen entweder in Baumstümpfen oder in lebendem Nadelholz, meist in Fichten. Die Kammern werden längs der Jahresringe genagt. Verbreitung: Mittel- und Nordeuropa.

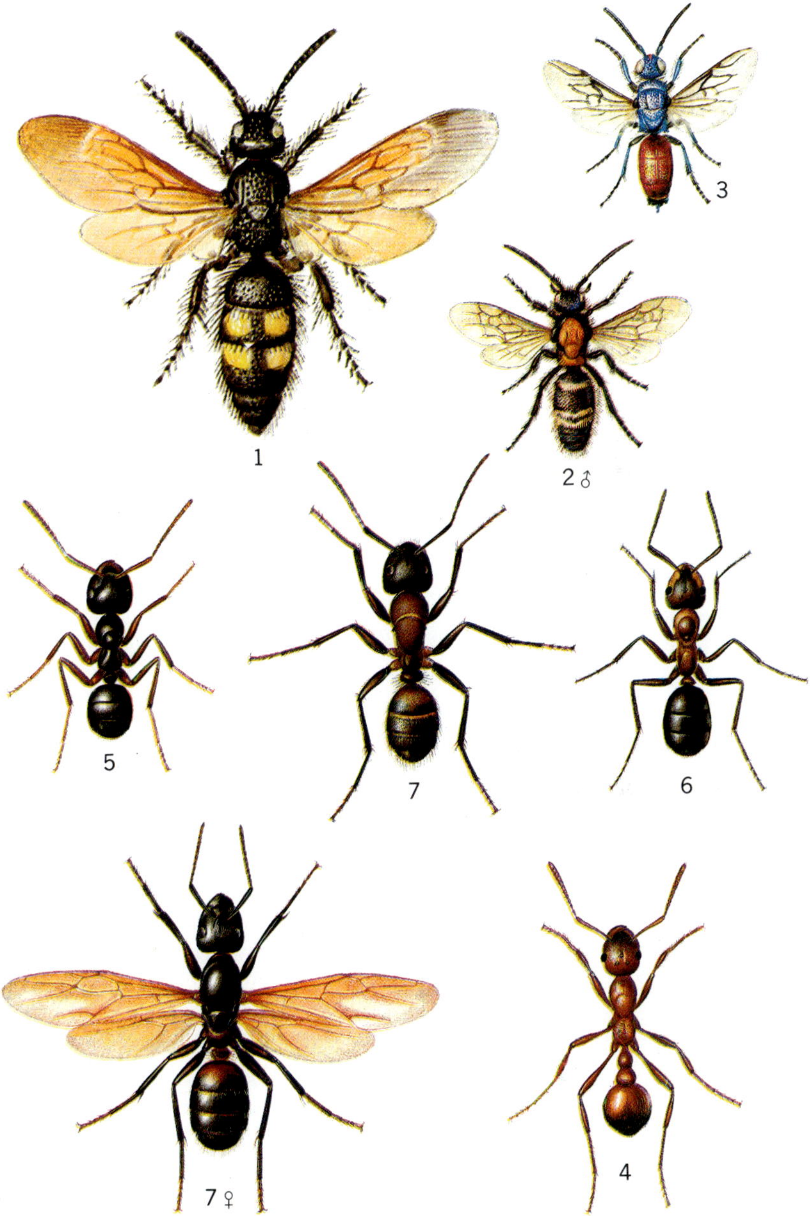
1
2 ♂
3
5
7
6
7 ♀
4

Insekten

Familie: **Wegwespen** — *Pompilidae*

1 Dunkle Wegwespe *Anoplius fuscus.* Länge 7—20 mm. Auf erblühten Dolden mancherorts häufig. Die Larven ernähren sich von Spinnen, die das Weibchen fängt, betäubt und in das unterirdische Nest schleppt. Verbreitung: Ganz Europa.

Familie: **Pillenwespen** — *Eumenidae*

2 Pillenwespe *Eumenes pomiformis.* Länge 10—16 mm. Die Art *E. subpomiformis* sieht sehr ähnlich aus. Die gelbe Zeichnung auf der dunklen Grundfarbe des Körpers ist ziemlich veränderlich. Das Weibchen ist als ausgezeichneter Baumeister bekannt. Es klebt für seine Nachkommenschaft Nester zusammen, die wie enghalsige Gefäße aussehen und bringt sie auf Pflanzen, Zweigen oder unter der Rinde an. Für die kommende Generation stellt sie einen Vorrat kleiner Raupen bereit, von dem sich die Larven ernähren. Sehr gerne suchen Goldwespen diese Nester der Pillenwespe auf, um dort unbemerkt ein Ei abzulegen. Die daraus entstehende Larve lebt dann auf Kosten der Pillenwespenlarven. Da diese Art während eines Jahres mehrere Generationen hervorbringt, ist die Imago von Frühjahr bis Herbst anzutreffen. Verbreitung: Paläarktische und nearktische Region.

3 *Oplomerus spinipes.* Länge 9—12 mm. Spät im Frühjahr. Das Weibchen fängt für seine Nachkommen Rüsselkäfer der Gattung *Phytonomus.* Ihr Nest liegt in geringer Tiefe in lehmigen Wänden, an seinem Eingang findet sich ein aus Erdklümpchen zusammengeklebter Vorbau. Das Ei hängt an einem Faden von der Decke. Verbreitung: Ganz Europa, Kleinasien, Sibirien, Nordafrika.

Familie: **Soziale Faltenwespen** — *Vespidae*

4 Hornisse *Vespa crabro.* Länge 19—35 mm. Die Hornisse bewohnt ein geräumiges Nest, in dem nach und nach ein ganzer Hornissenstaat entsteht, der wie bei anderen Wespen einjährig ist. Diesen Staat begründet im Frühjahr ein befruchtetes Weibchen, die Königin, nach der Überwinterung. Zunächst beschäftigt sie sich selbst mit dem Bau der ersten Zellen und füttert die Larven, später übernehmen das die Arbeiterinnen. Sie bauen neue Waben, füttern die Larven und halten das Nest sauber. Als Larvenfutter dienen alle möglichen Insektenlarven. Gegen Sommerausgang erscheinen auch Männchen im Nest, die erste Ankündigung des Untergangs, da im Herbst der größte Teil der Population umkommt. Nur befruchtete Weibchen überwintern. Verbreitung: Paläarktische und nearktische Region.

5 Deutsche Wespe *Paravespula germanica.* Länge 10—19 mm. Sehr häufige Art, nistet unter der Erde, oft in verlassenen Maulwurfs- oder Mäusenestern usw. Während des höchsten Entwicklungsstandes kann ein Nest bis zu 3000 Bewohner haben. Wie die Hornisse, jagt auch die Deutsche Wespe Fliegen, Raupen usw., um ihre Larven damit zu füttern. Sie sammelt auch Nektar und zeigt sich im Herbst zahlreich auf reifen Früchten. Verbreitung: Paläarktische und nearktische Region.

6 Gemeine Wespe *Paravespula vulgaris.* Länge 11—20 mm. Sieht der Deutschen Wespe ähnlich, doch unterscheidet sie sich von ihr durch einen dunklen Streifen auf dem Kopfschild (Clypeus), dort hat die Deutsche Wespe nur drei Punkte. Auch sie nistet im Boden. Verbreitung: Paläarktische Region (vor allem im nördlicheren Teil), Nordamerika.

7 Feldwespe *Polistes nimpha.* Länge 12 mm. Baut ein kleines Nest, das mit einem Stiel an einer Pflanze befestigt wird. Von der ähnlichen *P. gallicus* unterscheidet sie sich durch die schwarze Unterseite des letzten Hinterleibsgliedes (bei *P. gallicus* gelb). Verbreitung: Paläarktische Region.

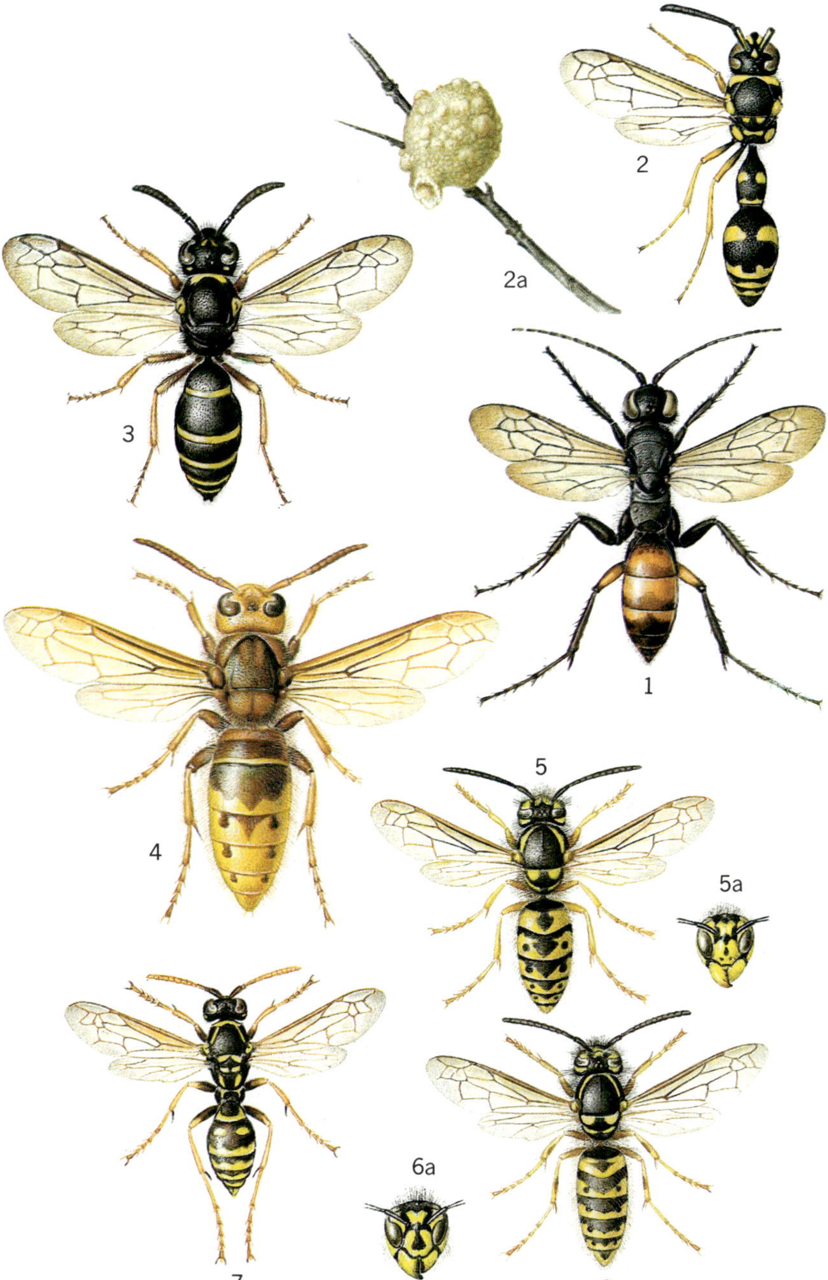
2a
2
3
1
4
5
5a
7
6a
6

Insekten

Familie: **Grabwespen** — *Sphecidae*

1 Grabwespe *Crabro cribrarius.* Länge 11—17 mm. Im Sommer auf den Blüten von Doldenpflanzen. Wie andere Grabwespenarten, macht auch sie eine komplizierte Entwicklung durch. Das Weibchen jagt alle möglichen Fliegenarten, um sie zu betäuben und ins Nest zu schleppen. Dort lagert sie sie als Nahrung für die künftigen Larven. Ihr Nest baut die Art in altem Holz und im Boden. Verbreitung: Großteil der paläarktischen Region.

2 Bienenwolf *Philanthus triangulum.* Länge 12—18 mm. Der Bienenwolf hält sich vorwiegend an warmen Orten auf, an denen das Weibchen ein Nest anlegt (2a). Es gräbt einen 20—100 cm langen Hauptgang, von dem Seitengänge abzweigen, jeder endet in einem Kämmerchen. Ein Nest hat fünf bis sieben Kammern, in denen sich die Larven entwickeln. Die Larve liegt nicht auf dem Boden, sondern ist waagerecht an der Zellenwand befestigt, wodurch sie vor Feuchtigkeit und Schimmel geschützt ist. Die Larven ernähren sich ausschließlich von Honigbienen. Die Bienenwolfweibchen überfallen die Bienen beim Saugen an den Blüten, betäuben sie und schleppen sie, mit den Beinen ihre Beute umklammernd, ins Nest. Zur Ernährung einer männlichen Larve genügen zwei Bienen, eine weibliche Bienenwolflarve verbraucht drei. Die Nachkommenschaft eines Weibchens braucht ca. 20 Bienen. Nistet der Bienenwolf nicht, so überfällt er die Bienen nur als Nahrungsquelle — er saugt sie aus und läßt sie an Ort und Stelle liegen. Verbreitung: Paläarktische Region mit Ausnahme des Nordens.

3 Sandknotenwespe *Cerceris arenaria.* Länge 9—17 mm. Gehört zu den größten einiger Dutzend verwandter Arten, bewohnt sandige Standorte. Für seine künftige Brut jagt das Weibchen verschiedene Rüsselkäferarten (*Curculionidae*). Verbreitung: Großteil Europas.

4 Wegwespe *Ammophila sabulosa.* Länge 16—28 mm. Bis in den Spätherbst an sandigen Standorten auf Blüten. Das Weibchen legt für die zukünftigen Larven ein Nest im Sand an. Dort hinein schleppt es eine Raupe, legt das Ei auf sie und verbirgt den Eingang zum Nest sehr sorgfältig. Verbreitung: Großteil der paläarktischen Region.

Familie: **Bienen** — *Apidae*

5 Sandbiene *Andrena armata.* Länge 12 mm. Durch ihre bräunlich-rote Behaarung sehr auffällig. Sie fliegt bereits zeitig im Frühjahr zu Beginn der Obstbaumblüte. Ihr Nest legt sie an Feldwegen an, nicht selten erscheint sie auch in Parks und Gärten der Großstädte. Hier ergänzt bzw. ersetzt sie in gewissem Maße die Tätigkeit der Honigbiene, die sich auf den städtischen Grünflächen seltener zeigt. Verbreitung: Stellenweise in Europa; von Großbritannien über den Nordwesten bis Mitteleuropa und Bulgarien, in Südeuropa nur in höheren Lagen.

6 Trugbiene *Panurgus calcaratus.* Länge 8—9 mm. Überall vorkommende, auffällige Biene, die sich mit Vorliebe in Löwenzahnblütenständen aufhält. Zwischen den einzelnen Teilblüten kriecht sie in seitlicher Lage umher, so daß ihr ganzer Körper dicht mit Pollenstaub bedeckt ist. Verbreitung: Fast ganz Europa.

7 Schmalbiene *Halictus quadricinctus.* Länge 15—16 mm. Im Herbst schlüpft die Imago aus der Puppe, sie hält sich auf Blüten auf. Die Männchen sterben noch im gleichen Jahr, die befruchteten Weibchen überwintern und erscheinen erneut im Frühjahr auf den Blüten. Sie nisten in Lehmwänden. Verbreitung: Europa.

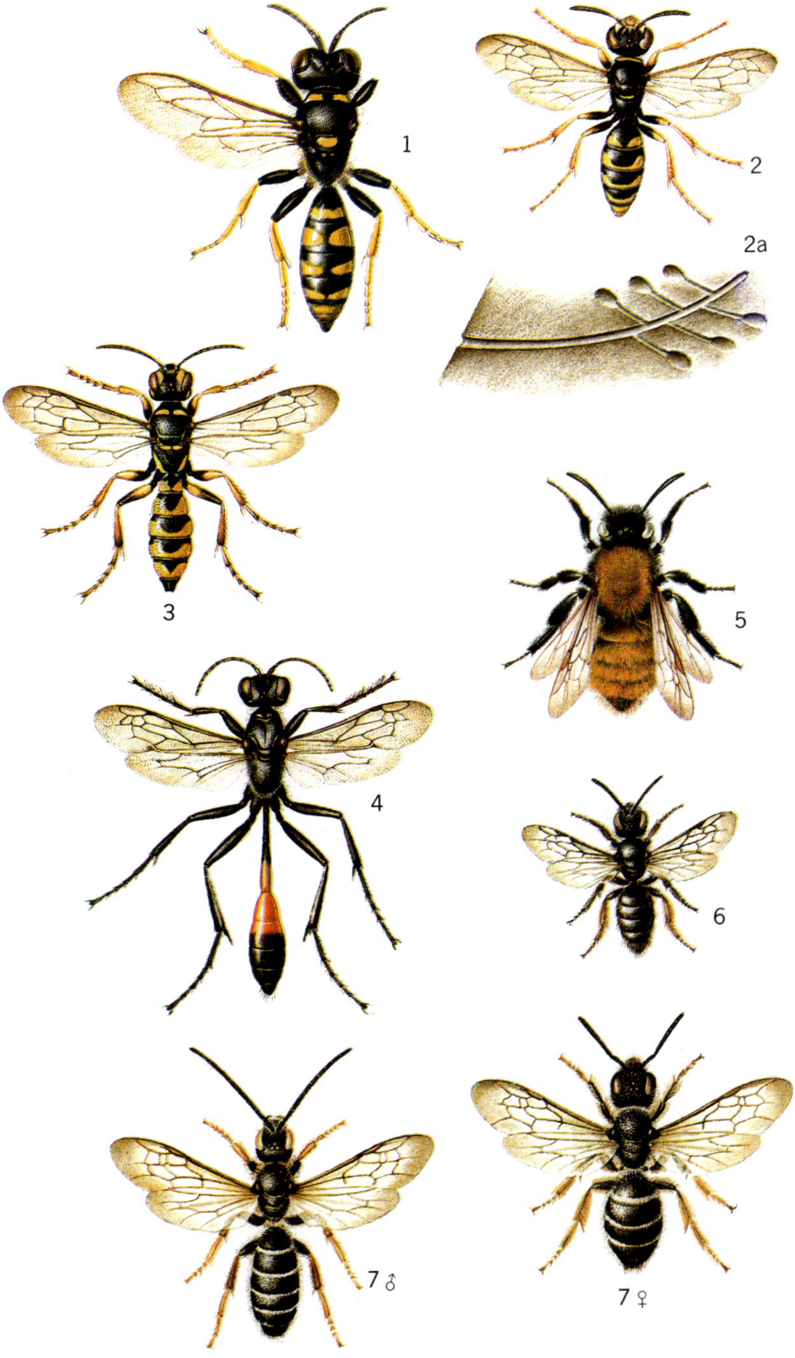
1
2
2a
3
4
5
6
7 ♂
7 ♀

Insekten

Familie: **Bienen** — *Apidae*

1 *Melitta leporina.* Länge 11—13 mm. Im Juli/August recht häufig auf den Blüten von Klee und Luzerne. Ihr nur wenige Kammern enthaltendes Nest legt sie unter der Erde an. Diese sind mit Pollen gefüllt, von dem sich später die Larven ernähren. Die Larve verpuppt sich in einem Kokon. Verbreitung: Nord- und Mitteleuropa.

2 Hosenbiene *Dasypoda hirtipes.* Länge 13—15 mm. Im Juli/August in den Blütenständen von Habichtskraut, Witwenblume usw. Ihr Nest liegt unter der Erde und besteht aus einer Reihe Zellen. In jede paßt das Weibchen eine Pollenkugel ein. Die Kugel liegt nicht auf dem Grund, sondern ruht auf drei „Beinen", damit sie nicht von unten zu schimmeln anfängt. Auf die Pollenkugel legt das Weibchen ein Ei ab, die Larve ernährt sich vom gesammelten Blütenstaub. Verbreitung: Großteil der paläarktischen Region.

3 Holzbiene *Xylocopa violacea.* Länge 21—24 mm. Ähnelt weitgehend ihrer verwandten Art *X. valga.* Gehört zu den größten europäischen Bienenarten. Die Imago überwintert. Im Frühjahr legt das Weibchen ein Nest für die Nachkommenschaft in einem alten Stamm oder Ast an. Zunächst nagt sie einen kurzen Gang, dann dringt sie ins Holzinnere ein. Anschließend nagt sie einen senkrecht verlaufenden, 15—30 cm langen Gang, den sie durch Querwände in ca. 15 Kämmerchen unterteilt. In jedes kommt ein Pollenvorrat für die künftige Larve. Die ausgewachsene Larve verpuppt sich in ihrem Kämmerchen, hier schlüpft auch die Imago aus. Sie nagt sich entweder durch die Seitenwand eine Öffnung oder wartet, bis die Bienen über ihr ausschlüpfen, wenn das Holz zu dick ist. Verbreitung: Südeuropa, Südteil Mitteleuropas (Oberrhein, Slowakei).

4 *Bombus pomorum.* Länge ♀ 20—24 mm. Wie andere Hummeln gehört auch sie zu den sozial lebenden Insekten. Das Nest baut ein Weibchen nach der Überwinterung. Zunächst klebt es allein die ersten Zellen für Nahrungsvorräte und Eier zusammen. Später schlüpfen Arbeiterinnen aus, die etwas kleiner sind und die Arbeiten am Nestausbau und die Larvenfütterung übernehmen. Im Herbst treten die Männchen auf, danach geht das ganze Nest bis auf die befruchteten Weibchen zugrunde. Die Königinnen fliegen im Frühjahr auf blühende Taubnesseln, Schlüsselblumen, Ziest usw., die Männchen findet man im Herbst häufig auf Kleefeldern. Verbreitung: Mitteleuropa, Sibirien.

5 Steinhummel *Bombus lapidarius.* Länge ♀ 20—25 mm. Von anderen Arten unterscheidet sie sich durch ihre Färbung. Das Weibchen fliegt schon im April aus seinem Winterversteck. Sein Nest legt es oft in Gestein oder unter der Erde an, in Mauerritzen, in Hauswänden auf dem Land usw. In ihrem Nest entwickelt sich auch die Schmarotzerhummel (*Psithyrus rupestris*), die kein eigenes Nest anlegen kann. Verbreitung: Eurasien.

6 Erdhummel *Bombus terrestris.* Länge 24—28 mm. Die Erdhummel nistet tief im Erdreich. Das Weibchen fliegt zeitig im Frühjahr die Kätzchen blühender Weidengewächse an. Verbreitung: Europa, Klein- und Nordasien, Nordafrika.

7 Honigbiene *Apis mellifera.* Länge 14—18 mm. Lebt in Kolonien von 40 000—70 000 Tieren. An ihrer Spitze steht eine einzige Königin, die Eier legt. Um Nestbau, Sauberhaltung und Larvenfütterung kümmern sich die Arbeiterinnen. Bienen leben nicht lange, führen aber während ihres Lebens verschiedene Aufgaben aus — Pollen sammeln, Larven füttern, den Bienenstock sauberhalten usw. Im Sommer erscheinen die Drohnen, d. h. die Männchen. Verbreitung: Über die ganze Welt.

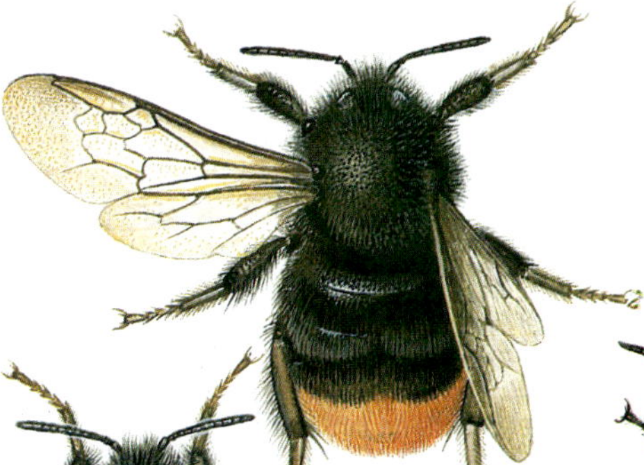

5

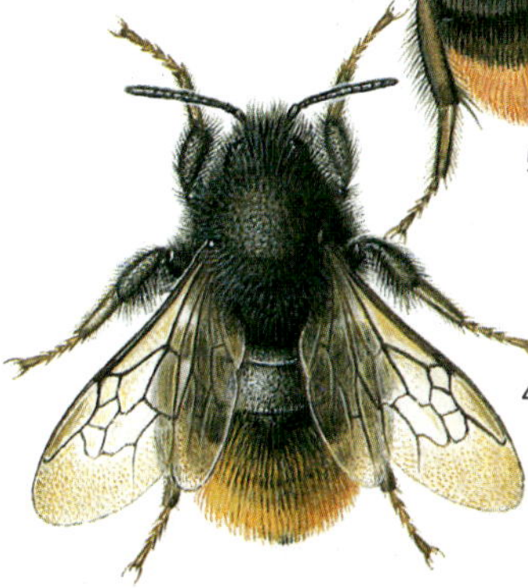

4

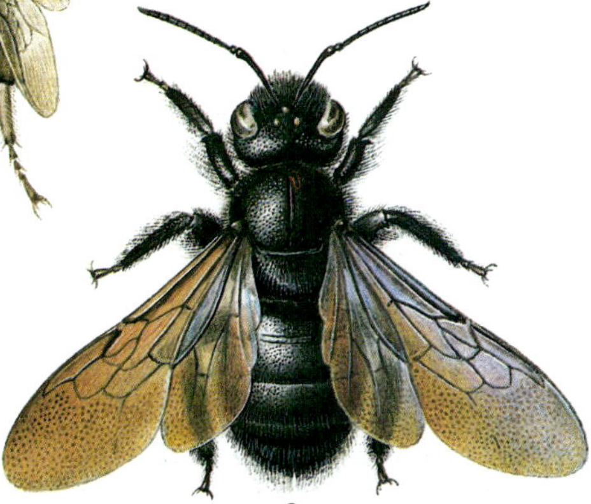

3

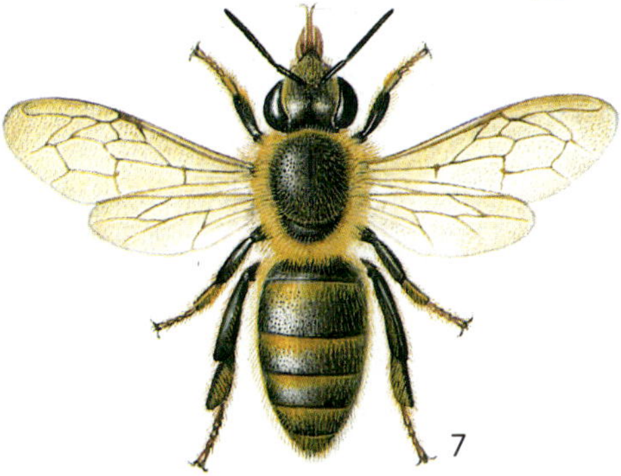

7

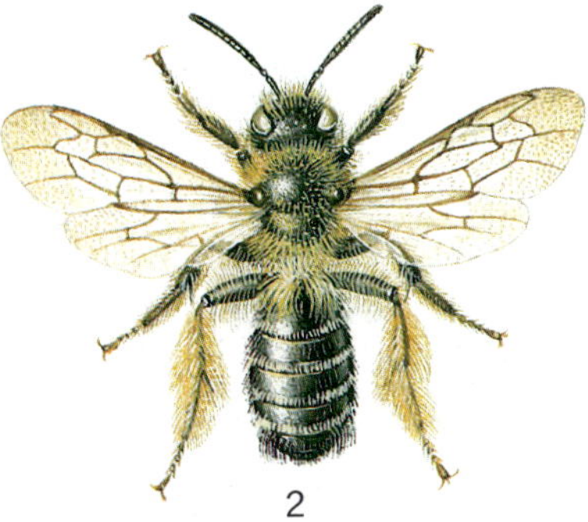

2

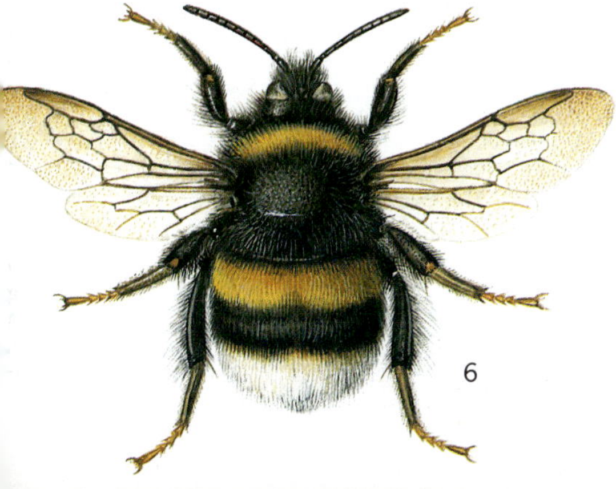

6

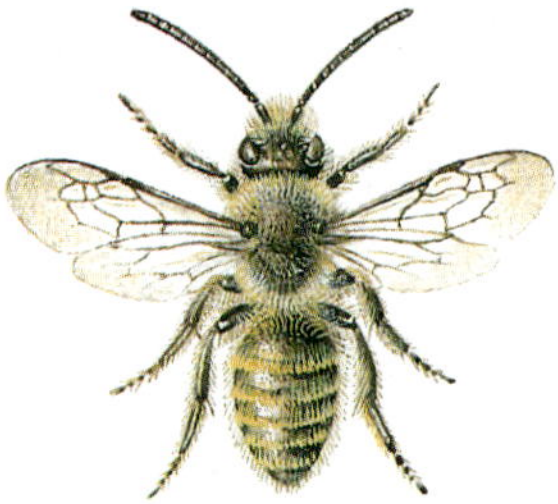

1

Insekten

Ordnung: **Köcherfliegen** — *Trichoptera*
Familie: *Rhyacophilidae*

1 *Rhyacophila vulgaris.* Länge 7—9 mm, Spannweite 24—32 mm. Entwickelt sich in schnell fließenden Gewässern, die Imago fliegt erst vom Spätsommer bis in den Oktober. Verbreitung: Europa außer dem Norden.

Familie: *Leptoceridae*

2 *Leptocerus cinereus.* Länge 7—7,5 mm, Spannweite 20—24 mm. An langsam fließenden Gewässern und Teichen von Juni bis in den Herbst. Die Larven stellen Köcher her. Verbreitung: Paläarktische und nearktische Region.

Familie: **Frühlingsfliegen** — *Phryganeidae*

3 Große Köcherfliege *Phryganea grandis.* Länge 15—21 mm, Spannweite 40—60 mm. Abends an stehenden Gewässern von den Niederungen bis in die Berge hinauf. Die sich im stehenden Wasser entwickelnde Larve baut sich einen bis zu 40 mm langen Köcher aus Pflanzenteilchen. Zunächst lebt sie am Grund, später zwischen Wasserpflanzen, ihre Nahrung sind Insektenlarven. Verbreitung: Paläarktische und nearktische Region.

Ordnung: **Schmetterlinge**[*] — *Lepidoptera*
Familie: **Wurzelbohrer** — *Hepialidae*

4 Hopfenspinner *Hepialus humuli.* Länge 20—35 mm. Von Juni bis August an feuchten Stellen, auf Wiesen und in Wäldern. Männchen und Weibchen unterscheiden sich voneinander nicht nur in der Größe, sondern auch in der Flügelfärbung. Die Weibchen legen ihre Eier im Flug ab. Die Raupe entwickelt sich unter der Erde und ernährt sich von den Wurzeln verschiedener Pflanzen wie Huflattich, Löwenzahn, Sauerampfer usw., in der Erde verpuppt sie sich auch. Verbreitung: Großteil der paläarktischen Region (im Norden bis zum Polarkreis), Mittlerer Osten.

Familie: **Langhornmotten** — *Adelidae*

5 *Adela degeerella.* 7—8 mm. Der Schmetterling bewegt sich in langsamem, ruckartigem Flug durch den Wald. Das Männchen besitzt außerordentlich lange Fühler. Verbreitung: Europa, Transkaukasien.

Familie: **Holzbohrer** — *Cossidae*

6 Blausieb *Zeuzera pyrina.* 18—35 mm. Männchen kleiner als das Weibchen. Das Weibchen hat Fadenfühler, die Fühler des Männchens sind in der ersten Hälfte gefiedert. Die Raupen entwickeln sich in den Ästen und Stämmen der Laubhölzer, sie überwintern ein- bis zweimal. Verbreitung: Süd- und Mitteleuropa, gemäßigte Zone Asiens, Nordafrika.

Familie: **Widderchen** — *Zyganidae*

7 Esparsetten-Widderchen *Agrumaenia carniolica.* 12—15 mm. Färbung und die Punktzahl auf den Flügeln schwanken. Die Schmetterlinge fliegen an sonnigen Orten von Juni bis August. Die Raupe lebt ab August auf Hornklee (*Lotus corniculatus*) und Esparsette (*Onobrychis viciaefolia*). Nach der Überwinterung verpuppt sie sich in einem pergamentartigen Kokon. Verbreitung: Europa, im Norden bis nach Litauen, fehlt in Großbritannien. Auch in Transkaukasien, Kleinasien und im Iran anzutreffen.

8 Erdeichel-Widderchen *Zygaena filipendulae.* 14—18 mm. Mit einer Reihe farblich verschiedener Formen (in Deutschland lebt z. B. die Bergform *Z. filipendulae germanica*). Die Imago fliegt im Juli/August von den Niederungen bis in die Gebirge. Die Raupen ernähren sich von Schmetterlingsblütlern. Verbreitung: Europa, Transkaukasien.

[*] Die Zahlenangaben gelten für die Vorderflügellänge.

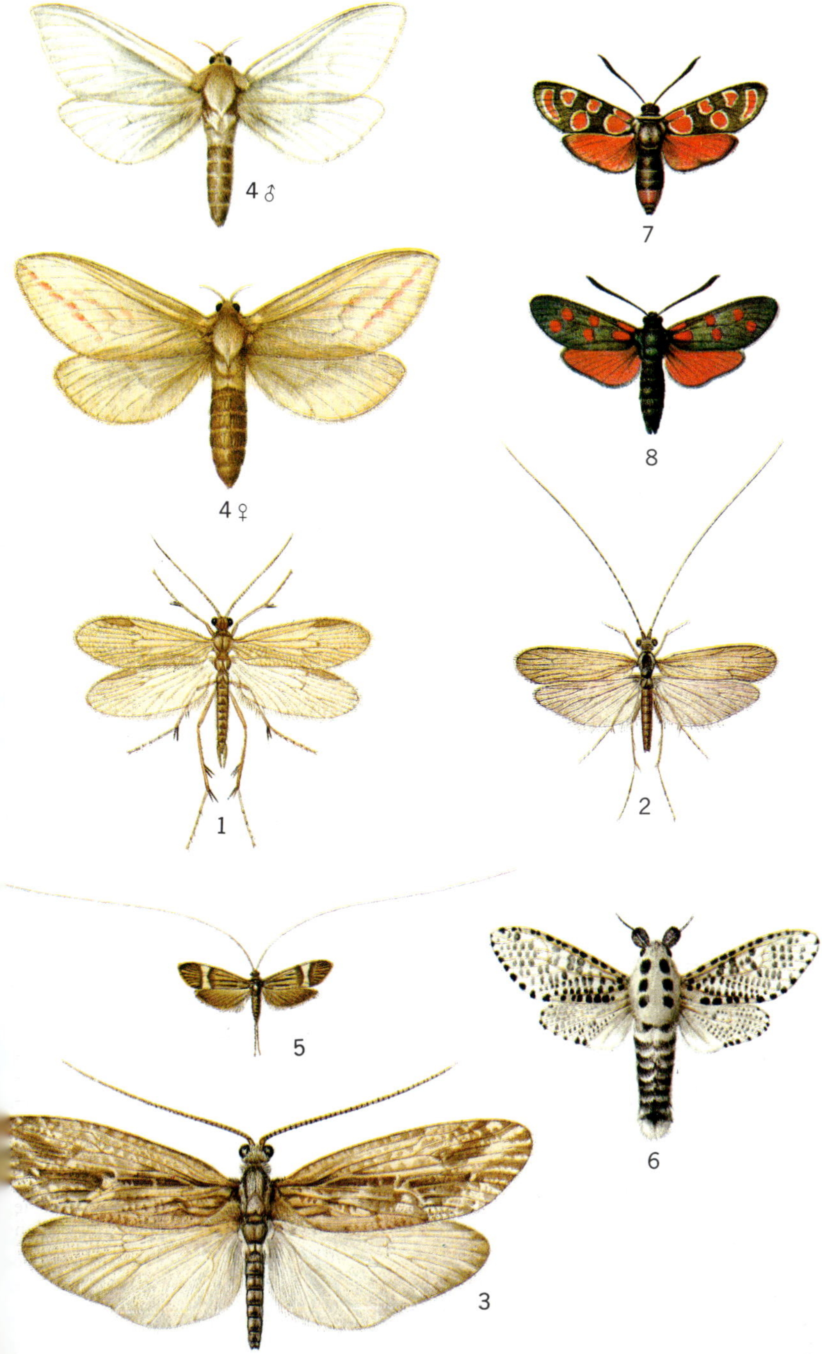
4 ♂
7
8
4 ♀
1
2
5
6
3

Insekten

Familie: **Sackspinner** — *Psychidae*

1 Apterona crenulella. Die Art kommt vor allem in der parthenogenetischen Form *helix* vor, doch ist in Südeuropa noch eine andere, zweigeschlechtliche Form bekannt. Ihre Raupen bauen sich Gehäuse, die kleinen Schneckenhäusern ähneln. Oft finden sich ihre Gesellschaften auf Zweigen. Verbreitung: Großteil Europas und Westasien.

Familie: **Echte Motten** — *Tineidae*

2 Tapetenmotte *Trichophaga tapetzella.* 6—8 mm. Kulturfolger, ihre Raupen gehören zu den lästigen Schädlingen in Wollstoffen, Filz usw. Verbreitung: Kosmopolit.

3 Kleidermotte *Tineola bisselliella.* 4—8 mm. Erscheint meist im Frühjahr in den Wohnungen, nicht selten in größerer Anzahl. Die Imago selbst ist unschädlich, doch gilt ihre Anwesenheit in der Wohnung als Zeichen, daß sich ihre Raupen irgendwo über Textilien, Pelze usw. hergemacht haben. Verbreitung: Über die ganze Welt.

Familie: **Langhornminiermotten** — *Lyonetiidae*

4 Schlangenminiermotte *Lyonetia clerkella.* 3—4 mm. Gehört zu den gängig vorkommenden kleinen Schmetterlingsarten. Ihre Raupen entwickeln sich in den Blättern vieler Laubbäume, dort legen sie schlangenartig gewundene Gänge an, die sie mit dunklen Exkrementen anfüllen. Ist die Raupe ausgewachsen, verläßt sie das Blattinnere und verpuppt sich auf der Oberfläche. Im Laufe eines Jahres erscheinen drei Schmetterlingsgenerationen. Die Imago der dritten Generation überwintert. Verbreitung: Großteil der paläarktischen Region.

Familie: **Glasflügler** — *Sesiidae*

5 Hornissenschwärmer *Aegeria apiformis.* 15—20 mm. Bei Pappelalleen in Wassernähe, denn das Pappelholz liefert seinen Raupen Nahrung. Die Raupe entwickelt sich zwei Jahre. Das erste Jahr verbringt sie unter der Rinde, im zweiten Jahr dringt sie ins Holz der unteren Stammteile und der Wurzeln ein. Verbreitung: Ursprünglich paläarktische Region, nach Nordamerika eingeschleppt.

Familie: **Gespinstmotten** — *Yponomeutidae*

6 Apfelbaumgespinstmotte *Yponomeuta padellus.* 9—10 mm. Sommerart. Im Juli bringt sie ihre Gelege auf Weißdorn- und Pflaumenzweigen an, dann bedeckt sie sie mit einer Schutzschicht, unter der sich auch die jungen Raupen aufhalten. Sie schlüpfen noch im Herbst aus. Nach der Überwinterung ernähren sie sich erst von Knospen, später von Blättern. Sie bilden Nester, in denen sie sich gemeinsam verpuppen. Verbreitung: Paläarktisch Region.

Familie: **Wickler** — *Tortricidae*

7 Apfelwickler *Laspeyresia pomonella.* 7—9 mm. Schädling in Apfelanbaugebieten. Der Schmetterling ist unschädlich; seine rosafarbenen Raupen, die in den Früchten von Apfel und Birnbäumen leben, können unangenehm werden. Sie erreichen eine Länge von ca. 20 mm, dann verlassen sie die Frucht und suchen ein Winterversteck auf. Im Laufe eines Jahres erscheinen in der Regel zwei Generationen, manchmal auch mehr. Verbreitung: Kosmopolit.

8 Eichenwickler *Tortrix viridana.* 9—11 mm. Von Juni bis August in Eichenkronen, das Weibchen legt seine Eier auf junge Zweige. Nach der Überwinterung schlüpfen kleine Raupen aus, die zunächst in die Knospen kriechen, später an den Blättern fressen. Dabei können sie das Blatt bis auf das Geäder abfressen. Sie beschränken sich nicht nur auf Eiche. Verbreitung: Großteil Europas, Kleinasien.

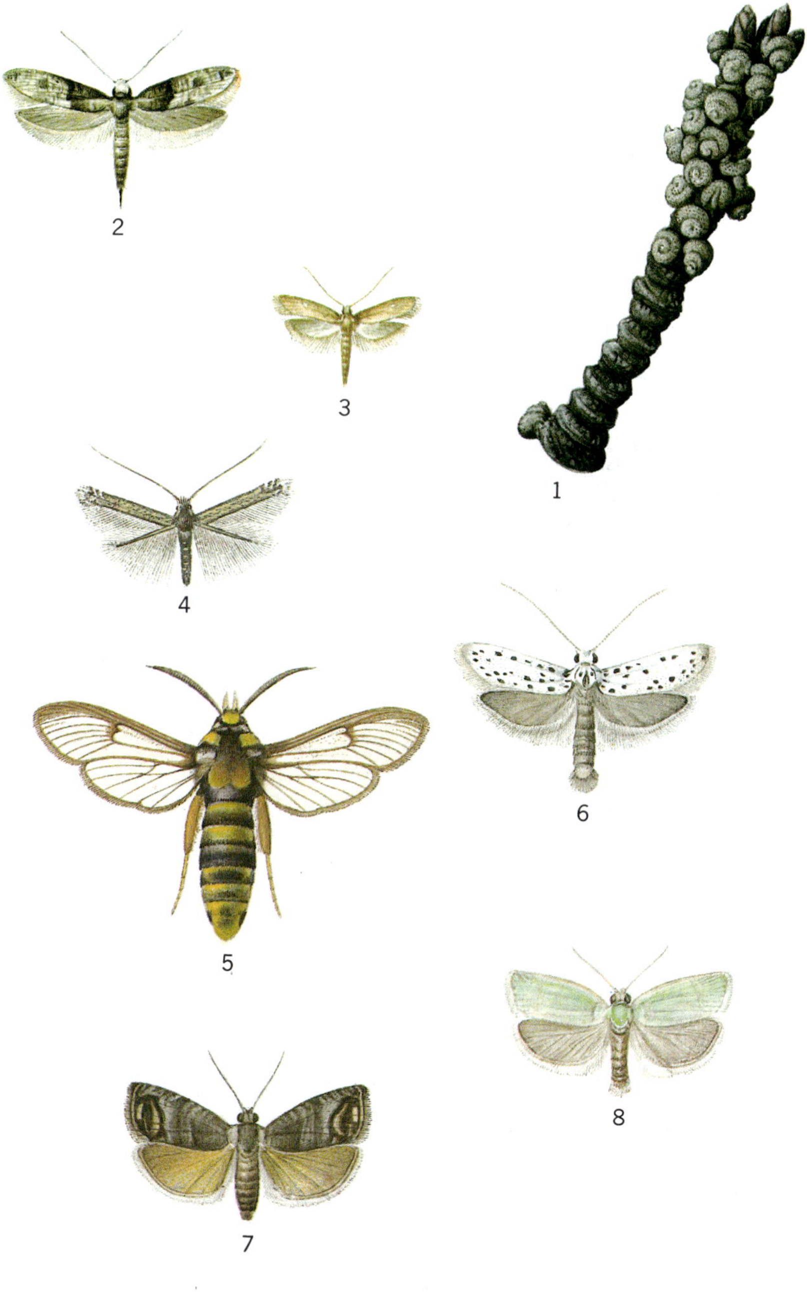

2
3
1
4
6
5
8
7

Insekten

Familie: **Geistchen** — *Alucitidae*

1 *Orneodes desmodactyla*. 5—6 mm. Beide Flügelpaare sind zu 24 federähnlichen Gebilden umgestaltet. Die Imago fliegt von Juni bis August. Die Larve ernährt sich von Ziestblüten. Verbreitung: Südeuropa und der Südteil Mitteleuropas.

Familie: **Zünsler** — *Pyralidae*

2 Mehlmotte *Ephestia kuehniella.* 10—12 mm. Vor allem in Mühlen, Lagerräumen und auch in Haushalten, die Raupe lebt im Mehl. Sie schadet weniger dadurch, daß sie Mehl frißt, als durch ihre Kokons, die das Mehl verunreinigen. Als Nahrung dienen der Raupe auch andere Lebensmittel, Textilien usw. Verbreitung: Kosmopolit, nach Europa im vergangenen Jahrhundert eingeschleppt.

3 Mehlzünsler *Pyralis farinalis.* 8—12 mm. Über die blaßgrauen Hinterflügel verlaufen zwei gewundene Querstreifen. Die Raupe lebt in Mühlen, Getreidelagern, Bäckereien usw., wo sie sich von Mehl, Getreide und Stroh ernährt. Stellenweise häufig, doch als Schädling nicht mehr so berüchtigt wie früher. Verbreitung: Eurasien, Nordamerika, Australien.

Familie: **Dickkopffalter** — *Hesperiidae*

4 Rostfarbiger Dickkopffalter *Ochlodes venatus.* 14—17 mm, fliegt in einer einzigen Generation (im Süden auch in zwei bis drei) von Juli bis August. Im Unterschied zu dem Kommafleck *(Hesperia comma)* haben die Männchen im schwarzen Kommastrich des Vorderflügels keine Silberlinie. Die Raupe ernährt sich von Süßgräsern *(Poaceae).* Überwintert. Verbreitung: Eurasien.

5 Kleiner Malvendickkopf *Pyrgus malvae.* 10—11 mm. Schmetterlinge fliegen in zwei Generationen (April — August). Am häufigsten auf Lichtungen, an Waldrändern und Feldwegen von den Niederungen bis ins Gebirge. Seine Raupen leben an Himbeersträucher, Erdbeerpflanzen, Kriechendem Fingerkraut *(Potentilla reptans)* u. a. Sie halten sich in zusammengerollten Blättern verborgen. Verbreitung: Eurasien.

6 Brauner Laubwiesendickkopf *Carterocephalus palaemon.* 13—14 mm. Nur eine Generation, die Imago fliegt ab Mai an Waldrändern, Wegen und auf feuchten Wiesen. Geht bis ins Gebirge hinauf (in den Alpen bis 1500 m). Die Raupe lebt auf Gräsern der Gattungen *Bromus, Agropyrum,* ferner auf Spitzwegerich *(Plantago lanceolatum);* sie überwintert. Verbreitung: Europa (stellenweise häufig, anderswo nicht vorhanden oder selten, wie z. B. Norddeutschland, Nordwest- und Südeuropa), Asien bis zum Amur, Nordamerika.

7 Grauer Dickkopf *Erynnis tages.* 13—14 mm. Fliegt in ein bis zwei Generationen auf sonnigen Wegen, Lichtungen, manchmal auch in Gärten. Seine Raupe ernährt sich von Hornklee *(Lotus corniculatus),* Bunter Kronwicke *(Coronilla varia),* Feld-Mannstreu *(Eryngium campestre)* usw., sie überwintert. Verbreitung: Hauptsächlich Süd- und Mitteleuropa, Großbritannien, seltener im Norden des Kontinents — Norddeutschland, Litauen usw. Auch in Nordasien angetroffen.

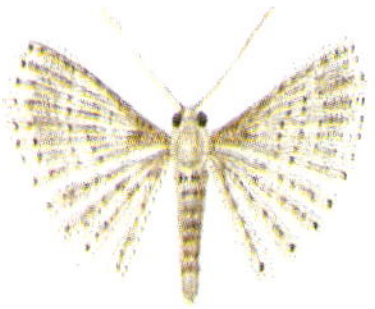
1

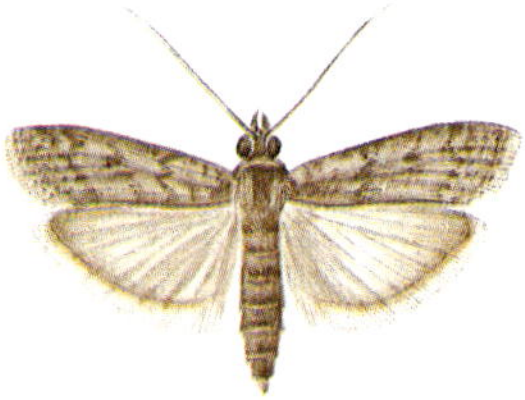
2

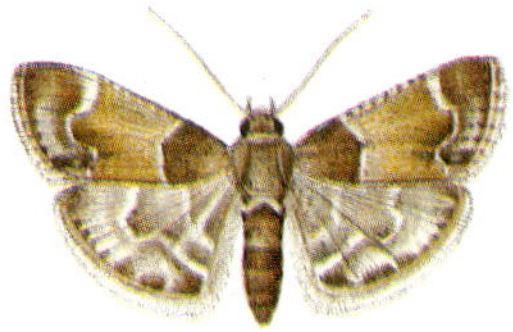
3

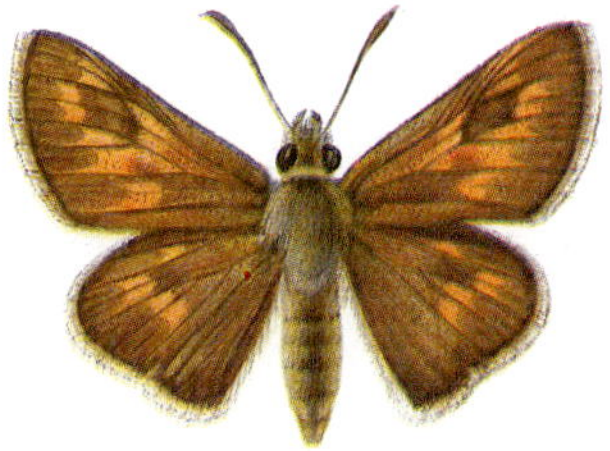
4

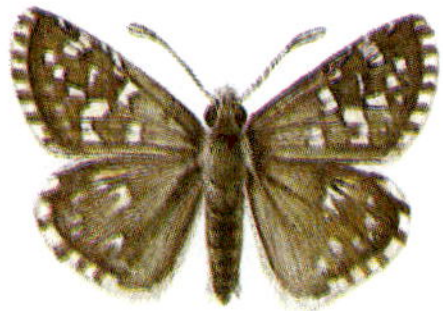
5

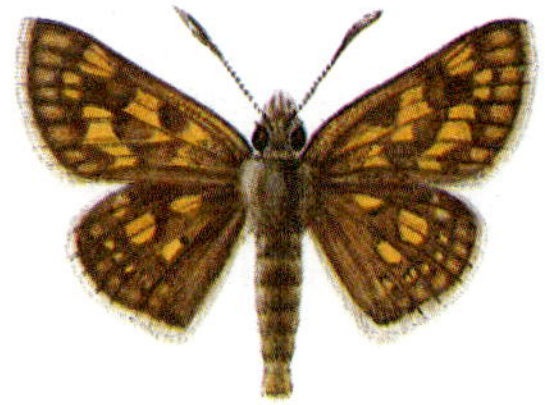
6

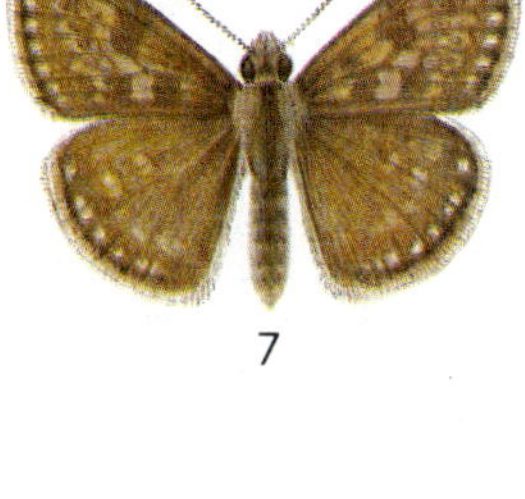
7

Insekten

Familie: **Ritterfalter** — *Papilionidae*

1 Schwalbenschwanz *Papilio machaon.* 34—45 mm. In den meisten Gegenden Europas zwei Generationen, im Norden und im Gebirge nur eine, dafür aber in den südlicheren Gebieten z. T. noch eine dritte. Die Imago tritt von April bis August auf, in der dritten Generation auch noch im September/Oktober. Der Schwalbenschwanz nimmt in der Natur zahlenmäßig spürbar ab. Er geht bis in die Gebirge hinauf, mit Vorliebe fliegt er auf den höchsten Punkten einer Landschaft — auf Hügelgipfeln, um trigonometrische Punkte usw. Seine Raupe ist sehr farbenfroh, sie lebt auf Fenchel, Kümmel, Wilder Möhre und in Zitrusanbaugebieten auch auf Zitruspflanzen. In seinem Verbreitungsareal hat der Schmetterling mehrere geographische Rassen hervorgebracht (z. B. in Europa ssp. *gorganus*, in Großbritannien ssp. *britannicus* usw.). In einigen Ländern steht er unter Naturschutz. Verbreitung: Großteil Europas (in Großbritannien selten), gemäßigte Zone Asiens, Nordafrika, Nordamerika.

2 Segelfalter *Iphiclides podalirius.* 35—45 mm. Vom Frühling bis in den September an Waldrändern, auf Feldern und in Gärten. Meist auf sonnigen Hängen mit einer Kalksteinunterlage. Wirtspflanzen seiner Raupen sind Schlehe, Weißdorn und Obstbäume. In einer Reihe von Ländern steht er unter Naturschutz (Deutschland, Tschechische Republik), trotzdem wird er immer seltener, da seine bevorzugten Standorte immer mehr zerstört werden (Raine mit Schlehen und Weißdorn). Er bringt ein bis zwei Generationen jährlich hervor. Verbreitung: Großteil Europas (fehlt im Norden und in Großbritannien, auch wenn er auf seinen Flügen dorthin gelangen kann), Transkaukasien, Kleinasien, Iran, Westchina.

3 Osterluzeifalter *Zerynthia polyxena.* 22—30 mm. Fliegt im April/Mai an warmen Standorten dicht über dem Boden umher. Die Nährpflanzen seiner Raupen sind verschiedene Osterluzeigewächse, ab Mai sind sie darauf zu finden. Nach etwa vier Wochen verpuppen sie sich, die Puppen überwintern. Die Art steht in der Tschechischen Republik und anderswo unter Naturschutz. In der Literatur wird sie auch unter dem Namen *Z. hypsipyle* geführt. Verbreitung: Süd- und Südosteuropa, Balkan und Kleinasien. Die Nordgrenze seiner Verbreitung verläuft durch Österreich und den Süden der Tschechischen Republik.

4 Apollo *Parnassius apollo.* 34—50 mm. Fliegt bedächtig und schwerfällig in Berglandschaften, meist an Hängen und auf Wiesen auf Disteln. Die Schmetterlinge erscheinen im Juli/August. Ihre Raupen leben auf Hauswurz und Weißer Fetthenne. Die Raupe überwintert, im Frühjahr verpuppt sie sich. Große Farbvariabilität, bisher sind über 600 verschiedene Formen beschrieben worden. Der Schmetterling ist heute sehr selten geworden, in einigen Gebieten ist er in der letzten Zeit ausgestorben (Böhmen). In einer Reihe von Ländern steht er unter Naturschutz (Deutschland, Tschechische Republik). Verbreitung: Europa von den Pyrenäen über die Alpen in die Karpaten, Kaukasus, Altai.

5 Schwarzer Apollo *Parnassius mnemosyne.* 27—32 mm. Von Mai bis Juli auf Wiesen, an Bächen und Wegen von den Niederungen bis ins Bergland. Die Raupen ernähren sich von Lerchensporn, sie zeigen sich aber nur an Sonnentagen. Auch dieser Schmetterling wird immer seltener und droht zu verschwinden. In einigen Ländern (z. B. Deutschland, Tschechische Republik) steht er unter Naturschutz. Verbreitung: Europa, Kaukasus, Mittelasien.

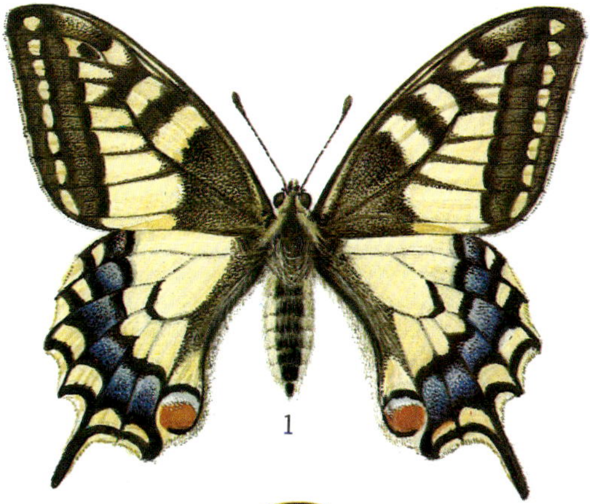

1

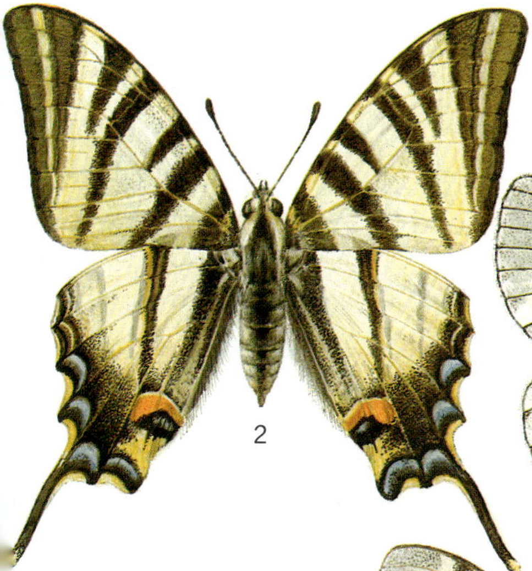

2

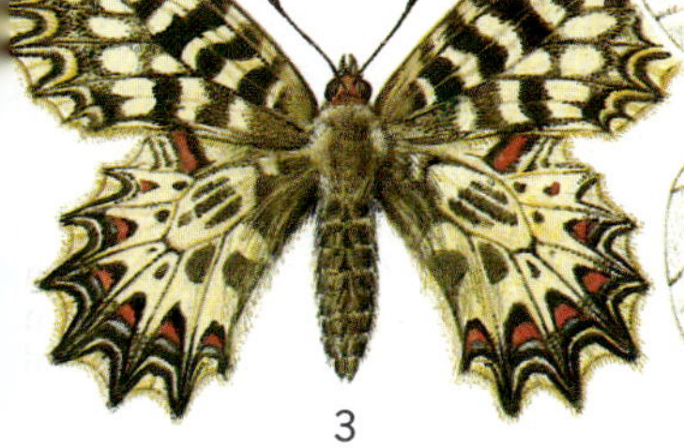

3

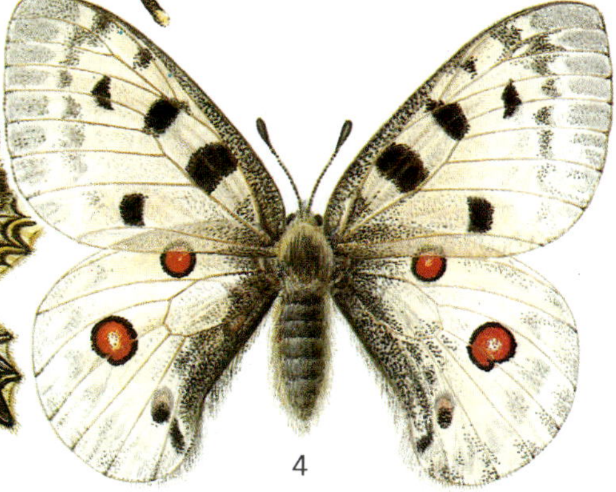

4

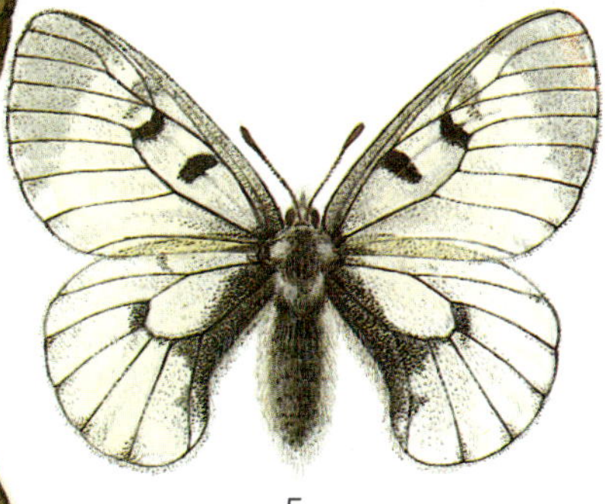

5

Insekten

auf den Vorderflügeln, beim Männchen sind nur die Flügelvorderecken schwarzgefärbt. Je nach den Umweltbedingungen entstehen 2—5 Generationen, in Mitteleuropa meist nur zwei jährlich (April/Mai, Juli/August). Das Weibchen legt 200—300 Eier auf die Blattunterseite der Nährpflanzen, vor allem Kreuzblütler. Die erwachsenen Raupen suchen ein geeignetes Versteck auf, um sich dort zu verpuppen. Die Puppe ist hellgrün mit dunklen Flecken. Verbreitung: Großteil der paläarktischen Region.

Familie: **Weißlinge** — *Pieridae*

1 Großer Kohlweißling *Pieris brassicae.* 29—34 mm. Am häufigsten in Gärten, auf Feldern und Wiesen. Das Weibchen unterscheidet sich vom Männchen durch die schwarzen Flecken auf den Vorderflügeln, beim Männchen sind nur die Flügelvorderecken schwarzgefärbt. Je nach den Umweltbedingungen entstehen 2—5 Generationen, in Mitteleuropa meist nur zwei jährlich (April/Mai, Juli/August). Das Weibchen legt 200—300 Eier auf die Blattunterseite der Nährpflanzen, vor allem Kreuzblütler. Die erwachsenen Raupen suchen ein geeignetes Versteck auf, um sich dort zu verpuppen. Die Puppe ist hellgrün mit dunklen Flecken. Verbreitung: Großteil der paläarktischen Region.

2 Kleiner Kohlweißling *Pieris rapae.* 20—26 mm. Fliegt von Frühjahr bis Herbst, da er zwei bis drei Generationen hervorbringt. Die Vertreter der Frühjahrsgeneration sind kleiner als die Sommergeneration, auch ist die Zeichnung auf ihren Flügeln weniger ausdrucksvoll. Wirtspflanzen der Raupen sind die verschiedenen Kreuzblütler. Die Puppen überwintern. Verbreitung: Eurasien, Nordafrika, nach Nordamerika und Australien eingeschleppt.

3 Rapsweißling *Pieris napi.* 20—25 mm. Sehr häufige und farblich recht variable Art; sie fliegt in zwei, im Süden in drei Generationen auf Feldern, Lichtungen, an Waldrändern, in Gärten usw. Die Raupe ernährt sich von Kreuzblütlern, deren Blätter sie zunächst in der Mitte, später vom Rand her abfrißt. Verbreitung: Paläarktische und nearktische Region.

4 Baumweißling *Aporia crataegi.* 32—35 mm. Von Mai bis Juli in nur einer Generation. Früher waren seine Raupen gefürchtete Obstbaumschädlinge, heute ist die Art stellenweise selten oder ausgestorben. Verbreitung: Großteil Europas, gemäßigte Zone Asiens, Korea, Japan, Nordafrika.

5 Aurorafalter *Anthocharis cardamines.* 21—25 mm. Die Männchen haben auf dem Vorderflügel einen großen orangefarbenen Fleck, die Weibchen einen schwarzen. In Mitteleuropa fliegen die Schmetterlinge in einer Generation von April bis Juni und gehen bis ins Gebirge. Die Raupe ernährt sich von den Blättern der verschiedenen Kreuzblütler, auf deren Unterseite das Weibchen seine Eier ablegt. Die Raupen verpuppen sich in der Regel auf den Pflanzen. Verbreitung: Paläarktische Region.

6 Wandergelbling *Colias croceus.* 22—28 mm. Zugschmetterling. In Europa bilden die Alpen seine Grenze, auf ihrer Nordseite zeigt er sich nur vorübergehend. Fliegt im April/Mai nach Mitteleuropa ein und bringt hier 2—3 Generationen hervor. Seine Raupen ernähren sich von den Blättern der Schmetterlingsblütler. Im Herbst kehrt ein Teil der Schmetterlinge nach Süden zurück, die übrigen, auch die Raupen, kommen um. Verbreitung: Großteil Europas, im Norden gelegentlich auch in Schweden und Finnland, Klein- und Vorderasien, Nordafrika, Kanarische Inseln, Madeira.

7 Zitronenfalter *Gonepteryx rhamni.* 27—30 mm. Erscheint bald im Frühjahr. Das Männchen ist leuchtend gelb, das Weibchen grünlich-weiß. Wirtspflanze der Raupen ist der Faulbaum. Die neue Generation schlüpft im Sommer. Die Schmetterlinge fliegen nur kurze Zeit, dann fallen sie in Sommerschlaf. Erneut erscheinen sie im Herbst, um dann in den Winterverstecken zu verschwinden. Verbreitung: Europa, Klein- und Vorderasien, Ostsibirien, Nordafrika.

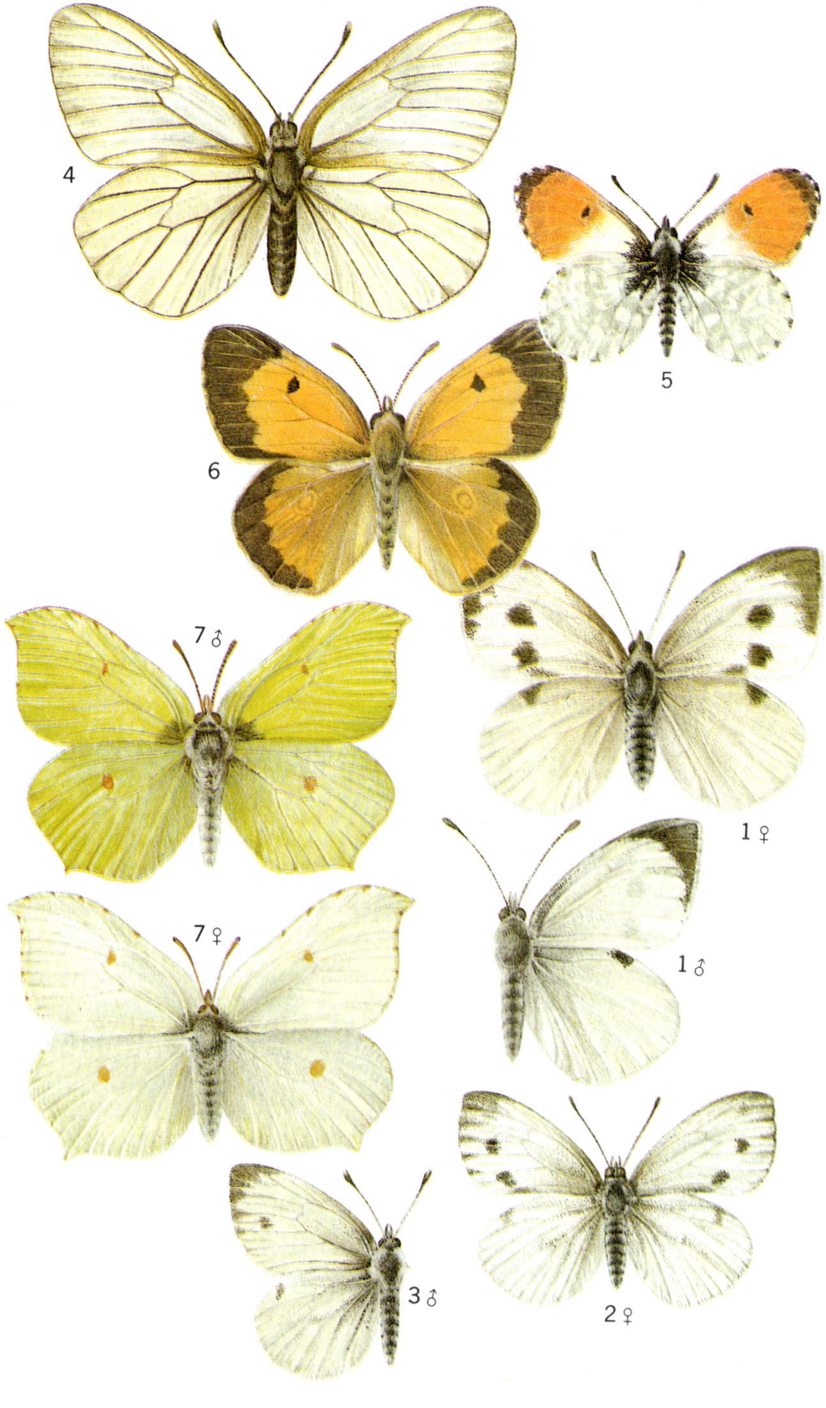
4
5
6
7 ♂
1 ♀
7 ♀
1 ♂
3 ♂
2 ♀

Insekten

Familie: **Bläulinge** — *Lycaenidae*

1 Brombeerzipfelfalter *Callophrys rubi.* 15—17 mm. Fällt vor allem durch seine grün gefärbte Flügelunterseite auf. Die Schmetterlinge fliegen im Frühling von März bis Juni, in Nordafrika bringen sie noch eine zweite, unvollständige Generation hervor. Sie gehen bis in die Gebirge hinauf. Die Raupe lebt auf verschiedenen Pflanzen, die Puppe überwintert. Verbreitung: Europa bis hoch nach Nordskandinavien, Sibirien, Kleinasien, Nordafrika.

2 Kleiner Feuerfalter *Lycaena phlaeas.* 14—16 mm. Auf Wiesen und Feldern, in Gärten, Parks und auf Friedhöfen. Die Art bildet ein bis zwei (im Süden auch mehr) Generationen. Als Nährpflanzen der Raupen dienen Sauerampfer *(Rumex acetosella, R. acetosa)*, Dost *(Origanum sativum)*, Knöterich u. a. Verbreitung: Europa, gemäßigte Zone Asiens, Japan, Nordafrika, Äthiopien, Nordamerika.

3 Dukatenfalter *Heodes virgaureae.* 18—20 mm. Beide Flügelpaare des Männchens sind orangefarben mit einem schwarzen Rand, die des Weibchens sind auch sonst dunkel gemustert. Die Schmetterlinge fliegen in einer Generation von Juni bis August zwischen Niederungen und Gebirgen. Meist zeigen sie sich in lichten Wäldern, auf Schneisen, Lichtungen und Wiesen, wo sie blühendes Greiskraut, Donnerkraut *(Eupatorium cannabinum)* usw. aufsuchen. Die Eier überwintern. Die Raupen schlüpfen im April, bis Juni leben sie auf ihrer Nährpflanze, dem Sauerampfer. Verbreitung: Europa (fehlt in Großbritannien, Süditalien, Südgriechenland usw.), Klein- und Mittelasien, Ferner Osten.

4 Schwefelvögelchen *Heodes tityrus.* 15—17 mm. Hier unterscheiden sich wie bei vielen verwandten Arten die Geschlechter in der Färbung voneinander. Die Schmetterlinge bringen zwei (im Süden auch teilweise eine dritte) Generationen hervor. (April—Mai, Juli—August). Auf Wiesen und Feldern ziemlich häufig, in den Alpen bis zu 2000 m. Die Raupen leben auf den verschiedenen Sauerampferarten und auf Besen-Ginster. Verbreitung: Europa (fehlt in Großbritannien, auf zahlreichen Mittelmeerinseln und in Skandinavien), Transkaukasien, Altai, Kleinasien.

5 Dunkelbläuling *Cyaniris semiargus.* 16—18 mm. Die Flügeloberseite des Männchens ist blauviolett, die des Weibchens braun. Die Schmetterlinge fliegen Ende Juni/Juli in Hügellandschaften auf Waldwegen umher. Sie gehen auch in die Gebirge hinauf (in den Alpen bis rund 2500 m). Nahrung der Raupen sind in der Regel Klee, Wundklee, Steinklee usw. Sie verpuppen sich erst nach dem Überwintern. Verbreitung: Europa (sehr selten in Spanien und Portugal, in Großbritannien ausgestorben), gemäßigte Zone Asiens, Mongolei, Marokko.

6 Hauhechel-Bläuling *Polyommatus icarus.* 14—18 mm. Sehr häufige Art. Beide Geschlechter unterscheiden sich beträchtlich in der Färbung ihrer Flügel. Je nach Lage der Landschaft entsteht eine (Norden) bis drei Generationen (Süden). Der Schmetterling fliegt von den Niederungen bis ins Gebirge. Die Nahrung der Raupen besteht aus Klee, Hauhechel und Ginster. Verbreitung: Paläarktische Region.

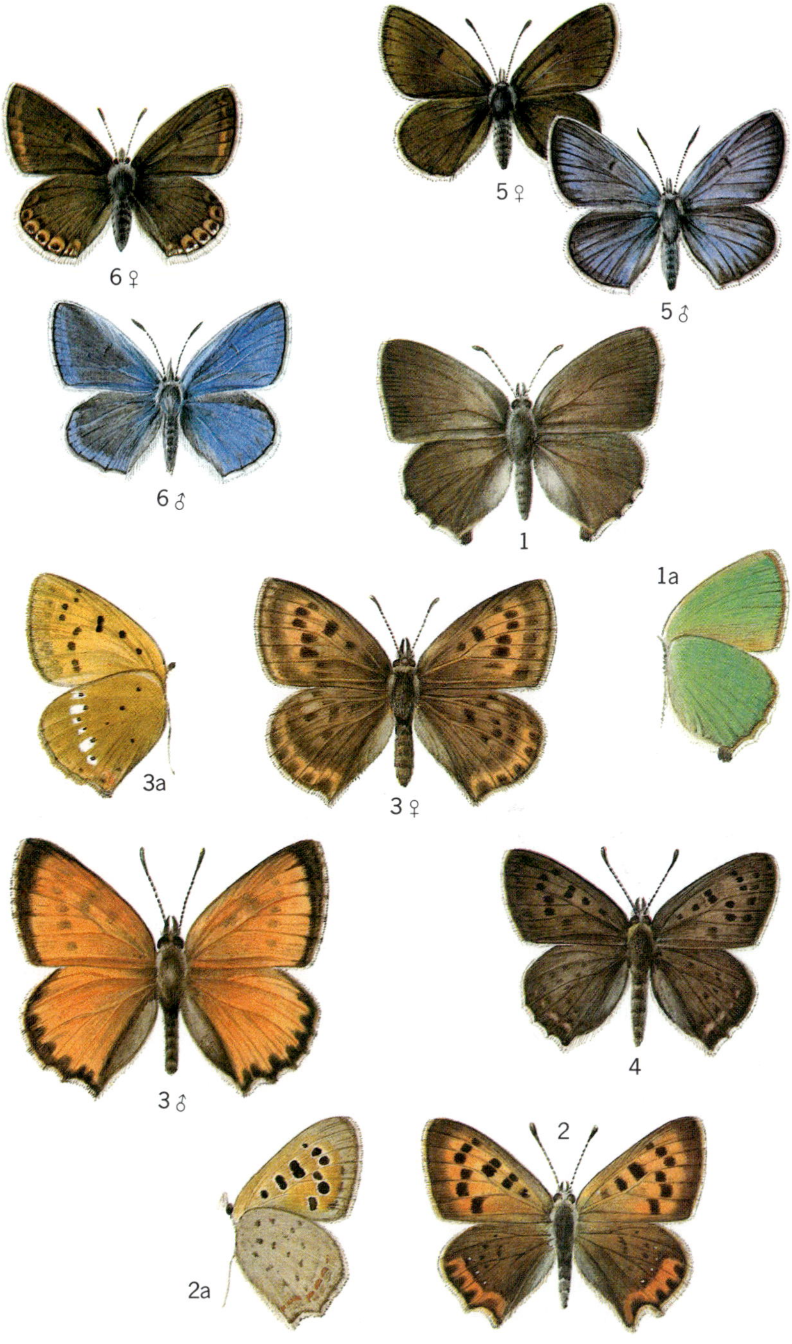
5 ♀
6 ♀
5 ♂
6 ♂
1
1a
3a
3 ♀
3 ♂
4
2
2a

Insekten

Familie: **Fleckenfalter** — *Nymphalidae*

1 Großer Schillerfalter *Apatura iris.* 35—40 mm. Der verwandten Art *Apatura ilia* recht ähnlich. Im Juli/August in feuchten Wäldern. Die Weibchen halten sich in Höhe der Baumkronen auf, die Männchen lassen sich gern auf Wegen nieder, um dort Wasser aus Pfützen zu saugen. Sie besuchen auch Exkremente. Wirtspflanzen der Raupen sind die verschiedenen Weidenarten, meist Salweiden. Die Raupen überwintern. Verbreitung: Europa (in Großbritannien und Skandinavien nur stellenweises Vorkommen, nach Finnland kommt er auf seinen Flügen, fehlt auf dem Südbalkan und in Süditalien), gemäßigte Zone Asiens, Japan.

2 *Limenitis reducta.* 26—31 mm. Wärmeliebende Art, die sonnenbeschienene Hänge aufsucht. Je nach geographischer Lage des Standortes kommen eine, zwei oder auch drei Generationen zustande, in Mitteleuropa kennt man nur eine Generation. Die Raupen ernähren sich von Geißblatt; sie überwintern und verpuppen sich im Frühjahr. Verbreitung: vorwiegend Süd- und Mitteleuropa, fehlt im Norden. Die Nordgrenze seiner Verbreitung bildet der 50. Breitengrad. Kaukasus, Transkaukasien, Vorderasien.

3 Veilchen-Perlmutterfalter *Clossiana euphrosyne.* 21—25 mm. Vom verwandten *C. selene* unterscheidet er sich am deutlichsten durch Anordnung und Anzahl der Perlmuttflecken auf der Flügelunterseite. In Nordeuropa und in höheren Lagen bringt er nur eine Generation hervor, in wärmeren Gegenden zwei (April—Juni, Juli—September). Er lebt auf den Blüten von Waldwiesen, Lichtungen, Waldrändern usw. Seine Raupen findet man auf Veilchen, sie überwintern. Verbreitung: Europa (fehlt nur auf einigen Mittelmeerinseln), gemäßigte Zone Asiens, Kamtschatka.

4 Feuriger Perlmutterfalter *Fabriciana adippe.* 29—34 mm. Von Juni bis August häufig auf den Blüten von Lichtungen, Schneisen und Waldwegen. Er bringt nur eine Generation hervor. Die Art steigt auch ins Gebirge auf. Verbreitung: Europa; fehlt im hohen Norden sowie auf einigen Mittelmeerinseln. Gemäßigte Zone Asiens, Japan, Nordafrika.

5 Kaisermantel, Silberstich *Argynnis paphia.* 33—38 mm. Häufigstes Vorkommen im Juli/August auf blühenden Disteln, Stechdisteln und Brombeersträuchern. Lebt auf Lichtungen, an Waldwegen und -rändern u. ä. Die Männchen haben eine rostbraune Flügeloberseite mit schwarzer Zeichnung, die Flügel der Weibchen sind auf der Oberseite hellgrau-grünlich glänzend mit einer dunklen Zeichnung, die sich von der Zeichnung der Männchen unterscheidet. Auf der Flügelunterseite sitzen silbrige Perlmuttstreifen. Auf den Mittelmeerinseln (Sardinien, Korsika, Elba u.a.) entstand eine Form mit reduzierten Silberstreifen. Wie andere Arten auch, weist dieser Schmetterling eine Reihe vielgestaltiger Farbformen auf, z. B. die dunkle f. *valesina.* Das Weibchen legt seine Eier vorwiegend auf Kiefern- und Fichtenstämme, manchmal auch auf Veilchen, die Nährpflanzen der Raupen. Die Raupen überwintern und verpuppen sich im Mai oder Juni. Verbreitung: Europa (fehlt in den Nordteilen Großbritanniens, Nordskandinavien und Südspanien), gemäßigte Zone Asiens, Japan, Algerien.

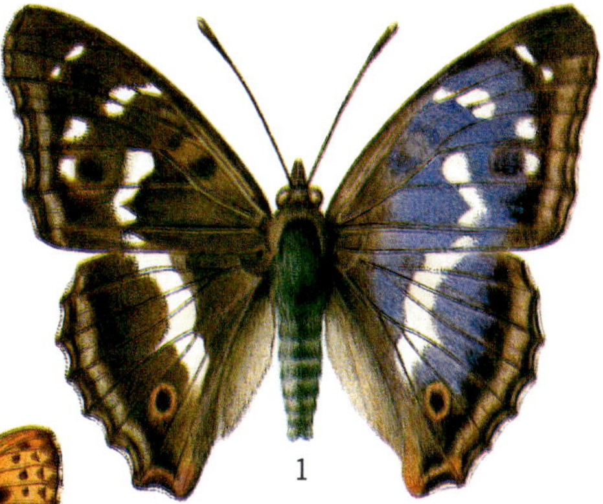
1

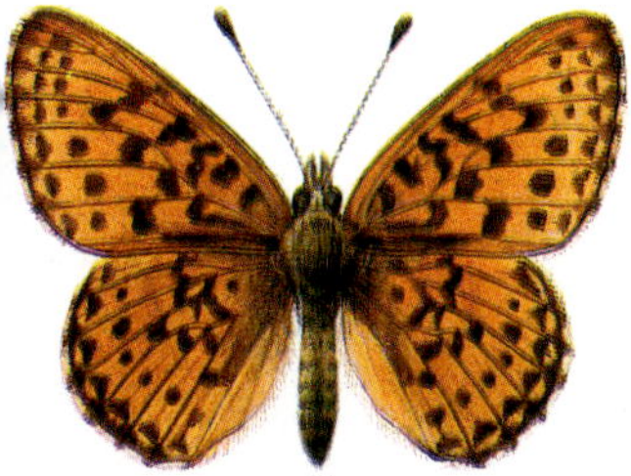
3

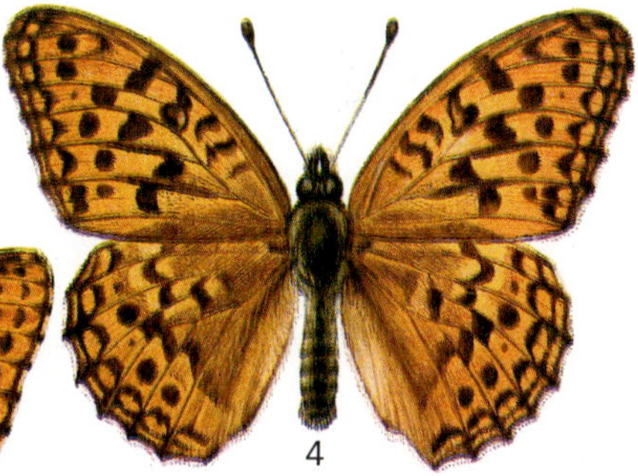
4

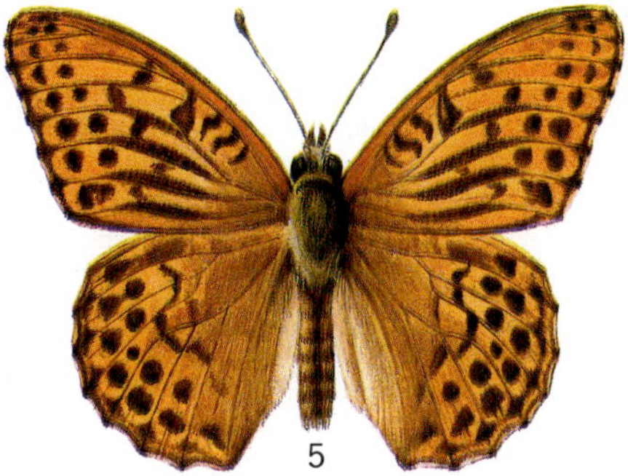
5

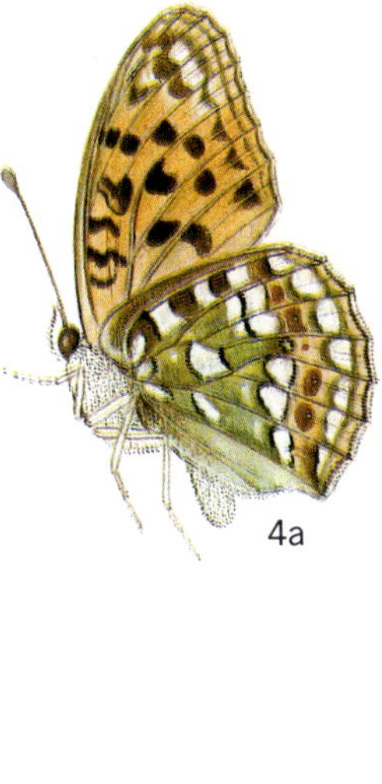
4a

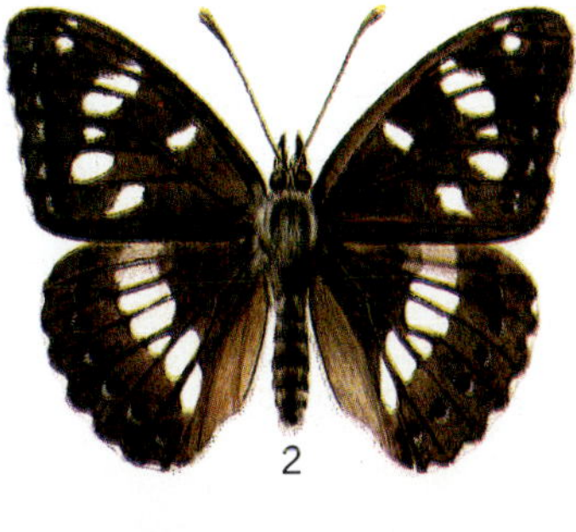
2

Insekten

Familie: **Fleckenfalter** — *Nymphalidae*

1 Distelfalter *Vanessa cardui*. 27—31 mm. Fliegt auf trockenen Wiesen, Steppen und Feldern, meidet Wälder. Zugschmetterling, der Anfang April aus dem Süden nach Mitteleuropa kommt. Im Laufe des Sommers bringt er hier eine neue Generation hervor, die im Herbst wieder in den Süden zurückkehrt. Der Zug dieser Art wurde vor allem in Großbritannien beobachtet. Seine Raupe lebt meist auf Brennesseln, Stech- und anderen Disteln, gelegentlich auch auf Huflattichblättern. Verbreitung: Fast über die ganze Welt, fehlt nur in Südamerika.

2 Admiral *Vanessa atalanta*. 27—30 mm. Von Frühjahr bis Herbst auf Blüten an Waldrändern, auf Lichtungen, Wiesen, in Parks und Gärten. Zum Sommerausgang läßt er sich auch auf überreifem Obst nieder, um süßen Saft zu saugen. Nach Mitteleuropa kommt er aus dem Süden geflogen. Zwar überwintert er hier und da nördlich der Alpen, doch kommt die überwiegende Zahl der Tiere hier um. Nährpflanzen der Raupen sind vorwiegend Brennesseln. Verbreitung: Europa (fehlt in Nordskandinavien), Kleinasien, Nordafrika, Nord- und Mittelamerika.

3 Trauermantel *Nymphalis antiopa*. 35—45 mm. Nach der Überwinterung erscheint die Imago der Vorjahrsgeneration zeitig im Frühjahr. Ihre Nachkommen leben von Juni bis Herbst. Dieser große und schöne Falter fliegt an sonnigen Stellen an Waldrändern, Waldwegen, auf Lichtungen, um Gewässer sowie in Gärten. Er geht auch ins Gebirge hinauf. Seine Raupe ernährt sich von Weiden-, Birken-, Ulmen- und Pappellaub usw. Verbreitung: Europa außer Südspanien, den Mittelmeerinseln und Irland; gemäßigte Zone Asiens, Nordamerika.

4 Großer Fuchs *Nymphalis polychloros*. 29—33 mm. Die Imago verläßt ihr Winterversteck schon im zeitigen Frühjahr, ihre Nachkommen erscheinen von Juni bis September. Sie fliegen in Laubwäldern, in Parks und Gärten, lassen sich auf Blüten nieder und suchen gern Bäume auf, aus denen Saft quillt. Die Raupen ernähren sich von den Blättern aller möglichen Laubbäume. Verbreitung: Europa (fehlt in Irland, dem größten Teil Großbritanniens und Nordskandinavien), Kleinasien, Himalaja, Nordafrika.

5 Kleiner Fuchs *Aglais urticae*. 23—28 mm. Verläßt bereits im März seine Winterverstecke (Höhlen, Keller, Dachböden und auch Wohnungen). Die Nachkommen der überwinternder Exemplare fliegen ab Juni, manchmal sind sie auch noch an schönen Oktobertagen anzutreffen. Vorkommen von den Niederungen bis zu den Berggipfeln. Auf Lichtungen, Wiesen, ar Waldrändern, in Parks und auf Feldern. Die Raupe lebt auf der Brennessel. Verbreitung Europa, gemäßigte Zone Asiens, Japan.

6 Tagpfauenauge *Inachis io*. 27—35 mm. Im Frühling kommen die Schmetterlinge au ihren Winterquartieren und wärmen sich in der Sonne. Die neue Generation fliegt von Jul bis September. Die Raupe lebt auf Brennesseln. Verbreitung: Europa (fehlt in Nordskandina vien), gemäßigte Zone Asiens, Japan.

7 C-Falter *Polygonia c-album*. 22—25 mm. Auf der Unterseite seiner Hinterflügel sitzt ein weiße Zeichnung, die wie der Buchstabe C aussieht. Die Imago überwintert, sie fliegt a März. Ihre Raupen leben auf Brennesseln, Roter und Schwarzer Johannisbeere, Hopfer Ulmen usw. Verbreitung: Europa (fehlt in Nordskandinavien und dem Nordteil Großbritar niens), gemäßigte Zone Asiens, China, Japan, Nordafrika.

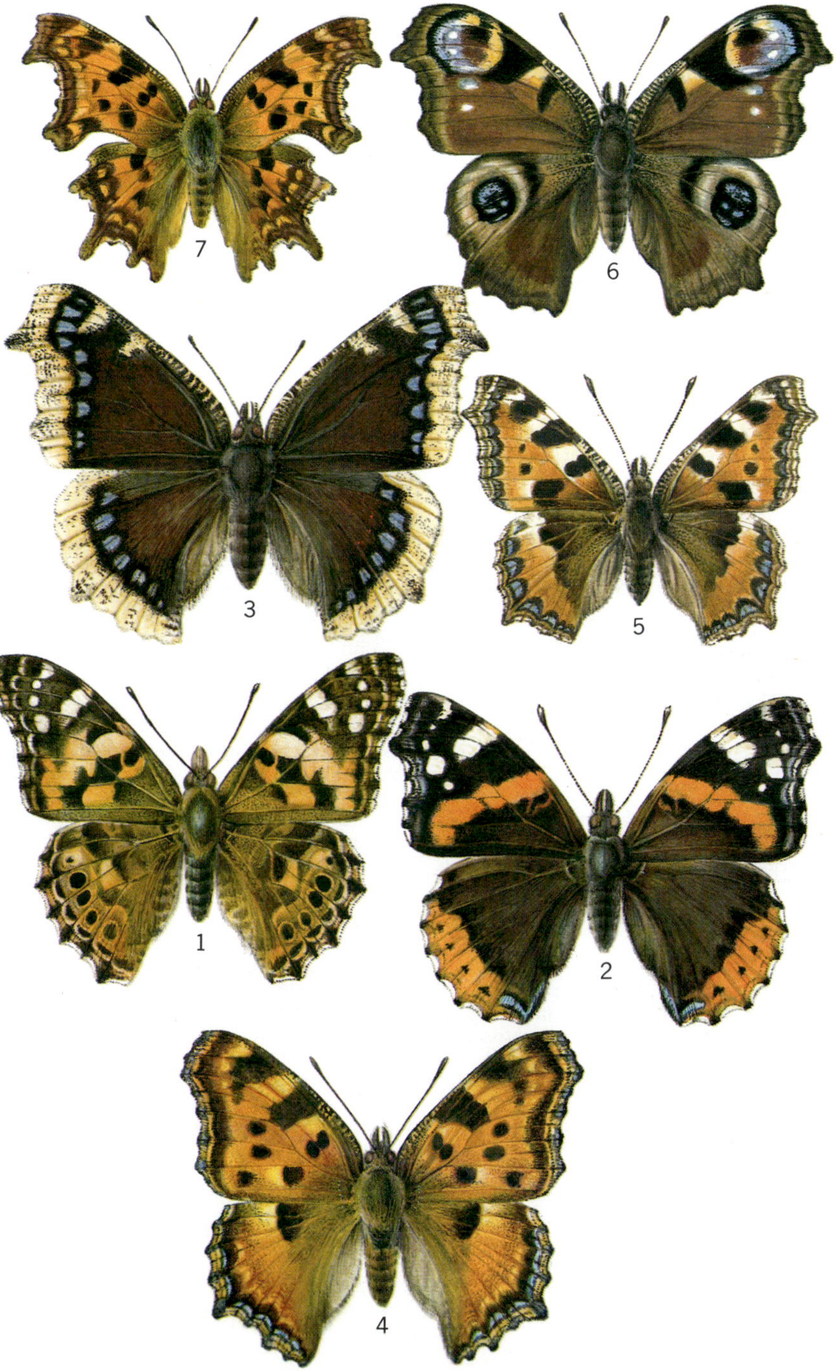
7
6
3
5
1
2
4

Insekten

Familie: **Augenfalter** — *Satyridae*

1 Damenbrett *Melanargia galathea.* 23—28 mm. Auf der weißlichen oder gelblichen Grundfarbe der Flügel sitzen variable dunkle Flecken und Streifen. Die Art hat eine Reihe farblicher Abweichungen und geographischer Rassen hervorgebracht. Die Schmetterlinge treten im Juni/Juli auf, mancherorts auch noch im August. Sie sitzen auf Witwenblumen an Waldrändern und Waldwegen, auf buschbestandenen Hängen und Bahndämmen. Das Weibchen legt seine Eier im Flug oder sonst frei auf Pflanzen ab, die Larven ernähren sich von Gräsern. Sie überwintern und verpuppen sich im Mai/Juni. Verbreitung: Europa außer Skandinavien, Norddeutschland und dem Norden Großbritanniens. Ferner Kaukasus, Nordiran, Nordafrika.

2 Wiesen-Schwärzling *Erebia medusa.* 23—24 mm. Fliegt im Mai/Juni (in den Bergen etwas später) auf Lichtungen und Waldwiesen. In den Gebirgen geht er bis zu 2000 m hoch. Seine überwinternden Raupen ernähren sich von Gräsern, im folgenden Frühjahr verpuppen sie sich. Verbreitung: Europa (fehlt im Norden, Südwesten sowie in großen Teilen Italiens), Kleinasien.

3 Ochsenauge *Maniola jurtina.* 22—28 mm. Die Imago fliegt von Juni bis August sowohl in den Niederungen als auch in den Bergen auf Wiesen und Feldern, am Waldrand und auf Lichtungen. Die Raupen leben auf Gräsern, sie überwintern. Verbreitung: Europa (außer dem hohen Norden), Klein- und Vorderasien, Nordafrika.

4 Waldbrettspiel *Pararge aegeria.* 22—25 mm. Er fliegt an Waldrändern, Waldwegen und auf Lichtungen zwischen Niederungen und Gebirgen. Die Art bildet einige geographische Formen aus. Die Raupe lebt auf Gräsern. Verbreitung: Europa (außer Nordskandinavien), Klein- und Mittelasien, Nordafrika.

Familie: **Glucken** — *Lasiocampidae*

5 Ringelspinner *Malacosoma neustrium.* 13—20 mm. Von Juni bis August in Laubwäldern und Obstgärten. Das Weibchen legt seine Eier dicht nebeneinander ringartig um dünne Zweige. Die Raupen fressen die Blätter aller möglichen Bäume und werden stellenweise zu Schädlingen. Verbreitung: Paläarktische Region (mit Ausnahme des nördlichen Teils).

6 Eichenspinner *Lasiocampa quercus.* 26—37 mm. In mehreren Formen in Eichen- und Mischwäldern, der Schmetterling fliegt vorwiegend im Juli/August. Raupen oder Puppen überwintern (ein- bis zweimal). Verbreitung: Süd- und Mitteleuropa, Kleinasien, Transkaukasien, Sibirien.

7 Kiefernspinner *Dendrolimus pini.* 25—36 mm. Kommt in heller und dunkler Färbung vor. Die Schmetterlinge erscheinen ab Ende Juni und fliegen bis August in Kiefernwäldern. Die Weibchen bringen ihre Gelege mit ca. 50 Eiern auf der Rinde von Kiefernästen an, seltener auf Stämmen oder Nadeln. Die Raupen ernähren sich von Kiefernnadeln. Es wird berichtet, daß eine Raupe im Lauf ihrer Reifung etwa 900 Kiefernnadeln verzehrt. Ihre Entwicklung dauert ein bis zwei Jahre. Eier, Raupen und Puppen dieses Schmetterlings werden von Hautflüglern vertilgt. Verbreitung: Großteil Europas, China, Japan.

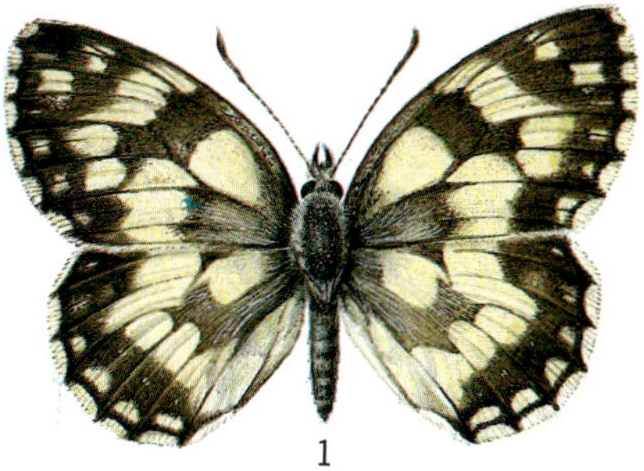

1

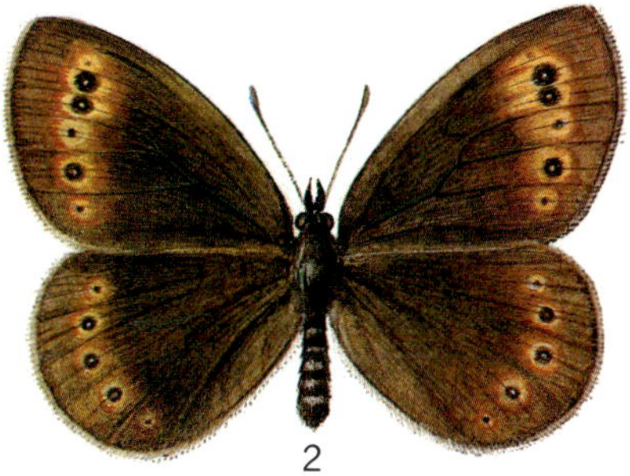

2

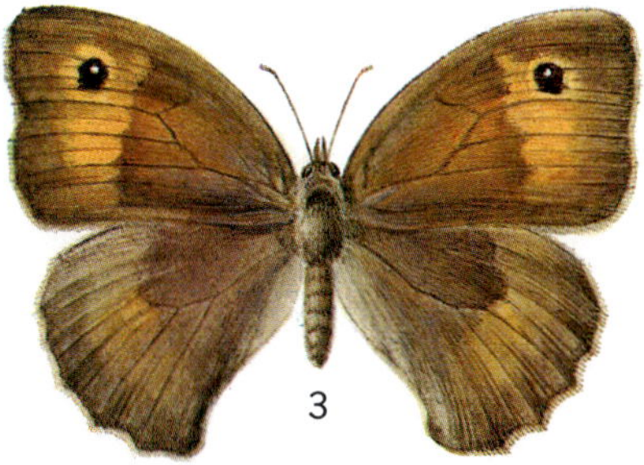

3

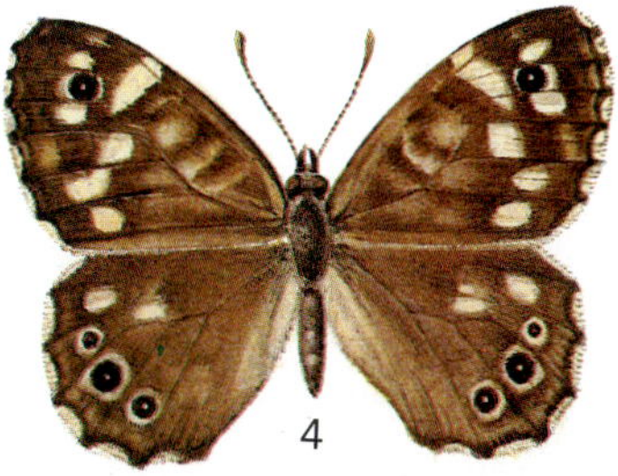

4

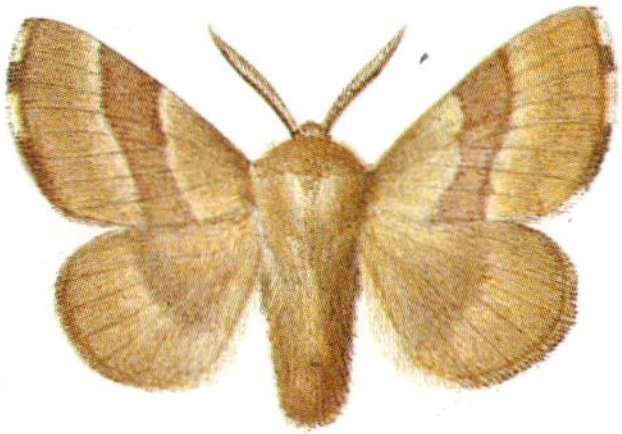

5

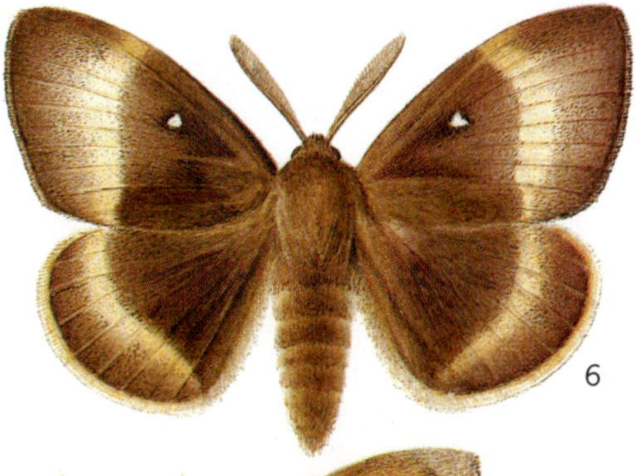

6

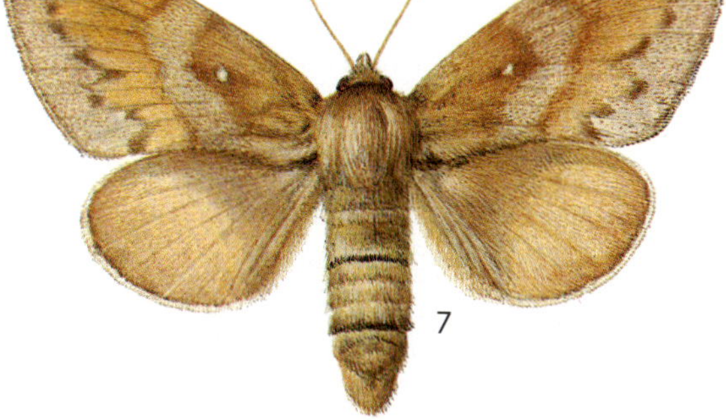

7

Insekten

Familie: **Wiesenspinner** — *Lemoniidae*

1 Wiesenspinner *Lemonia dumi.* 25—29 mm. Die Imago fliegt von August bis November an Waldrändern und auf Wiesen. Aus den weißen, schwarz gesprenkelten Eiern schlüpfen Raupen, die sich von Korbblütlern ernähren. Sie sind braun und wollig, seitlich am Körper sitzen längliche schwarze Flecken. Sie erreichen eine Länge von 60—70 mm und verpuppen sich unter dem Laub oder in der Erde. Verbreitung: Europa vom Balkan bis Südskandinavien und bis zum Ural.

Familie: **Pfauenspinner** — *Saturniidae*

2 Großes Nachtpfauenauge *Saturnia pyri.* 60—72 mm. Größter europäischer Schmetterling, in der Färbung ziemlich variabel. Das Männchen läßt sich leicht durch seine gekämmten Fühler vom Weibchen unterscheiden. Die Imago fliegt nachts im April/Mai, in Wein- und Obstgärten, manchmal auch in Parks. Während ihrer verschiedenen Lebensabschnitte ist die Raupe verschieden gefärbt. Sie lebt auf Obstbäumen und Eschen, wächst bis zu einer Länge von 120 mm heran und verpuppt sich dann in Astgabeln oder auf dem Boden. Die Puppe überwintert. Verbreitung: Vor allem die südlichen Teile Europas, fehlt in Großbritannien (die Nordgrenze des Verbreitungsgebiets liegt in Mitteleuropa), Kleinasien, Vorderasien (Iran).

3 Kleines Nachtpfauenauge *Eudia pavonia.* 28—40 mm. Bei den Weibchen sind alle Flügel annähernd gleich gefärbt, die Männchen haben gelb-orange Hinterflügel. Die Fühler der Männchen sind gekämmt. Das Kleine Nachtpfauenauge kann sich auch mit verwandten Arten kreuzen. Die Schmetterlinge kommen von April bis Juni vor. Zwar werden sie zu den Nachtfaltern gerechnet, doch fliegen die Männchen an warmen Sonnentagen. Die Raupen leben von Mai bis August meist auf Schlehen, Rosen, Heidelbeerpflanzen, Himbeersträuchern, Weiden und Heidekraut. Sie erreichen eine Länge von 60 mm, dann verpuppen sie sich in einem bräunlichen oder weißlichen Kokon. Verbreitung: Europa, paläarktischer Teil Asiens.

Familie: **Sichelflügler** — *Drepanidae*

4 Sichelspinner *Platypteryx falcataria.* 16—18 mm. Vom Frühjahr bis August in Laubwäldern, auf Lichtungen, Heideflächen und an Bächen. Im Norden bildet er eine Generation aus (im Mai/Juni), im Süden noch eine zweite im Juli/August. Die Raupen ernähren sich von Birken- oder Erlenlaub. Sie werden 25—30 mm lang. Die Puppe überwintert. Verbreitung Europa, im Norden bis Skandinavien.

Familie: **Wollrückenspinner** — *Thyatiridae*

5 Roseneule *Thyatira batis.* 18—19 mm. Auf den ersten Blick an den rosa Flecken auf der Flügeln zu erkennen. Die Imago fliegt in ein bis zwei Generationen von Mai bis Juli au Lichtungen, an Waldrändern, in Gärten und Parks. Die Raupen ernähren sich von Himbeer und Brombeersträuchern. Verbreitung: Europa bis Skandinavien, Finnland, Estland, Transkaukasien, Sibirien, Korea, Westchina, Japan, Nordindien.

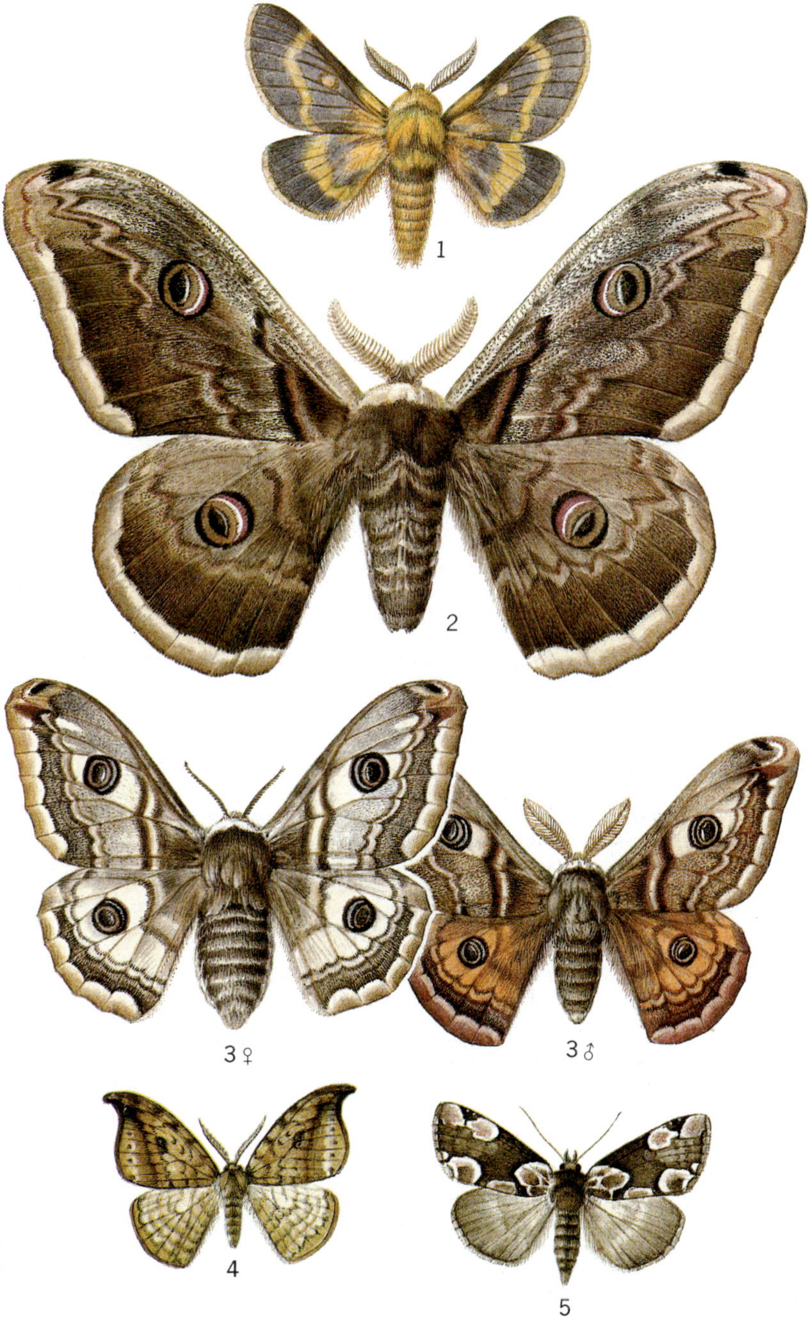
1
2
3 ♀
3 ♂
4
5

Insekten

Familie: **Spanner** — *Geometridae*

1 Grünes Blatt *Hipparchus papilionarius.* 21—29 mm. Die Imago fliegt von Juni bis August an den Rändern von Laub- oder Mischwäldern. Verbreitung: Mittel- und Nordeuropa, Kleinasien, Sibirien, Japan.

2 *Scopula ornata.* 11—12 mm. Die Art kommt von April bis August in zwei, gegebenenfalls auch drei Generationen an trockenen Standorten vor. Ihre Raupen ernähren sich von Feldthymian, Dost, Ehrenpreis, Schafgarbe usw. Verbreitung: Europa vom Süden bis nach Skandinavien, Asien, am Amur, Nordafrika.

3 *Idaea aversata.* 14—15 mm. Die typische Form hat einen breiten dunklen Streifen auf den Flügeln, bei der abgebildeten Form *spoliata* fehlt er. Wie viele andere Spanner bringt auch diese Art von Mai bis September zwei Generationen hervor. Die Schmetterlinge bewohnen lichte Wälder und Lichtungen. Die allesfressende Raupe kann über längere Zeit hinweg hungern. Verbreitung: Europa (außer dem hohen Norden und einigen Gegenden auf der Iberischen Halbinsel), Transkaukasien, Klein- und Vorderasien.

4 Grauspanner *Aplocera plagiata.* 18—23 mm. Auf trockenen, warmen Hängen, auf Steppenflächen und an Waldrändern; dort von Mai bis Oktober in zwei Generationen. Stellenweise häufig. Die Raupen ernähren sich von Johanniskraut *(Hypericum perforatum)*. Verbreitung: Großteil der paläarktischen Region.

5 Schwarzfleckenspanner *Lomaspilis marginata.* 12—14 mm. Auf den Flügeln mit variabler Zeichnung. Die Imago kommt von April bis August in einer, mancherorts auch noch in einer zweiten Teilgeneration an Waldrändern, Flußufern, auf Uferwiesen usw. vor. Die Raupen ernähren sich von den Blättern verschiedener Weiden, Salweiden, Haselsträucher, Espen, Birken usw. Verbreitung: Europa, Mittelasien, Südostsibirien.

6 Großer Frostspanner *Erannis defoliaria.* 22—26 mm. Bildet mehrere Farbformen aus. Die Schmetterlinge erscheinen ab Ende September und fliegen bis Anfang Dezember, sie leben in Wäldern und Gärten. Die Raupen ernähren sich vom Laub aller möglichen Hölzer. Verbreitung: Von Norditalien bis Südskandinavien, Transkaukasien.

7 Birkenspanner *Biston betularius.* 21—32 mm. Am bekanntesten und am häufigsten ist die fast schwarze Form *carbonaria* aus der Umgebung von Industriestädten. Eine weitere Form — *ochrearia* — hat eine ockergelbe Flügelgrundfarbe. Die Schmetterlinge fliegen in den Mai- und Juninächten. Ihre Raupen befressen die Blätter von Eichen, Pappeln, Ulmen, Birnen, Rosen, Schlehen usw. Verbreitung: Eurasien.

8 Kiefernspanner *Bupalus piniarius.* 19—22 mm. Bewohnt Kiefern- oder Nadelmischwälder. Die Imago fliegt von April bis Juli. Hin und wieder treten die Raupen als Schädlinge in Nadelholzkulturen auf. Die Puppe überwintert. Verbreitung: Nord- und Mitteleuropa, Transkaukasien, Sibirien.

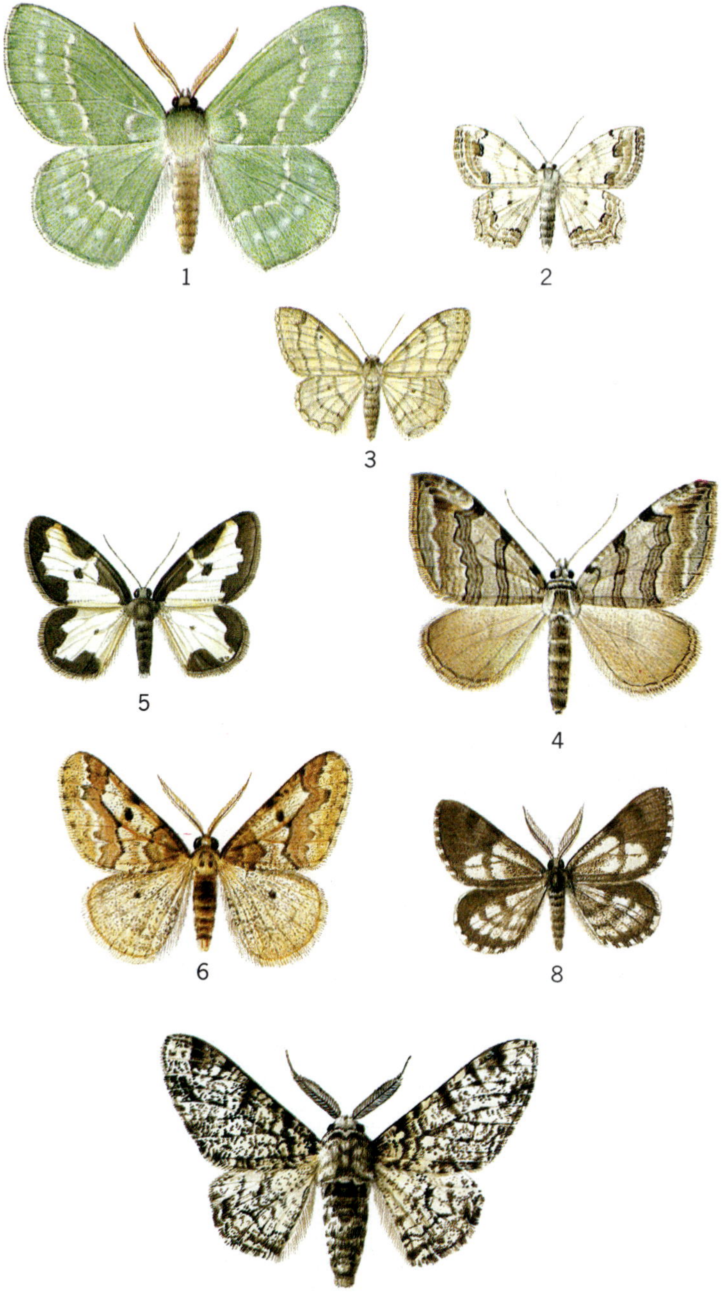
1
2
3
5
4
6
8
7

Insekten

Familie: **Schwärmer** — *Sphingidae*

1 Abendpfauenauge *Smerinthus ocellatus.* 33—44 mm. Auf dem Hinterflügel sitzt ein auffallendes dunkles Auge mit einer helldunklen Umrandung. Der Schmetterling bewohnt Auwälder, dort fliegt er in den späten Abendstunden, nicht selten sogar bis zur Morgendämmerung. Die Imago lebt von Mai bis Juli, im Süden auch noch als zweite Generation im Oktober. Die Raupe ernährt sich von Weiden-, Pappel-, Linden-, Schlehen- sowie verschiedenem Obstbaumlaub. Bis zum Ende der Vegetationszeit erreicht sie eine Länge von ca. 90 mm, dann verpuppt sie sich im Erdboden. Die Puppe ist glänzend dunkelbraun. Verbreitung: Großteil Europas, Transkaukasien, Kleinasien.

2 Lindenschwärmer *Mimas tiliae.* 30—40 mm. Seine Färbung variiert vom Grünlichen über Rotbraun bis ins Dunkle; auch der sich über den Vorderflügel ziehende breite Streif kann in zwei selbständige große Flecken zerfallen. Auch heute noch relativ häufig. In Mitteleuropa von April bis Juli eine einzige Generation, im Süden von August bis Oktober noch eine zweite. Die Schmetterlinge halten sich in Lindenalleen, an Waldrändern und in Parks auf, sie steigen bis ins Gebirge auf. Aus den grünen Eiern schlüpfen Raupen, die sich vorwiegend von Lindenblättern, aber auch von anderem Laub ernähren. Reifen sie heran, verkriechen sie sich in die Erde, um sich dort in einem festen Kokon zu verpuppen und zu überwintern. Verbreitung: Großteil der paläarktischen Region.

3 Totenkopf *Acherontia atropos.* 45—60 mm. Erhielt seinen Namen von der griechischen Schicksalsgöttin. Der deutsche Name bezieht sich auf die helle Brustzeichnung des Schmetterlings, die wie ein Totenkopf aussieht. Die Art stammt aus den Tropen, von wo sie ganz normal nach Südeuropa kommt. Nach Mitteleuropa gelangt sie weniger häufig. Die Schmetterlinge kommen gelegentlich in erleuchtete Räume geflogen, auch Bienenkörbe fliegen sie an, um sich am Honig gütlich zu tun. Die Weibchen suchen Kartoffelfelder auf, sie legen auf dem Kartoffelkraut (sowie auf anderen Nachtschattengewächsen) ihre Eier ab. Die Raupe frißt Kartoffelblätter. Bis zum Herbst wächst sie heran, dann verkriecht sie sich im Boden, stellt einen großen Kokon her und verpuppt sich darin. Viele Puppen überleben aber den Winter nicht und gehen zugrunde. Verbreitung: Afrika und Madagaskar, fliegt weit nach Norden bis nach Europa, Transkaukasien, Iran usw.

4 Kiefernschwärmer *Hyloicus pinastri.* 33—45 mm. Auf den grauen Vorderflügeln sitzen braune Flecken und drei kommaähnliche Gebilde, doch ist diese Zeichnung sehr variabel, die Kommas können fehlen. Viele Exemplare haben ganz dunkle Flügel (sog. melanistische Formen). Dieser Schwärmer bewohnt Kiefernwälder, seine Raupen fressen Kiefernnadeln. Sie verpuppen sich am Fuß der Stämme, entweder in der Erde oder auf der Oberfläche. Verbreitung: Gemäßigte Zone Eurasiens.

5 Labkrautschwärmer *Celerio galii.* 32—35 mm. Bringt in der Regel zwei Generationen hervor (Mai—Juni, August—Oktober). In seiner Färbung ähnelt er etwas der Art *C. euphorbiae,* mit der er sich auch kreuzt. Seine Raupen sind zwar Allesfresser, doch halten sie sich mit Vorliebe auf Labkraut auf. Verbreitung: Gemäßigte Zone Eurasiens (fliegt nur selten nach Großbritannien und Irland ein), nearktische Region.

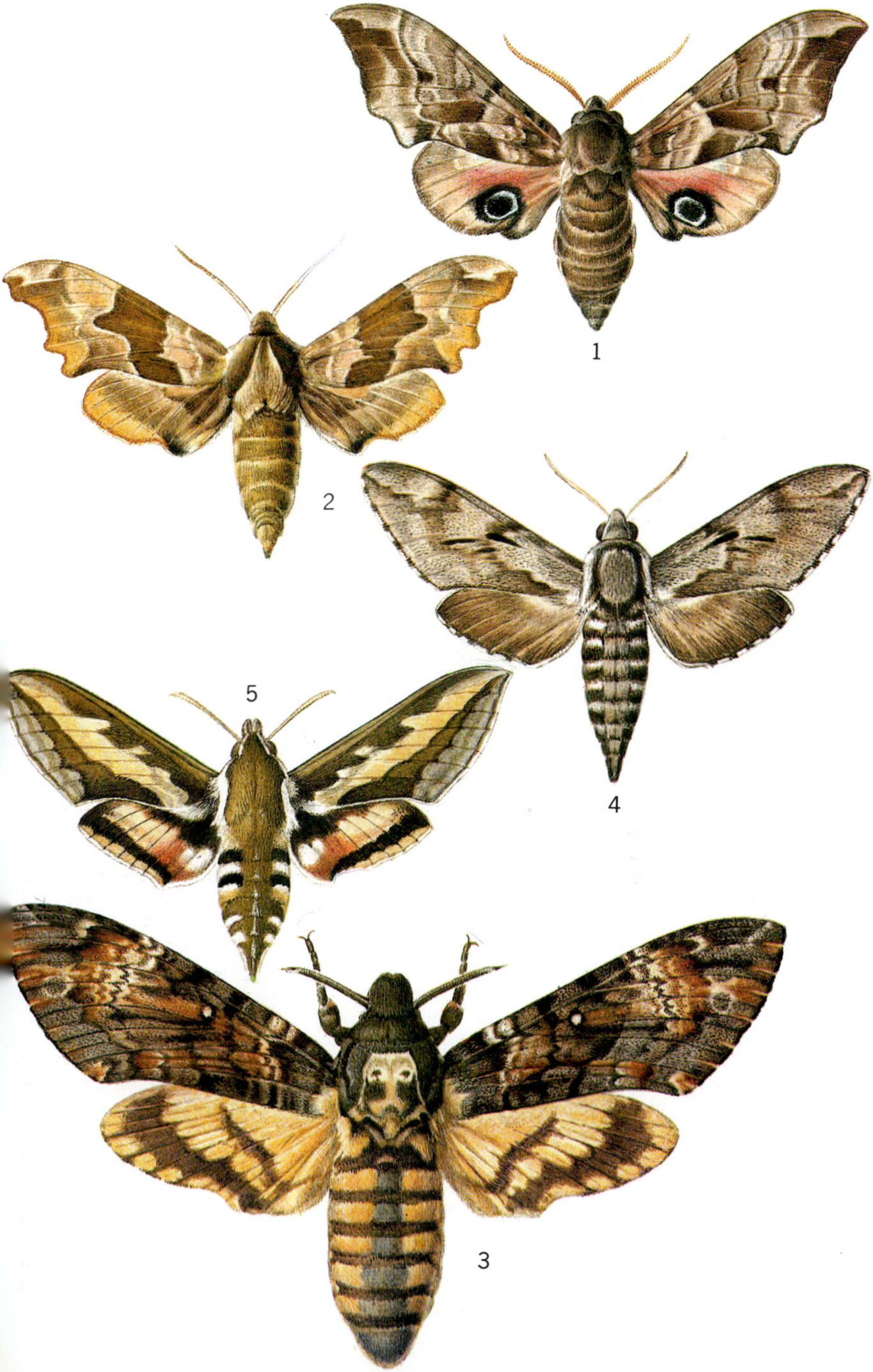
1
2
4
5
3

Insekten

Familie: **Schwärmer** — *Sphingidae*

1 Ligusterschwärmer *Sphinx ligustri.* 44—50 mm. Fliegt ab Mai in der Dämmerung um blühende Fliederbüsche, aus den Blüten saugt er Nektar. Nachts fliegt er Lichtquellen an, tagsüber sitzt er auf Baumstämmen oder Zäunen. Seine Eier sind hellgrün. Die Raupe schlüpft nach etwa 10 Tagen aus, meist ernährt sie sich von Liguster- *(Ligustrum vulgare)*, Flieder- oder Schneebeerenblättern. Wenn sie auf der Pflanze sitzt, hebt sie wie eine Sphinx ihren Vorderkörper. Nach vier bis sechs Wochen ist sie 10—12 cm lang, sie verkriecht sich in die Erde, verpuppt sich in einem Kokon und die Puppe überwintert. Verbreitung: Europa (außer den Polargebieten und Irland), gemäßigte Zone Asiens.

2 Mittlerer Weinschwärmer — *Deilephila elpenor.* 25—32 mm. Fliegt im Mai/Juni, die zweite Teilgeneration auch noch im August spätabends und nachts um die Blüten von Petunien, Phlox, Seifenkraut, Natterkopf *(Echium vulgare)* usw. Saugt im Flug Nektar aus den Blüten und läßt sich auch durch entsprechende Köder anlocken. Das Weibchen legt etwa 100 glänzend grüne Eier einzeln an die Unterseite der Nährpflanzen ab, vor allem auf Weidenröschen, Labkraut, Weinreben *(Vitis vinifera)* u. a. Eine ausgewachsene Raupe mißt 7—8 cm. Sie verwandelt sich in eine gelbbraune, dunkel gesprenkelte Puppe. Verbreitung: Paläarktische Region.

3 Skabiosenschwärmer *Hemaris tityus.* 19—21 mm. Mit durchsichtigen Flügeln. Der Schmetterling fliegt tagsüber, meist um die Mittagszeit auf Wiesen und Hängen mit reichem Blütenbestand. 1—2 Generationen (Mai/Juni, Juli/August). Die Raupe lebt bevorzugt auf Knautie und Skabiose. Verbreitung: Europa außer dem hohen Norden, Altai.

Familie: **Zahnspinner** — *Notodontidae*

4 Großer Gabelschwanz *Cerura vinula.* 28—36 mm. Von Ende April bis Anfang Juli auf Wiesen, an Bächen und in Parks. Im Norden (Fennoskandinavien) dunkel gefärbte Formen. Die auffällige, mächtige Raupe wird 7—8 cm lang. Sie ernährt sich von Weiden-, Pappel- und Espenlaub und verpuppt sich in einem festen Kokon aus Holzspänchen. Darin überwintert sie auch. Verbreitung: Paläarktische Region.

5 Mondvogel *Phalera bucephala.* 24—32 mm. Ähnelt der Art *P. bucephaloides,* die jedoch an den Vorderflügelenden größere gelbe Flecken hat, daneben einen weiteren auffälligen gelben Fleck in der vorderen Hälfte des Vorderflügels. Die Imago fliegt in einer, im Süden auch in zwei Generationen in Auwäldern und Parks. Ihre Nahrung sucht die Raupe auf Laubbäumen. Sie wird etwa 60 mm lang, verpuppt sich in der Erde und überwintert so. Verbreitung: Europa (außer dem hohen Norden), Kleinasien, Sibirien, Nordostafrika.

Familie: **Prozessionsspinner** — *Thaumetopoeidae*

6 Eichenprozessionsspinner *Thaumetopoea processionea.* 13—18 mm. Lebt in Eichenwäldern. Die Imago fliegt am häufigsten im Juli/August, die Eier überwintern. Die Raupen schlüpfen im Frühjahr und leben gemeinsam in einem Nest, das sie in den Zweigen spinnen. Nachts verlassen sie es und kriechen in einer langen Reihe über Äste und Stämme zu den Blättern, die ihnen als Nahrung dienen. Verbreitung: Mittel- und Südeuropa (fehlt in Südbayern, im Nordteil der Norddeutschen Tiefebene u. a.), Kleinasien.

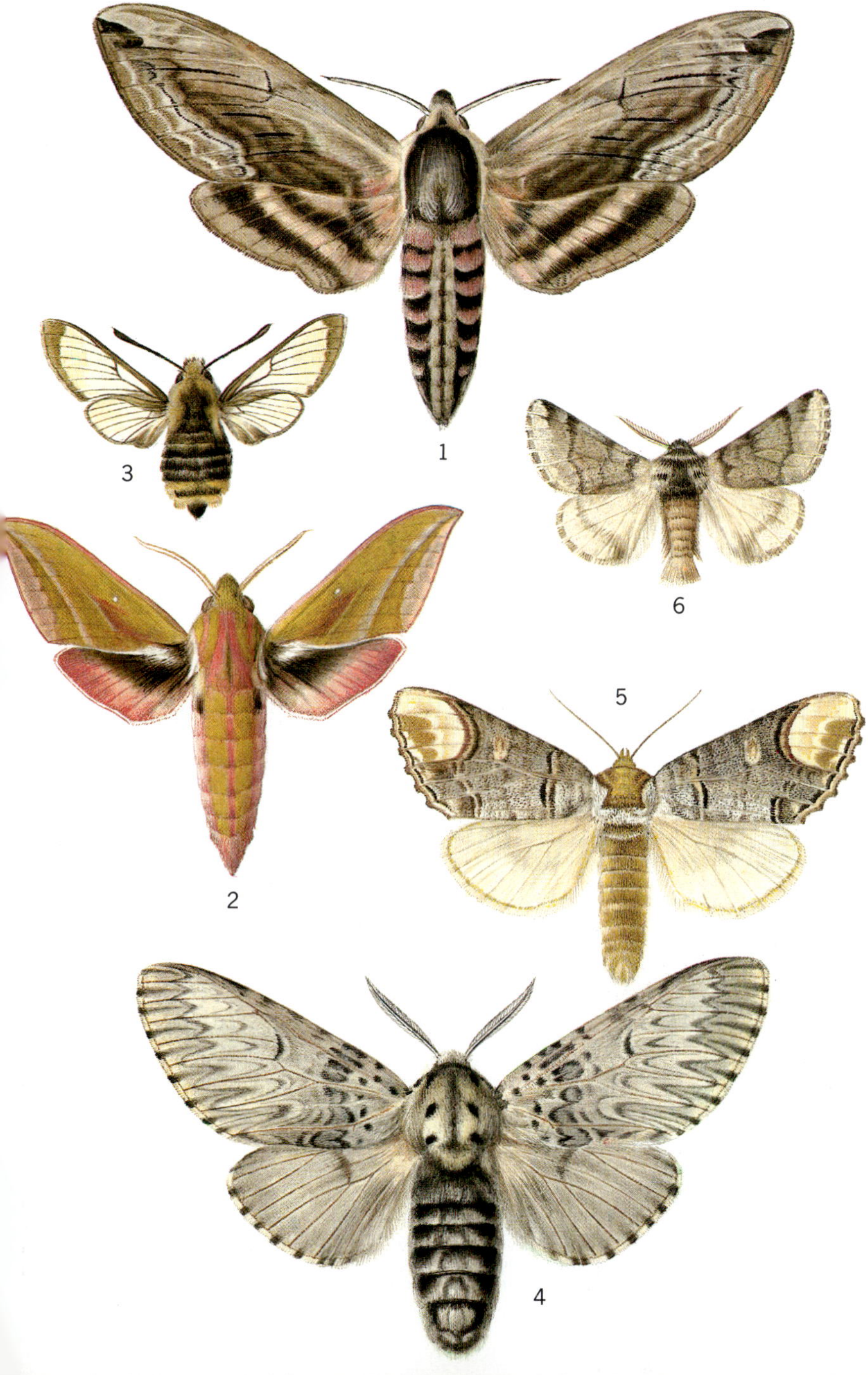
1
3
6
2
5
4

Insekten

Familie: **Trägspinner** — *Lymantriidae*

1 Streckfuß, Rotschwanz *Dasychira pudibunda*. 21—29 mm. Auf den hellgrauen Vorderflügeln sitzt eine dunklere veränderliche Zeichnung. Die Schmetterlinge fliegen von April bis Juni (evtl. auch bis Juli) an den Rändern von Laubwäldern, in Parks und Gärten. Von Juli bis Oktober erscheinen die Raupen auf allen möglichen Laubbäumen. Im Herbst verpuppt sich die Raupe in einem Gespinst, in das viele Raupenhaare eingearbeitet sind. Die Puppe überwintert. Verbreitung: Hauptsächlich Mittel- und Westeuropa, Transkaukasien, über Sibirien bis Japan.

2 Bürstenbinder *Orgyia antiqua*. 11—15 mm. Das Männchen ist geflügelt, das Weibchen gedrungen und hat nur Flügelstummel. Im Norden lebt im Juli/August nur eine Generation, weiter nach Süden 2—3 (Juli—Oktober). Nährpflanzen der Raupen sind viele Laubgehölze. Die Raupen werden bis zu 30 mm lang. Verbreitung: Großteil Europas, Transkaukasien, Sibirien, Nordchina, Japan, Nordamerika.

3 Goldafter *Euproctis chrysorrhoea*. 17—22 mm. Meist haben beide Geschlechter weiße Flügel, gelegentlich erscheinen auf den Vorderflügeln kleine dunkle Punkte. Die Schmetterlinge fliegen von Juni bis September in Gärten. Die Weibchen legen ihre Eier auf Blattober- und -unterseiten sowie auf die Äste von Laubbäumen. Die Raupen bleiben nach dem Schlüpfen beieinander und spinnen sich im Winter ein, um sich dann weiter zu entwickeln. Sie verpuppen sich in einem dünnen Kokon. Verbreitung: Europa (im Norden bis Schweden und Litauen), Kaukasus, Transkaukasien, Kleinasien, Nordafrika.

4 Pappelspinner *Leucoma salicis*. 22—26 mm. Im Juni/Juli in Pappelalleen, in Parks und an weiden- und pappelumstandenen Gewässern, den Nährpflanzen seiner Raupen. Verbreitung: Europa, Klein- und Mittelasien, Sibirien, Nordafrika.

5 Nonne *Lymantria monacha*. 19—27 mm. Hinterflügel fast einfarbig bräunlich, auf den Vorderflügeln sitzen reiche und variable dunkle Zeichnungen. Sehr oft kommen auch melanistische Formen vor. Die Imago lebt von Juni bis September. Sie kommt vor allem in Nadelmonokulturen vor, gelegentlich auch in Laubwäldern. Bei Überhandnehmen können die Raupen Kahlfraß schaffen. In der heutigen Zeit halten sich solche Kalamitäten in Grenzen, in vielen Landschaften ist die Art gänzlich verschwunden. Verbreitung: Von Westen über Mitteleuropa nach Osten, Transkaukasien, Sibirien, Japan.

6 Schwammspinner *Lymantria dispar*. 18—36 mm. Im Sommer in Laubwäldern und gelegentlich auch in Gärten. Das Weibchen bedeckt sein Gelege mit einer Haarschicht, das Ganze ähnelt etwa einem Baumpilz. Die Raupen ernähren sich von den Blättern verschiedener Bäume. Verbreitung: Großteil Europas (gegenwärtig in Großbritannien ausgestorben) Transkaukasien, Klein-, Vorder- und Zentralasien, Sibirien, China, Japan, Nordafrika. Nach Nordamerika 1868 eingeschleppt, stellenweise ein bedeutender Schädling.

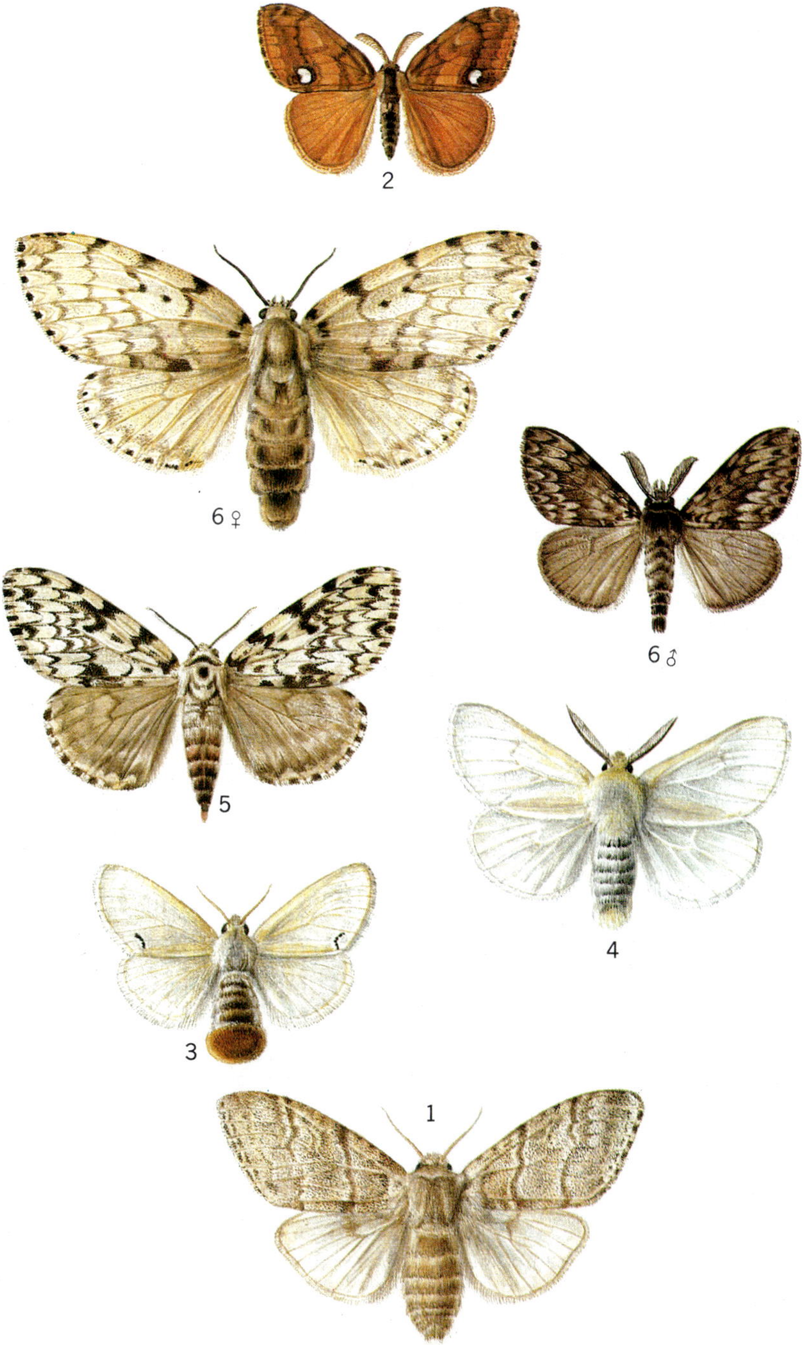
2
6 ♀
6 ♂
5
4
3
1

Insekten

Familien: **Bärenspinner** — *Arctiidae*

1 Siebbär *Coscinia cribraria.* 15—21 mm. Von Juni bis August auf Heideflächen und Kiefernlichtungen. Die Raupe ernährt sich von kleineren Pflanzen, z. B. Löwenzahn, Wegerich, Heidekraut usw. Verbreitung: Europa, gemäßigte Zone Asiens.

2 Purpurbär *Rhyparia purpurata.* 20—26 mm. Die Art bildet einige Farbvarietäten, die sich in der Färbung der Hinterflügel (rot, gelblich, orange, alle mit dunklen Flecken) sowie in der Zeichnung auf den Vorderflügeln voneinander unterscheiden. Die Schmetterlinge fliegen im Juni/Juli auf feuchten Wiesen, die Weibchen legen kleine gelbliche Eier. Die sich von kleineren Kräutern (Labkraut) bzw. Gehölzen (Erika) ernährenden Raupen erreichen eine Länge von etwa 45 mm. Sie verpuppen sich nach dem Überwintern. Verbreitung: Europa (im Westen weniger häufig, fehlt in Großbritannien), Kleinasien, Nordasien, Transkaukasien, Japan.

3 Brauner Bär *Arctia caja.* 26—37 mm. Der Schmetterling ist in einigen Farbformen bekannt. Die Vorderflügel sind gelblichweiß bis ocker und tragen eine dunkle (evtl. auch gelbbraune) Zeichnung, die Hinterflügel haben auf zinnoberrotem bzw. ockergelbem Untergrund dunkle Flecken. Die Imago fliegt im Juli/August, im Süden noch in einer zweiten Teilgeneration. Die haarige, mit vorne rostbraunen Haaren bewachsene Raupe ernährt sich von Himbeersträuchern, Heidelbeeren, Erika, Schlehen usw. Verbreitung: Fast ganz Europa, Klein- und Vorderasien, Sibirien, Japan, Pamir, Nordamerika.

4 Schwarzer Bär *Arctia villica.* 28—32 mm. Im Juni/Juli an sonnigen Standorten. Auch er bildet mehrere Farbabweichungen aus. Die Raupe ernährt sich von vielerlei Kräutern, Taubnesseln, Schafgarben, Erdbeerstauden usw. Verbreitung: Europa (mancherorts derzeit am Verschwinden), Vorderasien.

5 Schönbär *Callimorpha dominula.* 21—27 mm. Auf den Vorderflügeln sitzt je ein orangefarbener Fleck verschiedener Größe, manchmal ist er gar nicht ausgebildet. Die Schmetterlinge fliegen tagsüber auf Waldwiesen und an Gewässern. Nährpflanzen der Raupen sind Taubnessel, Brennessel, Hahnenfuß, Vergißmeinnicht u. a. Verbreitung: Europa (fehlt jedoch in einigen Teilen West- und Nordeuropas), Ural, Kaukasus, Transkaukasien.

6 Russischer Bär *Euplagia quadripunctaria.* 26—30 mm. Liebt steinige Felshänge und Täler (vor allem mit Kalksteinuntergund), dort fliegt er im August. Die allesfressende Raupe überwintert. Verbreitung: Europa außer dem hohen Norden, Klein-, Vorder- und Westasien.

7 Jakobskrautbär *Thyria jacobaeae.* 18—21 mm. Erhielt seinen Namen von der Nährpflanze seiner Raupen, dem Jakobskreuzkraut (*Senecio jacobaea*). Die Raupe frißt jedoch auch Blätter von Pestwurz oder Huflattich. Im Herbst verpuppt sie sich und überwintert. Die Schmetterlinge erscheinen von Juli bis September an feuchteren Orten. Verbreitung: Europa, Westasien bis zum Altai.

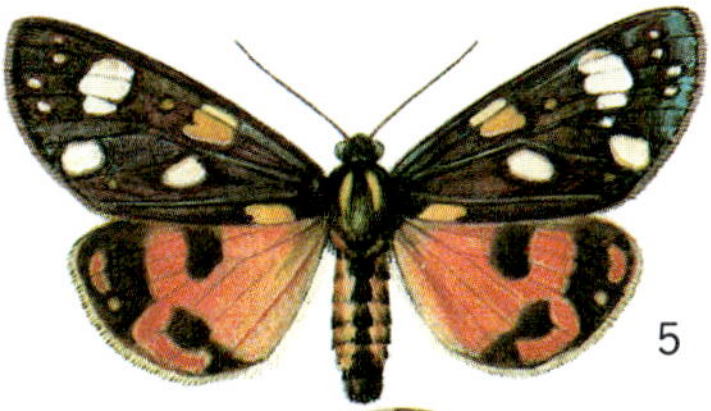
5

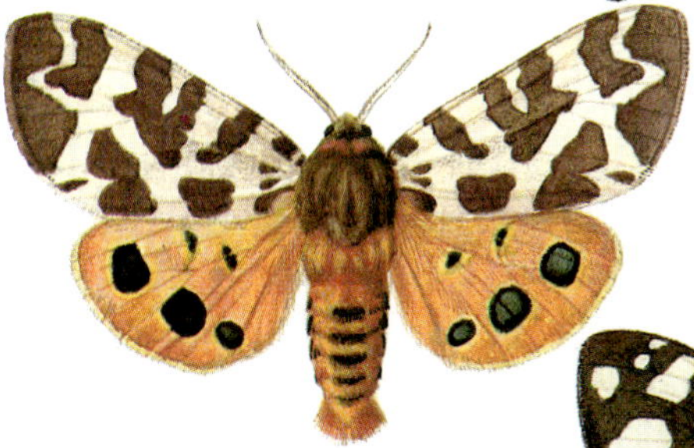
3

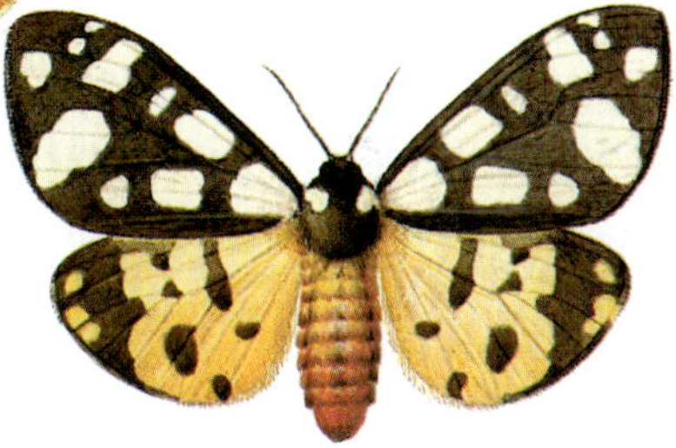
4

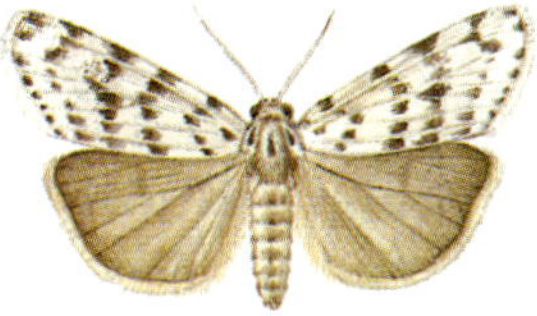
1

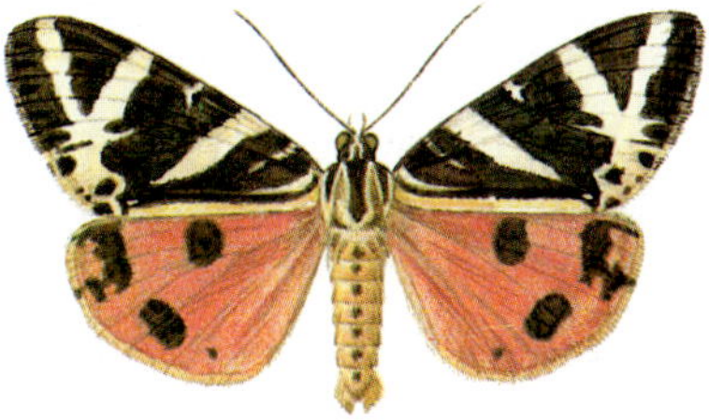
6

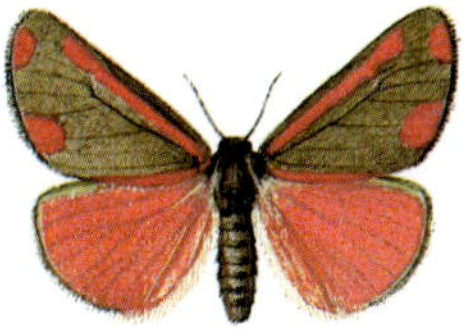
7

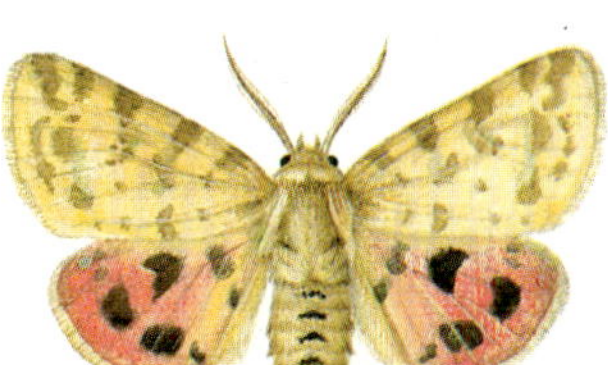
2

Insekten

Familie: **Eulen** — *Noctuidae*

1 Saateule *Scotia segetum.* 16—21 mm. In Größe und Färbung sehr veränderliche Art. Die Hinterflügel sind weißlich bis grau, auf den Vorderflügeln sitzt die Zeichnung auf hellgrauem, graubraunem oder auch schwarzbraunem Grund. Je nach Klimabedingungen fliegt sie in einer oder zwei Generationen. Die Imago erscheint bis Oktober/November auf Feldern und in Gärten. Das Weibchen legt einige hundert Eier. Die Raupen sind Allesfresser, sie leben auf Gräsern, Gemüse usw., sie erreichen eine Länge von 50 mm. Verbreitung: Eurasien, Südafrika, Nordamerika.

2 Gemeine Graseule *Scotia exclamationis.* 17—19 mm. Auf dem Vorderflügel sitzt neben dem dunklen nierenförmigen Fleck eine weitere längliche Zeichnung, die wie ein Ausrufungszeichen aussieht (daher der lateinische Artname). Die Färbung variiert von Hellgrau bis Grauschwarz. Zwei Generationen treten auf, das Weibchen legt etwa 800 Eier. Die Raupen sind Allesfresser und häufig auf Gräsern zu finden. Verbreitung: Eurasien.

3 Hausmutter *Noctua pronuba.* 26—29 mm. Auffällig durch die orangefarbenen, mit einem breiten dunklen Streif gesäumten Hinterflügel. Im Norden kommt nur eine Generation zustande, weiter nach Süden zwei bis drei. Gelegentlich kann die Imago noch zu Anfang November erscheinen. Das Weibchen legt einige hundert Eier in Gruppen auf kleinere Pflanzen. Die Raupen sind Allesfresser, sie erreichen eine Länge von 50—60 mm. Verbreitung: Paläarktische Region.

4 Kohleule *Mamestra brassicae.* 19—23 mm. Auf Feldern und in Gärten sehr häufige Art, sie fliegt nachts. Die Raupen ernähren sich u. a. von Gemüse, Erbsen, Salat, daher können sie Schäden anrichten. Verbreitung: Eurasien.

5 Pfeileule *Apatele psi.* 16—21 mm. Auf ihren Vorderflügeln trägt sie eine Zeichnung in Form des griechischen Buchstaben Psi, daher ihre wissenschaftliche Benennung. In ein bis zwei Generationen ist sie bis in den September hinein ziemlich häufig. Ihre Raupen fressen Blätter verschiedener Gehölze. Verbreitung: Großteil Eurasiens (außer dem Norden).

6 Graswurzeleule *Apamea monoglypha.* 22—26 mm. Auf ihren Vorderflügeln sitzt nicht weit vom Rand eine helle Zeichnung, in der der Buchstabe W auszumachen ist. Die Imago fliegt von Juni bis September, ihre Raupe lebt auf den verschiedenen Gräsern, manchmal auch auf Getreide. Verbreitung: Europa (fehlt im Norden), Vorderasien, Sibirien.

7 Gammaeule *Autographa gamma.* 17—21 mm. Auf den Vorderflügeln findet sich eine auffallende, helle Zeichnung, die dem griechischen Buchstaben Gamma ähnelt. Häufig vom Frühjahr bis November auf Feldern, Wiesen und in Gärten. Die Imago fliegt bei Tag und bei Nacht, die Schmetterlinge kommen im Frühjahr aus dem Süden und Südosten nach Mitteleuropa geflogen. Hier bringen sie 1—2 Generationen hervor, die wieder in den Süden zurückfliegen. Die Raupe ist ein Allesfresser, bei Überhandnahme kann sie zum Schädling an verschiedenen Kulturpflanzen werden. Verbreitung: Paläarktische und nearktische Region, Äthiopien.

8 Großes Eichenkarmin *Catocala sponsa.* 30—33 mm. Die Art bewohnt bevorzugt Eichenwälder, sucht aber auch Parks und Gärten auf. Die Imago zeigt sich von Ende Juli bis September. Die Nahrung der Raupen besteht aus Eichenlaub, die Raupen werden bis zu 70 mm lang. Verbreitung: Europa.

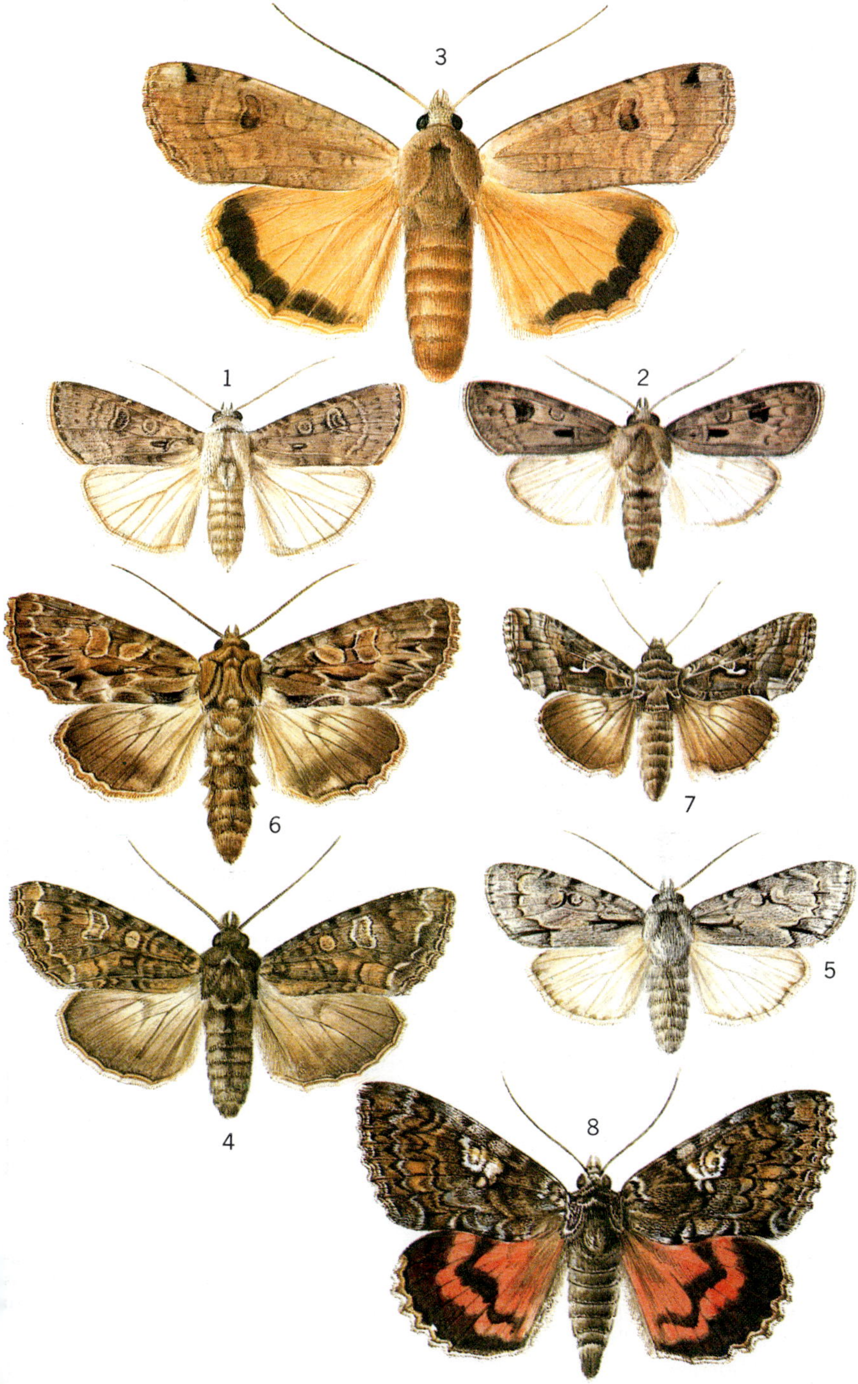
3
1
2
6
7
5
4
8

Insekten

Ordnung: **Schnabelfliegen** — *Mecoptera*
Familie: **Skorpionsfliegen** — *Panorpidae*

1 Gemeine Skorpionsfliege *Panorpa communis*. Länge 20 mm, Spannweite 25—30 mm. Ähnelt einigen weiteren Arten. Das Männchen hat wie diese am Hinterleibsende sklerotisierte Gonopodien, die wie Zangen aussehen. Die Imago fliegt von Frühjahr bis Herbst in großer Zahl auf der Vegetation um Gewässer im Unterwuchs der Wälder. Imago und Larven leben räuberisch. Verbreitung: Europa.

Ordnung: **Zweiflügler** — *Diptera*
Familie: **Schnaken oder Stelzmücken** — *Tipulidae*

2 Kohlschnake *Tipula oleracea*. Länge 15—23 mm. Im Laufe eines Jahres entstehen zwei Generationen. Das Weibchen legt seine Eier in den Boden ab, dort leben später auch die Larven. Sie ernähren sich von Würzelchen und verpuppen sich im Erdreich. Verbreitung: Europa, im Norden bis Mittelskandinavien, in Westeuropa häufiger; Nordafrika.

Familie: **Stechmücken** — *Culicidae*

3 Wiesenmücke *Aedes vexans*. Länge 4 mm. Gehört zu den häufigsten Mückenarten und zeigt sich von Mai bis in den Herbst in Flußnähe. Gern sucht sie Häuser auf. Ihre Weibchen sind sehr aggressiv, sie saugen Blut. Während eines Jahres bringt diese Art mehrere Generationen hervor. Ihre Larven leben an den Ufern von Teichen, in Tümpeln, Pfützen usw. Verbreitung: Eurasien und Nordamerika; dort ist sie der Überträger der Encephalitis St. Louis.

Familie: **Gallmücken** *Cecidomyidae*

4 Große Buchenblattgallmücke *Mikiola fagi*. Länge 4—5 mm. Unauffällige kleine Mükke, die schon im März/April fliegt. Ihre Larven erzeugen die wohlbekannten Gallen, die oft in Gesellschaften auf der Oberseite von Buchenblättern sitzen. Sie sind grün, gelblich oder rötlich, ca. 4—12 mm lang und haben Kegelform. Verbreitung: Europa.

Familie: **Waffenfliegen** — *Stratiomyidae*

5 Chamäleonfliege *Stratiomys chamaeleon*. Länge 14—15,5 mm. Lebt auf feuchteren Wiesen und Rainen, wo sie alle möglichen Blüten aufsucht. Das Weibchen legt seine Eier auf die Blattunterseite von Wasserpflanzen ab. Die räuberischen Larven leben im Wasser. Verbreitung: Mittel- und Südeuropa, Transkaukasien, Sibirien.

Familie: **Bremsen** — *Tabanidae*

6 *Tabanus bromius*. Länge 11,5—16 mm. Viele andere Arten sehen ähnlich aus. Die Weibchen lassen sich an der charakteristischen Stirnzeichnung zwischen den Augen erkennen. Die Augen der Männchen liegen dicht beieinander, die Zeichnung ist nicht entwickelt. Die Imago tritt von Juni bis August sehr häufig auf Wiesen in Wassernähe auf. Die Weibchen saugen Menschen- und Tierblut, die Männchen ernähren sich von Pflanzensäften. Verbreitung: Europa.

7 Regenbremse — *Haematopota pluvialis*. Länge 8—12 mm. Fliegt von Frühjahr bis Herbst auf Wegen und in Wäldern, besonders vor Gewittern sehr aggressiv. Die Weibchen fallen warmblütige Lebewesen an (einschließlich Menschen), stechen und saugen Blut. Die Art lebt auch in Gebirgsgegenden — in den Alpen und in der Tatra. Verbreitung: Paläarktische Region.

8 *Chrysops caecutiens*. Länge 7,5—11 mm. Von anderen Arten kann man sie ziemlich leicht durch die Zeichnung auf dem Hinterleib unterscheiden, im Sommer ist sie an feuchten Orten häufig. Die Weibchen suchen Menschen, Rinder und Pferde auf, um ihr Blut zu saugen. Verbreitung: Europa, Sibirien.

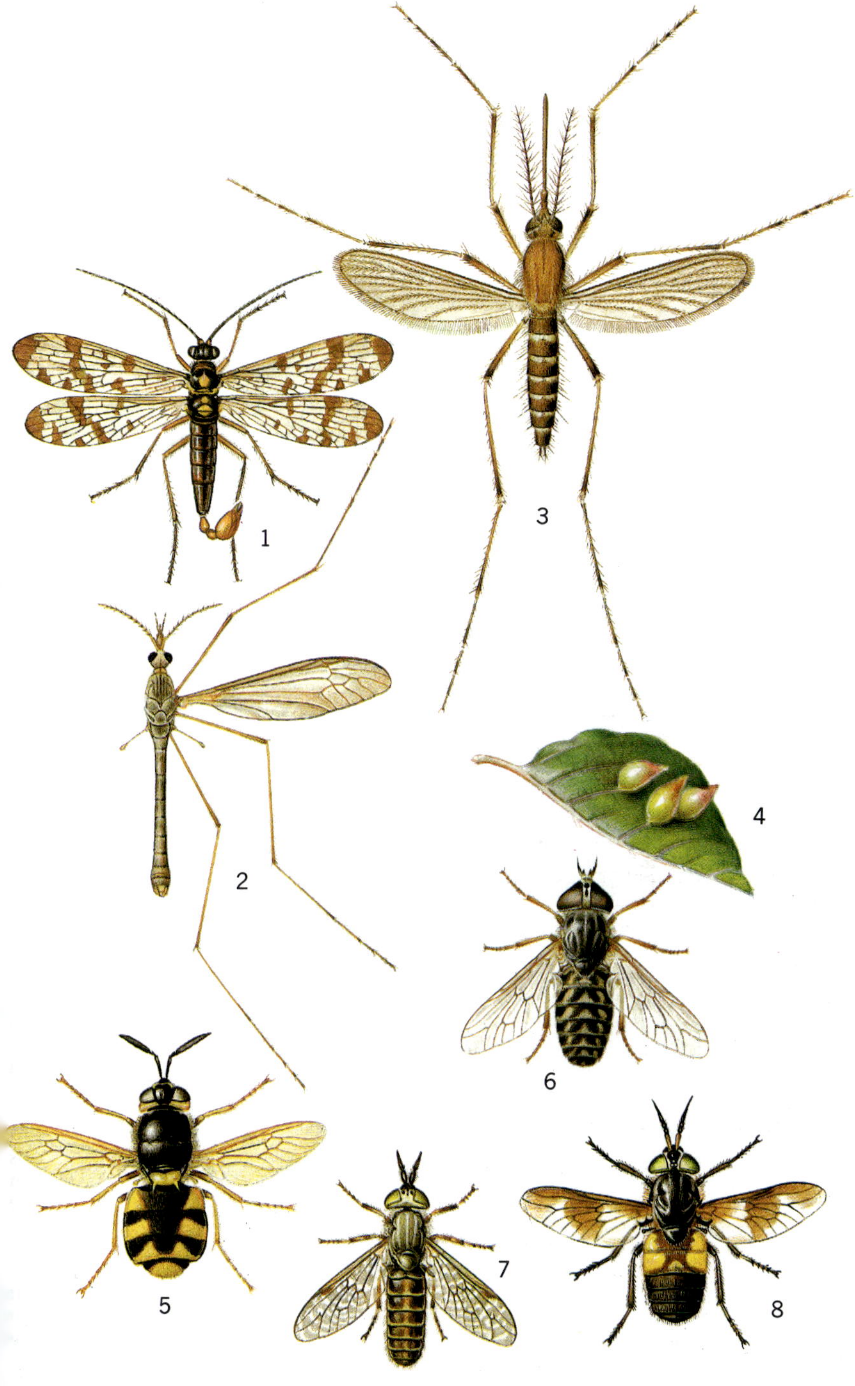
1
2
3
4
5
6
7
8

Insekten

Familie: **Schnepfenfliegen** — *Rhagionidae*

1 Schnepfenfliege *Rhagio scolopaceus.* Länge 13—18 mm. Gemeinsam mit einigen verwandten Arten ähnelt sie den Schnabelfliegen. Oft sitzt sie mit dem Kopf abwärts auf Baumstämmen oder Holzstücken, wobei sie ihren Vorderleib schräg nach oben aufrichtet. Die Imago erscheint von Mai bis August. Die Larven leben im Erdreich, ihre Nahrung besteht aus Insekten und verwesenden Stoffen. Verbreitung: Großteil Europas.

Familie: **Raubfliegen** — *Asilidae*

2 Hornissenjagdfliege *Asilus crabroniformis.* Länge 16—30 mm. Von Juni bis September in den Wäldern, wo sie im Flug alle möglichen Insekten erbeutet. Mit ihrer Beute läßt sie sich irgendwo nieder, um sie zu verzehren. Verbreitung: Paläarktische Region.

3 Mordfliege *Laphria flava.* Länge 16—25 mm. Lauert im Wald auf Stämmen oder Pflanzen auf Beute, am häufigsten ist die Imago im Juni/Juli. Verbreitung: Ganz Europa.

Familie: **Wollschweber** — *Bombyliidae*

4 Wollschweber *Bombylius major.* Länge 8—13 mm. Ähnelt einer Hummel-Arbeiterin. Zeitig im Frühjahr, im April/Mai, fliegt die Imago auf blühenden Pflanzen umher, um aus den Blüten Nektar zu saugen. Sie ist ein ausgezeichneter Flieger und besitzt einen langen Rüssel. Ihre Larven entwickeln sich in den Nestern einiger Erdbienen (Gattungen *Andrena, Colletes* u. a.). Verbreitung: Paläarktische und nearktische Region.

Familie: **Schwebfliegen** — *Syrphidae*

5 Schlammfliege *Eristalis tenax.* Länge 15—19 mm. Ihr gedrungener Körper und die dunkle Färbung erinnern an eine Biene. Sie fliegt vom Frühjahr bis in den Spätherbst und sitzt auf Blüten. Ihre Larven entwickeln sich in Misthaufen, Jauchegruben, Landklosetts usw. Sie ist grau, hat einen gedrungenen Körper, an dessen Ende ein 20—30 mm langes Röhrchen sitzt, das zum Atmen in sauerstoffloser Umgebung dient. Verbreitung: Kosmopolit.

6 *Myiatropa florea.* 12—16 mm. Viele Exemplare haben eine ausdrucksvolle Zeichnung auf der Brust, die oft mit der Brustzeichnung des bekannten Totenkopf-Nachtfalters verglichen wird. Bei vielen Exemplaren ist diese Zeichnung aber kaum auszumachen. Die Art zeigt sich fast die ganze Vegetationszeit über auf Blüten. Verbreitung: Großteil der paläarktischen Region.

7 *Volucella pellucens.* Länge 15—16 mm. Sitzt von April bis Oktober auf Blüten. Ihre Larven entwickeln sich in den Nestern der Deutschen Wespe und der Gemeinen Wespe. Nach dem Untergang des Wespenstaates verkriecht sich die Larve im Erdreich, überwintert dort und verpuppt sich im Frühjahr. Verbreitung: Eurasien.

8 *Scaeva pyrastri.* Länge 14—19 mm. Sieht einigen weiteren Arten ziemlich ähnlich, z. B. *S. selenitica,* mit denen sie in der freien Natur leicht verwechselt wird. Die Imago sitzt mit Vorliebe auf den Dolden von Möhrengewächsen. Sie kommt von den Niederungen bis in die Gebirge vor. Verbreitung: Großteil Eurasiens, Nordafrika, Nordamerika.

9 *Epistrophe balteata.* Länge 11—12 mm. Fliegt an verschiedenen Standorten — in Gärten, Parks und Wäldern zahlreich. Sitzt auf Blüten und sorgt für die Bestäubung. Verbreitung: Paläarktische und australische Region.

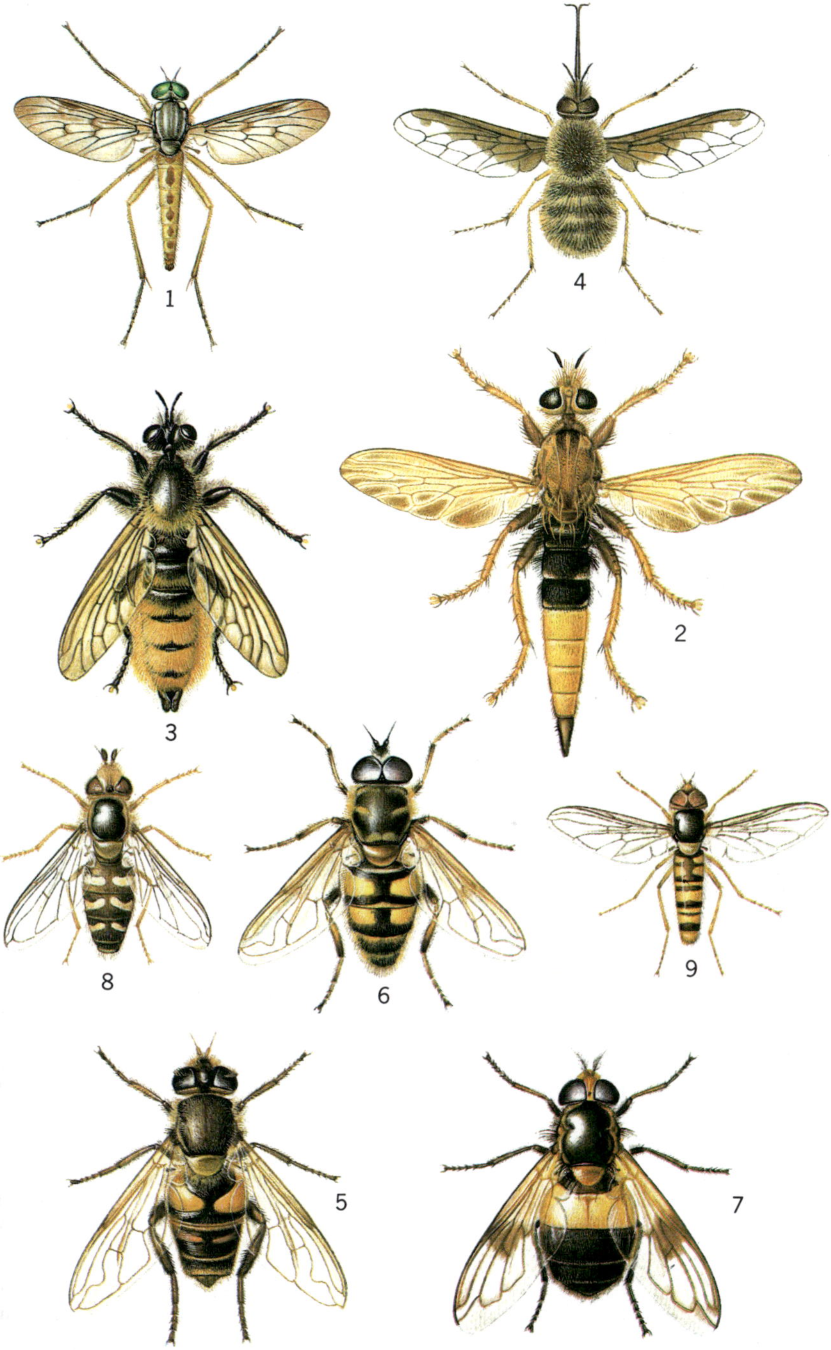
1
4
3
2
8
6
9
5
7

Insekten

Familie: **Bohr- und Fruchtfliegen** — *Tephritidae*

1 Kirschenfliege *Rhagoletis cerasi*. Länge 3,5—5 mm. Bekannte Fliege, die sich in Kirschengärten und Kirschbaumalleen aufhält. Die Imago zeigt sich von Mai bis oft noch in den Juli. Die Larve entwickelt sich in der Kirschfrucht und dringt langsam bis zum Kern vor. Sie kann bis zu 6 mm lang werden, (im Volksmund wird sie Wurm genannt), dann verläßt sie die Frucht und dringt in den Boden ein, um sich dort zu verpuppen. Die Puppe überwintert. Ein Mittel im Kampf gegen die Kirschfliege ist das rechtzeitige Pflücken der Früchte. Verbreitung: Europa (fehlt in Großbritannien), Kaukasus.

Familie: **Taufliegen** — *Drosophilidae*

2 Taufliege *Drosophila melanogaster*. Länge 2 mm. Den verwandten Arten ziemlich ähnlich. Gemeinsam mit ihnen in Feldern, Gärten und Haushalten, wo sie faulende Abfälle, Fruchtsäfte und offene Weinflaschen anfliegt. Mit dieser Art wurden Vererbungsversuche durchgeführt. Verbreitung: Über die ganze Welt.

Familie: **Blumenfliegen** — *Anthomyidae*

3 Kohlfliege *Delia brassicae*. Länge 5,5—7,5 mm. Im Laufe eines Jahres entstehen 2—3 Generationen. Aus den überwinternden Puppen schlüpfen im Frühjahr die Fliegen. Das Weibchen legt seine Eier in Gruppen auf die Boden, auf wilde oder gezüchtete Kreuzblütler. Die Larven leben in der Erde, fressen an den Wurzeln und dringen schließlich in die Pflanzen ein, um sich dort zu verpuppen. Schädling. Verbreitung: Europa und Nordamerika.

Familie: **Kotfliegen** — *Scatophagidae*

4 Gelbe Dungfliege *Scatophaga stercorarium*. Länge 9—11 mm. Die Geschlechter unterscheiden sich in der Färbung. Die Männchen sind mit honiggelben Haaren bewachsen, die Weibchen sind graugrün. Die Imago hält sich auf Misthaufen und an Jaucherinnsalen auf, sie erscheint von den Niederungen bis in die Gebirge und ernährt sich von allerlei Insekten. Die Larven leben im Mist. Verbreitung: Paläarktische und nearktische Region.

Familie: **Echte Fliegen** — *Muscidae*

5 Große Stubenfliege *Musca domestica*. Länge 7—9 mm. Überwintert als Imago und fliegt schon im März. Im Unterschied zu anderen synanthropen (in der Nähe des Menschen lebenden) Arten sticht diese Fliege nicht, sie ernährt sich von aller möglichen flüssigen Nahrung. Das Weibchen legt etwa 150 Eier vorwiegend auf stark riechende pflanzliche und tierische Stoffe ab, dort entwickeln sich dann die Larven. Sie verpuppen sich in der Erde. Da diese Art mehrere Generationen hervorbringt, ist sie überall häufig und kann die ganze Vegetationszeit hindurch lästig werden. Verbreitung: Über die ganze Welt.

6 Wadenstecher *Stomoxys calcitrans*. Länge 5,5—7 mm. Vor allem auf dem Land verbreitet Kann im Unterschied zur Stubenfliege empfindlich stechen, ihr stechender Mundapparat ist gut zu erkennen. Ihre Nahrung besteht aus Säugetierblut, auch vor dem Menschen macht sie nicht halt. Die Eier legt das Weibchen in Exkremente ab. Im Laufe eines Jahres entstehen viele Generationen, nach Süden nimmt ihre Anzahl zu. Verbreitung: Kosmopolit.

7 Kleine Stubenfliege *Fannia canicularis*. Länge 5—7 mm. Auch Lampenfliege genannt da sie in den Wohnungen um Beleuchtungskörper kreist. Von Frühjahr bis Winter komm sie sehr häufig vor. Verbreitung: Über die ganze Welt.

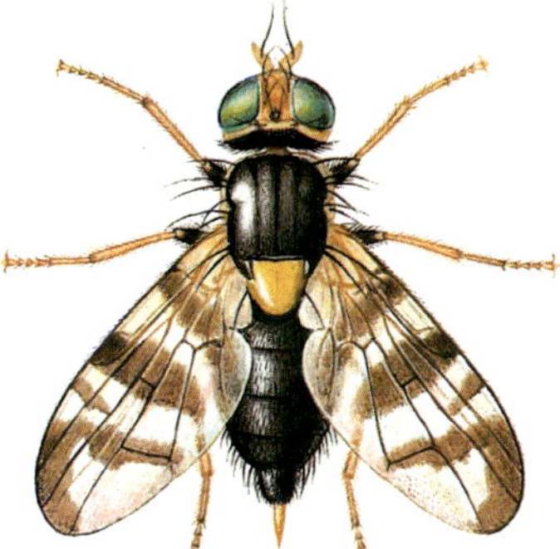

1

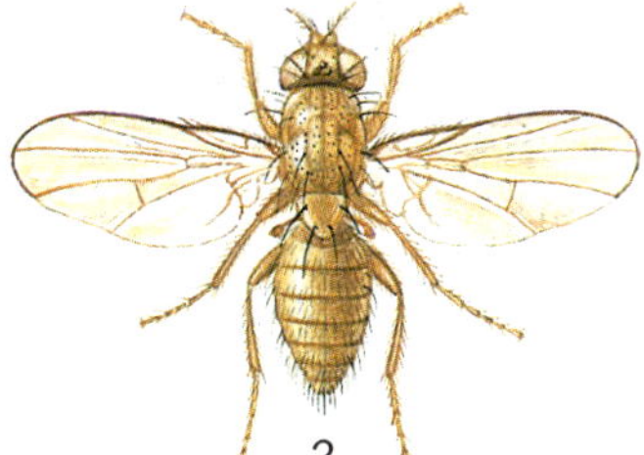

2

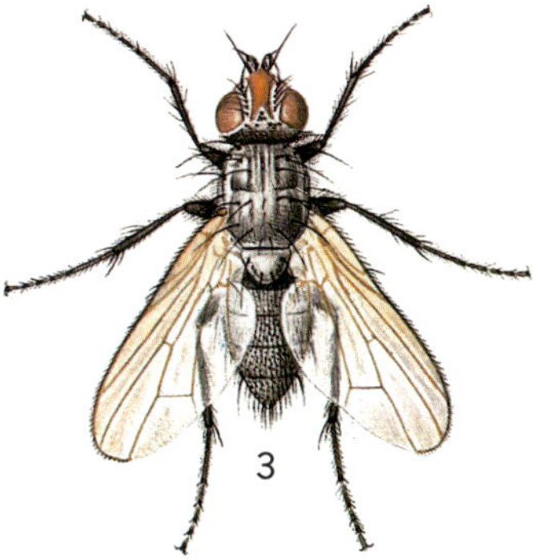

3

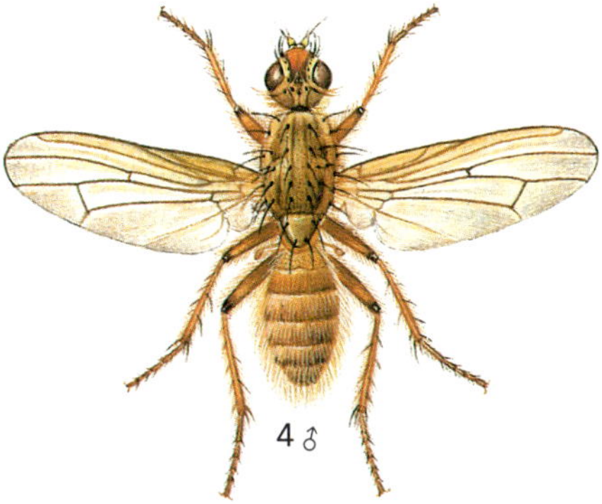

4 ♂

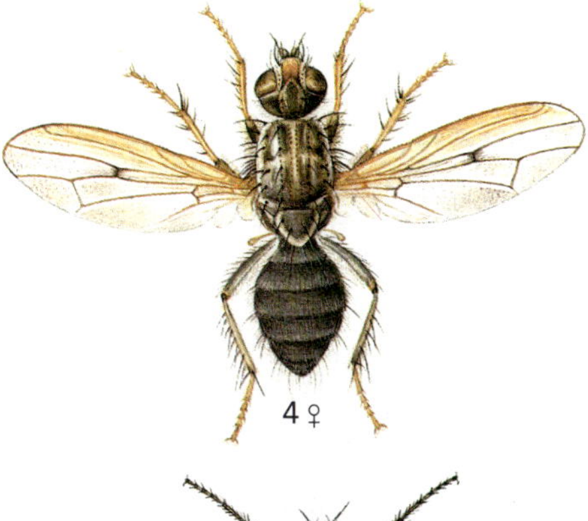

4 ♀

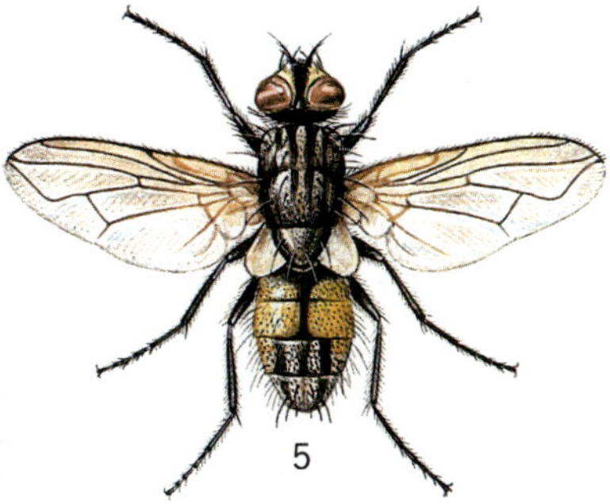

5

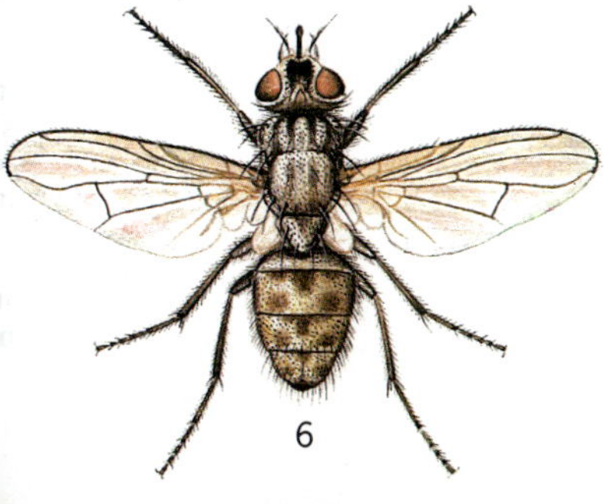

6

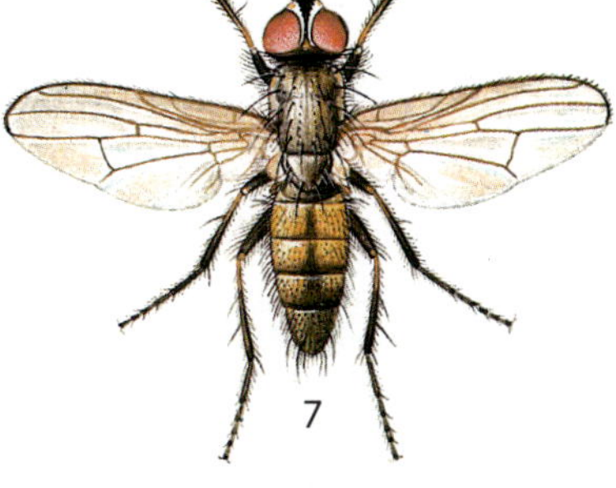

7

Insekten
Familie: **Magendasseln** — *Gastrophilidae*

1 Magendassel *Gastrophilus intestinalis.* Länge 12—15 mm. Pferde- und Eselparasit. Das Weibchen legt seine Eier auf die vorderen Körperpartien der Wirtstiere ab. Wenn sich das Tier das Fell beleckt, geraten die Eier auf die Zunge, wo dann bald die Larven ausschlüpfen. Zunächst lebt die Larve auf der Zunge, dann im Magen ihres Wirtes, dort vollendet sich ihre Entwicklung. Mit den Exkrementen gerät sie wieder ins Freie, sie verpuppt sich im Kot oder in der Erde. Verbreitung: Kosmopolit.

Familie: **Lausfliegen** — *Hippoboscidae*

2 Hirschlausfliege *Lipoptena cervi.* Länge 5,2—5,8 mm. Lebt nicht nur auf Hirschen, wie ihr Name vermuten läßt. Sie sucht auch Rehböcke, Dachse und in der Regel auch den Menschen heim. Blutsaugender Parasit. Die frisch geschlüpfte Imago besitzt zwei Flügel (Länge 6 mm), die aber abbrechen, wenn die Lausfliege ihren Wirt gefunden hat. Verbreitung: Paläarktische Region.

Familie: **Schmeißfliegen** — *Calliphoridae*

3 Schmeißfliege *Calliphora vicina.* Länge 6—13 mm. Vor allem in der Nähe des Menschen. Das Weibchen legt etwa 600 Eier auf tote Organismen ab. Die Larven schlüpfen bald aus und dringen in den Kadaver ein, der ihnen Nahrung bietet. Verbreitung: Großteil des Erdballs.

4 Kaisergoldfliege *Lucilia caesar.* Länge 6—11 mm. Sie und einige verwandte oder ähnliche Arten zeichnen sich durch eine metallisch grün-goldene Färbung aus. Fliegt vom Frühjahr bis in den Spätherbst, in menschlicher Nähe häufig zu finden. Sitzt auf Exkrementen, sucht aber auch Blüten auf, um aus ihnen Nektar zu saugen. Die Larven entwickeln sich in faulenden Stoffen. Verbreitung: Großteil der paläarktischen Region.

Familie: **Fleischfliegen** — *Sarcophagidae*

5 Graue Fleischfliege *Sarcophaga carnaria.* Länge 13—15 mm. Fällt durch die karierte, einem Schachbrett nicht unähnliche Zeichnung auf, die verwandten Arten sehen ähnlich aus. Sehr häufig, oft sitzt sie auf Blüten. Die Weibchen legen Eier, aus denen gleich Larven schlüpfen, in die Röhreneingänge von Regenwürmern oder in deren Ausscheidungshäufchen. Die Larven leben auf dem Regenwurm in der Gürtelgegend (Clitellum). Verbreitung: Europa und Afrika.

Familie: **Raupenfliegen** — *Tachinidae*

6 *Tachina fera.* Länge 11—14 mm. Ihre Entwicklung spielt sich in den Raupen von Nonne *(Lymantria monacha)* und Schwammspinner *(L. dispar)* ab. Verbreitung: Paläarktische Region.

7 *Phryxe vulgaris.* Länge 5—8 mm. Wie andere Raupenfliegen eine nützliche Art. Die Imago sitzt auf Blüten, die Larven entwickeln sich in den Raupen von Faltern. Verbreitung: Europa.

Familie: **Hautdasselfliegen** — *Hypodermatidae*

8 Große Rinderdasselfliege *Hypoderma bovis.* Länge 13—15 mm. Rinderparasit, dessen Weibchen die Eier auf den hinteren Körperteilen der Wirte ablegen. Die Larven bohren sich in den Körper ein und leben unter der Haut. Verbreitung: Paläarktische und nearktische Region.

Ordnung: **Flöhe** — *Siphonaptera*
Familie: *Pulicidae*

9 Menschenfloh *Pulex irritans.* Länge 2—3,5 mm. Lebt auf dem Menschen sowie einigen gezüchteten und wild lebenden Tieren, auf denen er Blut saugt. Das Weibchen legt etwa 400 Eier. Verbreitung: Kosmopolit.

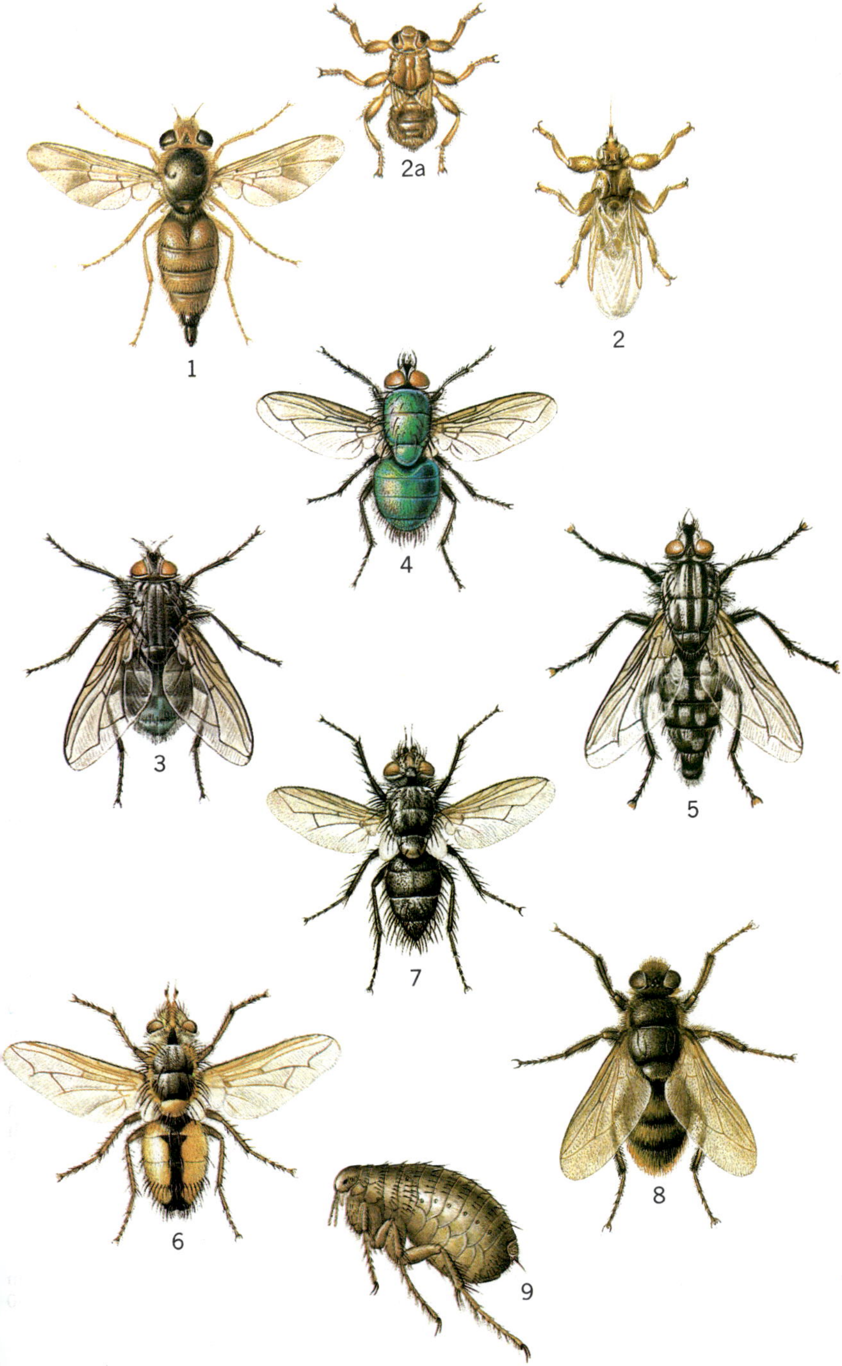

2a
1
2
4
3
5
7
6
8
9

Kranzfühler — Kiemenlochtiere — Stachelhäuter

Stamm: **Kranzfühler** — *Tentaculata*
Klasse: **Moostierchen** — *Bryozoa*
Familie: *Bicellariidae*

1 *Bugula neritina*. Bis zu 100 mm hoch. Sieht überhaupt nicht wie ein Tier aus, sondern ähnelt eher einem verzweigten Seegrasbüschel. Die Art lebt in zahlenstarken Kolonien. Alle Lebewesen zusammen bilden strauchähnliche Zoarien, das Einzellebewesen in diesem Gebilde heißt Zooid. Lebt im Meerwasser, setzt sich vor allem an Schiffsrümpfen und Bojen fest, sowohl im seichten als auch tiefen Wasser. Verbreitung: Atlantik, Nordsee, Ärmelkanal, Mittelmeer.

Stamm: **Kiemenlochtiere** — *Branchiotremmata*
Familie: **Eichelwürmer** — *Ptychoderidae*

2 Keulen-Eichelwurm *Balanoglossus clavigerus.* Länge 250 mm. Körper wurmartig gestreckt, gelbbraun, vorne sitzt die sog. Eichel. Die Tiere leben vereinzelt in den Küstengewässern, dort wühlen sie sich im sandigen Grund einen hufeisenförmigen Gang. Darin liegen sie so, daß der Kopf zu einem Gangende zeigt, das Körperende zum anderen. Frißt sand- und schlickvermischten Detritus, unverdaute Reste werden mit dem Sand ausgeschieden und an den Röhreneingängen aufgehäuft. Bei Ebbe läßt sich die Anwesenheit dieser Tiere zum einen an den Gangöffnungen, zum andern an den Ausscheidungshäufchen feststellen. Verbreitung: Mittelmeer, stellenweise zahlreich.

Stamm: **Stachelhäuter** — *Echinodermata*
Klasse: **Seewalzen** oder **Seegurken** — *Holothurioidea*
Familie: **Seegurken** — *Holothuriidae*

3 Röhrenholothurie *Holothuria tubulosa.* Länge 250—350 mm. Braunviolett bis braunrot, am Körper sitzt eine Vielzahl von Auswüchsen. Lebt im Mittelmeer in einer Tiefe bis zu 100 m auf hartem Grund zwischen der Vegetation. Tritt häufig in großer Zahl auf.

Klasse: **Seeigel** — *Echinoidea*
Familie: *Echinidae*

4 Eßbarer Seeigel *Echinus esculentus.* Durchmesser ca. 160 mm. Körper fast kugelförmig, Schale rot. An ihrer Oberfläche sitzen viele Stacheln. Lebt in der Küstenzone bis in eine Tiefe von 50 m auf Klippen und zwischen Algen, stellenweise zahlreich. Verbreitung: Atlantik (von Portugal bis in die Nordsee).

Klasse: **Seesterne** — *Asteroidea*
Familie: *Asteriidae*

5 Kammseestern *Astropecten aurantiacus.* Durchmesser des Körpers etwa 500 mm. Oberseite orangefarben, Unterseite gelb. Lebt auf sandigem Meeresgrund in einer Tiefe zwischen einem und hundert Metern. Stellenweise zahlreich. Verbreitung: Mittelmeer.

6 Gemeiner Seestern *Asterias rubens.* Durchmesser des Körpers etwa 300 mm. Rotbraun bzw. dunkelviolett. Meist mit 5 breiten Armen, doch können auch mehrere vorhanden sein. Wie die anderen Seesternarten ernährt er sich von allen möglichen Weichtieren. Sehr häufig in Tiefen von 0—200 m. Verbreitung: Westküste Afrikas und Europas vom Senegal bis Grönland, Nordamerika.

Klasse: **Schlangensterne** — *Ophiuroidea*
Familie: *Ophiodermatidae*

7 Brauner Schlangenstern *Ophioderma longicauda.* Körperdurchmesser etwa 25 mm. Sehr schön gefärbt; bewohnt Felsküsten, an denen er sich in Tiefen zwischen 0 und 70 m unter Steinen aufhält. Mancherorts recht zahlreich. Verbreitung: Mittelmeer.

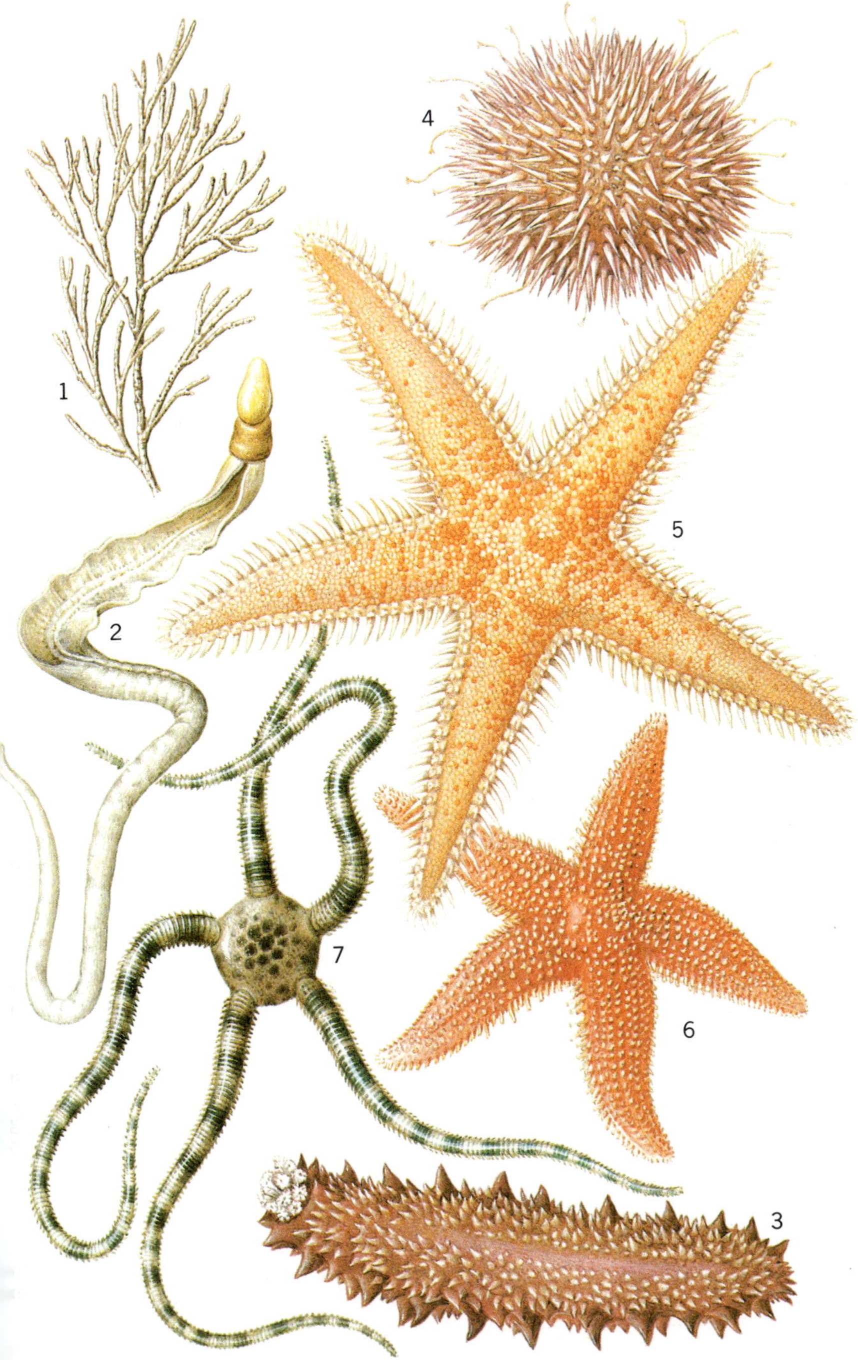
1
2
3
4
5
6
7

Rundmäuler

Stamm: **Chordatiere** — *Chordata*
Unterstamm: **Wirbeltiere** — *Vertebrata*
Klasse: **Rundmäuler** — *Cyclostomata*
Ordnung: **Inger oder Blindfische** — *Myxiniformes*
Familie: *Myxinidae*

1 Atlantischer Inger *Myxine glutinosa*. Länge 25—40 cm, ausnahmsweise bis zu 50 cm. Aalförmiger Körper, verkümmerte Augen und vier fleischige Zirren an der Mund- und Nasenöffnung. Die Haut is nackt, ein Flossensaum ist nur an der Schwanzpartie entwickelt. Nachttier, das in einer Tiefe von 20—800 m auf dem Schlickgrund lebt. Ernährt sich von der Meeresbodenfauna, fällt aber auch kranke oder in Netzen gefangene Fische an, in deren Körper er sich einbohrt um ihre Eingeweide zu fressen. Der von seiner Haut ausgeschiedene Schleim schützt ihn vor den Magensäften des Wirtstieres. Verbreitung: Beide Atlantikküsten.

Ordnung: **Neunaugen** — *Petromyzoniformes*
Familie: **Neunaugen** — *Petromyzonidae*

2 Meerneunauge *Petromyzon marinus*. Länge bis zu 1 m. Größtes im Meer lebendes Neunauge, das zum Laichen in die Flüsse wandert. Vermehrt sich von März bis Juni in den flachen Flußoberläufen. Die Larven haben hautbedeckte Augen, zahnlose, zweilippige Mäuler; die erwachsenen Neunaugen hingegen haben ein trichterförmiges, mit kleinen Hornzähnen besetztes Maul und eine mächtige Zunge, die als Saugkolben dient. Im Meer schmarotzen sie auf Fischen, sie saugen aus ihnen Körperflüssigkeit und Muskelmasse. Verbreitung: Europäische Küsten von Skandinavien bis Ostitalien, in der Ostsee selten, fehlt im Schwarzen Meer. An der nordamerikanischen Küste häufig, eine kleinere Süßwasserrasse lebt in den Großen Seen.

3 Kaspineunauge *Caspiomyzon wagneri*. Länge bis zu 55 cm. Ähnelt dem Meerneunauge. Verbreitung: Kaspisches Meer, wandert zur Laichzeit in die Flüsse Ural, Terek, Wolga, Kura u. a. Laicht von September bis November auf Sandbänken in den Flußbetten.

4 Donauneunauge *Eudontomyzon danfordi*. Länge 20—30 cm. Auf Fischen schmarotzendes Süßwasserneunauge; es saugt sich an ihnen fest und ernährt sich von Blut und Muskulatur. Verbreitung: Donauzuflüsse sowie Schwarzmeerzuflüsse südlich der Donau, kommt im eigentlichen Donaustrom nicht vor. Laicht an flachen Stellen in Flüssen und Bächen.

5 Flußneunauge *Lampetra fluviatilis*. Länge 40 cm. Verläßt von September bis November das Meer und zieht weit flußaufwärts in die Oberläufe. Laicht von Februar bis Mai, während des Zuges nimmt es keine Nahrung auf, nach dem Laichen stirbt das Tier. Das Larvalstadium dauert 2—3 Jahre, die Larven leben in Schlammbänken in ruhigen Bachwindungen und fressen organische Stoffe. Verbreitung: Europäische Küsten von Südnorwegen bis Südeuropa, eine Süßwasserform lebt im Ladoga- und Onegasee.

6 Bachneunauge *Lampetra planeri*. Länge 15—19 cm. Nicht schmarotzendes Süßwasserneunauge. Laicht im Mai/Juni in Bergbächen. Beim Laichen formt das Tier runde Gruben in den Grund. Das Weibchen saugt sich am Grund fest und legt seine Eier in die Grube ab, das Männchen umschlingt das Weibchen und befruchtet die Eier. Nach dem Laichen sterben die erwachsenen Exemplare, die Larven leben 4—5 Jahre in Sand-Humus-Anschwemmungen, wo sie sich von Detritus und Kieselalgen ernähren. Verbreitung: Nord- und Ostseezuflüsse, Nordostitalien, Albanien.

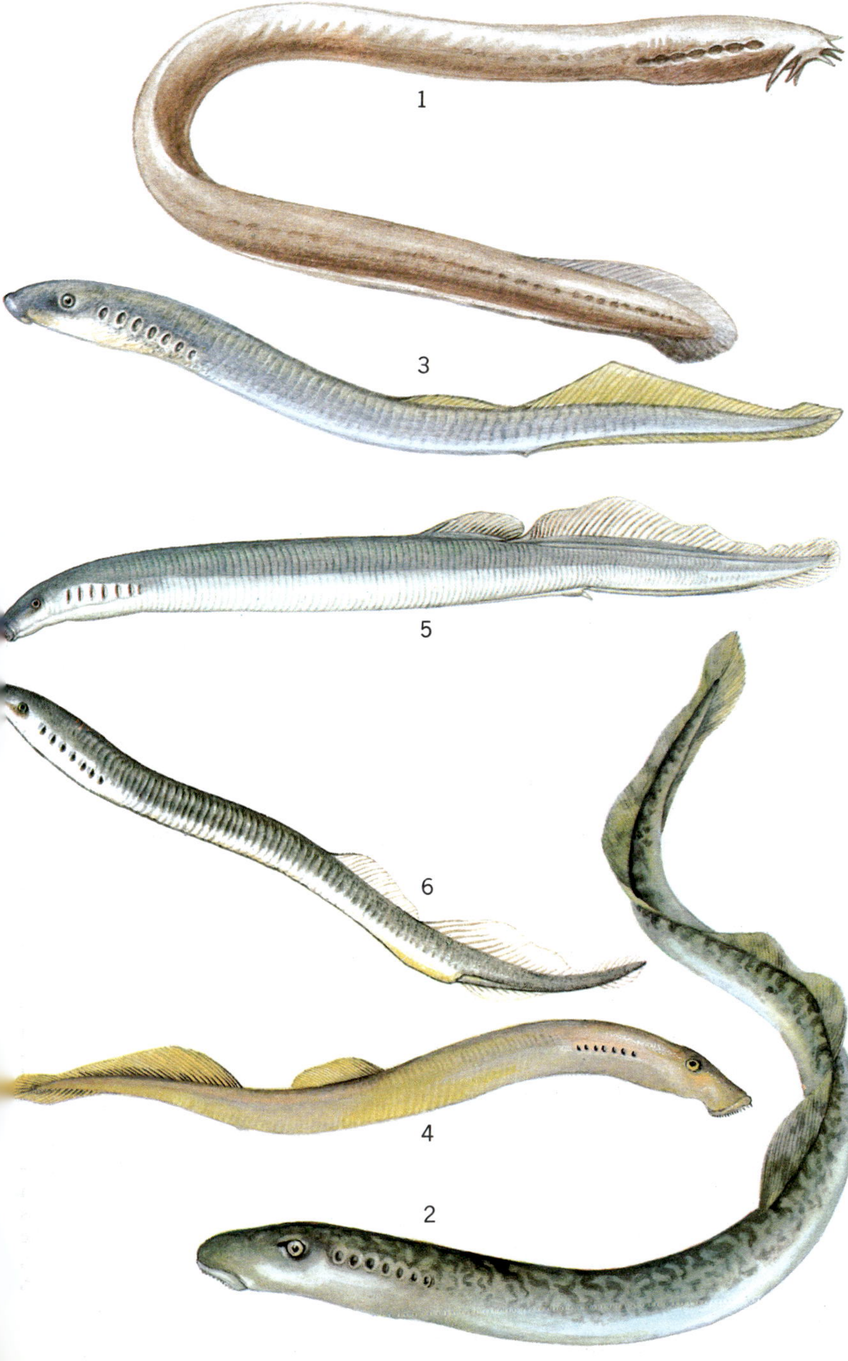
1
3
5
6
4
2

Fische

Klasse: **Knorpelfische** — *Chondrichthyes*
Unterklasse: **Plattenkiemer** — *Elasmobranchii*
Ordnung: **Haiartige** — *Selachii*
Familie: *Isuridae*

1 Heringshai *Lamna nasus.* Länge 1,5 – 3,5 m, Gewicht 100 – 150 kg. Schneller und ausdauernder lebendgebärender Hai, der an der Meeresoberfläche hauptsächlich Heringe und Makrelen, aber auch kleinere Haiarten, Schollen, Dorsche und Tintenfische jagt. Verbreitung: Atlantikküsten Europas und Nordamerikas, Mittelmeer, atlantische Nordküste Afrikas.

Familie: *Alopiidae*

2 Fuchshai *Alopias vulpinus.* Länge bis 6 m. Brauner, grauer bis schwarzer Hai mit einem auffallend langen Oberlappen der Schwanzflosse. Unternimmt oft sehr lange Züge durch das Meer, wobei er meist an der Oberfläche schwimmt. In der Hauptsache jagt er Hochseefische in großen Schwärmen. Bei der Jagd umkreist er den Schwarm in immer enger werdenden Kreisen und schlägt dabei mit dem Schwanz. Er bringt 2 – 4 Junge zur Welt. Dem Menschen wird er nicht gefährlich. Verbreitung: Atlantik- und Mittelmeerküste.

Familie: **Marderhaie** — *Triakidae*

3 Glatthai *Mustelus mustelus.* Länge bis 2 m. Lebendgebärender Hai, der sich in einer Tiefe von 20 – 100 m aufhält. Seine Hauptnahrung besteht aus Krabben, Hummern, Langusten und kleineren, am Boden lebenden Fischen. Aus diesem Grund sind seine Kiefern wie bei den Rochen mit flachen Zähnen ausgerüstet. Verbreitung: Europäische Küsten mit Ausnahme von Ostsee und Schwarzem Meer. An den europäischen Küsten findet sich auch die verwandte Art *M. asterias.*

Familie: **Blauhaie** *Carcharhinidae*

4 Blauhai *Prionace glauca.* Länge bis zu 4 m. Typischer Hochseebewohner, der oft weite Reisen unternimmt. Frißt in Schwärmen ziehende Fische. Die Art ist lebendgebärend, ein frisch geborener Blauhai ist 50 – 60 cm lang. Der Blauhai gehört zu den Haien, die dem Menschen gefährlich werden können, doch wird seine Gefährlichkeit oft übertrieben dargestellt. In Japan wird er in größeren Mengen zum Verzehr gefangen. Verbreitung: In der nördlichen Nordsee regelmäßig, aber nicht häufig.

Familie: **Dornhaie** — *Squalidae*

5 Dornhai *Squalus acanthias.* Länge bis zu 1,2 m. Lebendgebärender Hai mit spitzen, giftigen Dornen vor jeder der beiden Rückenflossen. Lebt in großen, oft in die Tausende gehenden Schwärmen und jagt Heringe, Makrelen, Krebse usw. Verbreitung: Häufigste Haiart in der Nordsee von beachtlicher wirtschaftlicher Bedeutung.

Familie: **Katzenhaie** — *Scyliorhinidae*

6 Kleingefleckter Katzenhai *Scyliorhinus caniculus.* Länge bis zu 1 m. Nachttier, das kleinere Fische, Krebse usw. jagt; eierlegend. Verbreitung: Tangbestandene Sandküsten und -bänke an den europäischen und nordafrikanischen Küsten in einer Tiefe von 10 – 85 m. Der mit ihm verwandte Großgefleckte Katzenhai *(S. stellaris)* ist nur südlich des Golfs von Biskaya häufig.

Familie: **Meerengel** — *Squatinidae*

7 Meerengel *Squatina squatina.* Länge 1 – 2,5 m. Hai mit rochenähnlichem Körper. Überwintert in tieferem Wasser, im Sommer sucht er flachere Küstengewässer auf, wo sein Weibchen 10 – 25 Junge zur Welt bringt. Seine Hauptnahrung bilden am Grund lebende Fische, Krustentiere usw. Verbreitung: Europäische Atlantikküsten, Mittelmeer.

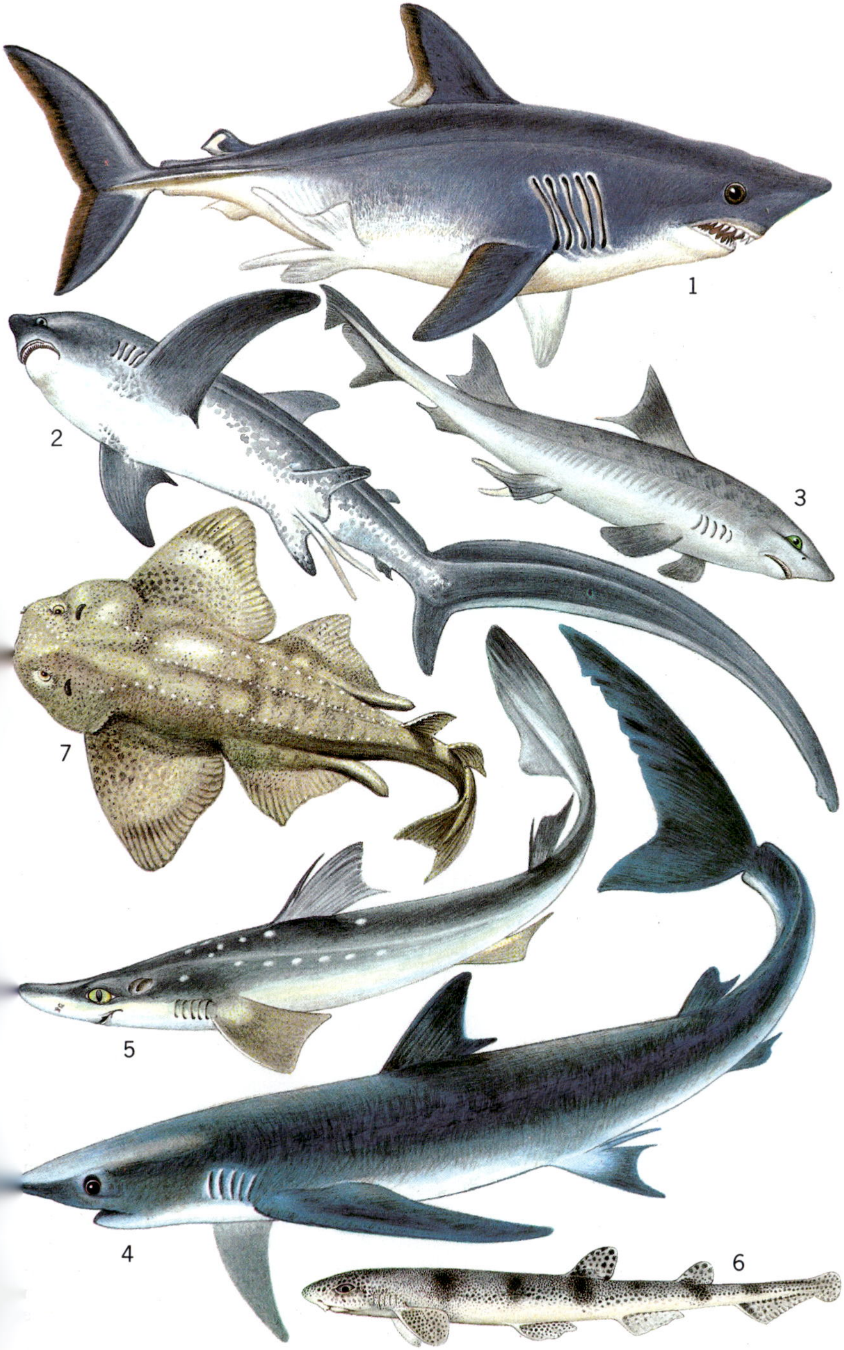
1
2
3
7
5
4
6

Fische

Ordnung: **Rochenartige** — *Rajiformes*
Familie: **Zitterrochen** — *Torpedinidae*

1 Zitterrochen *Torpedo marmorata.* Länge bis zu 1,5 m. An jeder Kopfseite des Zitterrochens sitzt ein elektrisches Organ, das eine Spannung von 45—220 Volt erzeugt. Bringt lebende Junge zur Welt, bei denen Außenkiemen entwickelt sind. Seine Nahrung besteht in der Hauptsache aus kleinen Fischen, Krustentieren und anderen Wirbellosen. Verbreitung: Häufig vor allem in flachen Küstengewässern südlich der Britischen Inseln bis ins Mittelmeer, afrikanische Nordwestküste.

Familie: **Echte Rochen** — *Rajidae*

2 Nagelrochen *Raja clavata.* Länge 70—120 cm. Charakteristisch sind die vielen Dornen an der Körperoberseite. Ernährt sich von Wasserkrustentieren sowie kleineren Fischen. Im Sommer legt das Weibchen Eier, die in eigenartige, vierzipfelige, ca. 6 cm lange Behälter eingeschlossen sind. Nach 4—5 Monaten schlüpfen aus ihnen die jungen Rochen. Verbreitung: An den Küsten aller europäischer Meere. Wirtschaftlich wichtig, Verwendung finden Fleisch und Leber.

Unterklasse: **Seedrachen** — *Holocephali*
Familie: **Seekatzen** — *Chimaeridae*

3 Seekatze, Seeratte *Chimaera monstrosa* Länge über 1 m, Gewicht 2,5 kg. Großäugiger Tiefseefisch, lebt am Grund in einer Tiefe von 200—500 m. Der erste harte Dorn der Rückenflosse bildet einen widerhakenbesetzten Giftstachel. Ernährt sich von kleineren Mereslebewesen und ist ovipar, das Weibchen legt in der Regel zwei Eier, die den Haifischeiern ähneln. Verbreitung: Europäische und amerikanische Atlantikküste.

Klasse: **Knochenfische** — *Osteichthyes*
Überordnung: **Knorpelganoide** — *Chondrostei*
Ordnung: **Störartige** — *Acipenseriformes*
Familie: **Störe** — *Acipenseridae*

4 Stör *Acipenser sturio.* Länge 3 m, Gewicht über 300 kg. Großer Wanderfisch, der sich von wirbellosen Meerestieren und kleineren, am Grund lebenden Fischen ernährt. Im April/Mai zieht er stromaufwärts. Laicht an tiefen Stellen in reißendem Flußwasser und setzt dabei bis zu 2,5 Millionen Eier ab. Die erwachsenen Fische und ihre Brut halten sich nur kurze Zeit im Süßwasser auf. Verbreitung: Meere längs der europäischen Küsten. Im vorigen Jahrhundert wanderten die Störe im Rhein bis Basel, durch die Elbe und Moldau bis nach Prag, in der Oder bis Breslau und in der Weichsel bis Krakau. Sie kommen auch im Donaudelta vor, nur selten wandern sie weiter donauaufwärts. Zu ihrem Verschwinden trugen intensiver Fang, Verunreinigung der Flüsse und das Entstehen vieler Wasserbauten bei. Seine wirtschaftliche Bedeutung ist heute in Europa gering (mit Ausnahme des Schwarzmeergebiets).

5 Sterlet *Acipenser ruthenus.* Länge 50—60 cm. Kleine Störart mit langem Maul, die sich von Wirbellosen am Grund ernährt. Laichzeit Mai/Juni. Der Sterlet wird stellenweise nebenbei in Fischteichen gehalten. Verbreitung: Ins Schwarze und Kaspische Meer mündende Flüsse. In der Donau dringt er bis Linz vor.

6 Hausen *Huso huso.* Länge 5—6 m, Gewicht über 1 t. Größte Art aus der Störverwandtschaft; Wanderfisch, der den größten Teil seines Lebens im Meer verbringt und im Bett großer Ströme laicht. Wird nicht nur wegen des wohlschmeckenden Fleisches, sondern auch wegen der großen Rogenmenge geschätzt, aus der der bekannte schwarze Kaviar hergestellt wird. Verbreitung: Häufig im Wassergebiet des Schwarzen, Kaspischen und Asowschen Meeres.

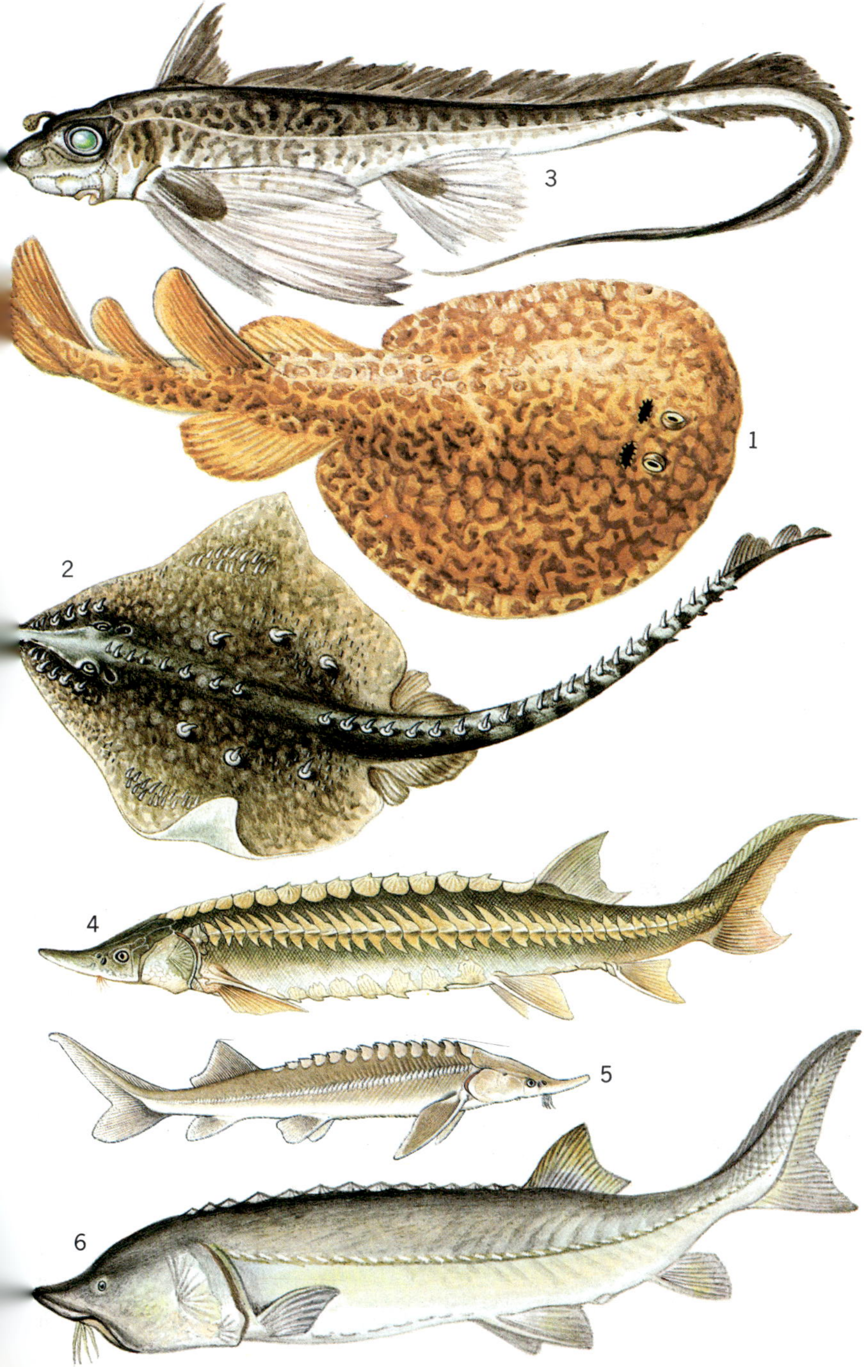
3
1
2
4
5
6

Fische

Überordnung: **Echte Knochenfische** — *Teleostei*
Ordnung: **Aalartige** — *Anguilliformes*
Familie: **Echte Aale** — *Anguillidae*

1 Aal *Anguilla anguilla.* Länge bis zu 150 cm, Gewicht 4 kg. Körper lang, schlangenartig ohne Bauchflossen, mit winzigen, tief in die Haut verwachsenen Schuppen. Laicht im Atlantik im Bereich des Sargassomeeres, die geschlüpften Larven sehen wie durchsichtige Weidenblätter aus. Mit dem Golfstrom kommen sie im Verlauf einiger Jahre nach Europa geschwommen, vor der Küste wird aus ihnen ein kleiner, schlangenförmiger Aal (Glasaal). Die Weibchen ziehen weit flußaufwärts, die Männchen verbleiben in Mündungsnähe. Eine Reihe von Jahren verbringen die Aalweibchen im Süßwasser, dann kehren sie in den Atlantik zurück, um nach dem Laichen zu sterben. Sie ernähren sich von Krustentieren, kleineren Fischen und Wasserinsekten. Verbreitung: Ganz Europa.

Familie: **Muränen** — *Muraenidae*

2 Muräne *Muraena helena.* Länge ca. 1 m. Langer, schlanker Fisch, der in der Küstenzone zwischen Korallen lebt und sich in Hohlräumen oder Unterwasserhöhlen verbirgt. Seine Nahrung besteht hauptsächlich aus Fischen. Schon im Alten Rom wurden Muränen in Seewasseraquarien gehalten. Die Muräne hat scharfe Zähne, an deren Basis Giftdrüsen sitzen. Obwohl ihr Gift gefährlich ist, wird sie gern gefangen. Verbreitung: Mittelmeer.

Ordnung: **Heringsartige** — *Clupeiformes*
Familie: **Heringe** — *Clupeidae*

3 Hering *Clupea harengus.* Länge 25—35 cm, in Ausnahmen auch 40 cm. Schlanker Hochseefisch, der sich in Riesenschwärmen zusammenfindet. Tagsüber halten sich die Schwärme in tieferen Wasserschichten auf, nachts kommen sie an die Oberfläche. Gehört zu den wirtschaftlich wichtigsten Seefischen überhaupt. Im Atlantik belaufen sich die jährlichen Fangergebnisse auf 2—3 Millionen Tonnen. Verbreitung: Hauptsächlich im Nordatlantik an Stellen, wo sich das Wasser der warmen südlichen Ströme mit den kälteren nördlichen Strömungen mischt.

4 Sprotte *Sprattus sprattus.* Länge 16,5 cm. Kleiner Seefisch, der in großen Schwärmen auftritt. Laicht von Januar bis Juli an der Küste, seine Brut ist pelagisch. Heute unterscheidet man eine Reihe von Rassen. Die Sprotten vertragen beträchtliche Schwankungen im Salzgehalt des Wassers, sie dringen in Brackwasser und Flußmündungen vor. Der Fisch ist wirtschaftlich von Bedeutung, vor allem ein- bis zweijährige, ca. 10 cm lange Tiere werden gefangen. Verbreitung: Europäische Meere.

5 Sardine *Arengus minor.* Länge 25—26 cm. Pelagischer Schwarmfisch. Ernährt sich von Planktonkrustentieren, pelagischen Eiern, kleiner Fischbrut usw. Laicht in der offenen See, nach dem Laichen ziehen die Sardinen in Riesenschwärmen an die Küsten der Nahrung nach, im Sommer nach Norden, im Winter nach Süden. Wird zu Konserven verarbeitet.

6 Maifisch *Alosa alosa.* Länge 70 cm. Laicht im Mai/Juni oft weit stromaufwärts, seine Eier schweben über dem Grund. Die 8—12 cm langen Jungfische ziehen wieder ins Meer zurück. Hier verbringen sie eine Reihe von Jahren und ernähren sich von Krustentieren. Wenn sie 30—40 cm lang sind, wandern sie zum Laichen ins Süßwasser. Verbreitung: Europäische Atlantikküste, Westteil der Ostsee und des Mittelmeeres. Gehörte früher zu den wirtschaftlich bedeutenden Flußfischen (auf dem Zug), heute in den meisten europäischen Flüssen selten.

7 Finte *Alosa fallax.* Länge 50 cm. Wanderfisch, der jedoch nur die Flußunterläufe besucht, Laichzeit Juni/Juli. Seine Biologie ähnelt der des Maifisches. Verbreitung: Europäische Mittelmeerküste, Atlantik, Ostsee.

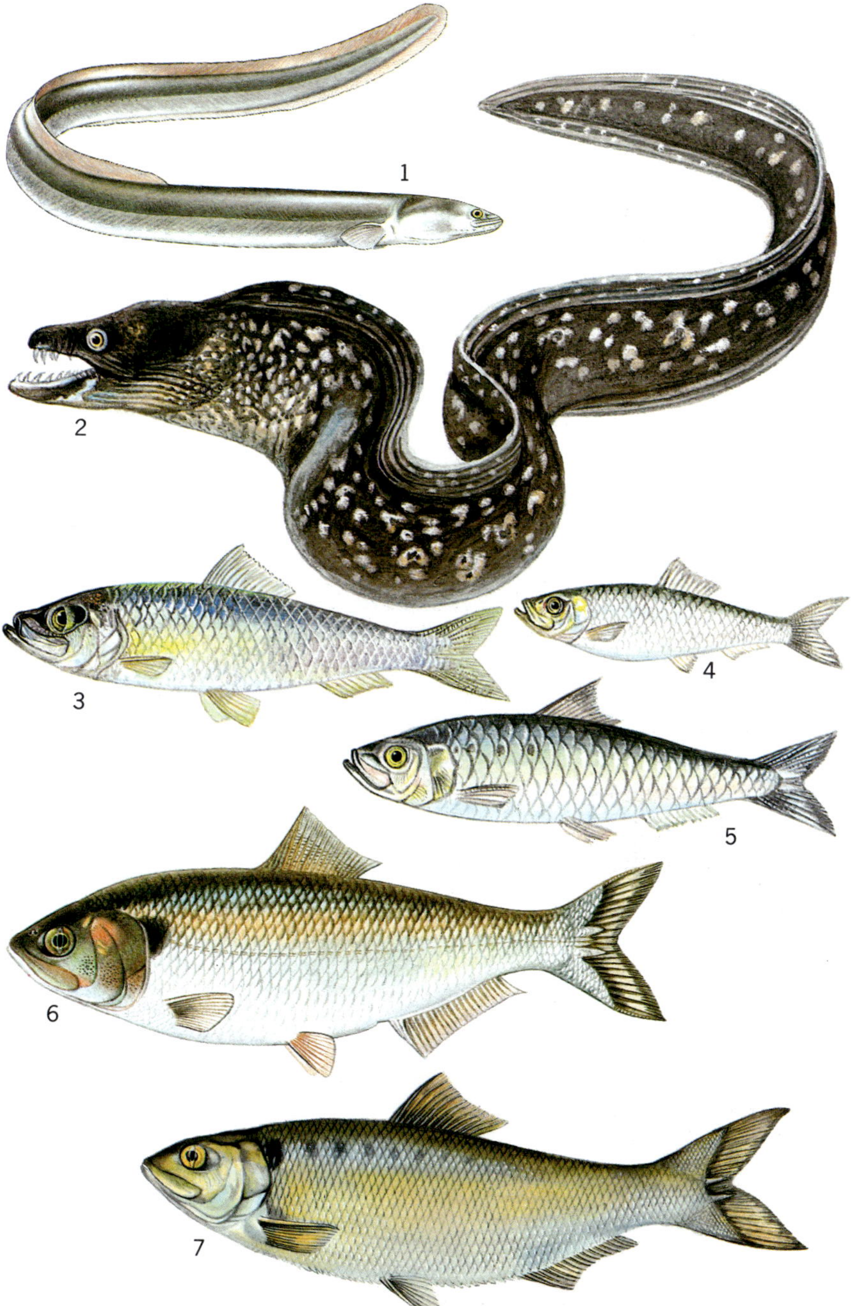
1
2
3
4
5
6
7

Fische

Familie: **Sardellen** — *Engraulidae*

1 Europäische Sardelle *Engraulis encrasicholus.* Länge selten über 16 cm. Seefisch mit einer auffallend tiefliegenden Maulspalte. Lebt in großen Schwärmen in der offenen See und ernährt sich von Zooplankton. Sucht während der Laichzeit im Sommer die Küsten auf. Im Winter zieht sich die Sardelle in größere Tiefen zurück. Ihr Fleisch hat einen bitteren Beigeschmack. Der Fisch ist wirtschaftlich wichtig, man kennt ihn eingesalzen, in Gemüsesaft eingemacht oder als Anchovis, auch wird er in Öl gelegt. Verbreitung: Europäische Atlantikküste, Mittel- und Schwarzes Meer.

Ordnung: **Lachsartige** — *Salmoniformes*
Familie: **Lachsfische** — *Salmonidae*

2 Lachs *Salmo salar.* Länge 1,5 m. Gewicht über 50 kg. Mächtiger Seefisch, der in den Sommer- und Herbstmonaten zum Laichen weit flußaufwärts zieht. In dieser Zeit haben die Männchen auffällig hakenartig gebogene Unterkiefer. In den Flußoberläufen schlagen die Weibchen tiefe Löcher in den Grund, um dort hinein die Eier abzusetzen, die die Männchen dann befruchten. Die jungen Lachse bleiben zwei bis drei Jahre in den Flüssen. Im Süßwasser ernähren sie sich ausschließlich von kleinen wirbellosen Tieren, im Meer nur von Fischen. Verbreitung: Die Lachse ziehen in die europäischen Flüsse von der Petschoramündung bis zu den Flüssen Nordwestspaniens, häufig sind sie auch in den Flüssen Islands, Grönlands und Nordamerikas. Infolge der Wasserverschmutzung und Flußregulierung sind sie in unserem Jahrhundert aus den meisten größeren europäischen Flüssen verschwunden. Bis heute findet man sie noch häufig in Skandinavien, Schottland und Irland.

3 Meerforelle *Salmo trutta trutta.* Länge über 1 m. Zieht wie der Lachs zum Laichen weit flußaufwärts. Versuche haben ergeben, das Meerforellen, denen das Entkommen aus dem Süßwasser ins Meer unmöglich ist, sich zu kleinen Bachforellen entwickeln, junge Bachforellen im Meer hingegen zu großen wandernden Meerforellen werden. Biologie, Verbreitung und Bedeutung der Meerforelle wie beim Lachs.

4 Bachforelle *Salmo trutta* m. *fario.* Typischer Fisch der europäischen Gebirgsbäche, Flüsse und Seen mit einer charakteristischen bunten und variablen Färbung. Seine Größe ist von der Umgebung abhängig: in nahrungsarmen Gebirgswässern wird die Forelle nur 20 cm lang, im Flachland, wo sich nahrungsreiche Flüsse und Stauseen bilden, wird sie über 60 cm lang und kann ein Gewicht von 2 kg und mehr erreichen. Sie ernährt sich von Wasserinsekten und kleinen wirbellosen Wassertieren, große Forellen stellen auch Fischen und anderen kleinen Wirbeltieren nach. Verbreitung: In den Wasserläufen der Gebirge und Gebirgsvorländer ganz Europas. Stellenweise auch in kälteren Fischteichen ausgesetzt. Fast in ganz Europa kann die künstliche Forellenzucht auf eine mehrere hundert Jahre alte Tradition zurückblicken.

5 Regenbogenforelle *Salmo gairdneri irideus.* Stammt aus dem Westen der USA. Nach Europa erst gegen Ende des vorigen Jahrhunderts gebracht und in Bäche, Stauseen und Fischteiche mit hinreichendem Durchfluß ausgesetzt. In Europa wird sie über 60 cm lang und 4–5 kg schwer.

6 Huchen *Hucho hucho.* Länge bis zu 120 cm, Gewicht 50 kg. Laicht im Frühjahr bei einer Wassertemperatur zwischen 6 und 8 °C. Die Jungfische ernähren sich von Wasserinsekten bei einer Länge von 5–6 cm beginnen sie kleinere Fische zu jagen. Erwachsene Fische fressen ausschließlich Fische oder andere Wirbeltiere. Der Huchen ist ein empfindlicher Indikator für Wasserverschmutzung, deshalb ist er in den letzten Jahren aus vielen Flüssen verschwunden. Mancherorts wird er künstlich abgelaicht. Wertvoller und begehrter Sportfisch, der schnell wächst. Verbreitung: Gebirgswässer von der Donau und Donauzuflüssen.

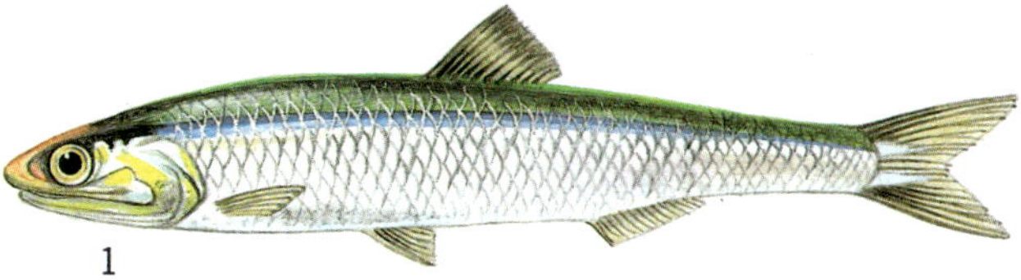

1

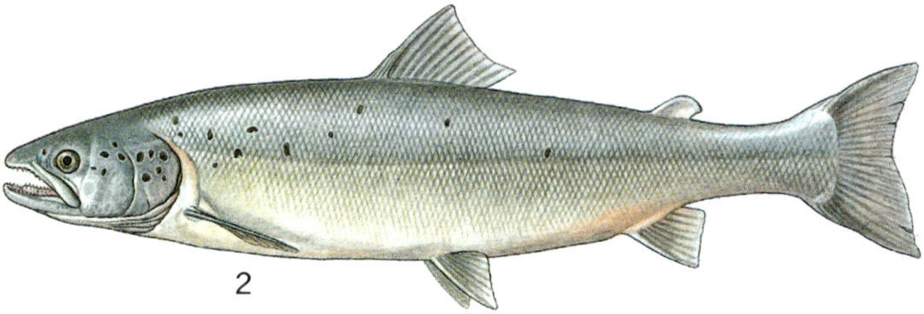

2

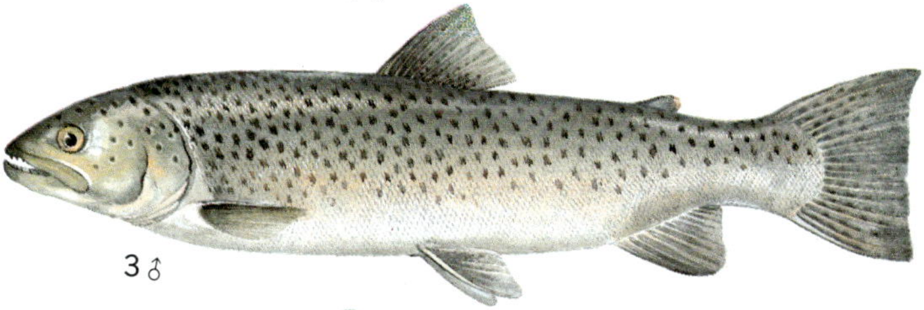

3 ♂

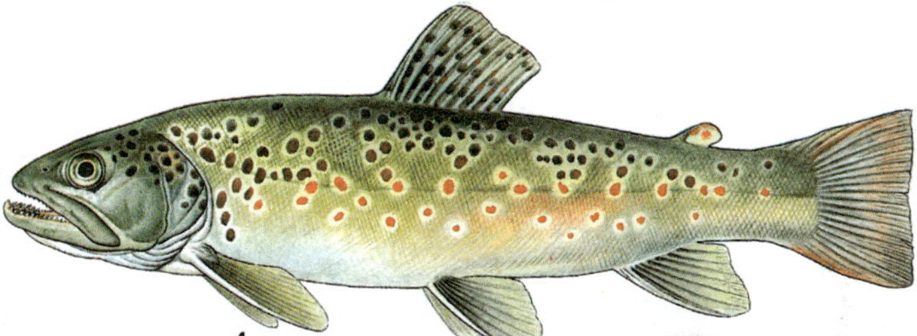

4

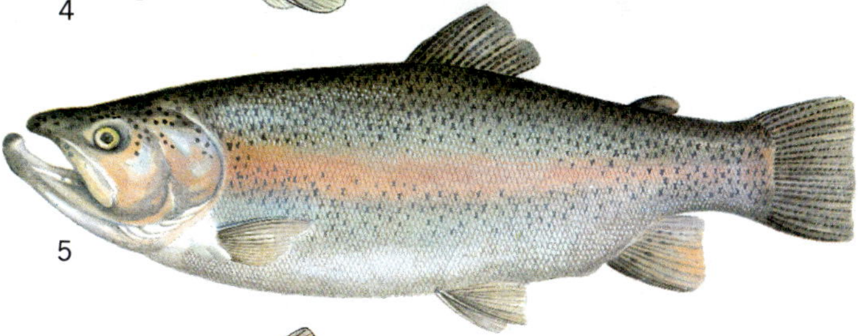

5

6

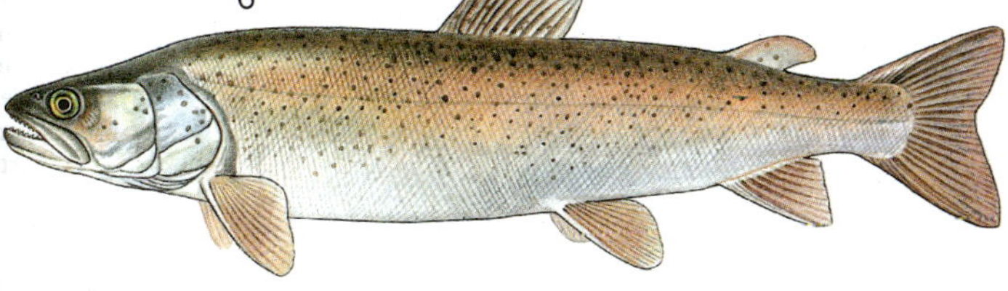

Fische

Familie: **Lachsfische** — *Salmonidae*

1 Wandersaibling *Salvelinus alpinus*. Länge 50—70 cm, Gewicht ca. 2 kg, in Ausnahmen bis zu 4 kg. Seefisch, der sich von Niederen Wassertieren, ins Wasser gefallenen Insekten und kleinen Fischen ernährt. Zum Laichen zieht er ins Süßwasser, doch gibt es in vielen Bergseen und in den Seen des Nordens ortsständige, nicht wandernde Süßwasserformen. Der Saibling laicht im Herbst, seine Jungen bleiben 3—4 Jahre im Süßwasser. Verbreitung: Nördliche Meere. In den Seen Skandinaviens, der Britischen Inseln sowie in den Gletscherseen der Alpen leben zahlreiche lokale geographische Rassen.

2 Bachsaibling *Salvelinus fontinalis*. Länge etwa 50 cm, Gewicht über 1 kg. Stammt aus Nordamerika und wurde gegen Ende des 19. Jahrhunderts in die europäischen Gewässer eingeführt. Biologisch ähnelt er der Bachforelle und dem Wandersaibling, mit beiden kreuzt er sich nicht selten. Verbreitung: In einige europäische Bergbäche, Flüsse und Seen ausgesetzt.

Familie: **Maränen** — *Coregonidae*

3 Große Maräne *Coregonus lavaretus maraena*. Länge etwa 50—70 cm, Gewicht 3—4 kg, in Ausnahmen 130 cm und über 10 kg. Tiefenfisch, der nur im November zum Laichen ins Flachwasser kommt. Seine Nahrung besteht aus Plankton, Insektenlarven und kleinen Fischen. Die Maräne stammt aus dem Miedwie See in Polen (Pommern), gegen Ende des vorigen Jahrhunderts wurde sie in viele europäische Fischteiche eingebracht, heute gehört sie mancherorts zu den wirtschaftlich wichtigen Fischen.

Familie: **Stinte** — *Osmeridae*

4 Stint *Osmerus eperlanus*. Länge 30 cm. Seefisch, der zur Laichzeit weit hinauf in die Flüsse wandert. Laicht im März/April in den Nebenarmen der Flüsse. Die 4—5 cm langen Jungfische ziehen ins Meer zurück. Sie leben im tiefen Wasser, wo sie sich von Plankton und Kleinfischen ernähren. Der Stint hat stellenweise wirtschaftliche Bedeutung. Verbreitung: Europäische Küste von Skandinavien bis zum Bottnischen Meerbusen.

Familie: **Äschen** — *Thymallidae*

5 Äsche *Thymallus thymallus*. Länge 50 cm, Gewicht über 1 kg. In den Vorgebirgsläufen der Flüsse mit Sand- und Kiesgrund lebender Schwarmfisch. Ernährt sich von wirbellosen Wassertieren und auf die Oberfläche gefallenen Insekten. Zur Laichzeit von März bis Mai zieht er flußauf, die Männchen legen Nester an, in denen sie nach und nach mit mehreren Weibchen laichen. Verbreitung: Nord- und mitteleuropäische Flüsse, Pogebiet in Norditalien, fehlt in Südeuropa und Nordskandinavien.

Familie: **Hechte** — *Esocidae*

6 Hecht *Esox lucius*. Länge 150 cm, Gewicht 35 kg. Raubfisch, der sich von Jugend auf von Fischlaich, später auch von größeren Fischen und anderen Wirbeltieren ernährt. Lebt in Flußunterläufen, verwachsenen Tümpeln und Flußaltwässern, dringt aber oft hoch hinauf bis in die Forellenzone. Laicht zeitig im Frühjahr auf überschwemmten Wiesen. Hat große wirtschaftliche Bedeutung, oft wird er in Karpfenteiche ausgesetzt. Verbreitung: Ganz Europa außer den südlichen Gebieten.

Familie: **Umberfische** — *Umbridae*

7 Hundsfisch *Umbra krameri*. Länge 8—10 cm. Bräunlich-roter unregelmäßig gefleckter Fisch, der in sauberem, vegetationsreichem Wasser lebt, z. B. in Bewässerungskanälen, Tümpeln und Altwässern. Seine Nahrung besteht aus wirbellosen Kleintieren. Im März baut das Weibchen ein Sandnest, in das es seine Eier absetzt. Bis zum Schlüpfen bewacht es den Laich. Verbreitung: Tote Donauarme von Wien bis zur Mündung, Donauzuflüsse, Dnjestr und Prutunterlauf, Platten- und Neusiedler See.

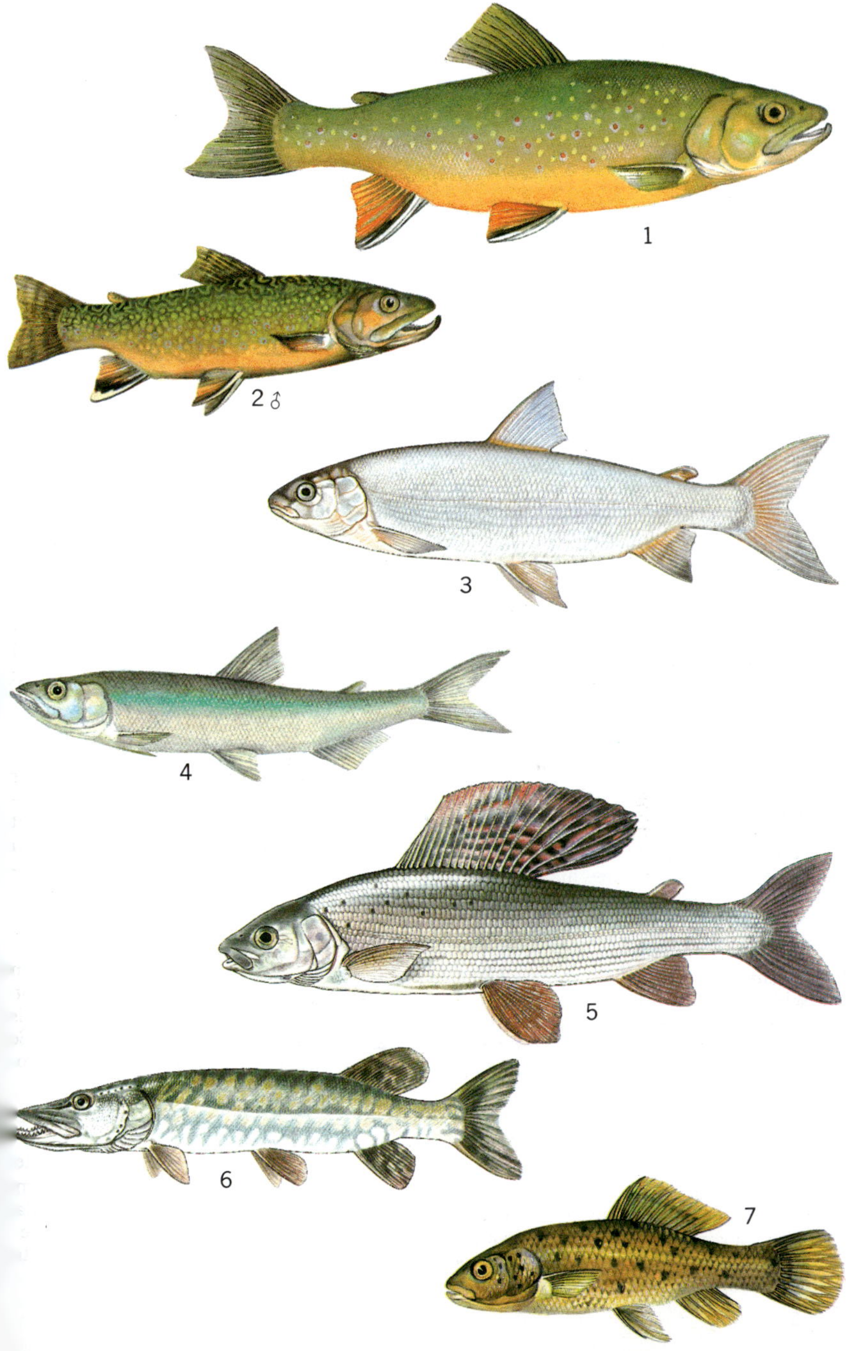
1
2 ♂
3
4
5
6
7

Fische

Familie: *Sternoptychidae*

1 *Argyropelecus olfersi.* Länge höchstens 9—10 cm. Tiefseefisch mit hohem, seitlich abgeflachten Körper und großen, teleskopartig schräg aufwärts gerichteten Augen. In Augennähe und an den Seiten sitzen viele Leuchtorgane (Photophoren). Er lebt in Tiefen zwischen 350 und 700 m. Im tiefen Wasser noch etwa 12 eng verwandte Arten. Verbreitung: Vor allem in den tropischen und gemäßigten Meereszonen häufig, die Fische sind eine wichtige Nahrung für Thunfische und andere in der Tiefe jagende Fische.

Familie: *Alepisauridae*

2 *Alepisaurus ferox.* Länge fast 2 m. Die Vertreter dieser Tiefseefischfamilie gehören zu den größten Raubfischen der Tiefsee. Sie haben eine lange, hohe Rückenflosse, hinter der eine kleine Fettflosse sitzt. Das große Maul ist mit langen, scharfen, gebogenen Zähnen besetzt. Ihre Nahrung besteht hauptsächlich aus anderen Tiefseefischen. Relativ oft geraten sie in die oberen Wasserschichten und werden von Fischern gefangen. Das Studium ihres Mageninhalts ist sehr aufschlußreich, dabei wurden nicht selten bisher unbekannte Fischarten aus der Tiefsee entdeckt.

Familie: *Idiacanthidae*

3 *Idiacanthus fasciola.* Länge ♂ 3—4 cm, ♀ bis zu 30 cm. Bei diesen Fischen zeigt sich ein auffälliger Geschlechtsdimorphismus. Die Männchen haben verkümmerte Zähne, Verdauungs- und Leuchtorgane; diese sind bis auf eine Photophore über den Augen zurückgebildet. Sie leben nur kurze Zeit, bald nach dem Laichen sterben sie. Die Weibchen sind langlebig. Ihre Larven sehen den ausgewachsenen Fischen überhaupt nicht ähnlich, sie haben lange Stielaugen. Lange Zeit wurden sie für eine selbständige Art gehalten.

Familie: *Chauliodontidae*

4 *Chauliodus sloani.* Länge höchstens 25 cm. Tiefseefisch mit riesigen scharfen Zähnen, der sich durch seine interessante vertikale Wanderung auszeichnet: Nachts steigt er manchmal bis an die Wasseroberfläche empor, tagsüber lebt er in einer Tiefe zwischen 450 und 2800 m. Räuber, der Fische erbeutet, die fast genauso groß sind wie er. Verbreitung: Die Tiefen aller Meere vom Äquator bis zum Pol.

Familie: **Borstenmäuler** — *Gonostomatidae*

5 Borstenmaul *Cyclothone signata.* Länge etwa 5 cm. Vertreter einer Familie, die zu den häufigsten Tiefseefischen gehört. Er hat silberne Augen und Reihen von Leuchtorganen an den Seiten. Über seine Biologie ist bisher nicht viel bekannt. Es ist interessant, daß aus seinen planktongroßen, nur 0,8 mm messenden Eiern Fischchen schlüpfen, die der Heringsbrut ähneln. Erst beim Übergang vom Larvalstadium zum Jungfisch entstehen die Leuchtorgane.

Familie: **Laternenfische** — *Myctophidae*

6 Laternenfisch *Myctophum punctatum.* Länge etwa 10 cm. Dieser Tiefseefisch ist ein Vertreter einer großen, fast 150 Arten umfassenden Familie. Er pflanzt sich im Winter fort, seine Larven halten sich in der Nähe der Oberfläche auf, bis sie eine Länge von etwa 2 cm erreicht haben. Erst dann wechseln sie in größere Tiefen über, und ihre Leuchtorgane entwickeln sich. Wie viele weitere Arten dieser Familie gehört er zur Nahrung verschiedener wirtschaftlich wichtiger Fische. Verbreitung: Tiefe Wasser des Atlantiks und des Mittelmeeres.

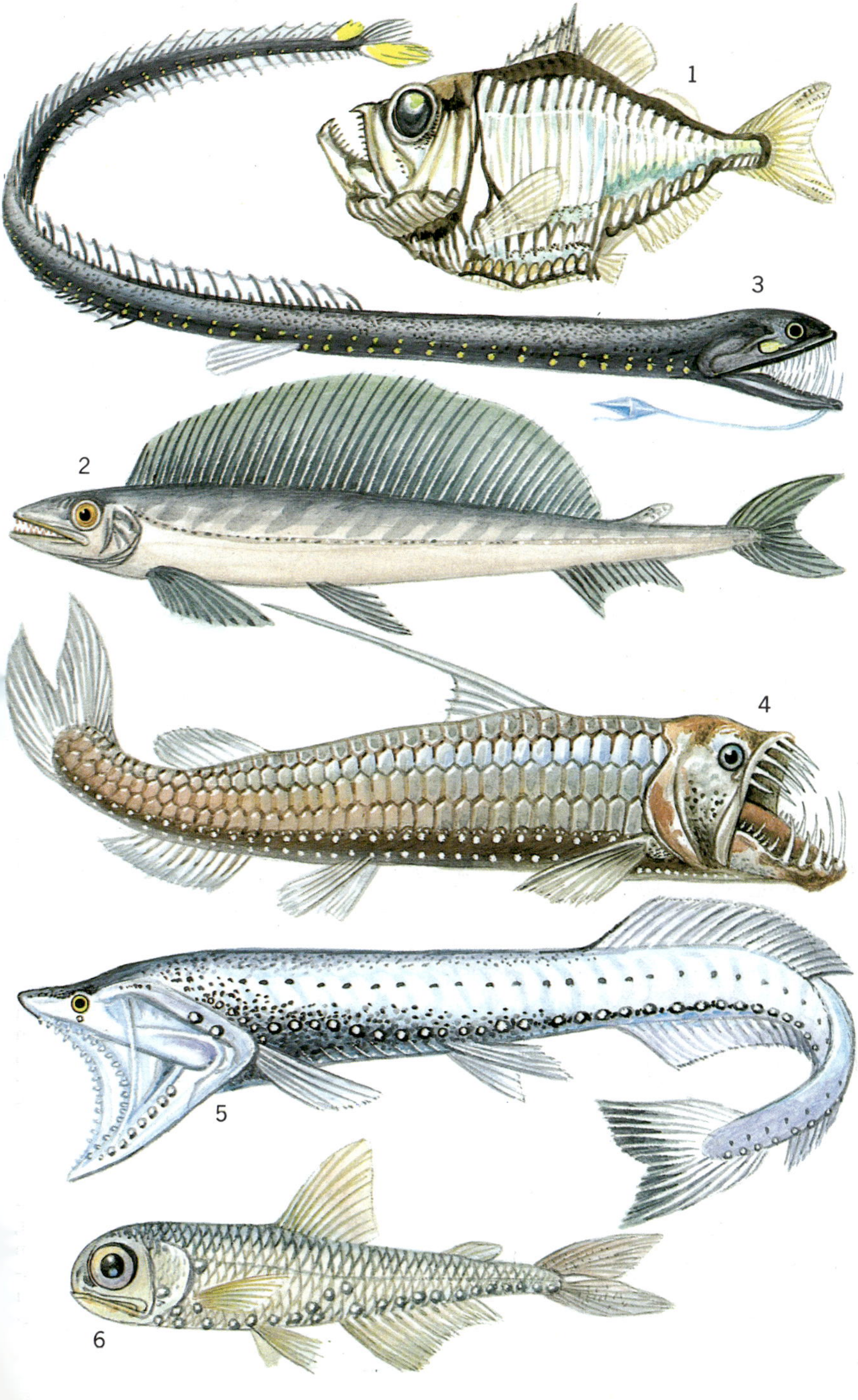
1
3
2
4
5
6

Fische

Ordnung: **Karpfenartige** — *Cypriniformes*
Familie: **Karpfenfische** — *Cyprinidae*

1 Plötze *Rutilus rutilus.* Länge 40 cm, Gewicht 1 kg. Einer der häufigsten Fische in allen Süßwassertypen mit Ausnahme der Forellenbäche in den Bergen. Die Plötze ernährt sich von wirbellosen Wassertieren, größere Fische fressen auch Wasserpflanzen. Sie laicht im April/Mai, die Männchen haben in dieser Zeit einen sichtbaren Laichausschlag. Verbreitung: Alle Süßwässer Europas mit Ausnahme der Inseln im südlichen Mittelmeer, Nordschottlands und Nordnorwegens. Lebt auch im Brackwasser und in der Ostsee.

2 Pigo *Rutilus pigus.* Länge 50 cm, Gewicht 2 kg. Fisch aus tieferem Wasser, der sich von der Plötze durch die größere Schuppenzahl der Seitenlinie und durch die dunkel ausgekleidete Bauchhöhle unterscheidet. Er laicht im April/Mai. Verbreitung: Norditalienische Seen (Lago Maggiore, Lago Lugano u. a), Pogebiet. Im Donauober- und Mittellauf sowie in den Zuflüssen kommt die Unterart *R. pigus virgo* vor.

3 Frauen- oder Perlfisch *Rutilus (Pararutilus) frisii meidingeri.* Länge 40 cm, Gewicht 1,5 kg. Körper walzenförmig mit kleinem Maul und runder vorstehender Schnauze. Wanderfisch, der in einigen Alpenseen häufig vorkommt. Ernährt sich von Muscheln, Würmern, Insektenlarven, Wasserpflanzen und kleinen Fischen. Verbreitung: Im oberen Donaugebiet, im Chiemsee, Traunsee, Attersee und Mondsee. Der Frauenfisch ist eine Unterart von *Rutilus (Pararutilus) frisii,* die in den nordwestlichen Schwarzmeerzuflüssen lebt.

4 Moderlieschen *Leucaspius delineatus.* Länge 7—9 cm. Kleiner, schlanker Fisch mit einem seitlich abgeflachten Körper, der in großen Schwärmen in stehenden und langsam fließenden verwachsenen Gewässern lebt. Ernährt sich von Plankton. Laichzeit ist im April/Mai, die Eier werden an den Stengeln von Wasserpflanzen abgelegt und vom Männchen bewacht. Verbreitung: Ganz Mittel- und Osteuropa, im Norden bis Südschweden.

5 Bitterling *Rhodeus sericeus.* Länge 9 cm. Hohes, seitlich abgeflachtes Fischchen, das häufig im stehenden Wasser von Flußunterläufen, Altwässern und Tümpeln vorkommt. Ernährt sich von Planktonkrebsen, Insektenlarven und Würmern. Der Bitterling laicht von April bis Juni; in der Zeit wächst dem Weibchen eine lange Legeröhre, mit der es die Eier einzeln in die Kiemenhöhlen von Wassermuscheln absetzt, über die das Männchen dann den Samen ausstößt. Hier entwickeln sich die Eier, bis aus ihnen ein kleiner Fisch geworden ist, der mit dem Strom des ausgestoßenen Wassers aus der Kiemenhöhle der Muschel gespült wird. Verbreitung: Ganz Europa mit Ausnahme von Dänemark und Skandinavien, den Britischen Inseln und den südeuropäischen Halbinseln.

6 Nase *Chondrostoma nasus.* Länge 40 cm, Gewicht 1 kg. Fisch mit einem typischen tiefsitzenden Maul, dessen Lippen von einer Hornhaut bedeckt und scharfkantig sind. Ernährt sich von Algenbelag, den er mit seinem hornigen Maul von den Steinen abkratzt. Lebt oft in großen Schwärmen in Gebirgsflüssen und Seen. Verbreitung: Nur in den südlichen Ostseezuflüssen sowie in den nördlichen und westlichen Schwarzmeerzuflüssen. In Europa leben 17 verwandte Arten.

7 Elritze *Phoxinus phoxinus.* Länge 6—10 cm. Schwarmfisch in sauberen Bergbächen und Flußoberläufen mit Sand- oder Steingrund. Ernährt sich von verschiedenen kleinen Wirbellosen. Laichzeit von April bis Juli. Verbreitung: Ganz Europa von Nordspanien und Norditalien an; fehlt in Nordschottland, den Inseln im südlichen Mittelmeerraum sowie im nördlichsten Skandinavien.

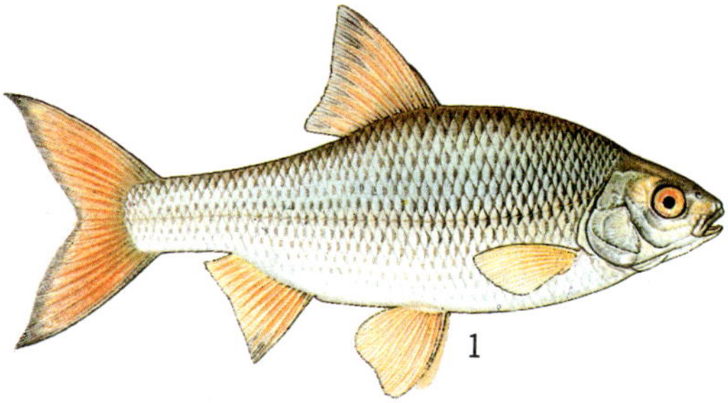

1

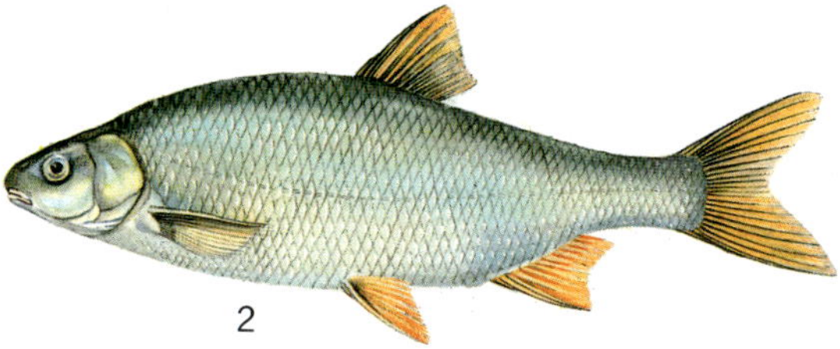

2

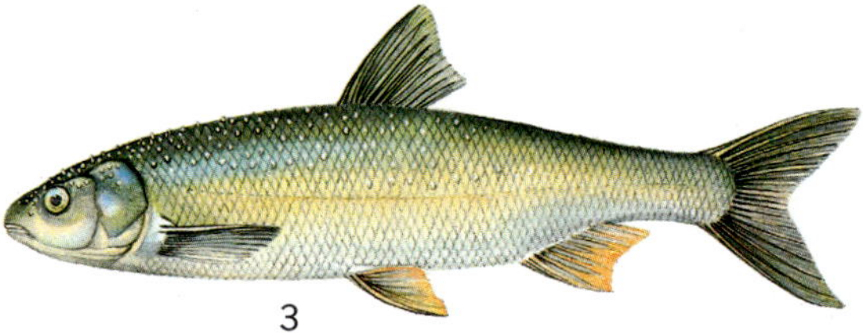

3

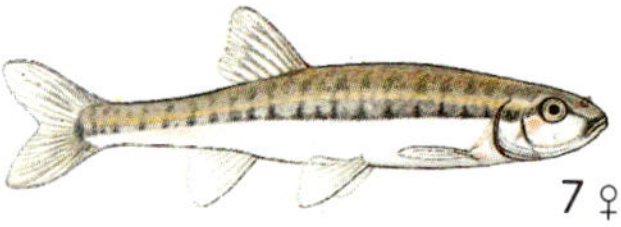

7 ♀

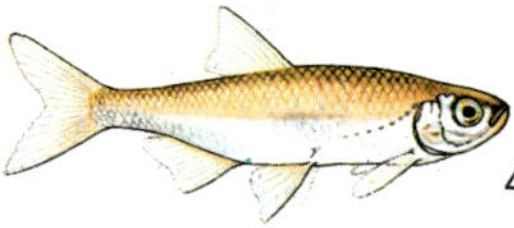

4

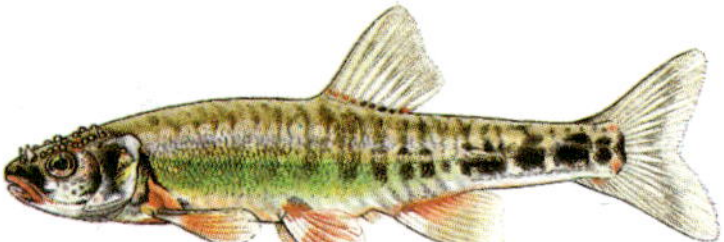

7 ♂

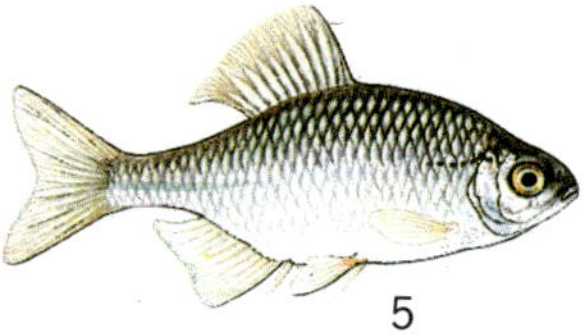

5

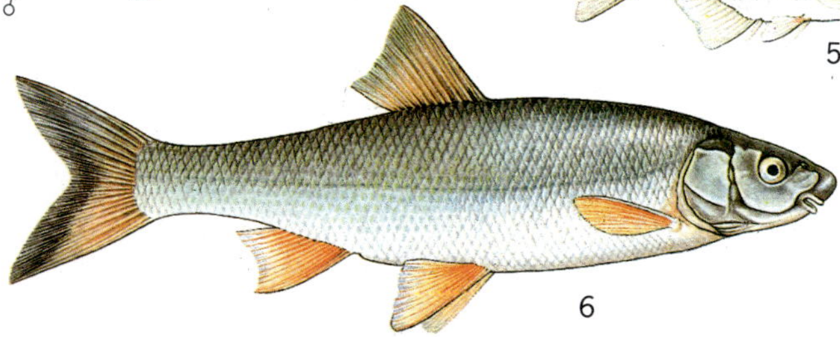

6

Fische

Familie: **Karpfenfische** — *Cyprinidae*

1 Hasel *Leuciscus leuciscus*. Länge 30 cm. Fisch mit einem fast kreisrunden Körperquerschnitt, kleinem Maul und eingeschnittener Afterflosse. Lebt in der Strömung sauberer Berg- und Flachlandflüsse und -bäche, wo er sich von Insekten ernährt. Die Jungfische der Hasel fressen auch andere Wirbellose. Laicht von März bis Mai auf Wasserpflanzen. Verbreitung: Ganz Europa mit Ausnahme der Mittelmeerhalbinseln, Schottlands und den nördlichsten Teilen Skandinaviens.

2 Aland *Leuciscus idus*. Länge 50 cm, Gewicht über 2 kg. Seitlich stark abgeflachter Fisch mit verhältnismäßig hohem Körper. Bevorzugt kleinere Gewässer, oft hält er sich an der Oberfläche auf. Der Aland ernährt sich von Insekten und Grundlebewesen, größere Exemplare erbeuten auch Fische. Laicht auf Pflanzen und Steinen in Ufernähe, zur Laichzeit haben die Männchen Laichausschlag an Kopf und Körper. Verbreitung: Europa vom Rhein bis zum Ural, fehlt in England, Frankreich, der Schweiz, Norwegen sowie in den Gebieten südlich der Alpen und der Donau.

3 Döbel *Leuciscus cephalus*. Länge 80 cm. Gewicht über 3 kg. Körper lang walzenförmig mit großen grau oder rot umrahmten Schuppen. Lebt in allen Typen von fließenden Gewässern von der unteren Forellenzone abwärts bis in die Niederungen, aber auch in stehenden Gewässern. Sucht seichtes Wasser mit hartem Grund auf und frißt Wirbellose, kleine Fische, Frösche und Krebse. Im Frühjahr laicht er, beide Geschlechter haben dann sichtbaren Laichausschlag. Verbreitung: Europa von Südschottland und England bis zum Ural. Fehlt in Irland, Dänemark, Nordskandinavien sowie auf den Mittelmeerinseln.

4 Rotfeder *Scardinius erythrophtalmus*. Länge über 30 cm, Gewicht 1 kg. Häufig in den Buchten der Flußunterläufe, in toten Armen und geschlossenen Tümpeln, also dort, wo sich ein üppiger Wasserpflanzenbewuchs findet. Die Rotfeder schwimmt in kleineren Schwärmen. Jungfische von einer Körperlänge bis zu 7 cm ernähren sich von Plankton, größere Fische vorwiegend von Wasserpflanzen. Sie laicht auf der Vegetation. Verbreitung: Ganz Europa mit Ausnahme der Pyrenäenhalbinsel, Schottlands, Westnorwegens, Nord- und Mittelschwedens sowie der Krim.

5 Rapfen *Aspius aspius*. Länge 70–80 cm, Gewicht 6–8 kg. Bei Sportfischern beliebter Fisch mit langem Körper und breitem Maul, der in Flußunterläufen und toten Armen häufig vorkommt. Ernährt sich von kleinen Fischen, zwischen die er oft geräuschvoll einbricht, dabei springt er auch aus dem Wasser. Er jagt auch auf die Oberfläche gefallene Insekten. Der Rapfen laicht von April bis Juni auf steinigem Grund in der Strömung. Verbreitung: Europa östlich der Elbe in den Zuflüssen von Nordsee, Ostsee, Schwarzem und Kaspischem Meer. Fehlt in Frankreich, auf den Britischen Inseln, auf der Pyrenäenhalbinsel sowie im Süden der Balkanhalbinsel.

6 Schleie *Tinca tinca*. Länge 50–60 cm, Gewicht 5–6 kg. Gedrungener Fisch mit kleinen Schuppen und auffallend kleinen Augen. Die Bauchflossen des Männchens sind länger und mächtiger als die des Weibchens. Lebt am Grund in langsam fließenden Flüssen, Altwässern und Buchten mit schlammigem Grund sowie in vegetationsreichen Gewässern. Seine Hauptnahrung bildet die Tierwelt am Grund. Verträgt auch sauerstoffarme Gewässer. Verbreitung: Ganz Europa mit Ausnahme der Nordgebiete Skandinaviens und Rußlands, Schottlands, Dalmatiens und der Krim. Wird als wertvoller Beifisch in Karpfenteiche gesetzt.

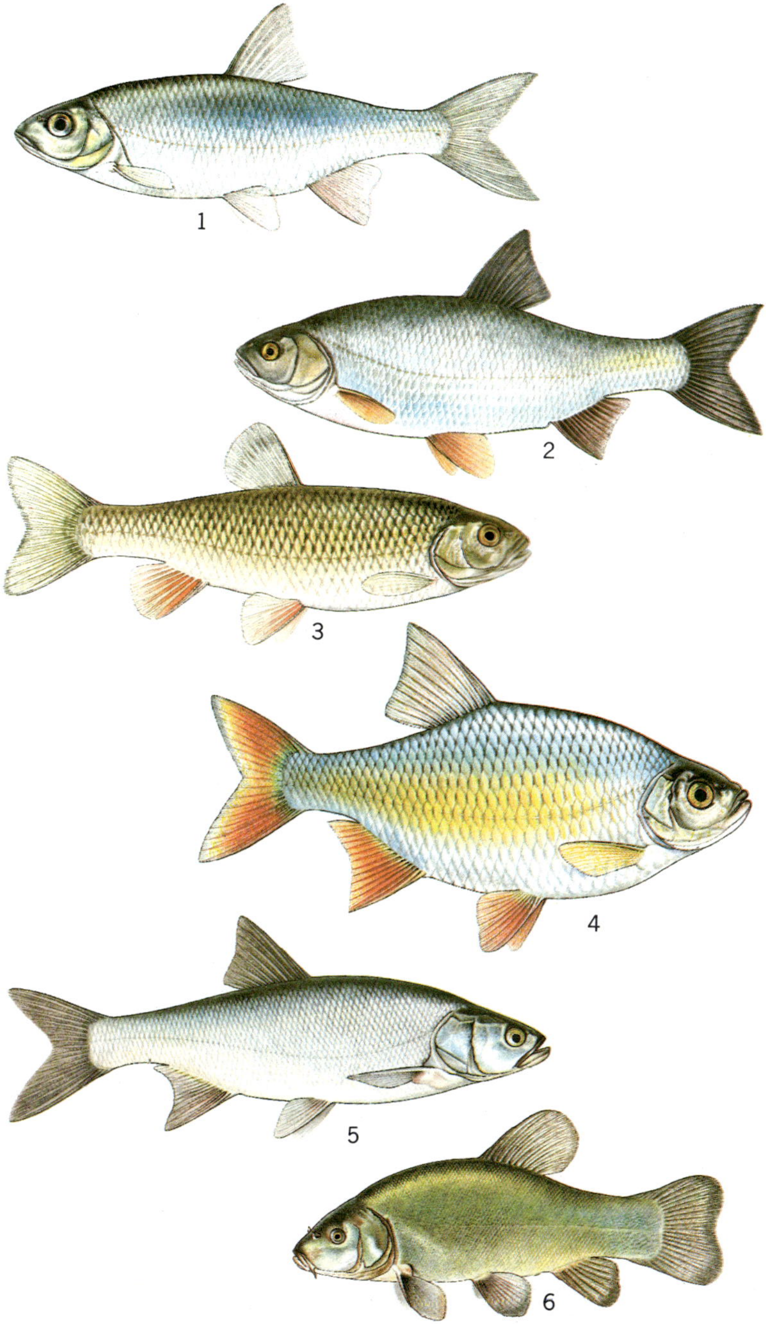
1
2
3
4
5
6

Fische

Familie: **Karpfenfische** — *Cyprinidae*

1 Gründling *Gobio gobio.* Länge 10—20 cm. Körper spindelförmig, gestreckt mit großen Schuppen und kurzer Rücken- sowie Afterflosse. Am Maul sitzen zwei kurze Barteln, die Kehle ist ungeschuppt. Der Gründling lebt am Grund aller Süßwassertypen, Laichzeit ist im Mai/Juni, er laicht an seichten Stellen. Beliebter Köderfisch für den Raubfischfang. Verbreitung: Ganz Europa mit Ausnahme der Pyrenäenhalbinsel, Süditaliens, Griechenlands, Norwegens, Nordschottlands und Nordskandinaviens.

2 Steingreßling *Gobio uranoscopus.* Länge 12—15 cm. Ähnelt dem Gründling, doch hat er lange, bis weit hinter die Augen reichende Barteln, Augen, die näher am Scheitel sitzen und eine geschuppte Kehle. Er sucht Flußabschnitte mit starker Strömung auf, dort lebt er am Grund. Verbreitung: Ober- und Mittellauf der Donau sowie ihre Zuflüsse, Flüsse der Karpatoukraine, der Slowakei, Rumäniens u. a.

3 Flußbarbe *Barbus barbus.* Länge 1 m. Lebt am Grund der schnellströmenden Flußoberläufe. Hier findet sie sich in Schwärmen zusammen und ernährt sich von der Grundfauna sowie von Wasserpflanzen. Laichzeit ist im Mai/Juni. Verbreitung: West- und Mitteleuropa, fehlt in Irland, Dänemark, Skandinavien und Italien. Die kleinere, nur ca. 30 cm lange verwandte Art *B. meridionalis* ist stellenweise vom Norden der Pyrenäenhalbinsel über Albanien, Griechenland und auf dem Peloponnes anzutreffen. In der Oder, Weichsel, Donau, Dnjestr, Vardar und den südbulgarischen Flüssen lebt die Unterart *B. meridionalis petenyi.*

4 Ukelei *Alburnus alburnus.* Länge 15 cm. Hinter den Bauchflossen bildet der Bauch einen ungeschuppten Kiel. Die Ukelei lebt an tiefen Stellen langsam fließenden Mittel- und Unterläufe größerer Flüsse. Tagsüber hält sie sich an der Wasseroberfläche auf und fängt ins Wasser gefallene Insekten. Im Mai laicht sie auf den Wasserpflanzen. Verbreitung: Im Norden von den Pyrenäen und Alpen über ganz Europa bis zum Ural. In Irland, Schottland, Nordskandinavien, auf der Pyrenäen- und Apenninhalbinsel sowie in Dalmatien kommt sie nicht vor.

5 Schneider *Alburnoides bipunctatus.* Länge 14 cm. Der Fisch ähnelt der Ukelei, hat aber einen höheren Körper und einen dunklen Doppelstreifen, der wenigstens am Vorderkörper die Seitenlinie umsäumt. Er lebt an seichten Stellen in der Strömung der Flußoberläufe zusammen mit der Elritze. Seine Nahrung besteht aus Insekten und deren Larven. Laichzeit ist im Mai/Juni. Verbreitung: Von Frankreich bis zum Kaspischen Meer, fehlt südlich der Alpen und Pyrenäen, in Dänemark, Nordeuropa und auf den Britischen Inseln.

6 Güster *Blicca bjoerkna.* Länge 35 cm, Gewicht 1 kg. Fisch mit einem ziemlich hohen und seitlich abgeflachten Körper, häufig am Grund von Flußunterläufen, toten Armen und Tümpeln, in Buchten und Teichen. Er ernährt sich von Planktonorganismen, Algen und den Larven von Wasserinsekten. Die Güster laicht von April bis Juni auf Wasserpflanzen. Verbreitung: Europa vom Alpen- und Pyrenäennordhang bis Südskandinavien, Ostengland und in den Schwarzmeerzuflüssen nördlich der Donau.

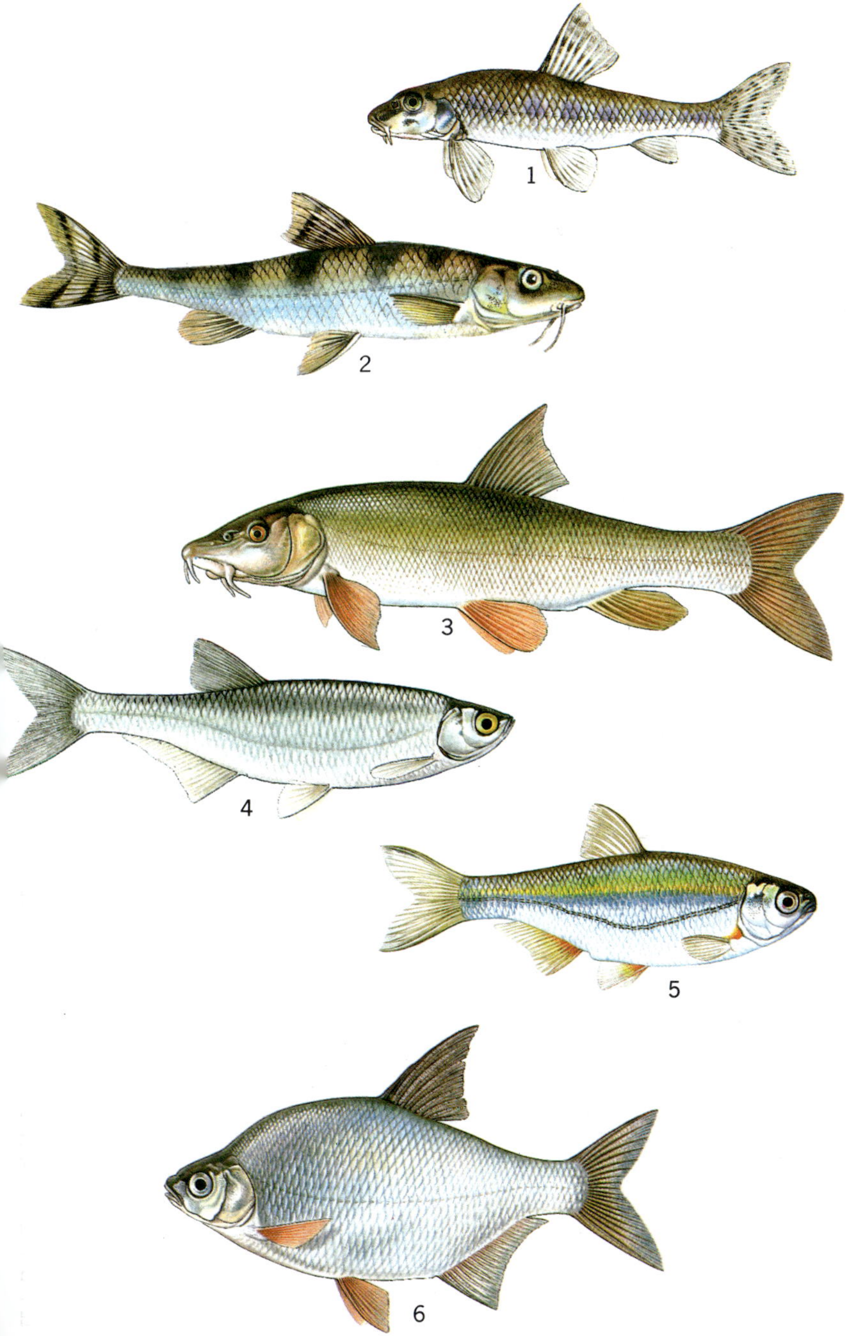
1
2
3
4
5
6

Fische

Familie: **Karpfenfische** — *Cyprinidae*

1 Brachsen, Blei *Abramis brama*. Länge 75 cm, Gewicht in Ausnahmefällen über 10 kg. In schwach fließenden oder stehenden Wassern von Stromunterläufen, Talsperren und Seen häufiger Fisch. Der Brachsen hat ein rüsselartig vorstreckbares Maul und lebt am Grund, oft in stark verkrautetem Wasser. Seine Nahrung bilden Plankton- und Bodenorganismen. Er laicht abends und nachts in der Zeit von Ende April bis Mai, dann finden sich an den Ufern riesige Schwärme zusammen. Die Männchen bekommen starken Laichausschlag. Verbreitung: Ganz Europa nördlich der Pyrenäen und Alpen, fehlt im Süden sowie im Westen der Balkanhalbinsel. Auch in West- und Nordskandinavien kommt der Brachsen nicht vor.

2 Zope *Abramis ballerus*. Länge 45 cm, Gewicht etwa 1,5 kg. Hochrückiger, seitlich abgeflachter, dem Blei ähnlicher Fisch, der aber ein schräg nach oben gerichtetes Endmaul hat. Lebt in kleineren Schwärmen und ernährt sich hauptsächlich von Plankton, vor allem von Wasserflöhen. Laicht im April/Mai zwischen Wasserpflanzen. Verbreitung: Flußunterläufe und Seen im Nord- und Ostseegebiet von der Elbe bis zur Newa und in den Flüssen Südschwedens und Finnlands. Im Schwarzmeergebiet von der Donau bis zum Uralfluß. In der Donau dringt er bis Oberösterreich vor.

3 Zobel *Abramis sapa*. Länge 30 cm, Gewicht 700—800 g. Ähnelt den vorhergehenden *Abramis*-Arten, doch ist er rammsnasig und hat ein halb unterständiges Maul. Ernährt sich von der Bodenfauna, in geringerem Maße auch von pflanzlichen Stoffen. Man kennt wandernde und ortsfeste Populationen dieser Art, beide laichen im April/Mai in den Flußbetten, die Wanderfische ziehen danach ins Meer. Verbreitung: Zuflüsse des Schwarzen, Kaspischen und Asowschen Meeres, auch in der Donau und ihren Nebenflüssen.

4 Karpfen *Cyprinus carpio*. Länge 120 cm, Gewicht über 30 kg. Dieser beliebteste Fisch der europäischen Fischzuchtkultur stammt aus dem Gebiet um das Schwarze und Kaspische Meer. Die ursprüngliche wilde Form hat einen langen, geschuppten, walzenförmigen Körper, sie lebt in der Donau und einigen ihrer Zuflüsse. Die Zuchtformen des Karpfens sind hochrückig. Laichzeit ist im Mai/Juni, die Brut ernährt sich zunächst von Zooplankton, ab einer Körperlänge von 2 cm auch von der Bodenfauna. Der Karpfen ist in Europa der wichtigste Süßwassernutzfisch, seine Kulturrassen werden in Teichen gezogen, in Flüsse, Stauseen und wärmere Seen ausgesetzt.

5 Lederkarpfen *Cyprinus carpio*. Bei den in Teichen gezüchteten Karpfen findet man alle möglichen Spielarten in der Beschuppung. Die häufigsten Teichkarpfen sind die „Lederkarpfen", deren Körper nur unregelmäßig von verschieden großen Schuppen bedeckt ist. Die „Zeilenkarpfen" haben eine Reihe Schuppen längs der Seitenlinie, eine ähnliche Reihe findet sich auch an der Rückenflossenbasis. Der „Spiegelkarpfen" hat entweder gar keine Schuppen oder nur vereinzelte Schuppen unter der Rückenflosse sowie an den Basen der übrigen Flossen.

6 Graskarpfen *Ctenopharyngodon idella*. Länge über 1 m, Gewicht 32 kg. Ursprünglich ein Fisch des Amur-Mittel- und Unterlaufs, seiner Nebenflüsse sowie der nordchinesischen Gewässer. Vor einigen Dutzend Jahren kam es zu seiner Aklimatisierung in den europäischen Fischteichen. Ernährt sich vor allem von Wasserpflanzen, in Fischteichen wird er auch mit Futterpflanzen wie Luzerne und Klee gefüttert.

7 Silberkarpfen *Hypophthalmichthys molitrix*. Länge bis zu 1 m, Gewicht etwa 10 kg. Karpfenfisch aus Ostasien, der sich in den letzten Jahrzehnten allmählich in den europäischen Gewässern akklimatisiert hat. Seine Nahrung besteht fast ausschließlich aus pflanzlichem Plankton, dabei wächst er sehr schnell.

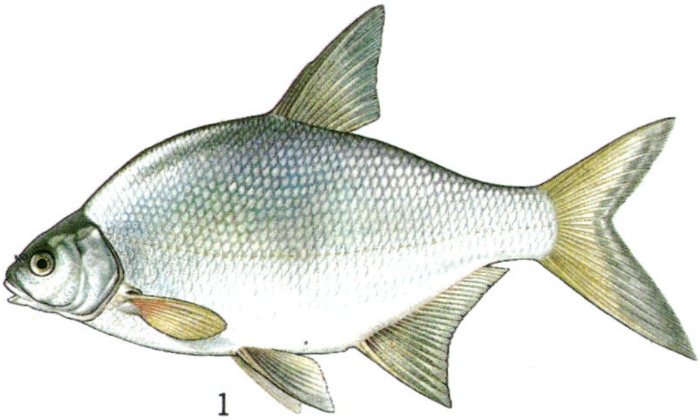

1

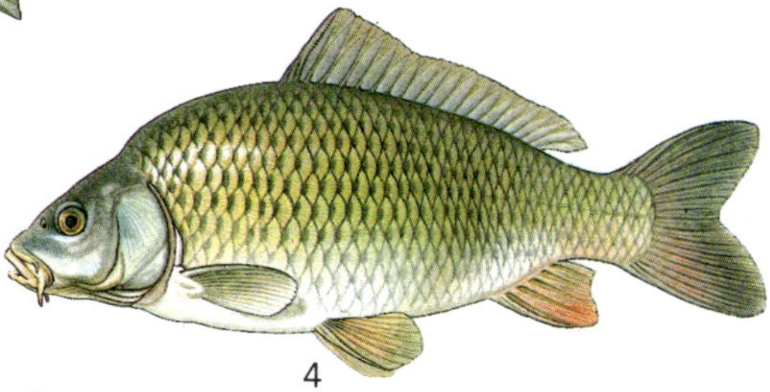

4

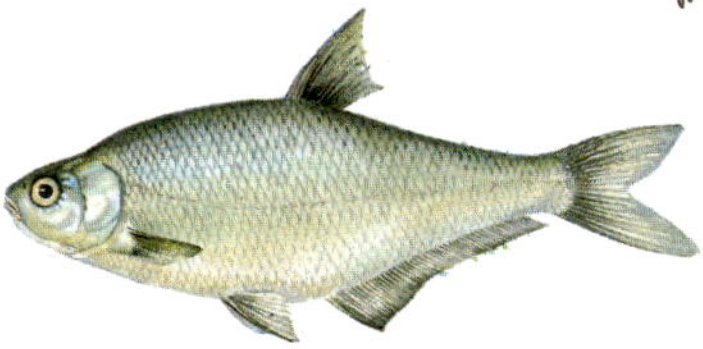

2

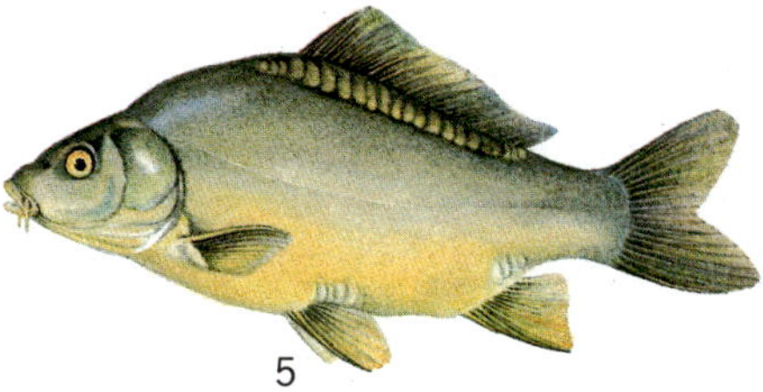

5

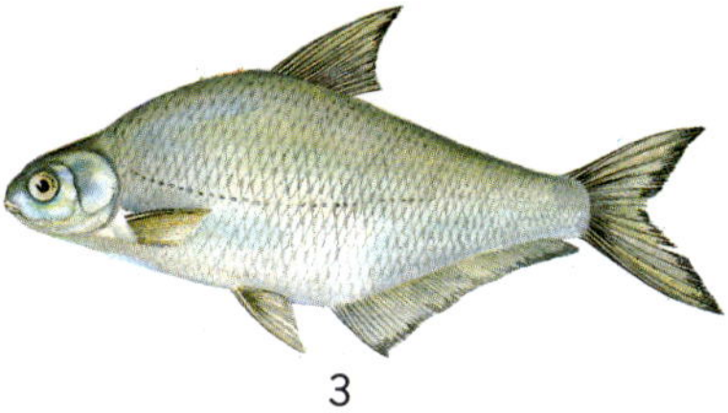

3

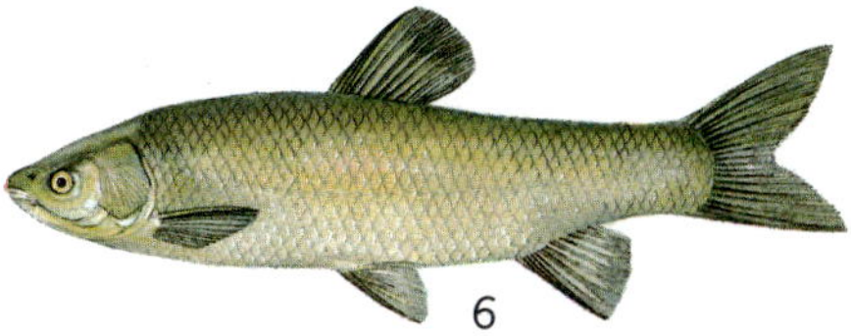

6

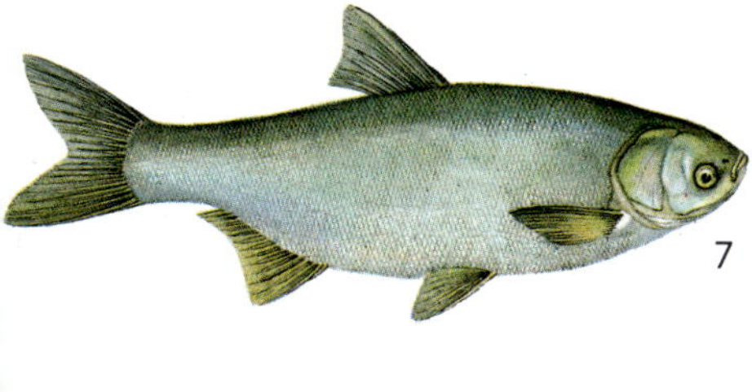

7

Fische

Familie: **Karpfenfische** — *Cyprinidae*

1 Ziege *Pelecus cultratus.* Länge bis zu 60 cm, Gewicht etwa 1 kg. Typischer Fisch der oberen Wasserschichten, tagsüber hält er sich im tieferen Wasser auf, nachts kommt er an die Oberfläche. Ernährt sich vorwiegend von auf der Wasseroberfläche schwimmenden Insekten, doch stellt er auch dem Laich anderer Arten nach. Laicht von Mai bis Juli, seine Eier sind pelagisch. Verbreitung: Vor allem im Brackwasser von Ostsee, Schwarzem und Kaspischem Meer sowie im Aralsee häufig.

2 Zährte *Vimba vimba.* Länge 30—40 cm, Gewicht über 1 kg. Halbwanderfisch aus den Unterläufen langsam fließender Ströme, seine Nahrung besteht hauptsächlich aus den Wirbellosen des Grundes. Die Zährte laicht im Mai/Juni auf steinigem Grund in der Strömung. Verbreitung: Weser, Elbe und weitere Flüsse bis zur Newa, Südfinnland, Schweden. Bildet eine Reihe von geographischen Rassen.

3 Karausche *Carassius carassius.* Länge 40 cm, Gewicht etwa 1 kg. Die Karausche sieht wie ein kleiner Karpfen aus, nur hat sie keine Barteln am Maul. In der Hauptsache besteht ihre Nahrung aus wirbellosen Kleintieren des Gewässergrundes. Lebt in alten Quellen, Tümpeln, Sümpfen, Mooraugen usw., gegen Sauerstoffmangel ist sie ziemlich widerstandsfähig. Verbreitung: Von England über Nordostfrankreich in allen Flußsystemen, die in Nord- und Ostsee münden. Aus Ostasien stammt die verwandte Silberkarausche (*C. auratus*), die sich gegenwärtig über Ost-, Mittel- und Nordeuropa ausbreitet. Der in Bassins gehaltene sog. Goldfisch ist eine heimische Abart der ostasiatischen Goldkarausche (*C. auratus auratus*) aus China, Korea und Japan.

Familie: **Schmerlen** — *Cobitidae*

4 Schlammpeitzger *Misgurnus fossilis.* Länge 35 cm, Gewicht 150 g. Langer Fisch mit dunklen Längsstreifen und 10 Barteln um das Maul, der am Grund schlammiger stehender Gewässer, in Flußschleifen und Teichen lebt. Enthält das Wasser zu wenig Sauerstoff, schluckt der Schlammpeitzger Luft, der die reichdurchblutete Darmschleimhaut Sauerstoff entnimmt. Laicht im Mai, die Brut hat fadenförmige Außenkiemen, die aber bald verwachsen. Verbreitung: Europäische Flüsse von der Seine bis zur Newa und von der Donau bis zur Wolga. Fehlt in den Zuflüssen des nördlichen Eismeeres, in England, Skandinavien, Finnland und in Südeuropa.

5 Schmerle *Noemacheilus barbatulus.* Länge 10—18 cm. Überwiegend Nachtfisch mit dunkel marmoriertem, walzenförmigem Körper und 6 Barteln um das Maul. Gewöhnlich unter Steinen oder Wurzeln verborgen; lebt am Grund fließender Gewässer, Teiche und Seen. Ernährt sich von Wasserinsektenlarven und anderen wirbellosen Tieren. Sie laicht im Mai auf Sand oder Steinen an seichten Stellen. Verbreitung: Süßwasser in ganz Europa mit Ausnahme von Schottland, Nordskandinavien, Süd- und Mittelitalien sowie Griechenland.

6 Steinbeißer *Cobitis taenia.* Länge 6—10 cm. Schlankes Fischchen mit seitlich abgeflachtem Kopf und Körper. Am unterständigen Maul sitzen 6 Barteln, unter dem Auge ein aufrichtbarer Knochendorn. Der Steinbeißer wühlt sich in den Grund stehender oder langsam fließender Gewässer ein, seine Nahrung besteht meist aus wirbellosen Grundlebewesen. Laichzeit ist im April/Mai. Verbreitung: Ganz Europa mit Ausnahme Norwegens, Nordschwedens, Finnlands und Rußlands, Schottlands, Irlands und des Peloponnes.

7 *Sabanajewia aurata.* Ähnelt der vorangegangenen Art, auf den Seiten sitzen 8—15 viereckige dunkle Flecken, an der Schwanzpartie befindet sich ein lediger Kiel. Die Männchen haben auffallend stark gewölbte Seiten. Lebt zwischen den Steinen und Kies in tieferem, rasch fließendem Wasser. Laicht im April/Mai in sandigen und steinigen Flußabschnitten, bildet einige geographische Rassen. Verbreitung: Don- und Donaugebiet, Balkanflüsse.

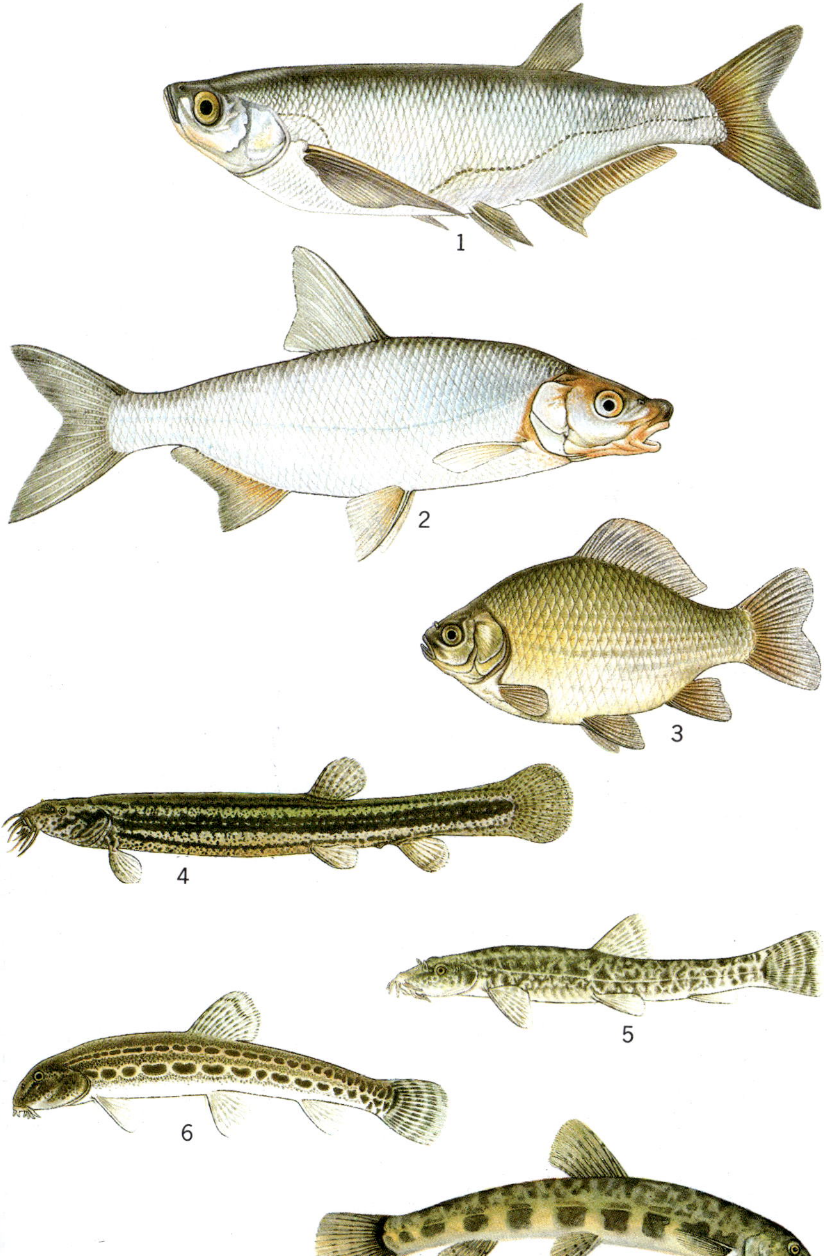
1
2
3
4
5
6
7

Fische

Ordnung: **Welsartige** — *Siluriformes*
Familie: **Echte Welse** — *Siluridae*

1 Wels *Silurus glanis*. Länge bis zu 3 m, Gewicht bis 300 kg; in Europa gewöhnlich eine Länge von rund 2 m und über 50 kg schwer. Damit gehört der Wels zu den größten Süßwasserfischen Europas. Bewohner großer Flüsse, Stauseen und Seen, dort hält er sich tagsüber in der Tiefe am Grund auf. Nachts aktiv, geht unter der Wasseroberfläche auf Nahrungssuche, frißt Fische, kleine Säugetiere und Wasservögel. Der Wels laicht von Mai bis Juli im Flachwasser, wo das Weibchen aus Wasserpflanzen und Wurzeln ein ungestaltes Nest anlegt. Nach dem Ablaichen bewacht das Männchen Laich und Larven. Die Jungtiere wachsen sehr schnell. Verbreitung: Europäische Flüsse vom Oberrhein nach Osten, Elbe, Oder, Weichsel, Schwarzmeer- und Kaspiseezuflüsse.

Familie: **Katzenwelse** — *Ictaluridae*

2 Katzenwels *Ictalurus nebulosus*. Nordamerikanischer Fisch, der um die Jahrhundertwende in europäischen Gewässern ausgesetzt wurde, wo er sich bei günstigen Bedingungen massenhaft vermehrt hat. Allesfresser, der pflanzliche und tierische Nahrung zu sich nimmt. Laichzeit ist von April bis Juni, das Männchen bewacht Laich und Keimlinge. In Europa erreicht der Katzenwels eine Länge von 25—30 cm und ein Gewicht von ca. 1,5 kg, in seiner Heimat wird er 2 kg schwer.

Ordnung: **Armflosserartige** — *Lophiiformes*
Familie: **Seeteufel** — *Lophiidae*

3 Seeteufel *Lophius piscatorius*. Länge 1,7 m, Gewicht 40 kg. Der Fisch lebt am Meeresgrund von der Küstenzone bis in eine Tiefe von rund 1000 m, dort ernährt er sich von Fischen, auf die er reglos in seinem Versteck lauert. Dabei lockt er sie mit dem zu einer „Angel" ausgebildeten ersten Rückenflossenstrahl, der direkt vor dem riesigen Maul hängt. Er laicht von April bis Juli in etwa 400 m Tiefe, wobei er über eine Million Eier ausstößt, die auf einem Schaumteppich liegen, auf dem sie frei im Wasser treiben und langsam zur Oberfläche aufsteigen. Die Larven ähneln dem erwachsenen Fisch überhaupt nicht. Verbreitung: Europäische Küsten mit Ausnahme von Ostsee und Schwarzem Meer.

Ordnung: **Dorschartige** — *Gadiformes*
Familie: **Dorsche** — *Gadidae*

4 Dorsch, Kabeljau *Gadus morrhua*. Länge 150 cm, Gewicht 40 kg. Lebt in großen Schwärmen und ernährt sich von Heringen und anderen kleinen Seefischen. Der Dorsch laicht vorwiegend im zeitigen Frühjahr. Er hat große wirtschaftliche Bedeutung; sein Fleisch wird als Fischfilet konserviert, seine Leber mit Öl zu Konserven verarbeitet. Verbreitung: An der europäischen Atlantikküste sowie auf hoher See häufig.

5 Leng *Molva molva*. Länge 180 cm, Gewicht 30 kg. Größter Vertreter dieser Gattung, Nahrung sind alle möglichen kleineren Seefische. Gehört zu den wirtschaftlich wichtigen Fischen. Verbreitung: Nordostatlantik in einer Tiefe zwischen 100 und 600 m.

6 Quappe *Lota lota*. Länge 1 m, Gewicht 20 kg. Der einzige Süßwasservertreter der Dorschfamilie. Die Quappe lebt am Grund unter unterhöhlten Ufern in der Forellen-, Äschen- und Barbenregion der europäischen Flüsse, stellenweise auch in Seen und Teichen. Räuberischer Nachtfisch, der sich vorwiegend von Fischen und Fröschen ernährt. Laicht im Winter, hat fast eine Million Eier. Mancherorts, vor allem im Norden, hat die Quappe wirtschaftliche Bedeutung. Verbreitung: Fast ganz Europa nördlich von Balkan und Pyrenäen.

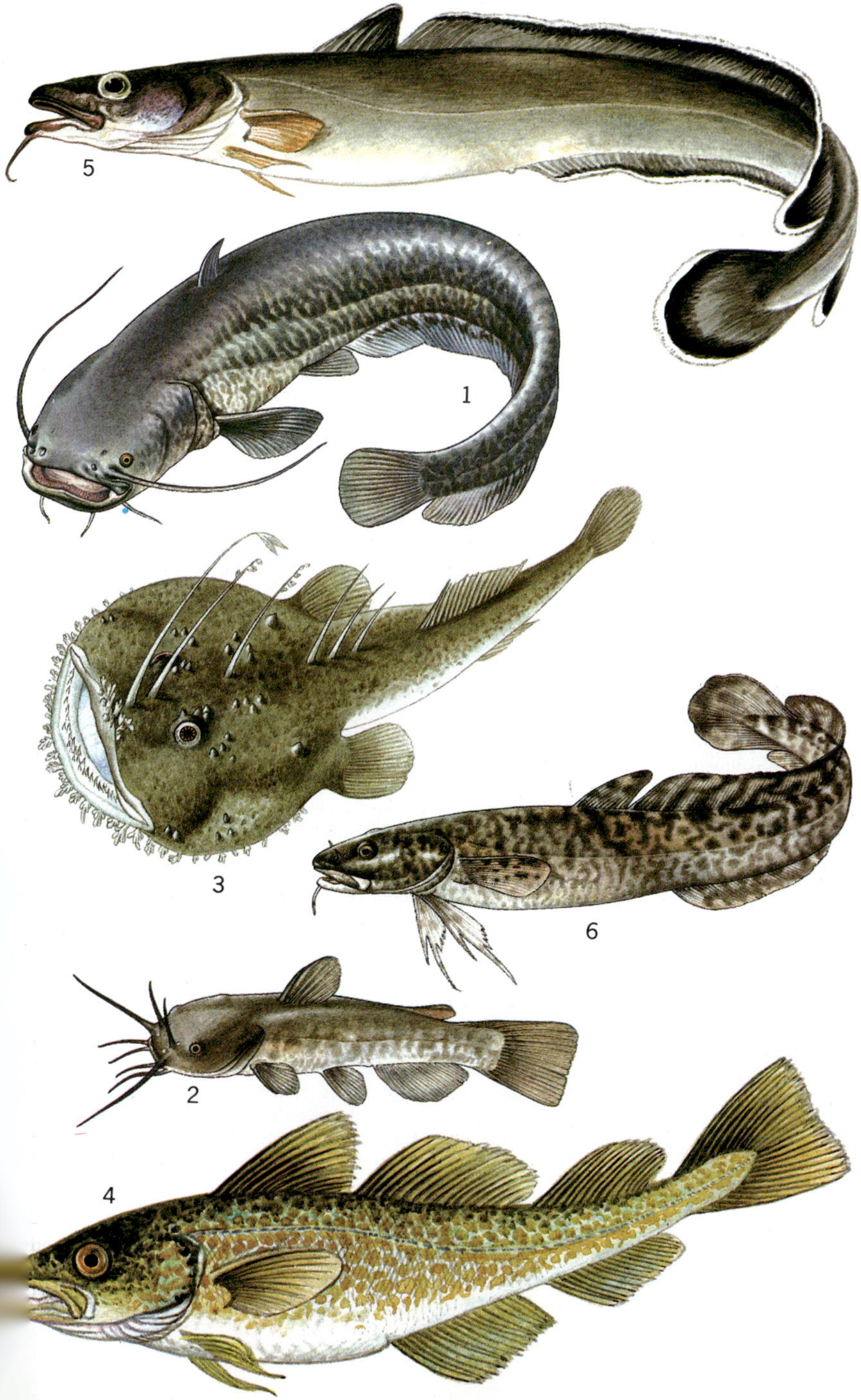
5
1
3
6
2
4

Fische

Familie: **Seehechte** — *Merlucciidae*

1 Seehecht *Merluccius merluccius.* Länge 1 m, Gewicht 10 kg. Stattlicher Seefisch, der tagsüber am Grund lebt, nachts an die Oberfläche aufsteigt, um dort Heringe, Sprotten, Makrelen und andere Fische zu jagen, vor allem solche, die sich in großen Schwärmen zusammenfinden. Laicht im Frühjahr, seine Eier sind pelagisch. Die wirtschaftliche Bedeutung des Fisches ist beträchtlich. Verbreitung: Europäische Meere mit Ausnahme von Schwarzem Meer und Ostsee, häufige Art.

Familie: **Gebärfische** — *Zoarcidae*

2 Aalmutter *Zoarces viviparus.* Länge 30—50 cm. Häufig am Meeresgrund in Küstennähe, kommt auch oft im Brackwasser vor. Ernährt sich von Wasserkrebsen, Würmern und auch Kleinfischen. Das Weibchen bringt lebende Junge zur Welt. Verbreitung: Nordeuropäische Küstenzonen von Nordnorwegen bis zum Ärmelkanal im Süden.

Familie: **Schlangenfische** — *Ophidiidae*

3 Schlangenfisch *Ophidium barbatum.* Länge 25 cm. Seefisch, der sich auf sandigem Grund aufhält, in den er sich manchmal bis zum Kopf einwühlt. Tagsüber ist er nicht aktiv, nachts geht er auf Nahrungssuche. Frißt Wirbellose, d. h. Meereskrebse, Krabben, Polypen und Weichtiere, größere Exemplare überfallen auch Kleinfische. Verbreitung: Häufig im Mittelmeer und an der Atlantikküste bis Großbritannien, auch im Schwarzen Meer.

Familie: **Nadelfische** — *Carapidae*

4 Fierasfer *Carapus acus.* Länge bis zu 20 cm. Seitlich abgeplatteter Seefisch. Sein After liegt ziemlich weit vorne, noch vor den Brustflossen unterhalb der Kehle. Er laicht im Sommer, die Eier sind elliptisch und sehr klein. Der Fisch schmarotzt in Seegurkenkörpern *(Holothuria)* und frißt an ihren Geschlechtsorganen. Beschädigt er dabei seinen Wirt allzu sehr, stößt ihn dieser zusammen mit den eigenen Organen, die sehr schnell regeneriert werden, aus Verbreitung: Im Mittelmeer häufig.

Ordnung: **Ährenfische** — *Atheriniformes*
Familie: **Fliegende Fische** — *Exocoetidae*

5 Meerschwalbe *Exocoetus volitans.* Länge 18 cm. Mit mächtigen, langen Brustflossen und einem auffällig verlängerten Schwanzflossen-Unterlappen. Schwimmt gewöhnlich schwarmweise dicht unter der Oberfläche dahin, bei Gefahr segelt er mit gespreizten Flossen durch die Luft, wobei er die Luftströmung ausnutzt. Oft erreichen solche Flüge eine Weite von 200 m. Der Fisch laicht das ganze Jahr über in der offenen See, seine Eier schwimmen an die Oberfläche empor. Verbreitung: Alle tropischen Gewässer, auch im Westteil des Mittel meeres.

6 Hornhecht *Belone belone.* Länge 80—100 cm, Gewicht 1 kg. Hornhechtschwärme leben im offenen Meer, im Sommer und Herbst auch in der Küstenzone, vor allem im Mittelmeer Seine Hauptnahrung sind Meereskrebschen, Tintenfische und kleine Fische. Seine frei schwimmenden Eier haben Anhänge, mit denen sie sich an ins Wasser getauchten Gegenständen festhalten. Die Knochen des Hornhechts sind grün gefärbt. Verbreitung: Nordse Ostsee, Mittelmeer, Schwarzes Meer.

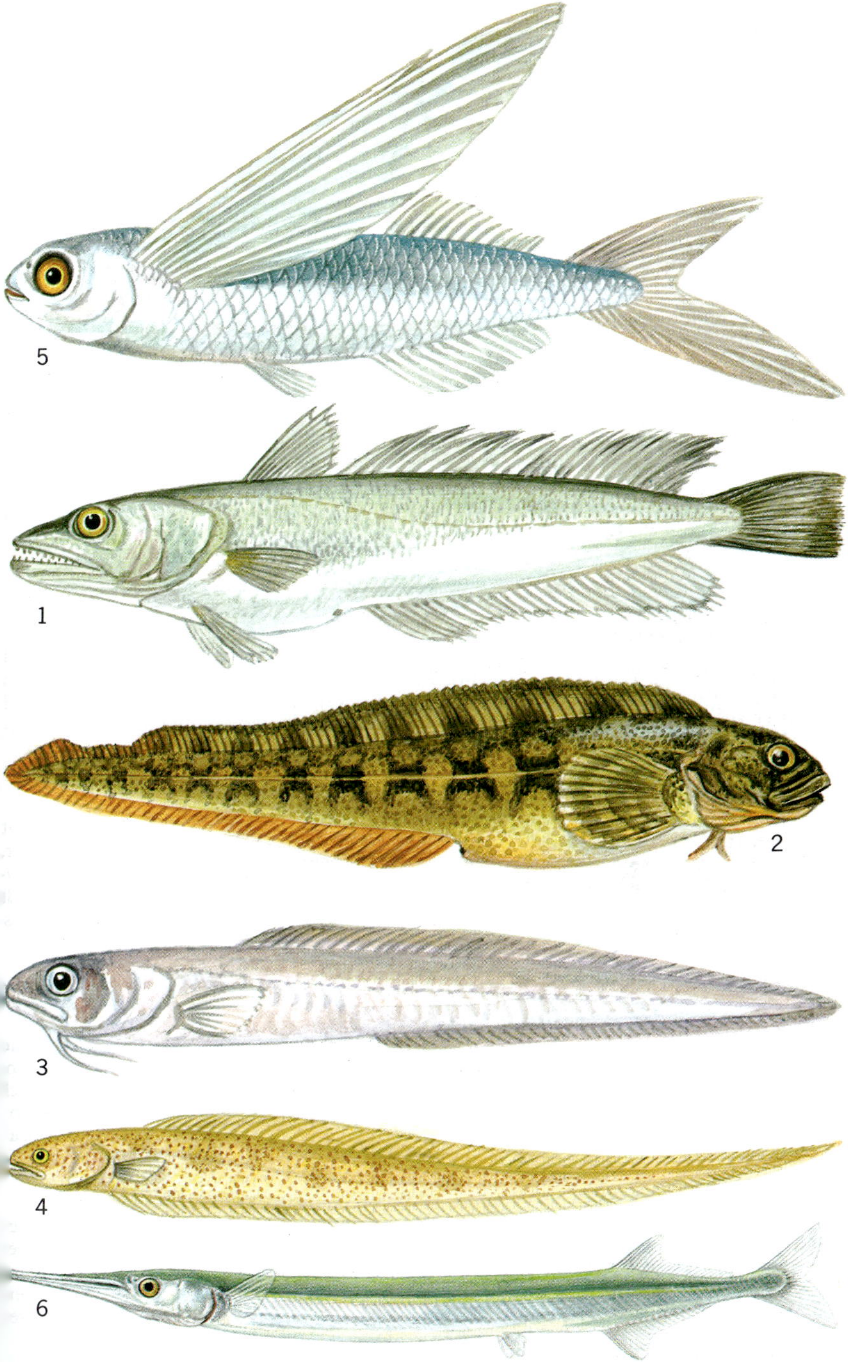
5
1
2
3
4
6

Fische

Ordnung: **Peters- oder Eberfischartige** — *Zeiformes*
Familie: **Petersfische** — *Zeidae*

1 Heringskönig *Zeus faber.* Länge 70 cm, Gewicht 20 kg. Fisch der offenen See mit fahnenartig ausgezogenen Strahlen der ersten Rückenflosse. Ernährt sich von Fischen und wirbellosen Meerestieren, Laichzeit ist während der Sommermonate. Auf den Märkten begehrter und geschätzter Fisch. Verbreitung: Ostatlantik von der norwegischen Küste bis ins Mittel- und Schwarze Meer.

Ordnung: **Stichlingsartige** — *Gasterosteiformes*
Familie: **Stichlinge** — *Gasterosteidae*

2 Dreistachliger Stichling *Gasterosteus aculeatus.* Länge 4—10 cm. Kleiner Fisch mit frei stehenden Stacheln vor der Rückenflosse und Knochenplättchen an den Seiten. Zur Laichzeit von April bis Juni baut das Männchen aus Pflanzenteilen ein Nest, in dem es nach dem Ablaichen die Eier und auch noch einige Zeit die geschlüpften Keimlinge bewacht. Die Jungtiere ernähren sich anfangs von winzigem Zooplankton, später von Würmern und Insektenlarven. Verbreitung: Zirkumpolare Art der kalten und gemäßigten Zone auf der Nordhalbkugel. In Europa vom Schwarzen Meer, Süditalien und der Pyrenäenhalbinsel bis zur Nordküste Norwegens. Lebt im Brack- und Süßwasser; an vielen Orten ausgesetzt.

Familie: **Seenadeln** — *Syngnathidae*

3 Seepferdchen *Hippocampus hippocampus.* Länge 10—15 cm. Bekanntes Seefischchen, das sich an tangbewachsenen Stellen nicht nur im Meer, sondern auch im Brackwasser aufhält. Ernährt sich von kleinem Meeresplankton, das es mit einem Wasserstrom in sein langes, röhrenförmiges Maul saugt. Das Seepferdchen laicht im Frühjahr und Sommer, das Männchen übernimmt vom Weibchen die befruchteten Eier in seine Bauchtasche, die die völlig entwickelten Jungfische nach 4—5 Wochen verlassen. Verbreitung: Mittelmeer, verwandte Arten finden sich im Schwarzen Meer und im Nordostatlantik.

4 Große Seenadel *Syngnathus acus.* Sucht wie das Seepferdchen tangbewachsene Stellen in Küstennähe sowie im Brackwasser großer Flußmündungen auf, für gewöhnlich in einer Tiefe bis zu 15 m. Der Fisch laicht im Frühling und Sommer, das Männchen bewahrt Eier und Jungtiere in einer besonderen Bauchfalte etwa 5 Wochen lang auf. Verbreitung: Häufig im Nordostatlantik von der Biskaya bis zur Westküste der Britischen Inseln, im Mittelmeer lebt die Unterart *S. acus rubescens,* im Schwarzen Meer die etwa 35 cm lange *S. typhle.* Verwandt ist die im Atlantik häufige 15—17 cm lange Kleine Seenadel *(S. rostellatus).*

Ordnung: **Panzerwangen** — *Scorpaeniformes*
Familie: **Drachenköpfe** — *Scorpaenidae*

5 Großer Rotbarsch *Sebastes marinus.* Länge 1 m, Gewicht 15 kg. In der offenen See sowie in der Küstenzone in Tiefen zwischen 100 und 400 m. Der Rotbarsch bringt lebende Junge zur Welt und ist ein wichtiger Nutzfisch. Verbreitung: Im Nordatlantik an den Küsten Europas und Nordamerikas häufig.

Familie: **Groppen** — *Cottidae*

6 Westgroppe *Cottus gobio.* Länge 15 cm. Recht unbeweglicher Süßwasserfisch, der sich von Insektenlarven und Kleinfischen ernährt. Laicht im April/Mai an der Unterseite von Steinen, das Männchen bewacht die Eier. Verbreitung: Europa; saubere Gebirgsbäche und -flüsse von England und den Pyrenäen bis zum Kaspischen Meer, fehlt in Südeuropa.

7 Ostgroppe *Cottus poecilopus.* Länge 15 cm. Unterscheidet sich von der vorangegangenen Art durch seine quergestreiften Bauchflossen. Verbreitung: Einzugsgebiet des Nördlichen Eismeeres von Skandinavien nach Osten, Ostseezuflüsse, Donau- und Dnjestrgebiet.

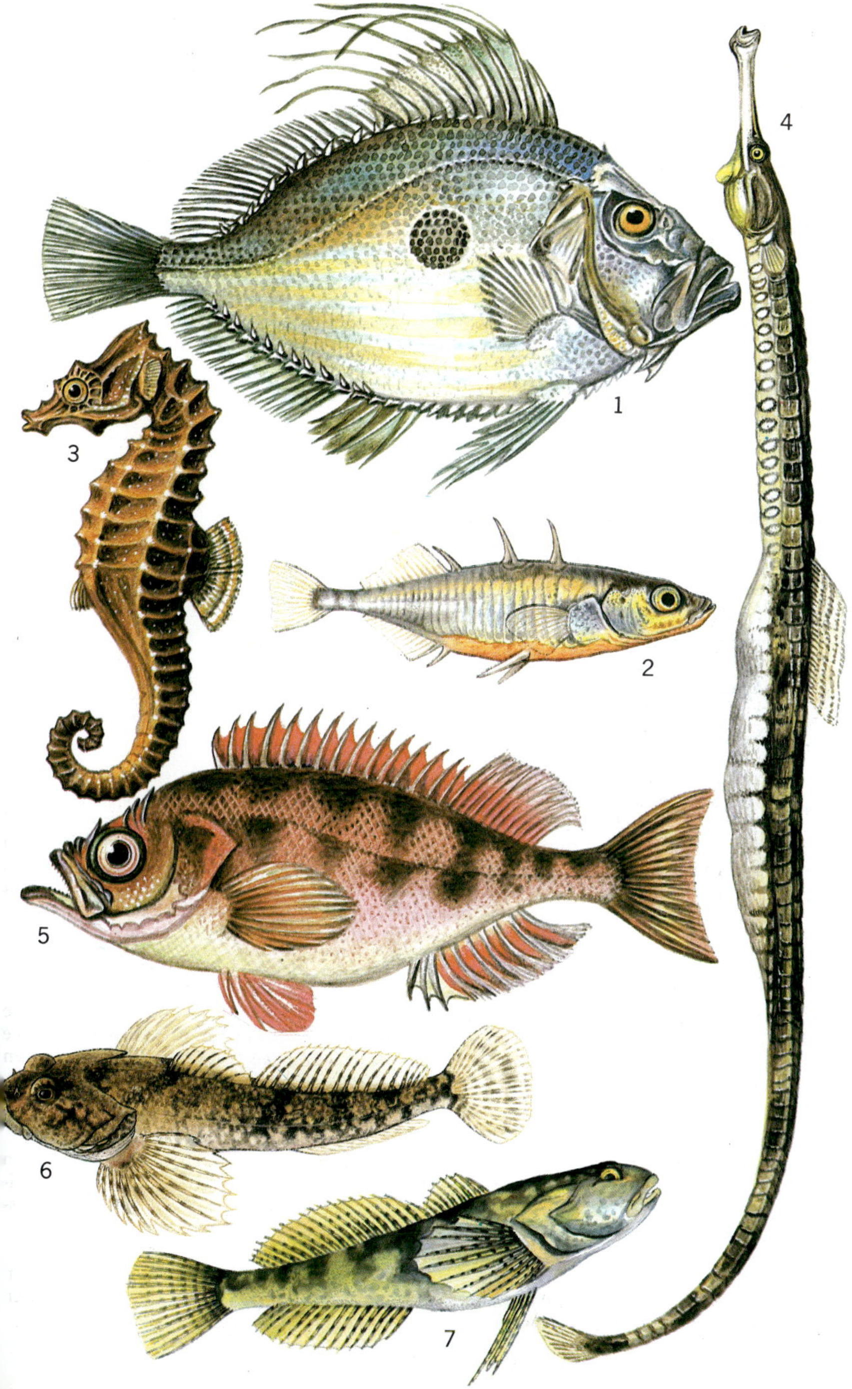

1
2
3
4
5
6
7

Fische

Familie: **Groppen** — *Cottidae*

1 Seeskorpion — *Myoxocephalus scorpius.* Länge 30—50 cm. Der in der Küstenzone lebende Seeskorpion dringt gelegentlich auch in die Flußmündungen vor. Ernährt sich vorwiegend von Meereskrebschen und Kleinfischen. Laicht im Winter, das Weibchen setzt seine Eier in Hohlräumen zwischen Steinen ab, wo sie das Männchen bewacht. Verbreitung: Nordostatlantik von der Biskaya über Island und Grönland bis ins Nördliche Eismeer.

2 Großer Scheibenbauch — *Liparis liparis.* Länge 15—18 cm. Vorwiegend in Tangfeldern, seine Nahrung besteht aus wirbellosen Meerestieren, vor allem Krebsen. Laichzeit ist im Winter. Verbreitung: In der Ostsee und in den flachen Küstengewässern des Nordatlantiks häufig.

3 Seehase — *Cyclopterus lumpus.* Länge 60 cm. Die Bauchflossen des Fisches sind zu einem Saugnapf verwachsen. Lebt am Grund vom flachen Wasser bis in eine Tiefe von 300 m. Mit Winterausgang und bei einsetzendem Frühjahr zieht er ins Flachwasser, um in der Brandungszone zu laichen. Die Eier werden zwischen Kieseln und Steinen abgesetzt, das Männchen bewacht den Laich 1—2 Monate lang. Verbreitung: An beiden Atlantikküsten häufig, in Europa von der portugiesischen Küste an nach Norden.

Ordnung: **Kugelfischartige** — *Tetraodontiformes.*
Familie: **Mondfische** — *Molidae*

4 Mondfisch — *Mola mola.* Länge 3 m. Hochseefisch mit flachem, kurzem und hohem Rumpf, hoher Rücken- und Afterflosse. Bewegt sich gewöhnlich dicht unter der Wasseroberfläche. Seine Nahrung sind vor allem Meereskrebse, Tintenfische, Fische und auch Tang. Gehört zu den fruchtbarsten Fischen, seine Weibchen legen bis zu 300 Millionen Eier. Die Larven ähneln den erwachsenen Tieren nicht, auf ihrem Körper sitzen als Schutz gegen Feinde zahlreiche lange Stacheln. Verbreitung: Tropenmeere, auch in den gemäßigten Zonen.

Ordnung: **Barschfische** — *Perciformes*
Familie: **Zackenbarsche** — *Serranidae*

5 Schriftbarsch — *Serranelus scriba.* Länge 25 cm. Im Flachwasser über Klippen oder Sandgrund, häufig auch in Tangfeldern. Seine Nahrung besteht aus kleinen Fischen, Meereskrebsen und anderen Wirbellosen. Wie bei anderen Arten dieser Familie ist der Schriftbarsch ein Zwitter, in dem männliche und weibliche Geschlechtszellen gleichzeitig reifen. Laichzeit ist im zeitigen Frühjahr. Verbreitung: Nordostatlantik, Mittelmeer, Schwarzes Meer.

Familie: **Pfeilhechte** — *Sphyraenidae*

6 Pfeilhecht, Mittelmeer-Barrakuda — *Sphyraena barracuda.* Länge 1 m. Schlanker, hechtähnlicher Seefisch, ein unersättlicher Räuber. Es ist bekannt, daß Pfeilhechte sogar badende Menschen angefallen haben. Die Jungfische finden sich in großen Schwärmen zusammen, die älteren Tiere halten sich als Einzelgänger in Küstennähe auf, wo sie kleineren Fischen nachstellen. Verbreitung: Atlantikküste bis zur Biskaya im Norden, Mittelmeer, Schwarzes Meer.

Familie: **Stachelmakrelen** — *Carangidae*

7 Bastardmakrele, Stöcker — *Trachurus trachurus.* Länge 40 cm. Seefisch, der in großen Schwärmen in geringerer Wassertiefe lebt. Nur in den Sommermonaten an der Küste anzutreffen. Ernährt sich von kleineren Fischen, Krebsen und Tintenfischen, Laichzeit ist im Sommer. Als Nutzfisch von Bedeutung. Verbreitung: Atlantik, Nordsee, westliche Ostsee, Mittelmeer, Schwarzes Meer; meist in großer Entfernung von der Küste.

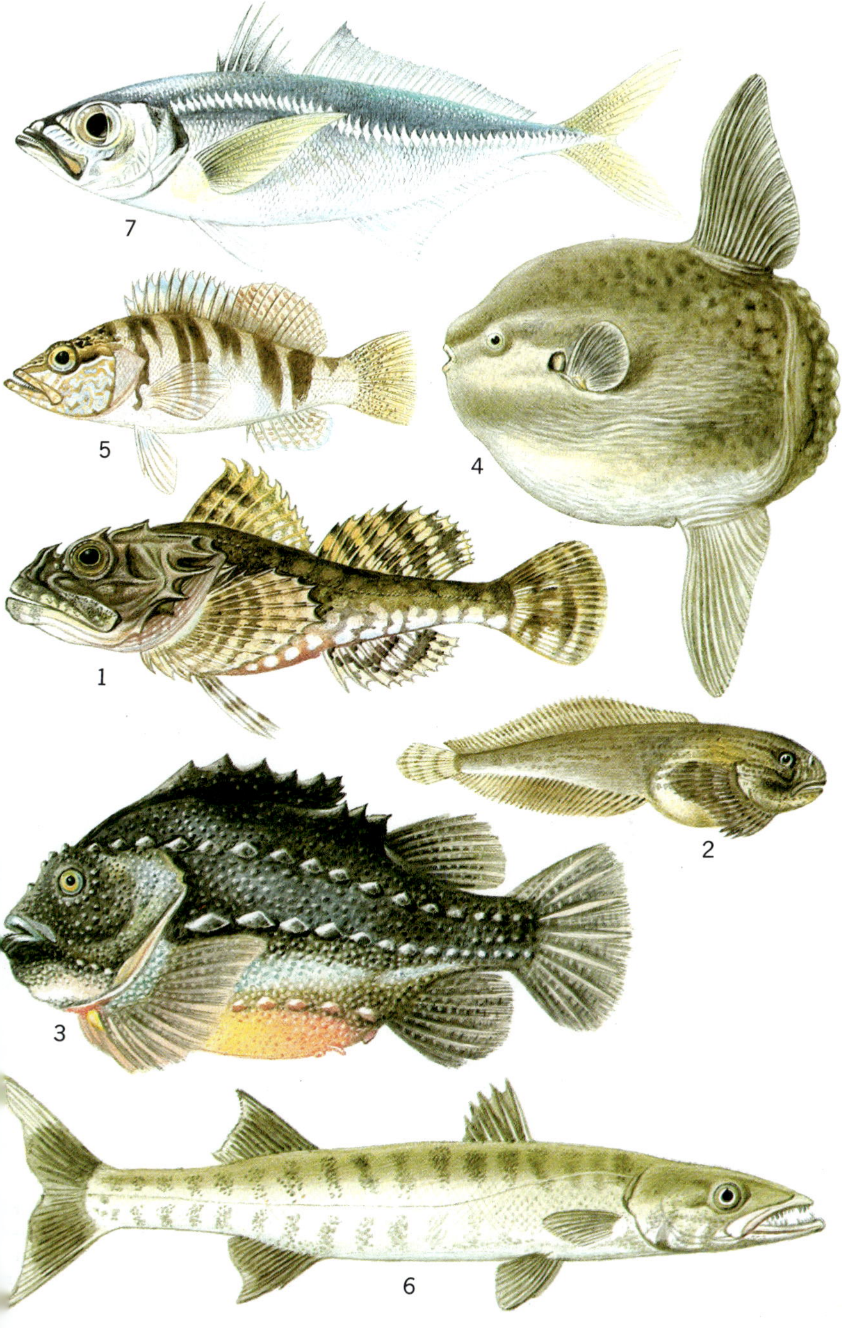
7
5
4
1
2
3
6

Fische

Familie: **Echte Barsche** — *Percidae*

1 Flußbarsch — *Perca fluviatilis.* Länge 50 cm, Gewicht 4 kg. Der Barsch gehört zu den häufigsten Süßwasserfischen, er lebt in Buchten an vegetationsreichen Ufern, in Flußmittel- und Unterläufen, toten Flußarmen, Seen, Teichen und Talsperren. Die kleinen Barsche ernähren sich von Wirbellosen, größere Tiere fressen meist kleinere Fische. Die Jungtiere bleiben in Schwärmen zusammen, die erwachsenen werden zu Einzelgängern. Der Flußbarsch laicht im April/Mai, er wickelt seinen Laich in langen Bändern um Gegenstände im Wasser. Verbreitung: Ganz Europa mit Ausnahme von Schottland, der Pyrenäenhalbinsel, Italien, dem Westen der Balkanhalbinsel sowie Nordnorwegen.

2 Zander — *Stizostedion lucioperca.* Länge über 1 m, Gewicht 12 und mehr kg. Der Zander lebt am Grund tieferer Flußpartien mit Sand- oder Lehmbett. Auch in Fischteichen gezüchtet und in Stauseen, Seen und Flüsse ausgesetzt. Laicht im April/Mai an seichteren Stellen in Nestern an den bloßliegenden Wasserpflanzenwurzeln, der Laich wird vom Männchen bewacht. Der Zander ist ein wichtiger Süßwassernutzfisch mit begehrtem Fleisch. Der verwandte Wolgazander *(S. volgense)* bleibt kleiner und lebt in den Schwarzmeer- und Kaspiseezuflüssen von der Donau bis zum Uralfluß.

3 Kaulbarsch — *Gymnocephalus cernua.* Länge 10—15 cm. Der Kaulbarsch lebt häufig in Flußunterläufen, Talsperren und Teichen. Seine Nahrung besteht aus kleinen Fischen und Wirbellosen. Laicht von April bis Juni auf dem Gewässergrund. Verbreitung: Ganz Europa von England über Nordostfrankreich nach Osten; fehlt in Irland, Schottland, Nordnorwegen, auf der Pyrenäen- und Apenninhalbinsel sowie in den südlichen und westlichen Teilen der Balkanhalbinsel.

4 Schrätzer — *Gymnocephalus schraetser.* Länge bis zu 24 cm. Lebt in tiefen, schnellfließenden und sandigen Flußabschnitten des Donaugebiets von Bayern bis zum Donaudelta. Stellenweise auch im Donaustrom selbst häufig. Seine Nahrung besteht aus Wirbellosen und kleineren Fischen.

5 Zingel — *Zingel zingel.* Länge 50 cm. Der Zingel lebt am Grund tieferer fließender Gewässer und ernährt sich dort von Wirbellosen und kleinen Fischen. Tagsüber hält er sich unter Holz oder Steinen verborgen. Laicht im April/Mai auf dem Kiesgrund des Flußbetts. Verbreitung: Donau- und Dnjestrsystem.

6 Streber — *Zingel streber.* Länge 12—20 cm. Ähnelt dem Zingel. Nachtfisch, der sich am Grund in der Strömung tieferer Flußpartien aufhält und sich von allen möglichen wirbellosen Tieren ernährt. Seine Laichzeit ist im Frühjahr. Verbreitung: Donau, Dnjestr sowie Zuflüsse dieser Schwarzmeerflüsse. In der Donau dringt er bis Österreich und Bayern vor.

Familie: **Grundeln** — *Gobiidae*

7 Marmorierte Grundel — *Proterorhinus marmoratus.* Länge 7—11 cm. Seine Bauchflossen sind zu einem Saugnapf zusammengewachsen, die Nasenöffnungen zu einer relativ langen Röhre ausgebildet. Mancherorts zahlreich in der Vegetation verwachsener Bewässerungskanäle. Nahrung sind kleine Insektenlarven und andere Wirbellosen. Die Art lebt am Grund. Verbreitung: Brackwasser und Flüsse, die ins Schwarze Meer münden.

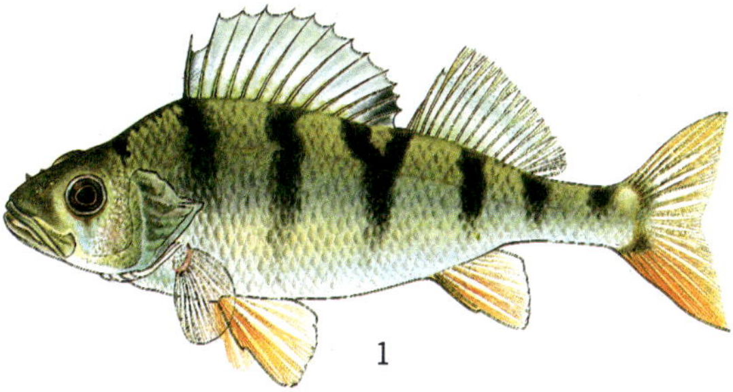
1

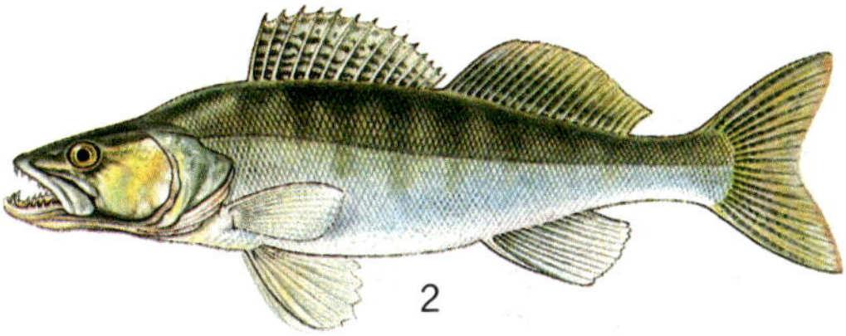
2

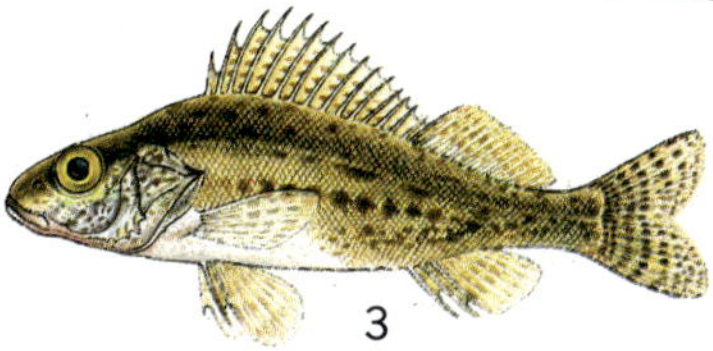
3

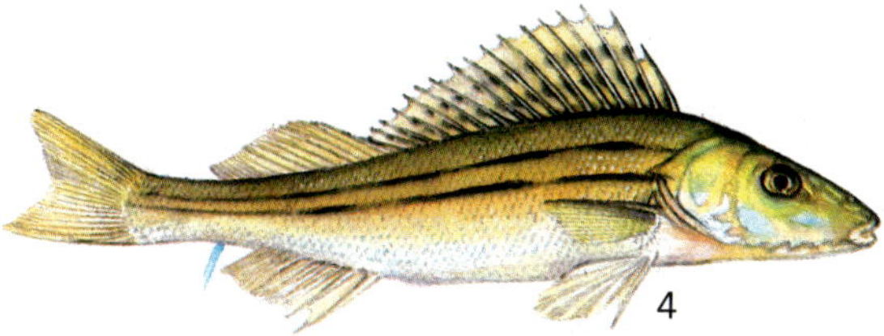
4

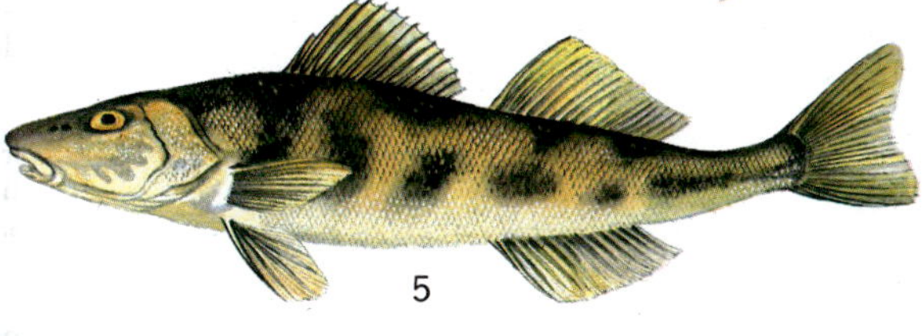
5

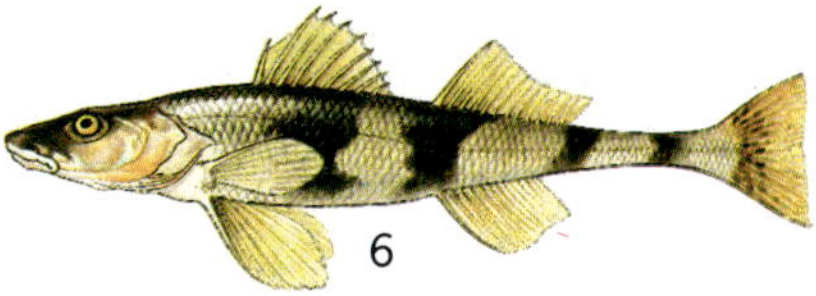
6

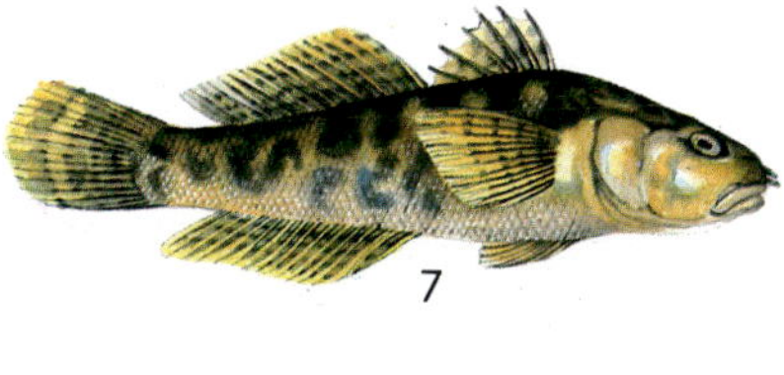
7

Fische

Familie: **Grundeln** — *Gobiidae*

1 Sandgrundel, Sandküling — *Pomatoschistus minutus*. Länge 10 cm. Kleine, auf Sandgrund an der Meeresküste häufige Grundel; ihre Jungfische leben oft in Flußmündungen. Wie bei allen Grundeln sind auch hier die Bauchflossen zu einem Saugnapf umgebildet. Der Fisch lebt am Grund und ernährt sich von kleinen Wirbellosen. Laicht von März bis Juli. Verbreitung: An der Atlantikküste von Spanien bis Norwegen, im Mittel- und Schwarzen Meer häufig.

2 Schwarzgrundel — *Gobius niger*. Länge 15 cm. Die Schwarzgrundel hält sich auf Sand- oder Schlickgrund von der Küste bis in eine Tiefe von über 50 m auf, auch zeigt sie sich in den Flußmündungen. Laichzeit ist im Frühjahr. Verbreitung: Küsten von Ostatlantik, Ostsee, Mittelmeer, Schwarzem Meer. Im Mittel- und Schwarzen Meer wird sie von Berufsfischern gefangen.

Familie: **Leierfische** — *Callionymidae*.

3 Gefleckter Leierfisch — *Callionymus maculatus*. Länge bis zu 14 cm. Über sandigem Meeresboden von der Küste bis in eine Tiefe von rund 300 m, seine Nahrung besteht aus Meerwürmern, Krebsen usw. Laichzeit ist im Frühjahr. Verbreitung: Nordostatlantik und Mittelmeer. An den europäischen Küsten leben viele verwandte, oft recht bunt gefärbte Arten, die sich durch ausdrucksvollen Geschlechtsdimorphismus auszeichnen.

Familie: **Sonnenfische** — *Centrarchidae*

4 Forellenbarsch — *Micropterus salmoides*. Länge 35–40 cm, Gewicht über 2 kg. Nordamerikanischer Süßwasserfisch, der seit den achtziger Jahren des 19. Jahrhunderts auch in Europa in Karpfenteichen und einigen Alpenseen gezüchtet wird. In langsam fließenden oder stehenden verwachsenen Gewässern. In der Laichzeit (Mai/Juni) kümmert sich das Männchen um Eier und Brut. In der Jugend ernährt sich der Forellenbarsch von Plankton, später von Insektenlarven und kleinen Fischen. Stammt aus den USA und Südkanada.

5 Gemeiner Sonnenfisch — *Lepomis gibbosus*. Länge 15–20 cm. Wurde zusammen mit dem Forellenbarsch nach Europa gebracht und an verschiedenen Stellen ausgesetzt. Die Art lebt in verwachsenen Seen und Flußschleifen. Im Mai/Juni laicht der Sonnenfisch am Grund in schalenförmigen Vertiefungen, das Männchen bewacht das Nest. Oft finden sich ganze Kolonien dieser Nester beieinander. Stammt aus Nordamerika. Verbreitung: Von Dakota bis zum Golf von Mexiko; verwandte Arten leben auf den Antillen sowie in Mittel- und Südamerika.

Familie: **Meerbrassen** — *Sparidae*

6 Goldbrasse — *Sparus auratus*. Länge bis zu 70 cm. Die Goldbrasse lebt in den oberen Wasserschichten, nur in Ausnahmen kommt sie in größeren Tiefen als 30 m vor. Sie sucht in kleineren Gruppen zwischen Klippen Schutz. Ihre Nahrung besteht aus Meereskrebsen und Stachelhäutern, die sie mit ihren starken Zähnen zermalmt. Vermehrung findet in der Winterzeit in größerer Tiefe statt. Wichtiger Nutzfisch. Verbreitung: Ostatlantik von der Biskaya an nach Süden, Mittelmeer.

7 Graubarsch, Seekarpfen — *Pagellus centrodontus*. Länge 40–50 cm. Seefisch, der in großen Schwärmen in tieferen Wasserschichten zwischen 150 und 500 m lebt. Wichtiger Nutzfisch. Verbreitung: Ostatlantik von Irland an nach Norden, ausnahmsweise auch in der Nordsee.

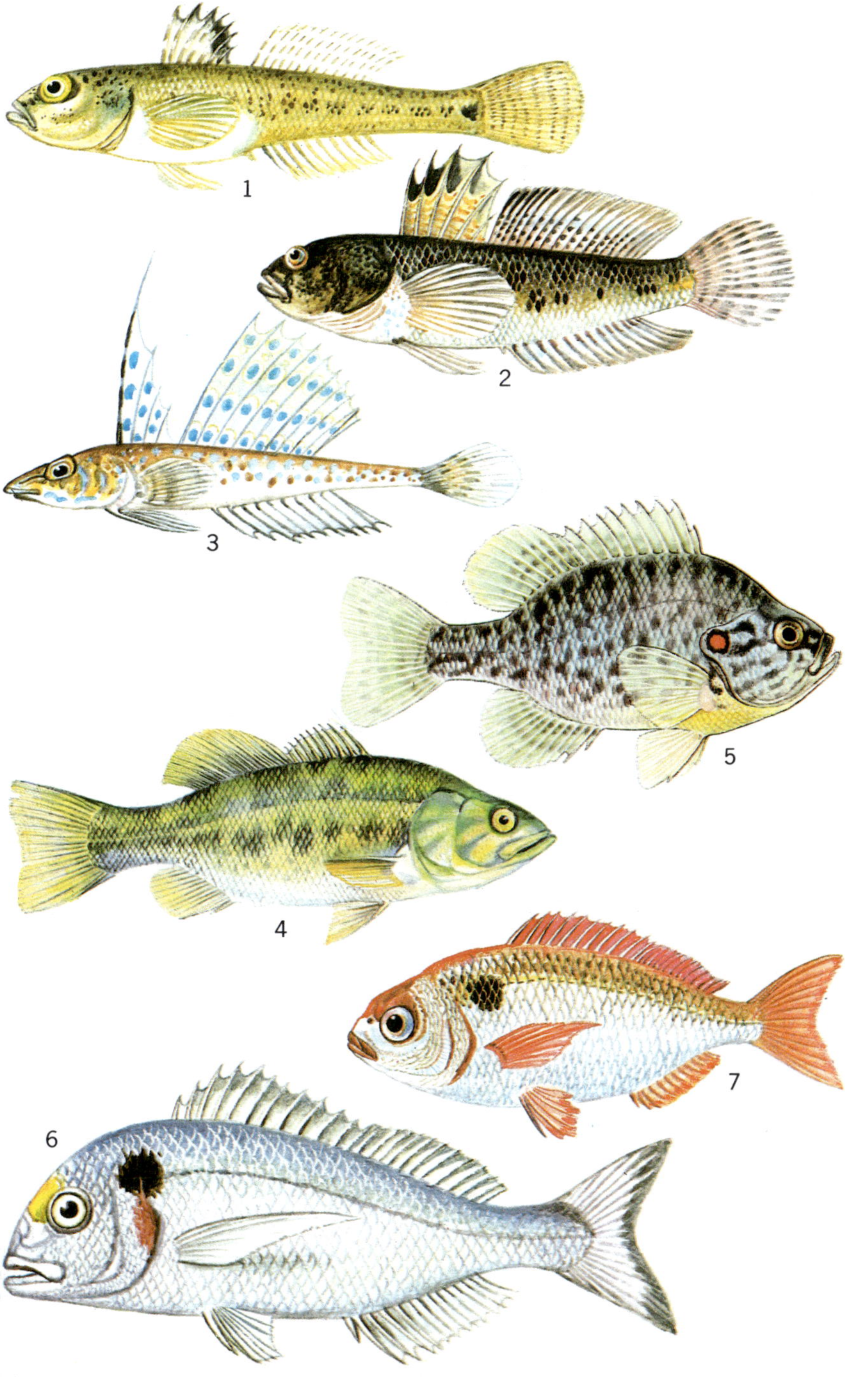
1
2
3
5
4
7
6

Fische

Familie: **Meerbrassen** — *Sparidae*

1 Ringelbrasse — *Diplodus annularis.* Länge 12—20 cm. Gehört zu den häufigsten Fischen vor Felsküsten, oft auch im Brackwasser. Die Ringelbrasse laicht von April bis Juni, ihre Eier treiben frei im Wasser. Ihre Hauptnahrung sind kleine Meereskrebse, Würmer usw. Verbreitung: Im Mittelmeer, Ostatlantik und Schwarzen Meer häufig.

2 Zahnbrasse — *Dentex dentex.* Länge über 1 m. Räuberischer Seefisch, dessen Nahrung in der Hauptsache aus Fischen besteht. Hält sich über klippenreichem Meeresboden in einer Tiefe von 10—200 m auf. Im Frühjahr in Küstennähe, im Winter in tieferen Wasserschichten. Die Zahnbrasse gehört zu den begehrten Nutzfischen. Verbreitung: Ostatlantik bis zur Biskaya im Norden, seltener vor der britischen Küste; in größeren Mengen im Mittelmeer.

Familie: **Umberfische** — *Sciaenidae.*

3 Umberfisch — *Umbrina cirrhosa.* Länge bis zu 1 m. Als Einzelgänger über Sand- oder Schlickgrund zwischen Klippen, wo er sich von Krebsen, Würmern, Stachelhäutern und kleinen Fischen ernährt. Laichzeit ist im Juni. Verbreitung: Im Ostatlantik, Mittelmeer und Schwarzen Meer häufig.

Familie: **Schwertfische** — *Xiphiidae.*

4 Schwertfisch — *Xiphias gladius.* Länge fast 5 m. Mächtiger Fisch mit einem charakteristischen speerartigen Oberkiefer, in allen tropischen und wärmeren Meeren häufig. Lebt als Einzelgänger von der Oberfläche bis in eine Wassertiefe von etwa 600 m. Schneller Schwimmer, der allen möglichen Schwarmfischen nachstellt. Stößt er auf einen Fischschwarm, schlägt er schnell mit seinem Schwert um sich, um anschließend die verwundeten und getöteten Tiere zu verschlingen. Er laicht im Sommer, seine Eier sind pelagisch. Sein Fleisch ist sehr schmackhaft, deshalb wird er in Südeuropa intensiv mit Netz und Angel gefangen. Verbreitung: Relativ selten in Nordostatlantik, Nordsee und westlicher Ostsee, ziemlich häufig im Mittelmeer.

Familie: **Thunfische** — *Thunnidae*

5 Gewöhnlicher Thunfisch — *Thunnus thynnus.* Länge bis zu 3 m. In den Sommermonaten in Küstennähe an der Wasseroberfläche, im Winter in tieferem Wasser. Ernährt sich in der Hauptsache von Fischen und Kopffüßern, Jungtiere fressen Plankton. Der Thunfisch laicht im Sommer, die Eier sind pelagisch. Wichtiger Nutzfisch, auch bei Sportanglern beliebte Beute. Verbreitung: Im Atlantik und Mittelmeer häufig.

6 Gestreifter Thunfisch — *Katsuwonus pelamis.* Länge 60—90 cm. Verwandter des Gewöhnlichen Thunfischs, unter dem Namen Bonito bekannt. Der Bonito lebt in Schulen auf dem offenen Meer, er laicht das ganze Jahr über. Einer der wichtigsten Nutzfische, wird auch gerne mit der Angel gefangen. Verbreitung: Häufig im Atlantik bis in die britischen Gewässer, im Mittelmeer und Schwarzen Meer.

Familie: **Pelamiden** — *Scomeromoridae*

7 Pelamide — *Sarda sarda.* Länge 80 cm. Lebt an der Wasseroberfläche in Küstennähe in großen Schulen, Laichzeit von November bis Juli. Hauptnahrung sind Schwarmfische, Kopffüßer und andere größere Meeresorganismen. Vor dem Laichen weite Züge. Wichtiger Nutzfisch. Verbreitung: Wärmere Atlantikteile, Mittelmeer.

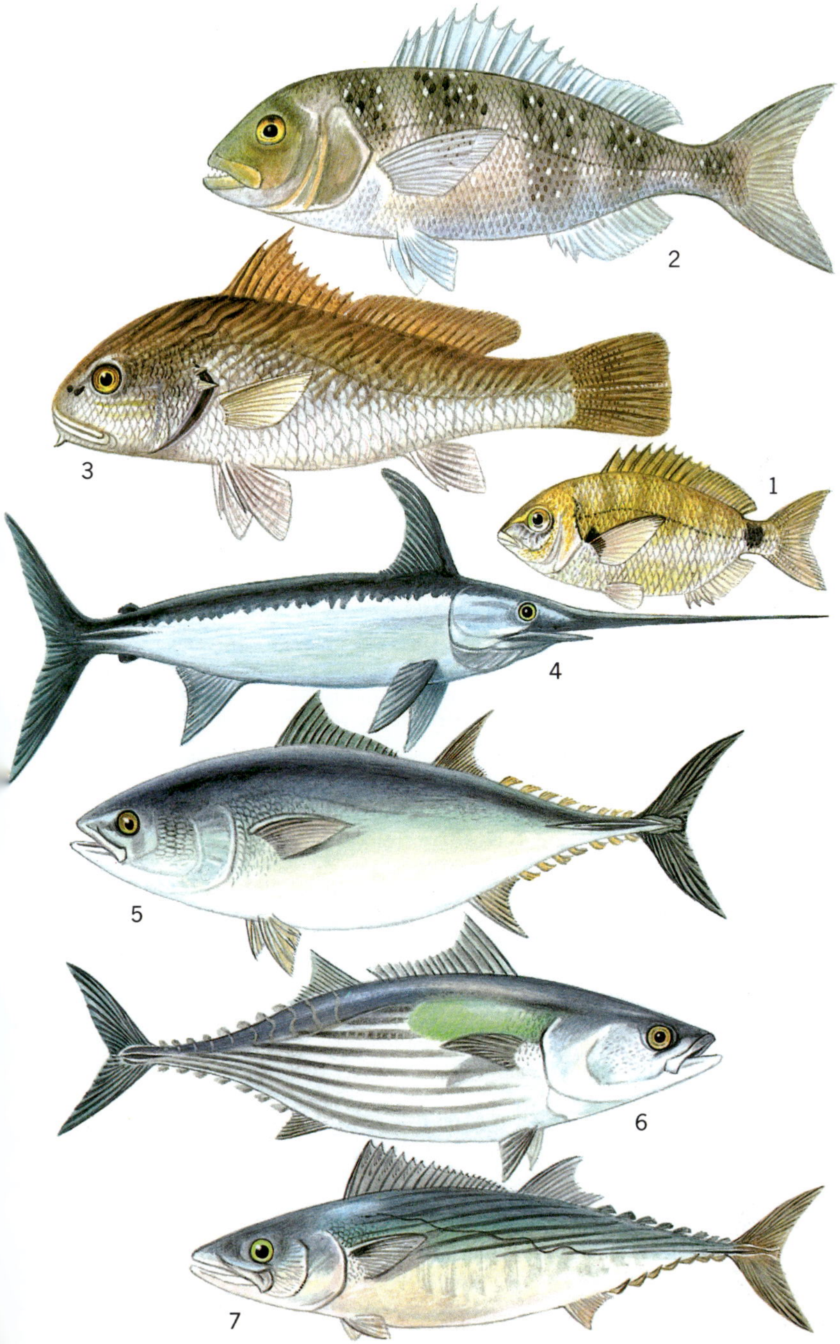
2
3
1
4
5
6
7

Fische

Familie: **Makrelen** — *Scombridae*

1 Atlantische Makrele — *Scomber scombrus*. Länge 50 cm. Schneller und ausdauernder Schwimmer, der in großen Schwärmen auftritt. Den Sommer über halten sich die Makrelenschwärme in geringerer Entfernung vor der Küste auf, im Winter wandern sie ins tiefe Wasser ab. Sie fressen Meereskrebse, kleine Fische und alle mögliche lebende Nahrung. Ihre Laichzeit ist im Frühjahr und Sommer. Die Makrele ist einer der wichtigsten Nutzfische. Verbreitung: Nordatlantik und Mittelmeer, dringt auch ins Schwarze Meer vor.

Familie: **Meeräschen** — *Mugilidae*

2 Großköpfige Meeräsche — *Mugil cephalus*. Länge 50 cm. Der Fisch lebt in kleineren Schwärmen in Küstennähe und zieht gern stromaufwärts in Flüsse. Seine Nahrung besteht aus kleinen Grundlebewesen sowie Pflanzenteilchen. Die Männchen werden nicht so groß wie die Weibchen, die Laichzeit ist bald nach Frühjahrsbeginn. Verbreitung: An allen europäischen Küsten und Flußunterläufen vom Kleinen Belt bis ins Mittel- und Schwarze Meer.

Familie: **Petermännchen** — *Trachinidae*

3 Großes Petermännchen — *Trachinus draco*. Länge 40 cm. Der Fisch lebt von der Küste bis in eine Tiefe von rund 100 m auf sandigem Grund, in den er sich gern einwühlt. An seinen Kiemendeckeln sitzen scharfe, mit Giftdrüsen ausgestattete Stacheln, auch an den harten, spitzen Strahlen der ersten Rückenflosse sitzen Giftdrüsen. Badende können sich daran leicht gefährliche Verletzungen zuziehen. Das beste Mittel gegen die Wirkung des Giftes ist, das verletzte Glied längere Zeit in heißem Wasser zu baden, die Wärme mildert die Giftwirkung (Arzt aufsuchen!). Das Große Petermännchen laicht im Frühjahr, seine Eier sind pelagisch. Verbreitung: Häufig an den Küsten von Nordostatlantik, Mittelmeer und Schwarzem Meer.

Familie: **Lippfische** — *Labridae*

4 Meerjunker — *Coris julis*. Länge über 25 cm. Lebt bis in eine Tiefe von etwa 120 m auf tangbewachsenen Klippen, im Winter sucht er größere Tiefen auf. Nur tagsüber aktiv, stellt kleinen Meereskrebschen, Weichtieren usw. nach. Der Meerjunker laicht im Sommer, seine Eier sind pelagisch. Seine Färbung ändert sich im Laufe seines Lebens: Die jungen Weibchen haben am Unterrand des Kiemendeckels einen blauen Fleck; Fische, die über 20 cm lang sind, haben auf olivbrauner Grundfarbe einen gelben Streifen auf den Seiten. Verbreitung: Nordostatlantik bis zur britischen Südküste im Norden, auch im Mittelmeer anzutreffen.

5 Klippenbarsch — *Ctenolabrus rupestris*. Länge 18 cm. Lebt vorwiegend zwischen Klippen und ernährt sich von der Fauna des Meeresbodens. Laichzeit ist in den Sommermonaten, die Eier sind pelagisch. Verbreitung: Nordostatlantik, Mittel- und Schwarzes Meer; häufige Art.

6 Kuckuckslippfisch — *Labrus ossifagus*. Länge 35 cm. Männchen und Weibchen weichen in der Färbung stark voneinander ab, dazu sind sie recht farbvariabel. Während des Sommers zeigen sie sich häufig in einer Tiefe von 10 m in den Uferklippen, dort heben sie Gruben für ihren Laich aus. Im Winter ziehen sie sich in die Tiefe zurück. Ihre Nahrung besteht aus kleinen Wirbellosen des Grundes. Verbreitung: Nordostatlantikküste, Mittelmeer.

7 Goldmaid — *Crenilabrus melops*. Länge 15–25 cm. In seiner Färbung ziemlich veränderlicher Fisch. Laicht vom zeitigen Frühjahr bis zum Sommer und legt seine Eier in aus Tang erstellte Nester ab. Verbreitung: Häufig an allen europäischen Küsten bis nach Norwegen im Norden, Mittelmeer.

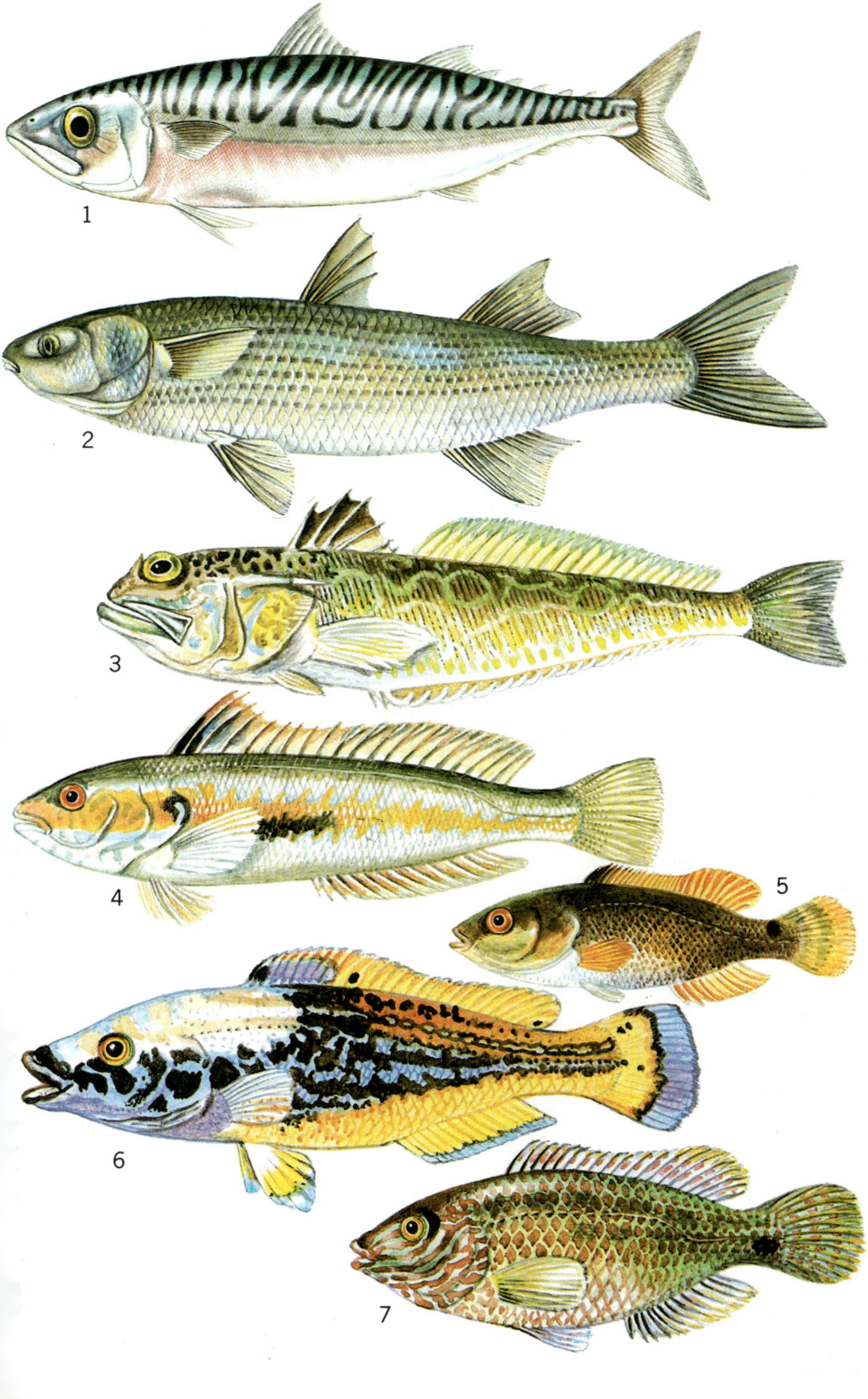
1
2
3
4
5
6
7

Fische

Familie: **Seewölfe** — *Anarrhichadidae*

1 Gestreifter Seewolf, Katfisch — *Anarrhichas lupus.* Länge 120 cm. Lebt in Tiefen zwischen 100 und 300 m, Jungtiere halten sich in seichterem Wasser auf. Der Katfisch ernährt sich von Meereskrebsen, Weichtieren und Stachelhäutern. Verbreitung: Nordteil des Nordostatlantiks vom äußersten Norden bis zu den britischen und französischen Küsten, Nordsee und westliche Ostsee.

Familie: **Unbeschuppte Schleimfische** — *Blenniidae*

2 Schleimlerche — *Blennius pholis.* Die Art lebt an felsigen Küsten und wühlt sich gern in Sand oder Schlick ein. Allesfresser. Seine Eier legt der Fisch unter Steine oder in Felsritzen ab, das Männchen bewacht sie und führt ihnen durch Flossenschlagen frisches Wasser zu. Eine Reihe verwandter Arten lebt an den Küsten aller europäischen Meere. Verbreitung: Nordostatlantik von der portugiesischen Küste an nach Norden.

Ordnung: **Plattfische** — *Pleuronectiformes*
Familie: **Schollen** — *Pleuronectidae*

3 Weißer Heilbutt — *Hippoglossus hippoglossus.* Länge 2,5 – 3,5 m. Größte Plattfischart, auf sandigem oder felsigem Grund zwischen 50 und 2000 m Tiefe. Die Nahrung des Heilbutts besteht aus Fischen, Sepien und verschiedenen Krebstieren. Laicht in einer Tiefe von 300 – 1000 m von Dezember bis April. Verbreitung: Nordostatlantik vom Weißen Meer bis zum Golf von Biskaya; kommt auch in der Nordsee, relativ selten sogar in der Ostsee vor. Sein Fleisch ist sehr schmackhaft, aus diesem Grund ist seine wirtschaftliche Bedeutung beträchtlich.

4 Scholle, Goldbutt — *Pleuronectes platessa.* Länge 25 – 90 cm. Die Scholle ist dem Salzgehalt des Wassers gegenüber sehr tolerant, daher kann man sie oft auch im Brackwasser antreffen, sie zieht sogar ins Süßwasser der Flüsse. In der Jugend ernährt sie sich von kleinen wirbellosen Meerestieren (Würmer, Krebse usw.), erwachsene Schollen fressen größere Nahrung, z. B. Muscheln. Sie laicht im Winter in großen Tiefen. Verbreitung: Im Nordostatlantik häufig, Westteil des Mittelmeeres, Nordsee.

Familie: **Seezungen** — *Soleidae*

5 Seezunge — *Solea solea.* Länge 30 – 60 cm. Die Seezunge lebt in flachen Küstengewässern, in der Regel 10 – 60 m tief, in Ausnahmefällen aber auch in einer Tiefe von rund 180 m. Nachtfisch, dessen Beute aus Muscheln, Würmern, Krebsen sowie kleineren Grundfischen besteht. Laichzeit ist in den Wintermonaten. Wichtiger Nutzfisch, wegen seines schmackhaften Fleisches beliebt. Verbreitung: Europäische Küsten des Nordostatlantiks von Schottland bis zum Mittelmeer, südliche Nordsee, östliche Ostsee, dringt auch bis in den Südwesten des Schwarzen Meeres vor.

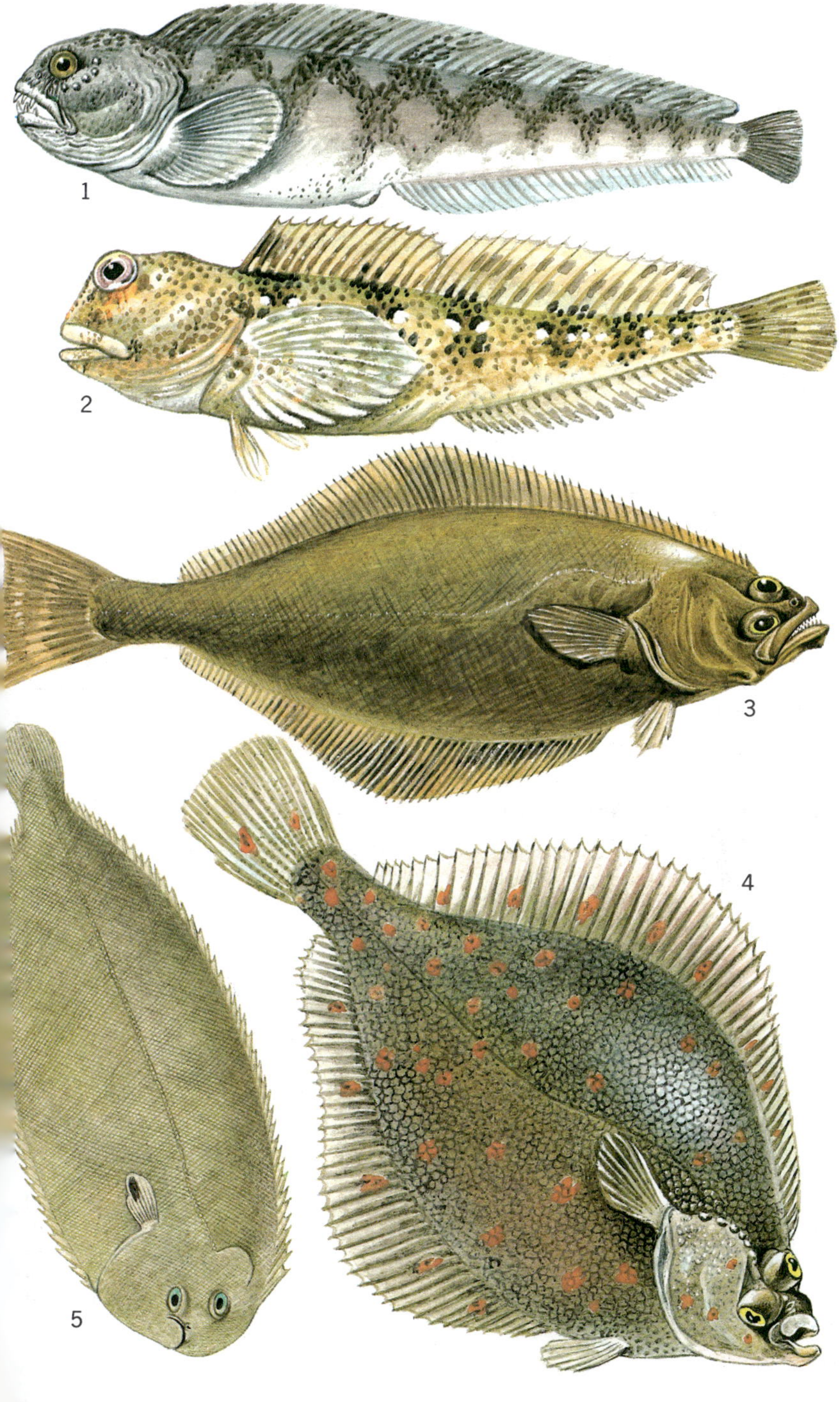
1
2
3
4
5

Lurche

Klasse: **Lurche** — *Amphibia*
Ordnung: **Schwanzlurche** — *Caudata*
Familie: **Echte Salamander und Molche** — *Salamandridae*

1 Feuersalamander — *Salamandra salamandra*. Länge 15—20 cm, auf dem Balkan bis zu 33 cm. Im Hügelland und im Gebirge bis zu einer Höhe von über 1000 m, in Laubwäldern an sauberen, sauerstoffreichen Bächen. Seine Nahrung besteht aus Würmern, Schnecken und allen möglichen Insekten. Fortpflanzung im März/April, wenn die Tiere ihre Winterverstecke auf dem Trockenen verlassen. Die Weibchen bringen bis zu 60 lebende Junge zur Welt. Sie besitzen Außenkiemen und leben 2—3 Monate im Wasser; dann metamorphisieren sie und leben am Land. Verbreitung: Mittel- und Südeuropa, in Europa gibt es einige Unterarten.

2 Alpensalamander — *Salamandra atra*. Länge 14—16 cm. Bewohner schattiger Wälder an Bergbächen in einer Höhe von 800—2000 m. Im Unterschied zur vorangegangenen Art gebiert er keine Wasserlarven, sondern meist zwei völlig entwickelte Junge, die gleich nach der Geburt mit dem Landleben anfangen. Verbreitung: Alpen, Französischer Jura, kroatische und albanische Gebirge.

3 Kammolch — *Triturus cristatus*. Länge 18 cm. Größter europäischer Molch, in stehender oder kaum fließenden Gewässern mit üppigem Wasserpflanzenbewuchs häufig. Pflanzt sich im März/April fort, das Weibchen legt 200—400 einzelne Eier auf Wasserpflanzen oder ins Wasser ragende Gräser an. Nach zwei bis drei Wochen schlüpfen die mit Außenkiemen ausgestatteten Jungen. Etwa drei Monate verbringen sie im Wasser, dann kommt es zu Verwandlung (Metamorphose). Außer der Paarungszeit leben die ausgewachsenen Molche auf dem Trockenen unter Stämmen, Steinen oder Moos, sie ernähren sich von Würmern Schnecken und Insektenlarven. Verbreitung: Niedere Lagen in Mittel- und Südeuropa.

4 Teichmolch — *Triturus vulgaris*. Länge 10—11 cm. Der Teichmolch ist der häufigst europäische Molch, er lebt in niederen Lagen. Fortpflanzung im April/Mai, die Weibche legen 200—300 Eier auf Wasserpflanzen oder andere Gegenstände im Wasser ab. Die Lar ven schlüpfen 2—3 Wochen nach der Eiablage. Verbreitung: Ganz Europa, mit mehrere geographischen Rassen.

5 Bergmolch — *Triturus alpestris*. Länge 8—11 cm. Typische Gebirgsart. Die Tiere verla sen im zeitigen Frühjahr ihre Winterverstecke und suchen stehende oder auch fließend Gewässer auf, um sich dort von März bis Mai fortzupflanzen. Bald nach der Paarung verla sen die erwachsenen Molche das Wasser und leben auf dem Trockenen weiter. Die Larve haben Außenkiemen und verwandeln sich nach zwei bis drei Monaten, in den höchst Lagen überwintern sie auch im Wasser und metamorphisieren erst im nächsten Frühja Bei dieser Art sind Fälle von Neotenie bekannt, d.h. die Tiere entwickeln sich nicht immer b zum Erwachsenenstadium und können sich noch im Larvalstadium fortpflanzen. Verbr tung: Gebirge Mittel- und Südeuropas, häufig.

6 Karpatenmolch — *Triturus montandoni*. Länge 7—10 cm. Häufig in den Karpaten-Be wäldern mit vegetationsreichen Seen und langsam fließenden Gewässern. Die Molche leb von März bis Juni im Wasser, nach der Paarung gehen sie aufs Trockene, doch überwinte sie im Wasser. Fortpflanzung in der zweiten Aprilhälfte und Anfang Mai, die Eier werd auf Wasserpflanzen festgeklebt. Männchen kleiner als die Weibchen. Verbreitung: No mähren, Slowakei, Ungarn, rumänische Karpaten.

1

2

5 ♂

3 ♀

3 ♂

4 ♂

6 ♂

Lurche

Ordnung: **Frösche** — *Ecaudata*
Familie: **Scheibenzüngler** — *Discoglossidae*

1 Rotbauchunke — *Bombina bombina*. Länge 4,5 cm. In niederen Lagen in sauberen stehenden Gewässern. Ihre Nahrung besteht aus Kleinlebewesen. Mehrmals jährlich legen die Weibchen ihre Eier einzeln oder in kleinen Gelegen auf Wasserpflanzen oder überschwemmtes Gras ab. Verbreitung: Mittel- und Osteuropa bis Südskandinavien im Norden, im Süden bis Wien, Kroatien, Rumänien und Bulgarien, berührt den Süden Rußlands und Kleinasien.

2 Gelbbauchunke — *Bombina variegata*. Länge 5 cm. Vor allem in den Bergen häufige Art, die sich von wirbellosen Wassertieren, vor allem von Mückenlarven ernährt. Sie überwintert auf dem Trockenen in allen möglichen Verstecken, die ganze warme Jahreszeit über lebt sie im Wasser. Verbreitung: Mittel- und Südeuropa mit Ausnahme der Pyrenäenhalbinsel; einige Unterarten innerhalb des Verbreitungsgebiets.

3 Geburtshelferkröte — *Alytes obstetricans*. Länge 4—5 cm. Vorwiegend in gebirgigen Gegenden lebender Nachtfrosch. Die Geburtshelferkröte pflanzt sich vom zeitigen Frühjahr bis in den Spätsommer fort; das Männchen lockt die Weibchen mit seiner glockenartigen Stimme. Nach der Paarung wickelt sich das Männchen die Eierschnur um die Hintergliedmaßen und trägt sie einige Wochen ständig mit sich herum, wobei es darauf achtet, daß die Eier nicht austrocknen. Kurz vor dem Schlüpfen der Kaulquappen sucht das Männchen das Wasser auf. Die Kaulquappen überwintern im Wasser, sie metamorphisieren erst im kommenden Jahr. Verbreitung: Westteil Mittel- und Südeuropas.

Familie: **Krötenfrösche** — *Pelobatidae*

4 Knoblauchkröte — *Pelobates fuscus*. Länge 5—8 cm. Vorwiegend nachts aktiver Frosch, dessen Nahrung aus Würmern, Schnecken usw. besteht; tagsüber verkriecht er sich. Bevorzugt sandige Gegenden und kann sich sehr flink in den Boden eingraben. Zur Überwinterung zieht sie sich tief ins Erdreich zurück, oft sogar 2 m unter die Oberfläche. Sie pflanzt sich von März bis Mai im Wasser fort. Es kommt häufig vor, daß sich ihre Kaulquappen, d.h. Larven, nicht rechtzeitig zu Kröten entwickeln und in diesem Stadium überwintern, wobei sie bis zu 17 cm lang sein können. Verbreitung: Von Mitteleuropa bis nach Osten.

Familie: **Kröten** — *Bufonidae*

5 Erdkröte — *Bufo bufo*. Länge 12 cm, im Süden sogar 20 cm. Nachttier, das sich tagsüber unter Steinen usw. verbirgt; ernährt sich von Insekten, Würmern, Schnecken und Spinnen. Meist verläßt die Erdkröte Anfang März ihr Winterversteck und geht zur Fortpflanzung ins Wasser. Die Kaulquappen leben 3—4 Monate im Wasser, bis sie sich in kleine Kröten verwandeln, die nur langsam wachsen. Die Männchen sind kleiner als die Weibchen. Verbreitung: Ganz Europa, Asien, Nordwestafrika von den Niederungen bis in die Berge.

6 Kreuzkröte — *Bufo calamita*. Länge 6—8 cm. Nachttier, das sich von verschiedenen Wirbellosen ernährt. Die Art bewohnt Niederungen und auch höhere Lagen. Die Kreuzkröte bewegt sich nicht springend, sondern schreitend, da ihre Hinterbeine kürzer sind als bei den anderen Kröten. Im Mai pflanzt sie sich im Wasser fort, sie überwintert tief in der Erde. Verbreitung: Ganz Europa von der Pyrenäenhalbinsel bis Südskandinavien im Norden, in Osten bis in den Westen Rußlands.

7 Wechselkröte — *Bufo viridis*. Länge 10 cm. Die Art ist Tag und Nacht aktiv und frißt Insekten, Weichtiere, Würmer und andere Wirbellose. Diese Kröte erträgt Trockenheit und sogar Salzwasser. Fortpflanzung von April bis Ende Mai, die Kaulquappen leben 2—3 Monate im Wasser. Die Männchen locken zur Paarungszeit mit ihrer charakteristischen, melodischen Stimme. Verbreitung: Mittel- und Südeuropa, Nordafrika, ganz Asien.

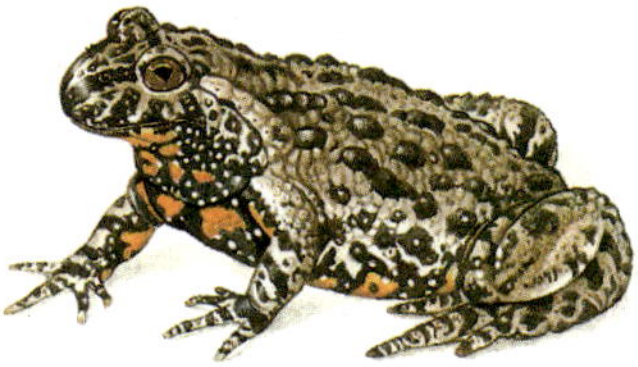

1

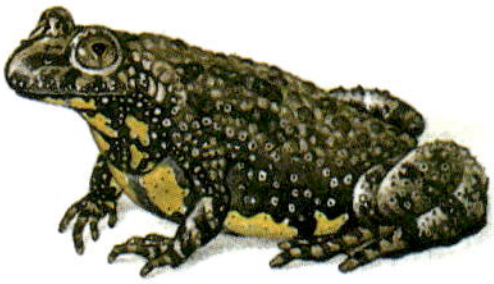

2

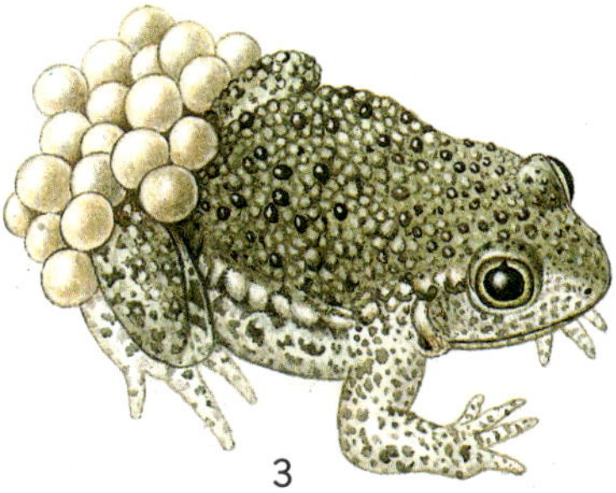

3

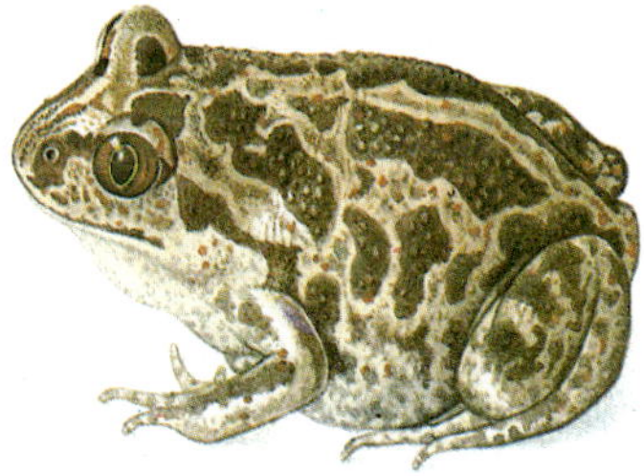

4

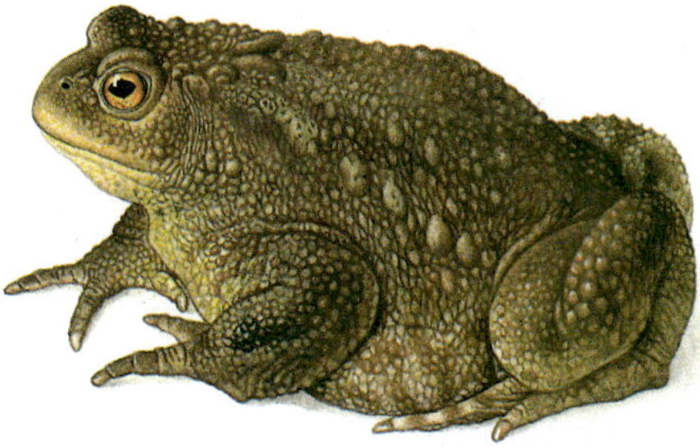

5

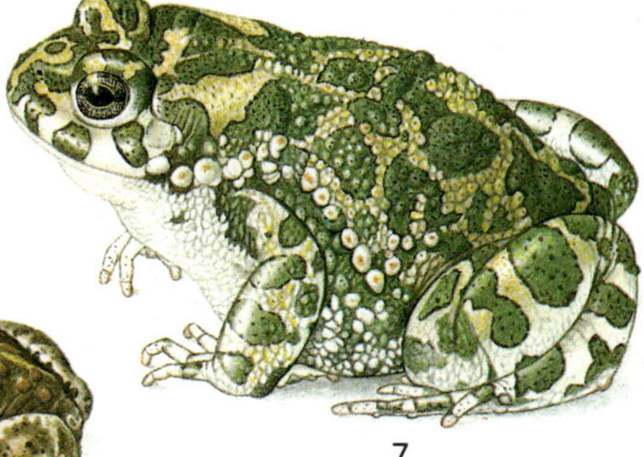

7

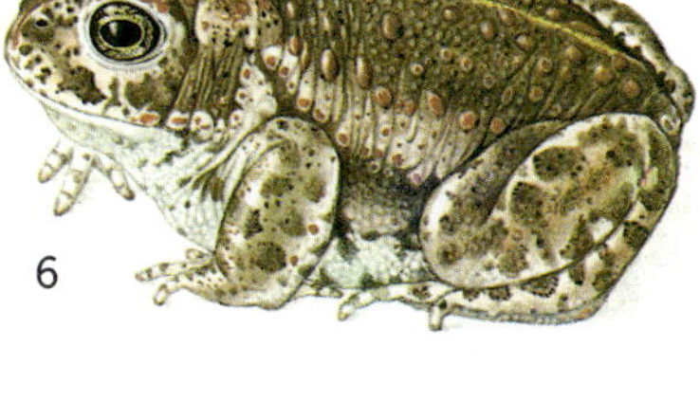

6

Lurche

Familie: **Laubfrösche** — *Hylidae*

1 Laubfrosch *Hyla arborea*. Länge 4—5 cm. In feuchter Umgebung mit üppiger Vegetation, zur Fortpflanzungszeit im Mai, im Wasser. Die Kaulquappen metamorphisieren nach drei Monaten, die kleinen Frösche verlassen das Wasser, sie klettern auf Bäume und Sträucher. Sie ernähren sich von kleinen Insekten, die sie oft im Sprung erbeuten. Der Laubfrosch zeichnet sich durch Mimikry aus, er kann seine Färbung völlig seinem Untergrund anpassen. Den Winter übersteht er unter Steinen, in Löchern, auch auf dem Grund stehender Gewässer usw. versteckt. Verbreitung: In ganz Europa häufig (außer den Britischen Inseln), Nordwestafrika, Asien.

Familie: **Echte Frösche** — *Ranidae*

2 Teich- oder Wasserfrosch *Rana esculenta*. Länge 10—12,5 cm. Bauch dunkel gefleckt. Lebt an stehenden sowie fließenden Gewässern tiefer und mittlerer Lagen. Ausgezeichneter Schwimmer, der sich von Insekten, Würmern, kleinen Fischen usw. ernährt; seine Beute fängt er im Wasser und auf dem Trockenen. Fortpflanzung zeitig im Frühjahr, die Kaulquappen metamorphisieren nach über 4 Monaten in etwa 2 cm lange Frösche. Überwintert im Grundschlamm. Verbreitung: Ganz Europa von England und Frankreich bis nach Rußland, von Schweden bis Sizilien.

3 Seefrosch *Rana ridibunda*. Länge 17 cm. Wärmeliebende Art, die seichte Ufer größerer stehender Gewässer in tiefen Lagen aufsucht. Der einfarbige Bauch ist dunkelgrau gepunktet. Als Nahrung dienen verschiedene Wirbellose, kleine Fische, gelegentlich auch andere kleine Wirbeltiere. Fortpflanzung im April/Mai, die Kaulquappen metamorphisieren nach 3—4 Monaten. Der Frosch überwintert im Grundschlamm. Verbreitung: Von Nordafrika bis Süd- und Mitteleuropa, kommt auch in Westasien vor.

4 Grasfrosch *Rana temporaria*. Länge 10 cm. Sehr häufiger Frosch der niederen und auch höheren Lagen, in den Alpen kommt er noch über 3000 m vor. Er frißt verschiedene Wirbellose. In den Niederungen pflanzt er sich im März fort, im Gebirge im April/Mai. Die Verwandlung der Kaulquappen erfolgt nach 2—3 Monaten. Gewöhnlich überwintert er im Grundschlamm, selten auf dem Trockenen. Verbreitung: Mittel- und Nordeuropa, ganz Asien.

5 Moorfrosch *Rana arvalis*. Länge 7,5 cm. Der Frosch hat einen zugespitzten Kopf. Bewohnt Moor- und Sumpfgebiete vor allem in den Niederungen, wo er sich gewöhnlich nahe am Wasser aufhält. Seine Nahrung besteht aus Insekten, Spinnen, Schnecken usw. Im März bzw. April pflanzt er sich fort, die Kaulquappen verwandeln sich nach 2—3 Monaten. Während der Paarungszeit hat das Männchen einen bläulichen Rücken, an der 1. Zehe der Vorderfüße wachsen dunkle Schwielen. Bei anderen Angehörigen dieser Familie sind die Unterschiede zwischen den Geschlechtern nicht so stark. Verbreitung: Von Nordwestfrankreich bis Sibirien in der gemäßigten und nördlichen Zone bis zum Polarkreis. Fehlt im Mittelmeer- und Schwarzmeergebiet.

6 Springfrosch *Rana dalmatina*. Länge 7—9 cm. Lebt in den lichten Laubwäldern der Niederungen. Von allen Fröschen hat der Springfrosch die längsten Hinterbeine, vom Grasfrosch unterscheidet er sich auch noch durch die hellere, oft braun-rötliche Färbung. Bei Gefahr flieht er in hohen, 2—3 m langen Sprüngen. Den Sommer über lebt er auf dem Trockenen, entfernt sich dabei ziemlich weit vom Wasser und frißt alle möglichen Wirbellosen. Pflanzt sich ab Mitte März/Anfang April fort und sucht dann in größerer Zahl Waldtümpel auf. Die Kaulquappen verwandeln sich nach zwei bis drei Monaten in junge Frösche. Überwintert gewöhnlich im Schlamm auf dem Gewässergrund. Verbreitung: Süd- und Mitteleuropa bis Südskandinavien im Norden.

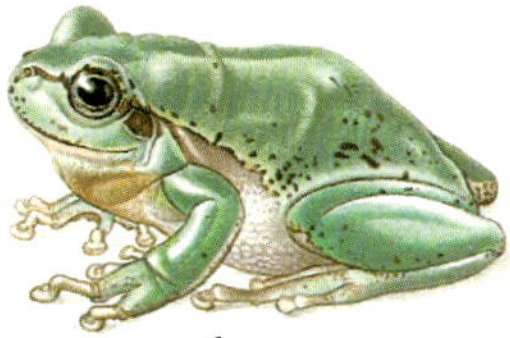

1

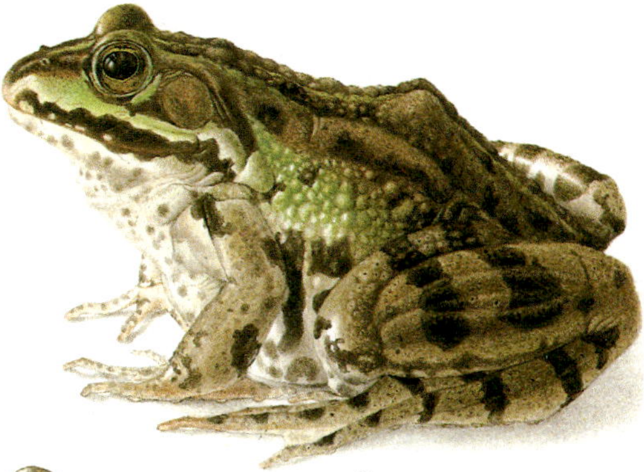

3

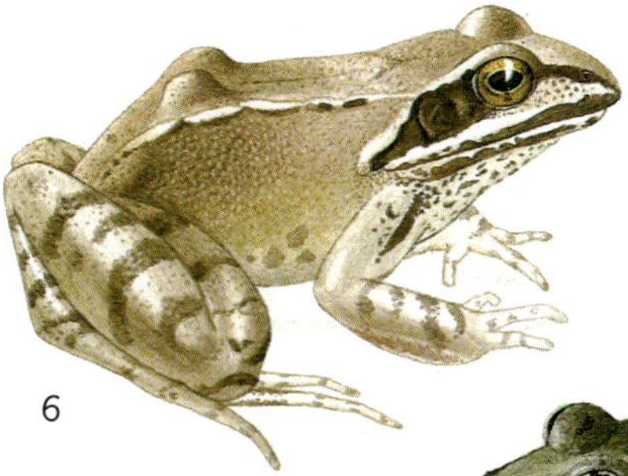

6

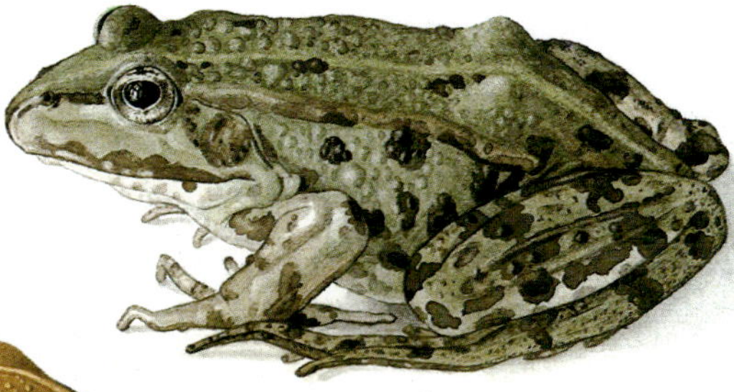

2

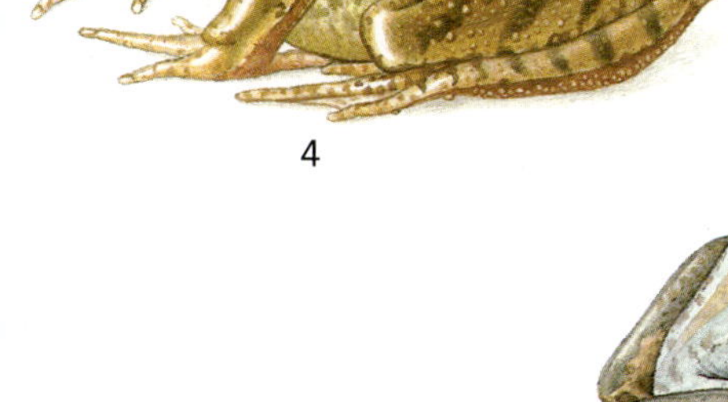

4

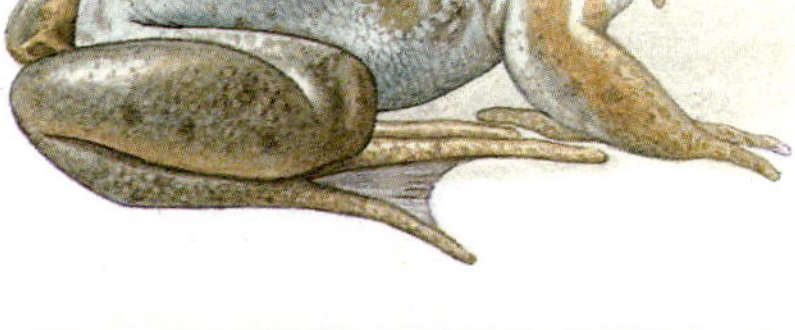

5

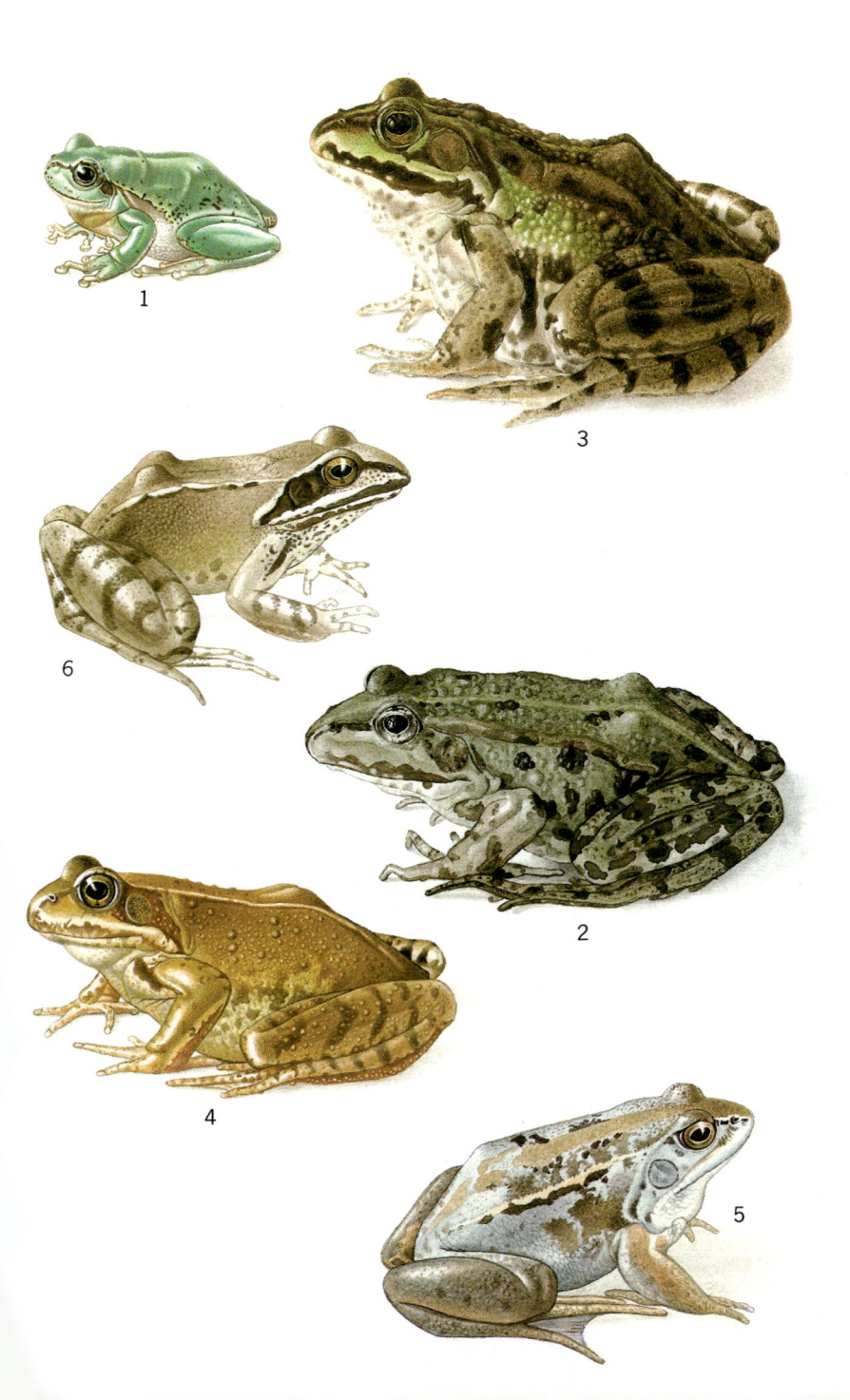

Kriechtiere

Klasse: **Kriechtiere** — *Reptilia*
Unterklasse: **Schildkröten** — *Testudinata*
Ordnung: **Halsbergerschildkröten** — *Cryptodira*
Familie: **Sumpfschildkröten** — *Emydidae*

1 Europäische Sumpfschildkröte *Emys orbicularis.* Länge 30 cm. Ernährt sich von Wirbellosen und Kleinfischen. Bewohnt stehende oder langsam fließende Gewässer im Tiefland, meist im Überschwemmungsgebiet großer Flüsse. Erwachsene Tiere leben stets im Wasser oder in der unmittelbaren Nähe, tagsüber sonnen sie sich gern am Ufer, doch sind sie sehr scheu. Den Winter überleben sie in den Gewässergrund eingegraben, Ende März/April kommen sie hervor, um sich im Mai fortzupflanzen. Die Eier werden auf dem Land im Sand vergraben, der anschließend mit dem Bauchschild festgedrückt wird. Nach etwa 100 Tagen schlüpfen die 1,5—2 cm langen Jungen. Verbreitung: Nordafrika, Mittel- und Südeuropa, Westasien.

2 Kaspische Wasserschildkröte *Clemmys caspica.* Länge 30 cm. Sowohl in reißenden Bächen als auch in stehenden Tümpeln häufig. Die pflanzliche und tierische Nahrung fressende Schildkröte pflanzt sich von März bis Juni fort, wobei sie 5—10 längliche Eier in Gruben ablegt, die das Weibchen mit den Hinterbeinen wühlt. Die Jungen schlüpfen nach 70—100 Tagen. Verbreitung: Von Nordafrika über Südeuropa bis Westasien; in Europa gibt es mehrere Unterarten.

Familie: **Landschildkröten** — *Testudinidae*

3 Maurische Landschildkröte *Testudo graeca.* Länge 30 cm. Pflanzenfresser, der buschbestandene Gelände in den Niederungen und am Fuße der Gebirge bewohnt. Kommt in den ersten warmen Märztagen hervor und beginnt gleich mit der Fortpflanzung. Das Weibchen legt seine Eier in Erdlöcher ab, die es selbst aushebt; die Jungen schlüpfen nach 10—12 Wochen. Verbreitung: Südeuropa, Nordafrika, Südwestasien.

4 Griechische Landschildkröte *Testudo hermanni.* Länge 25 cm. Ähnelt der vorhergehenden Art, doch unterscheidet sie sich von ihr durch die dornartige Schwanzspitze und zwei Schildchen über dem Schwanz im Rückenpanzer (die Maurische Landschildkröte hat nur eins). Diese hat seitlich der Schwanzwurzel je eine größere Schuppe, dieses Merkmal fehlt bei *Testudo hermanni.* Ihre Biologie entspricht der vorangehenden Art. Verbreitung: West- und Ostteil Südeuropas.

5 Breitrandschildkröte *Testudo marginata.* Länge bis zu 35 cm. Pflanzenfresser, lebt an trockenen, sonnigen Macchiahängen, oft auch in wasserlosen Bachbetten. Gewöhnlich erwachen die Tiere im März aus der Winterstarre, um bald darauf mit der Fortpflanzung zu beginnen. Die frisch geschlüpften Jungen sind etwa 3 cm lang. In den letzten Jahren verschwand die Art infolge von Landschaftskultivierung und Veränderung ihrer natürlichen Biotope an vielen Stellen, an denen sie früher häufig vorkam. Verbreitung: Südostgriechenland, Sardinien, dort wurde sie vermutlich ausgesetzt.

Ordnung: **Seeschildkröten** — *Chelonidae*
Familie: **Lederschildkröten** — *Dermochelyidae*

6 Lederschildkröte *Dermochelys coriacea.* Länge 2 m, Gewicht 600 kg. Charakteristische Hochseeschildkröte, deren Nahrung hauptsächlich aus Meerestieren besteht. Nur zur Fortpflanzung sucht sie im Mai/Juni das Trockene auf, dann vergräbt sie 90—150 Eier von ca 5 cm Größe im Sand. Nach rund zwei Monaten schlüpfen die jungen Schildkröten aus Verbreitung: Atlantik, Pazifik, Indischer Ozean, auch im Mittelmeer.

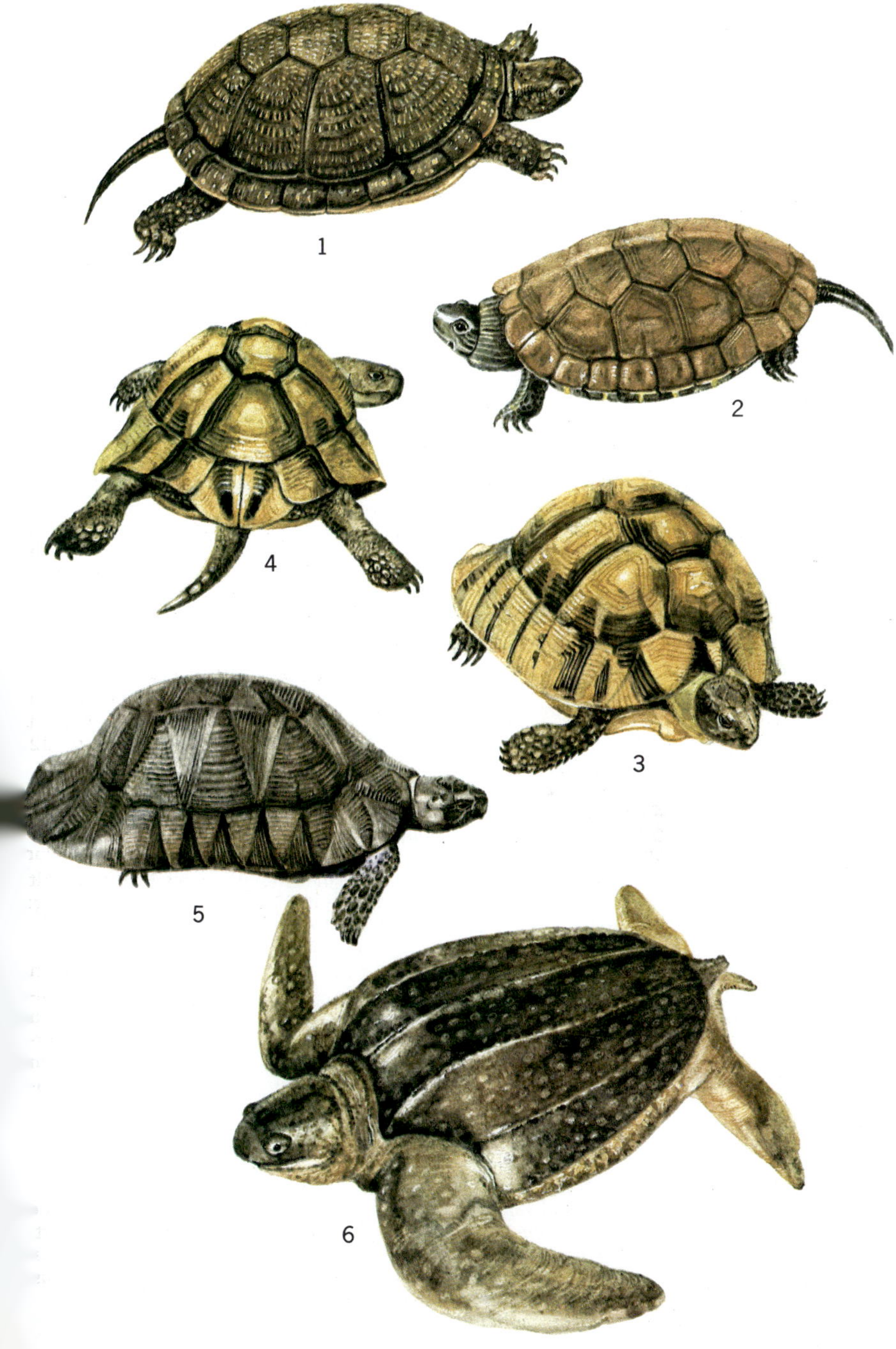
1
2
4
3
5
6

Kriechtiere

Unterklasse: **Schuppenkriechtiere** — *Squamata*
Ordnung: **Eidechsen** — *Sauria*
Familie: **Haftzeher** — *Gekkonidae*

1 Ägäischer Nacktfinger-Gecko *Gymnodactylus kotschyi.* Länge 10 cm. Nachtgecko, den man außerhalb seines Verstecks nur am Morgen oder am späten Nachmittag antreffen kann. Lebt in großen Steinhaufen, Felswänden und Mauern. Frißt alle möglichen Wirbellosen, gern hält er sich an Hauswänden in der Nähe von Lichtquellen auf, um herbeifliegende Insekten zu fangen. Verbreitung: Südeuropa und Westasien, mit einigen Unterarten.

2 Mauergecko *Tarentola mauritanica.* Länge 16 cm. Nachtgecko, den man im Frühjahr auch tagsüber außerhalb des Verstecks antreffen kann, im Sommer wird er nur abends und nachts aktiv. Dank der Saugnäpfe an den Zehen kann sich der Gecko auch auf glatten senkrechten Flächen sicher und gewandt bewegen. Im Frühjahr legt er unter Steine und in Mauerritzen seine Eier ab, aus denen nach 4 Monaten 3—5 cm lange Junge schlüpfen. Verbreitung: In den westlichen Mittelmeerländern häufig, in Südosteuropa nur stellenweise (z.B. Dalmatien, Griechenland, Kreta, Ionische Inseln).

3 Europäischer Halbfinger-Gecko *Hemidactylus turcicus.* Länge 8—10 cm. Sucht sonnige und warme Gegenden auf, wo er sich in Felsritzen, an Mauern und unter Steinen aufhält. Das Weibchen legt 2 Eier, aus denen nach etwa 3 Monaten die Jungen schlüpfen. Verbreitung: Mittelmeerraum, Nordafrika, Vorderindien, durch den Menschen auch auf den amerikanischen Kontinent gebracht.

Familie: **Chamäleons** — *Chamaeleonidae*

4 Europäisches Chamäleon *Chamaeleo chamaeleon.* Länge 23—28 cm. Im Laub auf den Zweigen von Bäumen und Sträuchern, dort bewegt es sich in seiner typischen langsamen Weise. Bekannt ist sein Farbwechsel von fast Weiß über Braun bis Schwarz. Seine Augen bewegen sich unabhängig voneinander, sie können verschiedene Gegenstände gleichzeitig beobachten. Die lange Zunge kann hervorgeschnellt werden, sie dient zur Insektenjagd oder anderem Beutefang. Mit dem Greifschwanz hält sich das Tier an den Zweigen fest. Das Chamäleon pflanzt sich im Herbst fort, die Weibchen legen etwa 30 längliche Eier und vergraben sie in der Erde. Im folgenden Sommer, also nach rund 200 Tagen, schlüpfen die Jungtiere aus. Einziger Vertreter dieser Tropenfamilie, der auch in den wärmsten Gebieten Europas vorkommt. Verbreitung: Südspanien, Portugal, auf Kreta, Chios, Samos, Nordafrika, Syrien, auf der arabischen Halbinsel, Kleinasien.

Familie: **Glattechsen** — *Scincidae*

5 Johannisechse *Ablepharus kitaibelii.* Länge 10—11 cm. Diese Echse findet sich häufig auf trockenen, sonnigen Hügeln mit steinigem Boden, oft hält sie sich im Laub Weichhaariger Eichen auf. Ihre Nahrung besteht aus allerlei Insekten und deren Larven. Im Unterschied zu den meisten Glattechsen pflanzt sich die Johannisechse durch Eier fort. Die Art wird in mehrere Unterarten aufgeteilt. Verbreitung: Balkanländer, Ägäisinseln, Westasien. Nördlichste Verbreitung bis in die Südslowakei.

6 Erzschleiche *Chalcides chalcides.* Länge über 40 cm. Die Erzschleiche bewohnt grasbestandene Hänge, wo sie sich unter Steinen, in Mauern und unter Laub verborgen hält. Sie ernährt sich von Insekten, Spinnen und anderen Wirbellosen. Das Weibchen bringt 10—15 lebende Junge zur Welt. Die Art überwintert tief im Boden vom Frühherbst bis zum späten Frühjahr. Verbreitung: Häufig in Nordwestafrika und Südwesteuropa.

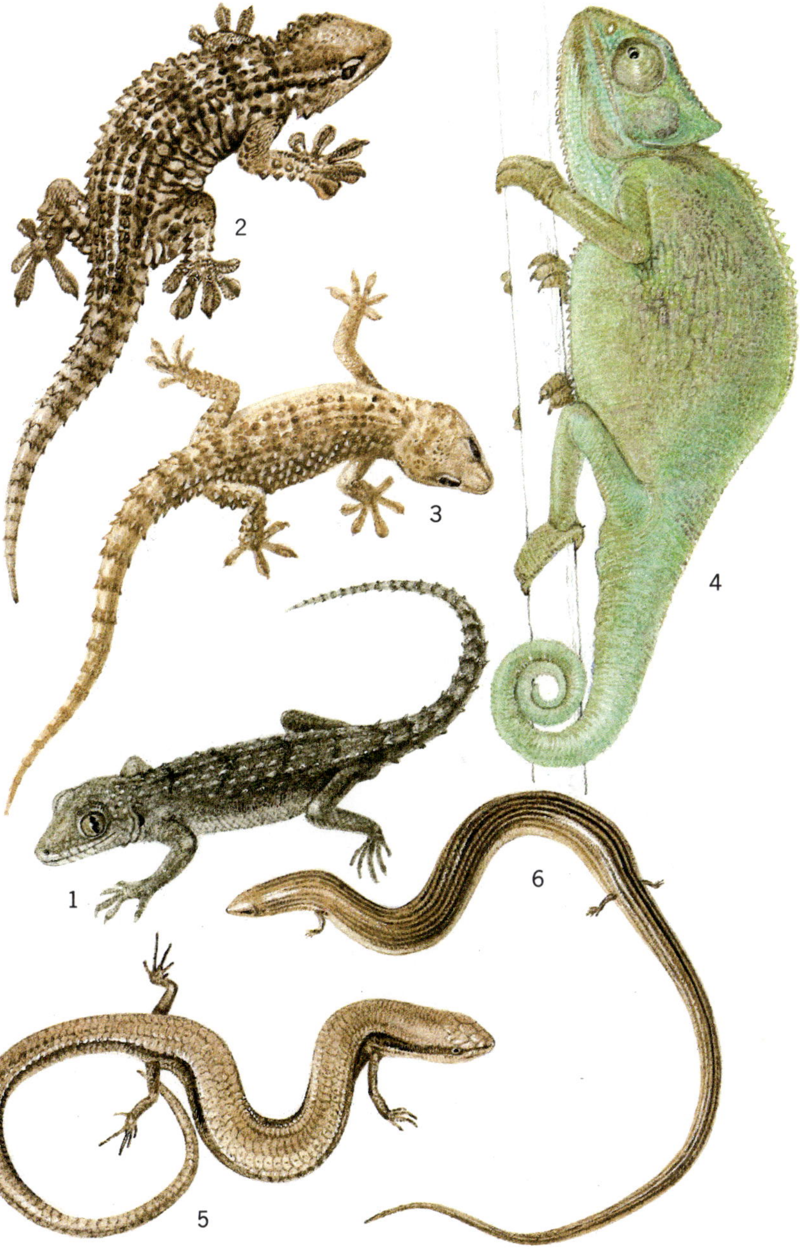
2
3
4
1
6
5

Kriechtiere

Familie: **Halsbandeidechsen** — *Lacertidae*

1 Smaragdeidechse *Lacerta viridis*. Länge 40—50 cm. An sonnigen, trockenen Stellen mit reicher Buschvegetation von den Niederungen bis in höhere Lagen (Südeuropa) häufige Art. Nahrung sind alle möglichen Insekten, kleine Eidechsen und sogar Mäuse. Im Frühjahr legt das Weibchen 6—20 Eier ab, aus denen nach 2—3 Monaten 3—4 cm lange bräunliche Junge schlüpfen. Wie auch die anderen Vertreter der Gattung *Lacerta* wirft die Smaragdeidechse bei Gefahr ihren Schwanz ab. Verbreitung: Mitteleuropa, in den südlichen Gebieten von Nordspanien und Frankreich bis Kleinasien.

2 Zauneidechse *Lacerta agilis*. Länge über 20 cm. In warmen Niederungen, Hügellandschaften und auch Gebirgen. Von Mai bis Ende Juni legt das Weibchen 5—15 Eier, die es in Gruben von 6—7 cm Tiefe eingräbt. Nach 8 Wochen schlüpfen die 3—4 cm langen Jungen. Die Zauneidechse frißt Insekten und andere Wirbellose, auch junge Eidechsen. Verbreitung: Fast ganz Europa mit Ausnahme der nördlichsten Teile, dem Süden der Balkanhalbinsel, Italiens und der Pyrenäenhalbinsel. In einigen geographischen Rassen auch in Mittelasien häufig.

3 Wald- oder Mooreidechse *Lacerta vivipara*. Länge 15—18 cm. Bewohnt feuchtere Gegenden, im Norden vor allem die Niederungen, im Süden mehr die Gebirge. Ihre Nahrung besteht in der Hauptsache aus Insekten und anderen Wirbellosen. Verbreitung: Fast ganz Europa von den Pyrenäen bis zum 70. Breitengrad, ganz Asien bis zum Stillen Ozean.

4 Mauereidechse *Lacerta muralis*. Länge 20—25 cm. Die Art bevorzugt felsige oder steinige Biotope und frißt hauptsächlich Insekten. Sie pflanzt sich im Mai/Juni fort, im selben Jahr oft noch ein- bis zweimal. Aus den 2—8 abgelegten Eiern schlüpfen nach 8 Wochen Junge. Verbreitung: Häufig in den warmen Teilen Süd- und Mitteleuropas, Kleinasien.

5 Perleidechse *Lacerta lepida*. Länge 50—90 cm. Größte und dabei sehr gewandte Eidechse, lebt im Tief- und Hügelland in lichten, sonnigen Gegenden mit Felsen, Steinhaufen, Gebüsch und Obstbäumen. Bei Bedrohung kann sie empfindlich beißen. Ihre Nahrung besteht aus Wirbellosen und kleineren Wirbeltieren. Fortpflanzung im April/Mai, das Weibchen legt oft über 20 Eier, aus denen nach 3 Monaten die Jungen schlüpfen. Verbreitung: Nordwestafrika, Pyrenäenhalbinsel, Südfrankreich, Nordwestitalien.

6 Krimeidechse *Lacerta taurica*. Länge 20 cm. Sehr flinke, kleine Eidechse, die trockene Stein- und Grasgebiete bewohnt. Fortpflanzung im Mai, das Weibchen legt 2—6 Eier. Verbreitung: Südosteuropa, kommt auch in Ungarn, Rumänien, auf der Balkanhalbinsel, den Ionischen und Ägäischen Inseln sowie in den europäischen Teilen der Türkei vor.

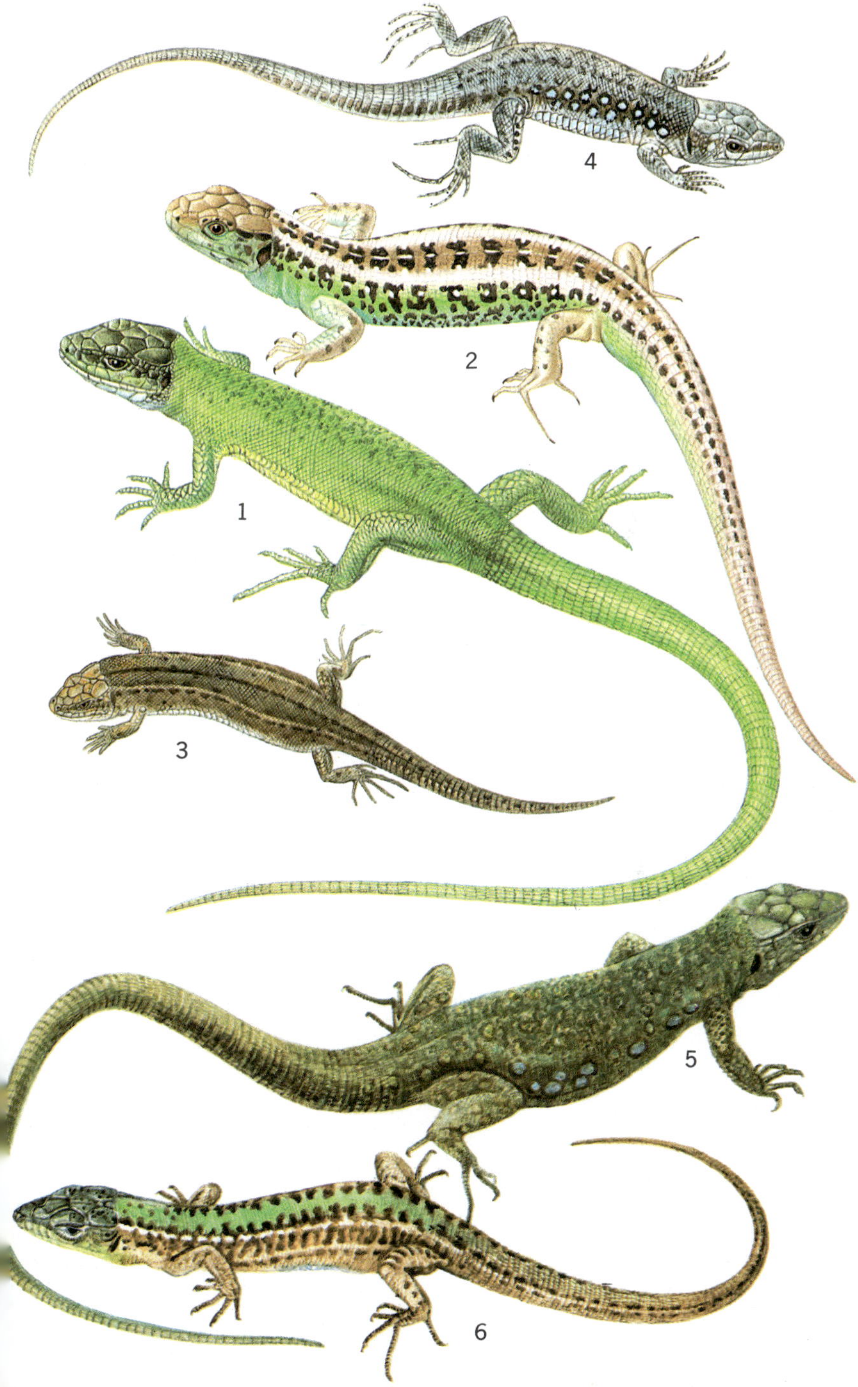
4
2
1
3
5
6

Kriechtiere

Familie: **Halsbandeidechsen** — *Lacertidae*

1 Wüstenrenner *Eremias arguta deserti.* Länge 20 cm. Bei Gefahr kann sich diese Eidechse blitzschnell in den Sand einwühlen. Ihre Nahrung besteht aus Spinnen, Ameisen und anderen Insekten und sonstigen Wirbellosen. Ein- bis zweimal im Sommer legt sie 3—12 Eier. Verbreitung: Von den Sandgebieten Ostrumäniens (Küstendünen) bis in die Südgebiete Rußlands.

2 Spanischer Sandläufer *Psammodromus hispanicus.* Länge 10—20 cm. Sehr flinke und scheue Eidechse, die in trockenen Felsgegenden sowie in den vegetationsärmeren Dünengebieten an der Küste lebt. Verbreitung: Pyrenäenhalbinsel, Südfrankreich. Die nahe verwandte Natteraugeneidechse *Ophisops elegans* lebt in Südosteuropa und Westasien.

Familie: **Schleichen** — *Anguidae*

3 Blindschleiche *Anguis fragilis.* Länge 45 cm, die Männchen sind etwas kleiner als die Weibchen. Die Blindschleiche lebt in Niederungen und Bergen in feuchteren Gegenden unter Steinen, Stämmen sowie im Fallaub. Ihre Nahrung bilden Regenwürmer, Nacktschnecken, Spinnen und verschiedene Insekten. Im April tauchen die Blindschleichen aus ihren Winterverstecken auf. Die Jungen werden im Juli/August im Stadium des Schlüpfens aus den Eiern geboren, die Eihülle reißt gewöhnlich beim Austritt aus der Kloake auf. Ab Oktober beginnt die Winterstarre, oft finden sich die Tiere in größerer Anzahl etwa 50 cm unter der Erdoberfläche zusammen. Verbreitung: Fast ganz Europa mit Ausnahme von Irland, im Norden bis zum 66. Breitengrad, nach Osten bis in die Nordtürkei und den Iran, auch in Nordafrika.

4 Scheltopusik *Ophisaurus apodus.* Länge über 1 m. Verwandter der Blindschleiche, der auf sonnigen Wiesen und Feldern, in buschbestandenem Gelände sowie in der Nähe von Felsen im Bergvorland lebt. Ernährt sich von Schnecken, Mäusen, Wühlmäusen, Eidechsen, kleinen Vögeln und deren Eiern. Fängt er eine größere Beute, dreht er sich mehrmals schnell um die eigene Achse, um sie so zu betäuben oder zu töten; ähnlich verhält sich auch die Blindschleiche. Der Scheltopusik pflanzt sich im Juni/Juli fort, das Weibchen legt 8—10 längliche Eier, aus denen gegen Ende August die Jungen schlüpfen. Verbreitung: Balkan, Krim, Kleinasien, Syrien, Iran, Transkaspische Region, Turkestan.

Ordnung: **Schlangen** — *Serpentes*
Familie: **Blindschlangen** — *Typhlopidae*

5 Wurmschlange *Typhlops vermicularis.* Länge 20—35 cm. Kleine, rosafarbene Erdschlange, die auf den ersten Blick wie ein großer Regenwurm aussieht. Vorne sitzen zwei kleine schwarze Augen, am Schwanzende ein spitzer Dorn. Die Schlange ernährt sich von kleiner Wirbellosen, vor allem von Ameisen und ihren Puppen. Sie lebt in der Erde und unter Steinen, wo sie ihre Gänge wühlt. Das Weibchen legt im Mai gewöhnlich 6 kleine Eier ab. Verbreitung: Vom Kosovo über den ganzen Balkan bis Mittelasien, auch auf vielen griechischen Inseln.

Familie: **Riesenschlangen** — *Boidae*

6 Westliche Sandboa *Eryx jaculus.* Länge 80 cm. In warmen Gegenden an steinigen Standorten, gewöhnlich ist sie unter Steinen oder in Erdlöchern versteckt. Die Schlange kann sich sehr schnell in den Boden einwühlen, nur in den Morgen- und späten Nachmittagsstunden kriecht sie aus dem Boden hervor, um Eidechsen und Mäusen, ihrer wichtigsten Beute nachzustellen. Sie umschlingt und erwürgt ihre Beute mit dem Körper. Die Sandboa pflanzt sich im Juni/Juli fort, das Weibchen bringt in der Regel 5—12 lebende Junge zur Welt. Verbreitung: Südosteuropa, Westasien, Nordafrika.

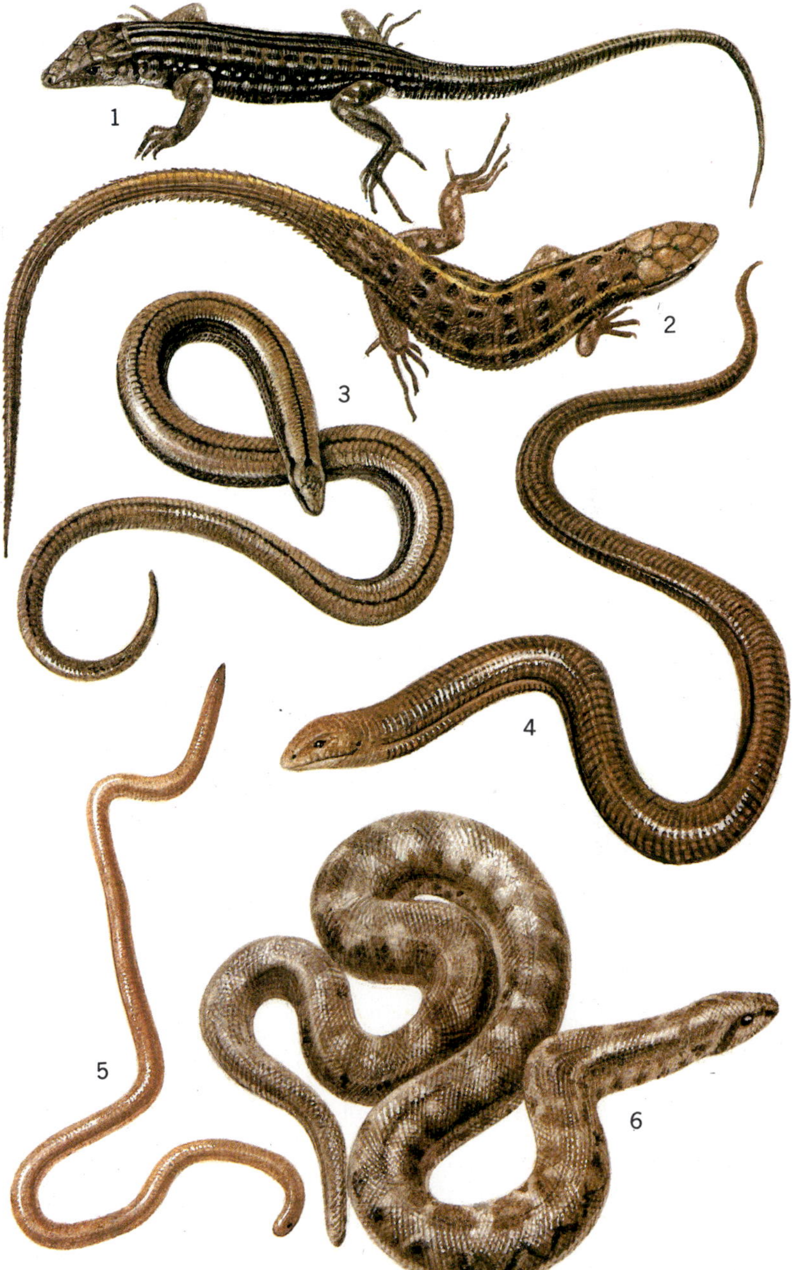
1
2
3
4
5
6

Kriechtiere

Familie: **Nattern** — *Colubridae*

1 Ringelnatter *Natrix natrix.* Länge 1—1,5 m. An Gewässern häufige Schlange, die sich von Lurchen, vor allem Fröschen, kleinen Nagetieren, Fischen und Insekten ernährt. Pflanzt sich im Juli/August fort, das Weibchen legt unter Laub, ins Moos und ähnliche Verstecke 6—30 Eier ab. Nach zwei Monaten schlüpfen die 10—15 cm langen Jungen aus. Die Ringelnatter überwintert von November bis Ende März unter großen Steinen, in Löchern oder anderen unterirdischen Verstecken. Verbreitung: Ganz Nordwestafrika und Westasien.

2 Würfelnatter *Natrix tesselata.* Länge 150 cm. Diese Natter kommt vor allem in der Nähe fischreicher Süßwässer vor, Fische bilden ihre Hauptnahrung. Die Schlange ist tag- und nachtaktiv, sie schwimmt sehr gewandt und jagt geschickt Fische. Fortpflanzung im Juni/Juli, das Weibchen legt seine Eier ins Fallaub ab. Verbreitung: Von Nordostfrankreich über Deutschland und ganz Europa, Asien bis Nordwestindien und Westchina. Im Süden bis Ägypten, im Norden etwa bis zum 50. Breitengrad; stellenweise (Deutschland, Rußland) auch bis zum 54. Breitengrad.

3 Glattnatter, Schlingnatter *Coronella austriaca.* Länge höchstens 75 cm. Bewohnt trockene, sonnige, steinige, bewachsene Hänge, in Südeuropa bis 2200 m hoch, im Norden in tieferen Lagen. Die Schlingnatter ernährt sich von Eidechsen, Blindschleichen, kleinen Schlangen, Nagetieren, Vögeln und Insekten, sie ist sehr beißlustig. Im August bzw. September legt das Weibchen Eier, aus denen sofort ca. 12—15 cm lange Junge schlüpfen. Verbreitung: Fast ganz Europa mit Ausnahme der Südteile von Pyrenäen- und Apenninhalbinsel sowie Irland. Im Norden bis Südskandinavien.

4 Pfeilnatter *Coluber jugularis.* Länge 2—3 m. Die Pfeilnatter ist die größte europäische Schlange, die steppenartige und buschbestandene Orte bewohnt. Sie ist tagaktiv und ernährt sich von verschiedenen kleinen Säugetieren, Vögeln, Eidechsen und Schlangen. Im Juni/Juli pflanzt sie sich fort, das Weibchen legt 7—15 ovale Eier in Erdlöcher, Felsritzen usw. ab. Verbreitung: Südosteuropa, Westasien.

5 Balkan-Zornnatter *Coluber gemonensis.* Länge 120—140 cm. In trockenen Gegenden mit niederem Buschbestand und in lichten, sonnigen Eichenbeständen. Frißt Nagetiere, Eidechsen, Jungvögel, kleine Schlangen und Insekten. Verbreitung: Balkanhalbinsel, vor allem an der Adriaküste, Südgriechenland, Peloponnes, auch auf Kreta und den griechischen Inseln Euboea und Kythera.

6 Schlanknatter *Coluber najadum.* Länge 120—130. Sehr flinke, schmucke Schlange mit charakteristischer Zeichnung auf dem Vorderkörper. Ernährt sich fast nur von Eidechsen, nur gelegentlich auch von Insekten. Die Schlanknatter kommt von den Niederungen bis ins Gebirgsvorland vor, sie liebt buschbestandene Orte in Bachnähe. Die Weibchen legen in der Regel nur 3—5 Eier in Erdlöcher, Felsspalten oder unter Steine ab. Verbreitung: Balkanhalbinsel, Kleinasien, Syrien, Nordwestiran.

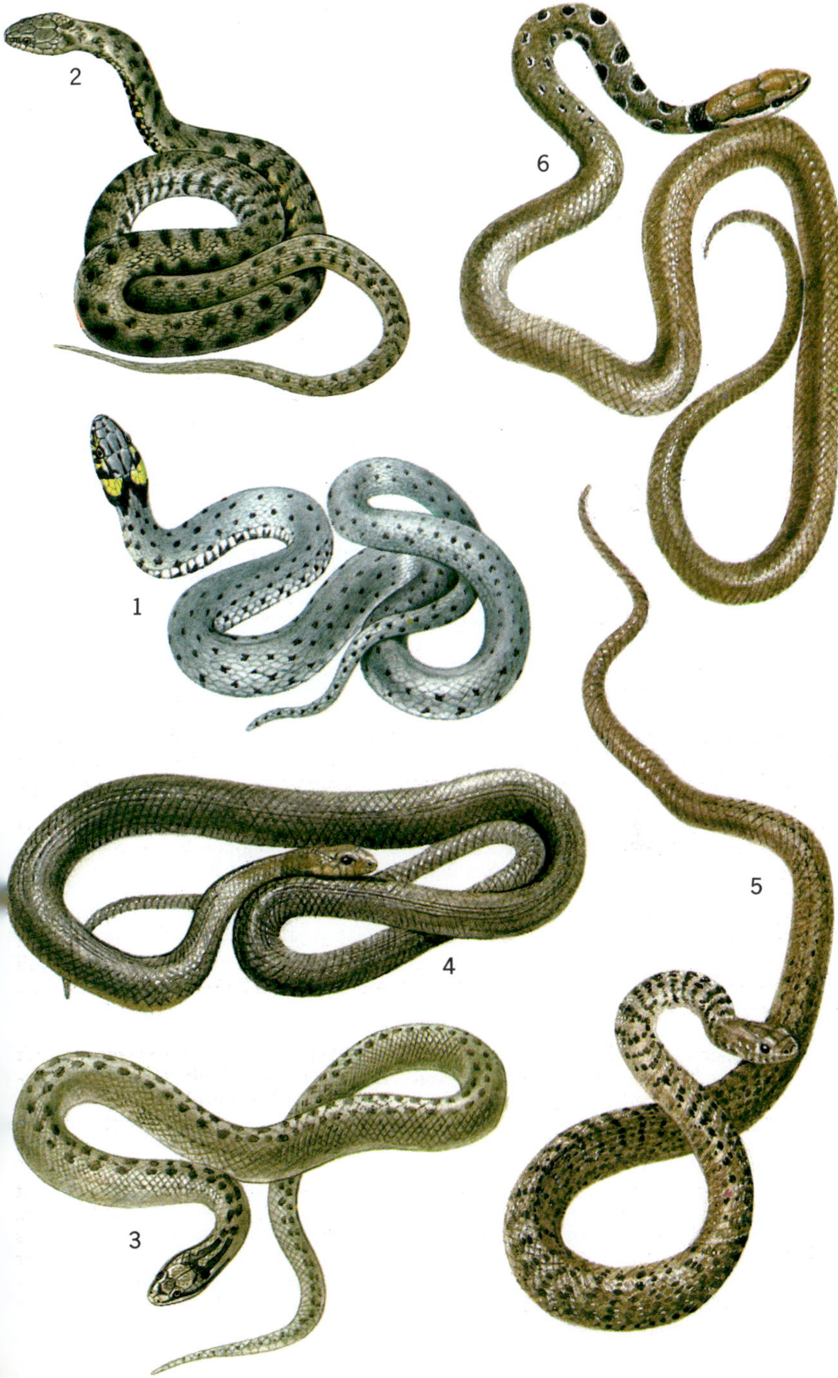
2
6
1
5
4
3

Kriechtiere

Familie: **Nattern** — *Colubridae*

1 Hufeisennatter *Coluber hippocrepis*. Länge 1,7 m. Klettert sehr geschickt auf Bäume und Dächer, auch auf Dachrinnen. Frißt kleine Vögel und Mäuse. Im Frühling und Frühsommer legt das Weibchen Eier in die Erde, in Felsenritzen, unter Steine und Blätter. Verbreitung: Pyrenäenhalbinsel, Sardinien, Nordwestafrika.

2 Äskulapnatter *Elaphe longissima*. Länge 1,6—2 m. Die Äskulapnatter ist eine schlanke Schlange, die geschickt in Baum- und Strauchwipfeln umherklettert. Sie bewohnt sonnig-warme buschbestandene Hänge; in Mitteleuropa in niederen Lagen, im Süden auch bis zu 2000 m in den Bergen. Die Schlange frißt kleine Nager, Vögel und Eidechsen. Das Weibchen legt im Juni/Juli 5—8 Eier in morsche Stämme, unter Laub und in Löcher, nach 2 Monaten schlüpfen die 20 cm langen Jungen. Verbreitung: Von Nordostspanien bis zum Balkan, Nordteil Kleinasiens, Kaukasus, Nordiran. In Mitteleuropa stellenweise in Frankreich, Deutschland, Schweiz, Norditalien, Österreich, Polen, der Tschechischen Republik und Ungarn.

3 Vierstreifennatter *Elaphe quatuorlineata*. Länge 1,5—2 m. Diese Natter lebt auf sonnigen, buschbestandenen Hängen und in lichten Wäldern, sie bevorzugt steiniges Gelände mit vielen Verstecken. Sie frißt kleine Säuger, Vögel und Vogeleier. Das tag- und nachtaktive Tier pflanzt sich vom Frühjahr bis zum Herbst fort; die Weibchen legen meist im Juli/August 6—12 längliche Eier, die Jungen schlüpfen im September/Anfang Oktober. Verbreitung: Südosteuropa, Westasien.

4 Leopardnatter *Elaphe situla*. Länge etwa 1 m. Eine der farbenprächtigsten europäischen Schlangen. Mit Vorliebe sucht sie trocken-warme steinige Stellen mit Dornengebüschen in den Bergen und Gebirgsvorlandschaften auf. In ihr unterirdisches Winterversteck geht sie Ende Oktober, im April kommt sie daraus hervor. Ihre Nahrung besteht aus kleinen Nagern, Vögeln und Eidechsen, in der Dämmerung, den frühen Morgen- und Vormittagsstunden geht sie auf die Jagd. Im Juli/August legt das Weibchen 2—5 relativ große Eier unter Steinen, in trockenem, morschem Holz oder Laub ab. Verbreitung: Süditalien, Sizilien, im Westen der Balkanhalbinsel, auf den nördlichen Sporaden und Kykladen, Kreta, in Kleinasien, Kaukasus, Krim.

5 Europäische Eidechsennatter *Malpolon monspessulanus*. Länge über 2 m. Sehr schnelle Schlange, die hinten im Kiefer Giftzähne hat, mit denen sie ihre Beute betäubt oder tötet. Lebt in warmen, sonnig-trockenen Gegenden mit niederem Bewuchs und Dornensträuchern, auch bei Steinhaufen in der Nähe von Kulturflächen und in Ruinen. Die Schlange jagt kleine Säuger, Vögel, Schlangen und Eidechsen. Das Weibchen legt im Juli/August 14—18 längliche Eier, die Jungen schlüpfen im September/Oktober. Verbreitung: Südeuropa, Nordafrika, Westasien.

6 Europäische Katzennatter *Telescopus fallax*. Länge 1 m. Die Katzennatter hat hinten im Kiefer Giftzähne, sie lebt in trockenen Steingebieten mit niederwüchsiger Buschvegetation. Abends und nachts wird sie aktiv, ihre Nahrung bilden vorwiegend Eidechsen und kleine Säugetiere. Die Jungen fressen vor allem Insekten und kleine Eidechsen. Verbreitung: Balkanhalbinsel, Griechenland, Nahost.

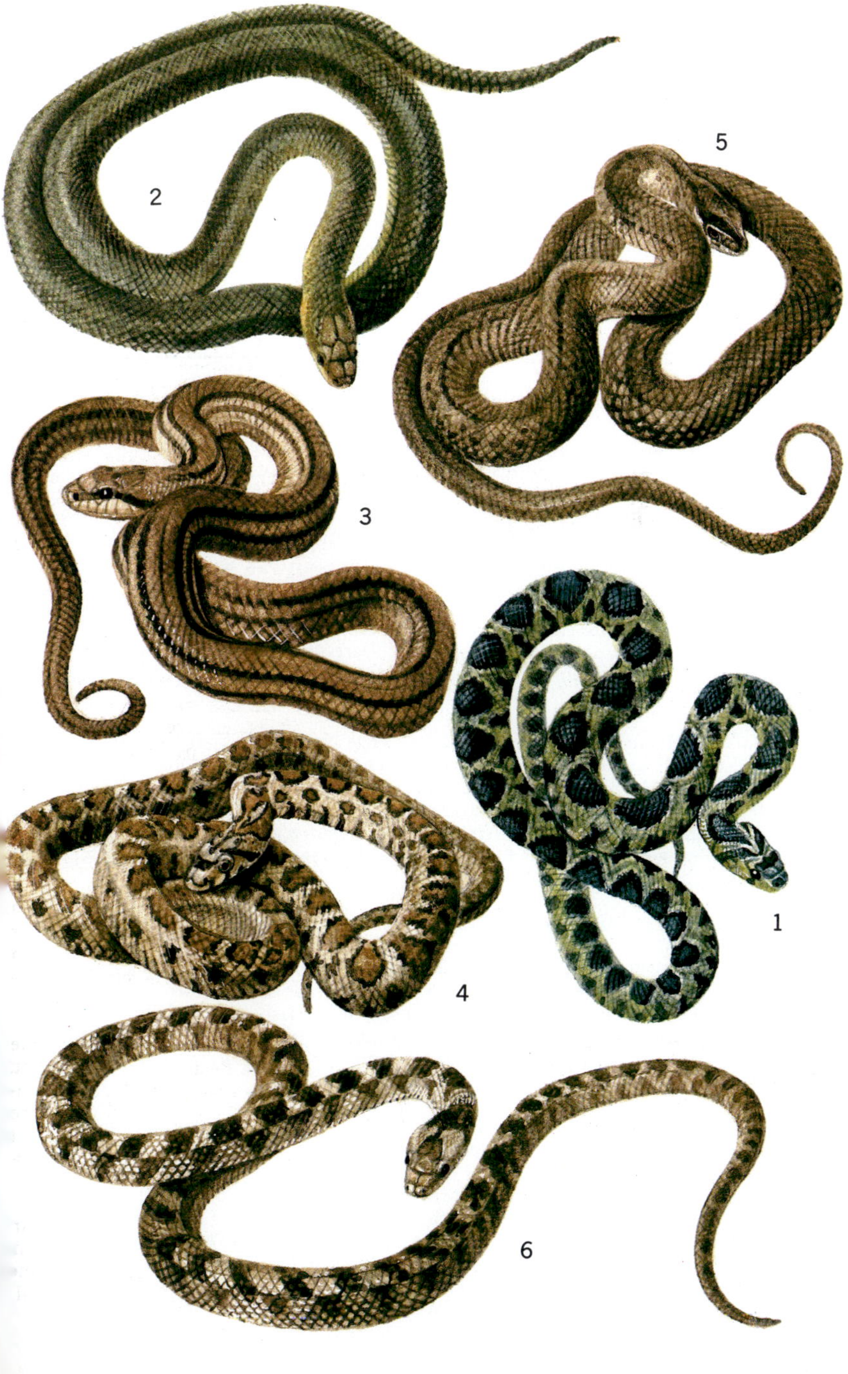
2
5
3
1
4
6

Kriechtiere

Familie: **Ottern** — *Viperidae*

1 Kreuzotter *Vipera berus.* Länge etwa 1 m, die Männchen sind kleiner als die Weibchen. Bekannte Giftschlange, deren Biß vor allem für Kinder lebensgefährlich werden kann. Ihre Nahrung besteht vorwiegend aus kleinen Nagern, oft auch aus Eidechsen, Lurchen, kleinen Vögeln und Insekten. Die Schlange lebt an feuchten, doch sonnigen Stellen in der Nähe von Bächen im Wald, auf Lichtungen, steinigen, bewachsenen Hängen und in Gebäudenähe in Höhen über 500 m, in den Bergen bis zu 2000 m hoch. In Südeuropa ist sie bis zu 3000 m Höhe anzutreffen. Die Kreuzotter pflanzt sich im August/Anfang September fort, das Weibchen bringt lebende Junge zur Welt (die Eihülle zerreißt beim Passieren der Kloake). Verbreitung: Ganz Europa mit Ausnahme der südlichen Mittelmeerinseln und Irlands. Im Norden kommt sie bis zum 67. Breitengrad vor.

2 Höllennatter *Vipera berus* m. *prester.* Schwarze Kreuzotterform. Außer den gewöhnlich grauen oder braunen Kreuzottern mit schwarzer oder brauner Zeichnung auf dem Rücken kommen in den Bergen oft auch ganz schwarze Tiere mit gelber Schwanzunterseite vor. Rostrote Kreuzottern mit braunem Zickzackband auf dem Rücken werden als morpha *chersea* bezeichnet.

3 Europäische Hornviper *Vipera ammodytes.* Länge bis zu 1 m. Starke Giftschlange mit einem typischen Horn auf der Nase, bewohnt sonnig-trockene Standorte. Ihre Nahrung besteht aus kleinen Nagern, gelegentlich auch aus Vögeln und Eidechsen. Ende August/September legt das Weibchen 4—20 Eier, aus denen gleich 15—20 cm lange Jungtiere schlüpfen. Innerhalb ihres Areals bildet die Art mehrere Unterarten aus, die sich in Größe, Schuppenzahl sowie in der Färbung von Rücken und Schwanzspitze voneinander unterscheiden. Verbreitung: Südosteuropa, Westasien.

4 Aspisviper *Vipera aspis.* Länge 70—75 cm. Lebt in Hügel- und Gebirgslandschaften bis zu 2600 m an sonnig-trockenen Stellen mit Steinhaufen, an eingefallenen Mauern usw. Ihr Winterversteck verläßt die Aspisviper Ende März, im April beginnt die Paarung. Ende August/Anfang September legt das Weibchen 4—18 Eier, aus denen sofort Junge schlüpfen. Sie ernähren sich zunächst von jungen Eidechsen, später fast ausschließlich von kleinen Säugetieren. Verbreitung: Häufig in den Zentral- und Ostgebieten Südeuropas. Außer der Stammart *V. aspis aspis,* die in Nordwestitalien, Frankreich, der Nordschweiz und im Südschwarzwald häufig ist, gibt es noch mehrere Unterarten.

5 Levanteotter *Vipera lebetina.* Länge bis zu 1,5 m. In felsiger Umgebung, auch teilweise in den trockenliegenden Betten von Bergbächen mit üppiger Randvegetation. Im Unterschied zu den übrigen europäischen Ottern legt das Weibchen Eier (15—20), aus denen erst nach 4—5 Wochen Junge schlüpfen, und zwar im August/September. Die Levanteotter ernährt sich von kleinen Nagetieren, Vögeln, Eidechsen und Schlangen; ihre Beute tötet sie durch Giftbiß. Von allen europäischen Giftschlangen kann sie dem Menschen am gefährlichsten werden. Verbreitung: Nordwestafrika, einige griechische Kykladeninseln, Zypern, West- und Mittelasien. Ihre kleinste Unterart *V. lebetina schweizeri* lebt auf den Kykladeninseln Milos, Kimolos, Siphnos und Polinos, eine andere auf Zypern, im Irak eine weitere usw.

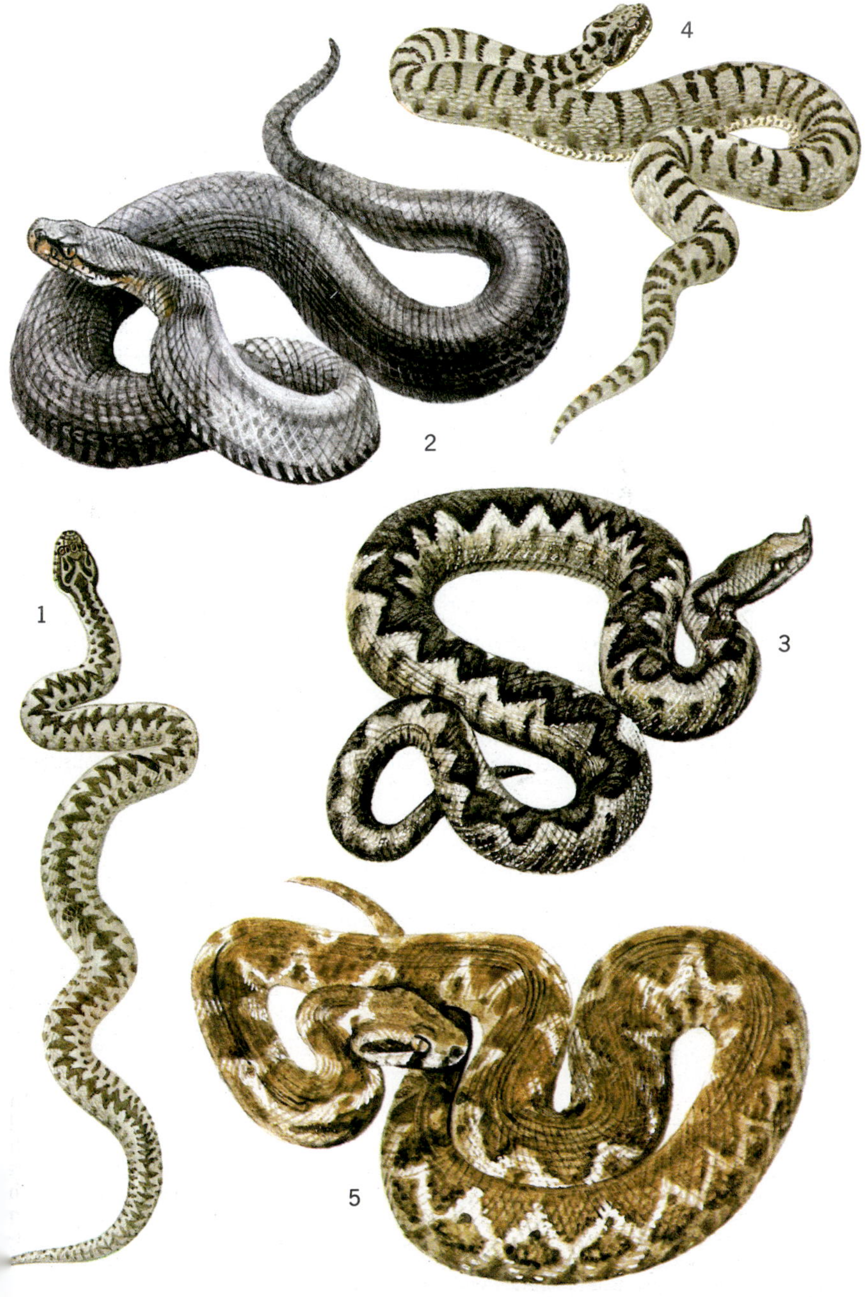
4
2
1
3
5

Vögel

Klasse: **Vögel** — *Aves*
Ordnung: **Seetaucherartige** — *Gaviiformes*
Familie: **Seetaucher** — *Gaviidae*

1 Prachttaucher *Gavia arctica*. Länge ca. 70 cm. Der Prachttaucher ernährt sich vorwiegend von Fischen, aber auch von Muscheln, verschiedenen kleinen Krebsen und Insekten. Er lebt im Seengebiet von Tundra und Waldtundra, wo er in unmittelbarer Wassernähe an den Ufern, oft auf Inseln nistet. Im Mai/Juni legt das Weibchen gewöhnlich zwei Eier, beide Eltern brüten und füttern. Wenn die Seen zufrieren, d. h. von Oktober bis April, suchen die Taucher südlichere Gegenden auf und überwintern an Strömen und Seen, auch an den Küsten von Nordsee, Mittelmeer und Schwarzem Meer. Verbreitung: Nordeuropa, Asien, Nordamerika.

Ordnung: **Steißfüße** — *Podicipediformes*
Familie: **Lappentaucher** — *Podicipedidae*

2 Haubentaucher *Podiceps cristatus*. Länge 48 cm. Der Haubentaucher gibt stehenden Gewässern gegenüber Flüssen den Vorzug und gehört zu den häufigen Teichbewohnern. Er ernährt sich vorwiegend von kleineren Fischen und verschiedenen Insektenlarven. Sein aus Pflanzenteilen erstelltes Nest liegt oft im Schilf verborgen, wo es von April bis Juni auf dem Wasser liegt. Das Weibchen legt 3–4 grünliche Eier, beide Eltern brüten und füttern. Die Jungen sind dunkel gestreift und werden von den Eltern in Rückengefieder getragen. Die europäischen Vögel überwintern in Süd- und Westeuropa, sie ziehen nachts. Verbreitung: Ganz Europa mit Ausnahme des hohen Nordens, Asien, Afrika, Australien.

3 Zwergtaucher *Podiceps ruficollis*. Länge ca. 27 cm. Dieser kleinste Lappentaucher ist ein an langsam fließenden Gewässern und Teichen häufiger Vogel, doch ist er sehr scheu und lebt im Schilf verborgen. Seine Nahrung sucht er auf der Wasseroberfläche und unter Wasser, sie besteht aus allen möglichen Insekten und deren Larven. Im Schilf bauen die Zwergtaucher aus Pflanzenresten ihre Schwimmnester, von April bis Juni legt das Weibchen 5–6 hellgrüne Eier, die von beiden Eltern bebrütet werden, auch füttern beide abwechselnd. Der Vogel nistet zweimal jährlich. Verbreitung: Ganz Europa, gemäßigte Zone Asiens, Afrika, Australien.

4 Schwarzhalstaucher *Podiceps nigricollis*. Länge 30 cm. Lebt auf der Oberfläche verwachsener Teiche, Seen, Tümpel und toter Flußarme, wo er sich von Wasserinsekten und deren Larven ernährt. Sein Nest erstellt er aus Pflanzenteilen, oft nistet er in großen Kolonien von mehreren hundert Paaren. Im Mai/Juni legt das Weibchen 3–4 grünliche Eier, beide Eltern brüten und füttern. Vor dem Winter unternehmen die Vögel relativ kurze Züge nach Süden, die mitteleuropäischen Tiere überwintern in Südeuropa. Verbreitung: Ganz Europa mit Ausnahme des hohen Nordens, Asien bis Westsibirien, Nordamerika, Afrika.

Ordnung: **Röhrennasen** — *Procellariiformes*
Familie: **Sturmvögel** — *Procellariidae*

5 Eissturmvogel *Fulmarus glacialis*. Länge 47 cm. Wandervogel, der sich außer zur Nistzeit nur auf dem offenen Meer aufhält. Seine Nahrung besteht aus Fischen, Krebsen usw. Zur Nistzeit lebt er oft in großen Kolonien an Felsküsten, wo das Weibchen im Mai/Juni ein einziges großes weißes Ei in eine kleine, manchmal mit Gras und Flaum ausgepolsterte Vertiefung legt. Die in ein dichtes Dunengefieder gehüllten Jungen bleiben einige Wochen im Nest. Verbreitung: Nordatlantik, Nordpazifik, Nördliches Eismeer.

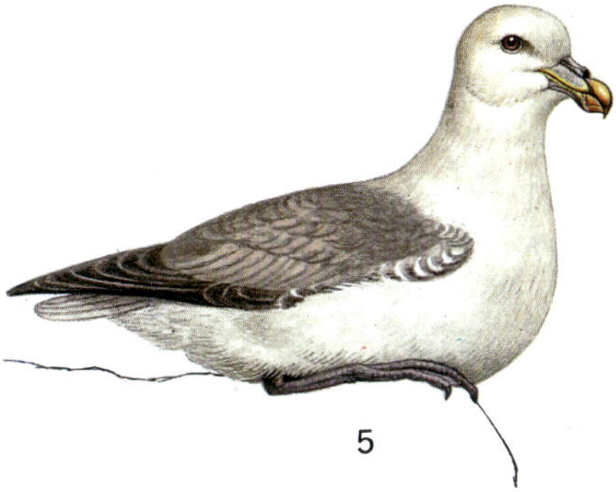

5

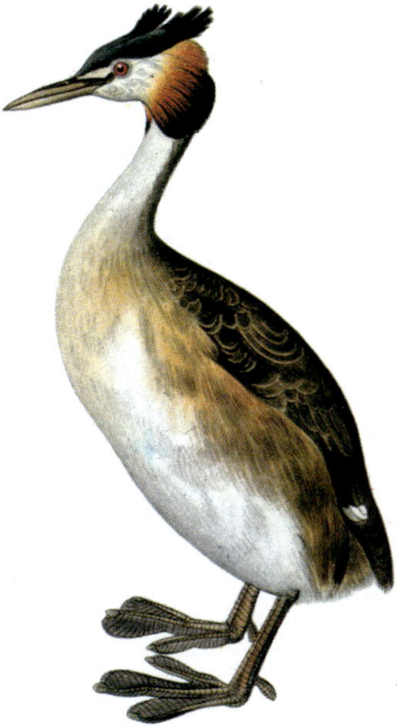

2

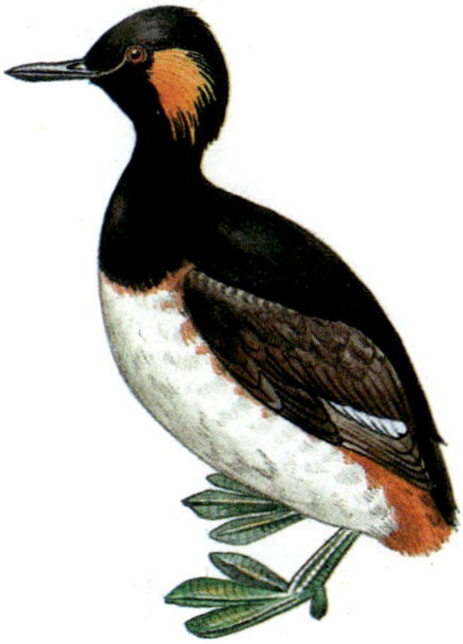

4

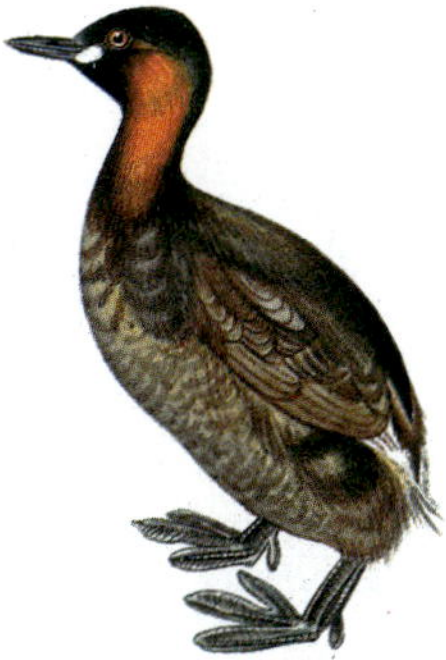

3

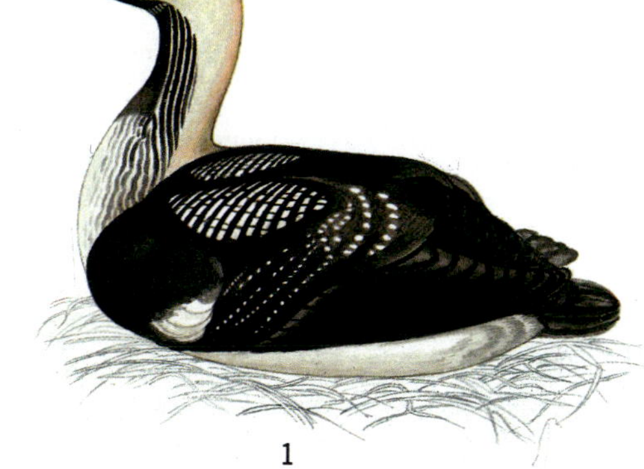

1

Vögel

Ordnung: **Ruderfüßer** — *Pelecaniformes*
Familie: **Kormorane** — *Phalacrocoracidae*

1 Kormoran *Phalacrocorax carbo*. Länge 80—90 cm. Der Kormoran bewohnt sowohl Süßwasser als auch Meere. Er frißt große Mengen von Fischen, die er tauchend jagt. Der Vogel nistet in großen Kolonien, sein Nest baut er aus Zweigen und Ästchen in Baumkronen, auf dem Boden und auf Felsen. Von April bis Juni legt das Weibchen gewöhnlich 2—3 Eier, beide Eltern brüten und füttern. Im September ziehen die Vögel aus Mitteleuropa in den Mittelmeerraum, um Anfang März zurückzukehren. Verbreitung: Vom nordamerikanischen Osten über Europa bis Ostasien, Afrika, Australien, Neuseeland.

Familie: **Tölpel** — *Sulidae*

2 Baßtölpel *Sula bassana*. Länge 94 cm. Seine Lebensweise bindet ihn ans Meer, nur selten ist er auch im Binnenland zu sehen. Er frißt Seefische, auf die er als Stoßtaucher aus einer Höhe von 20—30 m mit geschlossenen Flügeln hinunterstößt. Vor dem Aufprall bei diesem Sturzflug schützt ihn ein Luftpolster unter der Haut. Der Baßtölpel nistet in großen Kolonien, sein aus Wasserpflanzen erstelltes Nest befindet sich auf Küstenfelsen. Von April bis Juni legt das Weibchen normalerweise ein Ei, das beide Eltern abwechselnd bebrüten, auch füttern beide. Verbreitung: Atlantikküsten und -inseln, Britische Inseln, Island.

Familie: **Pelikane** — *Pelecanidae*

3 Rosapelikan *Pelecanus onocrotalus*. Länge 160 cm. Der Vogel ernährt sich ausschließlich von Fischen, er nistet kolonieweise. Sein Nest besteht aus einem riesigen Schilfhaufen mit einem Durchmesser bis zu 1,5 m, der 1—1,5 m über die Wasseroberfläche hinausragt. Von April bis Juni legt das Weibchen 2—3 große Eier, das Gelege wird vorwiegend vom Weibchen bebrütet. Nach 33 Tagen schlüpfen die jungen Pelikane, sie werden von den Eltern nur zweimal täglich gefüttert. Die Vögel überwintern in Kleinasien, Ägypten, Südwestasien und Indien. Verbreitung: Warme Zone Asiens, Nordostafrika, in Europa nur zwischen Donaumündung und Asowschem Meer.

Ordnung: **Schreitvögel** — *Ciconiiformes*
Familie: **Reiher** — *Ardeidae*

4 Graureiher *Ardea cinerea*. Länge etwa 90 cm. In Seen- und Teichgebieten häufiger Vogel, der sich vorwiegend von Fischen, seltener von Amphibien ernährt, aber auch kleine Säuger, Weichtiere und Insekten fängt, in Ausnahmen sogar Jungvögel frißt. Er nistet oft in großen Kolonien in Baumkronen. Das Nest wird aus starken Zweigen gebaut, die Oberschicht besteht aus feinerem Material. Von März bis Mai legt das Weibchen meist 4—5 Eier, die beide Eltern bebrüten. Zunächst füttern sie die Jungvögel in den Schnabel, später würgen sie ihnen die Nahrung aufs Nest. Die Reiher aus Mitteleuropa überwintern in Südeuropa, die westeuropäischen Reiher sind überwiegend Standvögel. Verbreitung: Europa (im Norden bis zu den Orkneys), Süd-, Mittel- und Ostasien (bis Japan).

5 Purpurreiher *Ardea purpurea*. Länge 79 cm. Bewohnt meist reich mit Schilf bestandene Gewässer und frißt Fische, Frösche, kleine Säuger und Insekten. Der Purpurreiher nistet meist in Kolonien, sein Nest baut er im dichten Schilf oder Röhricht. Im April/Mai legt das Weibchen 3—6 Eier, die beide Eltern abwechselnd bebrüten. Die Jungen werden etwa 6 Wochen von den Eltern gefüttert. Die europäischen Vögel überwintern teils in Südeuropa, zum größten Teil jedoch in Afrika. Verbreitung: Süd- und Osteuropa, in Mitteleuropa relativ selten, Südasien, Afrika.

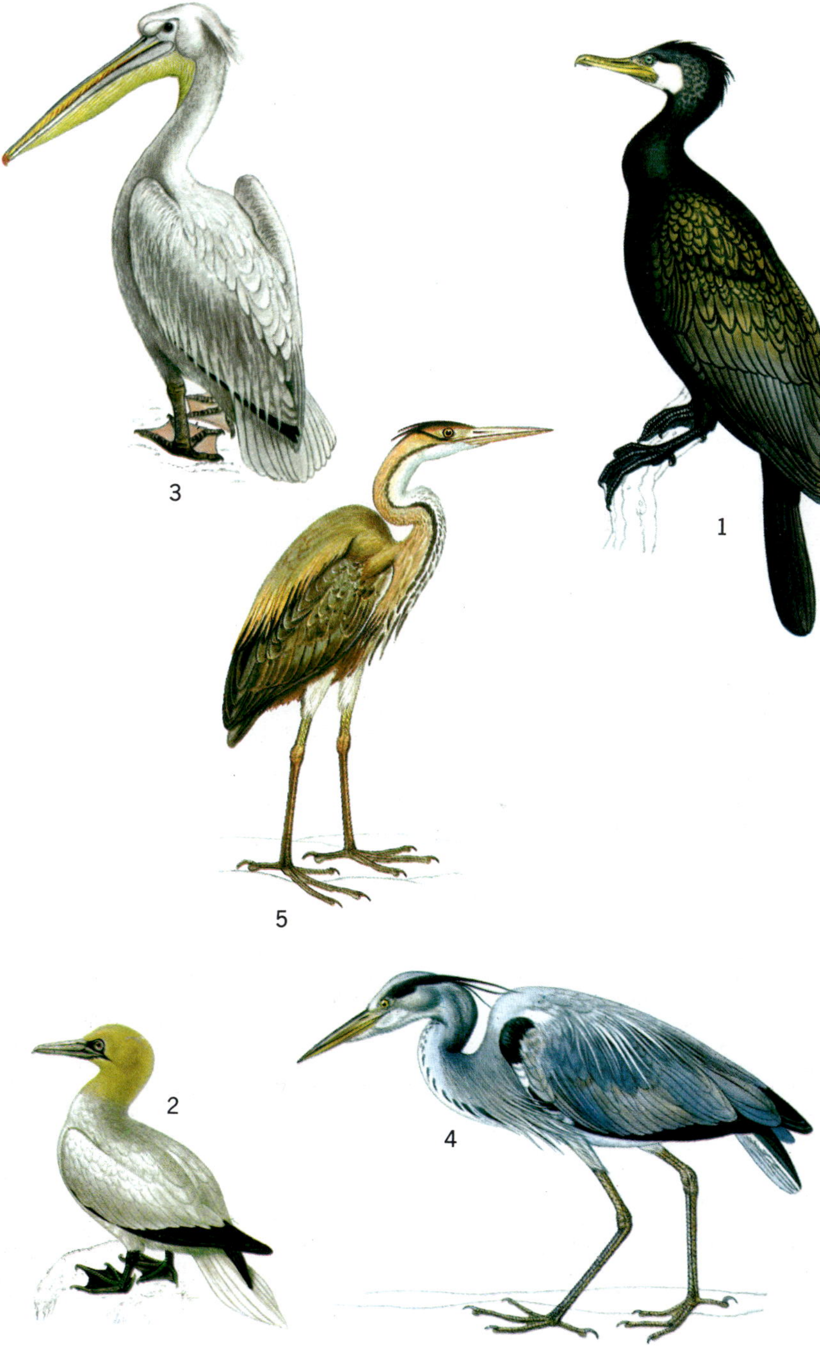
3
1
5
2
4

Vögel

Familie: **Reiher** — *Ardeidae*

1 Seidenreiher *Egretta garzetta.* Länge 56 cm. Kleiner, silbrigweißer Reiher, der die Sümpfe der Niederungen bewohnt. Seine Nahrung besteht aus Fischen, Amphibien und Insekten. Er nistet oft mit anderen Reiherarten zusammen in Kolonien, sein Nest baut er auf Bäumen und Büschen. Im Mai/Juni legt das Weibchen 3—5 Eier, beide Eltern brüten und füttern. Verbreitung: Fast ganz Südeuropa, Mittel- und Südasien, Süd- und Zentralafrika, Madagaskar, Sundainseln, Philippinen, Nordaustralien.

2 Rohrdommel *Botaurus stellaris.* Länge 76 cm. In ausgedehnten Schilfbeständen sowie niedrigen Weiden- und Erlengebüschen in der Nähe mäßig großer, sauberer, seichter Wasserflächen. Die Nahrung besteht aus Insekten, Fröschen, Fischen und kleinen Säugern. Bei Bedrohung nimmt die Rohrdommel die charakteristische Pfahlstellung ein: Bei gestrecktem Hals wird der Schnabel senkrecht nach oben gerichtet. Meist nistet die Rohrdommel im Schilf, das Weibchen legt im April/Mai 3—5 Eier, es brütet und füttert allein. Verbreitung: Europa bis Schweden, Asien bis Japan, Afrika. Die europäischen Populationen überwintern von England über Frankreich bis Griechenland, Nord- und Äquatorialafrika sind ihre südlichsten Winterquartiere.

3 Zwergdommel *Ixobrychus minutus.* Länge 36 cm. Kleinste europäische Reiherart. Lebt im Schilf an stehenden Gewässern. Ernährt sich von Insekten und Larven, kleinen Fischen und Lurchen. Ihr Nest baut sie im Schilf dicht über dem Boden. Im Mai/Juni legt das Weibchen 4—6 Eier, die das Männchen bebrütet; beide Partner betreiben Brutpflege. Verbreitung: Europa außer Großbritannien, Asien (bis Sibirien), Nordwest- und Südafrika. Die europäischen Tiere überwintern in Afrika.

4 Nachtreiher *Nycticorax nycticorax.* Länge ca. 60 cm. Im Gebüsch von Teich- und Seeufern sowie im Ufergebüsch von Flüssen und Tümpeln. Sein Nest hat der Nachtreiher in den Bäumen, gelegentlich auch im Schilf, meist finden sich große Kolonien. Die Vögel ernähren sich von kleinen Fischen, Lurchen, Insekten und Larven. Die Weibchen legen im Mai/Juni normalerweise 3—5 Eier, die von beiden Eltern abwechselnd bebrütet werden, auch betreiben beide Brutpflege. Die in Mitteleuropa nistenden Vögel überwintern im tropischen Afrika. Verbreitung: Südeuropa, wärmere Gegenden Mitteleuropas, Südostasien, Afrika, Amerika.

Familie: **Störche** — *Ciconiidae*

5 Weißstorch *Ciconia ciconia.* Länge bis zu 102 cm. Der Weißstorch lebt in offenen, an Wasserflächen reichen Landschaften mit Baumgruppen oder einzelstehenden Bäumen, auf denen er gern nistet. Oft baut er sein Nest auch auf Dächern, alten Kaminen usw. Das Weibchen legt Ende April/Anfang Mai 3—6 Eier, die beide Eltern abwechselnd bebrüten, doch sitzt in der Nacht meist das Weibchen. Die Eltern füttern die Brut mit Fischen, Fröschen, kleinen Säugern, Insekten und Würmern. Die Störche Europas überwintern in Ost-, Zentral- und Südafrika, die Tiere aus Asien gewöhnlich im indischen Süden. Ihre Brutplätze verlassen sie gewöhnlich im August, um Ende März/Anfang April zurückzukehren. Verbreitung: Europa (außer Italien, Großbritannien und Nordskandinavien); Mittel- und Ostasien, Japan, Nordafrika.

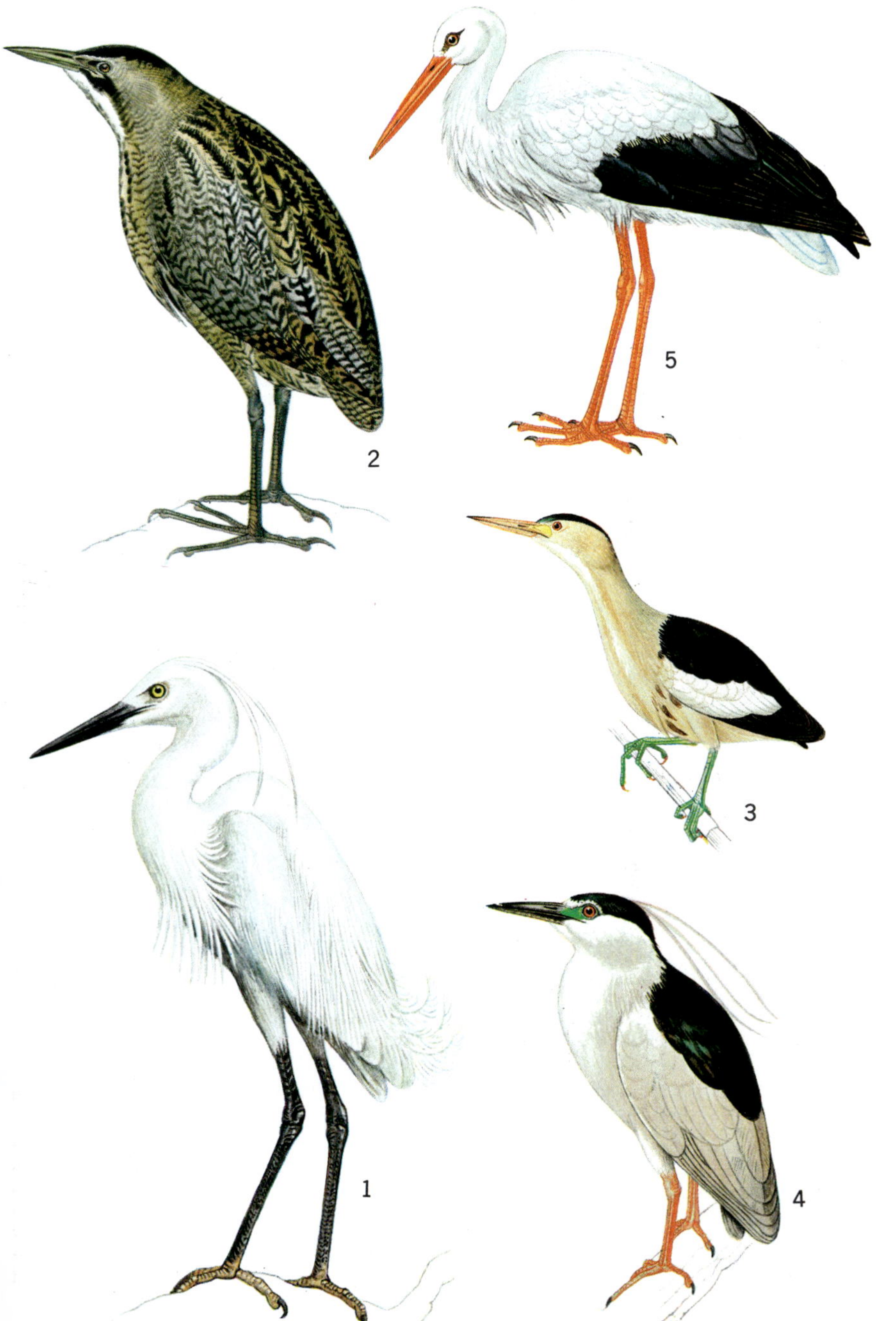
2
5
3
1
4

Vögel

Familie: **Störche** — *Ciconiidae*

1 Schwarzstorch *Ciconia nigra.* Länge 96 cm. In waldreichen Niederungen, oft aber auch in den Bergen. Seine Nahrung bilden vorwiegend Fische und Lurche, doch fängt er auch Kleinsäuger, Kriechtiere und Insekten. Sein Nest legt er in alten Bäumen dicht am Stamm an, gelegentlich auch auf Felsen. Das Weibchen legt Ende April/Mai 3—5 Eier, beide Eltern brüten und füttern. Verbreitung: Pyrenäenhalbinsel, Mitteleuropa, im Osten bis China und Sachalin.

Ordnung: **Gänsevögel** — *Anseriformes*
Familie: **Entenvögel** — *Anatidae*

2 Stockente *Anas platyrhynchos.* Länge ♂ 57 cm, ♀ 49 cm. Die Stockente lebt auf fließenden und stehenden Gewässern aller Art, oft auch inmitten von Großstädten. Ihre Nahrung bilden Pflanzen, verschiedene wirbellose Wasserbewohner und kleine Wirbeltiere. Ihr Nest baut die Ente auf dem Ufergras in Wassernähe, unter Gebüsch und auch auf Bäumen. Im März/April legt das Weibchen 7—11 Eier, die es allein ausbrütet. Beim Verlassen des Geleges bedeckt es die Eier mit Flaum. Unmittelbar nach dem Schlüpfen folgen die Jungen der Mutter, sie können bereits gut schwimmen und tauchen. Verbreitung: In ganz Europa häufig, Nordafrika, Asien, Nordamerika.

3 Krickente *Anas crecca.* Länge ♂ 36 cm, ♀ 34 cm. Die Krickente hält sich mit Vorliebe auf dicht bewachsenen Gewässern auf, ihre Nahrung bilden Pflanzen und Tiere. Sie baut ihr Nest am Boden, oft weit vom Wasser weg auf Wiesen, Feldern usw. Das Weibchen legt im Mai 8—10 Eier, die es allein bebrütet, auch führt es die Jungen allein. Im Herbst sammeln sich die Krickenten in riesigen Schwärmen. Sie sind schnelle Flieger, die auf dem Zug bis zu 100 Stundenkilometer erreichen. Die europäischen Tiere überwintern in Südeuropa und Nordafrika. Verbreitung: Europa außer der Apennin-, Pyrenäen- und Balkanhalbinsel, paläarktisches Asien, nearktische Region.

4 Knäkente *Anas querquedula.* Länge ♂ 40 cm, ♀ 36 cm. Bewohnt dicht verwachsene Gewässer und nistet im dichten Ried, Gebüsch und Gras. Ihre Nahrung besteht aus Pflanzen und wirbellosen Wassertieren. Als Nistplätze sucht sie sich vorwiegend Niederungen und Hügelgebiete aus, selten ist sie höher anzutreffen. Von April bis Juni legt das Weibchen 7—12 Eier, die es allein ausbrütet, auch die Brut pflegt es allein. Im Winter ziehen die Knäkenten nach Nord- und Zentralafrika. Verbreitung: Fast die ganze paläarktische Region, fehlt auf den Inseln im südlichen Mittelmeer, in Schottland, Irland und in Nordskandinavien.

5 Schnatterente *Anas strepera.* Länge ♂ 51 cm, ♀ 48 cm. Die Art lebt auf seichten, stehenden oder langsamfließenden Gewässern mit großer, freier Fläche und ernährt sich von Wasserpflanzen und Kleinlebewesen. Im Mai/Juni legt die Ente in ihr sorgfältig in Ufernähe verborgenes Erdnest 7—12 Eier, das Brutgeschäft wird nur vom Weibchen betrieben. Die Tiere ziehen im Herbst aus Mitteleuropa nach Südeuropa und Nordafrika. Verbreitung: Europa; von Südengland und Mitteleuropa nach Osten über Mittelasien bis ins Amurgebiet, Island, Nordamerika, seltener Nordafrika.

6 Pfeifente *Anas penelope.* Länge ♂ 49 cm, ♀ 44 cm. Die Pfeifente sucht weitläufige Wasserflächen mit Ufervegetation auf, wo sie sich vorwiegend von Pflanzen ernährt. Sie nistet gewöhnlich im Mai/Juni, meist in Wassernähe; ihr Nest ist sehr gut am Boden verborgen. Das Brutgeschäft obliegt dem Weibchen. Verbreitung: Paläarktische Region; in Nordwesteuropa meist als Standvogel, die Tiere aus Nord- und Osteuropa überwintern an den Küsten von Nord- und Ostsee, im Mittelmeerraum und Nordafrika.

2 ♂

1

5 ♂

4 ♂

3 ♂

6 ♂

Vögel

Familie: **Entenvögel** — *Anatidae*

1 Spießente *Anas acuta.* Länge ♂ 70 cm, ♀ 57 cm. Auf vegetationsreichen Stauseen des Binnenlandes. Die Nahrung der Spießente besteht aus wirbellosen Wasserkleintieren und Pflanzen. Zur Brutzeit sucht sie Seen in trockeneren, offenen Landschaften, die Waldtundra, Sümpfe und Moore auf. Auf dem Zug hält sie sich oft am Meer auf. Das Weibchen legt von April bis Juni 7–11 Eier, es besorgt das ganze Brutgeschäft. Verbreitung: Skandinavien, Norden Rußlands, Nordamerika.

2 Löffelente *Anas clypeata.* Länge ♂ 51,5 cm, ♀ 47,5 cm. Die Löffelente lebt auf stark verschilften stehenden Gewässern und frißt sowohl pflanzliche als auch tierische Nahrung. Ihr Nest legt sie meist auf Uferwiesen an. Im April/Mai legt das Weibchen 7–10 Eier, die es allein bebrütet, auch die Jungen führt es allein. Die mitteleuropäischen Löffelenten überwintern im Mittelmeerraum sowie im Westen in Frankreich, Holland usw. Verbreitung: West- und Nordeuropa (mit Ausnahme Nordskandinaviens), Nord- und Mittelasien (im Osten bis Kamtschatka), im Westen Nordamerikas.

3 Kolbenente *Netta rufina.* Länge ♂ 57 cm, ♀ 51 cm. Die Kolbenente bewohnt ausgedehnte Süßwasserseen und Teiche, deren Ufervegetation reicher oder ärmer sein kann, doch müssen die Gewässer durch Inseln gegliedert sein. Sie zeigt sich auch auf seichtem Salz- bzw. Brackwasser. Sie ernährt sich vorwiegend von Pflanzen und nur in geringem Ausmaß auch von kleinen Wasserlebewesen. Ihr Nest baut sie am Boden aus trockenen und frischen Halmen, Zweigen und Laub. Den Nestrand erhöht sie durch eine Flaumfederschicht. Im Mai/Juni legt das Weibchen 6–12 Eier, die es allein ausbrütet. Verbreitung: Süden der paläarktischen Region, gebietsweise auch an einigen Stellen in Mittel- und Osteuropa.

4 Bergente *Aythya marila.* Länge ♂ 45 cm, ♀ 40 cm. Das Bergentenweibchen kann man von der sehr ähnlichen Reiherente an dem großen weißen Fleck um die Schnabelwurzel unterscheiden. Nahrung sind viele Wassertiere und Pflanzen. Ihr Nest baut die Bergente im Gebüsch oder dichten Gras. Im Mai/Juni legt das Weibchen 7–9 Eier, es brütet und führt die Jungen ohne das Männchen. Verbreitung: Island, Schottland, Skandinavien, Nordgebiete Rußlands, Nordamerika. In Mitteleuropa zeigt sie sich nur als Wintergast, in strengen Wintern in größerer Zahl.

5 Reiherente *Aythya fuligula.* Länge ♂ 42 cm, ♀ 38 cm. Nach dem II. Weltkrieg hat sich diese Art in Mitteleuropa derart vermehrt, daß sie stellenweise zu den häufigsten Enten zählt. Sie frißt überwiegend tierische Nahrung. Auf größeren Binnengewässern mit Ufervegetation nistet sie im Mai/Juni, oft in größeren Gesellschaften gemeinsam mit Möwen und Seeschwalben. Das Weibchen legt Ende Mai/Juni 8–10 Eier, die es allein bebrütet und nach dem Schlüpfen der Jungen auch allein führt. Vor dem Winter ziehen die Reiherenten nach Westeuropa und ans Mittelmeer, oft überwintern sie auch auf großen Flüssen in der Großstädten. Verbreitung: Mittel- und Nordeuropa, Nordasien (bis Sachalin im Osten).

1

2 ♂

3 ♂

4

5

Vögel

Familie: **Entenvögel** — *Anatidae*

1 Tafelente *Aythya ferina*. Länge ♂ 46 cm, ♀ 42 cm. Typischer Vertreter der sog. Tauchenten, die ihre Nahrung hauptsächlich unter Wasser suchen. Zur Brutzeit überwiegt pflanzliche Nahrung, auf dem Zug und an den Winterplätzen tierische. Ihr Nest baut die Tafelente in dichter Ufervegetation oder auf kleinen Inseln, gewöhnlich dicht am Wasser. Im Mai/Juni legt das Weibchen 7—10 auffallend große Eier, auf denen es allein sitzt, die Brutpflege obliegt ebenfalls dem Weibchen allein. Die Tiere Mitteleuropas ziehen ans westliche Mittelmeer. Verbreitung: Mittel- und Osteuropa, Britische Inseln, Südskandinavien, Mittelasien (bis zum Baikalsee).

2 Moorente *Aythya nyroca*. Länge ♂ 42 cm, ♀ 40 cm. Die Art bewohnt stehende, üppig bewachsene Gewässer mit freien Wasserflächen, sie ernährt sich von Pflanzen und Tieren. Ihr Erdnest baut sie in Wassernähe, im Mai/Juni legt das Weibchen 7—11 Eier, es brütet und führt die Jungen allein. Die mitteleuropäischen Populationen überwintern oft an den Nistplätzen, die osteuropäischen Vögel ziehen ans Mittelmeer, nach Nordafrika und Vorderasien. Verbreitung: Osteuropa, Südwestasien, in Mittel- und Westeuropa nur stellenweise.

3 Schellente *Bucephala clangula*. Länge ♂ 45 cm, ♀ 41 cm. Diese Ente des Nordens lebt fast ausschließlich von tierischer Nahrung, vor allem von Weichtieren und Insekten. Ihr Nest legt sie in hohlen Bäumen an. Im April/Mai legt das Weibchen 4—14 Eier, das ganze Brutgeschäft versieht es allein. Die Nistbäume finden sich noch in 2 km Entfernung vom Wasser. Schon am zweiten Tag springen die Jungenten auf den Lockruf der Mutter auch aus hochliegenden Nestern auf den Boden hinunter. Gleich nach dem Schlüpfen können sie schon sehr gut tauchen. Verbreitung: Nordeuropa, Nordasien, Nordamerika. In Mitteleuropa brütet sie nur stellenweise.

4 Eiderente *Somateria mollissima*. Länge ♂ 62 cm, ♀ 56 cm. Zur Brutzeit auf steinigem, sandigem oder vegetationsarmem Boden an Küsten, auf Inseln oder Binnenseeufern, außerhalb dieser Zeit weit weg vom Festland auf der offenen See. In der Hauptsache ernährt sie sich von Weichtieren. Die Eiderente nistet für gewöhnlich in großen Kolonien in Wassernähe in ungeschützter Umgebung auf dem Boden. Im Mai/Juni legt das Weibchen 4—6 Eier, die es allein bebrütet. Nach dem Schlüpfen der Jungen schließt sich das Muttertier oft anderen Familien an, so daß größere Gesellschaften entstehen. Im Winter suchen die Tiere die europäische Westküste auf, in besonders kalten Jahren auch den Mittelmeerraum. In den letzten Jahren hat sich die Eiderente immer häufiger auch in Mitteleuropa gezeigt. Verbreitung: Nordeuropa, Grönland, Nordamerika.

5 Mittelsäger *Mergus serrator*. Länge ♂ 60 cm, ♀ 52 cm. An der Küste und an Binnenwässern, frißt vorwiegend Salz- und Süßwasserfische, Krebse und Wasserinsekten. Ende Mai/Juni nistet die Ente auf dem Boden, oft in großer Entfernung vom Wasser, doch stets im Verborgenen. Das Weibchen legt 7—12 Eier und bebrütet sie auch allein. Oft schließen sich die Jungtiere mehrerer Familien zusammen und werden von einem einzigen Weibchen geführt. Wie die anderen Sägerarten auch ist die Art Wintergast auf den nicht gefrierenden fließenden Gewässern Mitteleuropas. Verbreitung: Skandinavien, Island, Südküste Grönlands, Irland, Schottland, Nordasien, Nordamerika.

1 ♂

2

3 ♂

4 ♂

5

Vögel

Familie: **Entenvögel** — *Anatidae*

1 Brandente, Brandgans *Tadorna tadorna*. Länge ♂ 66 cm, ♀ 62 cm. Lebt in den Dünen flacher Sand- oder Schlickküsten, an Flußmündungen und an salzigen Binnenseen. Die Nahrung besteht fast ausschließlich aus Meeresweichtieren. Die Brandente legt ihr Daunennest in mindestens 1 m langen Erdlöchern (Kaninchenlöcher usw.) an, gelegentlich auch unter Büschen, zwischen Steinen oder in Baumhöhlungen. Im Mai/Juni legt das Weibchen 7—15 Eier, auf denen es sitzt, während das Männchen wacht. Beide Eltern widmen sich der Brutpflege. Verbreitung: Küsten von Nordsee, Ostsee, Mittelmeer, Schwarzem Meer, Kaspisee. Im Binnenland nur selten.

2 Graugans *Anser anser*. Länge ♂ 83 cm, ♀ 71 cm. Die Graugans hat einen einfarbigen, fleisch- oder orangeroten Schnabel; sie hält sich meist an großen stehenden Gewässern auf Inseln und im Schilf auf, in Schottland auch in den Mooren und auf kleinen Meeresinseln. Die Graugans nimmt ausschließlich pflanzliche Nahrung an. Die Tiere leben in festen Paaren zusammen. Im März/April legt das Weibchen 4—6 Eier, die es bebrütet, während das Männchen sich in der Nähe aufhält. Beide Eltern widmen sich den Jungen. Die Graugans ist in Schottland ein Standvogel, die nord- und mitteleuropäischen Populationen überwintern am Mittelmeer. Verbreitung: Paläarktische Region.

3 Zwerggans *Anser erythropus*. Länge ♂ 59 cm, ♀ 52 cm. Die Zwerggans lebt in der Umgebung von Flüssen und Seen in Tundra und Waldtundra, auch auf Hochflächen und in Niederungen an größeren Gewässern. Nahrung sind meist grüne Pflanzenteile und Samen. Sie nistet Ende Mai/Juni auf kleinen Anhöhen, unter niederwüchsigen Büschen und an felsigen Stellen. Die Zwerggans legt 4—5 Eier, beide Eltern treiben Brutpflege. Auf dem Zug überfliegt sie Mitteleuropa und überwintert im Südosten des Kontinents an den Küsten von Schwarzem Meer und Kaspisee, in Turkestan und im Iran. Auf dem Zug ist sie die in Mitteleuropa seltenste Gans. Verbreitung: Nordeuropa, Asien (bis zum Anadyr-Golf im Osten).

4 Saatgans *Anser fabalis*. Länge ♂ 80 cm, ♀ 73 cm. Schnabel schwarz mit einer gelben bzw. rosa Zeichnung. Bewohnt Sumpfwälder und Tundren, doch nie in größerer Entfernung vom Wasser. Die Art hält in Schwärmen zusammen, nur zur Nistzeit leben die Tiere paarweise. Ihre Nahrung besteht aus Pflanzen. Im Juni/Juli legt das Weibchen 4—5 Eier. Während das Weibchen brütet, wacht das Männchen. Die geschlüpften Junggänse werden von beiden Eltern gepflegt. Auf dem Zug rasten Riesenschwärme dieser Gänse auf den europäischen Binnengewässern, in milden Wintern wählen sie sogar Mitteleuropa als Winterplatz. In kälteren Jahren ziehen sie weiter nach Süden. Verbreitung: Nordskandinavien, Nordasien.

5 Ringelgans *Branta bernicla*. Länge ♂ 59 cm, ♀ 56 cm. Die Ringelgans lebt fast ausschließlich an den arktischen Küsten, vor allem an den Flußmündungen; in größerer Entfernung vom Meer höchstens in der Tundra um Seen und Flüsse. Die Art ernährt sich fast ausschließlich von Moosen, Flechten und Gräsern, ausnahmsweise auch von Meereskrebsen und -muscheln. Sie nistet in Kolonien an den Schären vor der Küste, in Fjorden und in der Tundra, stets nahe am Wasser. Im Juni legt das Weibchen 3—5 Eier, es brütet, während das Männchen wacht. Wie bei den anderen Arten beteiligen sich beide Eltern an der Aufzucht. Im Winter ziehen die europäischen Vögel in das Nordostseegebiet, im Binnenland erscheinen nur selten vereinzelte Vögel dieser Art, oft fliegen sie in Schwärmen anderer Nordlandgänse mit. Verbreitung: Inseln und Festland rings um die Arktis.

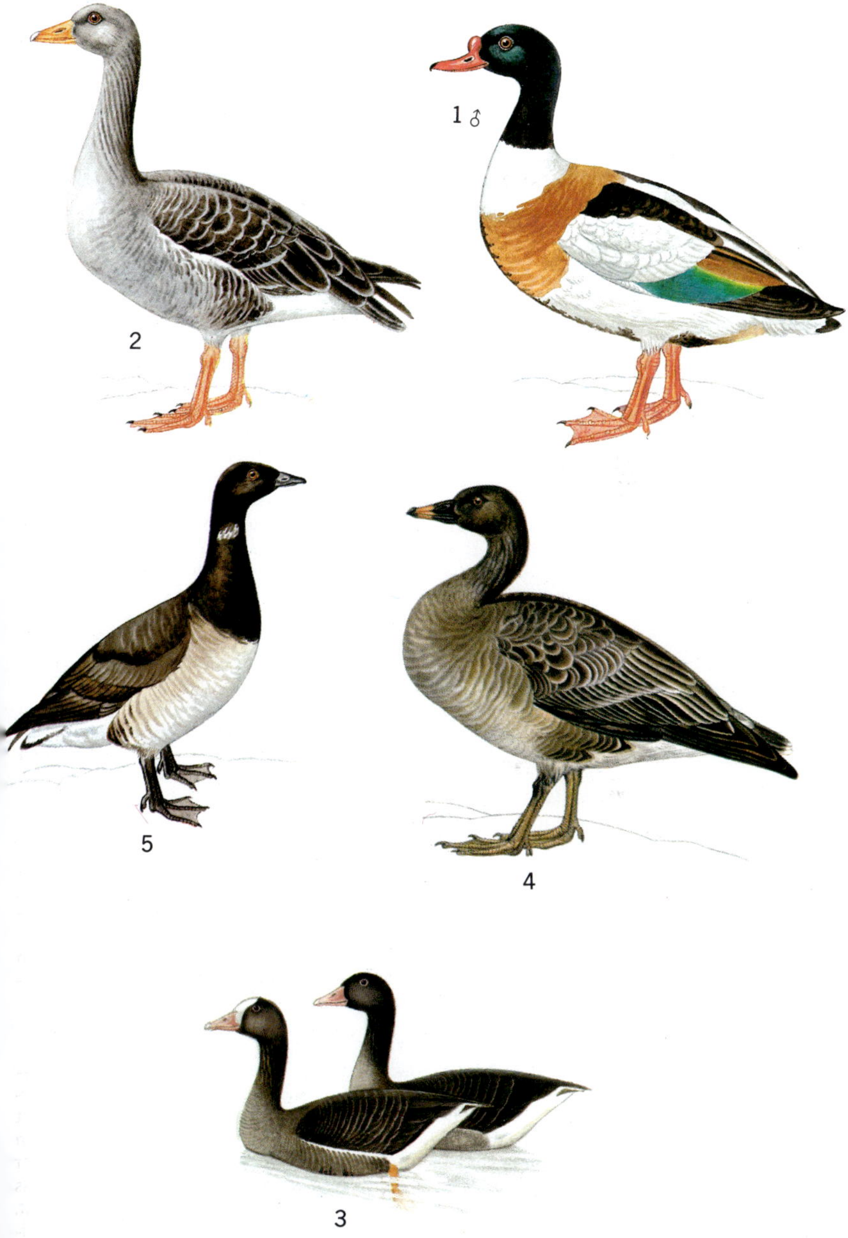
1 ♂
2
5
4
3

Vögel

Familie: **Entenvögel** — *Anatidae*

1 Kanadagans *Branta canadensis*. Länge ♂ 99 cm, ♀ 93 cm. Diese nordamerikanische Art ist ein Bewohner der Seen und Sümpfe der nördlichen Tundren, Küstensümpfe, Prärien und Halbwüsten. Ernährt sich hauptsächlich von grünen Pflanzenteilen und Körnern. Wurde nach England, Schweden und Dänemark eingeführt, wo sie stellenweise verwilderte. Die Kanadagans nistet auf kleinen Inseln oder dicht am Ufer, gelegentlich auch auf alten Bäumen. Ende April legt das Weibchen 5—6 Eier, die es allein bebrütet, während das Männchen in der Nähe wacht. In Europa erscheint der Vogel nur auf dem Zug oder als Wintergast von Anfang Oktober bis Ende März.

2 Höckerschwan *Cygnus olor*. Länge ♂ 159 cm, ♀ 155 cm. Hals charakteristisch S-förmig gebogen, an der Basis des orangeroten Schnabels sitzt ein schwarzer Höcker, den die einfarbig grauen Jungschwäne noch nicht besitzen. Der Höckerschwan frißt überwiegend Wasser- und Schlammpflanzen, tierische Nahrung nimmt er nur hin und wieder an. Er nistet auf kleinen Inseln und im Schilf, wo er ein haufenförmiges Nest anlegt. Im April/Mai legt das Weibchen 5—9 Eier, die es allein bebrütet. Das Männchen wacht, es geht jeden Eindringling an, der sich in die Nähe des Nestes wagt und scheut auch nicht vor Menschen zurück. Der Höckerschwan hat sich heute in Europa kräftig vermehrt und in einigen Ländern fast überhandgenommen. Im Winter versammeln sich die Tiere auf offenen Gewässern und an den Küsten. Verbreitung: Ganze paläarktische Region; er nistet in der gemäßigten Zone von Dänemark bis ins Ussurigebiet am Stillen Ozean.

3 Singschwan *Cygnus cygnus*. Länge ♂ 150 cm, ♀ 147,5 cm. Die erwachsenen Vögel haben eine charakteristische Schnabelfärbung: An der Wurzel ist der Schnabel gelb, die gelbe Farbe läuft nach vorn schräg abwärts in einen Keil aus, die Spitze ist schwarz. Der Singschwan bewohnt offene Wasserflächen und Sümpfe in Tundren, an Flußmündungen und Gebirgsseen. Seine Nahrung besteht fast ausschließlich aus pflanzlichen Stoffen. Er nistet auf kleinen Inseln in Seen, auch an trockeneren Stellen in Sümpfen. Im Mai/Juni legt das Weibchen 5—6 Eier, die es ausbrütet; das Männchen wacht und beteiligt sich an der Erziehung der Jungen. Singschwäne überwintern an den Küsten von Nordsee, Ostsee, Schwarzem und Mittelmeer. Mitteleuropa durchziehen sie nur sehr selten in der Zeit von Anfang Oktober bis April. Verbreitung: Island, Nordskandinavien, Nordasien (im Osten bis Kamtschatka und Sachalin).

4 Zwergschwan *Cygnus bewickii*. Länge ♂ 119 cm, ♀ 116 cm. Ähnelt dem Singschwan, unterscheidet sich aber durch Größe und Schnabelfärbung. An der Wurzel ist der Schnabel gelb, doch reicht die gelbe Fläche nicht unter die Nasenlöcher und endet in einem Bogen fast senkrecht zur Schnabellängsachse. Bewohnt stehende Gewässer und Sümpfe in Tundren und Flußmündungen, nistet auf kleinen Inseln oder in Ufernähe. Im Mai/Juni legt das Weibchen 3—5 Eier, die es allein ausbrütet. Verbreitung: Der Zwergschwan überwintert in Skandinavien, auf den Britischen Inseln, an Nord- und Ostsee. In Nordwestdeutschland und Nordfrankreich zählt er in der Zeit von Anfang Oktober bis Anfang April zu den häufigsten Schwänen. Im Sommer erscheint er in den nördlichsten Gebieten Rußlands im Osten von der Halbinsel Kola bis zur Lenamündung. In den arktischen Gebieten Nordamerikas lebt eine andere Art, *C. columbianus*.

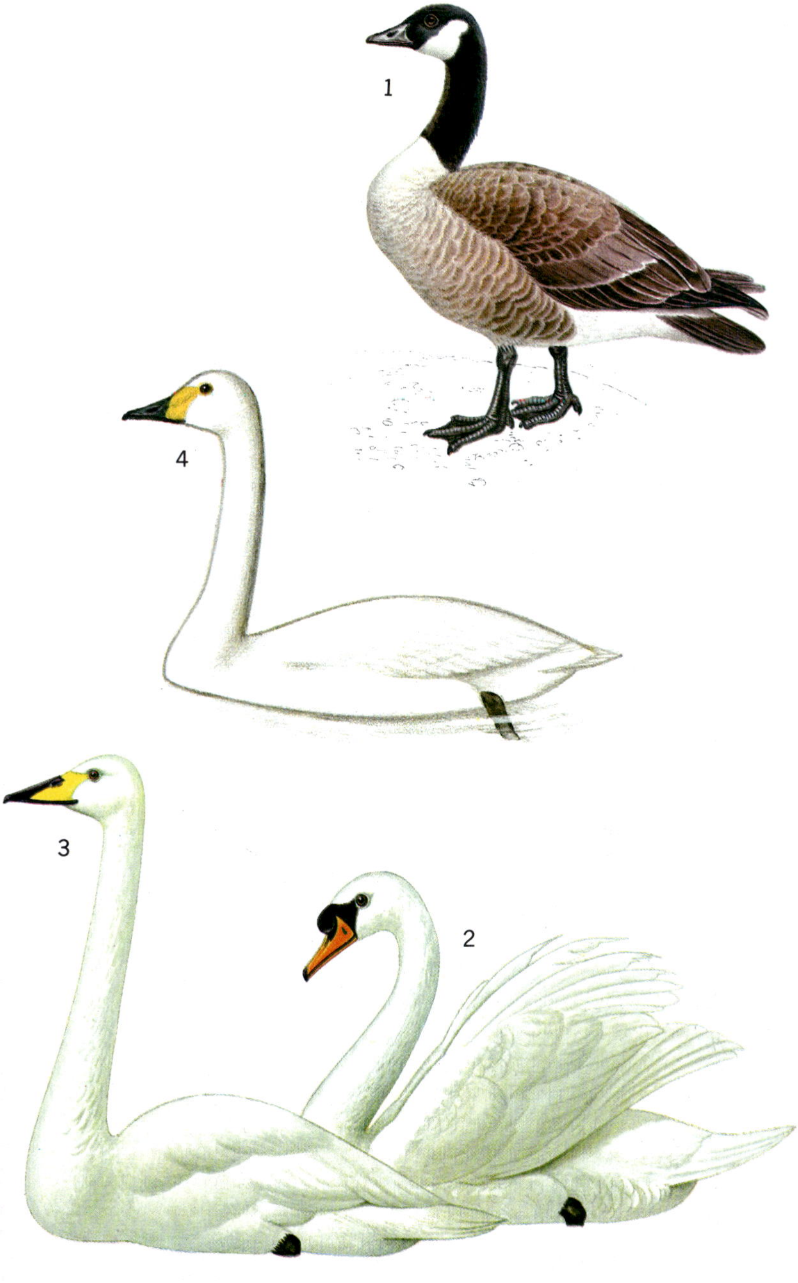
1
4
3
2

Vögel

Ordnung: **Greifvögel** — *Falconiformes*
Familie: *Aegypiidae*

1 Gänsegeier *Gyps fulvus.* Länge 100 cm. Im Flug breite, gerade Flügel mit fingerartig gespreizten Schwungfedern. Seine Nahrung besteht überwiegend aus Aas, das er normalerweise aus großer Höhe, wo er ausdauernd kreist, ausfindig macht. Der Gänsegeier nistet im Februar/März auf Felsen. Das Weibchen legt in den mächtigen Horst ein Ei, beim Brüten und Füttern wechselt es sich mit dem Männchen ab (wie auch die übrigen Geier). Die südeuropäischen Geier überwintern z. T. an den Nistplätzen, teilweise ziehen sie in wärmere Länder. Mittel- und Westeuropa überfliegen nur ganz selten verirrte Exemplare. Verbreitung: Mittelmeerraum, Balkanhalbinsel, Nordwest- und Nordafrika, Südwestasien.

2 Mönchsgeier *Aegypius monachus.* Länge 103 cm. Bewohnt offene Landschaften von den Niederungen bis in die Gebirge, seine Nahrung besteht aus Aas. Der Mönchsgeier horstet in der Zeit von Februar bis April, fast ausschließlich in Bäumen, das Weibchen legt nur ein Ei. Verbreitung: Südeuropa (Pyrenäenhalbinsel, Sardinien, Sizilien, Balkan), warme Zone Asiens (von Vorderasien bis China). Gelegentlich verfliegen sich Tiere weit nach Norden — nach Nordfrankreich, Deutschland, Dänemark und Polen.

Familie: **Greife** — *Accipitridae*

3 Steinadler *Aquila chrysaetos.* Länge 82 cm. Die Läufe sind bis zu den Zehen befiedert. Bewohnt weite Flachlandwälder (Asien), in Europa in die Gebirge abgedrängt. Schlägt Säugetiere bis zu Lammgröße (in den Bergen meist Murmeltiere), aber auch kleine Nager, selbst Aas wird nicht verschmäht. Der Steinadler nistet im März/April, seinen Horst baut er in den Felsen oder auf hohen Bäumen. Das Weibchen legt in der Regel zwei Eier, die die Eltern abwechselnd bebrüten. Wie bei den anderen Greifvögeln beteiligen sich beide Eltern an der Aufzucht der Brut. Die Jungadler werden im dritten Lebensjahr erwachsen. Standvogel. Verbreitung: Großteil Europas, Asiens, Nordwestafrika, Nordamerika.

4 Kaiseradler *Aquila heliaca.* Länge 75–80 cm. Die Art bewohnt offene, laubwaldbedeckte Landschaften und ausgedehnte Niederungen. Der Kaiseradler schlägt kleine und mittelgroße Säuger. Von März bis Mai legt das Weibchen meist zwei Eier, das Brutgeschäft führt es zum überwiegenden Teil auch aus, doch füttern beide Eltern. Die Tiere horsten auf Bäumen, Buchenwälder bevorzugen sie. Standvogel. Verbreitung: Südwest- und Südosteuropa, Klein- und Mittelasien.

5 Schreiadler *Aquila pomarina.* Länge 63 cm. Als Nahrung dienen ihm Kleinsäuger, die er oft zu Fuß am Boden schlägt. Der Schreiadler legt seinen Horst in hohen Bäumen an. Im April/Mai legt das Weibchen 1–2 Eier, die es meist allein ausbrütet. Zugvogel, der in Ostafrika überwintert. Verbreitung: Südosteuropa, Kleinasien, Transkaukasien, Nordiran, Nordburma.

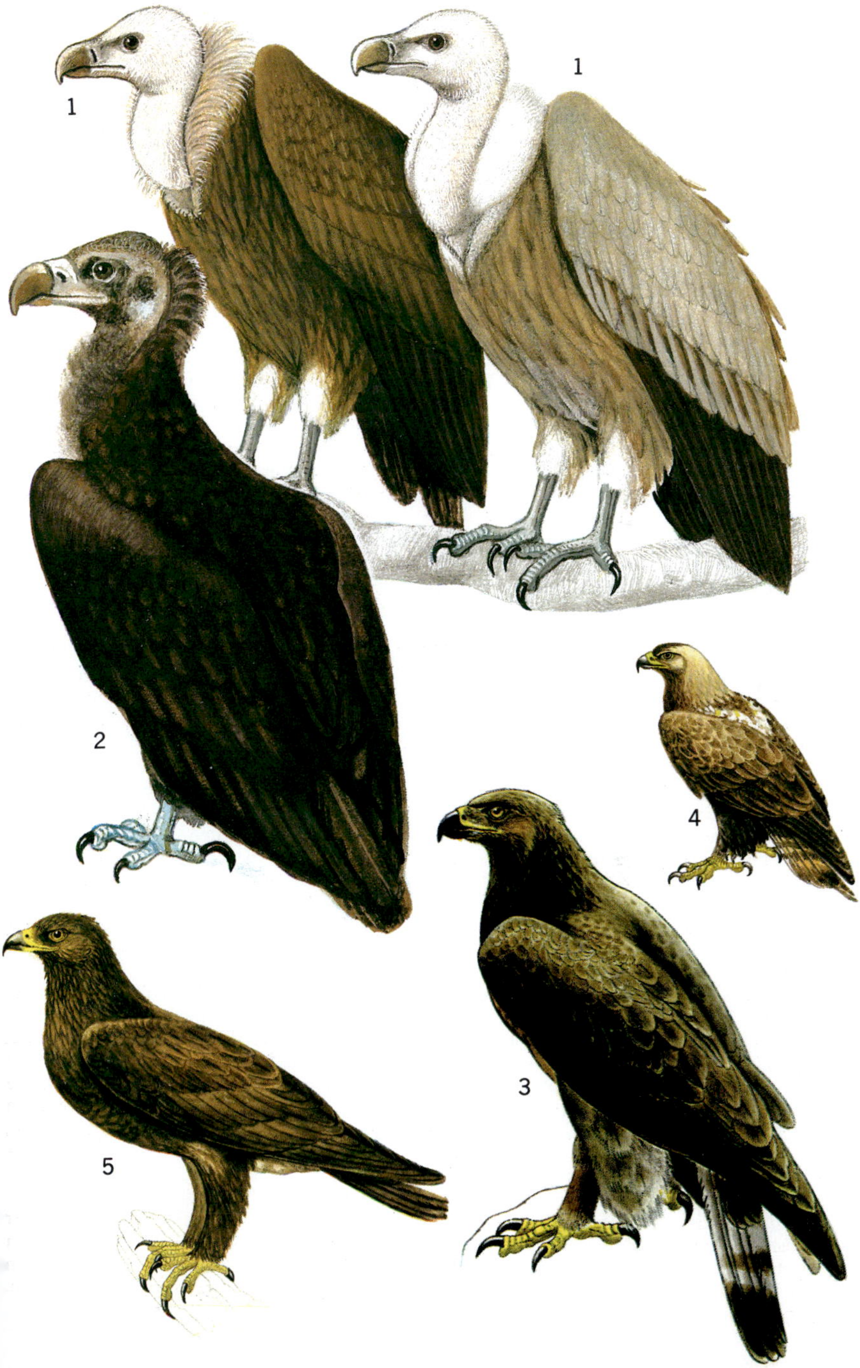
1
1
2
4
3
5

Vögel

Familie: **Greife** — *Accipitridae*

1 Mäusebussard *Buteo buteo.* Länge 51—56 cm. Der Mäusebussard lebt in Landschaften, in denen Wälder mit Feldern und Wiesen abwechseln. Lebt in der Hauptsache von Wühlmäusen. Er nistet gewöhnlich auf hohen Waldbäumen, wo er einen großen Horst anlegt. Das Weibchen legt im April/Mai 2—3 Eier. Beide Eltern brüten und füttern die Jungen. Die Art tritt als Stand-, Zug- und Strichvogel auf. Die ziehenden Tiere entfernen sich im Winter weit vom Brutgebiet, manchmal aus Mitteleuropa bis nach Norditalien. In Mitteleuropa überwintern die Tiere aus den nördlichen Gebieten des Kontinents. Verbreitung: Ganz Europa mit Ausnahme des nördlichsten Skandinaviens, Asien.

2 Sperber *Accipiter nisus.* Länge 28—38 cm, wie bei allen Greifen sind die Männchen kleiner als die Weibchen. Der Sperber ernährt sich von Kleinvögeln, die er im blitzschnellen Tiefflug schlägt, auch zwischen den Bäumen bewegt er sich sehr elegant. Er hält sich in dichten Waldbeständen auf und horstet auch dort, gelegentlich genügen ihm auch Büsche oder Parks. Seinen Horst legt er immer auf einem Baum an, man entdeckt ihn leicht an den verstreuten Federn, da das Weibchen sich zur Brutzeit mausert. Im Mai legt es 4—6 Eier, die es allein bebrütet, doch füttern beide Eltern. Strichvogel, einige Tiere fliegen über den Winter bis nach Südwesteuropa. Verbreitung: Ganz Europa, Nordafrika, paläarktisches Mittelasien.

3 Habicht *Accipiter gentilis.* Länge 48—58 cm. Alt- und Jungvögel unterscheiden sich deutlich in der Färbung. Während erwachsene Vögel eine quergestreifte Bauchseite haben, ist diese bei den jungen Tieren längs getupft. Auch hier ist das Männchen kleiner als das Weibchen. Der Habicht bewohnt Waldgebiete, doch lebt er weitgehend im Verborgenen. Der Habicht ist ein Standvogel und schlägt Beute bis zu Hühner- und Kaninchengröße. Beide Eltern bauen in der Regel am Stamm eines Nadelbaums hoch über dem Boden den mächtigen Horst. Im April legt das Weibchen 3—4 Eier, die es meist selbst bebrütet, während das Männchen — wie der Sperber — für Nahrung sorgt. Verbreitung: Europa, Asien, Nordamerika.

4 Rotmilan *Milvus milvus.* Länge 62 cm. Der Rotmilan bewohnt in den Niederungen alle Waldtypen. Sein Schwanz ist ziemlich lang und tief gegabelt. Er ernährt sich von kleinen Wirbeltieren, Insekten und Aas. Er horstet auf Bäumen, beim Bau verwendet er gelegentlich auch Papier- oder Stoffetzen und anderes auffälliges Material. Im April/Mai legt das Weibchen 3—4 Eier. Es brütet meist allein, an der Fütterung beteiligen sich beide Altvögel. In den südlicheren Gegenden Standvogel, aus dem Norden zieht er über den Winter ans Mittelmeer. Verbreitung: Ganz Europa, jedoch nirgends häufig; Vorderasien, Nordwestafrika.

5 Schwarzmilan *Milvus migrans.* Länge 57 cm. Schwanz nur wenig gegabelt. Bewohnt in den Niederungen alle Waldtypen in der Nähe stehender und fließender Gewässer. Seine Nahrung besteht vor allem aus kleinen Fischen, auch verendeten, kleine Wirbeltiere schlägt er ebenfalls. Im April/Mai legt das Weibchen 2—4 Eier. Meist brütet das Weibchen, doch füttert auch das Männchen. Im Winter zieht der Schwarzmilan nach Äquatorialafrika, einige Tiere überwintern auch im Mittelmeerraum. Verbreitung: Europa mit Ausnahme des Nordens, Großteil Asiens, Afrika, Australien.

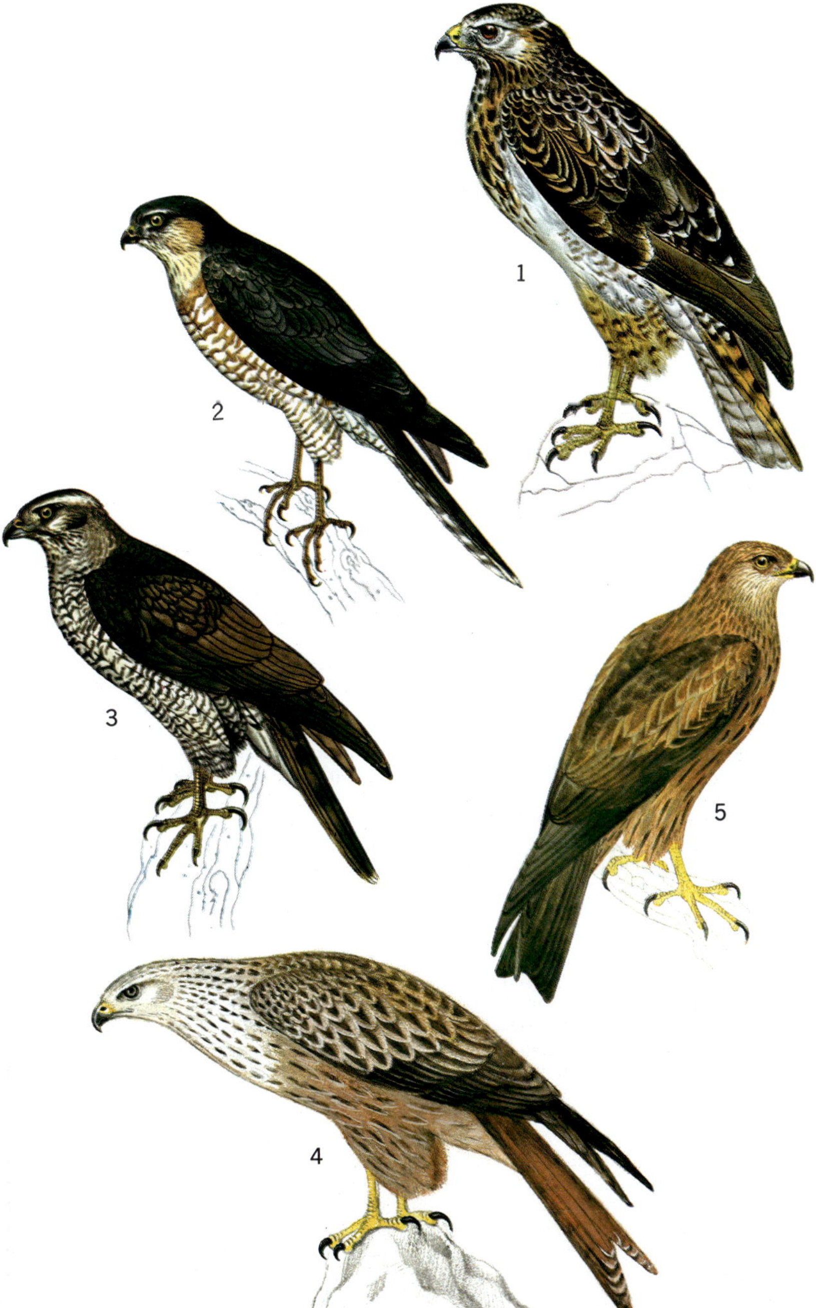
1
2
3
4
5

Vögel

Familie: **Greife** — *Accipitridae*

1 Seeadler *Haliaeëtus albicilla.* Länge ♂ 77 cm, ♀ 90 cm. Im Gegensatz zum Steinadler hat er ungefiederte Läufe, einen Keilschwanz und einen mächtigen gelben Schnabel. Alte Vögel haben einen weißen Schwanz, bei jungen ist er braun, oft weiß gefleckt. Der Seeadler frißt Fische, aber auch Vögel, Säuger und Aas. Er horstet in Wäldern und Baumgruppen um Seen und Flüsse, im Süden Rußlands auch in trockenen Steppengebieten. Im Februar/März legt das Weibchen 1–3 Eier, beide Eltern brüten und füttern. Verbreitung: Europa, fast ganz Nord- und Mittelasien, Südwestgrönland.

2 Rohrweihe *Circus aeruginosus.* Länge 52 cm. Wie alle Weihen ein schlanker, langflügeliger und langschwänziger Vogel, der wie die anderen Geschlechtsdimorphismus in Färbung und Größe (♂ ist kleiner) aufweist. Im Unterschied zu den übrigen Weihen hat er aber keinen weißen Steiß. Die Rohrweihe kommt an stehenden Gewässern mit dichtem Röhrichtbewuchs vor, manchmal auch auf sumpfigen Wiesen. Sie ernährt sich von kleineren Vögeln (Jungmöwen) und Säugern. Der Vogel nistet meist direkt auf dem Wasser auf einem Rohrhaufen. Im April/Mai legt das Weibchen 4–5 Eier, wie bei den anderen Weihen brütet nur das Weibchen und wird dabei vom Männchen gefüttert. Nach dem Schlüpfen jagen beide Eltern, doch nur das Weibchen füttert. In Südeuropa Stand-, im Norden Zugvogel. Verbreitung: Ganz Europa (außer dem nördlichsten Skandinavien), Mittel- und Ostasien, Nordafrika, Australien.

3 Kornweihe *Circus cyaneus.* Länge 47 cm. Die Kornweihe bewohnt Moraste und Sümpfe, ausgedehnte Moore und weite nasse Wiesen, ihre Hauptnahrung bilden kleine Nager. Ihr Erdnest baut sie aus Gras, Heidekraut, Zweigen usw. Von April bis Juni legt das Weibchen 4–5 Eier. Zugvogel, dessen europäische Populationen am Mittelmeer, in Nordafrika und Vorderasien überwintern. Verbreitung: Fast ganz Europa, Mittelsibirien, Nordamerika.

4 Wiesenweihe *Circus pygargus.* Länge 46 cm. Der Vogel bewohnt feuchte Niederungen, Sümpfe mit Schilf- und Riedbestand, Moraste. In der Hauptsache ernährt er sich von kleinen Nagern, Fröschen, Eidechsen und Vögeln, die er am Boden schlägt. Die Wiesenweihe baut ihr Nest am Boden, im Mai/Juni legt das Weibchen 4–5 Eier. Verbreitung: Europa (außer dem Norden, Irland, Süditalien, Balkanhalbinsel), Asien (bis zum Jenissei, im Süden bis in den Nordiran, Turkestan), berührt Nordafrika.

5 Steppenweihe *Circus macrourus.* Länge 43–48 cm. Diese Weihe lebt in offenen, trockenen Landschaften, meist in Steppen. Sie ernährt sich genauso wie die Kornweihe, ihr Erdnest baut sie im Mai, bis Juni legt das Weibchen 4–5 Eier. Zugvogel, der in Afrika und Südasien überwintert, Mittel- und Westeuropa werden in den Herbstmonaten nur überquert. Verbreitung: Osteuropa, Südwestasien.

6 Wespenbussard *Pernis apivorus.* Länge 50–57 cm. Im Flug vom Mäusebussard an den Streifen auf dem langen Schwanz und an dem schmalen, vorgestreckten Kopf zu unterscheiden. In der Partie zwischen Schnabelansatz und Auge keine Federn, sondern feine Borsten. Der Wespenbussard lebt in Wäldern mittlerer Höhenlage bis zu 1000 m, seine Hauptnahrung sind Bienen, Hummeln und vor allem Wespen, die er geschickt fängt. Mit den Fängen scharrt er die Brut aus dem Boden. Er horstet auf Bäumen, den Horstrand belegt er mit grünen Zweigen. Ende Mai/Juni legt das Weibchen 2 Eier. Beide Eltern brüten abwechselnd, auch füttern sie gemeinsam. Der Wespenbussard ist ein Zugvogel, der in Afrika überwintert. Auf dem Zug oft in großen Schwärmen. Verbreitung: Fast ganz Europa, fast ganz Asien.

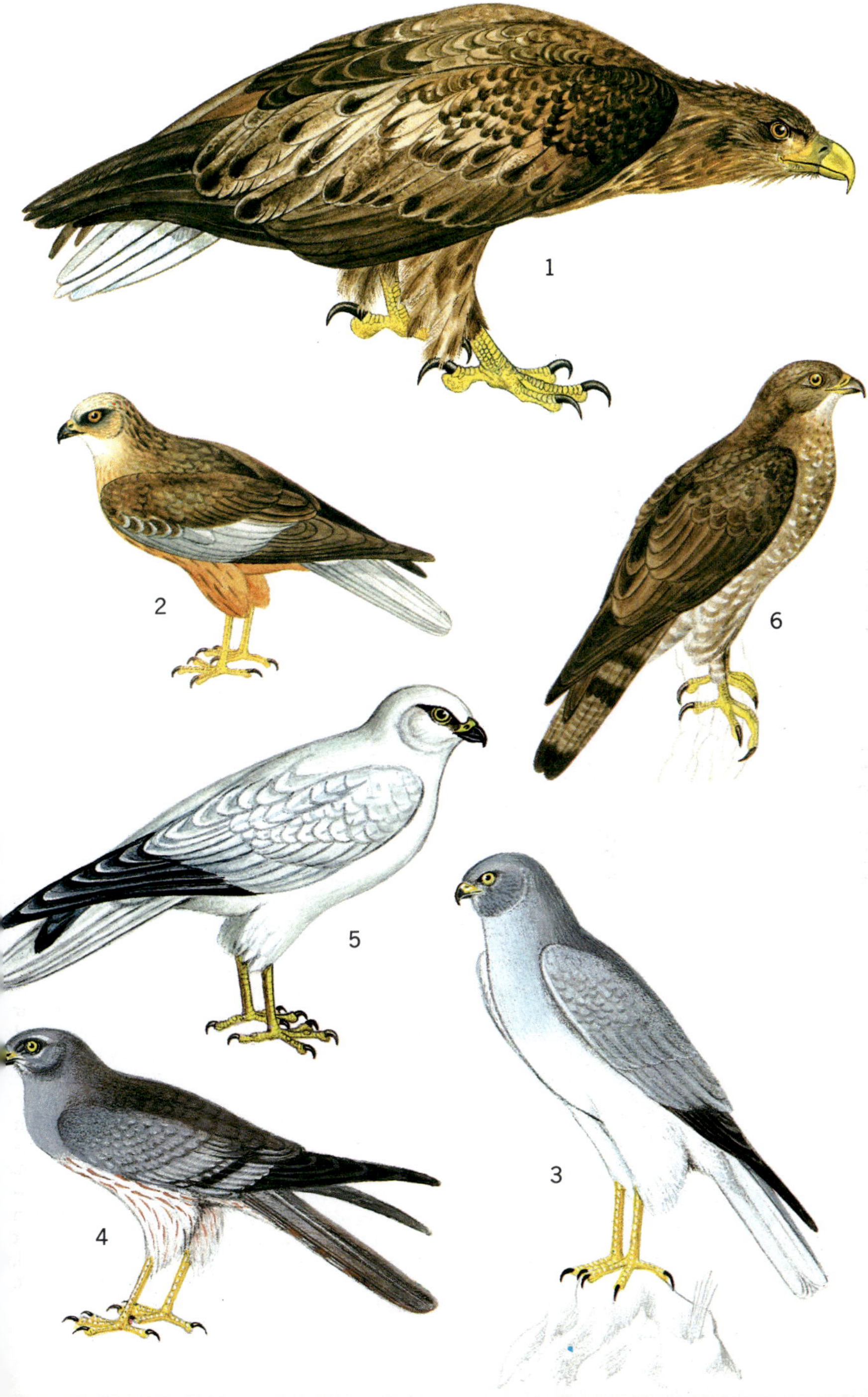
1
2
6
5
3
4

Vögel

Familie: **Fischadler** — *Pandionidae*

1 Fischadler *Pandion haliaëtus.* Länge 55 cm. Der Fischadler hat einen charakteristisch gebauten Fuß — die Außenzehe kann nach hinten geklappt werden, so daß die Beute von vorn und hinten durch je zwei Zehen ergriffen wird. An den Zehensohlen sitzen stachelartige Gebilde, die ein Entgleiten der Beute verhindern. Der Vogel ist an das Wasser gebunden, seine Hauptnahrung bilden Fische. Seinen Horst baut er in Baumkronen. Im April/Mai legt das Weibchen meist drei Eier, die es allein ausbrütet, während das Männchen für Nahrung sorgt. Zugvogel, überwintert im tropischen und südlichen Afrika. Verbreitung: Fast ganz Europa und Asien, Sundainseln, Australien, Mittel- und Nordamerika.

Familie: **Falken** — *Falconidae*

2 Baumfalke *Falco subbuteo.* Länge 30—36 cm. Wie alle Falken hat er an der Oberkieferkante eine Kerbe. Der Baumfalke hält sich in offenen Landschaften mit lichten Wäldern, Hainen und Büschen auf. Er ernährt sich vorwiegend von Insekten und kleinen Vögeln. Der schnelle und gewandte Flieger horstet auf Bäumen. Das Weibchen legt normalerweise im Juni 2—4 Eier, beide Eltern brüten und füttern. Zugvogel, der in Ost- und Südafrika überwintert. Verbreitung: Ganz Europa, fast das ganze paläarktische Asien.

3 Wanderfalke *Falco peregrinus.* Länge 40—48 cm, wie bei den anderen Falken ist das Männchen kleiner als das Weibchen. Liebt offene Landschaften von den Niederungen bis in die Gebirge mit lichten Wäldern, Hainen und Gebüschen. Im Norden bewohnt er auch Tundren und Felsgebiete an der Küste und im Binnenland. Frißt Vögel bis zu Krähen- und Taubengröße. Der Wanderfalke horstet auf Felsen oder Bäumen, gelegentlich auch am Boden. Im Süden bereits Anfang März, im Norden ab Mai. Das Weibchen legt 3—4 Eier, auf denen beide Eltern abwechselnd sitzen. Stand- bzw. Strichvogel. Verbreitung: Fast über die ganze Welt, er wird in Europa jedoch immer seltener.

4 Gerfalke *Falco rusticolus.* Länge 51—56 cm. Im Gegensatz zum Wanderfalken ohne Bart. Der Gerfalke lebt in offenen Landschaften sowie in den Bergen mit Felsen und Wäldern. Er horstet im Fels, das Weibchen legt im April/Mai 3—4 Eier, die es überwiegend allein bebrütet. Verbreitung: Nordeuropa, Island, Grönland, arktische Gebiete Asiens und Nordamerikas. Selten verirrt er sich nach West- oder Mitteleuropa.

5 Merlin *Falco columbarius.* Länge 27—30 cm. Kleinster europäischer Falke, der sich vorwiegend in Tundren und Waldtundren aufhält. Seine Nahrung besteht aus kleinen, im Flug geschlagenen Vögeln und kleinen Nagern. Er horstet am Boden oder auf Bäumen. Im Mai/Juni legt das Weibchen 4—5 Eier, beide Eltern brüten und füttern. Der Vogel überwintert in Nordafrika und Südasien. In Mittel- und Westeuropa erscheint er im Winter als Durchzügler. Verbreitung: Nordeuropa, Asien, Nordamerika.

6 Turmfalke *Falco tinnunculus.* Länge 32—35 cm. Bewohnt Landschaften, in denen kleine Wälder und Büsche mit Wiesen und Feldern abwechseln. Ernährt sich in der Hauptsache von kleinen Säugern, das macht ihn für die Feldwirtschaft sehr nützlich. Der Turmfalke horstet in verlassenen Krähennestern, auf Feldern und in Gebäuden. Im April/Mai legt das Weibchen 5—7 Eier, die es 28—31 Tage bebrütet, das Männchen versorgt Weibchen und auch Junge mit Nahrung. In Nordeuropa Zugvogel, im Süden Standvogel. Verbreitung: Ganz Europa, Asien außer dem hohen Norden, Afrika.

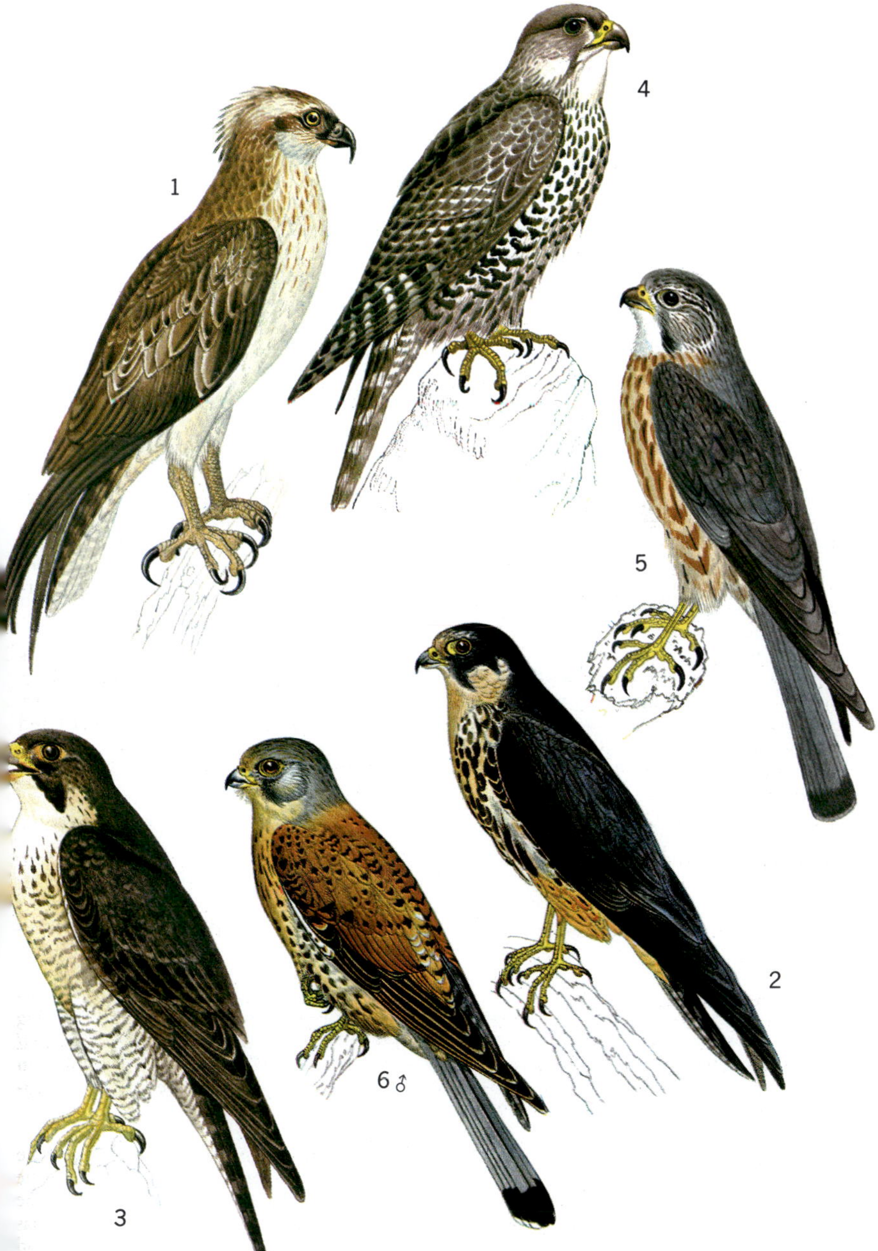
1
4
5
2
3
6 ♂

Vögel

Familie: **Falken** — *Falconidae*

1 Rotfußfalke *Falco vespertinus.* Länge 30 cm. Männchen und Weibchen unterscheiden sich deutlich in der Färbung. Die Vögel leben gruppenweise in Niederungen, Steppen und Waldsteppen, ihre Hauptnahrung sind Insekten. Im Mai/Juni legt das Weibchen 4—5 Eier, auch das Männchen brütet und füttert. Verbreitung: Osteuropa, Mittelsibirien, Ostasien. In West- und Mitteleuropa nistet der Vogel nur selten und unregelmäßig.

Ordnung: **Hühnervögel** — *Galliformes*
Familie: **Rauhfußhühner** — *Tetraonidae*

2 Alpenschneehuhn *Lagopus mutus.* Länge 34 cm. Der Vogel bewohnt die Hochgebirge zwischen oberer Baumgrenze und ewigem Schnee. Sein Winterkleid ist weiß, im Sommer ist sein Gefieder graubraun mit weißen Flügeln. Im Winter sind seine Beine auch zwischen den Zehen befiedert, so daß die Füße wie Schneeschuhe wirken. Das Schneehuhn ernährt sich vorwiegend von Pflanzen. Es nistet am Boden, im Mai/Juni legt das Weibchen 8—12 Eier, die es selbst bebrütet. Die Junghühner schließen sich den Alten in großen Schwärmen an. Standvogel, in den Bergen Europas Eiszeitrelikt. Verbreitung: Zirkumpolare Art bis Spitzbergen und auf anderen Arktisinseln, Alpen, Pyrenäen.

3 Birkhuhn *Lyrurus tetrix.* Länge ♂ über 61 cm, ♀ ca. 42 cm. Wie alle Hühnervögel mit auffallendem Geschlechtsdimorphismus in Größe und Färbung. Bewohnt Waldlandschaften an Waldrändern, auf Lichtungen, Heideflächen und Mooren. Seine Nahrung besteht aus Knospen, Samen, kleinen Insekten, Würmern, Schnecken usw. Zur Balzzeit versammeln sich die Hähne auf den Balzplätzen (Lichtungen, Heiden, Wiesen an Waldrändern), wo sie vor Sonnenaufgang ihre typischen Kämpfe austragen. Die Balz endet kurz nach Sonnenaufgang. Im Mai/Juni legt das Weibchen 7—12 Eier in ein Bodennest, es brütet und füttert die Jungen allein. Verbreitung: Lichte Taiga Nordeuropas und Asiens, Gebirge West- und Mitteleuropas.

4 Auerhuhn *Tetrao urogallus.* Länge ♂ 94 cm, ♀ 67 cm. Das Auerhuhn bewohnt die Wälder des Nordens, im Süden zeigt es sich in ausgedehnten Bergwäldern. Ernährt sich von Insekten, Laub, Nadeln und Knospen von Bäumen. Mit charakteristischem Balzruf, bei dem das Männchen auf einem Baum sitzt. Die Vögel nisten am Boden, das Weibchen legt von April bis Juni 5—8 relativ große Eier, das Brutgeschäft betreibt es allein. Verbreitung: Mitteleuropa (nur in großen Bergwäldern häufig), häufig in Nordeuropa und Nordasien bis zum Baikalsee.

5 Haselhuhn *Tetrastes bonasia.* Länge ♂ 37 cm, ♀ 34 cm. Männchen und Weibchen unterscheiden sich fast nicht voneinander. Das Haselhuhn bewohnt Mischwälder mit dichtem Unterholz, wo es sich den ganzen Tag auf dem Boden bewegt. Standvogel, der sich im Sommer von Insekten, Würmern, Kräutern und deren Samen ernährt, im Winter ausschließlich von Samen, Früchten, Knospen usw. lebt. Der Vogel nistet am Boden, das Weibchen legt im Mai/Juni 7—10 Eier, die es allein bebrütet. An der Aufzucht beteiligt sich auch der Hahn. Verbreitung: Europa außer dem Süden, Mittel- und Nordasien.

Familie: **Eigentliche Hühner** — *Phasianidae*

6 Steinhuhn *Alectoris graeca.* Länge 35 cm. Das Steinhuhn lebt an trockenen, warmen, steinigen Hängen. Der Standvogel nistet am Boden, von April bis Juni legt das Huhn 9—15 Eier. Verbreitung: Alpen, Apennin- und Balkanhalbinsel, Südwest- und Mittelasien, im Osten bis China.

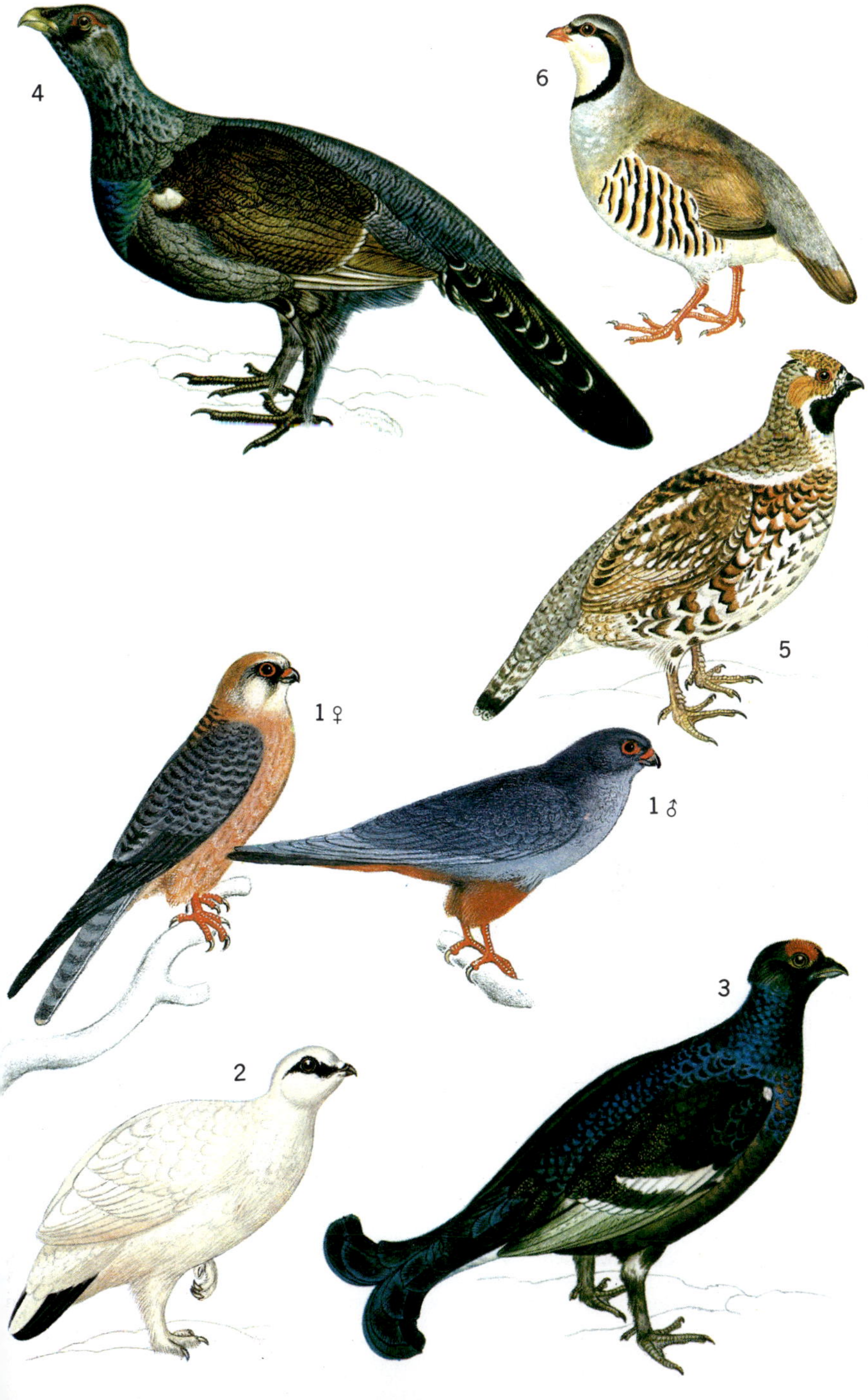

4
6
5
1 ♀
1 ♂
3
2

Vögel

Familie: **Eigentliche Hühner** — *Phasianidae*

1 Rebhuhn *Perdix perdix.* Länge 29 cm. In Feld- und Wiesenlandschaften der Niederungen und Hügel. Ernährt sich meist von grünen Pflanzen, im Sommer auch von Insekten und anderen kleinen Wirbellosen. Das Rebhuhn nistet am Boden, im Mai/Juni legt die Henne 12—20 Eier, die sie allein bebrütet, an der Aufzucht beteiligt sich auch der Hahn. Bis zum Winter bleibt die Familie als Schwarm zusammen. Stand- und wichtiger Jagdvogel. Verbreitung: Ganz Europa bis Südskandinavien, Klein- und Mittelasien.

2 Jagdfasan *Phasianus colchicus.* Länge ♂ 79 cm, ♀ 60 cm. Seine Heimat liegt nicht in Europa, sondern in Mittel- und Ostasien. Mit auffallendem Geschlechtsdimorphismus. Bewohnt Hügellandschaften und Niederungen, offene Landschaften mit Feldern und Waldbeständen sowie lichte Wälder und Ufer. Seine Nahrung sind vorwiegend Insekten und Larven, Grünpflanzen und Samen. Im Mai/Juni legt die Henne in ihr Erdnest 8—15 Eier, das Brutgeschäft versieht sie allein. Standvogel, wichtiges Federwild. Verbreitung: Warme und gemäßigte Zonen Europas (bis Südskandinavien), fehlt im Westen der Iberischen Halbinsel, in der Südspitze Italiens, auf Sizilien und in Griechenland; Südteil des paläarktischen Asiens.

3 Wachtel *Coturnix coturnix.* Länge 17 cm. Kleinster europäischer Hühnervogel, lebt in Steppen und Feldern der Niederungen. In ihr Erdnest legt die Henne im Mai/Juni 9—13 Eier. Brut und Aufzucht betreibt sie allein. Die Wachtel ist der einzige ziehende Hühnervogel Europas, sie überwintert in Afrika. Verbreitung: Gemäßigte und warme Zone Europas, Asiens (im Osten bis Japan)

Ordnung: **Kranichvögel** — *Gruiformes*
Familie: **Kraniche** — *Gruidae*

4 Kranich *Grus grus.* Länge ♂ 122 cm, ♀ 113 cm. Der Kranich lebt in Mooren und einsamen Sümpfen in den Wäldern. Seine Nahrung besteht vorwiegend aus Pflanzen. Bei der Balz führen beide Partner eine Art Tanz auf. Ihr großes, flaches Nest legen die Vögel an trockenen Stellen an, im Mai/Juni legt das Weibchen zwei Eier. Beide Eltern betreiben das Brutgeschäft. Zugvogel, der im Herbst in großen Schwärmen nach Afrika zieht. Verbreitung: Skandinavien, Norddeutschland, Polen, europäisches Rußland, Asien bis Ostsibirien.

Familie: **Trappen** — *Otididae*

5 Großtrappe *Otis tarda.* Länge ♂ 102 cm, ♀ 80 cm. Die Großtrappe ist der mächtigste europäische Vogel. Sie bewohnt die weiten Felder, Wiesen und Steppen des Flachlandes. Ihre Nahrung besteht aus Pflanzen, vor allem aus weichen Trieben. Im Herbst finden sich die Tiere in großen Schwärmen zusammen. Ihr Balzspiel ist sehr eindrucksvoll. Im Mai/Juni legt das Weibchen in eine flache Grube meist zwei Eier, Brut und Aufzucht besorgt es allein. Verbreitung: Südliche Teile Europas und der Steppenstreifen über Mittelasien bis zum Stillen Ozean.

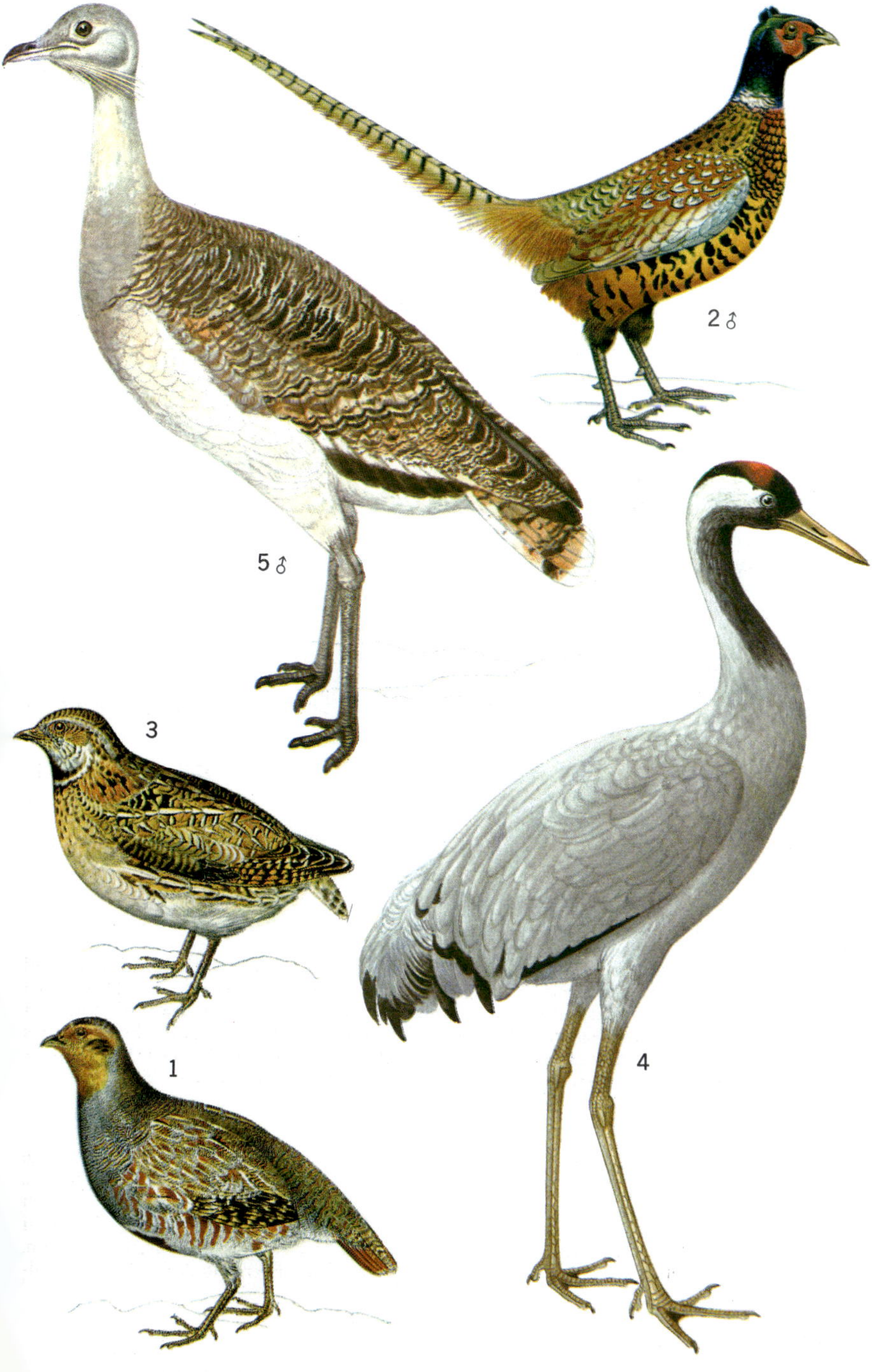
2 ♂
5 ♂
3
4
1

Vögel

Ordnung: **Kranichvögel** — *Gruiformes*
Familie: **Rallen** — *Rallidae*

1 Bleßhuhn *Fulica atra*. Länge 38 cm. Auf schilfumstandenen, stehenden Gewässern häufiger Vogel, fließende Gewässer sucht er nur zum Überwintern auf. Das Bleßhuhn ernährt sich vorwiegend von Wasserpflanzen, zu denen es oft hinabtaucht. Es nistet im Schilf; sein Nest aus Wasserpflanzen schwimmt auf der Oberfläche und ist an Schilfhalmen befestigt. Von März bis Juni legt das Weibchen 7—15 Eier, oft brüten die Bleßhühner zweimal jährlich. Beide Eltern widmen sich dem Brutgeschäft. Die Tiere leben teils als Stand-, teils als Zugvögel. Die mitteleuropäischen Vögel überwintern entweder an den Nistplätzen oder fliegen nach West- und Südeuropa bzw. Afrika. Verbreitung: Fast ganz Europa (mit Ausnahme des Nordens), Großteil Asiens, Nordwestafrika, Australien.

2 Teichhuhn *Gallinula chloropus*. Länge 33 cm. Das Teichhuhn lebt auf reich verwachsenen Gewässern, seine Nahrung besteht aus Pflanzen und Insekten. Das Huhn lebt paarweise, sein Nest baut es in der dichten Ufervegetation. Von April bis Juli legt die Henne 7—10 Eier, meist nistet sie zweimal im Jahr. Beide Eltern brüten und ziehen die Jungen auf. Je nach Nistplatz ist das Teichhuhn ein Standvogel (Süden) oder Zugvogel; die Tiere aus dem Norden überwintern in Südeuropa. Verbreitung: Fast über die ganze Welt (fehlt in Australien und im europäischen Norden).

3 Wasserralle *Rallus aquaticus*. Länge 28 cm. An dicht verschilften Ufern stehender Gewässer, auf nassen Wiesen, in Sümpfen und Mooren, seine Nahrung bilden Insekten, Larven usw., aber auch Pflanzensamen. Sein Nest aus flachen Blättern ist stets gut verborgen. Die Wasserralle nistet wahrscheinlich zweimal jährlich, von April bis August legt das Weibchen 6—11 Eier, beide Eltern widmen sich dem Brutgeschäft und Aufzucht. Teils überwintert die Wasserralle in den Brutgebieten, teils in Nordafrika und im Mittelmeerraum. Verbreitung: Europa (außer dem Norden), Asien (im Osten bis Japan), Nordwestafrika.

4 Tüpfelsumpfhuhn *Porzana porzana*. Länge 23 cm. Lebt in Sümpfen und in der Ufervegetation stehender Gewässer im Verborgenen. Sein Nest legt es manchmal im Schilf, meist aber in Ried- und Grasbüscheln an. Von Mai bis Juli legt das Weibchen 7—11 Eier, es nistet zweimal im Jahr. Beide Partner beteiligen sich am Brutgeschäft. Gehört zu den Zugvögeln, überwintert meist am Mittelmeer und in Afrika. Verbreitung: Außer den Nordgebieten in ganz Europa, Asien (im Osten bis zum Jenissei).

5 Wachtelkönig *Crex crex*. Länge 27 cm. Lebt im Unterschied zu den anderen Rallen auf dem Trockenen. Bewohnt feuchte Wiesen von den Niederungen bis ins Hügelland, gelegentlich auch in den Bergen. Als Nest dient eine ausgepolsterte Grube an einer trockenen Stelle. Im Juni/Juli legt das Weibchen 7—12 Eier, beide Eltern brüten und ziehen die Jungen auf. Zugvogel, der im Mittelmeerraum überwintert, hauptsächlich aber im tropischen und südlichen Afrika. Verbreitung: Europa (außer dem Norden, der Pyrenäen- und Apenninhalbinsel), Asien (bis zum Baikalsee).

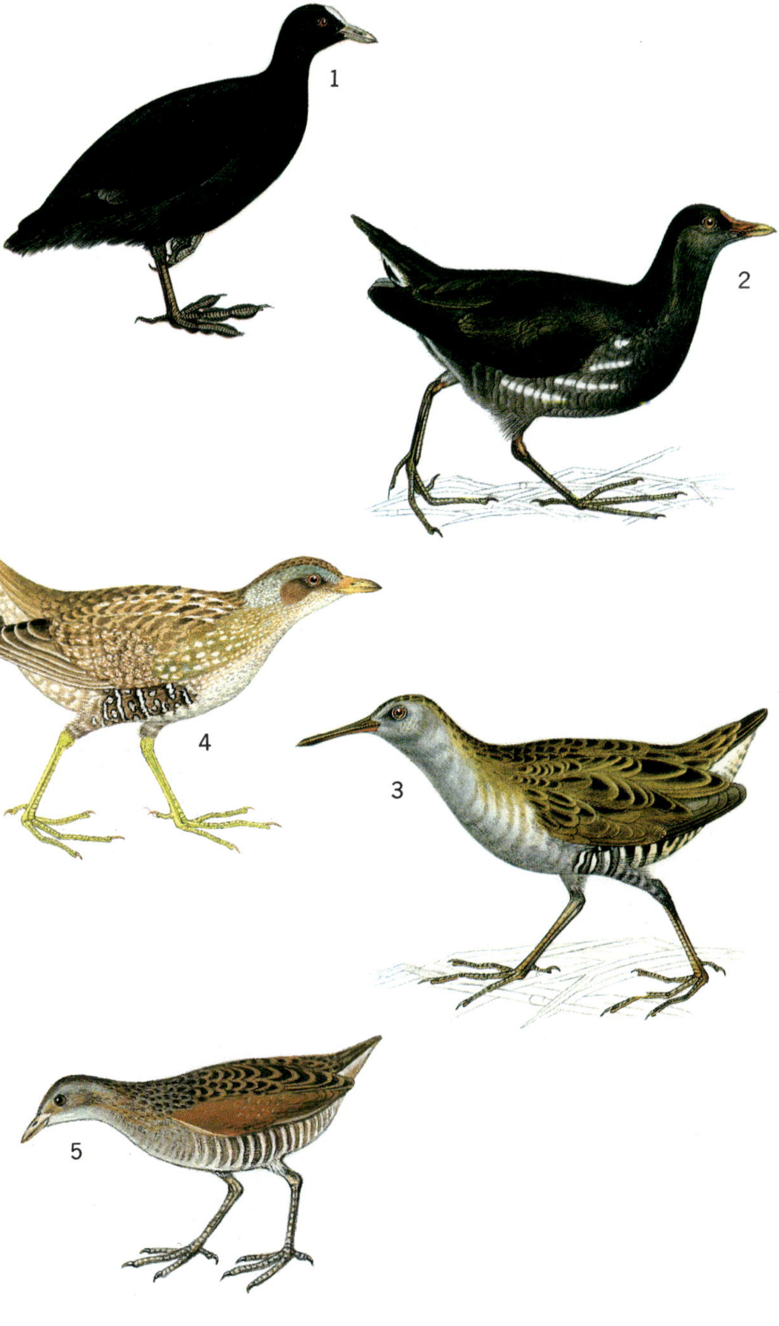
1
2
4
3
5

Vögel

Ordnung: **Regenpfeiferartige** — *Charadriiformes*
Familie: **Austernfischer** — *Haematopodidae*

1 Austernfischer *Haematopus ostralegus.* Länge 43 cm. Bewohnt Küsten und Inseln, Flußmündungen usw. Gelegentlich auch auf Feldern und Wiesen an den Ufern von Binnengewässern. Der Austernfischer ernährt sich von Muscheln. Er nistet an der Küste, sein Nest besteht aus einer flachen Grube, die oft mit Weichtierschalen und anderem Material ausgekleidet ist. Im Mai/Juni legt das Weibchen 3—4 Eier. Stand- bzw. Strichvogel. Verbreitung: Küsten aller Kontinente.

Familie: **Regenpfeifer** — *Charadriidae*

2 Kiebitz *Vanellus vanellus.* Länge 32 cm. Der Kiebitz lebt auf nassen Wiesen, in Morästen, abgelassenen Fischteichen, auf Feldern, an Fluß- und Teichufern. Seine Nahrung besteht aus Pflanzen. Von März bis Mai legt das Weibchen vier Eier, es nistet in einer flachen, grasgepolsterten Grube. Beim Brüten und in der Brutpflege wechseln sich die Eltern ab. Die Vögel aus Nordeuropa ziehen im Herbst nach Süden, die west- und südeuropäischen Tiere überwintern in ihren Brutgebieten. Verbreitung: Europa (außer Nordskandinavien), gemäßigte Zone Asiens.

3 Steinwälzer *Arenaria interpres.* Länge 23 cm. An Steinküsten und auf Felsinseln häufiger Vogel. Von Mai bis Juni legt das Weibchen vier Eier in eine Erdgrube. Beide Eltern sitzen auf den Eiern, die Aufzucht übernimmt das Männchen. Der Vogel überwintert teilweise im Nordseeraum, größtenteils aber an den Küsten Afrikas und Südwesteuropas. Verbreitung: Nordeuropa, Sibirien und angrenzende Inseln, Grönland, Nordgebiete der Neuen Welt.

4 Sandregenpfeifer *Charadrius hiaticula.* Länge 19 cm. Bewohnt flache Sand- oder Kiesküsten sowie Ufer von Binnengewässern. Nahrung sind alle möglichen Insekten und Würmer. Er nistet in einer flachen, meist nicht ausgepolsterten Grube, in die das Weibchen im Mai/Juni vier Eier legt. Beim Brüten lösen die Eltern einander ab, um die Aufzucht der Jungen kümmert sich meist das Männchen. Im Winter halten sich die Sandregenpfeifer an den Küsten des Mittelmeeres, Afrikas und Südwestasiens auf. Verbreitung: Nördlicheres Europa und Asien, Nordamerika, Grönland.

5 Flußregenpfeifer *Charadrius dubius.* Länge 15 cm. An kahlen Ufern von Binnengewässern und an der Küste. Seine Nahrung besteht aus kleinen Wirbellosen. Bei der Jagd beklopft er mit schnellen Fußtritten den Boden, um so die Beute hervorzulocken. Er nistet zweimal jährlich von Mai bis Juli, sein Nest besteht aus einer spärlich mit Gras gepolsterten flachen Grube. Das Weibchen legt vier Eier, beim Brüten und bei der Brutpflege wechseln sich die Eltern ab. Zugvogel, überwintert im Mittelmeerraum und in Afrika. Verbreitung: Europa (mit Ausnahme des Nordens), Großteil Asiens, Nordwestafrika.

6 Goldregenpfeifer *Pluvialis apricaria.* Länge 28 cm. Dieser Bewohner von Tundren, Nordlandsümpfen und Mooren ernährt sich wie die übrigen Regenpfeifer von Pflanzen. Er nistet am Boden; als Nest dient eine mit Pflanzenteilen ausgepolsterte Grube. Von April bis Juli legt das Weibchen vier Eier, beim Brüten wird es vom Männchen gelegentlich abgelöst. Beide Eltern bewachen ihr Nest sorgsam. Die Art nistet meist zweimal im Jahr. Der Goldregenpfeifer ist ein Zugvogel, der im Mittelmeerraum und in Südwestasien überwintert. Verbreitung: Britische Inseln, Island, Skandinavien, südliche Ostseeküste, Norden Rußlands bis zur Jenisseimündung.

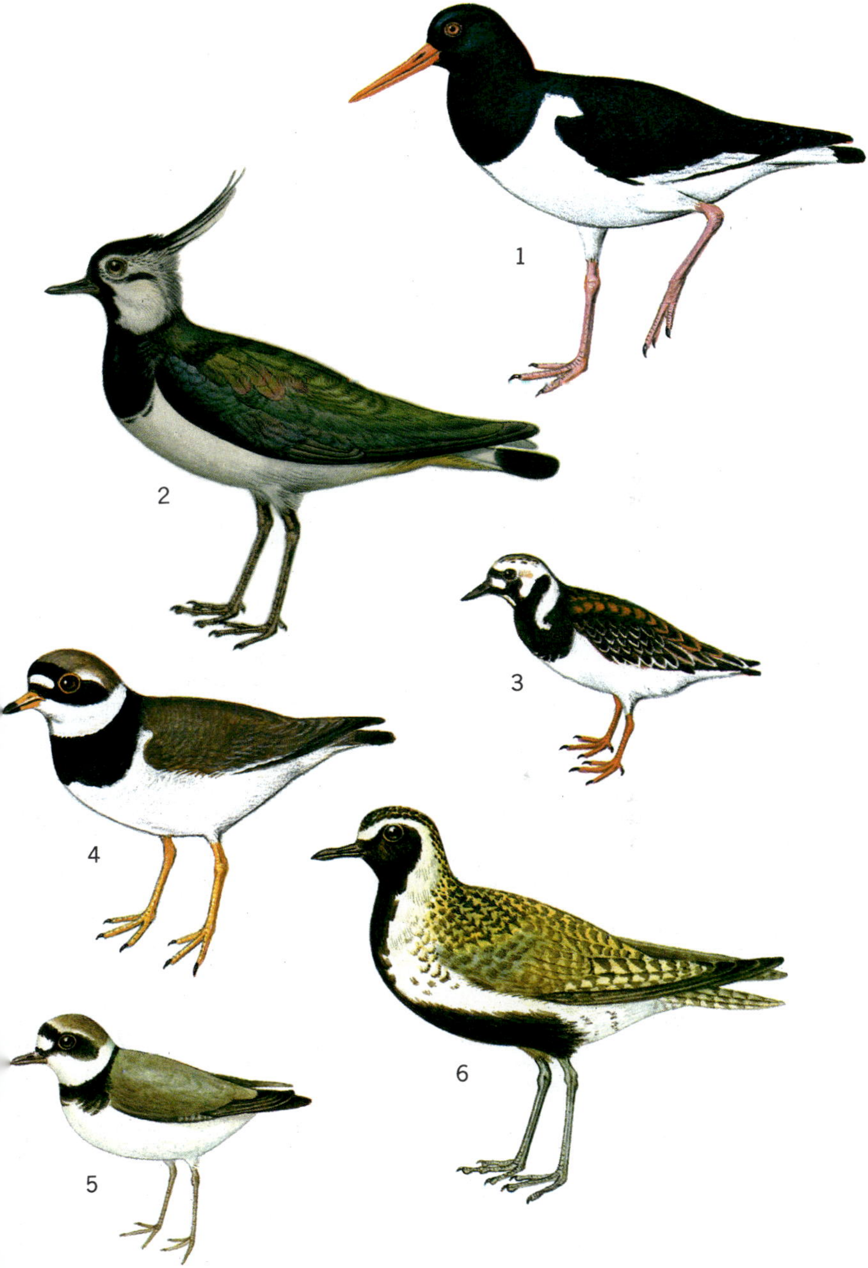
1
2
3
4
5
6

Vögel

Familie: **Regenpfeifer** — *Charadriidae*

1 Mornellregenpfeifer *Eudromias morinellus*. Länge 22 cm. Der Mornellregenpfeifer nistet in den Stein- und Sumpftundren des Nordens, als Eiszeitrelikt kommt er auch in den Hochgebirgen vor. Seine Nestgrube polstert er mit Moos, Gras und anderem Pflanzenmaterial aus. Im Juni/Juli legt das Weibchen drei Eier. Das Männchen brütet und füttert. Zugvogel, überwintert in Nordafrika sowie Vorderasien. Verbreitung: Das Areal gliedert sich in Inseln. In Europa sind es die Gebirge Schottlands und Skandinaviens, die Kärntener Alpen, die rumänischen Karpaten, in Asien Nord- und Nordostsibirien, Ural, die Taimirhalbinsel und die Hochgebirge Zentralasiens.

Familie: **Schnepfenvögel** — *Scolopacidae*

2 Waldschnepfe *Scolopax rusticola*. Länge 34 cm. Vor allem in Laub- und Mischwäldern häufig. Nahrung sind verschiedene Wirbellose. Die Waldschnepfe fängt die Beute einmal an der Erdoberfläche, zum andern stößt sie ihren spitzen Schnabel ins weiche Erdreich, faßt dort Würmer wie mit einer Pinzette und zieht sie heraus. Ihre Nistgrube ist mit altem Laub ausgekleidet, der Vogel nistet von April bis Juni. Das Weibchen legt vier Eier, die Fürsorge für Gelege und Junge obliegt ihm allein. Die Waldschnepfe brütet zweimal im Jahr. Zugvogel, der in West- und Südosteuropa sowie am Mittelmeer überwintert. Verbreitung: Großteil Europas, (in Skandinavien bis zum Polarkreis), Asien (im Osten bis Sachalin und Japan), isolierte Brutplätze auf Atlantikinseln, im Kaukasus und Himalaja.

3 Bekassine *Gallinago gallinago*. Länge 27 cm. In Sumpfgebieten, an Teichen und auf feuchten Wiesen häufig. Ihre Brutbiologie entspricht der der Waldschnepfe. Den Winter über zieht sie nach Afrika, teilweise bleibt sie auch im Brutgebiet. Verbreitung: Ähnlich der Waldschnepfe, nur geht sie weiter nach Norden; Nordamerika.

4 Brachvogel *Numenius arquata*. Länge 58 cm. Größter europäischer Regenpfeifer, er bewohnt feuchte Wiesen und nicht allzu wasserreiche Sümpfe; in Osteuropa und Asien lebt er auch in trockenen Steppen, hält sich aber stets unweit vom Wasser auf. Er ernährt sich von Insekten, Würmern und Weichtieren, die er mit seinem langen Schnabel aus dem Schlamm holt. Im April/Mai legt das Weibchen vier Eier, beide Eltern brüten und füttern. Die meisten Brachvögel ziehen, sie überwintern am Mittelmeer und in Afrika. Verbreitung: In Europa wie die vorigen Arten, in Asien nach Osten bis zum Amur.

5 Uferschnepfe *Limosa limosa*. Länge 40 cm. Wiesenbewohner in Wassernähe, der seine aus Insekten, Würmern und Weichtieren bestehende Nahrung wie die folgenden Arten im Schlamm fängt. Die Uferschnepfe nistet in dichter Vegetation am Boden, ihre Nistgrube polstert sie mit trockenem Gras aus. Im April/Mai legt das Weibchen vier Eier, beide Eltern brüten und füttern. Der Zugvogel überwintert am Mittelmeer. Verbreitung: In Mittel- und Westeuropa inselweise, von Nordfrankreich nach Osten über ganz Asien zusammenhängend bis Kamtschatka.

6 Schwarzwasserläufer *Tringa erythropus*. Länge 31 cm. Der Vogel bewohnt in der Regel sumpfige Stellen. Er nistet im Mai/Juni, das Weibchen legt vier gefleckte Eier. Der Schwarzwasserläufer überwintert am Mittelmeer, in Mitteleuropa zeigt er sich regelmäßig auf dem Zug. Verbreitung: Nordskandinavien, Nordsibirien.

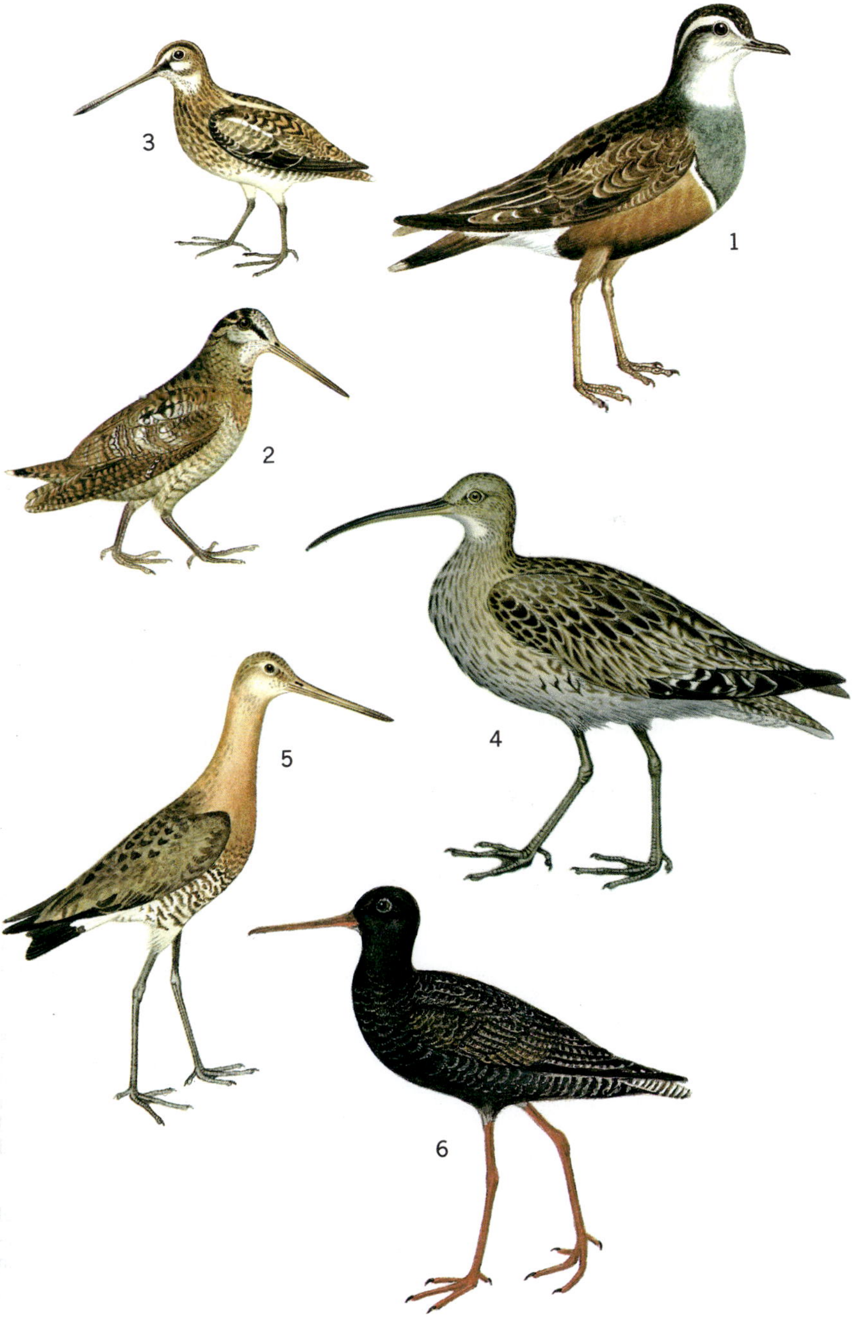
1
2
3
4
5
6

Vögel

Familie: **Schnepfenvögel** — *Scolopacidae*

1 Rotschenkel *Tringa totanus*. Länge 28 cm. Häufigster europäischer Wasserläufer, bewohnt nasse Sumpfgebiete, Torfmoore und Wiesen um Seen, Teiche und Flüsse. Der Vogel ernährt sich von Insekten, Würmern und Weichtieren. Er nistet im April/Mai; das Weibchen legt vier Eier in die sorgfältig in der Ufervegetation verborgene Nistgrube. Beim Brüten und Füttern lösen die Eltern einander ab. Der Rotschenkel überwintert am Mittelmeer und der europäischen Westküste, in Nord- und gelegentlich auch in Zentralafrika. Verbreitung: Fast ganz Europa, Asien bis zum Amur.

2 Waldwasserläufer *Tringa ochropus*. Länge 23 cm. Bewohnt alte Waldbestände an feuchten Stellen sowie Wasserläufe mit unterspülten Ufern. Frißt Wasserinsekten und Spinnen. Der Waldwasserläufer nistet auf Bäumen in verlassenen Nestern anderer Vogelarten, oft hoch über dem Boden. Das Weibchen legt von April bis Juni vier Eier, auf denen es meist allein sitzt. Der Vogel überwintert teils in Westeuropa und am Mittelmeer, meist in Afrika. Verbreitung: Osteuropa, Südskandinavien, Kaukasus, Asien (bis Ostsibirien).

3 Bruchwasserläufer *Tringa glareola*. Länge 20 cm. Lebt vorwiegend in Tundren und Sumpfwäldern. Nahrung sind Wasserinsekten und Spinnen. Der Vogel nistet in einer Erdgrube, die sorgfältig in der Vegetation verborgen liegt und mit Laub sowie anderem Pflanzenmaterial ausgepolstert wird. Im Mai/Juni legt das Weibchen vier Eier, beide Eltern brüten und füttern. Der Bruchwasserläufer ist ein Zugvogel, der südlich des Mittelmeeres bis Südafrika seine Winterplätze hat und auch in Südasien überwintert. Auf dem Zug erscheint er oft an den Ufern von Binnengewässern in ganz Europa. Verbreitung: Nordeuropa, Nordasien (im Osten bis Kamtschatka und ins Amurgebiet)

4 Flußuferläufer *Tringa hypoleucos*. Länge 20 cm. An flachen, buschbestandenen, schlammigen und sandigen Ufern von Seen und Teichen, doch bevorzugt er eigentlich fließende Gewässer. Sein Nest besteht aus einer mit Pflanzenteilen ausgepolsterten Grube, die gut in der Ufervegetation verborgen liegt. Im Mai/Juni legt das Weibchen vier Eier, meist brütet das Männchen und betreibt auch die Brutpflege. Zugvogel, überwintert teilweise am Mittelmeer und in Westeuropa, zum größten Teil aber in Afrika, auf Madagaskar, in Südasien bis Australien. Verbreitung: Europa und Asien bis zu den japanischen Inseln. In Nordamerika lebt der verwandte Drosseluferläufer *(A. macularia)*.

5 Knutt *Calidris canutus*. Länge 26 cm. Der Vogel bewohnt trockene, felsige Niederungen und Grastundren, er ist einer der am weitesten nördlich nistenden Vögel. Nahrung sind kleine Strandtiere. Er nistet im Juni, seine Brutbiologie ähnelt dem Alpenstrandläufer. Zugvogel, der im Mittelmeerraum, am Schwarzen Meer, in Australien, Südamerika, Südasien und Westafrika überwintert. Manchmal bleibt er auch nur an der Nordseeküste. Verbreitung: Arktis.

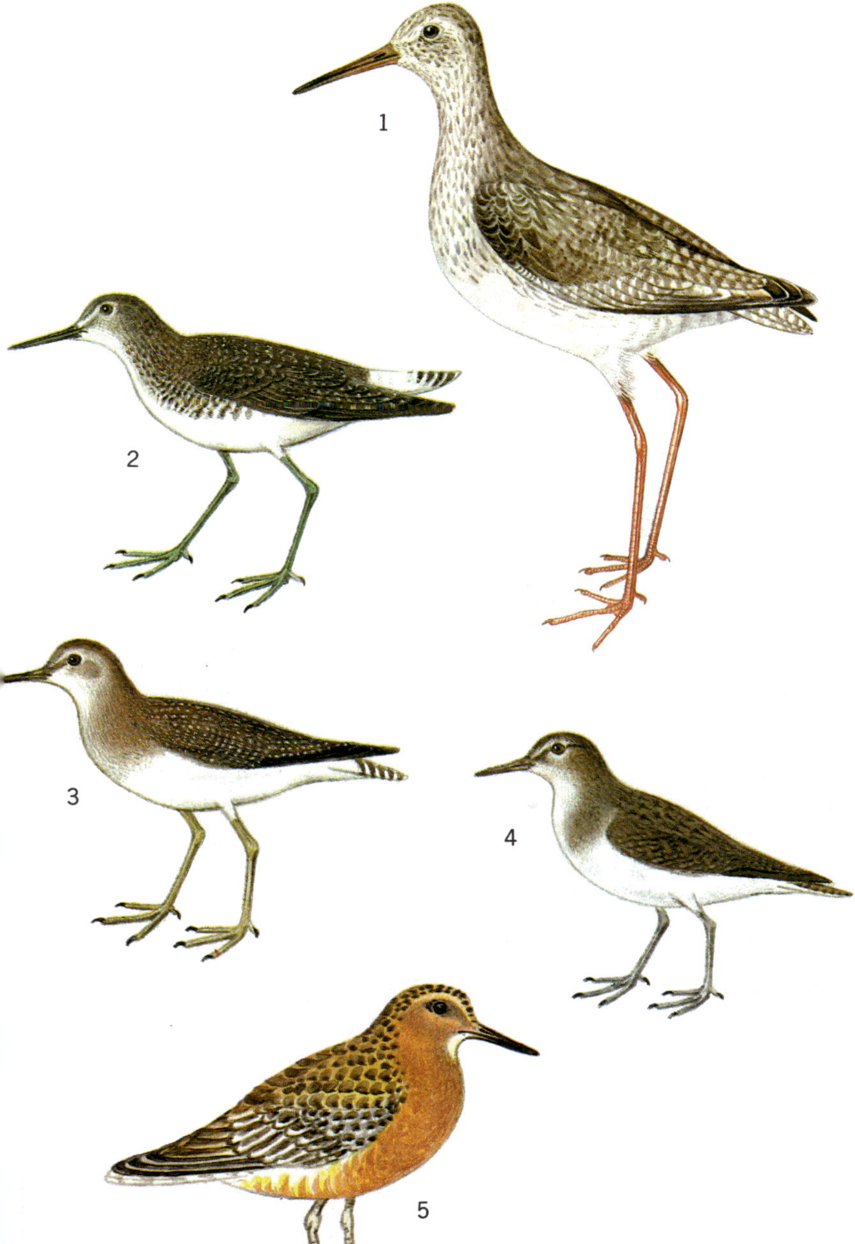
1
2
3
4
5

Vögel

Familie: **Schnepfenvögel** — *Scolopacidae*

1 Alpenstrandläufer *Calidris alpina*. Länge 19 cm. Der Vogel lebt stets an Wasserrändern, in Mitteleuropa auf Uferwiesen und in Sümpfen, im Norden in der Tundra. Seine Nahrung besteht aus kleinen Wirbellosen und Samen. Von April bis Juni legt das Weibchen vier Eier. Die Nistgrube ist gut in der Vegetation versteckt und mit Pflanzenmaterial ausgepolstert. Beide Eltern sitzen abwechselnd auf den Eiern und füttern gemeinsam. Die europäischen Vögel überwintern im südlichen Nordseeraum und an den westeuropäischen Küsten, vor allem aber am Mittelmeer und in Nordafrika. Verbreitung: Norden Europas, Asiens, Amerikas.

2 Kampfläufer — *Philomachus pugnax*. Länge ♂ 25 cm, ♀ 23,5 cm. Die durch starken Geschlechtsdimorphismus auffallende Art bewohnt feuchte Tieflandwiesen, Sümpfe und weiter im Norden Tundren; auf dem Zug zeigt sie sich auch an Teichufern in West- und Mitteleuropa. Die Nahrung des Kampfläufers besteht aus Würmern, Insekten, oft auch aus Samen. In der Balz finden sich die Männchen zahlreich auf den Balzplätzen ein, wo sie regelrechte Turniere austragen. Das Nest ist eine nur spärlich ausgepolsterte Grube. Im Mai/Juni legt das Weibchen vier Eier, das ganze Brutgeschäft betreibt es allein. Die Art überwintert im tropischen sowie südlichen Afrika, manchmal auch am Mittelmeer, in Ausnahmefällen sogar in West- und Mitteleuropa. Verbreitung: Ostsee- und Nordseeküste von Frankreich an nach Norden, Nordasien.

Familie: **Säbelschnäbler** — *Recurvirostridae*

3 Säbelschnäbler *Recurvirostra avosetta*. Länge 43 cm. An der Küste und an Brackwasser, an Flußmündungen usw. Er ernährt sich von Insekten, Weichtieren und Krebsen, die er im Flachwasser fängt, indem er mit dem Schnabel seitlich hin und herfährt. Die Tiere nisten kolonieweise, die Nistgruben werden mit etwas Pflanzenmaterial ausgekleidet. Von April bis Juni legt das Weibchen vier Eier, beide Eltern sitzen und betreiben Brutpflege. Die Tiere aus dem Norden sind Zugvögel und überwintern in Afrika und Südasien, die südeuropäischen Populationen verbringen den Winter oft im Brutgebiet. Verbreitung: West- und Südeuropa, Nord- und Ostseeküste, im Binnenland vom Neusiedler See bis in die Mongolei und nach Indien, stellenweise in den afrikanischen Tropen.

4 Stelzenläufer *Himantopus himantopus*. Länge 38 cm. Bewohnt seichtes Salz- und Süßwasser mit schlammigem Grund und frißt Insekten, kleine Weichtiere sowie Würmer. Meist nisten die Vögel in größeren Gesellschaften, die Nistgruben in Wassernähe werden mit Pflanzen ausgepolstert. Gewöhnlich legt das Weibchen im Mai vier Eier, beim Brüten und bei der Aufzucht wechseln sich die Eltern ab. In den nördlicheren Breiten Zugvogel, der in Afrika und Südasien überwintert. Verbreitung: Süd-, Mittel- und Westeuropa, seltener in Mittel- und Südasien, Afrika, nearktische, neotropische und australische Region.

5 Odinshühnchen *Phalaropus lobatus*. Länge 17 cm. Dieser Nordlandvogel bewohnt nasse Grasplätze an Fluß- und Seeufern, Meeresküsten und Sümpfen. Seine Nahrung besteht vorwiegend aus Insekten und Krebsen. Der Geschlechtsdimorphismus des Odinshühnchens ist umgekehrt entwickelt: Das Weibchen ist größer, farbenprächtiger und wählt den Nistplatz selbst. Im Mai legt es in eine mit Pflanzen ausgekleidete Grube vier Eier, die das Männchen ausbrütet; das Männchen zieht auch die Jungen auf. Zugvogel, überwintert in Westafrika, am Indischen Ozean, in der Malaiischen Inselwelt und auf den Molukken. Verbreitung: Nordeuropa, hoher Norden Asiens und Nordamerikas.

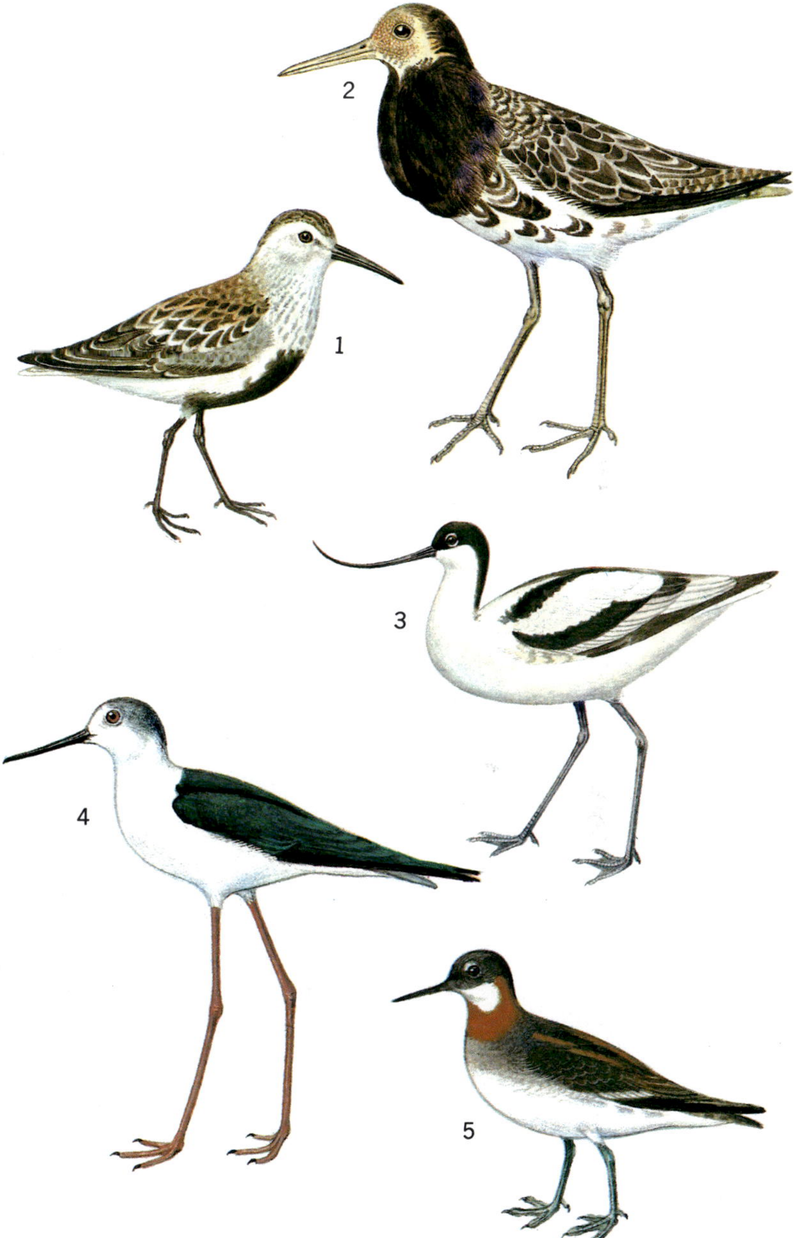
2
1
3
4
5

Vögel

Familie: **Triele** — *Burhinidae*

1 Triel *Burhinus oedicnemus.* Länge 41 cm. Der Triel bewohnt ausgedehnte Felder, Sandflächen und vegetationsarme Steppen. Seine Nahrung fängt er nachts: Insekten, Weichtiere und kleine Wirbeltiere. Von April bis Juni legt das Weibchen zwei Eier in eine ungepolsterte Sandgrube, beide Eltern beteiligen sich am Brutgeschäft. Der Vogel nistet zweimal im Jahr. Den Winter verbringt der Triel in West- und Südeuropa sowie in Nordwest- und Ostafrika. In Südeuropa erweist er sich oft als Standvogel. Verbreitung: Gemäßigte Zone Europas, Südwest- und Südasien, Nordafrika.

Ordnung: **Möwenvögel** — *Lariformes*
Familie: **Möwen** — *Laridae*

2 Mantelmöwe *Larus marinus.* Länge 74 cm. Nistet in Kolonien an den Felsküsten der Ozeane sowie an den Ufern einiger Binnenseen. Die Mantelmöwe ernährt sich von verschiedenen Wirbeltieren und Wirbellosen, auch Aas verschmäht sie nicht. Das Nest baut sie aus Pflanzenmaterial. Im Mai/Juni legt das Weibchen 2–3 Eier, beide Eltern brüten und füttern, wie übrigens alle Möwen. Verbreitung: Nordeuropa, Spitzbergen, Grönland, Labrador. Oft streifen die Tiere bis weit nach Süden.

3 Silbermöwe *Larus argentatus.* Länge 56 cm. Die Silbermöwe lebt an der Meeresküste und an Binnenseeufern, ihre Nahrung besteht aus allen möglichen Meerestieren, Vogeleiern, Vögeln, Aas und Abfällen. Sie nistet in·riesigen Kolonien, ihre Nester legen die Tiere auf Felsen, Kies, im Gras, Schilf und auch auf Hausdächern an. In das pflanzengepolsterte Nest legt das Weibchen im Mai/Juni drei Eier. In der gemäßigten und warmen Zone Europas Standvogel, die nördlichen Populationen suchen über Winter die Küsten Afrikas auf, dabei zeigen sie sich oft im Binnenland. Verbreitung: Küsten der ganzen Nordhalbkugel, Ufer einiger Binnenseen.

4 Sturmmöwe *Larus canus.* Länge 41 cm. Der Vogel lebt an den Küsten der Ozeane, an Binnenseen, Sümpfen und in Sumpftundren. Er ernährt sich von verschiedenen Wirbeltieren und Insekten. Auch die Sturmmöwe nistet in riesigen Kolonien, ihre Brutbiologie entspricht der Silbermöwe. Die nordeuropäischen Vögel überwintern zum größten Teil an den Küsten von Nord- und Ostsee, die Vögel Mitteleuropas sind zum Teil ortsständig, zum Teil ziehen sie über den Winter ans Mittelmeer. Verbreitung: Nordeuropa (von England und Irland nach Norden), Mittelasien, Nordwesten Nordamerikas.

5 Zwergmöwe *Larus minutus.* Länge 30 cm. Die kleinste Möwe, sie bewohnt vegetationsreiche Süßwasserufer sowie Meeresküsten. Ihre Nahrung besteht vorwiegend aus Insekten. Die Zwergmöwe nistet in Kolonien, oft gemeinsam mit Lachmöwen und Trauerseeschwalben. Das Nest ist aus Pflanzenteilen gebaut und sitzt auf Felsen, in Riedbüscheln oder geknicktem Rohr, auf Sandflächen usw. Im Mai/Juni legt das Weibchen 2–3 Eier. Die Tiere überwintern größtenteils im Mittelmeerraum, am Schwarzen Meer und in Westeuropa. Verbreitung: Stellenweise an Nord- und Ostseeküste (von der finnischen Küste über die europäischen Teile Rußlands bis Sibirien).

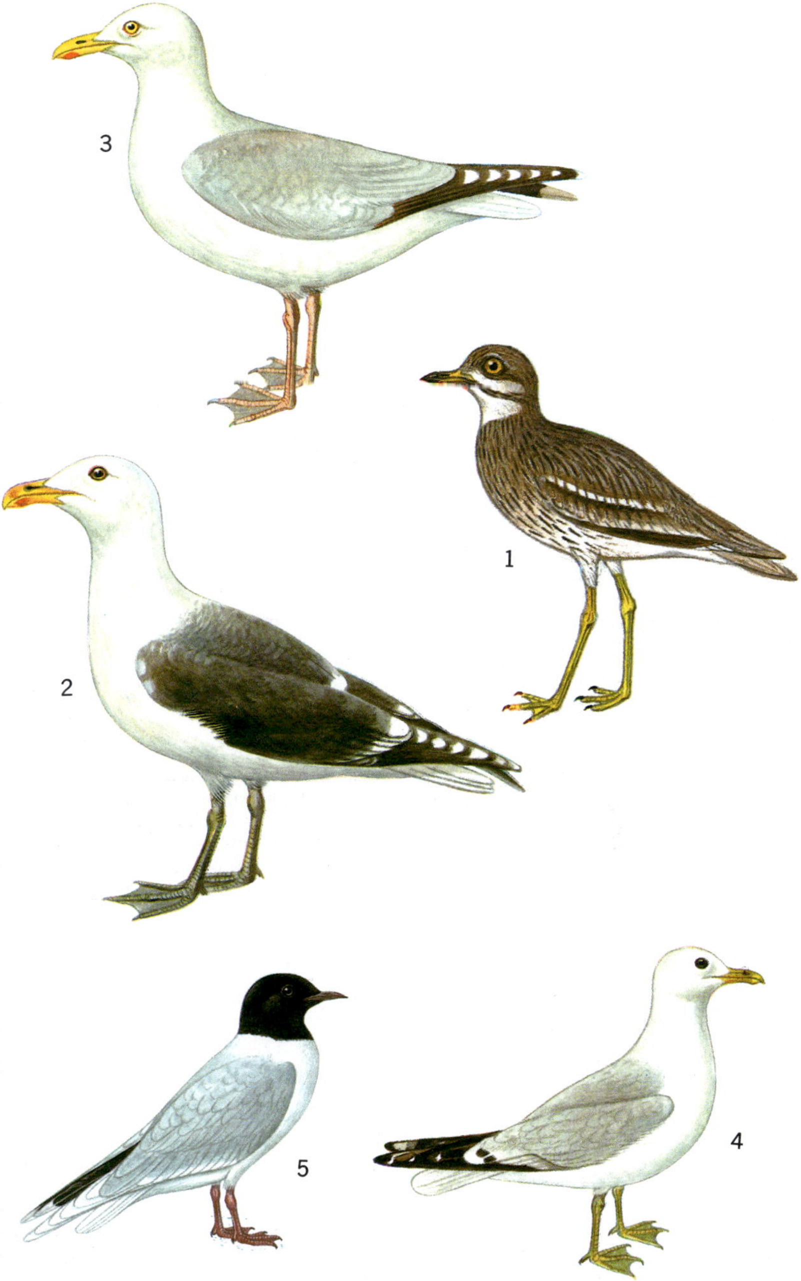
3
1
2
5
4

Vögel

Familie: **Möwen** — *Laridae*

1 Lachmöwe *Larus ridibundus.* Länge 37 cm. Bekannteste und häufigste Möwenart Europas; bewohnt stehende, von dichter Vegetation umgebene Binnengewässer sowie die Meeresküste. Die Lachmöwe ernährt sich von Insekten, Würmern und Kleinfischen. Ihre Brutkolonien finden sich an ähnlichen Plätzen wie die der Zwergmöwe, die Nester werden aus Pflanzenmaterial gebaut. Das Weibchen legt von April bis Juni drei Eier. Die Art überwintert oft auf Gewässern in Großstädten, in Häfen usw. teils in Westeuropa, teils in Südasien und Nordafrika. Verbreitung: Fast ganz Europa (mit Ausnahme von Pyrenäen-, Apennin- und Balkanhalbinsel), Asien bis Kamtschatka.

2 Dreizehenmöwe *Rissa tridactyla.* Länge 40 cm. Die Art nistet an Felsküsten, außerhalb der Brutzeit lebt sie auf offener See. Nahrung sind kleine Fische, Krebse usw. Ihre großen Nistkolonien finden sich oft in der Gesellschaft anderer Seevogelarten. Im Mai/Juni legt das Weibchen 2—3 Eier. Die nordatlantische Population überwintert vorwiegend zwischen dem 40. und 60. Breitengrad auf dem Atlantik, in Nord- und Ostsee sowie auch im Mittelmeer. Verbreitung: Nordküste Skandinaviens, Britische Inseln, Dänemark, Frankreich, Hebriden, Nordküste Asiens und Nordamerikas.

Familie: **Raubmöwen** — *Stercorariidae*

3 Schmarotzerraubmöwe *Stercorarius parasiticus.* Länge 46 cm. Charakteristisch ist die verlängerte mittlere Schwanzfeder. Die Tiere ernähren sich meist von Fischen und kleinen Nagern, oft verfolgen sie andere Seevögel, um ihnen ihre Beute abzujagen. Die Art nistet in der Tundra, gewöhnlich an der Küste oder in der Nähe von Flüssen und Seen, doch stets in starkzähligen Kolonien. Die Nistgruben werden nicht gepolstert. Im Mai/Juni legt das Weibchen zwei Eier, die Eltern wechseln sich beim Brüten und Füttern ab. Zugvogel, überwintert an den Küsten Südamerikas, Westafrikas, Australiens und am Persischen Golf. Verbreitung: Zirkumarktisch.

4 Skua *Stercorarius skua.* Länge 59 cm. Der Vogel ernährt sich von Fischen, anderen Seevögeln abgejagter Beute, Eiern und Jungen aller an der See brütender Vögel. Brütet entweder einzeln oder in kleinen Kolonien, für gewöhnlich unmittelbar am Meer. Ihre Brutbiologie entspricht der anderer Raubmöwen. Im Winter erscheint die Art weit im Süden, manchmal bei Gibraltar und in Italien. Verbreitung: Nordatlantikküste und anliegende Polarmeere.

Familie: **Seeschwalben** — *Sternidae*

5 Trauerseeschwalbe *Chlidonias niger.* Länge 25 cm. Die einzige Seeschwalbe, die auch im Sommerkleid mit Ausnahme der Unterschwanzdecken ganz schwarz ist. Wie alle Seeschwalben hat sie einen langen Gabelschwanz. Bewohnt Binnengewässer und ernährt sich vor allem von Insekten, aber auch von Kleinfischen. Nistet kolonienweise, ihr Nest aus Wasserpflanzen baut sie auf treibendem Rohr oder anderen im Wasser treibenden Pflanzen. Im Mai/Juni legt das Weibchen drei Eier, beim Brüten und Füttern lösen sich beide Eltern ab. Die Trauerseeschwalbe ist ein ausgesprochener Zugvogel, der im tropischen Afrika überwintert. Verbreitung: Europa (im Norden bis Südfinnland), Klein- und Mittelasien, Westsibirien, Nordamerika.

6 Flußseeschwalbe *Sterna hirundo.* Länge 35 cm. Bewohnt Süßwasserufer, Schlamminseln und Meeresküsten. Ihre Nahrung besteht aus kleinen Fischen, Krebsen und Insekten. Genistet wird kolonieweise, oft in der Gesellschaft von Möwen. Ihr Nest baut sie aus trockenen Pflanzen, dort hinein legt das Weibchen von Mai bis Juli drei Eier. Beide Eltern widmen sich dem Brutgeschäft. Zugvogel, überwintert im Mittelmeerraum und in Afrika. Verbreitung: Fast ganz Europa, Asien, Nordamerika.

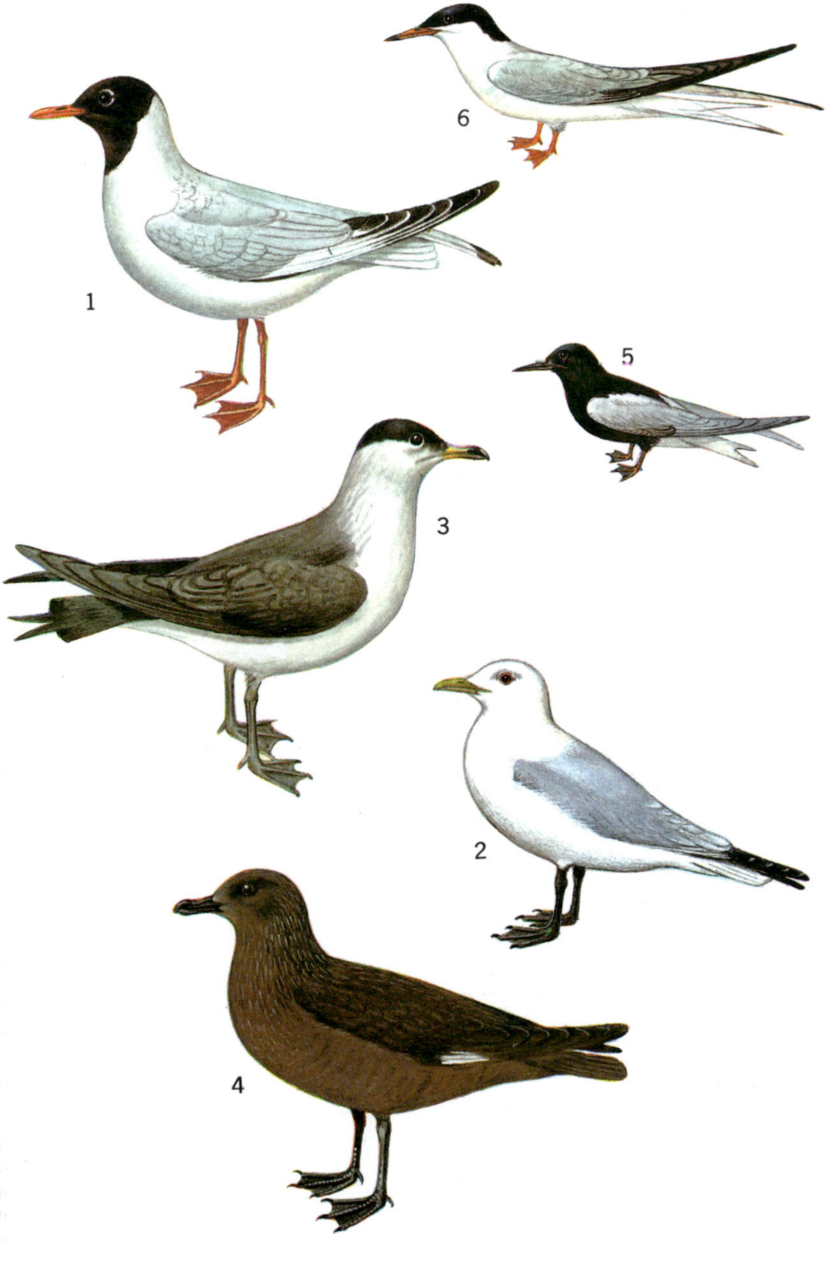

6
1
5
3
2
4

Vögel

Familie: **Seeschwalben** — *Sternidae*

1 Küstenseeschwalbe *Sterna paradisaea.* Länge 38 cm. Diese Seeschwalbe bewohnt Strände, kleine Inseln und Tundren um Binnengewässer. Ihre Nahrung besteht aus Fischen, Krebsen und in geringem Maße auch aus Insekten. Sie nistet in Kolonien, das Weibchen legt meist nur zwei Eier in die ungepolsterte Nistgrube. Beide Eltern brüten und füttern. Die Vögel fliegen dicht über dem Wasserspiegel dahin; bisher ist noch nicht beobachtet worden, ob sie sich auch auf ihm niederlassen. Zugvogel, unternimmt weite Züge nach Süden; aus den nördlichsten Gebieten Europas fliegen die Vögel entlang der Küsten Westafrikas, Nord- und Südamerikas bis in die Antarktis. Verbreitung: Zur Nistzeit im äußersten Norden Europas, Asiens und Nordamerikas.

2 Brandseeschwalbe *Sterna sandvicensis.* Länge 40 cm. An vegetationsarmen Flachküsten sowie auf der Küste vorgelagerten Inseln. Die Brandseeschwalbe ernährt sich von Fischen und nistet in Kolonien. Im Mai/Juni legt das Weibchen 2—3 Eier in die nur spärlich mit ein paar Halmen gepolsterte Nistgrube im Sand. Dem Brutgeschäft widmen sich beide Eltern. Zugvogel, überwintert an den Küsten West- und Südafrikas, am Roten Meer und Persischen Golf. Verbreitung: Südschweden, Britische Inseln, Frankreich, Dänemark, Holland, Mittelmeerraum, Schwarzes und Kaspisches Meer, Ostküste Nordamerikas. Selten verirrt sich ein Vogel ins Binnenland.

Ordnung: **Alkenvögel** — *Alciformes*
Familie: **Alken** — *Alcidae*

3 Tordalk *Alca torda.* Länge 42 cm. Der Vogel bewohnt Klippen an der Küste und auf einsamen Inseln, seine Nahrung bilden Fische und Krebse. Der Tordalk nistet in Kolonien, meist sitzen die Nester unter einem Felsüberhang, in einer Spalte oder Höhlung. Das Weibchen legt von April bis Juni ein Ei direkt auf den Felsuntergrund, beim Brüten und Füttern lösen beide Eltern einander ab. Die Art überwintert an der westlichen Ostseeküste, an der Nordsee, im westlichen Mittelmeer und in Nordwestafrika. Verbreitung: Nordatlantik, Island, Spitzbergen, Skandinavien, Irland, Großbritannien, im Osten Nordamerikas, Grönland. Südlichste Nistplätze in der Bretagne.

4 Trottellumme *Uria aalge.* Länge 43 cm. Der Vogel ernährt sich vorwiegend von Fischen, aber auch von Krebsen, Muscheln und Insekten. Nistet in großen Kolonien an Felsküsten und auf Inseln, oft zusammen mit dem Tordalk. Das Weibchen legt im Mai/Juni ein Ei direkt auf den Fels, beide Eltern brüten und füttern. Sind die Jungen 25 Tage alt, springen sie von den Felsen herunter und begeben sich mit ihren Eltern aufs Meer. Nach dem Brüten unternehmen die Vögel weite Züge, oft bis an die Küste Westafrikas und ins westliche Mittelmeer. Verbreitung: Nordatlantik, Nordpazifik, Nördliches Eismeer. Reicht weit in den Süden bis nach Portugal.

5 Gryllteiste *Cepphus grylle.* Länge 35 cm. Die Gryllteiste lebt auf dem Küstenstreifen, gelegentlich auch auf vegetationsbestandenen Inseln. Meist ernährt sie sich von kleinen Fischen, doch auch von Krebsen und Würmern. Die Tiere nisten allein oder in kleinen Kolonien. Von Mai bis Juni legt das Weibchen normalerweise zwei Eier in Felsritzen, Hohlräume unter Steinen usw., doch führen Gryllteisten meist nur ein Junges. Beide Eltern brüten und füttern. Die Art überwintert an Nord- und Ostseeküste, manchmal auch an der französischen Atlantikküste. Verbreitung: Zirkumpolar im hohen Norden.

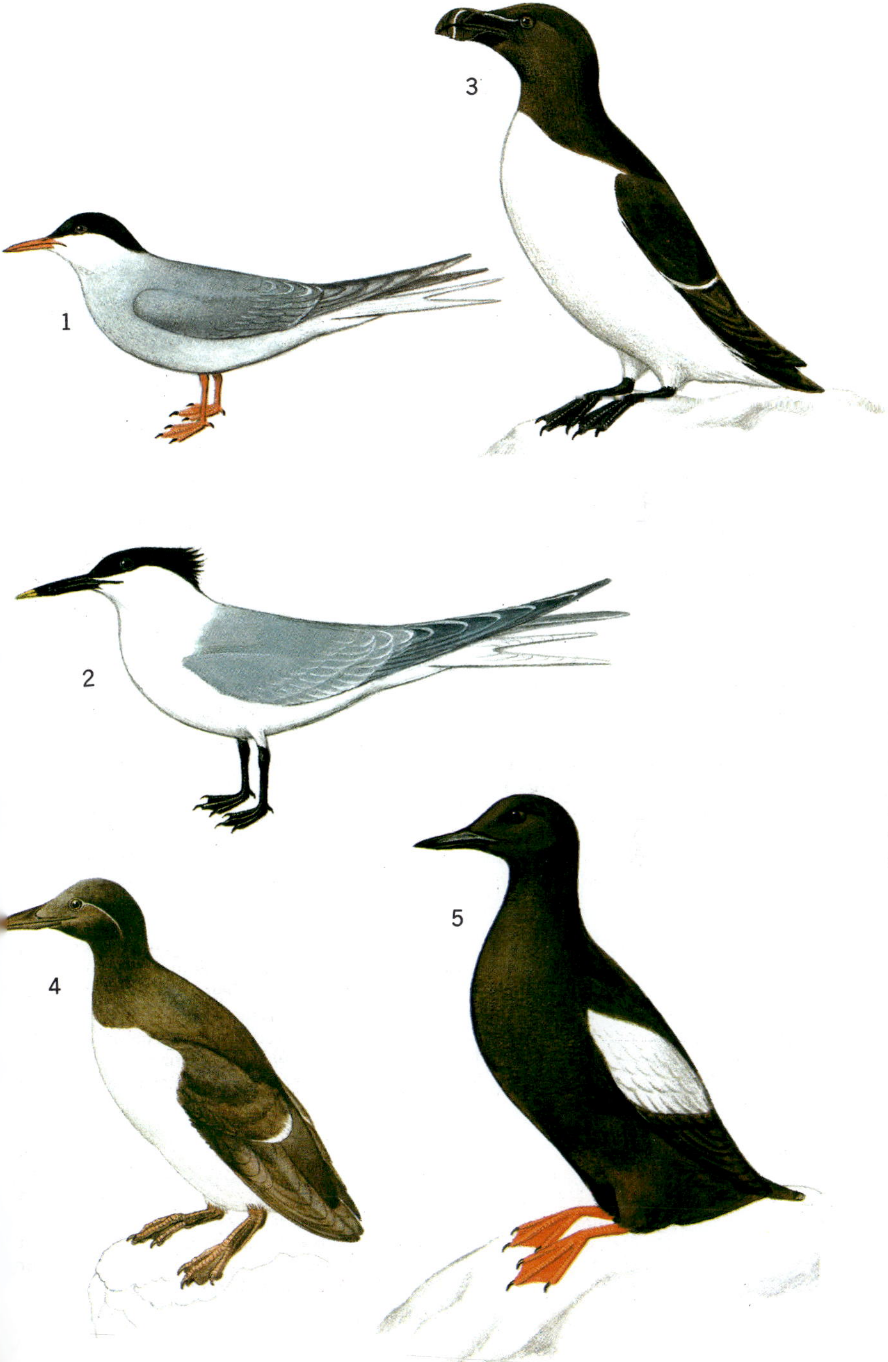
1
2
3
4
5

Vögel

Familie: **Alken** — *Alcidae*

1 Papageitaucher *Fratercula arctica*. Länge 30 cm. Mit auffallendem Schnabel, der zur Nistzeit besonders groß und bunt ist. Ernährt sich von Fischen, Muscheln, Krebsen usw. und bewohnt Grasflächen an der Küste und auf Inseln. Hier nistet er kolonieweise in selbstangelegten Nistgruben, in die die Weibchen im Mai/Juni ein Ei legen. Beide Eltern brüten und füttern. Seine Winterplätze liegen an Nordsee, Nordatlantik, an der Nordwestküste Afrikas, im westlichen Mittelmeer, ausnahmsweise auch an der Ostsee. Verbreitung: Nordatlantik, Norden Nordamerikas, Grönland, südlichste Nistplätze in der Bretagne.

Ordnung: **Taubenvögel** — *Columbiformes*
Familie: **Tauben** — *Columbidae*

2 Hohltaube *Columba oenas*. Länge 33 cm. Die Hohltaube bewohnt alte Laub- oder Mischwälder, in denen sie genügend natürliche Höhlen vorfindet, sie ernährt sich von Samen. Nistet 2- bis 3mal jährlich. Von April bis Juli legt das Weibchen in das in einer Baumhöhle befindliche Nest zwei Eier, beide Eltern brüten und füttern. Zuerst werden die Jungen mit einer quarkähnlichen Ausscheidung, die sich im Kropf der Alten bildet, gefüttert, später würgen ihnen die Eltern Früchte und Samenkörner aus dem Kropf direkt in den Schlund. Ähnlich verhalten sich auch andere Tauben. In West- und Südeuropa Standvogel; in Mitteleuropa überwintert die Hohltaube gelegentlich, doch zieht sie meist nach Südeuropa. Verbreitung: Europa (außer Nordskandinavien), Westasien (bis zum Irtysch), Nordwestafrika.

3 Felsentaube *Columba livia*. Länge 33 cm. Von ihr stammen alle Haustaubenrassen ab. Sie bewohnt vegetationsarme Felsgebiete an der Küste und im Binnenland, ihre Nahrung besteht aus Sämereien. Der Vogel nistet auf hohen Felsenklippen, besonders gern in Höhlen, wo oft Riesenschwärme nisten. Das Weibchen legt von April bis Juli meist zwei Eier, doch brütet es 2- bis 3mal im Jahr. Verbreitung: Südeuropa, Nordafrika, Vorder-, Klein- und Südasien (bis Japan).

4 Ringeltaube *Columba palumbus*. Länge 40 cm. Größte europäische Taube, bewohnt alle Waldtypen, auch größere Parks und Gärten. Wichtiges Erkennungsmerkmal ist der weiße Flügelbug, der im Flug wie ein weißer Streifen aussieht und sowohl bei Jungtieren als auch alten Vögeln vorhanden ist. Alte Tiere haben zu beiden Seiten des Halses weiße Flecken. Nahrung sind vor allem Eicheln und Bucheckern, aber auch Beeren und kleine Schnecken. Die Ringeltaube baut ihr Nest in Bäumen, gelegentlich benutzt sie auch Nester von Krähen oder Greifvögeln. Sie nistet 2- bis 3mal jährlich, von April bis August legt das Weibchen zwei Eier. Die nordeuropäischen Populationen überwintern in West- und Mitteleuropa sowie in Vorderasien, die südeuropäischen Ringeltauben sind meist Standvögel. Verbreitung: Europa (außer dem Norden), West- und Südasien, Nordwestafrika.

5 Turteltaube *Streptopelia turtur*. Länge 27 cm. Die Turteltaube bewohnt lichte Misch- und Laubwälder sowie Büsche und ernährt sich von Sämereien. Ihr Schwanz hat einen schmalen weißen Endstreif, der auch im Flug sichtbar ist. Sie nistet nicht hoch auf Bäumen oder in Büschen. Von Mai bis Juli legt das Weibchen zwei Eier, es nistet 2mal im Jahr. Zugvogel, überwintert teils im Mittelmeerraum, teils in Nordafrika. Verbreitung: Europa (außer Skandinavien), Westasien, Nordafrika.

6 Türkentaube *Streptopelia decaocto*. Länge 28 cm. An ihrem Schwanz sitzt ein breiter weißer Endstreif. Bewohnt Parks, Gärten, Laub- und Mischwälder. Ihre Nahrung besteht aus Beeren, Sämereien und Pflanzenteilen. Die Türkentaube nistet von März bis Oktober auf Bäumen und Gebäuden. Das Weibchen legt 3- bis 4mal im Jahr zwei Eier. Standvogel Verbreitung: Ursprünglich Süd- und Ostasien, Balkanhalbinsel. Seit 1930 dringt sie nach Norden und Westen vor.

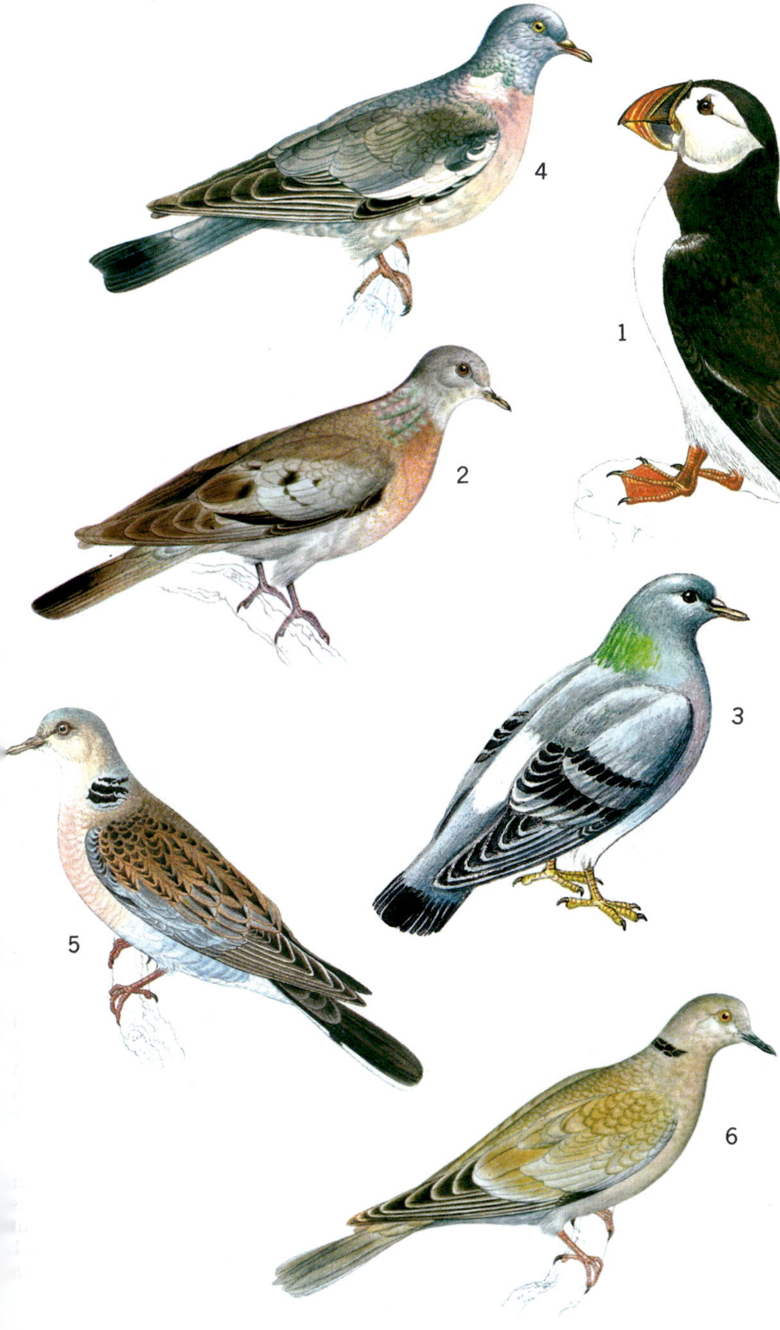
4
1
2
3
5
6

Vögel

Ordnung: **Eulenvögel** — *Strigiformes*
Familie: **Schleiereulen** — *Tytonidae*

1 Schleiereule *Tyto alba.* Länge 34 cm. Um die Augen- und Schnabelpartie sitzt ein auffälliger herzförmiger Schleier. Hält sich in menschlicher Nähe auf und nistet auf Türmen, in Ruinen, Scheunen usw. Ihre Nahrung besteht aus Wühlmäusen und anderen kleinen Säugern, Vögeln und Insekten. Die Nistzeit beginnt im April und zieht sich manchmal bis in den Juli hin. In Jahren mit Massenvorkommen von Wühlmäusen nistet die Schleiereule auch im Herbst und Winter. Das Weibchen legt 4—7 (oder mehr) Eier auf die bloße Unterlage, beide Eltern brüten und füttern. Stand- oder Strichvogel. Verbreitung: Ganz Europa (bis Südskandinavien), Vorder- und Südasien, Afrika, ein Teil Nordamerikas, Südamerika, Australien.

Familie: **Eulen** — *Strigidae*

2 Uhu *Bubo bubo.* Länge 66—71 cm. Das Weibchen ist etwas größer als das Männchen. Diese größte europäische Eule bewohnt Niederungen und Berggegenden mit Felspartien oder Steinhängen. Findet sie keine Felsformationen vor, nistet sie in hohlen Bäumen oder in Horsten verschiedener Greifvögel. Der Uhu ernährt sich von Säugern und Vögeln bis zur Größe von Dachsen und Auerhühnern. Er jagt ausschließlich nachts. Von März bis Mai legt das Weibchen 2—4 Eier direkt auf den Felsgrund, es brütet allein, während das Männchen jagt und Nahrung herbeischafft. Beide Eltern betreiben Brutpflege. Stand- oder Strichvogel. Verbreitung: Fast ganz Europa, fast ganz Asien, Nordamerika.

3 Schneeule *Nyctea scandiaca.* Länge 57 cm. Bewohnt Tundren in den Niederungen und in den Bergen, als Nahrung dienen ihr kleine Säuger, vor allem Lemminge. Die Schneeule nistet am Boden, von April bis Juni legt das Weibchen 3—8 Eier. Es brütet allein, doch füttern beide Eltern. Standvogel, weicht nur in besonders harten Wintern nach Süden aus. Verbreitung: Zirkumarktisch.

4 Waldkauz *Strix aluco.* Länge 38 cm. Vorwiegend in Laubwäldern mit alten Bäumen, in Parks, Alleen und großen Gärten. Typisch sind seine dunkelbraunen Augen (wie auch beim Habichtskauz). Der Waldkauz ernährt sich hauptsächlich von Nagern und anderen kleinen Säugern, Vögeln und größeren Insekten. Nistet in Höhlen, unter alten Greifvogelhorsten, gelegentlich auch in Gebäuden und Erdlöchern. Im März/April legt das Weibchen 3—4 weiße Eier, auf denen es allein sitzt, doch füttert auch das Männchen. Der Waldkauz nistet 1- bis 2mal im Jahr. Standvogel. Verbreitung: Europa (mit Ausnahme von Irland, Island und Nordskandinavien), Westsibirien, Südasien, Nord- und Nordwestafrika.

5 Habichtskauz *Strix uralensis.* Länge 61 cm. Dieser Kauz lebt in alten Waldgebieten der Niederungen und Gebirge. Dort nistet er in Baumhöhlen und verlassenen Greifenhorsten. In seiner Ernährungsweise gleicht er dem Waldkauz, er jagt oft am hellen Tag. Von März bis Mai legt das Weibchen 3—4 Eier. Es brütet allein, beide Eltern füttern. Standvogel. In harten Wintern ziehen die Vögel oft in die nähere Umgebung von Städten und Dörfern. Verbreitung: Nordeuropa, Sibirien bis Sachalin und Japan. Isolierte Brutplätze finden sich in den Alpen, Karpaten und anderen europäischen Gebirgen.

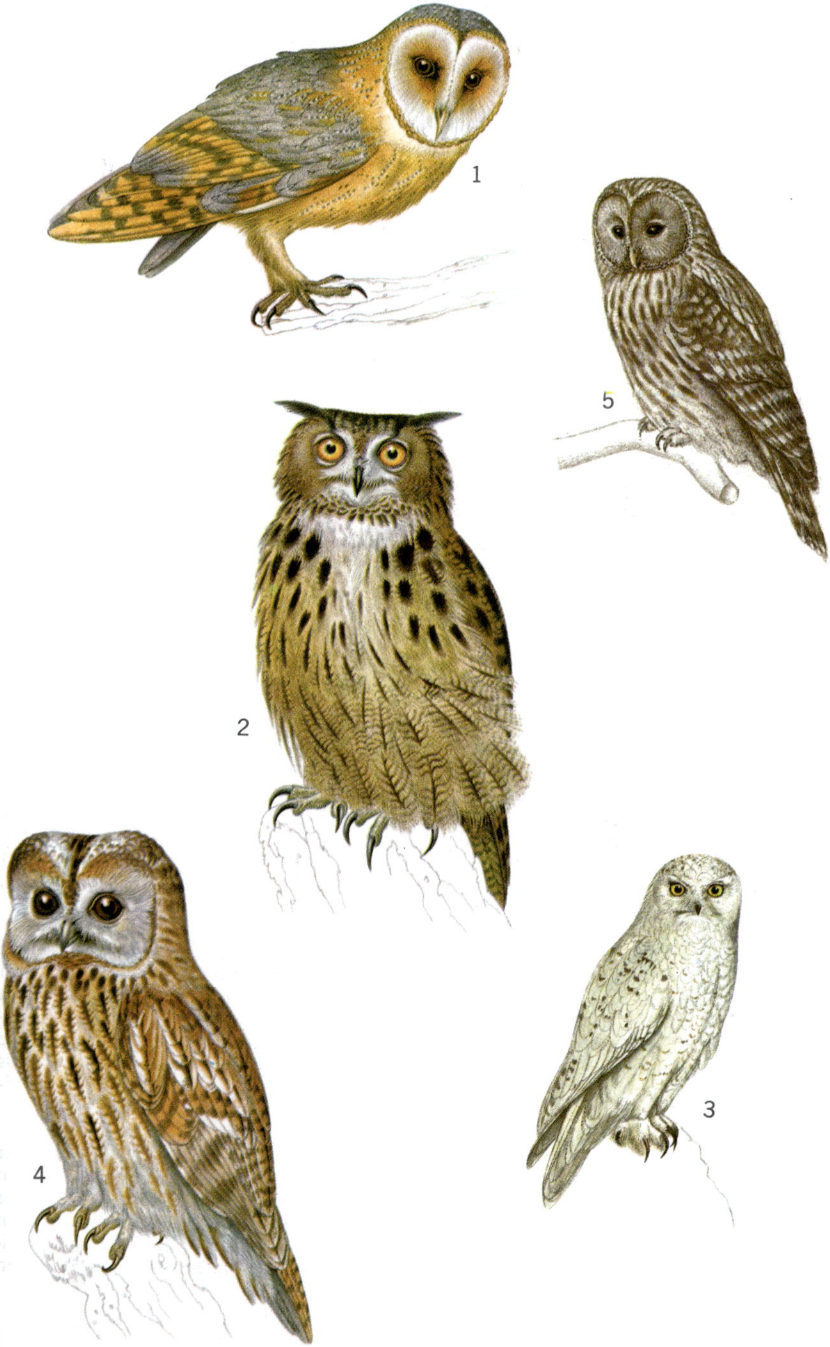
1
5
2
4
3

Vögel

Familie: **Eulen** — *Strigidae*

1 Sperlingskauz *Glaucidium passerinum.* Länge 16,5 cm. Kleinste europäische Eule, bewohnt alte Nadelwälder in Niederungen und Gebirgen. Ihre Nahrung besteht aus kleinen Säugern und Singvögeln, oft jagt sie auch am Tag. Der Sperlingskauz hat eine melodische Pfeifstimme. Er nistet in Baumhöhlen, sehr gern bezieht er von Spechten angelegte Nisthöhlen. Im April/Mai legt das Weibchen 4—6 Eier, die es allein bebrütet, während das Männchen Nahrung herbeischafft. In Mitteleuropa Standvogel, die nordeuropäischen Sperlingskäuze ziehen über den Winter in klimatisch mildere Gegenden. Verbreitung: Nordeuropa und Asien bis ins Amurgebiet. Inselweise auch in einigen mittel- und südeuropäischen Gebirgsmassiven.

2 Steinkauz *Athene noctua.* Länge 22 cm. In Parks, Gärten, Friedhöfen, Alleen und Wäldchen. Seine Nahrung besteht aus kleinen Säugern, Vögeln und Insekten. Der Steinkauz nistet in Höhlen von Bäumen, Mauern, in Nistkästen und Kaninchenlöchern. Im April/Mai legt das Weibchen 4—5 Eier. Das Weibchen brütet, das Männchen bringt Nahrung herbei. Beide Eltern füttern die Jungen. Stand- und Strichvogel. Verbreitung: Fast ganz Europa, Asien (bis Nordchina, Indien, Irak), Nordafrika.

3 Waldohreule *Asio otus.* Länge 36 cm. Die Art sieht wie ein Miniatur-Uhu aus. Vorwiegend in Nadel- und Mischwäldern, seltener in Laubwäldern. Die Waldohreule ernährt sich von kleinen Säugetieren, vor allem von Wühlern und Mäusen. Sie nistet in verlassenen Krähen-, Elstern- und auch Eichhörnchennestern. Von März bis Juni legt das Weibchen 4—6 Eier, die es allein bebrütet. Das Männchen bringt erst dem Weibchen, später auch den Jungen Nahrung. Die Art nistet 2mal im Jahr. Je nach Futterbedingungen Stand-, Strich- oder Zugvogel, oft lange Züge nach Süden oder Südwesten. Verbreitung: Europa (mit Ausnahme der nördlichsten Gebiete), Zentralsibirien, Nordwestafrika, Nordamerika.

4 Sumpfohreule *Asio flammeus.* Länge 37 cm. Bewohnt offene Landschaften, Tundren, Sümpfe, Steppen, doch sucht sie überall sumpfige Stellen auf. Ihre Nahrung besteht aus kleinen Säugern, die sie hauptsächlich tagsüber jagt. Als einzige Eule baut die Sumpfohreule ein eigenes Nest am Boden im Schilf, Gras oder in Feldkulturen. Im April/Mai legt das Weibchen 4—7 Eier, die es allein bebrütet, während das Männchen erst das Weibchen, später auch die Jungen mit Nahrung versorgt. Die Art ist ein Strich- oder Zugvogel, das hängt von den Futterbedingungen ab. Oft weite Züge ins tropische Afrika und nach Südasien. Verbreitung: Fast ganz Europa, Mittel- und Nordasien, Nordamerika, Zentralteil Südamerikas.

5 Rauhfußkauz *Aegolius funereus.* Länge 25 cm. Der Rauhfußkauz bewohnt tiefe Nadelwälder in Niederungen und Gebirgen, er hat bis an die Krallen dicht befiederte Läufe. Seine Nahrung besteht aus kleinen Säugern und Singvögeln. Nistet gern in Höhlungen, besonders in alten Spechtnestern. Von März bis Mai legt das Weibchen 4—6 Eier und bebrütet sie allein, während das Männchen Nahrung herbeischafft. Im Herbst verlassen die Vögel die Berge und ziehen sich in tiefere Lagen zurück. Verbreitung: Mitteleuropa (inselweise in Gebirgen), Nordeuropa, Asien, Nordamerika.

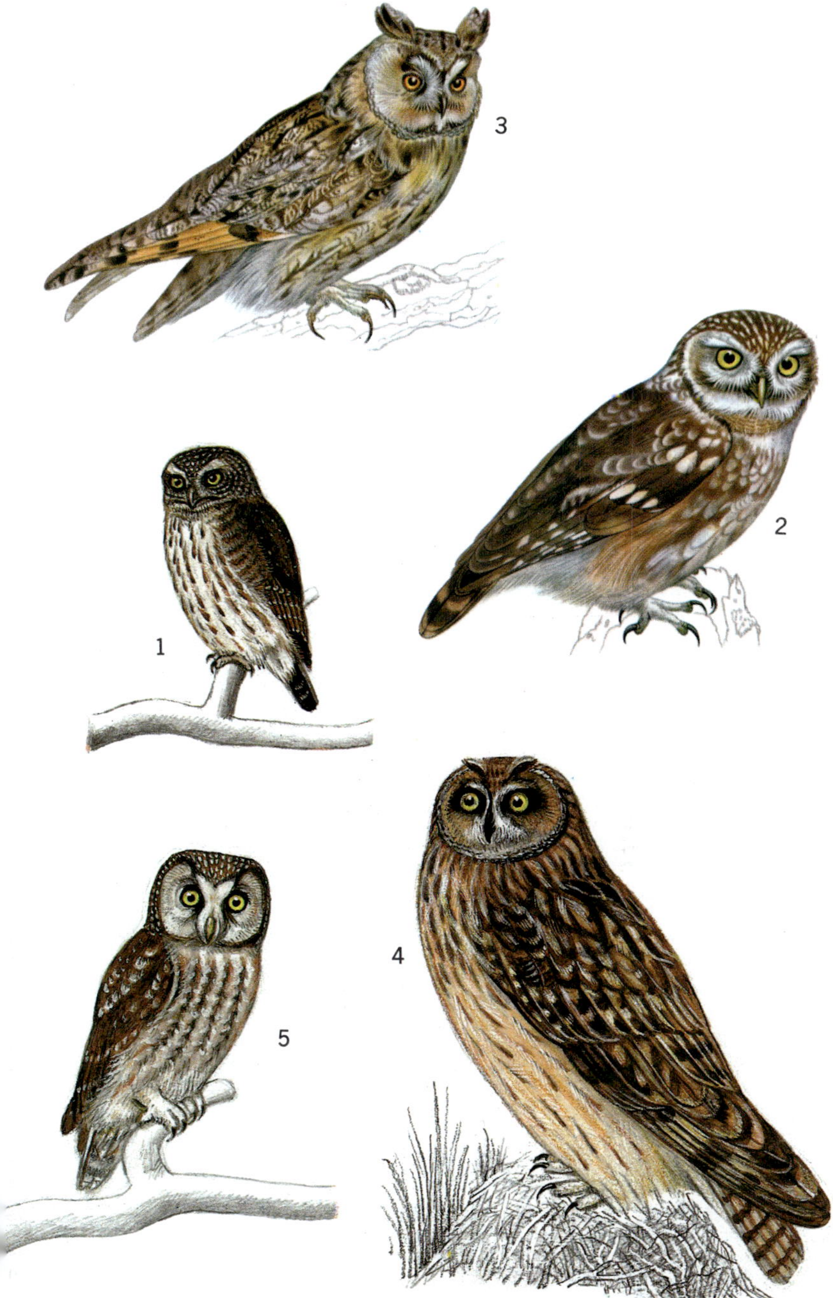
3
2
1
5
4

Vögel

Ordnung: **Kuckucksartige** — *Cuculiformes*
Familie: **Kuckucke** — *Cuculidae*

1 Kuckuck *Cuculus canorus.* Länge 33 cm. Den charakteristischen Ruf bringt nur das Männchen hervor. Der Vogel bewohnt lichte Mischgehölze mit reichem Unterholz, seine Nahrung besteht aus Insekten. Nistparasit, von Mai bis Juli legt das Weibchen immer ein Ei in das Nest anderer Vögel. In Größe und Färbung ähneln die Eier oft denen der Pflegeeltern. Insgesamt legt der Kuckuck 15—20 Eier, und die Jungen schlüpfen nach 12½ Tagen. Daher schlüpfen Kuckucksjunge gleichzeitig oder sogar früher als die Nestgeschwister. In einer Reflexhandlung drängen sie Eier oder Junge der Pflegeeltern aus dem Nest, entledigen sich so der Futterkonkurrenten und bleiben im Nest allein. Zugvogel, der im tropischen und südlichen Afrika überwintert. Verbreitung: Ganz Europa, Asien, fast ganz Afrika.

Ordnung: **Ziegenmelkervögel** — *Caprimulgiformes*
Familie: **Ziegenmelker** — *Caprimulgidae*

2 Ziegenmelker *Caprimulgus europaeus.* Länge 27 cm. Der Vogel bewohnt lichte und trockene Nadel- und Mischwälder, vor allem Kiefernbestände, Waldränder und Moore. Dämmerungs- und Nachtvogel, der sich von Nachtinsekten, hauptsächlich Nachtschmetterlingen ernährt. Von Mai bis Juli legt das Weibchen zwei Eier direkt auf den Boden, ein Nest wird nicht gebaut. Beide Eltern brüten und füttern. Der Zugvogel überwintert in Südasien und Afrika. Verbreitung: Fast ganz Europa, Asien (bis zum Baikalsee und Afghanistan), Nordwestafrika.

Ordnung: **Rackenvögel** — *Coraciiformes*
Familie: **Hopfe** — *Upupidae*

3 Wiedehopf *Upupa epops.* Länge 28 cm. Der Wiedehopf lebt in offenen Landschaften mit Baumgruppen, auch in Gärten und in der Nähe menschlicher Ansiedlungen. Seine Nahrung besteht aus Insekten. Der Vogel nistet in Hohlräumen in Bäumen, Mauern und Steinhaufen. Von Mai bis Juli legt das Weibchen 6—8 Eier, manchmal nisten die Tiere 2mal im Jahr. Nur das Weibchen sitzt auf dem Gelege, das Männchen sorgt für Nahrung. Sind die Jungen 15 Tage alt, hilft ihm auch das Weibchen beim Füttern. Die Jungen und die nistenden Weibchen scheiden aus der Schwanzdrüse eine übelriechende Flüssigkeit ab, die sie bei Gefahr gegen den Feind verspritzen. Zugvogel, überwintert im tropischen Afrika. Verbreitung: Fast ganz Europa, Mittel- und Südasien, fast ganz Afrika.

Familie: **Racken** — *Coraciidae*

4 Blauracke *Coracias garrulus.* Länge 30 cm. Die Blauracke bewohnt offene Landschaften mit Baumgruppen, lichte Wälder und baumbestandene Ufer. Sie ernährt sich in der Hauptsache von Insekten, weniger von Mäusen und Eidechsen. Im Mai/Juni legt das Weibchen 4—5 Eier, beide Eltern brüten und füttern. Zugvogel, überwintert in Ostafrika. Verbreitung: Großteil Europas, Südwestasien, Nordwestafrika.

Familie: **Eisvögel** — *Alcedinidae*

5 Eisvogel *Alcedo atthis.* Länge 16,5 cm. An stehenden und fließenden Gewässern, wo er sich von kleinen Fischen und Wasserinsekten ernährt. Der Eisvogel nistet in einem Bau, den er in der sandigen oder lehmigen Uferböschung anlegt. Von April bis Juli legt das Weibchen 6—7 Eier, im ganzen nistet der Vogel 2mal im Jahre. Beide Eltern brüten und füttern. Teilweise Zugvogel. Verbreitung: Großteil Europas und Asiens, Nordafrika.

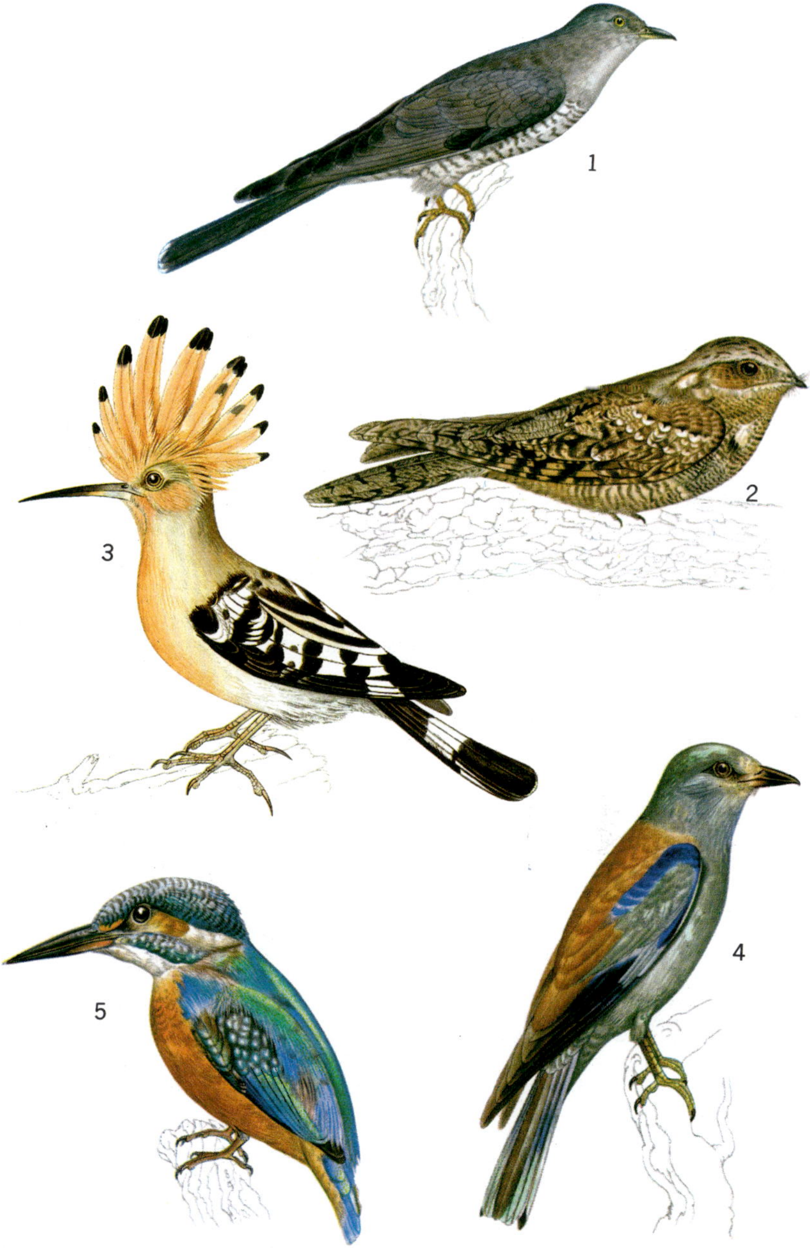
1
2
3
4
5

Vögel

Familie: **Bienenfresser** — *Meropidae*

1 Bienenfresser *Merops apiaster.* Länge 28 cm. Der Vogel bewohnt übersichtliche Landstriche an Flüssen und Bächen. Als Nahrung dienen ihm fliegende Insekten, vor allem Schmetterlinge und Libellen. Bienenfresser nisten kolonieweise in Löchern, die sie sich in Sand- oder Lehmböschungen bzw. Steilufern ausheben. Im Juni/Juli legt das Weibchen 4—7 Eier, beide Eltern brüten und füttern. Zugvogel, überwintert in Afrika. Verbreitung: Mittel-, Süd- und Südosteuropa, Vorder- und Südwestasien, Nordwestafrika.

Ordnung: **Spechtvögel** — *Piciformes*
Familie: **Spechte** — *Picidae*

2 Wendehals *Jynx torquilla.* Länge 16 cm. Der Wendehals bewohnt in Niederungen und Hügellandschaften lichte Wälder, Alleen, Parks und größere Gärten. Nahrung sind hauptsächlich Ameisen und ihre Larven, aber auch andere Insekten. Er nistet in Höhlen, die er aber nicht selbst meißelt. Auf den bloßen Höhlengrund legt das Weibchen im Mai/Juni 7—10 Eier, beide Eltern brüten und füttern. Zugvogel, überwintert im tropischen Afrika sowie in Indien. Verbreitung: Fast ganz Europa, Asien (bis Japan), Algerien.

3 Schwarzspecht *Dryocopus martius.* Länge 45 cm. Größter Specht Europas, zwischen Niederungen und Gebirgen in weiten Nadelwäldern. Seine Nahrung sind im Holz lebende Insekten sowie Ameisen und ihre Larven. Zum Nisten sucht sich der Schwarzspecht mächtige, alte Bäume aus, in deren Holz er mit dem Schnabel eine tiefe Höhle meißelt. Im April/Mai legt das Weibchen 4—5 Eier, beide Eltern brüten. Standvogel, die jungen Tiere wandern. Verbreitung: Fast ganz Europa, Asien (bis Japan und Kamtschatka).

4 Grünspecht *Picus viridis.* Länge 32 cm. Der Grünspecht lebt in Laubwäldern, Parks, Baumgärten, Alleen und größeren Gärten. Er ernährt sich vorwiegend von Ameisen, weniger von anderen Insekten. Seine Nisthöhle legt er in Laubbäumen an, dort hinein bringt das Weibchen im April/Mai 5—7 Eier, beide Elter brüten und füttern. Standvogel, höchstens Strichvogel. Verbreitung: Fast ganz Europa außer Island, Nord-Schottland und nördliche Teile Skandinaviens; lebt auch in Vorderasien und Nordwestafrika.

5 Grauspecht *Picus canus.* Länge 25 cm. Der Grauspecht bewohnt von den Niederungen bis in die Gebirge lichte Laub- und Mischwälder sowie große stille Parks, seltener als der Grünspecht. In wärmeren Gebieten Standvogel, in Nordeuropa Strichvogel. Verbreitung: Großteil Europas (fehlt z. B. im Westen), Mittel-, Ost- und Südostasien.

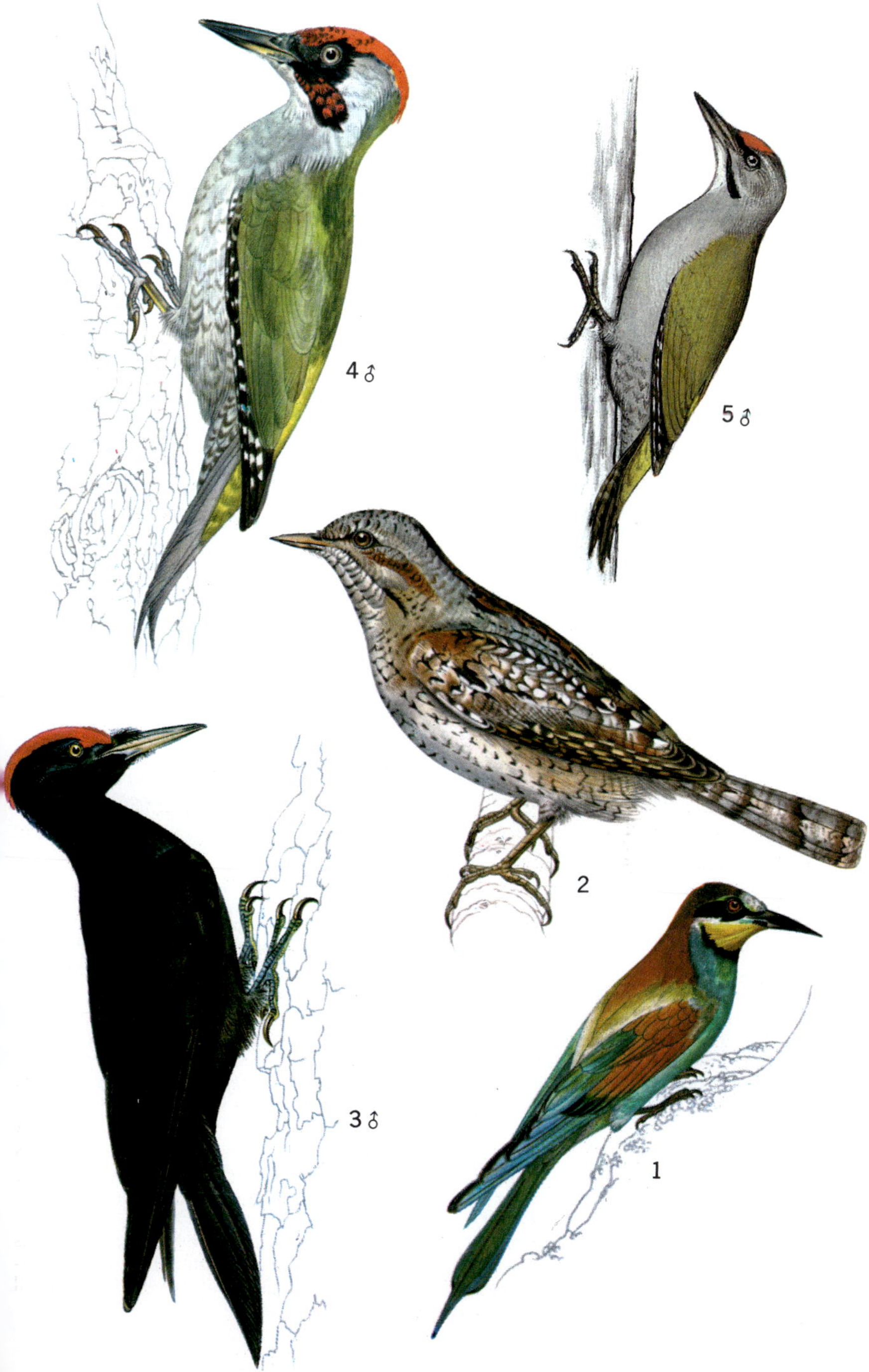

4 ♂
5 ♂
2
1
3 ♂

Vögel

Familie: **Spechte** — *Picidae*

1 Buntspecht *Dendrocopos major.* Länge 23 cm. Vorwiegend in Nadelwäldern, aber auch in Alleen, Baumgärten usw. Seine Nahrung besteht aus unter der Rinde und im Holz lebenden Insekten, Nadelbaumsamen und Nüssen. Der Buntspecht meißelt seine Nisthöhle in Bäumen mit weichem oder morschendem Holz (wie die anderen Arten auch). Im Mai/Juni legt das Weibchen 5—6 Eier, beide Eltern brüten und füttern. Ortsständig, nur in Nordeuropa Zugvogel, der in südlicheren Gebieten überwintert. Verbreitung: Fast ganz Europa, Großteil Asiens (bis Kamtschatka und Südostchina), Nordwestafrika.

2 Kleinspecht *Dendrocopos minor.* Länge 14,5 cm. Kleinste Spechtart, sie lebt in Laub- und Mischwäldern, größeren Gärten und Parks vor allem in Niederungen, seltener im Hügelland. Der Kleinspecht ernährt sich hauptsächlich von Käfern und ihren Larven, weniger von Ameisen, im Winter auch von Samen. Er nistet in ausgemeißelten Baumhöhlen. Im April/Mai legt das Weibchen 5—6 Eier, beide Eltern brüten und betreiben Brutpflege. In gemäßigtem Klima Standvogel, die nordeuropäischen Populationen überwintern in Mitteleuropa. Verbreitung: Fast ganz Europa (außer Irland und Schottland), Asien (bis Kamtschatka und Nordjapan), Nordwestafrika.

3 Mittelspecht *Dendrocopos medius.* Länge 21,5 cm. Lebt in den Laubwäldern der Niederungen, in denen er genügend alte, hohle Bäume findet, in Parks und großen, alten Gärten. Nadelwälder meidet er. Nahrung wie beim Buntspecht. Der Mittelspecht nistet in Höhlen, die andere Arten gemeißelt haben. Von April bis Juni legt das Weibchen 5—6 weiße Eier, beide Eltern brüten und füttern. Stand- bzw. Strichvogel. Verbreitung: Ganz Europa (außer dem Süden der Pyrenäenhalbinsel, den Britischen Inseln und Nordskandinavien), Vorderasien.

Ordnung: **Sperlingsvögel** — *Passeriformes*
Familie: **Lerchen** — *Alaudidae*

4 Haubenlerche *Galerida cristata.* Länge 17 cm. Im Nacken mit charakteristischem Federschopf. Die Haubenlerche ist ursprünglich ein Steppenvogel, dem die Kultursteppe (Felder) zupaß kommt. Ihre Nahrung besteht aus Sämereien, grünen Pflanzenteilen und Insekten. Die Lerche baut ihr Nest aus Halmen, Gräsern, Würzelchen, Haaren und Federn am Boden. Von April bis Juli legt das Weibchen 3—5 Eier, die Art nistet 2mal im Jahr. Nur das Weibchen brütet, an der Brutpflege beteiligt sich auch das Männchen. Standvogel, der in der Nähe seines Nistplatzes überwintert. Verbreitung: Fast ganz Europa (mit Ausnahme der Britischen Inseln, dem größten Teil Skandinaviens und den Nordgebieten des europäischen Rußlands), Asien (bis Korea, Westpakistan und Arabien), Nordafrika.

5 Heidelerche *Lullula arborea.* Länge 15 cm. Die Heidelerche bewohnt ausgedehnte Flächen mit niederem Bewuchs und schütterem Gras, z. B. Heiden, Lichtungen in Kiefernwäldern usw. Sie singt sehr schön, vor allem bei Nacht. Ihr Nest besteht aus einem tiefen Kessel im Erdboden, der mit Wurzeln, Moos, Haaren usw. ausgepolstert ist. Von April bis Juni legt das Weibchen 4—5 Eier. Das Weibchen brütet, beide Eltern füttern. Die Heidelerche nistet 2mal im Jahr. Teils überwintern die Tiere in Westeuropa, überwiegend jedoch im Mittelmeerraum. Verbreitung: Fast ganz Europa (außer Irland, Schottland, Nordskandinavien und den europäischen Teilen Rußlands), Vorderasien, Nordwestafrika.

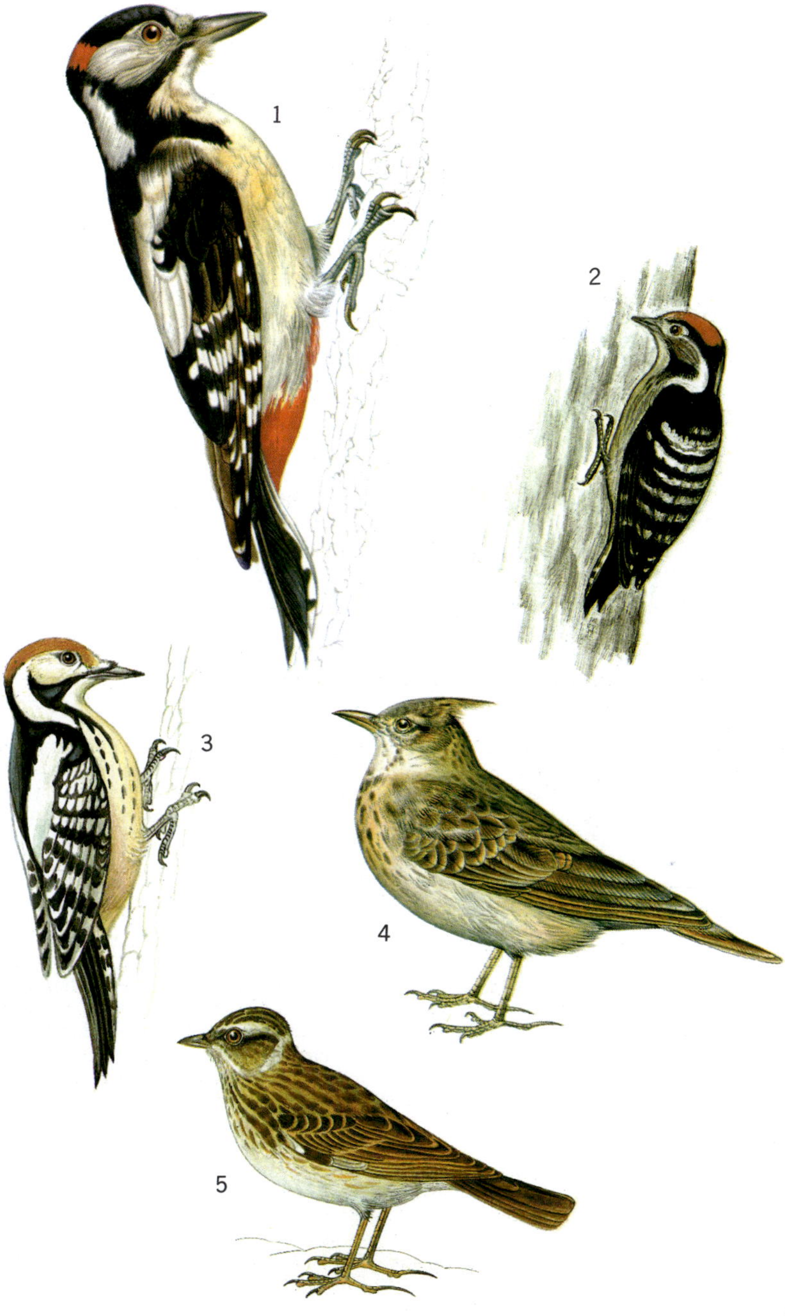
1
2
3
4
5

Vögel

Familie: **Lerchen** — *Alaudidae*

1 Feldlerche *Alauda arvensis.* Länge 18 cm. In Niederungen und Gebirgen bewohnt die Feldlerche Felder, Wiesen und andere unbewaldete Flächen. In Nahrungsgewohnheiten und Biologie entspricht sie der Haubenlerche. Die Art überwintert in Südeuropa, vereinzelt überwintern Exemplare der Mittel- und westeuropäischen Populationen im Brutgebiet. Verbreitung: Fast ganz Europa, Asien, Nordwestafrika.

Familie: **Schwalben** — *Hirundinidae*

2 Rauchschwalbe *Hirundo rustica.* Länge 18 cm. Die Rauchschwalbe ist von den Niederungen bis zur oberen Waldgrenze in den Gebirgen in der Nähe menschlicher Siedlungen anzutreffen. Ihre Hauptnahrung, Insekten, fängt sie meist im Flug. Rauchschwalben nisten in Gesellschaften in Gebäuden oder außen dicht unter der Dachkante. Das Nest hat die Form einer Viertelkugel, es wird aus speichelvermengten Lehmbröckchen sowie Gras- und Strohhalmen zusammengemauert. Von Mai bis August legt das Weibchen 4—5 Eier. Es brütet allein, doch hilft beim Füttern auch das Männchen. Die Rauchschwalbe nistet 2- bis 3mal im Jahr. Zugvogel. Verbreitung: Fast ganz Europa (außer dem hohen Norden), Asien, Nordafrika, Nordamerika.

3 Mehlschwalbe *Delichon urbica.* Länge 13 cm. Die Mehlschwalbe lebt in menschlichen Ansiedlungen, in größerer Zahl auch in Großstädten. Ihre Nahrung besteht aus Insekten. Die Tiere nisten in Kolonien, ihr Nest besteht aus einer geschlossenen Viertelkugel und sitzt außen an Gebäuden unter der Dachkante. Von Mai bis August legt das Weibchen fünf Eier, beide Eltern brüten und füttern. Die Mehlschwalbe nistet 2mal im Jahr. Zugvogel, überwintert in Afrika und Asien. Verbreitung: Nordwestafrika, in Europa und Asien deckt sich ihr Areal nahezu mit dem der Rauchschwalbe.

4 Uferschwalbe *Riparia riparia.* Länge 12 cm. Lebt in offenen Landschaften mit stehenden oder fließenden Gewässern und ernährt sich von Insekten, die sie im Flug fängt. Die Uferschwalbe nistet kolonieweise, ihre Nester legt sie in den Wänden von Lehm- und Sandgruben sowie in den Uferböschungen von Bächen und Flüssen an. Dort gräbt sie einen tiefen Gang, der in die mit Federn ausgepolsterte Nistkammer mündet. Von Mai bis Juli legt das Weibchen 5—6 Eier, die Tiere nisten 2mal jährlich. Beide Eltern brüten und füttern. Zugvogel. Verbreitung: Nahezu identisch mit dem Verbreitungsgebiet der Rauchschwalbe, auch die Winterplätze stimmen überein.

Familie: **Stelzen** — *Motacillidae*

5 Schafstelze *Motacilla flava.* Länge 16,5 cm. Der Vogel bewohnt in den Niederungen nasse Wiesen und Felder. Nie hat er eine schwarze Kehle. Seine Nahrung besteht aus Insekten. Bodenbrüter. Von Mai bis Juli legt das Weibchen 5—6 Eier, die es allein bebrütet, doch füttert auch das Männchen. Die Schafstelze brütet 2mal im Jahr. Zugvogel, überwintert in den Tropen Afrikas und Asiens. Verbreitung: Fast ganz Europa (außer dem hohen Norden), Teile Nordafrikas, Asien (nördlich des Himalaja), Alaska. In ihrem Verbreitungsgebiet ca. 22 geographische Rassen.

6 Gebirgsstelze *Motacilla cinerea.* Länge 18 cm. In unmittelbarer Nähe von Flüssen und Bächen im Gebirge, im Gebirgsvorland und auch in den Niederungen. Das Männchen hat eine schwarze Kehle. Die Nahrung besteht aus Insekten, die Gebirgsstelze nistet in Uferhöhlen. Von April bis Juli legt das Weibchen 5—6 Eier, beim Brüten und in der Brutpflege wechseln sich beide Eltern ab. Die Art nistet 2mal im Jahr, die Tiere überwintern in Südeuropa und Nordafrika. Verbreitung: Fast ganz Europa, Asien (nördlich des Himalaja), Nordwestafrika.

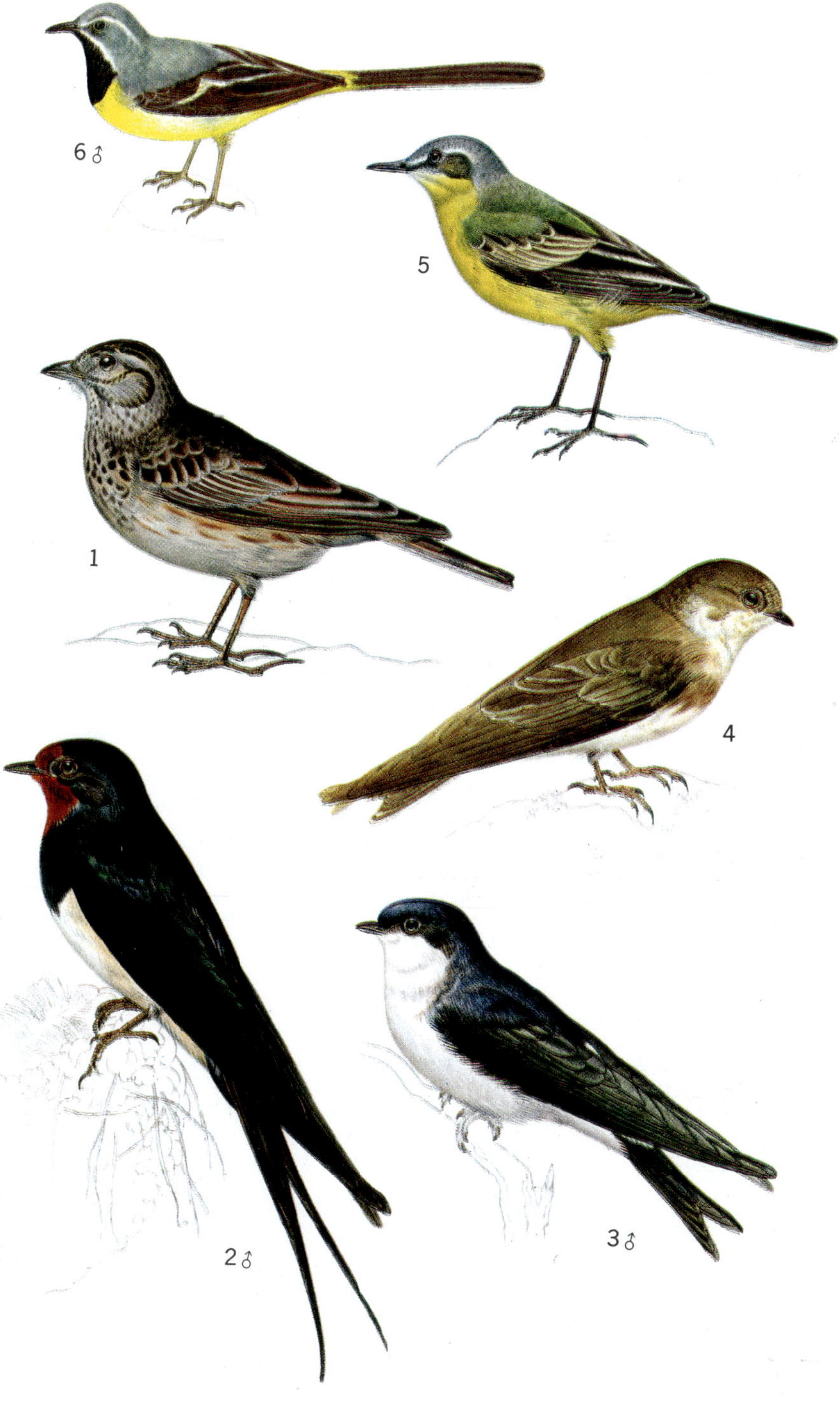
6 ♂
5
1
4
2 ♂
3 ♂

Vögel

Familie: **Stelzen** — *Motacillidae*

1 Bachstelze *Motacilla alba.* Länge 18 cm. Die Bachstelze lebt in offenem Gelände, meist am Wasser. Nicht selten nisten die Tiere in der Nähe von Gehöften, dort finden sie in den Ställen immer hinreichend Insekten, ihre Nahrung. Ihr Nest aus Zweigen, Laub, Wurzeln und Moos baut die Bachstelze in allen möglichen Höhlungen. Von April bis August legt das Weibchen 5—6 Eier, die Bachstelze brütet 2mal im Jahr. Auf den Eiern sitzt nur das Weibchen, beide Eltern füttern. Zugvogel, überwintert im Mittelmeerraum, in Afrika und Vorderasien. Verbreitung: Ganz Europa, fast ganz Asien, Afrika.

2 Brachpieper *Anthus campestris.* Länge 16,5 cm. Der Vogel lebt in offenen sandigen Gegenden, auf Brachland und weiträumigen Feldern, seine Nahrung besteht aus Insekten. Der Bodenbrüter baut ein Nest aus Wurzeln und Moos. Von Mai bis Juli legt das Weibchen 4—5 Eier, die es allein bebrütet, bei der Brutpflege hilft auch das Männchen. Zugvogel, überwintert in Nord- und Zentralafrika sowie in Südasien. Verbreitung: Europa (außer den Britischen Inseln, Skandinavien und dem Norden des europäischen Rußlands), Südgebiete Rußlands, sibirische Steppen, Mittelasien, Nordafrika.

3 Wasserpieper *Anthus spinoletta.* Länge 16 cm. Der Wasserpieper ist im Hochgebirge oberhalb der Waldgrenze sowie an der Meeresküste anzutreffen, er ernährt sich überwiegend von Insekten. Der Bodenbrüter nistet unter Grasbüscheln, Steinen oder Krüppelsträuchern. Von Mai bis Juli legt das Weibchen 4—6 Eier, die es allein bebrütet, beide Eltern füttern. Die meisten Tiere überwintern im Süden. Verbreitung: Europa, Asien, Nordamerika.

4 Baumpieper *Anthus trivialis.* Länge 15 cm. Der Baumpieper bewohnt lichte Wälder von den Niederungen bis ins Gebirge. Insektenfresser, das Nest aus Pflanzenteilen ist unter Rasenplaggen verborgen. Das Weibchen legt von Mai bis Juli fünf Eier. Es brütet allein, doch füttern beide Eltern. Der Baumpieper überwintert in Afrika und am Mittelmeer. Verbreitung: Fast ganz Europa, Asien (bis Nordostsibirien), Nordteil Kleinasiens.

Familie: **Seidenschwänze** — *Bombycillidae*

5 Seidenschwanz *Bombycilla garrulus.* Länge 18 cm. Der Vogel lebt in den Wäldern des Nordens mit reichem Unterholz. Im Sommer ernährt sich der Seidenschwanz hauptsächlich von Mücken, im Winter von allerlei Beeren. Er baut sein Nest aus Flechten, Moosen, Zweigen und Gräsern auf Bäumen. Im Mai/Juni legt das Weibchen 4—6 Eier, es brütet allein, doch füttert auch das Männchen. Strich- und Zugvogel. In Mitteleuropa fast das ganze Jahr über, gewöhnlich in großen Schwärmen. Verbreitung: Am nördlichen Polarkreis.

Familie: **Würger** — *Laniidae*

6 Neuntöter *Lanius collurio.* Länge 18 cm. Häufigste Würgerart. Der Vogel bewohnt offene, trockene Landstriche mit Buschbestand, Waldränder, Gärten usw. Seine Nahrung besteht aus Insekten, selten fängt er auch kleine Wirbeltiere, Beeren nimmt er gleichfalls selten an. Der Neuntöter nistet 1—2 m über dem Boden im Gebüsch. Von Mai bis Juli legt das Weibchen 4—6 Eier, die es allein bebrütet; beide Eltern füttern. Überwintert in Asien und Afrika. Verbreitung: Fast ganz Europa, Großteil Asiens.

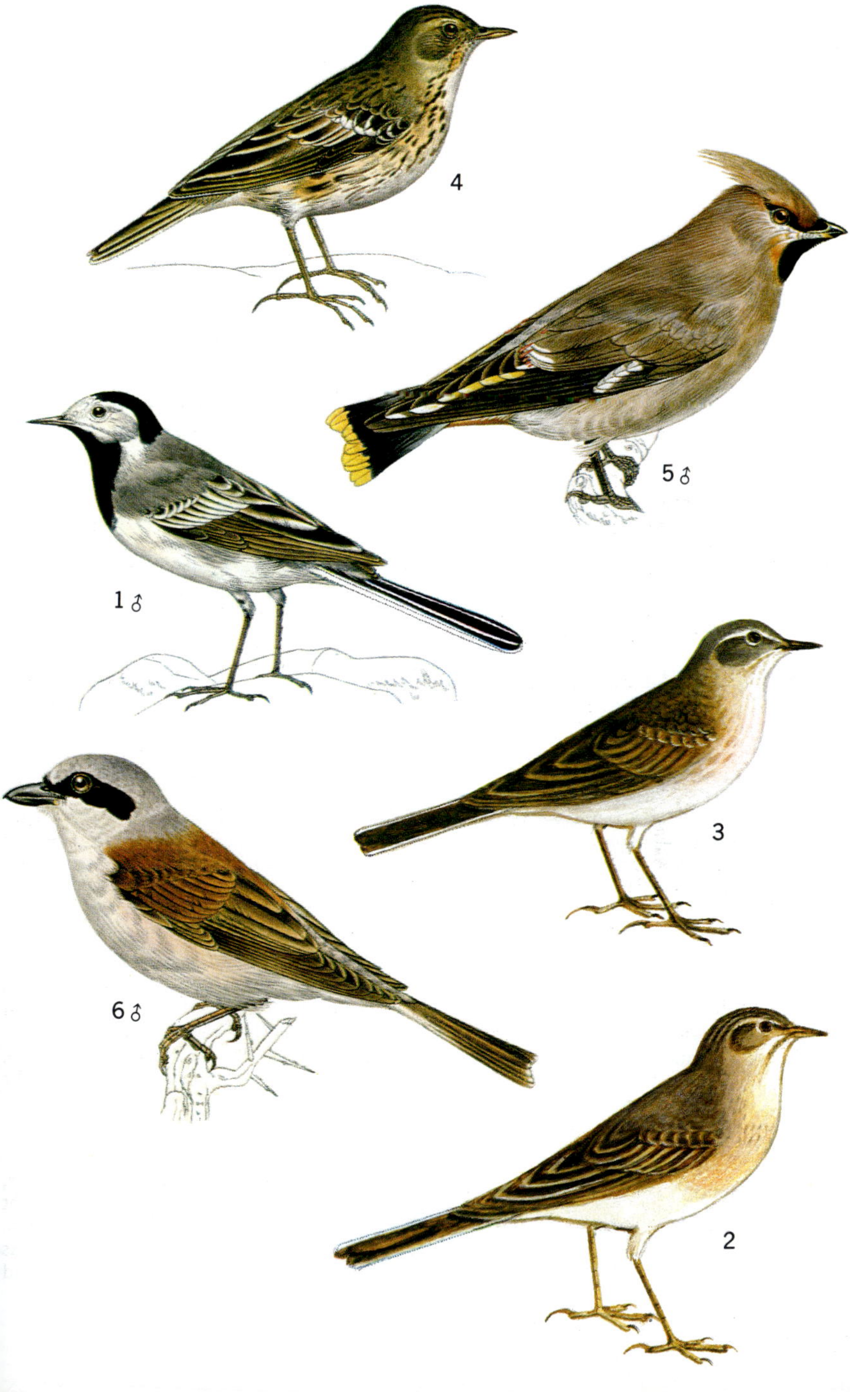
4
5 ♂
1 ♂
3
6 ♂
2

Vögel

Familie: **Würger** — *Laniidae*

1 Raubwürger *Lanius excubitor.* Länge 25 cm. Dieser größte europäische Würger bewohnt offene Landschaften mit Sträuchern, Gärten usw. Seine Nahrung besteht aus Insekten und kleinen Wirbeltieren, oft spießt er seine Beute in Nestnähe auf Dornen. Der Raubwürger nistet auf Bäumen und hohen Dornensträuchern. Von April bis Juni legt das Weibchen 5—7 Eier, es brütet allein, beide Eltern füttern. Verbreitung: Europa (außer den Britischen Inseln, Italien und dem Balkan), Asien, Nordafrika, Nordamerika.

Familie: **Wasseramseln** — *Cinclidae*

2 Wasseramsel *Cinclus cinclus.* Länge 18 cm. Die Wasseramsel lebt an Wildbächen und Flüssen im Gebirge und Bergvorland, sie ernährt sich von Insekten, Krebsen und Schnecken. Jagt ihre Beute unter Wasser, wobei sie über den Grund läuft und sich gegen den Strom mit den Flügeln weiterhilft. Nach dem Auftauchen fließt das Wasser von dem eingefetteten Gefieder sofort ab. Das Nest aus Moos und Wasserpflanzen wird unmittelbar am Wasser in Höhlungen gebaut. Von April bis Juli legt das Weibchen 4—6 Eier, beide Eltern brüten und füttern. Der Vogel nistet 2mal im Jahr. Stand- und Strichvogel. Verbreitung: In kleinen, verstreuten Gebieten fast über ganz Europa. Vorder- und Mittelasien, Afrika.

Familie: **Zaunkönige** — *Troglodytidae*

3 Zaunkönig *Troglodytes troglodytes.* Länge 9,5 cm. Der Zaunkönig bewohnt Wälder, Parks und Gärten mit reichem Unterholz und Strauchbestand. Er ernährt sich von Insekten. Sein Nest befindet sich in Gebüsch, unter Bachufern, in Reisighaufen usw. Von Mai bis Juli legt das Weibchen 5—7 Eier; es brütet allein, beim Füttern hilft auch das Männchen. Die nördlichen Populationen sind Zugvögel. Verbreitung: In ca. 38 Rassen über die ganze nördliche Halbkugel.

Familie: **Braunellen** — *Prunellidae*

4 Heckenbraunelle *Prunella modularis.* Länge 18 cm. Die Heckenbraunelle lebt in Laub- und Mischwäldern, in Parks mit dichtem Unterholz usw. Im Sommer ernährt sie sich vorwiegend von Insekten, im Winter von kleinen Sämereien. Von April bis Juli legt das Weibchen 4—5 Eier, die eine charakteristische, fleckenlose, blaugrüne Farbe aufweisen. Der Vogel nistet 2mal jährlich, das Weibchen brütet allein, beide Eltern füttern. Die Heckenbraunelle baut ihr Nest dicht über dem Boden im Gebüsch, stets ist es sorgsam verborgen. Ihre Winterplätze liegen in West- und Südeuropa, Nordafrika, Kleinasien, Kaukasus. Verbreitung: Fast ganz Europa, Kleinasien. In den europäischen Gebirgen lebt die verwandte Alpenbraunelle (*P. collaris*), seltener Irrgast ist die Steinbraunelle (*P. montanella*) aus Sibirien.

Familie: **Grasmücken** — *Sylviidae*

5 Schlagschwirl *Locustella fluviatilis.* Länge 15 cm. Der Vogel lebt an Flußufern und Altwässern, auf feuchten, verwachsenen Wiesenflächen usw. Seine Nahrung besteht aus Insekten, sein Nest baut er am Boden oder dicht darüber. Von Mai bis Juli legt das Weibchen 4—5 Eier, der Schlagschwirl brütet 2mal im Jahr. Er überwintert in den Tropen Afrikas. Verbreitung: Europa (von Ostdeutschland nach Norden bis Südschweden, nach Süden bis ans Schwarze Meer), Westsibirien.

6 Feldschwirl *Locustella naevia.* Länge 13 cm. Bewohnt buschbestandene Flußufer, Weiden- und Erlenbüsche inmitten sumpfiger Wiesen usw. Seine Nahrung bilden Insekten. Lebt im Verborgenen, Bodenbrüter. Vom Mai bis Juli legt das Weibchen 5—6 Eier, beide Eltern brüten und füttern. Die Art nistet 1- bis 2mal im Jahr, sie überwintert in Südeuropa, Nordafrika und Südwestasien. Verbreitung: Europa (im Norden bis Südskandinavien), Südwestsibirien.

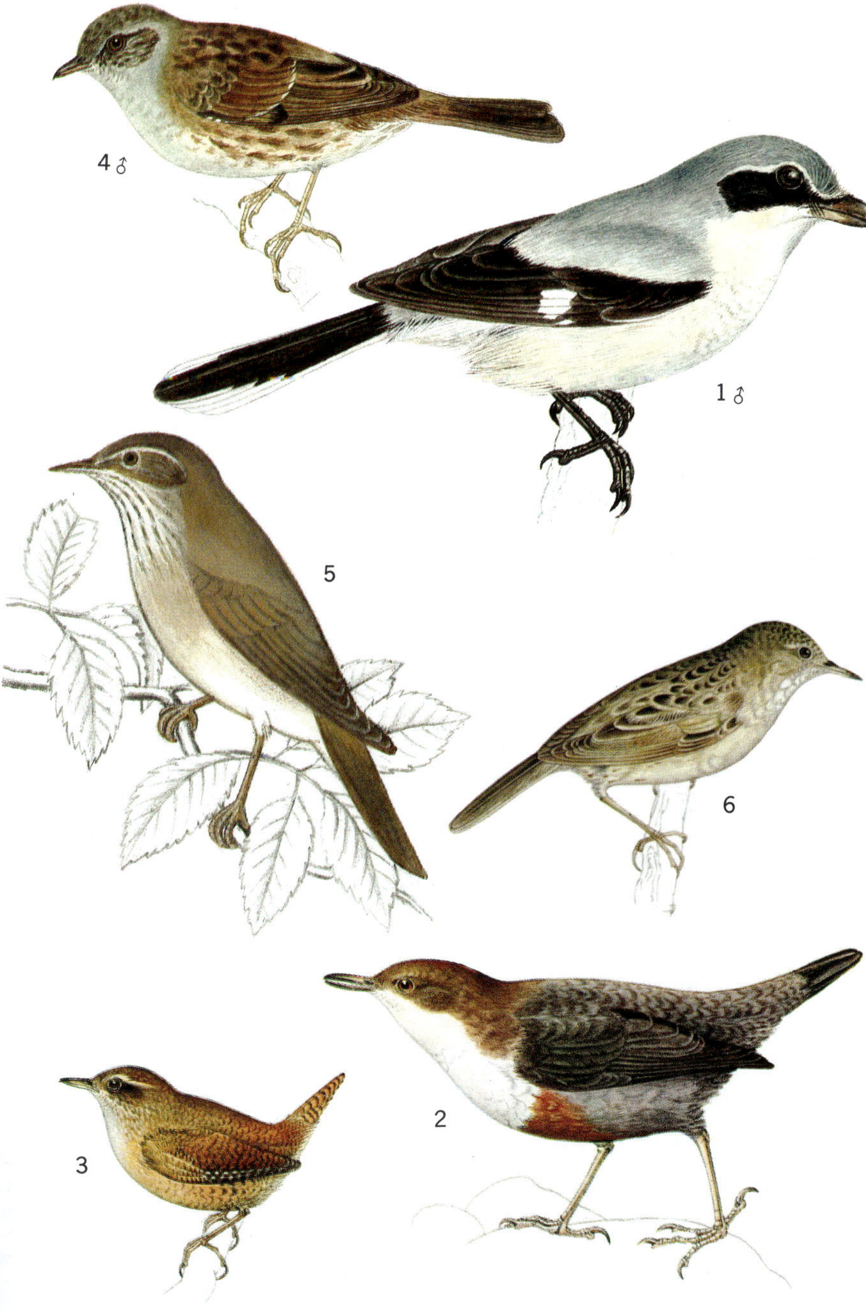
4 ♂
1 ♂
5
6
2
3

Vögel

Familie: **Grasmücken** — *Sylviidae*

1 Drosselrohrsänger *Acrocephalus arundinaceus.* Länge 19 cm. Größter europäischer Rohrsänger. Lebt verborgen im Röhricht an Seen und Teichen. Seine Nahrung besteht aus Insekten. Das Nest ist ein kunstvoll aus Gräsern geflochtener Korb und hängt an starken Rohrstengeln. Von Mai bis Juli legt das Weibchen 4—5 Eier, beide Eltern brüten und füttern. Verbreitung: Europa (außer Skandinavien und den Britischen Inseln), Südwestasien, Nordwestafrika.

2 Teichrohrsänger *Acrocephalus scirpaceus.* Länge 13 cm. In Europa häufigster Rohrsänger, er lebt am Wasser im Röhricht, auch in größerer Entfernung von Gewässern in Büschen. Seine Nahrung besteht aus Insekten, sein Nest ähnelt dem des Drosselrohrsängers. Das Weibchen legt von Mai bis Juli 4—5 Eier, beide Eltern brüten und füttern. Die Art nistet 1- bis 2mal im Jahr und überwintert im tropischen Afrika. Verbreitung: Europa (außer Schottland, Irland, Großteil Skandinaviens), Südwestasien, Nordwestafrika.

3 Gelbspötter *Hippolais icterina.* Länge 13 cm. Der Gelbspötter bewohnt Parks, Gärten, Laubwälder usw., er ernährt sich von Insekten, Beeren und Obst. Das Nest sitzt entweder auf einer Astschulter am Stamm oder in einer Astgabelung, von außen ist es mit Birkenrinde verkleidet, innen mit feinem Material ausgepolstert. Im Mai/Juni legt das Weibchen fünf Eier, beide Eltern brüten und füttern. Der Gelbspötter überwintert im tropischen und südlichen Afrika. Verbreitung: Europa (von Zentralfrankreich nach Osten), Westsibirien.

4 Sperbergrasmücke *Sylvia nisoria.* Länge 15 cm. Lebt auf sonnigen Hängen, an buschgesäumten Wegen, Waldrändern, Bächen, in Parks und Gärten, ihr Nest baut sie in Sträuchern. Im Mai/Juni legt das Weibchen 5—6 Eier, beide Eltern brüten und füttern. Zugvogel, überwintert in Ostafrika, Südarabien. Verbreitung: Mitteleuropa, Asien (bis in die Mongolei, Iran).

5 Mönchsgrasmücke *Sylvia atricapilla.* Länge 14 cm. Bewohnt Nadelwälder, aufgelockerte Büsche, Parks von den Niederungen bis ins Gebirge. Ihre Nahrung sind Insekten, Beeren und Obst. Die Mönchsgrasmücke baut ihr Nest im Gebüsch. Von Mai bis Juli legt das Weibchen 5—6 Eier, es brütet 2mal im Jahr. Beide Eltern brüten und füttern. Der Vogel überwintert in Südeuropa und Afrika bis zum Äquator. Verbreitung: Europa (außer Nordskandinavien), Westsibirien, Vorderasien, Nordwestafrika, Atlantikinseln.

6 Dorngrasmücke *Sylvia communis.* Länge 14 cm. Der Vogel bewohnt Büsche, Haine, verwachsene Raine, Klettengestrüpp usw., seine Nahrung sind Insekten und Beeren. Das Nest ist ein lockeres Bauwerk aus Pflanzenmaterial und sitzt nicht hoch über dem Boden. Von Mai bis Juli legt das Weibchen 4—6 Eier, der Vogel nistet 2mal jährlich. Beide Eltern brüten und füttern. Den Winter verbringt die Dorngrasmücke südlich der Sahara. Verbreitung: Fast ganz Europa (außer Nordskandinavien), Asien (bis zum Baikal), Nordwestafrika, Mittelmeerinseln.

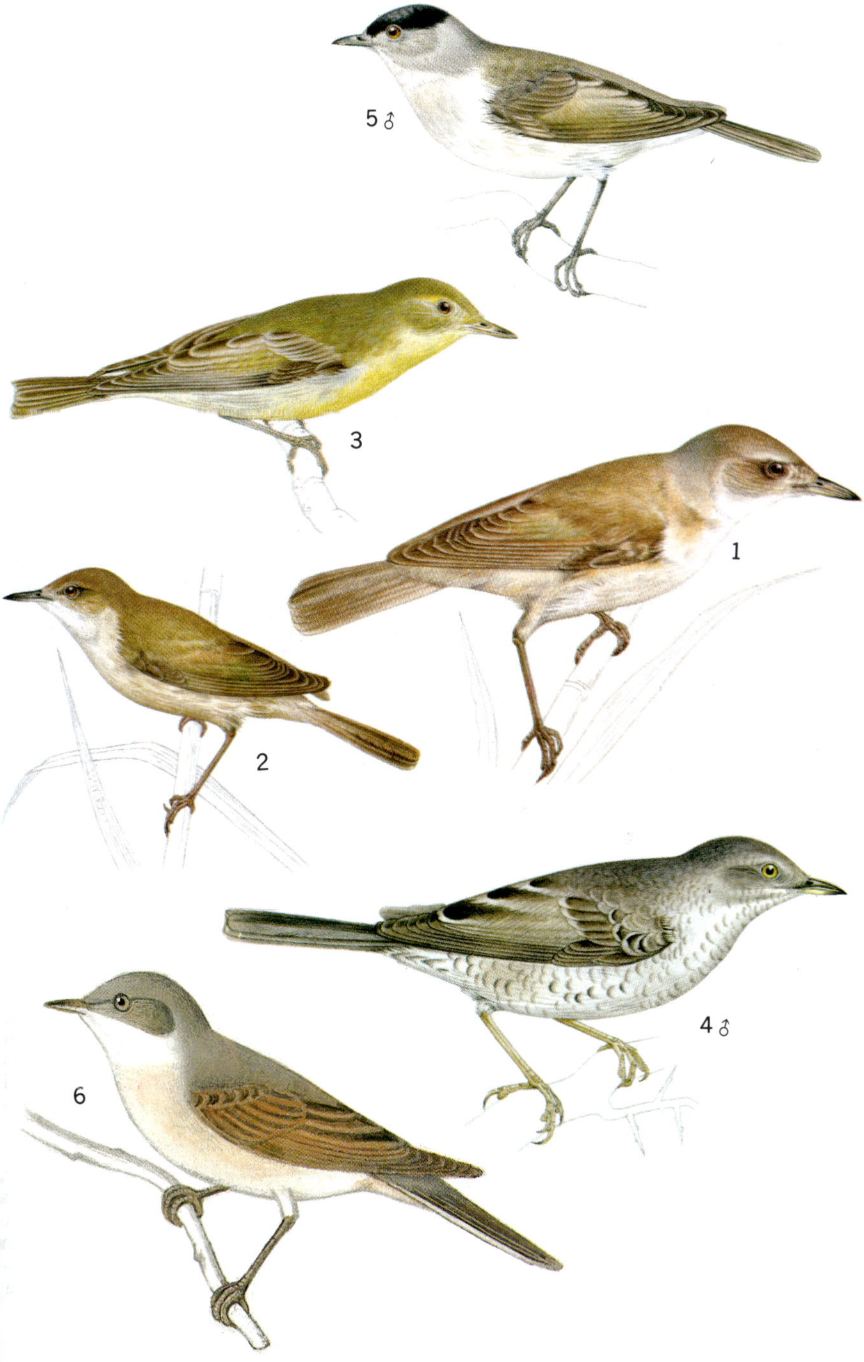

5 ♂
3
1
2
4 ♂
6

Vögel

Familie: **Grasmücken** — *Sylviidae*

1 Zaungrasmücke *Sylvia curruca*. Länge 14 cm. Die Art bewohnt buschige Raine, Gehege, Waldränder, Parks und Gärten, ihre Nahrung besteht aus Insekten und Beeren. Von Mai bis Juli legt das Weibchen in der Regel fünf Eier, die Eltern brüten und füttern gemeinsam. Die Zaungrasmücke überwintert im tropischen Afrika. Verbreitung: Europa (mit Ausnahme von Pyrenäenhalbinsel, Süditalien, Irland, Nordskandinavien), Asien (bis Ostsibirien und Nordchina).

2 Zilpzalp *Phylloscopus collybita*. Länge 11 cm. Der Zilpzalp zeigt sich in Wäldern mit dichtem Unterholz, er ernährt sich von Insekten. Der braunschwarzfüßige Vogel erhielt den Namen nach seinem charakteristischen Ruf. Er baut sein Nest entweder am Boden oder dicht darüber im Gebüsch. Von April bis Juli legt das Weibchen 6—7 Eier, die es allein bebrütet, während das Männchen bei der Brutpflege hilft. Der Zilpzalp brütet 1- bis 2mal im Jahr, er überwintert am Mittelmeer, in Vorderasien und Nordafrika. Verbreitung: Europa, Asien bis Ostsibirien, Vorderasien, Nordwestafrika.

3 Fitis *Phylloscopus trochilus*. Länge 11 cm. Ähnelt dem Zilpzalp, hat aber braune Füße. Der Fitis lebt in allen Waldtypen, in Parks, oft in Weidenbeständen. Bodenbrüter, ernährt sich von Insekten. Von April bis Juni legt das Weibchen 6—7 Eier. Es brütet allein, beide Eltern füttern. Den Winter verbringt der Vogel in Vorderasien und Südafrika. Verbreitung: Nordteil der paläarktischen Region.

4 Waldlaubsänger *Phylloscopus sibilatrix*. Länge 13 cm. Größter Laubsänger, bewohnt lichte Laub- und Mischwälder in den Niederungen und bevorzugt Buchenschläge. Nahrung sind Insekten und Beeren; Bodenbrüter. Im Mai/Juni legt das Weibchen 6—7 Eier. Es brütet allein, beide Eltern füttern. Verbreitung: Großteil Europas, Westsibirien.

Familie: **Goldhähnchen** — *Regulidae*

5 Wintergoldhähnchen *Regulus regulus*. Länge 9 cm, Gewicht 5—6 g. Kleinster europäischer Vogel, bewohnt in der Hauptsache Fichten- und Tannenwälder. Seine Nahrung besteht aus Insekten und Spinnen. Der Baumbrüter baut ein nach oben weitgehend geschlossenes Schalennest. Das Weibchen legt im Mai/Juni 8—10 Eier. Es brütet allein, doch füttert auch das Männchen mit. Der Vogel nistet 2mal im Jahr. Standvogel, im Winter streicht er meist nur ab. Verbreitung: Fast ganz Europa, Mittel- und Ostsibirien, Korea, Mandschurei, Nordamerika, isolierte Gebiete im paläarktischen Asien.

Familie: **Fliegenschnäpper** — *Muscicapidae*

6 Grauschnäpper *Muscicapa striata*. Länge 14 cm. Der Grauschnäpper lebt in Parks an Stellen mit lichtem Bewuchs, an Waldrändern, in Alleen usw., häufig in der Nähe des Menschen. Er pflegt an erhöhten Stellen zu sitzen, um hin und wieder schräg hinauf zu einer Insektenbeute zu fliegen und danach an seinen alten Platz zurückzukehren. Er nistet in Höhlungen, oft unter Dächern. Von Mai bis Juli legt das Weibchen fünf Eier, beide Eltern brüten und füttern. Der Grauschnäpper nistet 1- bis 2mal im Jahr, den Winter verbringt er in den Tropen und Südgebieten Afrikas. Verbreitung: Ganz Europa, Asien (bis zum Baikal) Nordwestafrika.

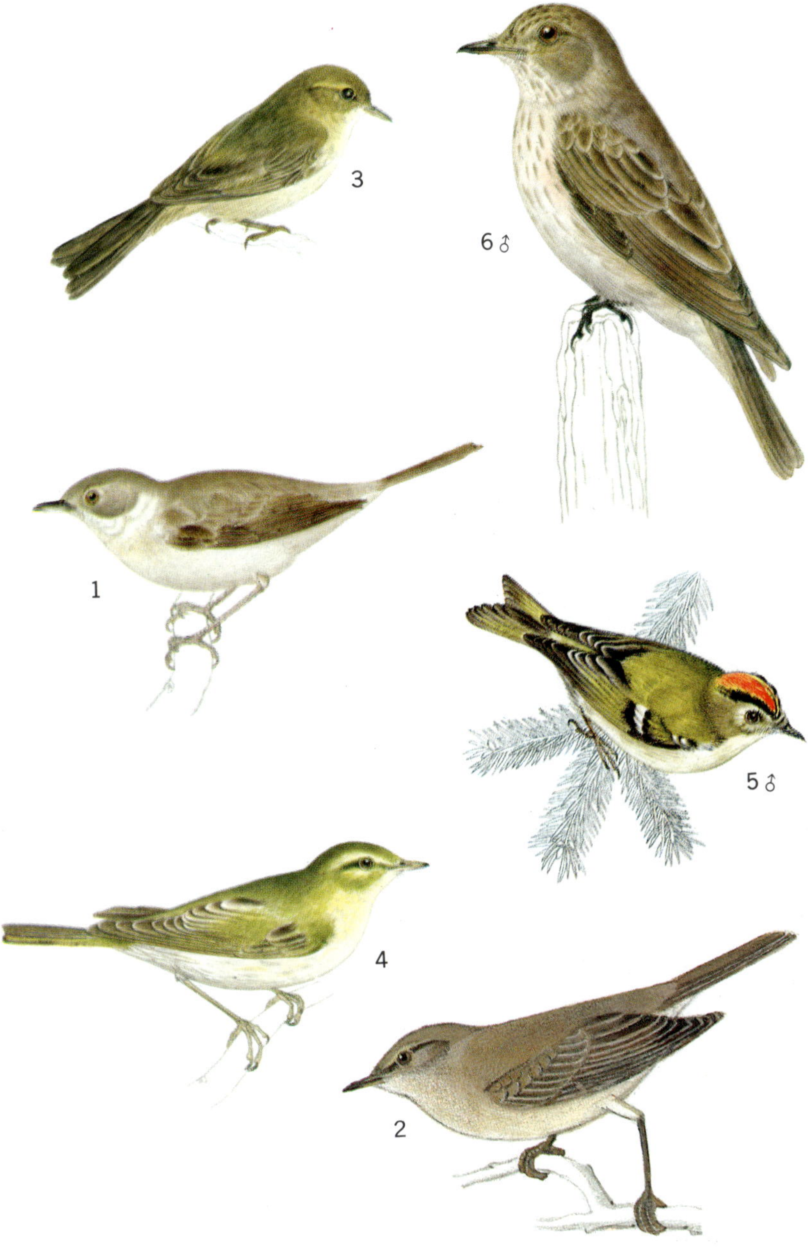
3
6 ♂
1
5 ♂
4
2

Vögel

Familie: **Fliegenschnäpper** — *Muscicapidae*

1 Trauerschnäpper *Ficedula hypoleuca*. Länge 13 cm. In durchsonnten, lichten Laubwäldern, Auenwäldern, Parks, Gärten usw., wo sich genügend hohle Bäume finden. Der Trauerschnäpper ernährt sich von fliegenden Insekten, im Spätsommer frißt er auch Beeren. Er nistet in Baumhöhlen und Brutkästen, wo das Weibchen im Mai/Juni 5—8 Eier legt. Es brütet allein, doch füttern beide Eltern. Zugvogel, überwintert in Nord- und Zentralafrika. Verbreitung: Großteil Europas (außer einigen Gebieten im Süden), Westsibirien, Nordwestafrika.

2 Halsbandschnäpper *Ficedula albicollis*. Länge 13 cm. Vom Trauerschnäpper durch den weißen Streifen um den Hals und die rein weißen Schwanzunterdecken unterschieden. Auch er ernährt sich von fliegenden Insekten. In Biotop und Biologie stimmt er mit dem Trauerschnäpper überein. Der Halsbandschnäpper überwintert in den Tropen Afrikas. Verbreitung: Europa (von Ostfrankreich über Polen bis in das Gebiet von Charkow, Italien, Sizilien, Balkan), Westsibirien, Kaukasus, Krim, Türkei, Iran, Palästina.

Familie: **Drosselvögel** — *Turdidae*

3 Braunkehlchen *Saxicola rubetra*. Länge 13 cm. Der Vogel bewohnt ausgedehnte Hügellandschaften mit buschbestandenen, bachdurchzogenen Wiesenflächen. Er ernährt sich von Insekten, sein Nest verbirgt er sorgfältig am Boden. Im Mai/Juni legt das Weibchen 5—6 Eier; es brütet allein, beide Eltern füttern. Das Braunkehlchen überwintert in Äquatorialafrika. Verbreitung: Europa (außer dem Süden der Apenninhalbinsel, Pyrenäen- und Balkanhalbinsel), Westsibirien, Südwestafrika.

4 Steinschmätzer *Oenanthe oenanthe*. Länge 14 cm. Der Vogel bewohnt Steinbrüche, Lehmgruben, Felsen und Geröllhalden in den Bergen. Seine Nahrung besteht aus Insekten, Spinnen und kleinen Schnecken. Der Bodenbrüter baut sein Nest gelegentlich auch in Hohlräumen dicht über dem Erdboden. Im Mai/Juni legt das Weibchen 5—6 Eier, die es allein bebrütet, doch füttern beide Eltern. Zugvogel, überwintert in den afrikanischen Tropen. Verbreitung: Ganz Europa, Asien, Nordamerika, Grönland.

5 Gartenrotschwanz *Phoenicurus phoenicurus*. Länge 14 cm. Bewohnt Laub- und Mischwälder, Gärten und Parks überall, wo er Höhlen und Nistkästen vorfindet. Mit Vorliebe sitzt er an erhöhten Stellen. Charakteristisch für den Rotschwanz ist seine Beweglichkeit, er knickst und hält den Schwanz in steter Bewegung. Seine Nahrung besteht aus Insekten und Beeren. Er nistet 2mal im Jahr, von Mai bis Juli legt das Weibchen 6—7 Eier, die es allein brütet, doch betreiben beide Eltern Brutpflege. Überwintert im tropischen Afrika und Südarabien. Verbreitung: Europa (außer Süditalien und Griechenland), Nordwestafrika, Asien (im Osten bis zum Baikal), Vorderasien.

6 Hausrotschwanz *Phoenicurus ochruros*. Länge 14 cm. Ursprünglich Felsbewohner der Hochgebirge, heute häufig in menschlichen Siedlungen. Als Nahrung dienen Insekten und Beeren. Der Hausrotschwanz nistet in Nischen unter dem Dach, in Mauerlöchern usw. Von April bis Juni legt das Weibchen 5—6 Eier. Es brütet allein, beide Eltern füttern. In Süd- und Westeuropa gehört die Art zu den Standvögeln, die Populationen Mittel- und Osteuropas ziehen über den Winter ans Mittelmeer und nach Nordafrika. Verbreitung: Mittel- und Südeuropa, Vorder- und Mittelasien, Nordwestafrika.

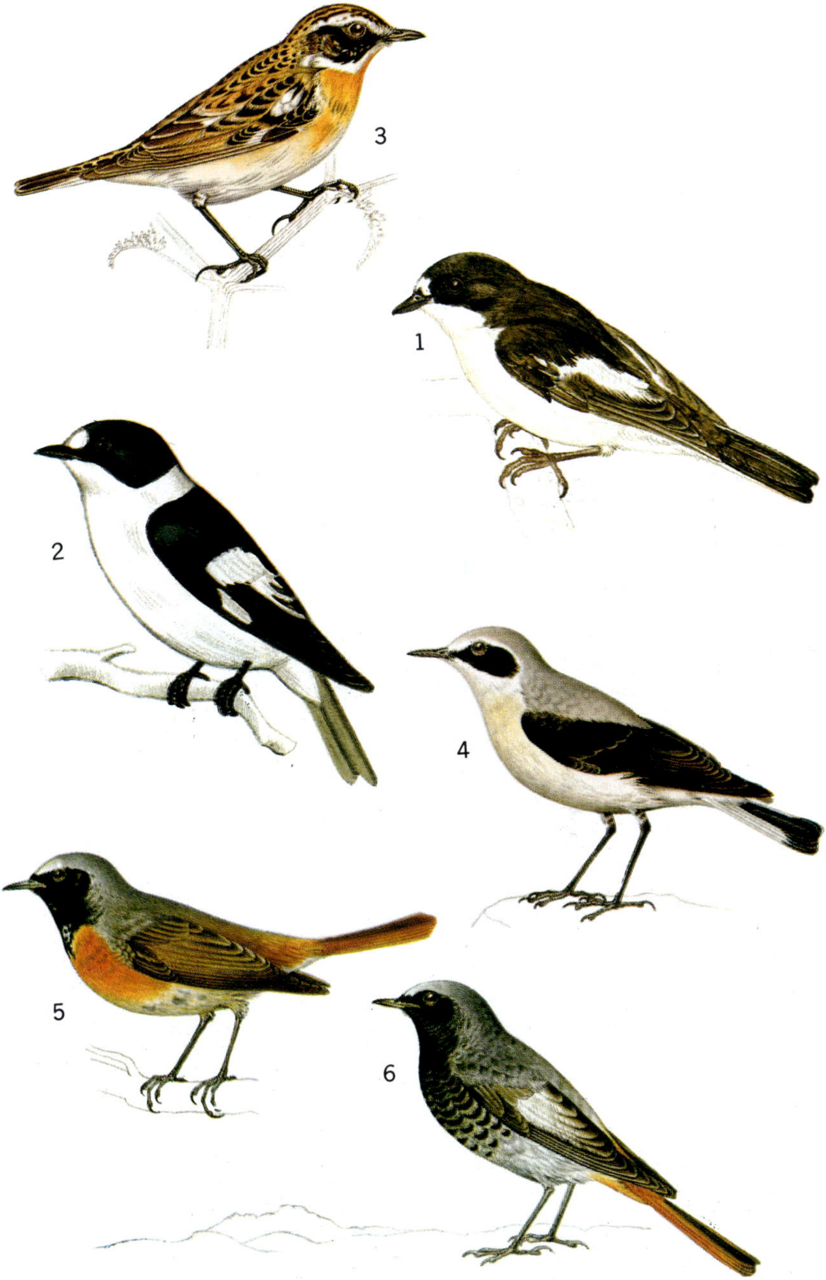
3
1
2
4
5
6

Vögel

Familie: **Drosselvögel** — *Turdidae*

1 Rotkehlchen *Erithacus rubecula.* Länge 14 cm. Das Rotkehlchen lebt im dichten Unterholz des Waldes, in Gebüsch usw., also an Stellen, an denen stets Dämmerlicht herrscht. Aus diesem Grund hat es relativ große Augen. Es frißt Insekten, Spinnen, Würmer und Beeren. Als Bodenbrüter nistet es am Boden in Mulden, unter Wurzeln, auch in Mauerlöchern usw. Von April bis Juni legt das Weibchen 5—6 Eier, die es allein bebrütet. Beide Eltern füttern, die Art nistet 2mal im Jahr. Das Rotkehlchen überwintert in Nordafrika, Kleinasien, Süd- und Mitteleuropa. Verbreitung: Europa (außer den Nordgebieten Skandinaviens und des europäischen Rußlands), Vorder- und Kleinasien, Kaukasus, Nordwestafrika.

2 Nachtigall *Luscinia megarhynchos.* Länge 17 cm. Bewohnt Laub- und Mischwälder der Niederungen mit viel Unterholz und trockenem Fallaub auf dem Boden, Parks und größere, vernachlässigte Gärten. Der ausgezeichnete Sänger läßt sich tagsüber, oft am Mittag und nachts hören. Seine Nahrung besteht aus Insekten und Beeren. Die Nachtigall baut ihr Nest entweder direkt auf dem Boden oder dicht darüber. Im Mai/Juni legt das Weibchen 4—6 Eier. Es brütet allein, doch füttert auch das Männchen. Überwintert in Südarabien und den afrikanischen Tropen. Verbreitung: West- und Mitteleuropa, Nordwestafrika, Vorder- und Mittelasien.

3 Blaukehlchen *Luscinia svecica.* Länge 14 cm. Der Vogel lebt in Sumpf- und Morastgebieten mit Schilf- und Buschvegetation, in der Überschwemmungszone von Flußtälern usw. Nahrung sind Insekten und Beeren. Das Blaukehlchen baut sein Nest im Gebüsch auf dem Boden oder dicht darüber. Von April bis Juni legt das Weibchen 5—6 Eier. Zugvogel, überwintert in Nord- und Nordostafrika. Verbreitung: Fast ganz Europa, Asien. In Europa treten zwei Rassen auf: *L. svecica cyanecula* (Abbildung): West-, Mittel- und Südeuropa, Nord- und Mittelasien; *L. svecica svecica:* Nordeuropa, Rußland.

4 Steinrötel *Monticola saxatilis.* Länge 19 cm. Der Vogel bewohnt nackte, besonnte Felsen von den Niederungen bis in die Gebirge, verlassene Steinbrüche und Ruinen. Seine Nahrung besteht aus Insekten, Spinnen, Schnecken und Beeren. Der Steinrötel nistet in Felsritzen und Spalten an unzugänglichen Stellen. Im Mai/Juni legt das Weibchen 4—5 Eier. Es brütet allein, beide Eltern füttern. Zugvogel, überwintert in den afrikanischen Tropen. Verbreitung: Südteil Europas (im Norden bis Polen), Nordwestafrika, Vorder-, Zentral- und Ostasien.

5 Singdrossel *Turdus philomelos.* Länge 23 cm. Die Singdrossel lebt in unterholzreichen Wäldern, größeren Gärten und Parks. Sie nistet auf Bäumen und Sträuchern. Ihr Nest baut sie aus verschiedenen Pflanzenteilen, die Innenseite schmiert sie mit speichelvermengtem Lehm, Tierkot und Mulm aus, so daß ein glattwandiger Kessel entsteht. Von April bis Juni legt das Weibchen 4—6 Eier. Es brütet allein, beide Eltern füttern. Die Singdrossel nistet 2mal im Jahr. Sie überwintert in West- und Südeuropa, Nordafrika und Kleinasien. Verbreitung: Großteil Europas, Vorder- und Westasien.

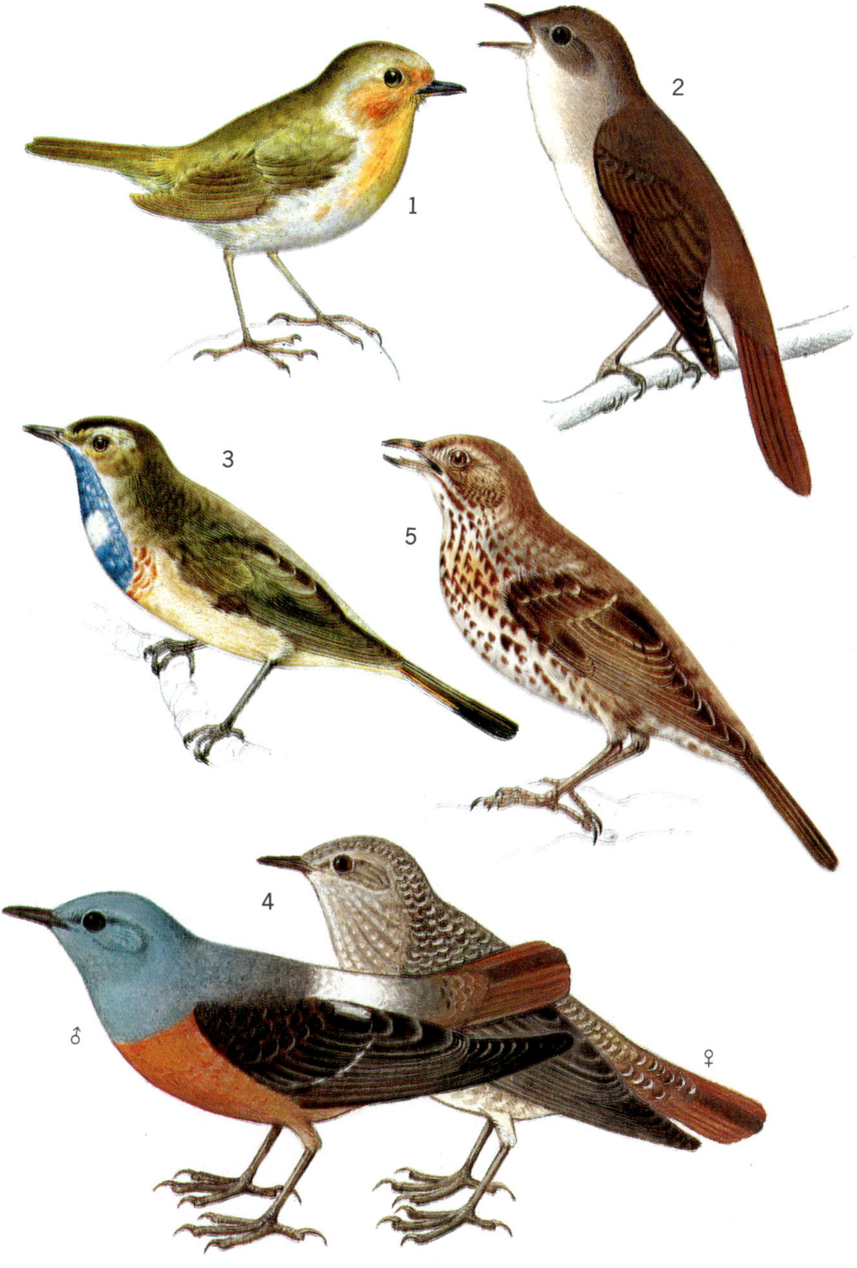
1
2
3
5
4
♂
♀

Vögel

Familie: **Drosselvögel** — *Turdidae*

1 Misteldrossel *Turdus viscivorus.* Länge 27 cm. Größte europäische Drossel. Die Art bewohnt Nadel- sowie Mischwälder von den Niederungen bis in die Berge, in Westeuropa oft auch große Parks. Ihre Nahrung besteht aus Insekten, Schnecken, Würmern und Beeren. Das Nest der Misteldrossel sitzt hoch in Bäumen. Von April bis Juni legt das Weibchen 4—5 Eier, die es allein bebrütet, doch füttern beide Eltern. Der Vogel nistet 2mal jährlich. Die Populationen des Südens sind Standvögel, die Vögel des Nordens überwintern in Südwesteuropa und Nordwestafrika. Verbreitung: Europa (außer Nordnorwegen), Nordwestafrika, Vorder- und Ostasien.

2 Wacholderdrossel *Turdus pilaris.* Länge 26 cm. Die Wacholderdrossel lebt vorwiegend in Nadelwäldern, manchmal auch in größeren Parks. Sie ernährt sich von Insekten, Regenwürmern, Schnecken, Beeren und Obst. Der Vogel nistet kolonieweise in Bäumen, er brütet 2mal im Jahr. Von April bis Juni legt das Weibchen 5—6 Eier, auf denen es allein sitzt. Beide Eltern füttern. Zugvogel, überwintert in West- und Südeuropa. Verbreitung: Nordeuropa und Asien, doch ist das Verbreitungsareal nicht regelmäßig besiedelt.

3 Amsel *Turdus merula.* Länge 26 cm. Noch im vorigen Jahrhundert war die Amsel ein Waldbewohner, heute gehört sie zu den häufigsten Vögeln in den Zentren großer Städte, in Gärten, Parks usw. Sie baut ihr Nest auf Bäumen, Sträuchern, in Mauernischen usw. Ihre Brutbiologie und ihre Futtergewohnheiten stimmen mit der Wacholderdrossel überein. Die Amsel nistet 2- bis 3mal im Jahr. Die nordeuropäischen Amseln ziehen im Winter nach Südeuropa, die west- und mitteleuropäischen Tiere sind meist Standvögel, Verbreitung: Großteil Europas (außer Skandinavien, Island und des europäischen Rußlands), Nordwestafrika, Vorder- und Südostasien.

4 Ringdrossel *Turdus torquatus.* Länge 24 cm. Diese Drossel lebt in buschbestandenen Felsgegenden, lichten Bergnadelwäldern, Latschenkiefernbeständen und an dünn bewachsenen Berghängen, ihre Nahrung gleicht der der Amsel. Die Ringdrossel nistet auf niedrigen Bäumen und am Boden. Von April bis Juni legt das Weibchen 4—5 Eier. Beide Eltern brüten und füttern. Zugvogel, überwintert im Mittelmeerraum. Verbreitung: Inselweise über Großbritannien, Pyrenäen, Alpen, Karpaten, Skandinavien, Kaukasus, Kleinasien.

Familie: **Papageienschnabelmeisen** — *Paradoxornithidae*

5 Bartmeise *Panurus biarmicus.* Länge 17 cm. Bewohnt ausgedehnte Schilfflächen an Fluß-, See- und Brackwasserufern und ernährt sich von Insekten, im Winter auch von Sämereien. Die Bartmeise baut ihr Nest im dichten Schilf knapp über dem Wasser. Von April bis Juli legt das Weibchen 5—7 Eier, im ganzen nistet der Vogel 2mal im Jahr. Beide Eltern brüten und füttern. Im Süden ist die Bartmeise ortsständig, im Norden Strichvogel. Verbreitung: Stellenweise in Europa, Südwest- und Ostasien.

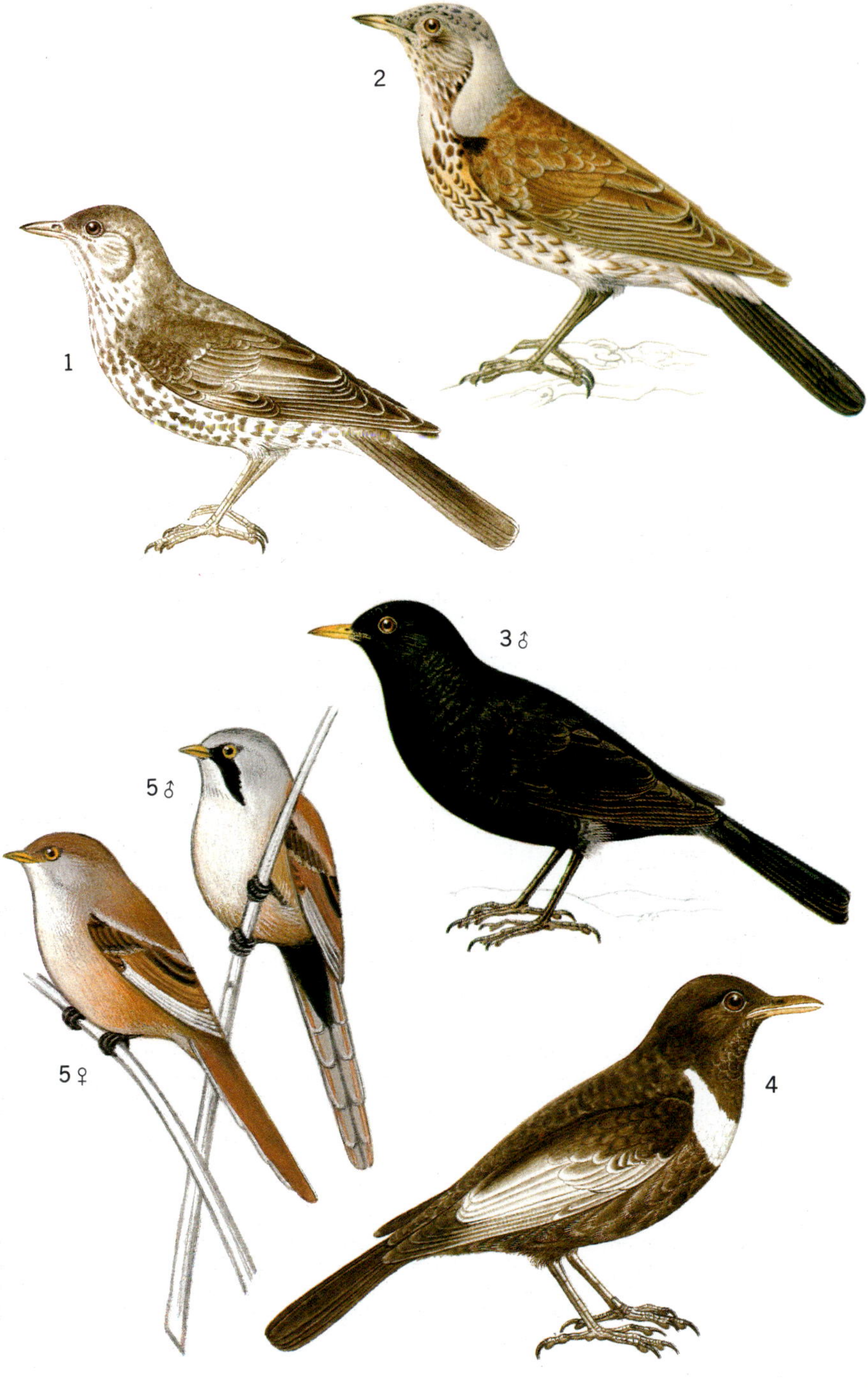
1
2
3 ♂
4
5 ♂
5 ♀

Vögel

Familie: **Schwanzmeisen** — *Aegithalidae*

1 Schwanzmeise *Aegithalos caudatus*. Länge 14 cm (davon 7,5 cm Schwanz). Bewohnt Laub- und Mischwälder, Gärten und Parks. Ernährt sich von kleineren Insekten und nistet nicht besonders hoch im Gebüsch. Ihr Nest ist ein geschlossener, eiförmiger Bau mit seitlichem Schlupfloch, es ist aus Moos, Spinnweben, und Flechten gebaut und von außen durch Zweige und Rindenstückchen getarnt. Von April bis Juni legt das Weibchen 6—12 Eier, die es allein bebrütet, während beide Eltern füttern. Die Schwanzmeise nistet 2mal im Jahr. Standvogel. Verbreitung: Europa (außer den nördlichsten Gebieten), Vorderasien, Sibirien (bis Kamtschatka und China).

Familie: **Beutelmeisen** — *Remizidae*

2 Beutelmeise *Remiz pendulinus*. Länge 11 cm. Der Vogel lebt an Busch- und schilfbestandenen Ufern stehender und fließender Gewässer. Die Beutelmeise ernährt sich von Insekten, im Winter von Samen. Ihr Nest, einen geschlossenen kugeligen Bau aus Gras, zarten Pflanzenfasern und Tierhaaren mit seitlichem Schlupfrohr legt sie meist auf Zweigen an, die über das Wasser ragen. Im Mai/Juni legt das Weibchen 6—8 Eier, es nistet 2mal im Jahr. Das ganze Brutgeschäft obliegt dem Weibchen. Standvogel. Verbreitung: Großteil Europas, Mittelasien, Südsibirien, Mittelchina, Japan.

Familie: **Meisen** — *Paridae*

3 Kohlmeise *Parus major*. Länge 14 cm. Bewohner von Wäldern aller Art, Parks und Gärten von den Niederungen bis ins Gebirge. Die Nahrung besteht aus Insekten, ölhaltigen Samen und Obst. Die Kohlmeise baut ihr Nest in allen möglichen Höhlungen, nicht nur in natürlichen, sondern auch in Mauerlöchern, Rissen im Gebälk usw. Von April bis Juni legt das Weibchen 8—10 Eier, es brütet allein, doch füttert auch der Partner. Die Kohlmeise überwintert meist im Brutgebiet, gelegentlich zieht sie auch in südlicher Richtung um. Verbreitung: Fast über die ganze paläarktische Region.

4 Blaumeise *Parus caeruleus*. Länge 12 cm. Die Blaumeise lebt in Hainen, Parks, Gärten, lichten Mischwäldern usw. und ernährt sich von Insekten, Beeren, im Winter vorwiegend von ölhaltigen Sämereien. Als Höhlenbrüter baut sie ihr Nest in Baumhöhlen und anderen Hohlräumen. Die Blaumeise nistet 2mal im Jahr. Von April bis Juni legt das Weibchen 10—12 Eier, die es allein bebrütet, beide Eltern füttern. Standvogel. Verbreitung: Europa (bis Mittelskandinavien und Südfinnland), Nordwestafrika, Vorderasien.

5 Tannenmeise *Parus ater*. Länge 11 cm. Die Tannenmeise bewohnt Nadelwälder und Nadelholzschläge in Mischwäldern, doch weicht sie ausgedehnten Waldungen aus. Sie ernährt sich von Insekten, im Winter frißt sie Nadelbaumsamen. Ihr Nest baut sie in Baumhöhlen, Löchern unter Stümpfen und Wurzeln, in Felsritzen und Nistkästen. Von April bis Juni legt das Weibchen 8—10 Eier, die es allein bebrütet, während auch der Partner füttert. Die Tannenmeise nistet 2mal jährlich. Die west- und mitteleuropäischen Populationen sind ortsständig, die Tiere aus Nordeuropa überwintern in Mitteleuropa. Verbreitung: Europa (außer dem Norden), Asien (im Osten bis Kamtschatka und Südostchina), Vorderasien, Nordwestafrika.

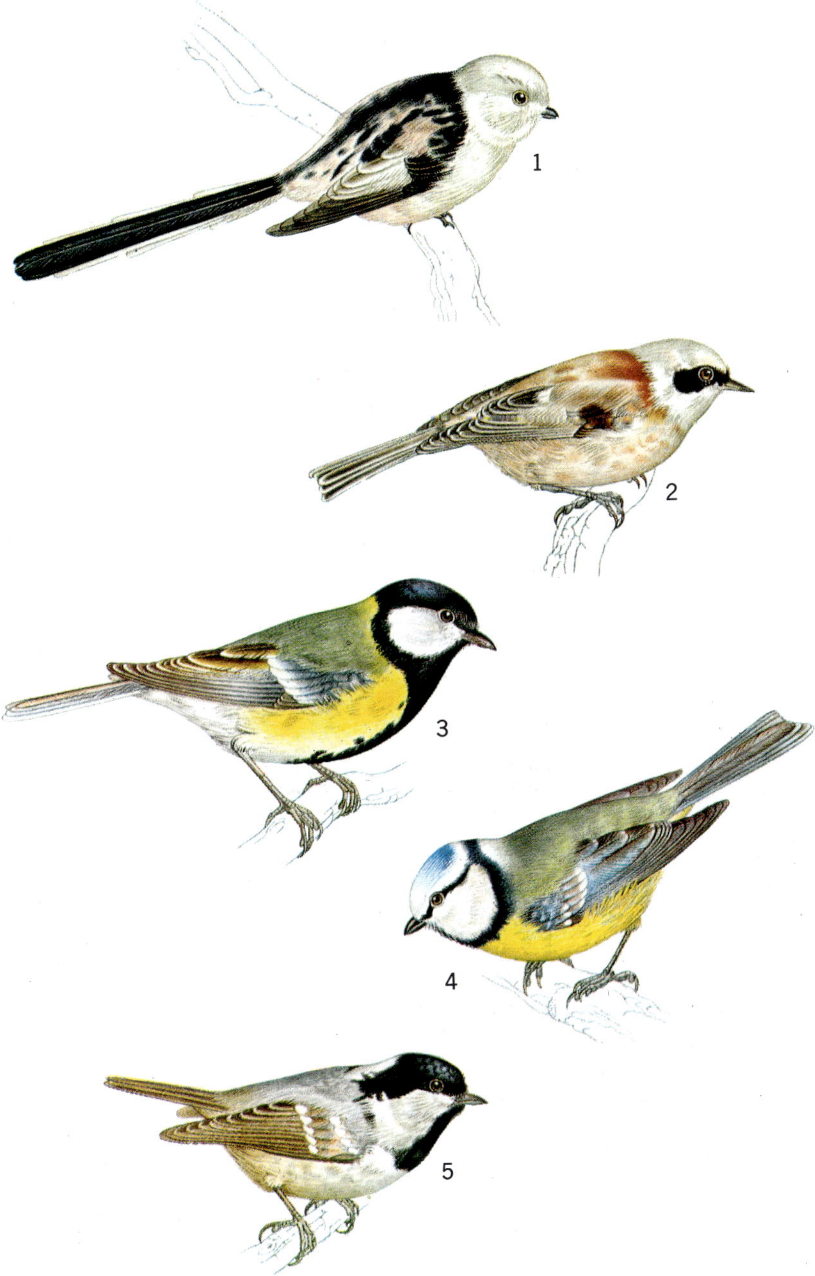
1
2
3
4
5

Vögel

Familie: **Meisen** — *Paridae*

1 Lasurmeise *Parus cyanus.* Länge 14 cm. Die Lasurmeise lebt verborgen in dichtem Gestrüpp, in Moorgegenden, Tundren, Wäldern mit dichtem Unterholz usw. Brutbiologie und Ernährung wie bei der Blaumeise. Meist Stand-, gelegentlich auch Strichvogel. In Mittel- und Westeuropa seltener Wintergast.

2 Sumpfmeise *Parus palustris.* Länge 12 cm. Bewohnt Laub- und Mischwälder, Parks und große Gärten. Nahrung sind Insekten und deren Eier, im Winter Sämereien. Höhlenbrüter, sie nistet in Baumlöchern und Nistkästen. Im April/Mai legt das Weibchen 7—10 Eier, die es allein bebrütet; beide Eltern treiben Brutpflege. Die Sumpfmeise nistet 2mal im Jahr. Verbreitung: Europa (von England und Südskandinavien an nach Osten), Kaukasus, Ostasien.

3 Weidenmeise *Parus montanus.* Länge 12 cm. Bewohnt vorwiegend Nadelwälder in den Niederungen und Gebirgen, ernährt sich wie die Sumpfmeise. Höhlenbrüter. Das Weibchen legt im Mai 6—8 Eier, auf denen es allein sitzt, doch füttert auch das Männchen. Die Weidenmeise brütet 1- bis 2mal im Jahr. Standvogel. Verbreitung: Nordeuropa, Nordamerika, Nordasien.

4 Haubenmeise *Parus cristatus.* Länge 12 cm. Bewohnt Nadelwälder von den Niederungen bis in die Gebirge, in Westeuropa auch Laubwälder. Ihre Nahrungsgewohnheiten entsprechen denen der Sumpfmeise. Höhlenbrüter, der 2mal im Jahr nistet. Das Weibchen legt von April bis Juni 7—10 Eier, die es allein bebrütet, doch betreiben beide Eltern Brutpflege. Überwiegend ortsständig, nur gelegentlich Strichvogel. Verbreitung: Europa (bis Westsibirien).

Familie: **Kleiber** — *Sittidae*

5 Kleiber *Sitta europaea.* Länge 14 cm. Bewohner lichter Wälder, Parks und großer Gärten mit mächtigen, alten Bäumen. Der Kleiber ist ein ausgezeichneter Kletterer, der sich mit gleicher Sicherheit auf- wie abwärts bewegt. Dabei stützt er sich im Unterschied zu den Spechtvögeln nicht mit dem Schwanz am Baumstamm ab, beim Abwärtssteigen klettert er mit dem Kopf voran. Er ernährt sich von Insekten, deren Eiern, ölhaltigen Samen und Beeren. Als Höhlenbrüter nistet er in Baumlöchern, deren Schlupflöcher er mit Lehm und Speichel zumauert, wenn sie zu groß sind. Im April/Mai legt das Weibchen 6—8 Eier, die es allein ausbrütet, das Männchen beteiligt sich aber an der Brutpflege. Standvogel. Verbreitung: Fast ganz Europa (außer Irland, Nordschottland und den Nordgebieten Skandinaviens), Sibirien, Südasien, Nordwestafrika.

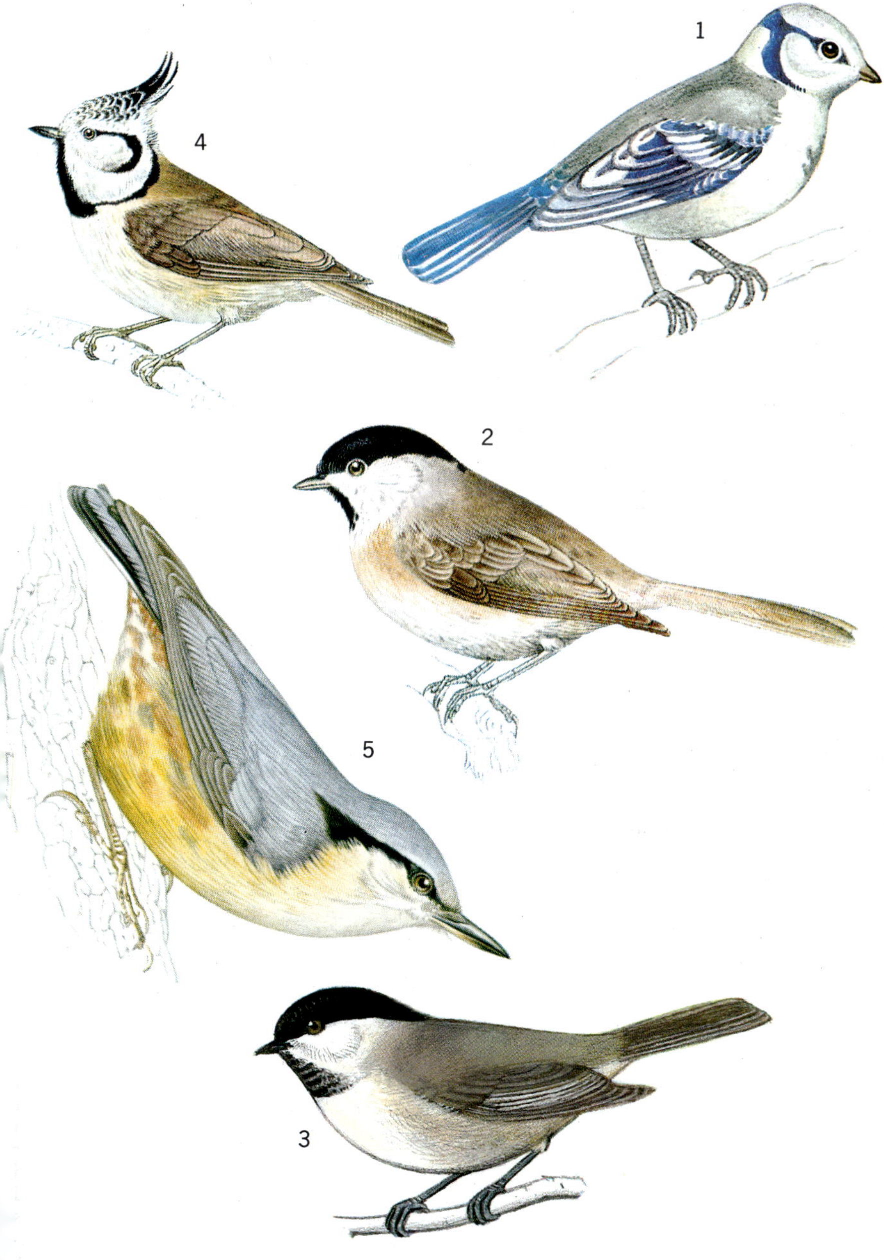
1
4
2
5
3

Vögel

Familie: **Baumläufer** — *Certhiidae*

1 Waldbaumläufer *Certhia familiaris.* Länge 13 cm. Bewohnt weite Nadel- und Mischwälder, seine Nahrung besteht aus Insekten, Insekteneiern und -larven. Der Vogel nistet in Höhlungen, Spalten, hinter abstehender Rinde usw. Von April bis Juli legt das Weibchen 5—7 Eier, die es allein bebrütet. Beide Eltern füttern. Standvogel, nistet 2mal im Jahr. Verbreitung: Europa (im Norden bis zum 60. bzw. 61. Breitengrad), Asien (bis zum 57. Breitengrad), Südteil Nordamerikas.

2 Gartenbaumläufer *Certhia brachydactyla.* Länge 13 cm. Der Vogel ähnelt der voraufgegangenen Art, das gilt auch für Brutbiologie und Nahrungsgewohnheiten, doch nistet er nur einmal jährlich. Standvogel. Verbreitung: Süd-, Mittel- und Westeuropa, Tunesien, Algerien, Kleinasien, Mittelmeerinseln.

Familie: **Ammern** — *Emberizidae*

3 Schneeammer *Plectrophenax nivalis.* Länge 17 cm. Der Vogel lebt in Tundren, Felsgebieten an der Meeresküste und in den Gebirgen des Nordens bis zur Schneegrenze. Seine Nahrung besteht aus Insekten und Sämereien. Er baut sein Nest am Boden in Felsritzen, zwischen Steinen usw. Im Juni/Juli legt das Weibchen 5—6 Eier, die es allein bebrütet. Im Winter verläßt die Schneeammer den hohen Norden und zieht nach Süden an die Ostsee- und Nordseeküste. Verbreitung: Nordeuropa, arktisches Asien, Nordamerika.

4 Grauammer *Emberiza calandra.* Länge 18 cm. Die Grauammer bewohnt offene, trockene Landstriche in den Niederungen, baum- und buschbestandene Felder und Wiesen. Bodenbrüter, ernährt sich von Sämereien und Insekten. Im Mai/Juni legt das Weibchen 4—5 Eier. Es brütet allein, doch füttern beide Eltern. Stand- oder Strichvogel, einige Populationen überwintern in Südeuropa. Verbreitung: Europa (im Osten bis in die Ukraine), Klein- und Mittelasien, stellenweise in Nordafrika.

5 Goldammer *Emberiza citrinella.* Länge 17 cm. Häufigste Ammernart, sie bewohnt offene Feld- und Wiesenlandschaften, buschbestandene Raine, Gehölze und Laubwaldränder. Ihre Nahrung besteht aus Samen, Beeren, Insekten. Die Goldammer nistet am Boden oder dicht darüber. Von April bis Juli legt das Weibchen 4—5 Eier, beide Eltern brüten und füttern. Die Goldammer nistet 2mal im Jahr. Die nordeuropäischen Populationen suchen im Winter die südlicheren Teile des Areals auf. Verbreitung: Europa (von Mittelspanien, Norditalien und dem Balkan nach Norden), Westsibirien.

6 Rohrammer *Emberiza schoeniclus.* Länge 15 cm. In feuchten Gegenden, vor allem in Sumpfgebieten mit Röhricht und im Uferschilf. Die Rohrammer ernährt sich von Insekten, Weichtieren, Krebsen und Sämereien. Sie nistet an trockenen Stellen auf dem Boden. Von Mai bis Juli legt das Weibchen 5—6 Eier, die es meist allein bebrütet, doch beteiligt sich das Männchen an der Brutpflege. Die Rohrammer nistet 1- bis 2mal im Jahr. Standvogel, nur in den nördlicheren Breiten Strichvogel. Verbreitung: Europa (mit Ausnahme Griechenlands und der Mittelmeerinseln), Großteil Asiens.

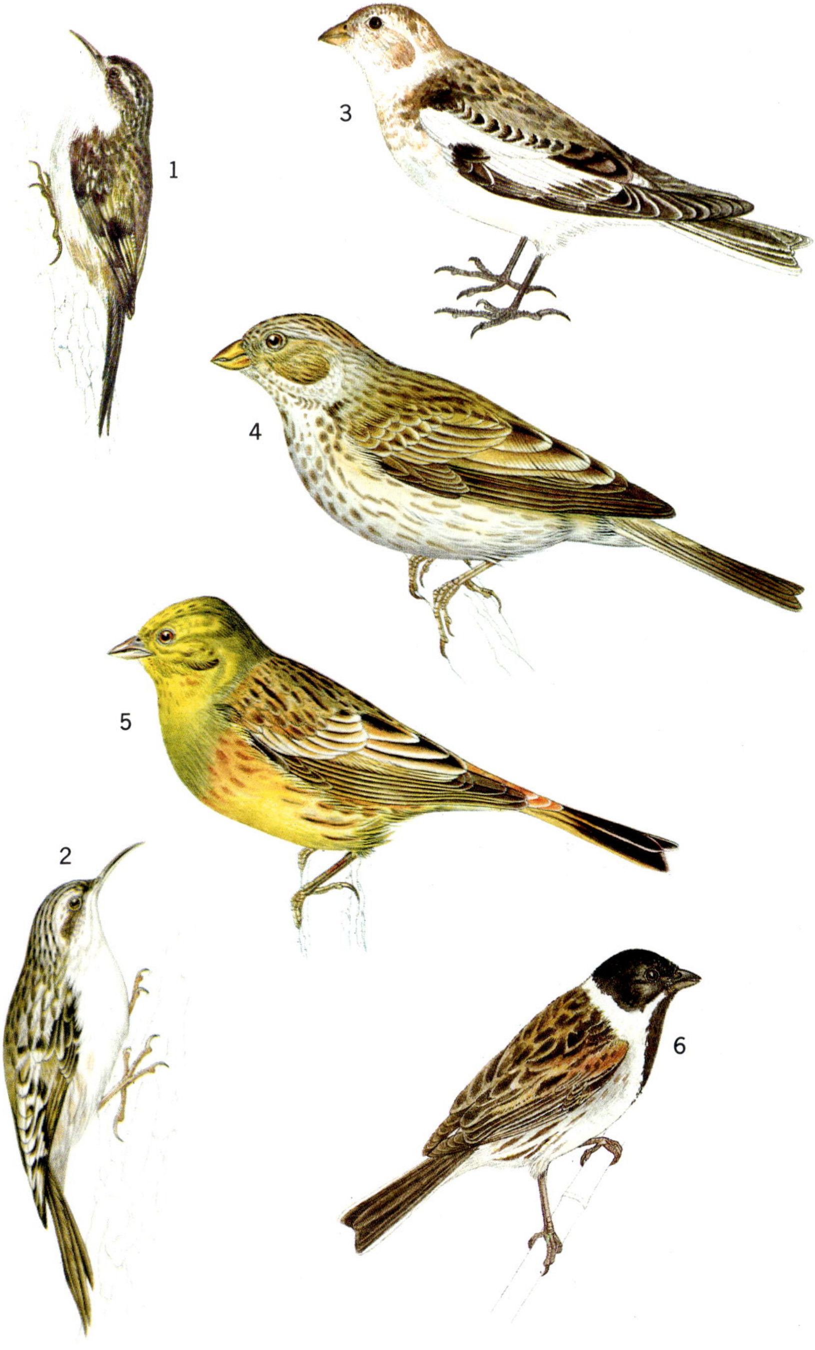
1
2
3
4
5
6

Vögel

Familie: **Ammern** — *Emberizidae*

1 Spornammer *Calcarius lapponicus.* Länge 15 cm. Insekten und Samen fressender Bewohner von Tundren und Berggipfeln oberhalb der Baumgrenze. Die Spornammer baut ihr Nest am Boden zwischen niederwüchsigen Pflanzen und Krüppelgehölzen des Nordens. Von Mai bis Juli legt das Weibchen 4—6 Eier. Überwintert in klimatisch milderen Gebieten, die nicht zu weit entfernt liegen; in Mitteleuropa relativ selten. Verbreitung: Arktis, Skandinavien, Kamtschatka.

Familie: **Finken** — *Fringillidae*

2 Kernbeißer *Coccothraustes coccothraustes.* Länge 17 cm. In lichten Laubwäldern, Parks und großen Gärten. Charakteristisch für den Kernbeißer ist der mächtige kegelförmige Schnabel. Er ernährt sich hauptsächlich von Sämereien, mit Vorliebe knackt er Kirschkerne auf. Meist nistet er hoch in Bäumen. Im Mai/Juni legt das Weibchen 4—6 Eier, beide Eltern brüten und füttern. Überwiegend Standvogel, doch ziehen die Populationen des Nordens zum Überwintern oft bis in den Mittelmeerraum. Verbreitung: Europa, Asien, Nordwestafrika.

3 Buchfink *Fringilla coelebs.* Länge 15 cm. Der Buchfink bewohnt alle Waldtypen, Remisen, Parks und auch Gärten in unmittelbarer Nähe des Menschen, seine Nahrung besteht aus Samen und Insekten. Er nistet in Bäumen oder Sträuchern, von April bis Juni legt das Weibchen 4—6 Eier. Das Weibchen brütet, an der Brutpflege beteiligt sich auch das Männchen. Buchfinken nisten 2mal jährlich, sie sind zum größten Teil Zugvögel und überwintern in Südeuropa, doch bleiben viele Tiere — vor allem Männchen — den Winter über in der Nähe der Brutgebiete. Verbreitung: Ganz Europa, Westsibirien, Vorderasien, Nordwestafrika.

4 Bergfink *Fringilla montifringilla.* Länge 15 cm. Bewohnt die Birken- und Fichtenwälder des Nordens, seine Nahrung besteht aus Insekten, Samen und Beeren. Brutbiologie wie beim Buchfink. Der Bergfink überwintert teils in Südskandinavien, vorwiegend aber in Mittel- und Südeuropa. Die Vögel ziehen in großen Scharen. Verbreitung: Nordeuropa, Nordasien (bis Kamtschatka).

5 Grünling *Carduelis chloris.* Länge 15 cm. Bewohner buschbestandener Parklandschaften, alter Gärten, kleinerer Mischwälder usw., seine Nahrung besteht aus Samen und Beeren. Der Grünling nistet 2mal im Jahr, als Baumbrüter hat er sein Nest auf Bäumen und Sträuchern. Von Mai bis Juni legt das Weibchen 5—6 Eier, die es allein ausbrütet, doch füttern beide Eltern. Zum Teil Standvogel, zieht auch über den Winter in südlichere Gegenden. Verbreitung: Europa (mit Ausnahme Nordskandinaviens), Vorderasien, Nordwestafrika.

6 Stieglitz, Distelfink *Carduelis carduelis.* Länge 12 cm. Der auffallend bunte Vogel ist ein Bewohner offener Landschaften mit einzelnen Bäumen, Parks, lichter Waldungen und Weinberge. Er ernährt sich von Sämereien, vor allem Distelsamen und Insekten. Der Stieglitz klettert sehr gewandt auf Pflanzen umher, häufig auf Disteln. Sein Nest baut er in Bäumen, wobei er Laubbäume bevorzugt. Von Mai bis Juli legt das Weibchen 5—6 Eier. Es brütet allein, beim Füttern hilft auch das Männchen. Der Vogel nistet 2mal jährlich. Der Stieglitz liebt Ortswechsel, oft ziehen die nördlichen Populationen über Winter nach West- und Mitteleuropa oder sogar bis in den Mittelmeerraum. Verbreitung: Europa (im Norden bis Südschweden), Westasien, Nordwestafrika.

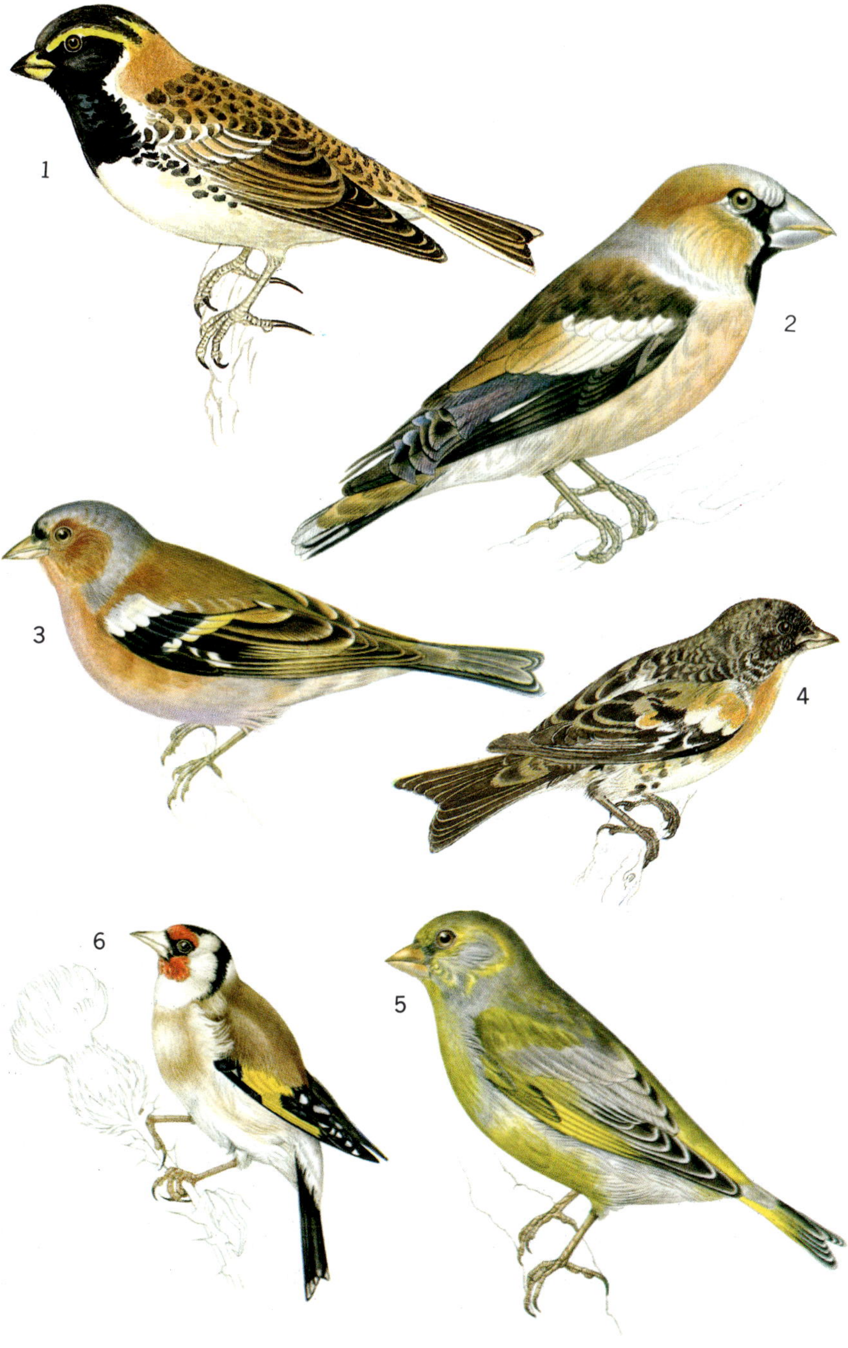
1
2
3
4
6
5

Vögel

Familie: **Finken** — *Fringillidae*

1 Hänfling *Carduelis cannabina*. Länge 13 cm. Der Hänfling bewohnt trockene Brachflächen, Weiden mit Wacholderbüschen, Friedhöfe, Parks usw., er ernährt sich von Sämereien. Sein Nest baut er meist in Bodennähe auf niedrigen Bäumen oder Sträuchern. Von April bis Juli legt das Weibchen in der Regel fünf Eier, die es allein bebrütet. Beide Eltern füttern. Teils Strich-, teils Zugvogel, die Vögel überwintern in Norditalien und Südfrankreich. Verbreitung: Europa (bis Südschweden und Finnland), Westsibirien, Vorderasien, Nordwestafrika.

2 Girlitz *Serinus serinus*. Länge 12 cm. Der Vogel stammt aus dem Mittelmeerraum, von dort ausgehend hat er sich mit Beginn des 19. Jahrhunderts nach Norden verbreitet. Der Girlitz lebt in der Nähe menschlicher Ansiedlungen, in Gärten, Parks und an den Rändern von Laub- bzw. Mischwäldern. Seine Nahrung besteht aus Samen. Er baut sein Nest in Bäumen und Sträuchern, von Mai bis Juli legt das Weibchen 4—5 Eier. Das Weibchen brütet allein, doch füttert auch das Männchen. Der Girlitz nistet 2mal im Jahr. Im Norden seines Areals Zugvogel, er überwintert in Süd-, Mittel- und Westeuropa, in den übrigen Gebieten Standvogel. Verbreitung: Europa (mit Ausnahme eines Großteils Skandinaviens), Kleinasien, Nordwestafrika.

3 Fichtenkreuzschnabel *Loxia curvirostra*. Länge 17 cm. Ausgesprochener Fichtenwaldbewohner der Berge und Gebirgsvorländer, stellenweise auch in den Niederungen. Der Vogel ernährt sich von den Samen der Nadelgehölze. Er nistet das ganze Jahr über, vor allem von Januar bis April, sein Nest baut er auf Nadelbäumen. In das zur Isolierung gegen Frost sehr sorgsam mit einer dicken Materialschicht ausgepolsterte Nest legt das Weibchen vier Eier, die es allein bebrütet. Beide Eltern füttern. Meist Standvogel, oft auf der Nahrungssuche unregelmäßige Invasionen nach Süden. Verbreitung: Europa, Nordasien, Nordwestafrika, Nord- und Mittelamerika.

4 Gimpel *Pyrrhula pyrrhula*. Länge 15 cm, nördliche Rasse 17 cm. Die Brust des Männchens ist auffällig rot, die des Weibchens graubraun. Der Gimpel bewohnt Nadel- und Mischwälder mit dichtem Unterholz, Parks, selten auch Gärten; seine Nahrung besteht aus Samen. Er baut sein Nest nicht besonders hoch in den Kronen von Nadelbäumen, von Mai bis Juli legt das Weibchen 4—5 Eier. Der Vogel nistet 2mal im Jahr. Die nördlichen Populationen dieses Standvogels überwintern in Mittel- und Südeuropa. Verbreitung: Fast ganz Europa (vom Norden der Pyrenäenhalbinsel und Norditalien bis Nordskandinavien), Nordasien (bis Japan und Kamtschatka).

Familie: **Webervögel** — *Ploceidae*

5 Schneefink *Montifringilla nivalis*. Länge 18 cm. Bewohnt Felsgebiete an der Grenze des ewigen Eises in den Hochgebirgen, oft in der Nähe von Gletschern. Seine Nahrung besteht aus Samen und Insekten, sein Nest baut er in Felsritzen oder im Geröll unter Steinen. Der Vogel nistet 1- bis 2mal im Jahr, das Weibchen legt von Mai bis Juli 5—6 Eier. Beide Eltern brüten und füttern. Der Schneefink bleibt im Brutgebiet auch über den Winter, nur zieht er sich in tiefere Lagen zurück. Verbreitung: Hochgebirge Europas und Asiens.

6 Haussperling *Passer domesticus*. Länge 15 cm. Lebt in Gesellschaft des Menschen sowohl auf dem Land als auch in der Großstadt. Er ernährt sich von Samen, Knospen und Insekten. Im Unterschied zum Feldsperling mit Geschlechtsdimorphismus. Der Haussperling nistet in allen möglichen Schlupfwinkeln wie Mauerlöcher usw. Er nistet 2- bis 3mal jährlich, von April bis August legt das Weibchen 5—6 Eier. Beide Eltern brüten und füttern. Standvogel. Verbreitung: Über die ganze Welt.

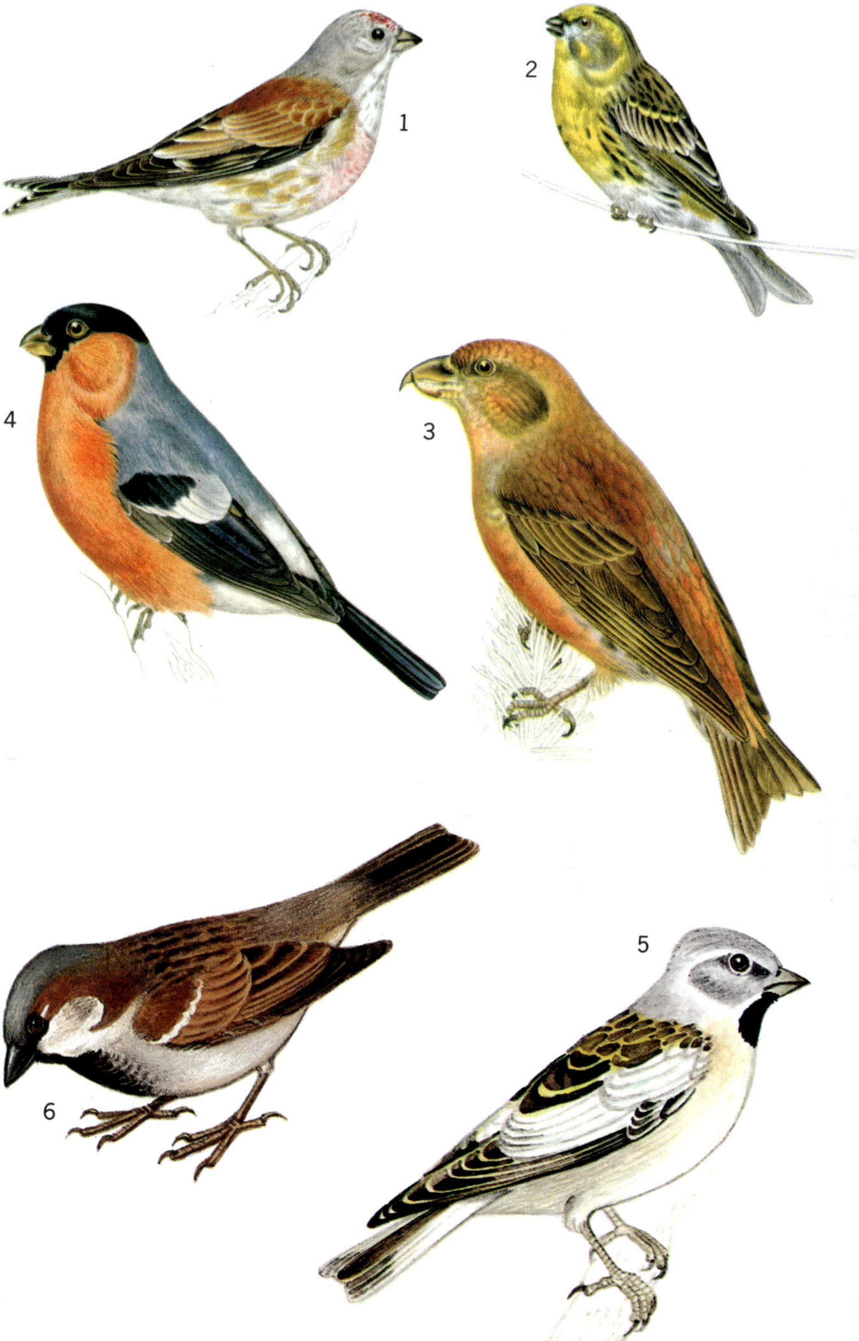
1
2
4
3
5
6

Vögel

Familie: **Webervögel** — *Ploceidae*

1 Feldsperling *Passer montanus.* Länge 14 cm. Beide Geschlechter sind gleich gefärbt. Der Vogel bewohnt Fluren mit parkartigem Baumbestand und Gärten auf dem Land, er ernährt sich wie der Haussperling. Der Feldsperling baut sein Nest in allen möglichen Höhlungen sowie in Nistkästen. Er nistet 2-bis 3mal im Jahr, von April bis August legt das Weibchen 5—6 Eier. Beide Eltern brüten und füttern. Strichvogel. Verbreitung: Fast ganz Europa (mit Ausnahme der südlichen und westlichen Balkangebiete, Nordschwedens und Nordfinnlands), Nordasien.

Familie: **Stare** — *Sturnidae*

2 Star *Sturnus vulgaris.* Länge 21 cm. Ursprünglich Bewohner von Laubwäldern mit hohlen Bäumen, heute nistet der Star auch in waldlosen Gebieten. Baut sein Nest in Mauerlöchern, unter Dächern und in Nistkästen. Seine Nahrung besteht aus Insekten, Würmern, Schnecken und Obst. Der Star nistet 1-bis 2mal im Jahr, das Weibchen legt von April bis Juli 5—6 Eier. Beide Eltern brüten und füttern. In West- und Südeuropa ortsständig, sonst Zugvogel, der in West- und Südwesteuropa sowie am Mittelmeer überwintert. Verbreitung: Europa (mit Ausnahme der Pyrenäenhalbinsel, Südfrankreich und der Westküste der Balkanhalbinsel), Asien (bis zum Baikal).

Familie: **Pirole** — *Oriolidae*

3 Pirol *Oriolus oriolus.* Länge 24 cm. Der Vogel bewohnt Haine und Laubwälder in den Niederungen und im Hügelland, manchmal auch aufgelockerte Kiefernschläge und große Parks. Seine Nahrung besteht aus Insekten und verschiedenen Früchten. Das korbartige Nest hängt hoch in der Baumkrone in einer Astgabel dünner Außenzweige. Im Mai/Juni legt das Weibchen 3—5 Eier, beide Eltern brüten und füttern. Zugvogel, überwintert in Zentral- und Südafrika. Verbreitung: Europa (bis Südskandinavien, fehlt auf den Britischen Inseln), West- und Südasien, Nordwestafrika.

Familie: **Rabenvögel** — *Corvidae*

4 Eichelhäher *Garrulus glandarius.* Länge 34 cm. Der Eichelhäher lebt in allen Waldtypen von den Niederungen bis in die Gebirge. Seine Nahrung besteht aus Eicheln, Bucheckern, Beeren, Insekten, Würmern, Vogeleiern und kleinen Wirbeltieren. Hoch in den Baumkronen baut er sein Nest. Im Mai/Juni legt das Weibchen 5—6 Eier, beide Eltern brüten und füttern. Stand- oder Strichvogel. Verbreitung: Europa (bis Mittelskandinavien), Asien, Nordwestafrika.

5 Tannenhäher *Nucifraga caryocatactes.* Länge 32 cm. Bewohner der Taiga und der Bergnadelwälder, der sich oft bis über die obere Waldgrenze hinausbegibt. Seine Nahrung sind die Samen der Nadelhölzer, Beeren, Obst, Insekten, Schnecken usw. Besonders liebt er die Nüsse der Zirbelkiefer, oft vergräbt er sie im Boden und hilft so bei der Verbreitung des Waldes im Hochgebirge mit. Sein Nest baut er in den Kronen der Nadelbäume, im März/April legt das Weibchen 3—4 Eier, die es allein bebrütet. Beide Eltern füttern. Stand- bzw. Strichvogel, der sich aber auch auf invasionsartige Wanderungen begeben kann. Im Winter geht er aus den höchsten Gebirgslagen in geringere Höhe hinunter. Verbreitung: Skandinavien, europäische Teile Rußlands, Alpen, Karpaten, Balkangebirge, Sibirien, Mittelasien.

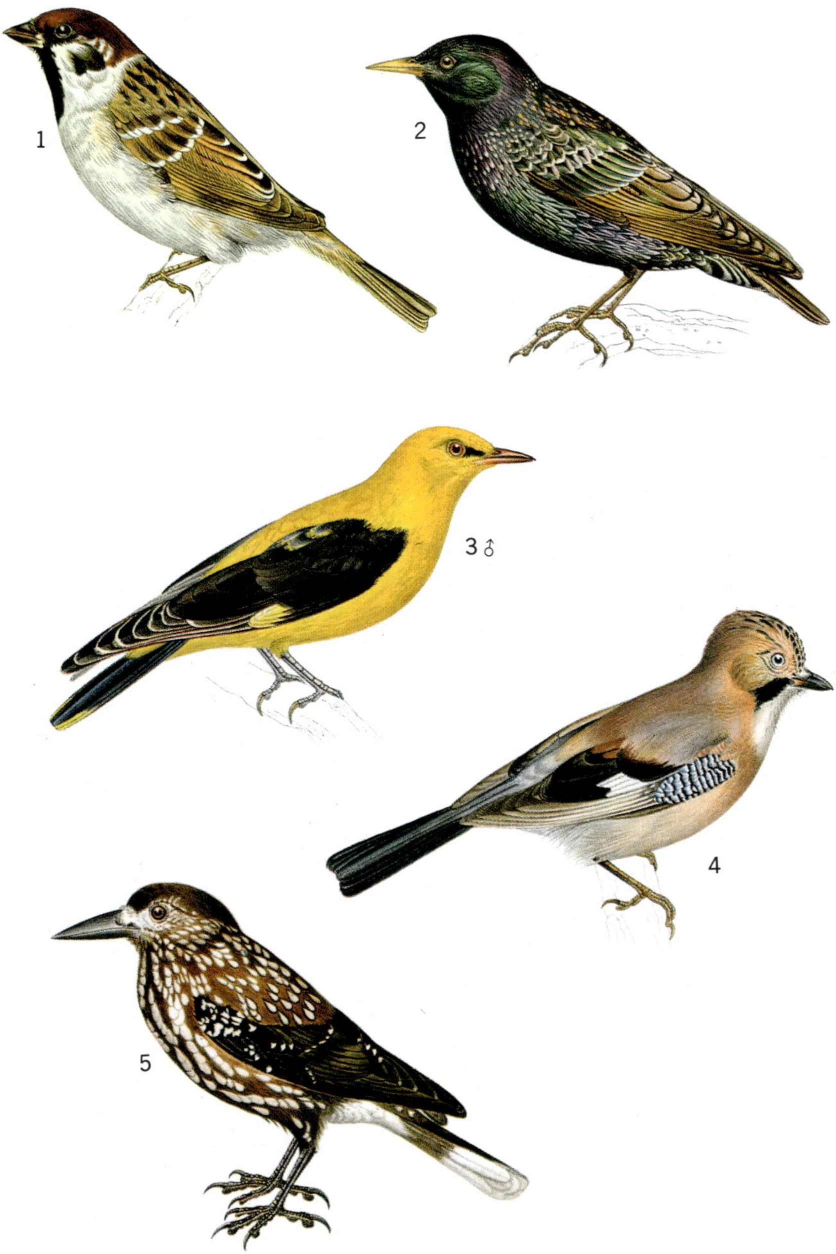
1
2
3 ♂
4
5

Vögel

Familie: **Rabenvögel** — *Corvidae*

1 Elster *Pica pica*. Länge 46 cm, die Hälfte davon Schwanz. Die Elster bewohnt offene Parklandschaften, Obstgärten, buschbestandenes Brachland, Wälder inmitten der Felder mit hohen Bäumen und Parks. Der Vogel baut sein überdachtes großes Nest sowohl niedrig in Büschen als auch hoch oben in den Baumkronen. Im April/Mai legt das Weibchen 5—7 Eier, die es allein bebrütet. Beide Eltern füttern. Standvogel. Verbreitung: Ganz Europa, Großteil Asiens, Nordwestafrika, Nordamerika.

2 Dohle *Corvus monedula*. Länge 33 cm. Bewohner offener Landschaften mit alten Baumgruppen, menschlicher Ansiedlungen, Felsgelände. Seine Nahrung besteht aus Insekten, Würmern, Schnecken, kleinen Wirbeltieren und Sämereien. Meist nistet die Dohle in großen Kolonien, sie baut ihr Nest in alle möglichen Ritzen und Hohlräumen. Im April/Mai legt das Weibchen 5—6 Eier. Es brütet allein, doch füttert auch das Männchen. Die Populationen aus Nord- und Osteuropa überwintern meist in Westeuropa oder am Mittelmeer; im Westen und Süden Europas ist die Dohle Standvogel. Verbreitung: Europa (bis Mittelskandinavien), Westasien, Nordwestafrika.

3 Kolkrabe *Corvus corax*. Länge 63 cm. Der Kolkrabe ist der größte Rabenvogel, er bewohnt die Buschtundra des Nordens, Meeresküsten, offene Landschaften mit Gehölzen und Büschen; in südlicheren Breiten lebt er in Gebirgen und Niederungen. Er ernährt sich von Insekten, Wirbeltieren, Aas, Obst usw. Sein Nest baut er hoch in Baumkronen oder Felswänden. Im März/April legt das Weibchen 4—6 Eier, die es allein bebrütet; beide Eltern füttern. Stand- und Strichvogel. In West- und Mitteleuropa ist er sehr selten, häufiger nur in den Alpen und Karpaten. Verbreitung: Fast ganz Europa, Asien, Nord- und Ostafrika, Nord- und Mittelamerika.

4 Saatkrähe *Corvus frugilegus*. Länge 46 cm. Der Vogel bewohnt landwirtschaftliche Nutzflächen mit Baumgruppen, in den letzten Jahren auch menschliche Ansiedlungen. In den Bergen fehlt die Art. Alte Tiere haben um den Schnabel nackte, weiße Haut. Die Nahrung der Saatkrähe besteht aus Insekten, Würmern, kleinen Wirbeltieren, Beeren, Obst usw., ihre Nester finden sich in mehr oder weniger großen Kolonien hoch in den Baumkronen. Im März/April legt das Weibchen 3—5 Eier, auf denen es allein sitzt, doch füttert auch das Männchen. In Osteuropa Zugvogel, in Mittel- und Westeuropa Stand- bzw. Strichvogel. Verbreitung: Europa (von den Britischen Inseln nach Osten), Ostasien.

5 Rabenkrähe *Corvus corone corone*. Länge 47 cm. Die Rabenkrähe lebt in offenen Feld- und Weidelandschaften mit verstreuten Gehölzen und Baumgruppen, in zusammenhängenden Waldungen, lichten Hainen und Parks. Ihre Nahrung besteht aus kleinen Wirbeltieren, Vogeleiern, Insekten, Würmern, Aas, Obst usw. Im April/Mai legt das Weibchen in der Regel fünf Eier, die es allein bebrütet, beide Eltern füttern. Stand- oder Strichvogel. Verbreitung: Westeuropa bis zur Elbe und Moldau, bis Wien und über die Alpen bis Norditalien, Nord- und Mittelasien bis Kamtschatka und Japan.

6 Nebelkrähe *Corvus corone cornix*. Länge 47 cm. Die Nebelkrähe unterscheidet sich von der vorangegangenen Unterart durch ihre graue Färbung, in ihrer Biologie stimmt sie mit der Rabenkrähe überein. Verbreitung: Osteuropa, Ostsibirien.

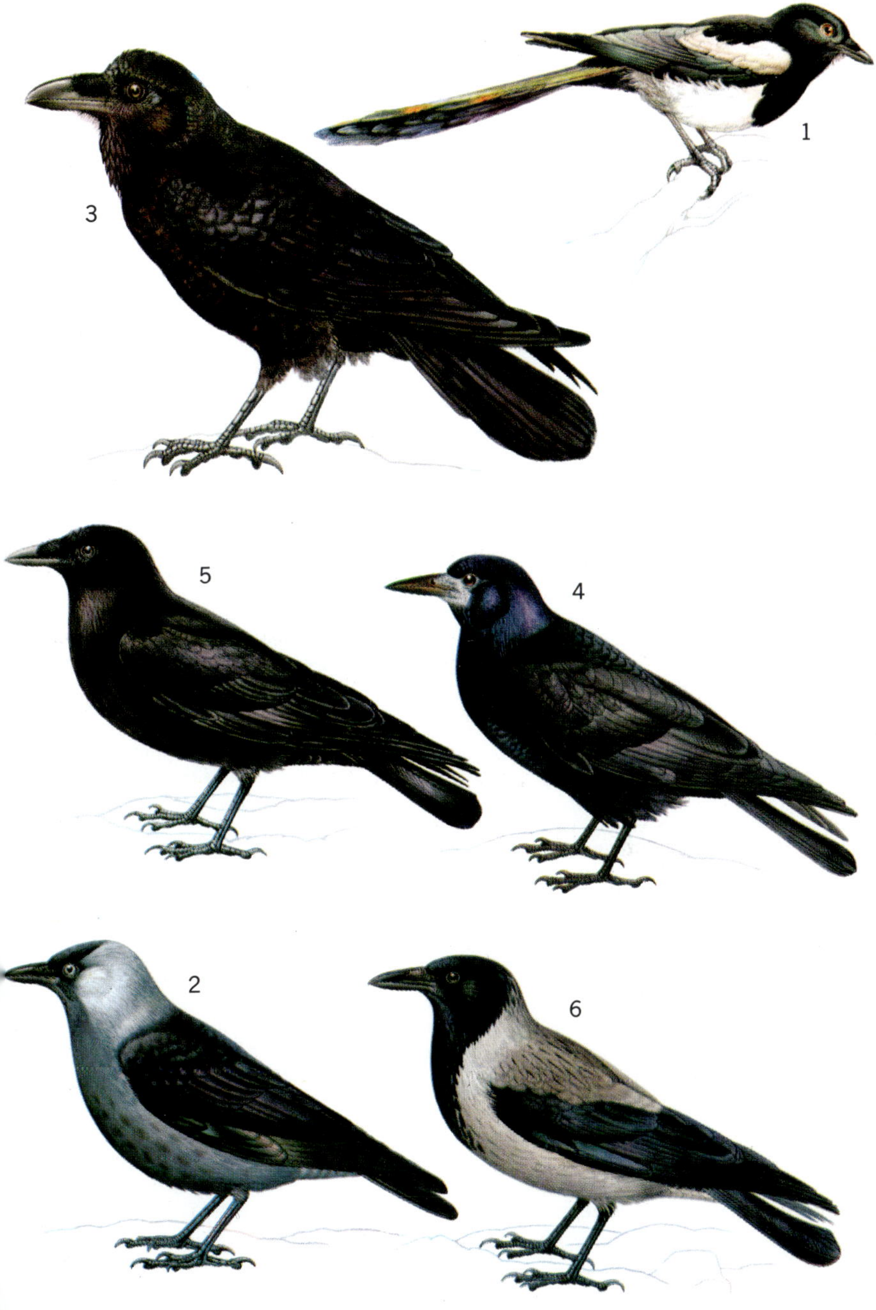
1
3
5
4
2
6

Säugetiere

Klasse: **Säugetiere** — *Mammalia*
Ordnung: **Insektenfresser** — *Insectivora*
Familie: **Igel** — *Erinaceidae*

1 Europäischer Igel *Erinaceus europaeus.* Länge 30 cm. Der Igel lebt in lichten Wäldern mit Unterholz, auf buschbestandenen Wiesen, in alten Gärten, Parks, in Städten und auf dem Land, er geht auch in die Gebirge hinauf (in den Alpen bis zu 2000 m). Seine Nahrung bilden verschiedene Insekten, Schnecken, Würmer, Spinnen und auch kleinere Wirbeltiere. Er baut sich ein Nest im Gebüsch und polstert es mit Moos und Heu aus. Dort wirft er 7 — 10 Junge, auch überwintert er im Nest in richtigem Winterschlaf. Verbreitung: Westeuropa, im Osten bis zum Oderunterlauf, Böhmen und den Alpen.

2 Weißbrustigel *Erinaceus concolor.* Die Art stimmt in Größe und Lebensweise mit *E. europaeus* überein, bis vor kurzem galt sie als eine seiner geographischen Rassen. Vom Europäischen Igel unterscheidet sie sich durch auffällige Zweifarbigkeit in der Jugend und einem weißen Fleck auf der Brust. Die dunkle Kopffärbung zwischen Nasenpartie und Augen bildet bei diesem Igel keine zusammenhängende brillenförmige Zeichnung wie bei *E. europaeus.* Verbreitung: Von Mitteleuropa nach Osten bis Nordostchina, Korea und in die Ussurigegend in Rußland.

Familie: **Spitzmäuse** — *Soricidae*

3 Waldspitzmaus *Sorex araneus.* Körperlänge 65 — 85 mm, Schwanz 32 — 47 mm. Meist an feuchteren Orten, die ihr genügend Nahrung bieten. Sie frißt Insekten, Schnecken, Würmer und Spinnen. Ihr Tagesverbrauch entspricht dem eigenen Körpergewicht. Das Tier lebt entweder in einem selbst angelegten Bau oder häufiger in verlassenen Löchern anderer kleiner Säuger. Im Winter sucht es menschliche Behausungen auf. In das Erdnest bringt die Waldspitzmaus ein Polster aus Gras oder anderem weichen Pflanzenmaterial, dort wirft das Weibchen 2- bis 4mal jährlich 5 — 10 Junge. Verbreitung: Fast ganz Europa und Asien.

4 Alpenspitzmaus *Sorex alpinus.* Körper 62 — 80 mm, Schwanz 54 — 75 mm. Die Art lebt vorwiegend in der Bergwald- und Knieholzregion der Hochgebirge mit feuchtem Mikroklima, die Tiere halten sich in der Nähe von Gebirgsbächen und Quellen auf. Wie die anderen Spitzmäuse ist auch sie ein nachtaktives Tier. Das Weibchen bringt 1- bis 2mal jährlich einen Wurf von 6 — 8 Jungen zur Welt. Die Nahrung besteht aus Insekten, Würmern und Weichtieren. Verbreitung: In den meisten höheren Gebirgen Europas, in den Alpen sogar bis in eine Höhe von 3335 m.

5 Zwergspitzmaus *Sorex minutus.* Körper 45 — 66 mm, Schwanz 32 — 46 mm, Gewicht 3 — 5 g. Kleinster europäischer Insektenfresser, bewohnt feuchte Nadel- und Mischwälder von den Niederungen bis zur oberen Waldgrenze in den Bergen. Dort gräbt die Zwergspitzmaus ihre nicht sehr tiefen Erdlöcher, in denen das Weibchen 1- bis 3mal im Jahr 4 — 10 Junge wirft. Die Nahrung bilden vorwiegend Insekten, Spinnen, Würmer und Weichtiere, auch ölhaltige Pflanzensamen werden gefressen. Verbreitung: In einigen Rassen über Europa und den paläarktischen Teil Asiens.

6 Wasserspitzmaus *Neomys fodiens.* Körper 70 — 96 mm, Schwanz 47 — 77 mm. Die Wasserspitzmaus lebt an den Ufern von Bächen, Flüssen, Seen und Teichen von den Niederungen bis in die Gebirge. Ihren Bau gräbt sie in Ufernähe, ein Eingang mündet immer unter Wasser. Die Nistkammer wird mit Gras und Moos ausgepolstert. Fortpflanzung von April bis Ende August/September, die Weibchen haben 2 — 4 Würfe von 4 — 7, gelegentlich auch 11 Jungen. Dieser ausgezeichnete Schwimmer wird nachts aktiv, dann jagt er Wasserinsekten, Weichtiere, kleine Fische und Frösche. Verbreitung: Ganz Europa, in den Alpen bis zu 2500 m hoch, Asien bis zum Ussuri.

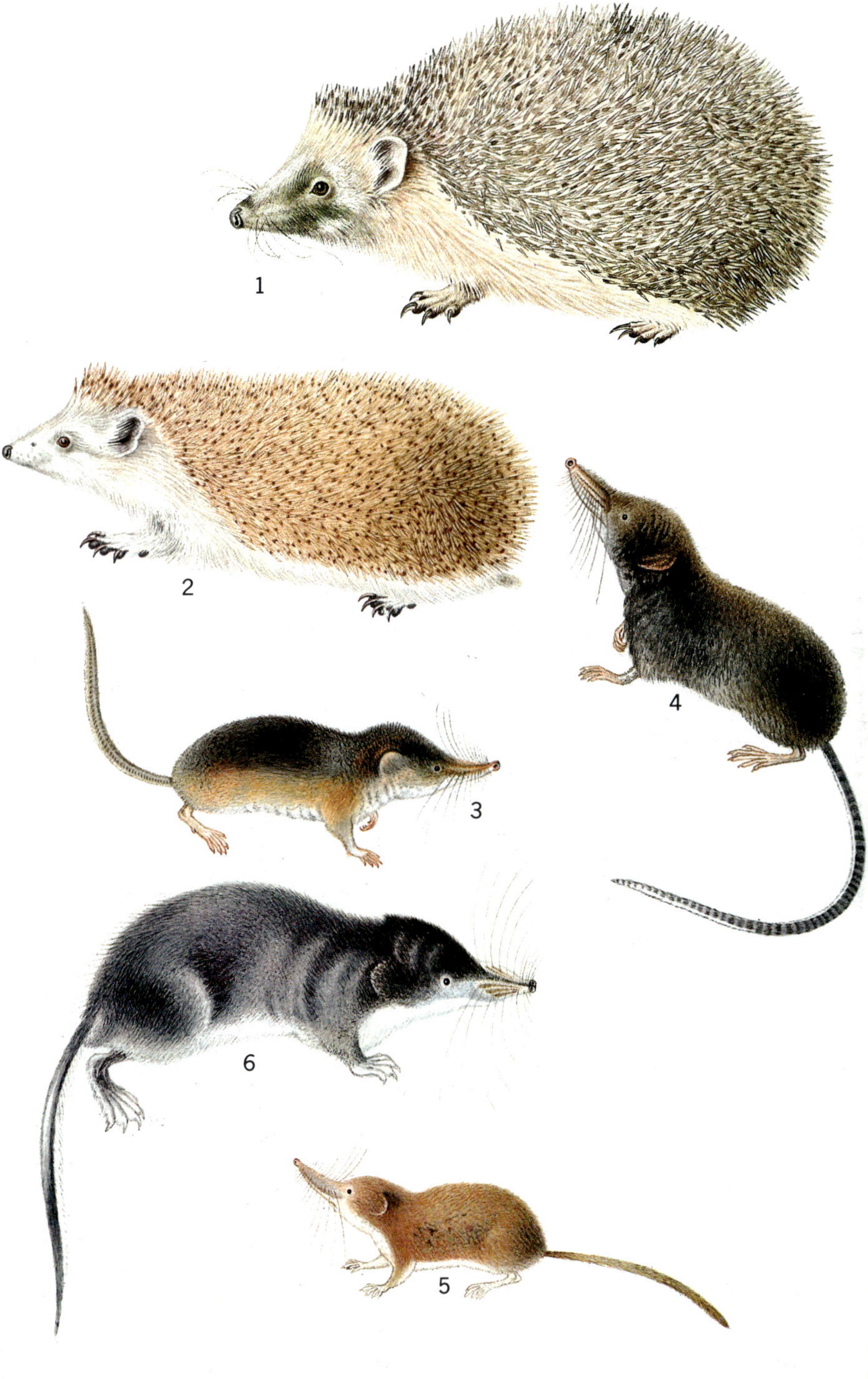
1
2
4
3
6
5

Säugetiere

Familie: **Spitzmäuse** — *Soricidae*

1 Hausspitzmaus *Crocidura russula.* Körper 64—95 mm, Schwanz 33—46 mm. Die Art lebt vorwiegend in menschlichen Behausungen, auf Feldern, Friedhöfen und in Gärten. Im Gebirge geht sie bis zu 1600 m hoch. Ihre Nahrung besteht aus Insekten, im Notfall frißt sie auch Pflanzensamen. Sie pflanzt sich von April bis September fort, 2- bis 4mal jährlich hat sie 3—10 Junge. Verbreitung: Südlicheres Europa (im Norden bis Mittel- und Süddeutschland, Polen), in den wärmeren Gebieten Asiens bis Korea und Japan im Osten. Kommt auch in Afrika vor, hauptsächlich im Nordwesten des Kontinents, aber auch in Kenia, im Sudan und in Angola.

2 Gartenspitzmaus *Crocidura suaveolens.* Körper 53—83 mm, Schwanz 25—44 mm. Lebt auf buschbestandenen Lichtungen in steppenartigen Niederungen, in Parks und menschlichen Behausungen. Ihre Nahrung besteht aus verschiedenen Wirbellosen und kleineren Wirbeltieren, auch Aas nimmt sie an. Diese Spitzmaus nistet in Erdlöchern von Nagern, 2- bis 4mal jährlich wirft hier das Weibchen 2—6 blinde, nackte Junge. Wachsen sie heran, führt sie das Muttertier 4—5 Wochen mit sich herum. Dabei halten sich die Jungen am Schwanzfell fest — das erste an der Mutter, die übrigen aneinander, so daß die Familie eine lebende Kette bildet. Verbreitung: Ganz Europa bis zur Ostsee im Norden, in der gemäßigten Zone Asiens bis China und Korea, kommt in Nordwestafrika, möglicherweise auch im Osten und Südwesten des Kontinents vor.

3 Feldspitzmaus *Crocidura leucodon.* Körper: 63—90 mm, Schwanz 28—39 mm. Eine auf Feldern und in der Nähe menschlicher Behausungen häufige Art, die ihre Erdlöcher meist in buschbestandenem Gelände anlegt. Das Weibchen hat 2- bis 3mal im Jahr 3—9 Junge, die es ähnlich wie das Gartenspitzmaus mitführt, auch ist ihre Ernährung ähnlich. Verbreitung: Mittel- und Südeuropa bis zur Ostsee im Norden, im paläarktischen Asien mehrere geographische Rassen.

4 Etrusker-Spitzmaus *Suncus etruscus.* Körper 36—52 mm, Schwanz 24—29 mm, Gewicht 1,5—2,5 g. Diese Spitzmaus ist der kleinste Säuger der Welt, sie lebt an feuchten Stellen in Wassernähe. Als Nahrung dienen ihr Insekten und andere Wirbellose. Das Weibchen wirft 5- bis 6mal im Jahr 2—5 Junge. Verbreitung: Mittelmeerraum, Transkaukasien, Turkmenien.

Familie: **Maulwürfe** — *Talpidae*

5 Bisamrüßler *Desmana moschata.* Körper ca. 215 mm, Schwanz 170 mm. Lebt in der Nähe großer Ströme, vor allem an dicht bewachsenen Flußarmen. Seine Nahrung besteht aus Insekten, Weichtieren, Krebsen, Fischen und Pflanzen. Der Bisamrüßler hält sich in einem Bau auf, dessen Eingang unter Wasser liegt. Zweimal jährlich wirft das Weibchen 1—5 Junge. Die Art steht als Pelztier unter Naturschutz. Verbreitung: Ursprünglich am Unterlauf von Wolga und Don sowie im Gebiet des Uralflusses; an einigen Stellen des europäischen Rußlands vom Menschen ausgesetzt.

6 Pyrenäen-Desman *Galemys pyrenaicus.* Körper 110—135 mm, Schwanz 130 mm. Die Art lebt an Gewässerrändern, vor allem an Stellen mit üppiger Ufervegetation. Dort legen die Tiere ihre Baue an, deren Eingänge unter Wasser münden, die Nistkammer liegt jedoch stets über der Wasseroberfläche im Trockenen. Über die Biologie des Tieres ist nicht viel bekannt, es wird intensiv gejagt, und so geht seine Zahl immer mehr zurück. Verbreitung: Fluß- und Bachufer in den Pyrenäen, auch anderswo in Nordspanien und Portugal.

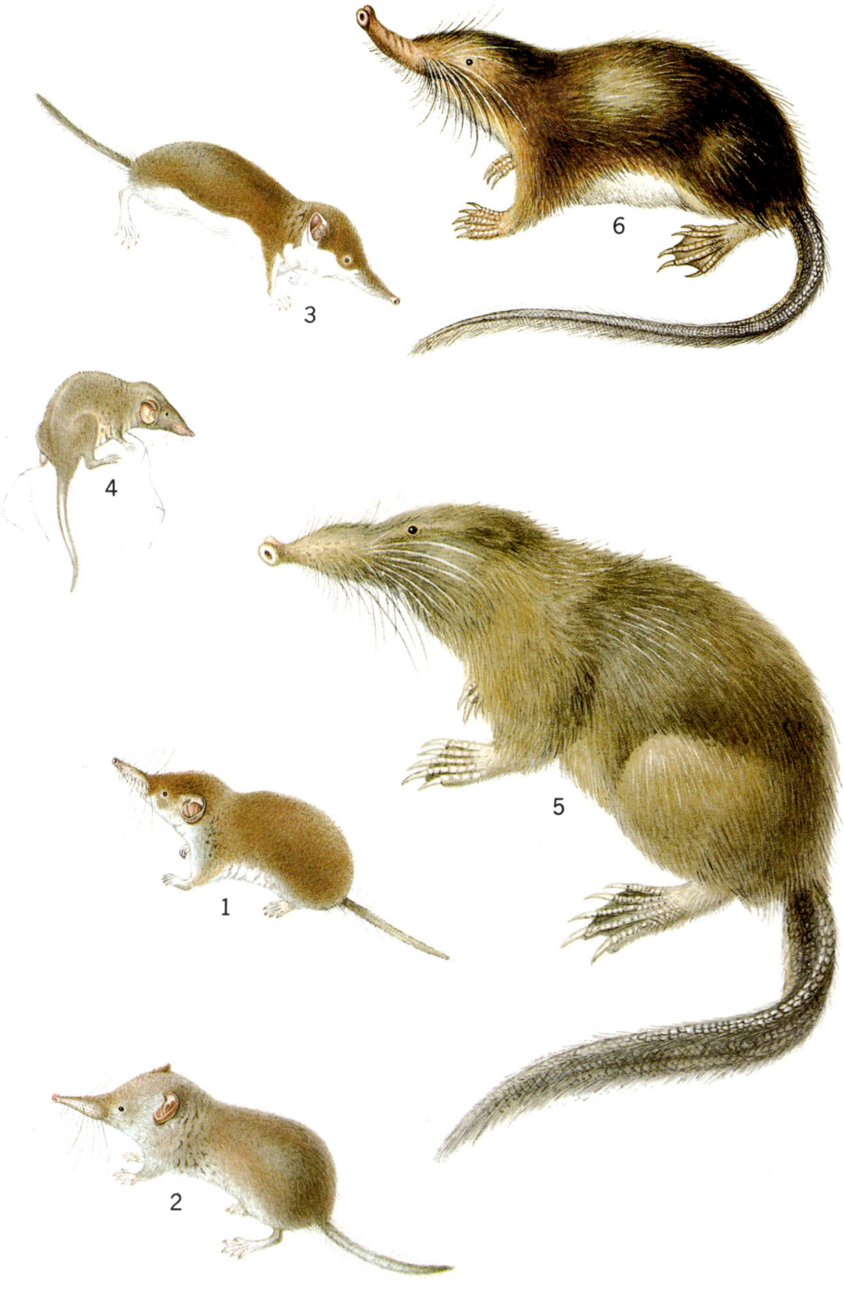
6
3
4
5
1
2

Säugetiere

Familie: **Maulwürfe** — *Talpidae*

1 Europäischer Maulwurf *Talpa europaea*. Körper 130—170 mm, Schwanz 23—28 mm. Bis in eine Höhe von 2000 m lebt der Maulwurf häufig an feuchten Stellen auf Wiesen, Lichtungen, in Gärten und an den Rändern von Auwäldern. In der Hauptsache ernährt er sich von Regenwürmern, Schnecken und Engerlingen. Der Maulwurf lebt unter der Erde, mit seinen schaufelartigen Vorderfüßen gräbt er sich ein ganzes Gangsystem, wobei er die dabei anfallende Erde an die Oberfläche stößt (Maulwurfshaufen!). Das Weibchen hat einmal im Jahr 4—5 Junge. Verbreitung: Europa von Südschweden bis Spanien, Italien, Sizilien und Nordgriechenland, von Großbritannien bis zum Ural und Kaukasus; Asien bis zum Baikalsee und dem Einzugsgebiet des Lenastroms.

Ordnung: **Flattertiere** — *Chiroptera*
Familie: **Dreizehenhufeisennasen** — *Rhinolophidae*

2 Kleine Hufeisennase *Rhinolophus hipposideros*. Körper 38—45 mm, Spannweite 190—250 mm. Tagsüber halten sich die Tiere in größerer Anzahl auf Dachböden, in Kirchtürmen, Ruinen, Höhlen usw. versteckt, mit der Dämmerung fliegen sie aus. Wie alle Fledermäuse ernähren sie sich von Insekten, die sie im Flug fangen. Sie pflanzen sich im Mai/Juni fort, gewöhnlich haben sie 1—2 Junge. Verbreitung: Großteil Europas, Nordafrika, Vorder- und Mittelasien.

3 Große Hufeisennase *Rhinolophus ferrumequinum*. Körper 58—70 mm, Spannweite 330—400 mm. In wärmeren Gegenden hält sich diese Fledermaus tagsüber in Höhlen, unterirdischen Stollen, Felslöchern und Ruinen auf. Im Winter bilden die Tiere oft große Kolonien, im Sommer leben sie einzeln oder in kleinen Grüppchen. Nach Einbruch der Dämmerung jagen sie in langsamem Flug nicht hoch über dem Erdboden. Mitte Juni bringt das Weibchen normalerweise ein Junges zur Welt. Verbreitung: Europa, die Nordgrenze bilden Großbritannien, Mitteldeutschland, Österreich, die Slowakei und die Karpatoukraine; Asien bis China und Japan, Nordwestafrika.

Familie: **Glattnasen** — *Vespertilionidae*

4 Großer Abendsegler *Nyctalus noctula*. Körper 60—80 mm, Spannweite 320—460 mm. Bewohnt Parks und Wälder mit genügend alten, hohen Bäumen in den Niederungen und im Hügelland, dort findet er im Sommer tagsüber Unterschlupf. In hohlen Bäumen und anderen Schlupfwinkeln überwintert er auch, doch unternimmt er vorher oft lange Züge in südlicher Richtung. Ende Mai wirft das Weibchen zwei Junge. Verbreitung: Ganz Europa (im Norden bis Südschweden und Finnland), asiatische Teile Rußlands, Nordchina, Nordwestafrika.

5 Langohrfledermaus *Plecotus auritus*. Körper 47—51 mm, Spannweite 220—260 mm. Diese Art hält sich gern in der Nähe menschlicher Behausungen auf; in der Dunkelheit gehen die Tiere auf ihren nicht besonders hohen und nicht schnellen Flug. Sie jagen an Waldrändern, in Parks, Gärten und im Waldinneren. Im Mai bzw. Juni hat das Weibchen für gewöhnlich 1—2 Junge. Die Weibchen leben den Sommer über in kleinen Kolonien von 5—20 Tieren, die Männchen sind Einzelgänger. Verbreitung: Nordeuropa in Niederungen und Gebirgen (In den Alpen bis 1850 m), in südlicheren Gebieten nur in den Bergen; Asien bis nach Japan.

6 Großes Mausohr *Myotis myotis*. Körper 60—80 mm, Spannweite 350—430 mm. Eine der häufigsten Fledermäuse, deren Vorkommen in erster Linie an Gebäude von Menschenhand seltener an Höhlen gebunden ist. Die Weibchen verbringen den Sommer in großen Kolonien, im Mai/Juni hat das Weibchen ein Junges. Verbreitung: Europa (am weitesten im Osten in der Ukraine), Türkei, Libanon, Syrien, Nordafrika.

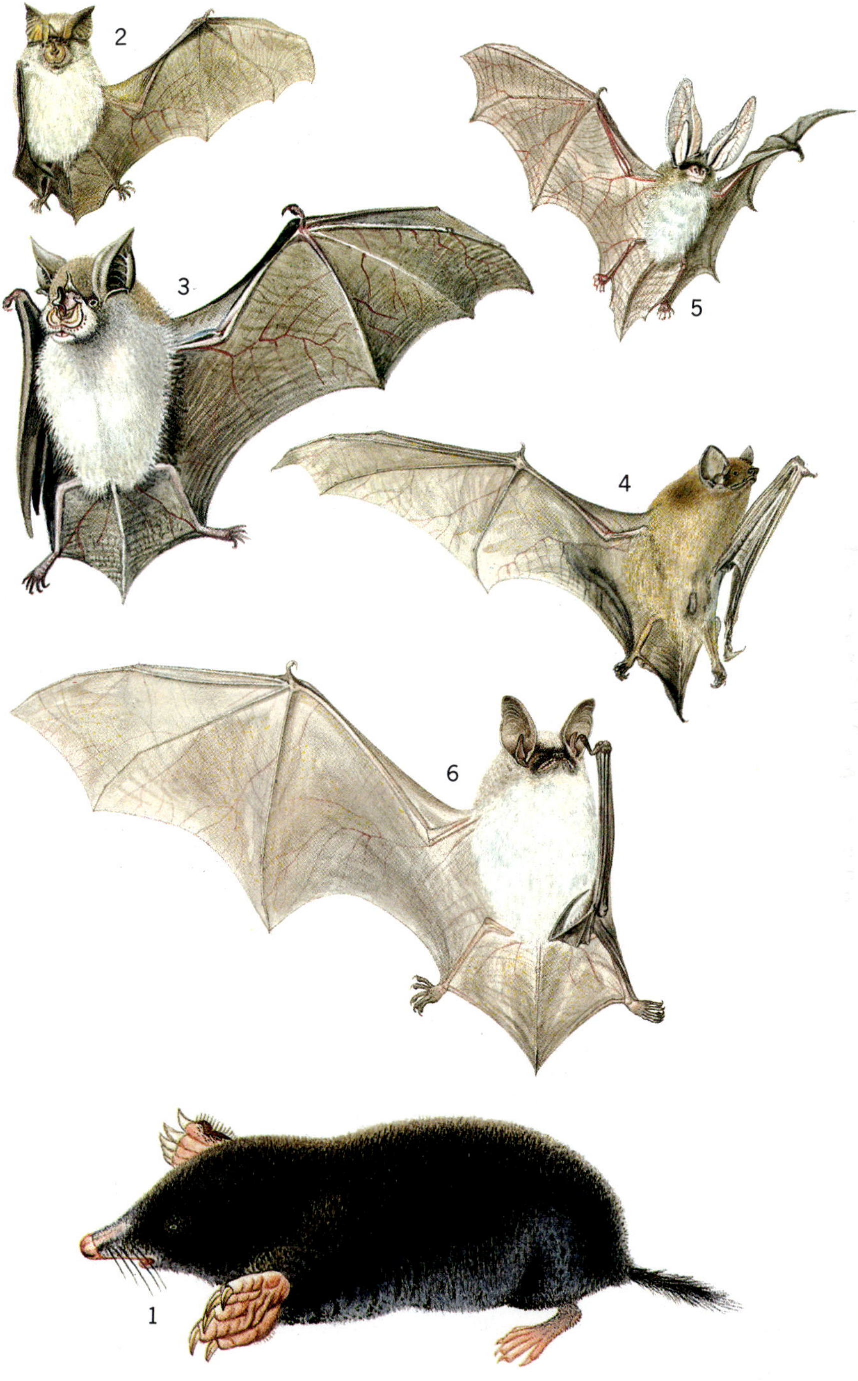
2
5
3
4
6
1

Säugetiere

Familie: **Glattnasen** — *Vespertilionidae*

1 Wasserfledermaus *Myotis daubentoni*. Körper 40—51 mm, Spannweite 250 mm. Diese Fledermaus lebt in unmittelbarer Wassernähe. Tags hält sie sich in hohlen Bäumen, Mauerritzen und auf Dachböden verborgen, den Winter bringt sie meist in Höhlen und verlassenen Stollen zu. Im Sommer bilden die Weibchen große Kolonien, gewöhnlich gebären sie im Juni ein Junges. Sie ernähren sich von Insekten, die sie dicht über der Wasseroberfläche fangen. Verbreitung: Ganz Europa bis Mittelskandinavien im Norden, Asien bis Korea und Japan im Osten.

2 Mopsfledermaus *Barbastella barbastellus*. Körper: 42—52 mm, Spannweite 240 bis 275 mm. Im Sommer dienen hohle Bäume, Mauer- und Verputzritzen als Unterschlupf. Verläßt in der Dämmerung ihr Versteck und geht auf Lichtungen und zwischen den Waldbäumen auf Insektenjagd. Im Juni wirft das Weibchen ein, ausnahmsweise zwei Junge. Überwintert in Höhlen, verlassenen Stollen, Ruinenkellern usw. Verbreitung: Ganz Europa (im Norden bis Südschweden und Norwegen), Westteile Rußlands, Kleinasien, Nordwestafrika.

3 Zwergfledermaus *Pipistrellus pipistrellus*. Körper 33—45 mm, Spannweite 180 bis 230 mm. In Niederungen und höher gelegenen Gebieten häufig, in den Alpen bis zu 2000 m. Ursprünglich ein Baumtier, ist die Art heute sehr oft an menschliche Behausungen gebunden, wo sie im Sommer hinter losem Verputz, Fensterläden, hinter Bildern und in Mauerritzen schläft. Im Sommer in großen Kolonien. Die Weibchen werfen 1—2 Junge, die schon nach zwei Monaten völlig selbständig leben. Verbreitung: Ganz Europa außer dem hohen Norden, Asien, Nordwestafrika.

Ordnung: **Primaten, Herrentiere** — *Primates*
Familie: **Tieraffen** — *Cercopithecidae*

4 Magot *Macaca sylvanus*. Länge 75 cm. Einziger europäischer Affe, lebt in Herden nicht selten in der Nähe menschlicher Behausungen. Das Leittier ist immer das stärkste Männchen. Die Magots sind Pflanzenfresser, doch verzehren sie auch Eier und Kleinlebewesen. Die Weibchen haben manchmal ein, meist aber zwei Junge, die im Alter von 4 $^1/_2$ Jahren erwachsen werden. Die Affen leben an Orten, an denen die Temperatur unter den Nullpunkt sinkt und gewöhnen sich gut an rauheres Klima. Mehrmals wurden Versuche unternommen, diese Affen auch in Mitteleuropa anzusiedeln, seit 1969 leben sie in den Vogesen in einem Reservat, wohin sie aus dem Marokkanischen Atlas gebracht wurden. Verbreitung: Ursprünglich Nordafrika, von da aus gelangten sie nach Gibraltar in Südspanien. Der Bestand der dort lebenden Tiere wird von Zeit zu Zeit durch aus Afrika eingeführte Affen ergänzt.

Ordnung: **Raubtiere** — *Carnivora*
Familie: **Marder** — *Mustelidae*

5 Mauswiesel *Mustela nivalis*. Körper 130—240 mm, Schwanz 50—70 mm. Das Weibchen ist stets kleiner als das Männchen (wie bei den meisten Raubtieren). Das Mauswiesel lebt in Wäldern, auf Lichtungen, Feldern, in Gärten und in menschlichen Behausungen, es geht hoch in die Berge, in den Alpen bis zu 2700 m. Meist bewohnt es Baue von Mäusen und Wühlern, aber auch liegende hohle Bäume und alle möglichen Verstecke in der Nähe von Gebäuden. Die Tiere haben gewöhnlich 4—7 Junge, ihre Hauptnahrung sind Mäuse und Wühler, aber auch größere Tiere wie Ziesel, Kaninchen und Bodenbrüter. Verbreitung: Ganz Europa außer Irland, Asien bis Korea und Japan, Nordafrika, Nordamerika.

6 Großes Wiesel, Hermelin *Mustela erminea*. Körper 240—290 mm, Schwanz 80—90 mm. Sehr anpassungsfähige Art ohne festes Biotop, sowohl in Niederungen als auch in Gebirgen (Alpen bis 3000 m) zu finden. Im Winter verfärbt sich das Fell bis auf die Schwanzspitze weiß. Verbreitung: Ganz Europa, Großteil Asiens, Nordwestafrika, Nordamerika.

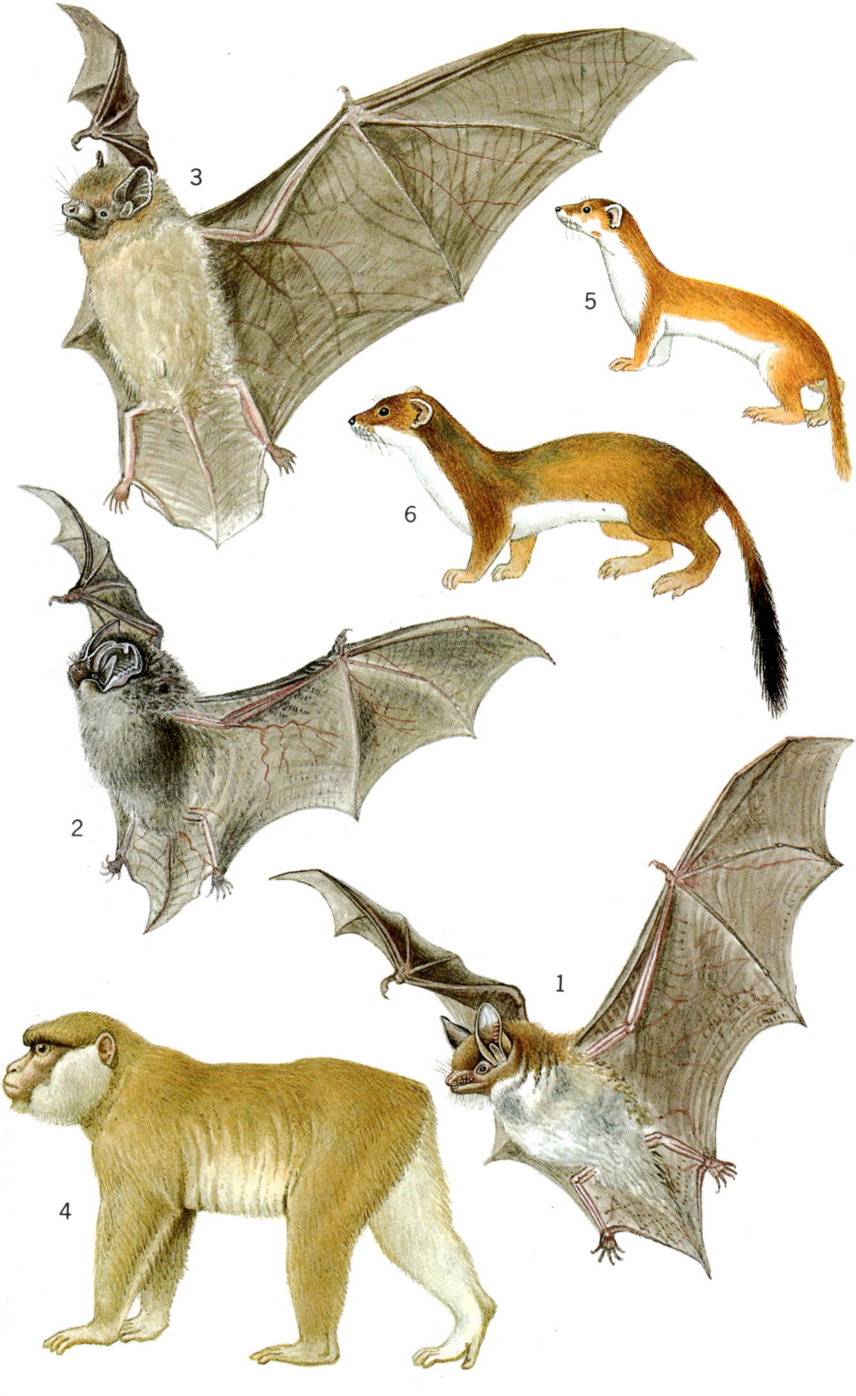
3
5
6
2
1
4

Säugetiere

Familie: **Marder** — *Mustelidae*

1 Nerz *Lutreola lutreola.* Körper 320—400 mm, Schwanz 120—190 mm. Der Nerz lebt an Bächen und Flüssen mit dichter krautiger Ufervegetation, als Nachttier verbringt er den Tag in Erdlöchern am Ufer. Er frißt kleinere Wasserwirbeltiere und Wirbellose (Weichtiere, Krebse usw.). Paarung im März/April, im Mai/Juni hat das Weibchen 2—7 Junge. Verbreitung: Mehrere geographische Rassen in Frankreich, Österreich, Polen, Finnland, Ungarn, Rumänien, europäisches Rußland, Westsibirien.

2 Iltis *Putorius putorius.* Körper 400—440 mm, Schwanz 130—190 mm. Der Iltis hält sich mit Vorliebe in der Nähe menschlicher Behausungen auf, er kommt von den Niederungen bis in die Berge, in den Alpen bis zu 2000 m vor. Aufgrund seiner Anpassungsfähigkeit ist er in Wäldern, auf Feldern und an Gewässern zu finden. Seine Nahrung besteht aus kleinen und mittelgroßen Säugern bis zu Hasengröße, Bodenbrütern usw. Oft tötet er die Hühner in den Ställen und frißt die Eier. Bei Gefahr scheidet er aus der Schwanzdrüse eine übelriechende Flüssigkeit ab. Im Mai/Juni hat das Weibchen 4—5 Junge, die Familie bleibt bis zum folgenden Frühjahr beieinander. Verbreitung: Ganz Europa, Asien, Nordwestafrika.

3 Dachs *Meles meles.* Körper 600—850 mm, Schwanz 110—180 mm. Waldbewohner von den Niederungen bis ins Gebirge. An geschützten Stellen legt er seinen langen, tiefen Bau an, dessen Kessel er mit Moos auspolstert. Hier hält er seine Winterruhe, im Sommer dient ihm der Bau als Tagesversteck, nachts wird er aktiv. Seine Nahrung bilden alle möglichen pflanzlichen und tierischen Stoffe. Paarung im Juli, die Jungen kommen aber erst von Februar bis April des folgenden Jahres auf die Welt. Das Weibchen hat bis zu fünf, meist aber zwei Junge. Verbreitung: Ganz Europa (außer dem hohen Norden), Großteil Asiens.

4 Baummarder, Edelmarder *Martes martes.* Körper 480—530 mm, Schwanz 230 bis 280 mm. Das überwiegend nachtaktive Tier bewohnt Wälder von den Niederungen bis in die Gebirge. Tagsüber verbirgt es sich in Baumhöhlen, alten Vogel- und Eichhornnestern. Der ausgezeichnete Kletterer ernährt sich meist von kleinen Nagern, Vögeln, Eiern, verschiedenen Insekten und süßen Früchten, doch greift er gelegentlich auch größere Tiere an wie Kaninchen und Hasen. Im April wirft das Weibchen 2—6 Junge. Verbreitung: Ganz Europa; Westsibirien bis zum Unterlauf von Ob und Irtysch, Kaukasus, Transkaukasien, Großteil Asiens.

5 Steinmarder *Martes foina.* Körper 450—500 mm, Schwanz 250—270 mm. Vom Baummarder unterscheidet er sich durch einen weißen Fleck auf Kehle und Brust, der auch auf die Vorderbeine übergreift. Dieser Fleck ist beim Baummarder meist gelb und endet in einem Keil zwischen den Vordergliedmaßen. Die Tiere bewohnen Waldränder, Felsen, Ruinen usw., in ihrer Biologie entsprechen sie dem Baummarder, doch sind sie auch tagsüber aktiv. Beide Arten sind wichtige Pelztiere. Verbreitung: Ganz Europa außer Skandinavien, Großbritannien und dem Norden des europäischen Rußlands; Asien bis Nordchina und Mongolei.

6 Vielfraß *Gulo gulo.* Körper 700—830 mm, Schwanz 160—250 mm. Der Vielfraß lebt in der Taiga und Waldtundra. Seine Hauptnahrung sind die nördlichen Nager, z. B. Lemminge, doch reißt er auch Hasen, Füchse, Marder, verschiedene Vögel und fängt Fische. Auch Pflanzenkost verschmäht er nicht, so liebt er süße Früchte. Nicht selten schlägt er auch großes Wild, z. B. Rehe oder Hirschkälber, auf die er in den Bäumen lauert. Verbreitung: Nordgebiete Europas, Asiens und Nordamerikas.

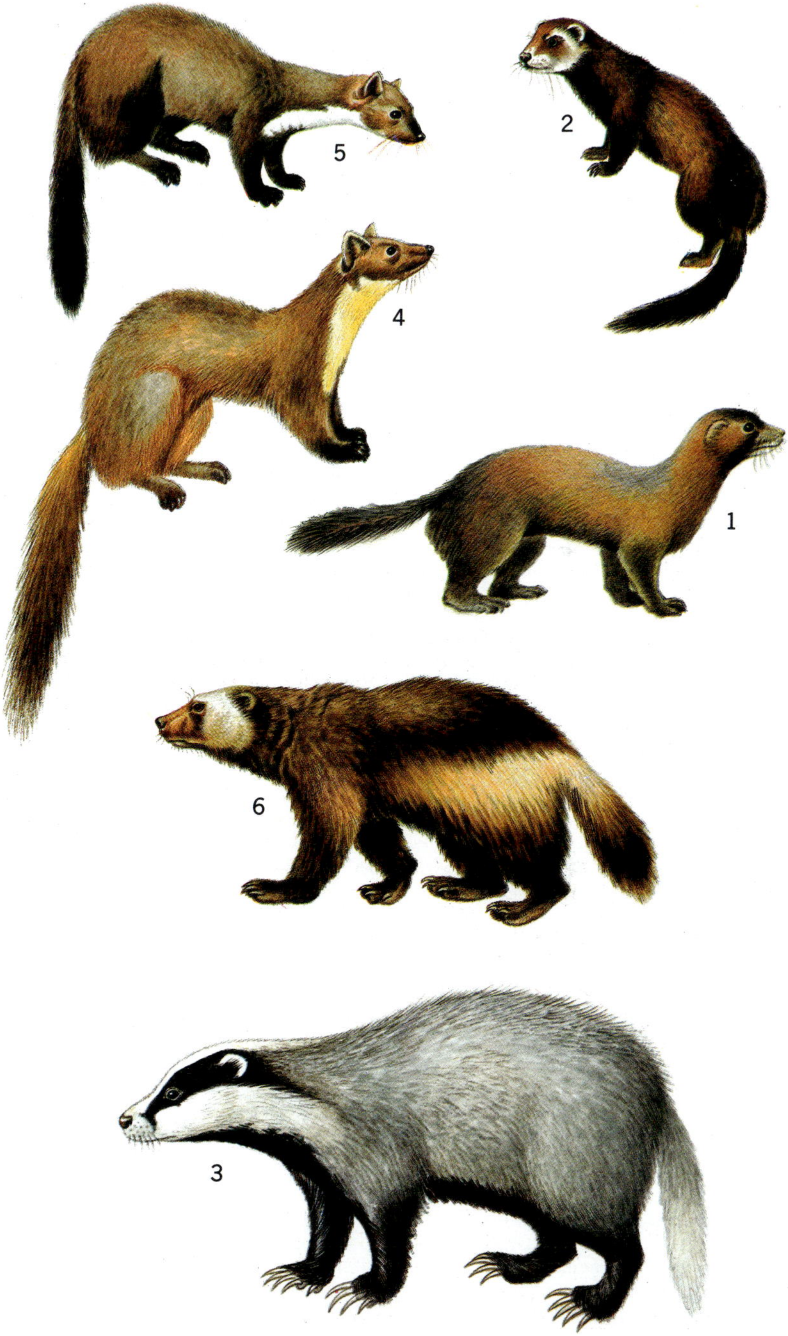
5
2
4
1
6
3

Säugetiere

Familie: **Marder** — *Mustelidae*

1 Fischotter *Lutra lutra*. Körper 650—800 mm, Schwanz 350—500 mm. An Flüssen und Bächen, an deren Ufern er seine einfachen Höhlen anlegt. Kommt von der Meeresküste bis in eine Höhe von 2500 m vor (Alpen), nachts wird er aktiv. Seine Nahrung bilden zum größten Teil Fische, seltener Krebse. Das Weibchen wirft 2—5 Junge im Jahr. Der Fischotter ist ein wertvolles Pelztier. Verbreitung: In etwa 10 geographischen Rassen über ganz Eurasien.

Familie: **Bären** — *Ursidae*

2 Braunbär *Ursus arctos*. Länge 170—250 cm, Schwanz 6—14 cm, Widerristhöhe 100 bis 110 cm. Gewicht 150—300 kg. Der Braunbär ist das größte europäische Raubtier, gegenwärtig lebt er in den Misch- und Nadelwäldern der Berge und Gebirgsvorlandschaften, in denen er genügend geeignete Schlupfwinkel vorfindet. Gewöhnlich frißt der Bär gemischte Nahrung, doch kann er in gewissen Fällen zum ausschließlichen Fleischfresser werden, der sowohl großes Wild als auch weidende Schafe und Rinder reißt. Den Winter verbringt er in unechtem Winterschlaf (Winterruhe) in seiner Höhle. Während dieser Zeit bringt die Bärin 1—2 Junge zur Welt (Dezember—Februar). Verbreitung: In einigen geographischen Rassen über Europa, Asien und Nordamerika.

3 Eisbär *Thalarctos maritimus*. Körperlänge über 250 cm, Gewicht 400—600 kg. Lebt in der von ewigem Schnee und Eis bedeckten nördlichen Polarregion. Seine Hauptnahrung besteht aus Seehunden, vor allem ihren Jungen. Mitten im Winter bringt die Bärin in einer Schneehöhle, deren Wände durch den warmen Atem des Tieres vereisen und gut die Wärme halten, ihre Jungen zur Welt. In solchen in den Schnee gegrabenen Höhlen verschlafen die Tiere auch den klimatisch härtesten Teil des Polarwinters. Vielerorts ging der Bestand durch Abschuß stark zurück. Verbreitung: Häufiger nur noch in Grönland, an der amerikanischen und asiatischen Küste.

Familie: **Schleichkatzen** — *Viverridae*

4 Ginsterkatze *Genetta genetta*. Körper 470—580 mm, Schwanz 410—480 mm. Auf felsigen Hängen mit dichtem Buschwerk. Nachtraubtier, das den Tag in hohlen Bäumen oder Felslöchern verschläft. Ihre Beute besteht aus kleinen Wirbeltieren, bevorzugte Nahrung sind Wanderratten. Das Weibchen wirft 1- bis 2mal jährlich 2—4 Junge. Verbreitung: Afrika, in Europa auf der Pyrenäenhalbinsel und in Frankreich.

Familie: **Hunde** — *Canidae*

5 Wolf *Canis lupus*. Körper 100—165 cm, Schwanz 35—50 cm. Rudeltier, das den Sommer über im Familienverband lebt, im Winter schließen sich mehrere Familien zu einem großen Rudel zusammen, dessen Leittier immer das stärkste Männchen ist. Im Sommer frißt der Wolf kleinere Tiere und verschiedene Früchte, im Winter jagt das Rudel große Beute. Von März bis Mai wirft die Wölfin in ihrem Bau normalerweise 4—6 Junge, von denen sie in den ersten Tagen keinen Schritt weicht; das Männchen versorgt sie dabei mit Futter. Heute kommen Wölfe in Mitteleuropa nur noch selten und nur in den Bergen vor, in Osteuropa leben sie auch in den Niederungen. In Westeuropa sind die Wölfe heute so gut wie völlig ausgerottet, nur stellenweise findet man sie noch in den Pyrenäen und im Apennin. Verbreitung: Skandinavien, Karpaten, Balkanhalbinsel, in Asien bis Korea und Japan, Nordamerika.

6 Goldschakal *Canis aureus*. Körper 85—105 cm, Schwanz 20—24 cm. Der Schakal lebt paarweise oder in kleinen Gruppen meist in dichten Bewuchs an Gewässern und in Niederungen. Nach Sonnenuntergang gehen die Tiere auf die Jagd, sie fressen Nager, Lurche, Fische, Aas, Insekten und Früchte. Im April/Mai wirft das Weibchen im Bau, den es sich vorher gräbt, 4—9 Junge. Verbreitung: Südosteuropa, Asien, Afrika.

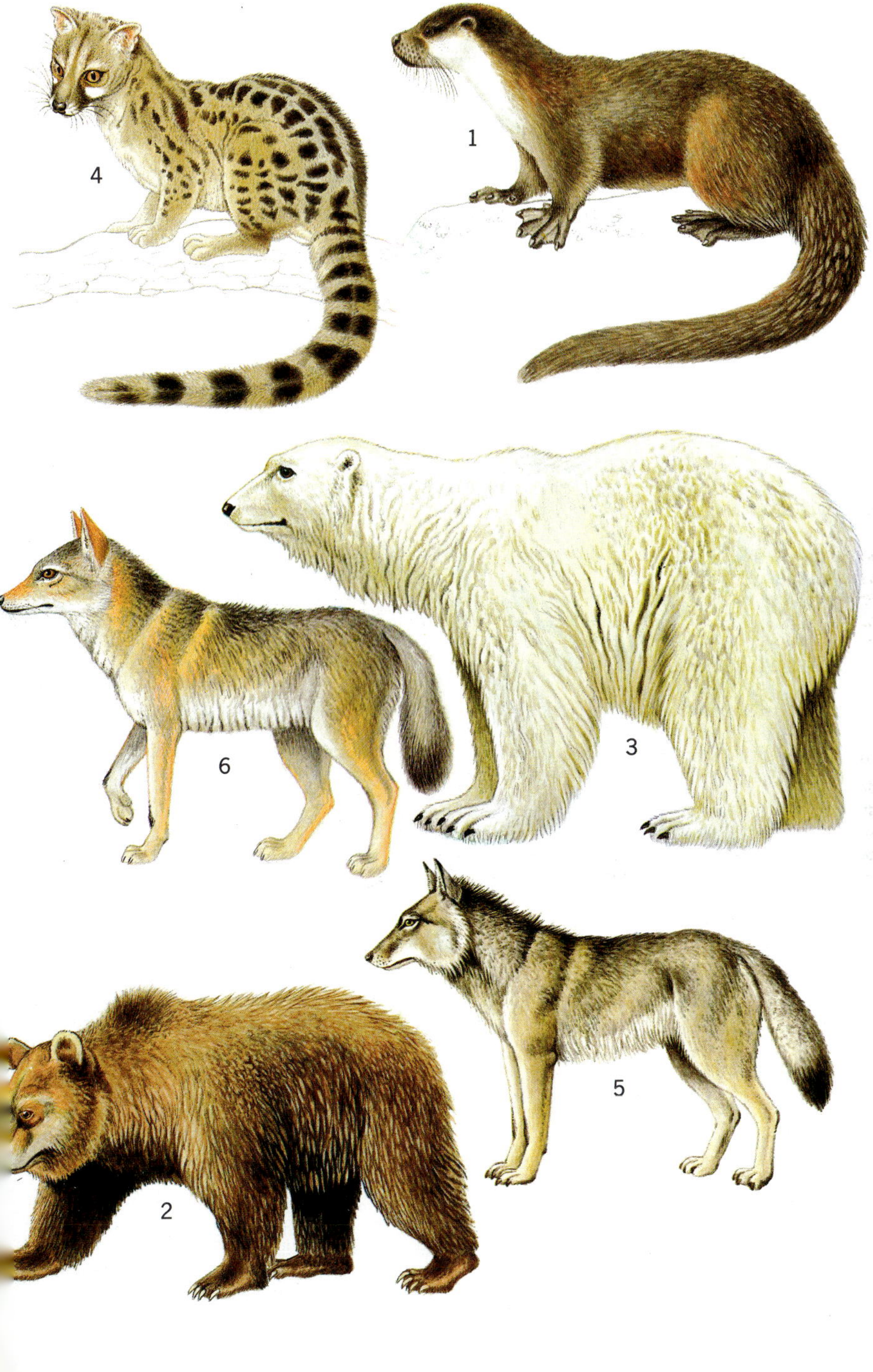
4
1
6
3
5
2

Säugetiere

Familie: **Hunde** — *Canidae*

1 Rotfuchs *Vulpes vulpes*. Körper 65—76 cm, Schwanz 35—44 cm. Der Fuchs lebt hauptsächlich in Wäldern, Unterholz und Gebüschen auf dem Feld, oft an Stellen, an denen sich Felslöcher finden. Er lebt einzeln oder im Familienverband. Paarung im Januar/Februar, Anfang August wirft das Weibchen in dem mit Haaren ausgepolsterten Bau 3—8 Junge. Als Nahrung dienen verschiedene Wirbeltiere, aber auch Insekten, Würmer, Weichtiere und Obst. Verbreitung: Paläarktische Region (außer dem hohen Norden), nearktische Region.

2 Polarfuchs, Weißfuchs *Alopex lagopus*. Körper 50—70 cm, Schwanz etwa 30 cm. In zwei Formen — die eine ist im Sommer hellbraun, im Winter weiß, die andere das ganze Jahr über graublau. Der Polarfuchs lebt in kleineren Gesellschaften und ernährt sich von kleinen Nagern, aufs Trockene geratenen Fischen, Früchten und im hohen Norden auch von den Beuteüberresten der Eisbären. Das Weibchen wirft meist im Mai in seiner warm ausgepolsterten Höhle 4—8 Junge. Verbreitung: Nordpolargebiet und Tundren in Asien und Nordamerika.

3 Korsak, Steppenfuchs *Alopex corsac*. Körper 50—60 cm, Schwanz ca. 30 cm. Ähnelt dem Rotfuchs, hat aber relativ längere Beine. Dieser typische Steppen-, Halbwüsten- und Wüstenbewohner ernährt sich vorwiegend von kleinen Steppennagern, Vögeln und ihren Eiern, gelegentlich auch von größeren Tieren wie z. B. Hasen, Zieseln und Murmeltieren. In verlassenen Dachs- oder Fuchsbauen wirft das Weibchen 2—11 Junge. Verbreitung: Vorwiegend Asien, nur in der Ukraine dringt er bis nach Europa vor.

4 Marderhund *Nyctereutes procynoides*. Körper 65—80 cm, Schwanz 15—25 cm. Sucht bachdurchzogene Laubwälder, Buschlandschaften und Kultursteppen auf. Dort lebt er paarweise bzw. im Familienverband. Nachtaktiv, den Tag verbringt er meist in selbstgegrabenen Erdlöchern verborgen oder in verlassenen Bauen von Dachsen und Füchsen. Im Mai hat das Weibchen 6—8 Junge, die beide Eltern pflegen. Er frißt Wirbeltiere bis zur Kaninchengröße, Vogeleier, verschiedene Wirbellose, Obst und andere Früchte. Verbreitung: Sein ursprüngliches Areal erstreckte sich über das Amur-Ussurigebiet in Rußland, China und Japan. In den dreißiger Jahren wurde er als Pelztier in die europäischen Teile Rußlands eingeführt, von wo aus er nach Finnland, Schweden, Polen, in die Tschechische Republik, nach Deutschland, Rumänien und Ungarn gelangte.

Familie: **Echte Katzen** — *Felidae*

5 Wildkatze *Felis silvestris*. Körper 79—94 cm, Schwanz 29—35 cm. Die Wildkatze bewohnt warme Nadelwälder, seltener Mischwälder im Hügel- und Bergland. Außer zur Paarungszeit sind die Tiere Einzelgänger, die sich tagsüber in hohlen Bäumen, Felsspalten, Dachs- und Fuchslöchern usw. verborgen halten. Die Wildkatze jagt in der Regel abends und nachts, ihre Beute besteht aus kleinen Säugern, Vögeln und Kriechtieren, in Ausnahmefällen reißt sie auch größere Stücke, z. B. Kaninchen. Im April/Mai hat das Weibchen 2—6 Junge, die es etwa einen Monat säugt und dann mit Fleisch füttert. Verbreitung: Europa, Asien, Afrika.

6 Luchs *Lynx lynx*. Körper 90—130 cm, Schwanz 15—20 cm. Bewohnt ausgedehnte Berg- und Vorgebirgswälder, sein Lager hat er in Dickungen, Felsen, Baumhöhlen usw. In der Dämmerung geht er auf Jagd. Der Luchs erbeutet kleinere und größere Säuger (sogar Rehe), Vögel, gelegentlich auch Kriechtiere und Lurche. Das Weibchen wirft im Mai/Juni 2—3 Junge. Verbreitung: In Westeuropa ist der Luchs heute praktisch ausgerottet, er kommt in Mittel- und Osteuropa sowie in Asien vor.

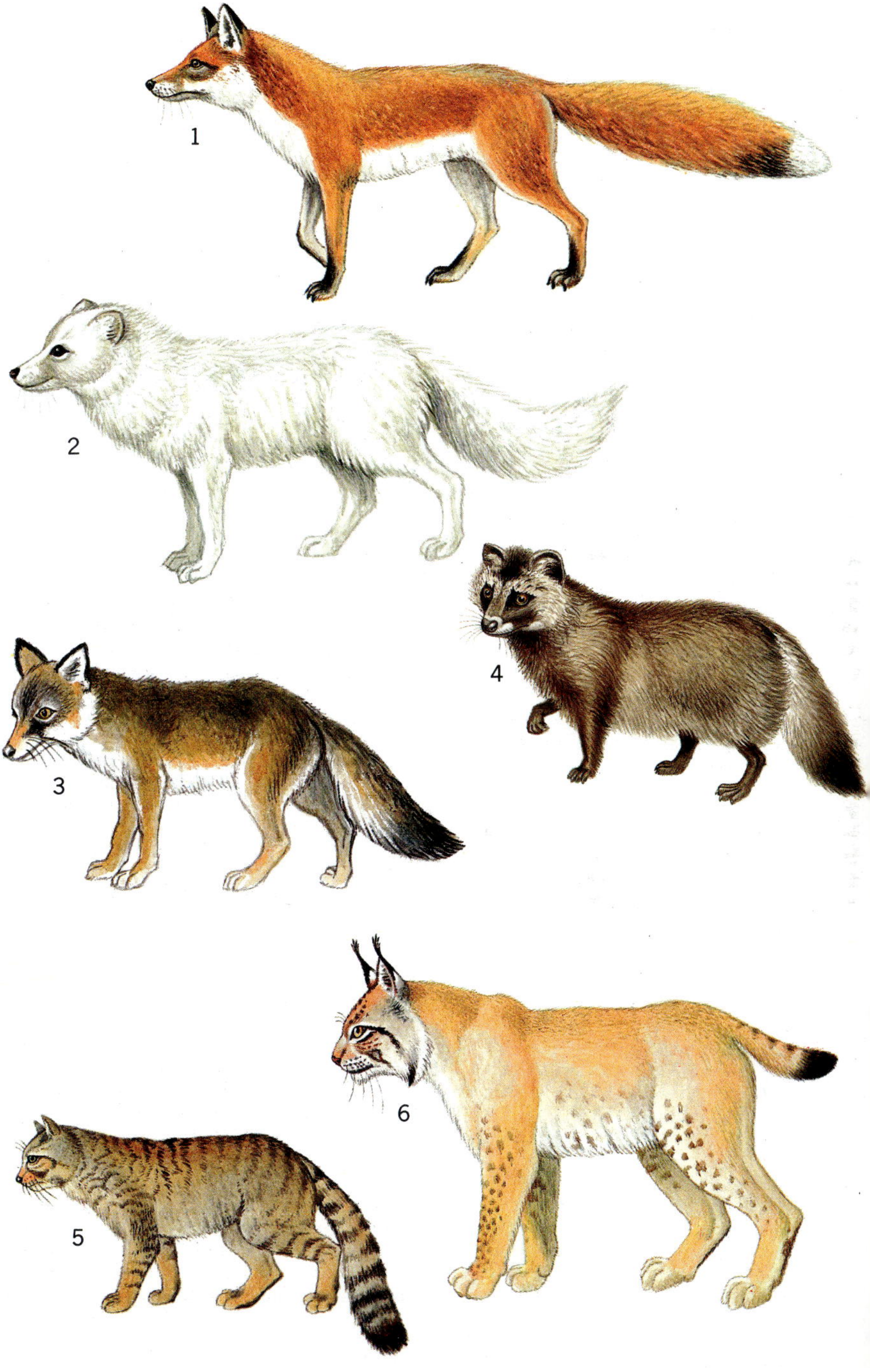
1
2
3
4
5
6

Säugetiere

Ordnung: **Robbenverwandte** — *Pinnipedia*
Familie: **Walrosse** — *Odobaenidae*

1 Walroß *Odobaenus rosmarus*. Länge ♂ 4,5 m, Gewicht über 1000 kg, Weibchen bedeutend kleiner. Das Walroß hält sich an den Küsten der Polarmeere auf, meist leben die Tiere paarweise. Sie ernähren sich von Muscheln, Krebsen, Fischen und auch Seehundjungen. Gewöhnlich haben sie nur ein Junges, eine Walroßfamilie bildet einen festen Verband; in Gefahr verteidigen beide Eltern ihr Junges. Verbreitung: Grönland, Spitzbergen, Nordsibirien, Nordamerika.

Familie: **Hundsrobben** — *Phocidae*

2 Seehund *Phoca vitulina*. Länge 165—180 cm, in Ausnahmen bis zu 2 m, Weibchen kleiner als die Männchen. Den größten Teil ihres Lebens verbringen die Tiere im Wasser, doch ruhen sie gern an Sand- oder Lehmstränden aus. Der ausgezeichnete Schwimmer schläft sogar im Wasser und entfernt sich bis zu 50 km von der Küste. Seine Nahrung setzt sich hauptsächlich aus Fischen, Krebsen, Muscheln und anderen Wirbellosen zusammen. Paarung im August, dann finden sich an den Küsten große Herden zusammen. Nach elf Monaten bringt das Weibchen ein Junges zur Welt, das gleich nach der Geburt schwimmen und tauchen kann. Verbreitung: Nordatlantikküsten, an den Küsten von Nordsee, Ostsee und Schwarzem Meer selten. Seehunde wandern oft Hunderte von Kilometern flußaufwärts.

3 Ringelrobbe *Pusa hispida*. Länge 150—185 cm. Die Robbe ernährt sich von Wirbellosen und Fischen. Im März/April wirft das Weibchen meist nur ein Junges, das ca. 20 Tage nach der Geburt ein sehr buschiges Fell hat, mit dem es nicht ins Wasser kann. Erst nach dem Fellwechsel können die Jungen schwimmen. Verbreitung: Europa in der östlichen Ostsee, weiter im Westen nimmt ihre Zahl ab, in der Nordsee nur sehr selten; Nordküsten Europas, Asiens, Nordamerikas, Arktis, Saima- und Ladogasee.

Ordnung: **Nagetiere** — *Rodentia*
Familie: **Hörnchen** — *Sciuridae*

4 Eichhörnchen *Sciurus vulgaris*. Körper 200—236 mm, Schwanz 165—200 mm. Das Eichhörnchen lebt in Wäldern, Parks und Gärten oft in der unmittelbaren Nähe des Menschen. Den größten Teil seines Lebens verbringt es auf Bäumen, wo es sich von Samen, Haselnüssen, Obst, der Rinde junger Triebe, Knospen und, bei Mangel an pflanzlicher Nahrung, auch von Insekten, Vogeleiern und Jungvögeln ernährt. Am Boden sammelt es Waldfrüchte und Pilze. Das Eichhörnchen legt sich einen Wintervorrat an, den es unter der Erde oder in Baumlöchern verbirgt. Es haust in einem Baumnest, in dem das Weibchen 2mal jährlich 3—8 Junge wirft. Verbreitung: In einer Reihe von Unterarten über die ganze paläarktische Region.

5 Alpenmurmeltier *Marmota marmota*. Körper 53—73 cm, Schwanz 13—16 cm. Die Tiere bewohnen die Berge oberhalb der Waldgrenze, vor allem die Wiesen der subalpinen und alpinen Stufe sowie Geröllfelder. Sie leben in Familien, gegebenenfalls in Kolonien zusammen. Das Murmeltier legt einen tiefen Bau an, in dem es schläft, sich bei Gefahr versteckt und auch überwintert. Sein Winterschlaf dauert über ein halbes Jahr, seine Nahrung besteht aus Pflanzen. Verbreitung: In Europa Alpen und Karpaten.

6 Ziesel *Citellus citellus*. Körper 195—240 mm, Schwanz 60—70 mm. Das Ziesel bewohnt Kultursteppen, Wiesen und auch Waldlichtungen. Es lebt in Kolonien, die Tiere graben einen ca. 2 m tiefen, schräg verlaufenden Gang mit einer seitlichen Kammer, die sie mit Gras auspolstern. Tagtiere, die in der warmen Jahreszeit aktiv sind und den Winter verschlafen. Ihre Nahrung besteht aus Grassamen und Getreidekörnern, grünen Pflanzenteilen und auch Insekten. Paarung im April/Mai, Ende Mai/Juni wirft das Weibchen 6—8 Junge. Verbreitung: Eurasien und Nordamerika.

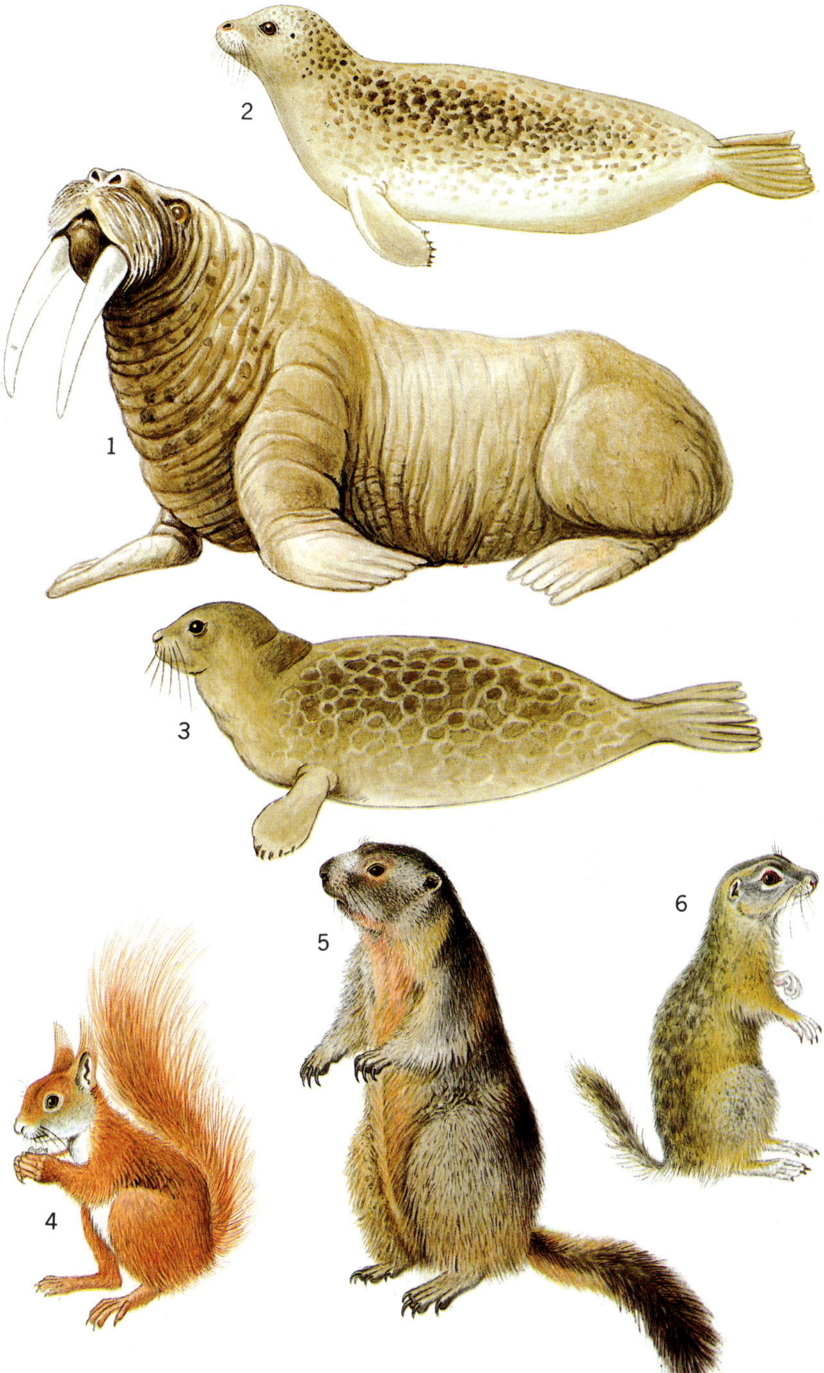
2
1
3
6
5
4

Säugetiere

Familie: **Hörnchen** — *Sciuridae*

1 Flughörnchen *Pteromys volans.* Körper 135—205 mm, Schwanz 90—140 mm. An den Seiten zwischen Vorder- und Hinterbeinen sitzt ein breiter Hautsaum. Die Tiere leben in Mischwäldern mit Espenvorkommen, in Höhlungen dieser Bäume legen sie in 3—4 m Höhe ihr Nest an. Ihre Hauptnahrung bilden Baumsamen, doch fressen sie auch Grassamen, Erdbeeren, Pilze sowie Baum- und Strauchknospen. Tagsüber halten sie sich im Nest verborgen, nachts gehen sie auf Nahrungssuche. Ein- bis zweimal jährlich haben sie 2—4 Junge. Verbreitung: In Europa nur in Skandinavien, Finnland und den europäischen Teilen Rußlands, ihr Hauptvorkommen liegt in Nordasien.

Familie: **Biber** *Castoridae*

2 Europäischer Biber *Castor fiber.* Körper 70—100 cm, Schwanz 30—35 cm. Der Biber bewohnt stehende und fließende Gewässer in lichten Wäldern, seine Familien bzw. Kolonien leben in Erdhöhlen, die sie in den Ufern so anlegen, daß der Eingang unter Wasser liegt oder in den sog. Biberburgen. Biber legen regelrechte Staudämme an, um den Wasserspiegel zu heben. Zum Bau verwenden sie Lehm, Steine und Baumstämme, die sie mit ihren scharfen Nagezähnen fällen und an den Bauplatz transportieren. Ihre Nahrung besteht aus Wasserpflanzen und Baumrinde. Im April/Mai hat das Weibchen 2—4 Junge. Verbreitung: Früher war der Biber über die Waldgebiete ganz Europas verbreitet, heute ist er dort ausgerottet. Neu ausgesetzt und wiedereingebürgert.

Familie: **Wühler** — *Cricetidae*

3 Hamster *Cricetus cricetus.* Körper 210—340 mm, Schwanz 25—65 mm. In den Kultursteppen der Niederungen und Hügelgebiete häufiges einzelgängerisches Nachttier, das in tiefen Erdbauen lebt, die aus Nist- und Vorratskammer bestehen. Den Winter verbringt der Hamster in echtem Winterschlaf. Er frißt Körner, grüne Pflanzenteile und Wirbellose, auch kleine Nager und Jungvögel. Das Weibchen wirft 2- bis 3mal jährlich 4—12 Junge. Verbreitung: Europa von Frankreich nach Osten, Asien bis zum Jenissei.

4 Berglemming *Lemmus lemmus.* Körper 130—150 mm, Schwanz 15—19 mm. Flach unter der Erde legt er ein kompliziertes System von Gängen an und baut sein kugeliges Nest aus zernagten Pflanzenteilen. Der Lemming ist den ganzen Winter über munter, seine Nahrung besteht aus Pflanzen. Das Weibchen wirft 3mal jährlich 4—10 Junge. Regelmäßig alle vier Jahre kommt es zu einer Massenvermehrung der Tiere, und sie wandern aus ihren Biotopen aus, wobei die meisten ihren Feinden zum Opfer fallen oder in Flüssen und im Meer ertrinken. Verbreitung: Skandinavische Gebirge und Tundren, Finnland, Nordteil Rußlands.

5 Ostschermaus *Arvicola terrestris.* Körper 120—211 mm, Schwanz 60—130 mm. Dieser gute Schwimmer und Taucher bewohnt feuchte Stellen an den Ufern stehender und fließender Gewässer, feuchte Auenwiesen und nasse Bergwiesen. Tagtier, das unterirdische Baue gräbt bzw. sich überirdische Kugelnester in Weidenwurzeln oder Riedgrasbüscheln baut. Die Tiere fressen Wasserpflanzen, Baumwurzeln, Gemüse usw. 3- bis 5mal jährlich haben sie 2—8 Junge. Verbreitung: Fast ganz Europa, asiatische Teile Rußlands.

6 Bisamratte *Ondatra zibethicus.* Körper 260—400 mm, Schwanz 190—250 mm. Bewohnt die Ufer fließender und stehender Gewässer. Die Art stammt aus Nordamerika, 1905 wurde sie nach Mittelböhmen eingeführt und verbreitete sich dort aus über weite Teile Europas. Die Tiere leben paar- bzw. familienweise in ihren unterirdisch in den Ufern angelegten Gängen, deren Eingang unter Wasser liegt. Gelegentlich bauen sie auch über der Erde große kuppelförmige Nester. Sie fressen sowohl pflanzliche wie tierische Nahrung. Zur Fortpflanzung kommt es 3- bis 4mal im Jahr, sie haben 7–8 Junge. Verbreitung: Großteil Europas, asiatisches Rußland, Mongolei, China.

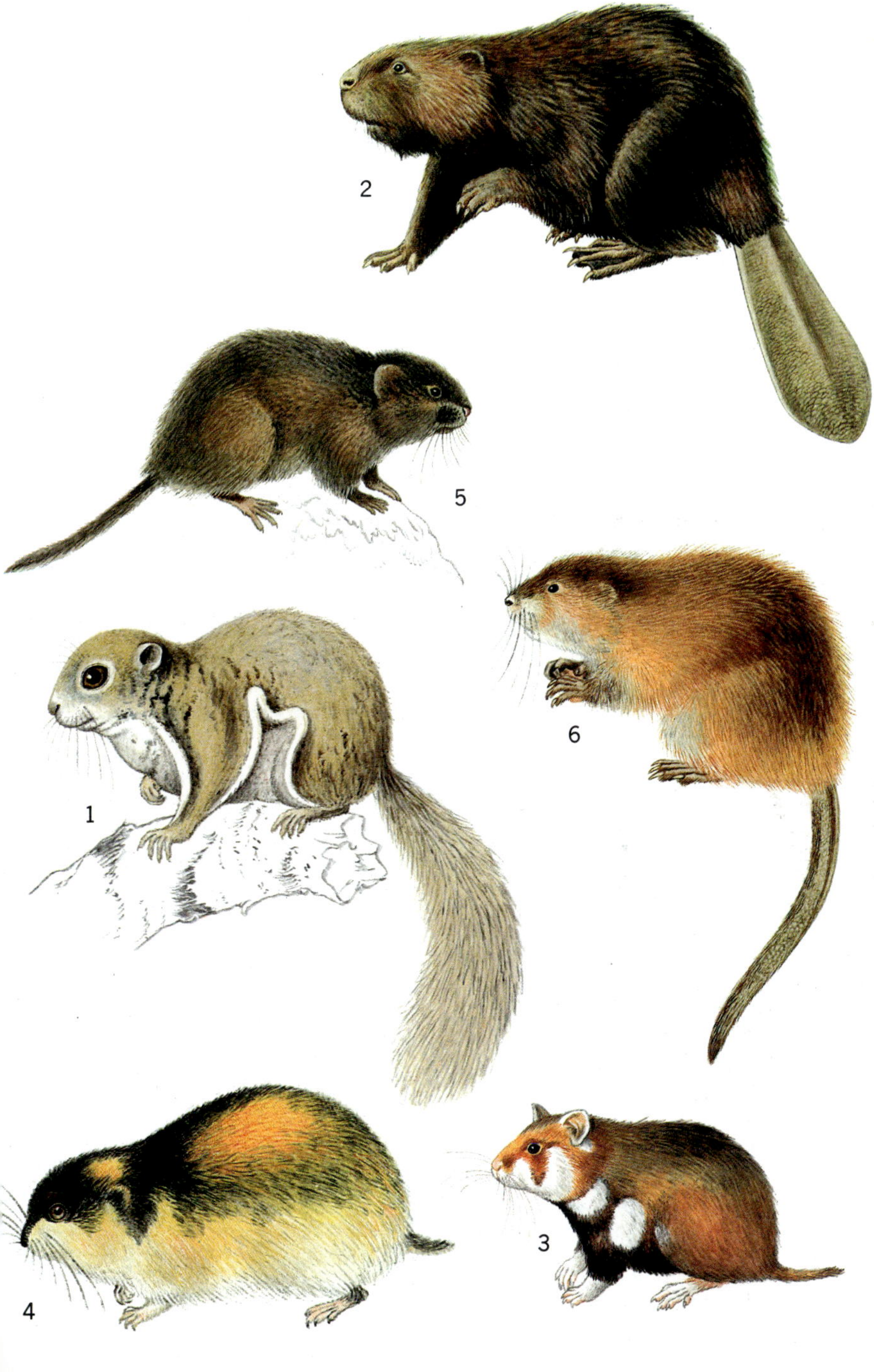
2
5
6
1
3
4

Säugetiere

Familie: **Wühler** — *Cricetidae*

1 Kleinwühlmaus *Pitymys subterraneus.* Körper 80—105 mm, Schwanz 26—40 mm. Dieser Bewohner von Waldrändern, buschbestandenen Bachufern und verschiedenen feuchten, krautbestandenen Geländen in höheren Lagen und Gebirgen lebt in unterirdischen Gängen. Das Weibchen hat 3- bis 5mal jährlich 2—3 Junge. Die Kleinwühlmaus ernährt sich von Kräutern, verschiedenen Früchten, Samen, Pilzen usw. Verbreitung: Fast ganz Europa mit Ausnahme Nordskandinaviens und des Nordens des europäischen Rußlands sowie einiger Mittelmeerinseln.

2 Schneemaus *Microtus nivalis.* Körper 110—143 mm, Schwanz 43—68 mm. Die Schneemaus bewohnt Matten zwischen Felsgeröll auf der alpinen und subalpinen Höhenstufe, selten tiefer (in den Alpen über 2300 m Höhe). Ihre Nahrung besteht nur aus Pflanzen. Sie lebt in einem unterirdischen Gangsystem, ihr Nest aus trockenem Gras legt sie unter Steinen oder in Felsritzen an. Die Tiere sind auch tagsüber sowie den ganzen Winter aktiv. Das Weibchen wirft 2- bis 3mal im Jahr (im Juni und August) 5—6 Junge. Verbreitung: Gebirge in Europa und Kleinasien.

3 Feldmaus *Microtus arvalis.* Körper 90—120 mm, Schwanz 35—40 mm. Eine auf den Feldern von den Niederungen bis ins Gebirge sehr häufige Maus, die in unterirdischen Gängen kolonienweise lebt. Dort hat sie auch ihre Vorratskammer und ihr Nest. Die Feldmaus frißt Körner, grüne Pflanzenteile und Wurzeln, auch Kleintiere. In der Vorratskammer legen sie ihren Wintervorrat an. Die Art ist sehr fruchtbar: Ein Weibchen hat 3- bis 7mal im Jahr 4—10 Junge, die schon nach sechs Wochen fortpflanzungsfähig sind. Daher nehmen die Feldmäuse in warmen, ertragreichen Jahren leicht überhand. Verbreitung: Fast ganz Europa und Asien außer den Nordgebieten.

4 Waldwühlmaus, Rötelmaus *Clethrionomys glareolus.* Körper 85—110 mm, Schwanz 35—55 mm. Dieser typische Waldbewohner braucht keinen tiefen Wald, eine Baumgruppe oder Büsche genügen. Bevorzugt werden Stellen mit dichtem Buschbestand. Diese Maus lebt in zwei Nestern, von denen das eine als Unterschlupf, das andere als Kinderstube dient. Die Rötelmaus ernährt sich vorwiegend von Pflanzen, Pilzen, Insektenlarven usw. Das Weibchen hat 3- bis 4mal im Jahr einen Wurf von 3—5 Jungen. Verbreitung: Europa mit Ausnahme der südlichsten Teile, Westsibirien, Kleinasien.

Familie: **Blindmäuse** — *Spalacidae*

5 Westblindmaus *Spalax leucodon.* Körper 150—240 mm, der Schwanz ist verkümmert. Diese Maus ist völlig blind, ihre zurückgebildeten Augen sind hautbedeckt. Die Art bewohnt trockene Ebenen und Gebirge; Tiere aus den Bergen sind gewöhnlich kleiner als die Artgenossen aus dem Tiefland. Die Maus lebt im Boden, mit ihrem starken Kopf und den mächtigen Schneidezähnen wühlt sie lange Gänge. Die dabei aufgeworfenen Haufen sind kleiner als Maulwurfshaufen. Die Weibchen werfen 1mal im Jahr 1—4 Junge, ihre Nahrung besteht aus Wurzeln und Pflanzenstielen. Verbreitung: Ungarn, Balkan, Westukraine, Transkaukasien, Kleinasien.

Familie: **Langschwanzmäuse** — *Muridae*

6 Zwergmaus *Micromys minutus.* Körper 82—108 mm, Schwanz 70—100 mm. Das gesellige, überwiegend tagaktive Tier zeigt sich häufig in feuchten Niederungen an Sumpfrändern, nassen Wiesen, Bach- und Teichufern. Die Zwergmaus baut sich ein kugelförmiges Nest mit nur einem Eingang aus den Halmen von Gräsern, Wasser- und Uferpflanzen und befestigt es in einer Höhe von 30—70 cm über dem Boden an Grashalmen. Ihre Nahrung besteht sowohl aus pflanzlichen als auch tierischen Stoffen. Sie ist ein gewandter Kletterer und hat 2mal im Jahr 3—7 Junge. Verbreitung: Ganz Europa (außer den nördlichsten Gebieten), in Asien bis Japan und Nordvietnam im Osten.

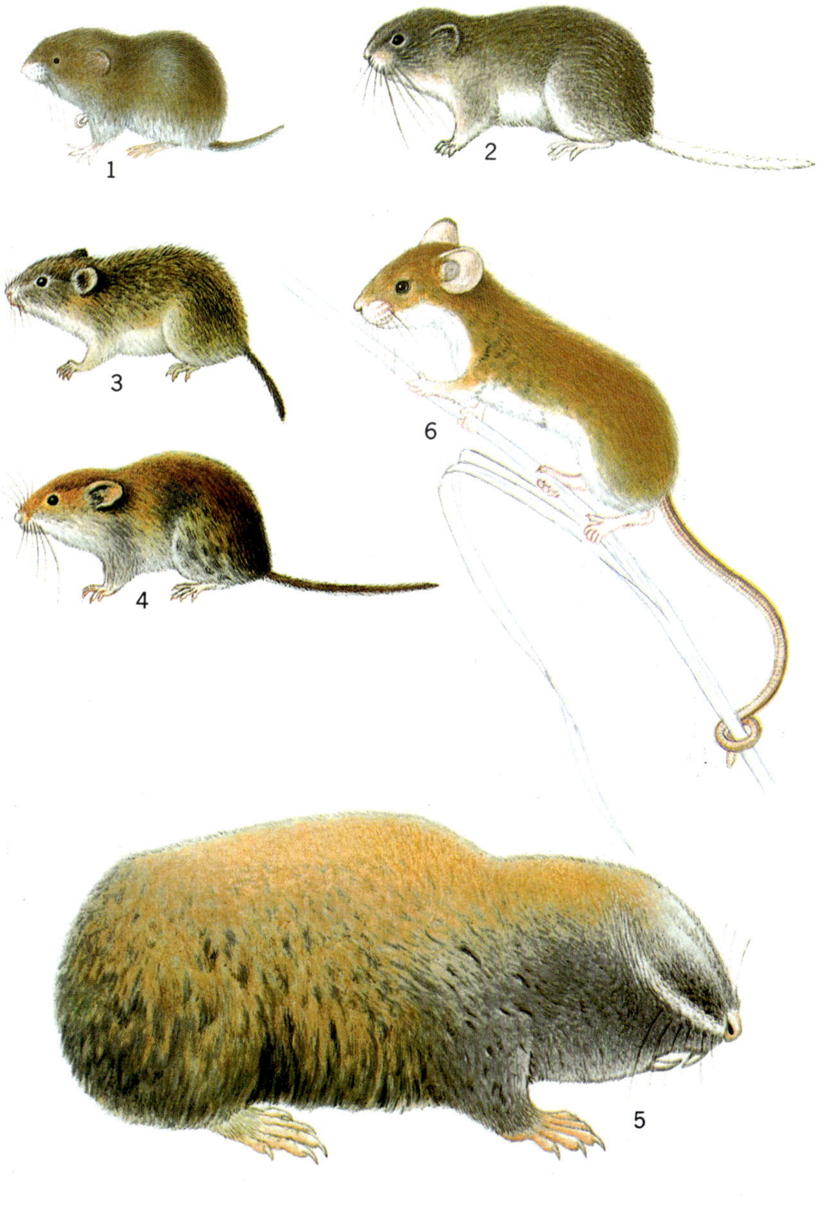
1
2
3
6
4
5

Säugetiere

Familie: **Langschwanzmäuse** — *Muridae*

1 Brandmaus *Apodemus agrarius.* Länge 80—115 mm, Schwanz 65 — 92 mm. An den Rändern von Wäldern, Büschen und Hainen häufige Art, die in feuchterer Umgebung lebt und große, zusammenhängende Waldkomplexe meidet. Legt im Erdreich Gänge mit Nest und Vorratskammer an, ihre Nahrung besteht aus Samen und verschiedenen Wirbellosen, z.B. Insekten, Würmern usw. Die Brandmaus pflanzt sich 3- bis 4mal im Jahr fort, jeder Wurf hat 5—7 Junge. Verbreitung: West-, Mittel- und Osteuropa (weder in Großbritannien noch Frankreich festgestellt), Asien bis China und Korea im Osten.

2 Gelbhalsmaus *Apodemus flavicollis.* Körper 98—116 mm, Schwanz 90—127 mm. In Wäldern, vor allem an feuchten Stellen, lebt die Gelbhalsmaus in Erdlöchern, oft auch in Baumhöhlen; im Winter dringt sie auch in menschliche Behausungen ein. Ausgezeichneter Kletterer und Springer, frißt mit Vorliebe ölhaltige Samen, Insekten, Würmer, nur selten grüne Nahrung. Das Weibchen hat 2- bis 4mal im Jahr 4—8 Junge. Verbreitung: Ganz Europa bis in den hohen Norden (Shetlandinseln, Hebriden, Skandinavien), Asien bis Korea und China.

3 Waldmaus *Apodemus sylvaticus.* Körper 82—108 mm, Schwanz 70—100 mm. An Waldrändern, in Hainen, auf Friedhöfen, in Parks und Gärten häufiges nachtaktives Tier. Im Winter oft in menschlichen Behausungen. Ihre Ernährung gleicht der der Gelbhalsmaus. Die Waldmaus lebt in Erdlöchern, gelegentlich baut sie sich auch an der Erdoberfläche Nester aus Moos und Gras oder legt sie in Vogelnestern oder sonst auf Bäumen an. Das Weibchen wirft 2- bis 4mal im Jahr, in einem Wurf finden sich 2—9 Junge. Verbreitung: Ganz Europa, Asien, Nordafrika.

4 Kleine Waldmaus *Apodemus microps.* Körper 77—101 mm, Schwanz 55—95 mm. Diese Maus lebt an Waldrändern, in kleineren Baumkomplexen sowie buschbestandenen Lichtungen an warmen Stellen vorwiegend in Niederungen, weniger im Hügelland und nur ganz selten in höheren Lagen. Sie ernährt sich von pflanzlichen Stoffen und Kleinlebewesen. Verbreitung: Südosten des europäischen Rußlands und angrenzende Steppen, berührt auch die Slowakei.

5 Hausmaus *Mus musculus.* Körper 72—100 mm, Schwanz 67—95 mm. Kulturfolger! Lebt den Sommer über auf Feldern, in menschlichen Behausungen und deren Umgebung, im Winter zieht sie sich von den Feldern gleichfalls in Häuser, Strohmieten und Wirtschaftsgebäude zurück. Die Maus lebt in Familien oder größeren Gesellschaften in unterirdischen Löchern, sie ernährt sich von Körnern, verschiedenen Abfällen usw. 4- bis 8mal im Jahr bringt das Weibchen 4—8 Junge zur Welt, die bereits im Alter von anderthalb Monaten erwachsen sind. Verbreitung: Ursprünglich in den Steppenlandschaften Asiens und Südeuropas, heute Kosmopolit.

6 Hausratte, Dachratte *Rattus rattus.* Körper 158—252 mm, Schwanz 190—240 mm. Oft mit der Wanderratte verwechselt, doch bewohnt sie trockenere Stellen in höherliegenden Gebäudeteilen. Sie ist schlanker und kleiner, meist grau oder schwarz. In ihrer Ernährung ist sie wählerischer als die Wanderratte, sie bevorzugt pflanzliche Nahrung, hauptsächlich Samen, Getreide, Obst usw. Das Weibchen wirft 3- bis 6mal im Jahr 5—10 Junge, die im Alter von drei Monaten geschlechtsreif werden. Verbreitung: Herkunft im tropischen Asien, als Kulturfolger in einer Reihe von geographischen Rassen über den größten Teil der Erde verbreitet.

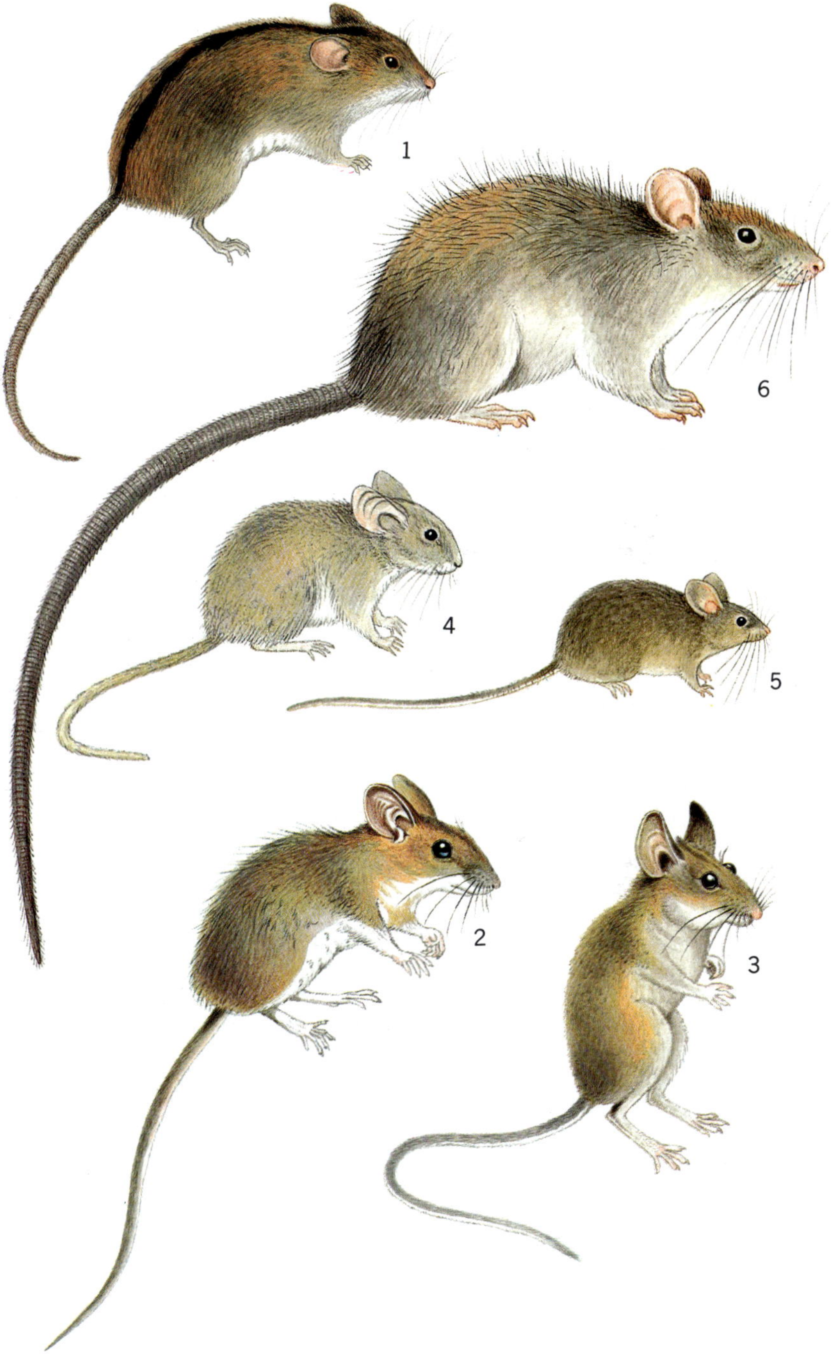
1
6
4
5
2
3

Säugetiere

Familie: **Langschwanzmäuse** — *Muridae*

1 Wanderratte *Rattus norvegicus*. Körper 190—270 mm, Schwanz 130—230 mm. Von der ähnlich aussehenden Hausratte unterscheidet sie sich u. a. durch den kürzeren, starken Schwanz und die kurzen Ohren. Lebt in Gebäuden am Wasser, in der Kanalisation, in Kellern, Ställen, Lagerräumen usw., familienweise oder in größeren Gesellschaften. Allesfresser, geht im Dunkeln auf Nahrungssuche, lästiger Schädling. Das Weibchen hat 3- bis 6mal im Jahr 6—10 Junge, die schon nach 2—3 Monaten fortpflanzungsfähig werden. Verbreitung: Ursprünglich im paläarktischen Asien beheimatet, durch den Menschen über die ganze Welt verbreitet.

Familie: **Bilche** — *Gliridae*

2 Siebenschläfer *Glis glis*. Körper 130—180 mm, Schwanz 100—150 mm. Mit seinem langen, buschigen Schwanz ähnelt der Siebenschläfer einem kleinen grauen Eichhorn. Das nachtaktive, familienweise oder in kleinen Gesellschaften lebende Tier kommt in Laubwäldern, besonders in Buchenbeständen, Parks, Gärten und auf Friedhöfen vor. Sein Moosnest legt der Siebenschläfer in hohlen Bäumen, Mauerlöchern, in Dachstühlen, Nistkästen oder in der Erde an. Hier hält er sich tagsüber verborgen und verbirgt sich hier auch im Winterschlaf. Ernährt sich von Samen, Nüssen, jungen Trieben von Bäumen, Rinde und Insekten. Einmal jährlich wirft das Weibchen 3—6 Junge. Verbreitung: Ganz Europa mit Ausnahme des Nordens, Asien.

3 Gartenschläfer *Eliomys quercinus*. Körper 105—147 mm, Schwanz 80—135 mm. An seinem Schwanzende sitzt eine charakteristische Quaste. Er lebt in Gärten, Parks und Laubwäldern von den Niederungen bis ins Gebirgsvorland. Das Nachttier baut sein Nest in hohlen Bäumen, im Boden und in Felsritzen. Seine Nahrung bilden kleine Wirbeltiere, Wirbellose, Samen, Früchte usw. Im Mai/Juni wirft das Weibchen 2—8 Junge. Verbreitung: Mittel- und Südeuropa, Nordafrika; die europäische Nordgrenze verläuft durch Nordpolen, Norddeutschland und den Mittelteil des europäischen Rußlands.

4 Baumschläfer *Dryomys nitedula*. Körper 80—150 mm, Schwanz 70—100 mm. Bewohnt Laubwälder, seltener Misch- oder Nadelwälder von den Niederungen bis 1500 m hoch. Das Nachttier legt sein Nest in Baumhöhlen, auf Bäumen und Sträuchern an. Der Baumschläfer lebt von Nüssen, Obst und Wirbellosen. Im Mai/Juni wirft sein Weibchen 3—6 Junge. Verbreitung: Europa von Italien, der Schweiz und Deutschland nach Osten bis weit nach Asien hinein. Fehlt in Westeuropa und Skandinavien.

5 Haselmaus *Muscardinus avellanarius*. Körper 75—86 mm, Schwanz 55—77 mm. Das in kleinen Kolonien lebende Nachttier bewohnt Laub- und Mischwälder, seltener Nadelwälder. Die Haselmaus baut zwei Nesttypen: Das runde Sommernest mißt 3—5 cm im Durchmesser und wird auf Bäumen, Sträuchern, auf den Dachböden von Heuschobern und Berghütten angelegt, das Winternest befindet sich am Boden. Die Nahrung besteht aus Baumsamen, Haselnüssen, Obst, Waldfrüchten, Insekten usw. Das Weibchen hat 1- bis 2mal im Jahr 3—5 Junge. Verbreitung: Europa, Kleinasien.

Familie: **Hüpfmäuse** — *Zapodidae*

6 Birkenmaus *Sicista betulina*. Körper 50—75 mm, Schwanz 76—108 mm. Bewohnt Bergwiesen und -felder, in den mitteleuropäischen Bergen Eiszeitrelikt. Das Nachttier baut sein Nest aus Moos und Gras auf dem Boden oder in Baumhöhlen dicht darüber. Die Maus ernährt sich von Grassamen, Früchten und Insekten, Fortpflanzung im Juni/Juli, das Weibchen hat dann 2—6 Junge. Verbreitung: Nord-, Mittel- und Osteuropa, Sibirien, Kaukasus.

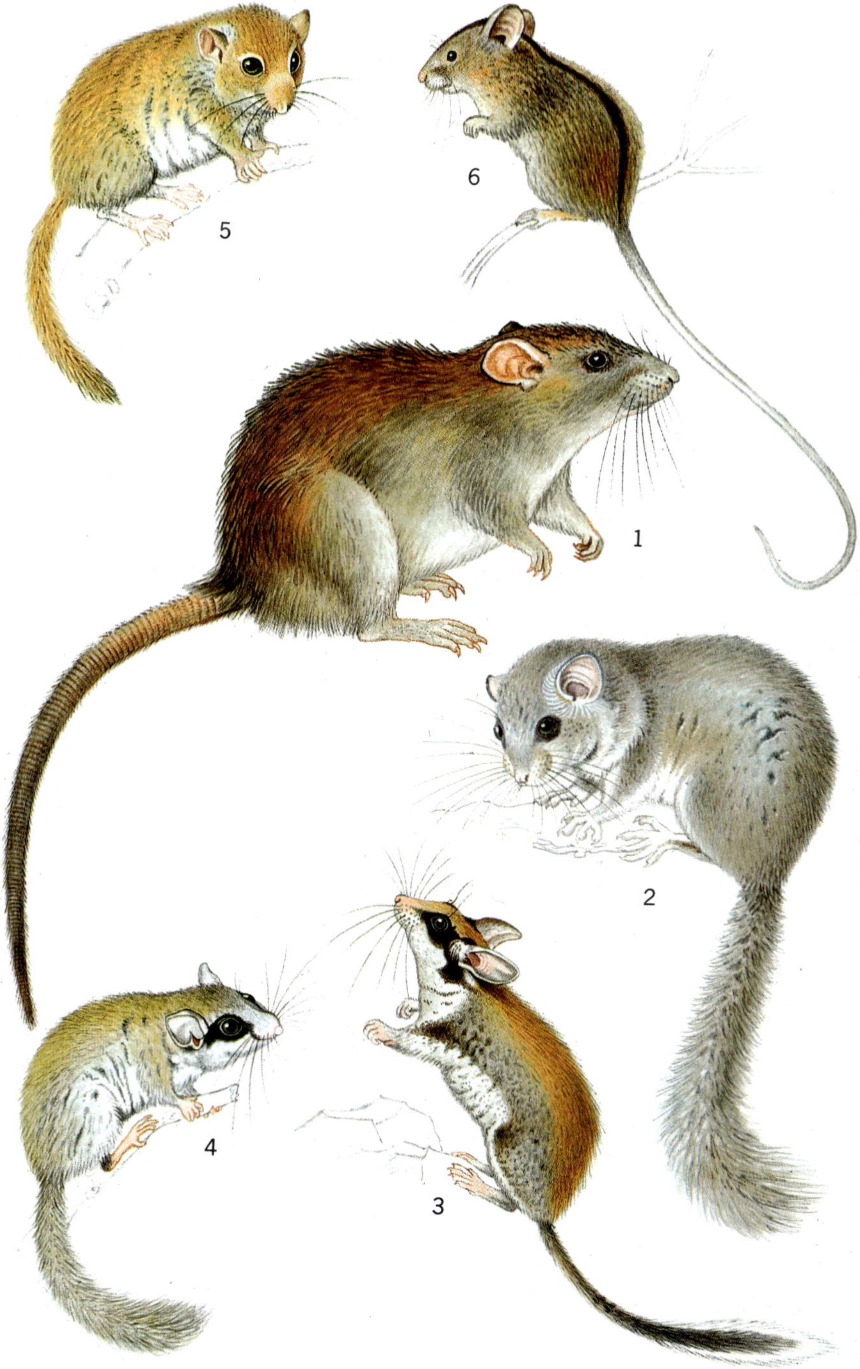
5
6
1
2
4
3

Säugetiere

Familie: **Springmäuse** — *Dipodidae*

1 Pferdespringer *Allatactaga jaculus*. Körper 190—250 mm, Schwanz ca. 280 mm. Bewohner von Steppen und Halbsteppen. Nachttier, das sich tags in unterirdischen Bauen versteckt hält. Vier Bautypen: Die sog. Dauerbaue haben eine Wohn- und ein bis zwei Vorratskammern, zwei weitere Typen dienen als Gelegenheitsverstecke für den Tag und für die Nacht, letztere haben einen kurzen Gang. Der vierte Typ ist der Winterbau, er liegt bis zu 2 m tief und dient zum Überwintern. Der Pferdespringer frißt Samen und Pflanzenteile sowie Insekten. Verbreitung: Asien, im Osten bis zum Altai, in Europa nur in der Ukraine.

Familie: **Stachelschweine** — *Hystricidae*

2 Nordafrikanisches Stachelschwein *Hystrix cristata*. Körper 57—68 cm, Schwanz 50—68 mm. Die Art lebt in dichten Gebüschen auf trockenen Ebenen am Fuß der Berge. Tags verbergen sich die Tiere in ihren Löchern, in der Dämmerung gehen sie auf Nahrungssuche, sie leben von pflanzlicher Nahrung. Im Mai wirft das Weibchen 1—4 Junge, die kurze, am Körper anliegende Stacheln haben. Die Stacheln des erwachsenen Tieres werden 30—40 cm lang. Verbreitung: Nordafrika, hin und wieder auch in Italien und auf Sizilien.

Familie: **Biberratten** — *Myocastoridae*

3 Nutria, Biberratte *Myocastor coypus*. Körper 40—80 cm, Schwanz 40—50 cm. Zwischen den Zehen der Hinterfüße sitzen Schwimmhäute. Die Art lebt an fließenden, evtl. auch stehenden Gewässern mit üppiger Wasserpflanzenvegetation. In die Ufer gräbt sich das Tier nicht sehr tiefe Höhlen, deren Eingänge zur Hälfte unter Wasser liegen. Als Nahrung dienen Wasserpflanzen, 2mal jährlich bringt das Weibchen 5—12 Junge zur Welt. Verbreitung: Ursprünglich Südamerika, nach dem Ersten Weltkrieg als Zuchttier nach Europa eingeführt. Heute an manchen Stellen wild.

Ordnung: **Hasentiere** — *Lagomorpha*
Familie: **Pfeifhasen** — *Ochotonidae*

4 Zwergpfeifhase *Ochotona pusilla*. Körper 150 mm, Schwanz verkümmert. Die Tiere leben in Tälern mit üppiger Vegetation und gehen bis hoch in die Berge hinauf. Sie leben in Kolonien und legen etwa metertiefe Baue an, die in einer Wohnkammer enden. Sie halten keinen Winterschlaf, kommen aber den Winter über nicht aus dem Bau, sie zehren von ihrem angesammelten Wintervorrat. Verbreitung: Vorwiegend in Asien: Wolgaoberlauf, Südural, Nordkasachstan, Nordburma, Assam, Kaschmir, China. Berührt auch Osteuropa.

Familie: **Hasen** — *Leporidae*

5 Feldhase *Lepus europaeus*. Körper 550—650 mm, Schwanz 75—100 mm. Bewohnt Kultursteppen und Waldränder in Niederungen und Hügellandschaften. Lebt einzeln und ernährt sich von Pflanzen. Im Winter frißt der Hase die Rinde von jungen Sträuchern und Bäumen ab. Das Weibchen wirft 3- bis 4mal jährlich in einem flachen Lager (Sasse) meist 2—3 Junge. Verbreitung: Ursprünglich in ganz Europa außer dem Norden, Großteil Asiens, in Nordamerika ausgesetzt.

6 Schneehase *Lepus timidus*. Körper 460—610 mm, Schwanz 40—80 mm. Nordlandhase mit dunklem Sommer- und weißem Winterpelz, seine Lebensweise gleicht der des Feldhasen. Das Weibchen wirft 2- bis 3mal im Jahr im Schnitt 6—8 Junge. In der Eiszeit kam der Schneehase auch in den südlicheren Teilen Europas vor, wo er als Eiszeitrelikt in einigen Gebirgen bis heute überlebte und verschiedene geographische Rassen ausbildete. Eine lebt in den Bergen Schottlands, eine weitere in Irland usw. In den Alpen lebt eine relativ kleine Rasse ab 1300 m, oft sind die Tiere bis zu 3500 m hoch anzutreffen.

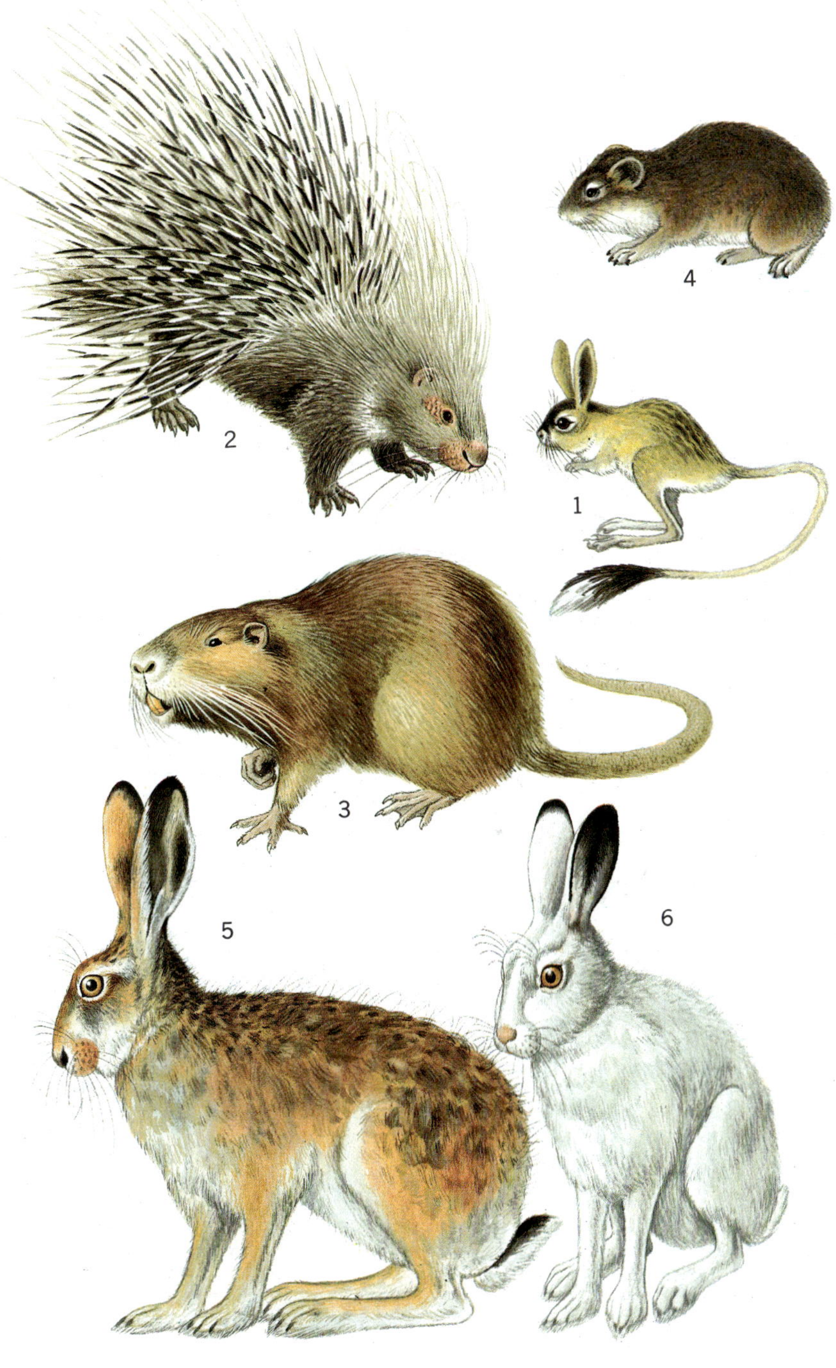
4
2
1
3
5
6

Säugetiere

Familie: **Hasen** — *Leporidae*

1 Kaninchen *Oryctolagus cuniculus.* Körper 350—450 mm, Schwanz 40—73 mm. Das Kaninchen bewohnt trockene Waldränder, buschbestandene Wiesen und ähnliche Biotope von den Niederungen bis in eine Höhe von rund 600 m, im Süden geht es auch höher hinauf. Oft leben die Tiere in großen Kolonien und legen ein unterirdisches Gangsystem an, in dem sie ständig wohnen. Erst in der Dämmerung gehen sie auf die Weide. Ihre Nahrung besteht aus Pflanzen. Das Weibchen wirf 4- bis 7mal im Jahr 4—12 Junge. Verbreitung: Stammt aus Nordwestafrika und Spanien, durch den Menschen über ganz Mittel- und Osteuropa, Australien und Neuseeland verbreitet.

Ordnung: **Paarhuftiere** — *Artiodactyla*
Familie: **Schweine** — *Suidae*

2 Wildschwein *Sus scrofa.* Körper 110—180 cm, Schwanz 15—20 cm. Widerristhöhe 85—115 cm. Bewohnt meist Eichen- und Buchenwälder in der Nachbarschaft von Feldern und Wiesen vor allem im Hügelland und Gebirge. Die Tiere leben in Rotten zusammen und sind vor allem nachts aktiv. Tagsüber liegen sie an sumpfigen, buschgeschützten Stellen gerne in Schlammbädern (Suhlen). Allesfresser. Im März bringt die Bache auf einem vorbereiteten Lager 4—12 längsgestreifte Frischlinge zur Welt. Verbreitung: Ganz Europa, Asien, Nordafrika (bis zum Sudan).

Familie: **Hirsche** — *Cervidae*

3 Elch *Alces alces.* Körper 250—270 cm, Schwanz 12—13 cm, Widerristhöhe bis zu 235 cm. Der Elch lebt in feuchten Laubwäldern der niederen Lagen. Den Sommer verbringen Muttertiere und Junge im Familienverband, den Winter in kleinen Rudeln, die von einem älteren Weibchen geführt werden. Die alten Männchen werden zu Einzelgängern. Sie ernähren sich von Laub, Trieben und Rinde von Bäumen und Sträuchern. Verbreitung: Skandinavien, Polen, Rußland, fast ganz Nordasien, Nordamerika.

4 Damhirsch *Dama dama.* Körper 130—160 cm, Schwanz 16—19 cm, Widerristhöhe 85—110 cm. Bewohner von tiefliegenden Laubwäldern und weiten Wiesenflächen. Herdentier; gewöhnlich leben die Weibchen mit den Jungen und die Männchen in getrennten Rudeln. Das Weibchen bringt normalerweise im Juni 1—2 Junge zur Welt. Damhirsche fressen Kräuter, Laub, Baumrinde, Eicheln, Kastanien, Bucheckern usw. Verbreitung: Ursprünglich Mittelmeerraum und Kleinasien, seit dem Mittelalter nach West- und Mitteleuropa eingeführt und in Wildgehegen gehalten, wo sich die Art akklimatisiert hat.

5 Rothirsch *Cervus elaphus.* Körper 165—250 cm, Schwanz 12—15 cm, Widerristhöhe 150—165 cm. Bewohner waldiger Gegenden in Hügel- und Berglandschaften. In kleineren Rudeln, getrennt nach Weibchen mit Jungtieren und Männchen. Frißt Kräuter, Laub, junge Triebe, Baumrinde, Bucheckern, Eicheln, verschiedene Feldfrüchte und Obst. Die Paarung (Hirschbrunft), bei der die Männchen oft erbitterte Kämpfe austragen, findet von Ende August bis Oktober statt und dauert meist vier Wochen. Im Juni gebären die Weibchen meist 1—2 Junge. Wichtiges Jagdwild. Verbreitung: In einer Reihe geographischer Rassen in Europa bis Mittelskandinavien im Norden, in Asien bis zur Japansee, Nordwestafrika, Nordamerika.

6 Reh *Capreolus capreolus.* Körper 95—135 cm, Schwanz 2—3 cm, Widerristhöhe 65—75 cm. Waldbewohner von den Niederungen bis in die Berge, bewohnt stellenweise auch offene Landschaften mit Feldkulturen. In der warmen Jahreszeit leben die Tiere familienweise (Muttertiere mit Jungen), im Winter bilden sich größere Rudel. Die Männchen leben meist als Einzelgänger. Die Brunft verläuft von Mitte Juli bis Mitte August, die Jungen kommen im Mai/Juni des folgenden Jahres zur Welt. Nahrung sind Kräuter, Laub, Nadeln, Knospen und Baumrinde. Verbreitung: Fast ganz Europa, paläarktisches Asien.

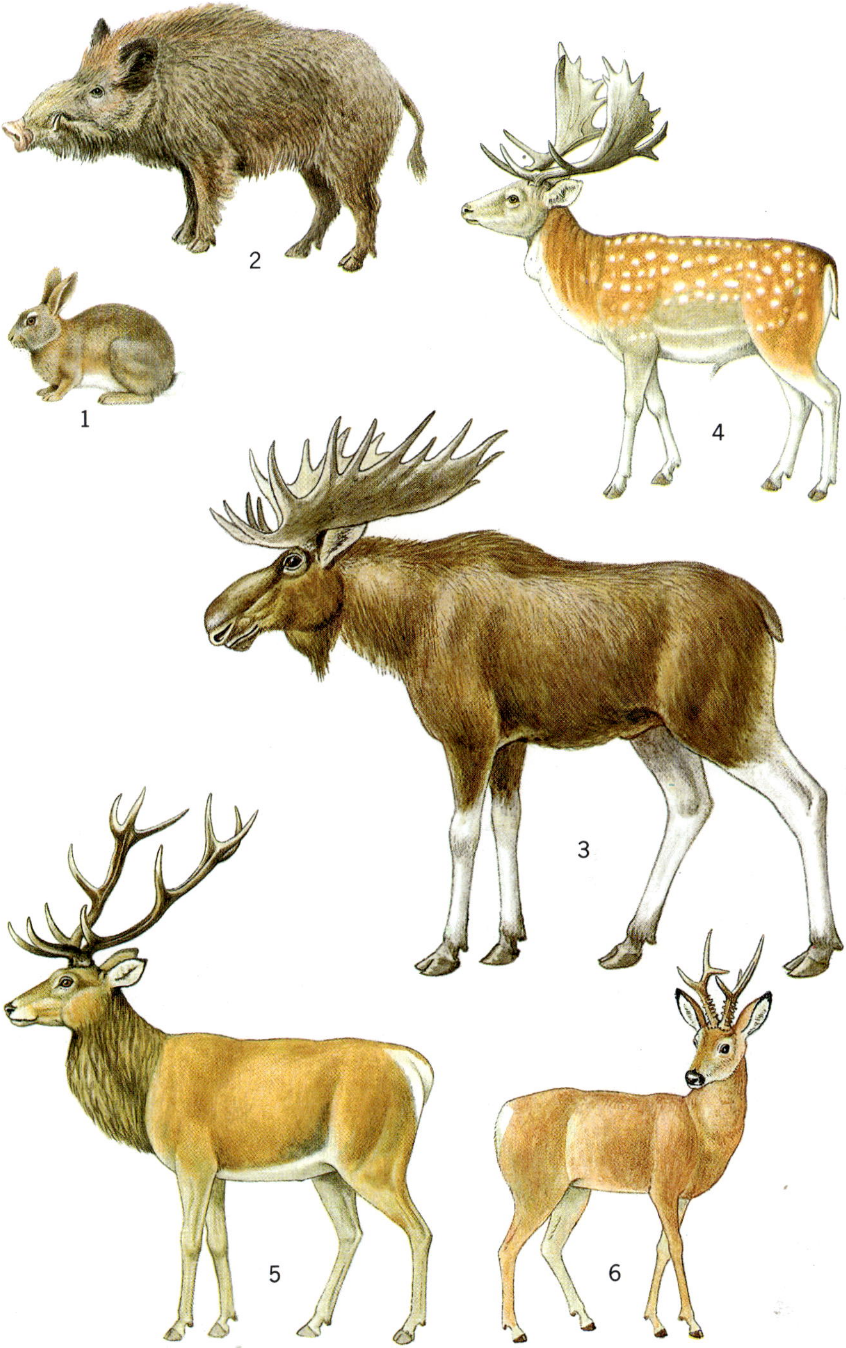
2
1
4
3
5
6

Säugetiere

Familie: **Hirsche** — *Cervidae*

1 Ren *Rangifer tarandus.* Körper 130—220 cm, Schwanz 7—20 cm, Widerristhöhe 110—120 cm. Im Unterschied zu allen übrigen Hirscharten tragen sowohl Männchen als auch Weibchen ein Geweih. Das Ren ist ein Bewohner der weiten waldlosen Tundren des Nordens und der Nordlandwälder. Lebt in Herden, die im Sommer kleiner sind, im Winter oft viele tausend Tiere zählen. Ihre Nahrung besteht aus Kräutern, jungen Zweigen und Blättern arktischer Gehölze, in der Not auch aus Flechten. Brunft im Herbst, im Mai/Juni des folgenden Jahres haben die Weibchen 1—2 Junge. Rentiere werden in halbwilden Herden wegen ihres Fleisches, des Felles und der Milch gehalten, auch dienen sie als Zugtiere. Verbreitung: Nordeuropa, Nordasien, Nordamerika.

Familie: **Rinder** — *Bovidae*

2 Europäisches Mufflon *Ovis musimon.* Körper 110—130 cm, Schwanz 5—10 cm, Widerristhöhe bis zu 95 cm. Die Art bewohnt Misch- oder Laubwälder mit Lichtungen und Wiesen, wo sie warme, sonnige Südhänge aufsucht. Die Tiere leben in kleinen, von einem alten Weibchen geführten Herden, sie fressen Pflanzen, Laub und Baumrinde, Kastanien, Eicheln usw. Im März/April haben die Weibchen 1—2 Junge. Verbreitung: Ursprünglich im Mittelmeerraum, wo sie sich noch auf Korsika und Sardinien halten, von dort in viele west- und mitteleuropäische Länder und auf die Krim eingeführt und akklimatisiert.

3 Gemse *Rupicapra rupicapra.* Körper 110—130 cm, Schwanz 7—8 cm, Widerristhöhe 70—80 cm. Die Gemse bewohnt Hochgebirge bis an die Grenze des ewigen Schnees und Eises, sie lebt in Herden, die aus Weibchen und Jungtieren bestehen. Die Männchen leben meist gesondert in kleinen Gruppen oder einzeln. Die sehr gewandten Kletterer ernähren sich von Pflanzen. Paarung im November/Dezember, im Mai/Juni bringen die Weibchen 1—2 Junge zur Welt. Verbreitung: Cantabrisches Gebirge, Pyrenäen, Alpen, Apennin, Karpaten, Hochgebirge des Balkans, Kaukasus, Gebirge Kleinasiens.

4 Wisent *Bison bonasus.* Körper 310—350 cm, Schwanz 50—60 cm, Widerristhöhe 185—200 cm. In Laub- und Mischwäldern mit viel Unterholz und Waldwiesen. Die von einem Männchen geführten Herden gehen gewöhnlich erst in der Dämmerung auf die Weide. Sie ernähren sich von Gras und Kräutern, Laub, Trieben und Gehölzrinde. Im August findet die Paarung statt, die Männchen tragen Rivalenkämpfe um die Weibchen aus. Im Mai/Juni bringt das Weibchen ein Junges zur Welt. Verbreitung: Einst in vielen europäischen Wäldern, doch wurde der Wisent schon im Mittelalter ausgerottet, kommt heute nur noch in Reservationen einiger Länder vor (Polen, Rußland), sonst in Wildparks und Zoos.

5 Steinbock *Capra ibex.* Körper 130—135 cm, Schwanz ca. 13 cm, Widerristhöhe 65—80 cm. Bewohnt die Hochgebirge von der oberen Waldgrenze bis zur Schneegrenze. Steinböcke leben in Herden aus Weibchen, Jungtieren und jungen Männchen, die alten Männchen leben getrennt in kleinen Rudeln oder als Einzelgänger. Die Tiere bewegen sich äußerst gewandt in den Felsen. Ihre Nahrung sind Hochgebirgspflanzen, im Winter auch Moos. Das Weibchen hat im Juni 1—2 Junge. Verbreitung: In mehreren geographischen Rassen in den Gebirgen Europas (Alpen, Kaukasus), des paläarktischen Asiens und in Afrika (Ägypten, Sudan, Äthiopien).

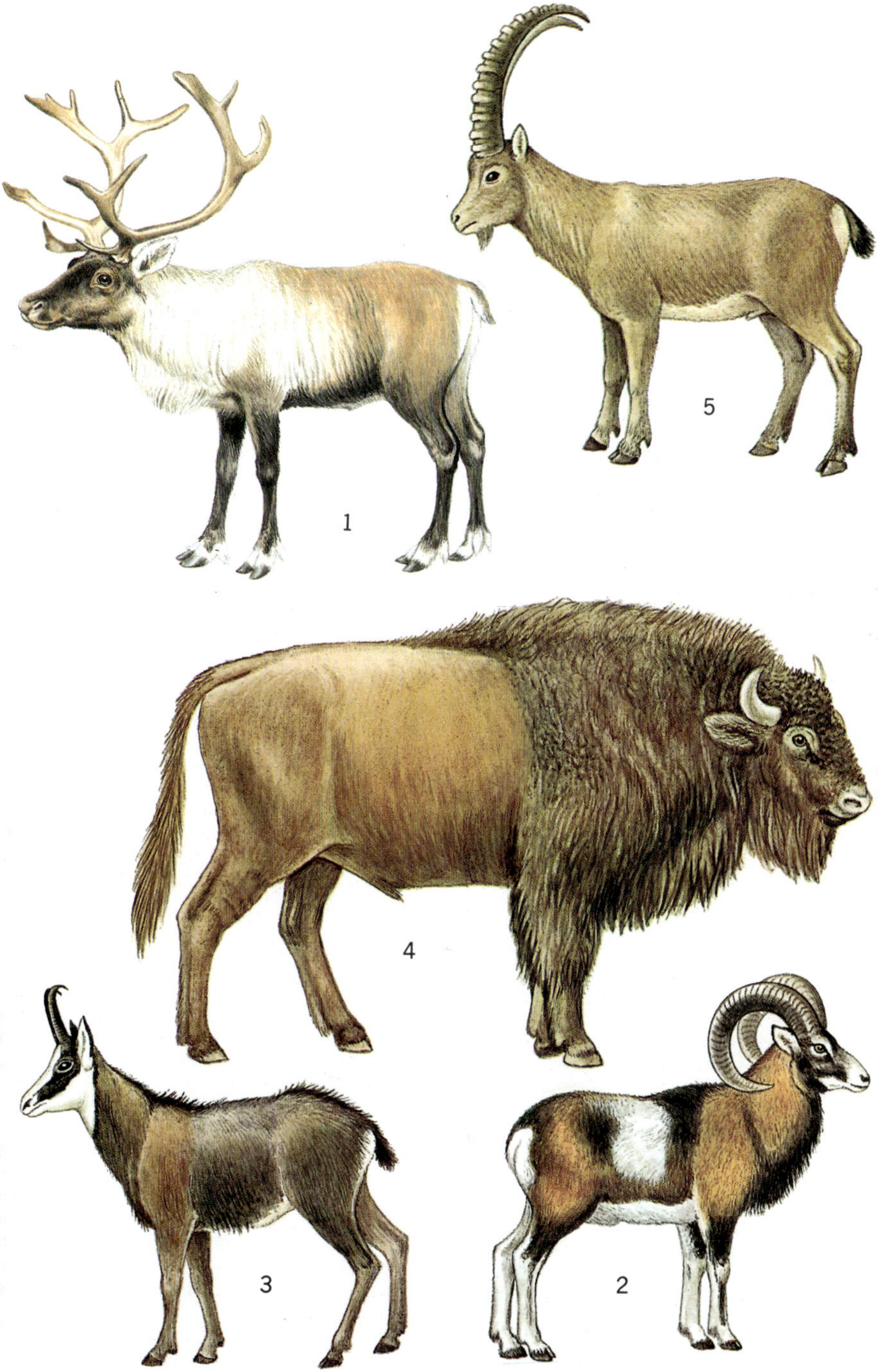

5
1
4
3
2

Säugetiere

Familie: **Rinder** — *Bovidae*

1 Saiga-Antilope *Saiga tatarica.* Körper 130—135 cm, Schwanz 8—12,5 cm, Widerristhöhe ♂ bis zu 79 cm, ♀ 60 cm. Steppentier, das in Herden in den Niederungen und auf Hochflächen lebt. Seine Nahrung sind Pflanzen, die Tiere gehen entweder in den frühen Morgenstunden oder nachmittags auf die Weide. Während der sommerlichen Trockenperiode unternimmt die Saiga-Antilope weite Wanderungen, um Wasser und Nahrung zu finden. Brunft im November-Dezember, die Männchen versammeln dann eine größere Anzahl Weibchen um sich. Die Zweikämpfe der Männchen sind äußerst hart, nicht selten enden sie mit dem Tod eines der Rivalen. Im Mai/Juni hat das Weibchen normalerweise zwei, gelegentlich nur ein Junges. Verbreitung: In der Vergangenheit in weiten Gebieten von den Karpaten bis zur Mongolei und Nordostchina, heute in Europa nur in der Ukraine, in Asien noch an mehreren Stellen.

2 Bezoarziege *Capra aegagrus.* Körper 100—110 cm, Schwanz 20 cm, Widerristhöhe 95—100 cm. Dieser vorzügliche Kletterer bewohnt Felsgegenden, die von Baum- und Buschbeständen durchschnitten sind. Weibchen und Jungtiere finden sich in kleinen Herden zusammen, alte Männchen sind Einzelgänger, in jüngeren Jahren leben auch sie in kleinen Gruppen. Die Nahrung besteht aus Pflanzen, im Winter nehmen sie auch Moos und Latschenkiefernnadeln an. Im Mai/April wirft das Weibchen 1—3 Junge. Verbreitung: Gebirge Griechenlands, Kleinasiens, Kaukasus, Vorderasien, Westindien. Versuchsweise wurde die Bezoarziege auch in einigen anderen Gebirgen und niedrigeren Hügellandschaften angesiedelt (Pawlowhügel in Südmähren).

3 Iberischer Steinbock *Capra pyrenaica.* Körper 145—160 cm, Schwanz 12 cm, Widerristhöhe ♂ 75 cm, ♀ 65 cm. Ähnelt in der Lebensweise dem Steinbock der Alpen und des Kaukasus. Die Tiere halten in Herden zusammen, alte Böcke werden zu Einzelgängern. Verbreitung: Pyrenäen.

Ordnung: **Waltiere** — *Cetacea*
Unterordnung: **Bartenwale** — *Mysticeti*
Familie: **Furchenwale** — *Balaenopteridae*

4 Finnwal *Balaenoptera physalus.* Länge 18,8—25 m. In jeder Oberkieferhälfte sitzen 320—420 Barten, die beim Nahrungsfang wie ein Sieb funktionieren. Bewohner der arktischen Meere, schwimmt im Winter weit nach Süden bis in die subtropischen und tropischen Meere. Die Art bildet Schulen von 6—10 Tieren, ihre Nahrung besteht aus kleinen Fischen und Wirbellosen. Das Weibchen bringt ein etwa 4 m langes Junge zur Welt. Wird ein Finnwal verfolgt, schwimmt er mit einer Geschwindigkeit von über 30 km/h davon. Er kann lange unter Wasser bleiben, oft bis zu 15 Minuten. Er wird gejagt, seine Bestände sinken mit jedem Jahr weiter ab. Verbreitung: In allen europäischen Meeren, dringt auch regelmäßig ins Mittelmeer ein.

Familie: **Glattwale** — *Balaenidae*

5 Grönlandwal *Balaena mysticetus.* Länge 15—21 m, in Ausnahmen bis zu 24 m. In jeder Oberkieferhälfte sitzen 300—360 Barten von 350 cm Länge. Typischer Bewohner der Treibeiszone in den arktischen Meeren. Seine Nahrung besteht aus wirbellosen Meeresresttieren sowie kleineren Fischen. Die Jungen kommen in den arktischen Gewässern zur Welt, das Weibchen hat stets nur ein Junges. Weibchen und Jungtiere leben in Schulen getrennt von den Männchen. Der Grönlandwal ist ein wesentlich langsamerer Schwimmer als der Finnwal, kann aber 30—60 Minuten unter Wasser bleiben. Früher war die Art in den arktischen Gewässern ziemlich häufig, hat aber durch den intensiv betriebenen Fang stark abgenommen. Verbreitung: Selten an der europäischen Nordküste.

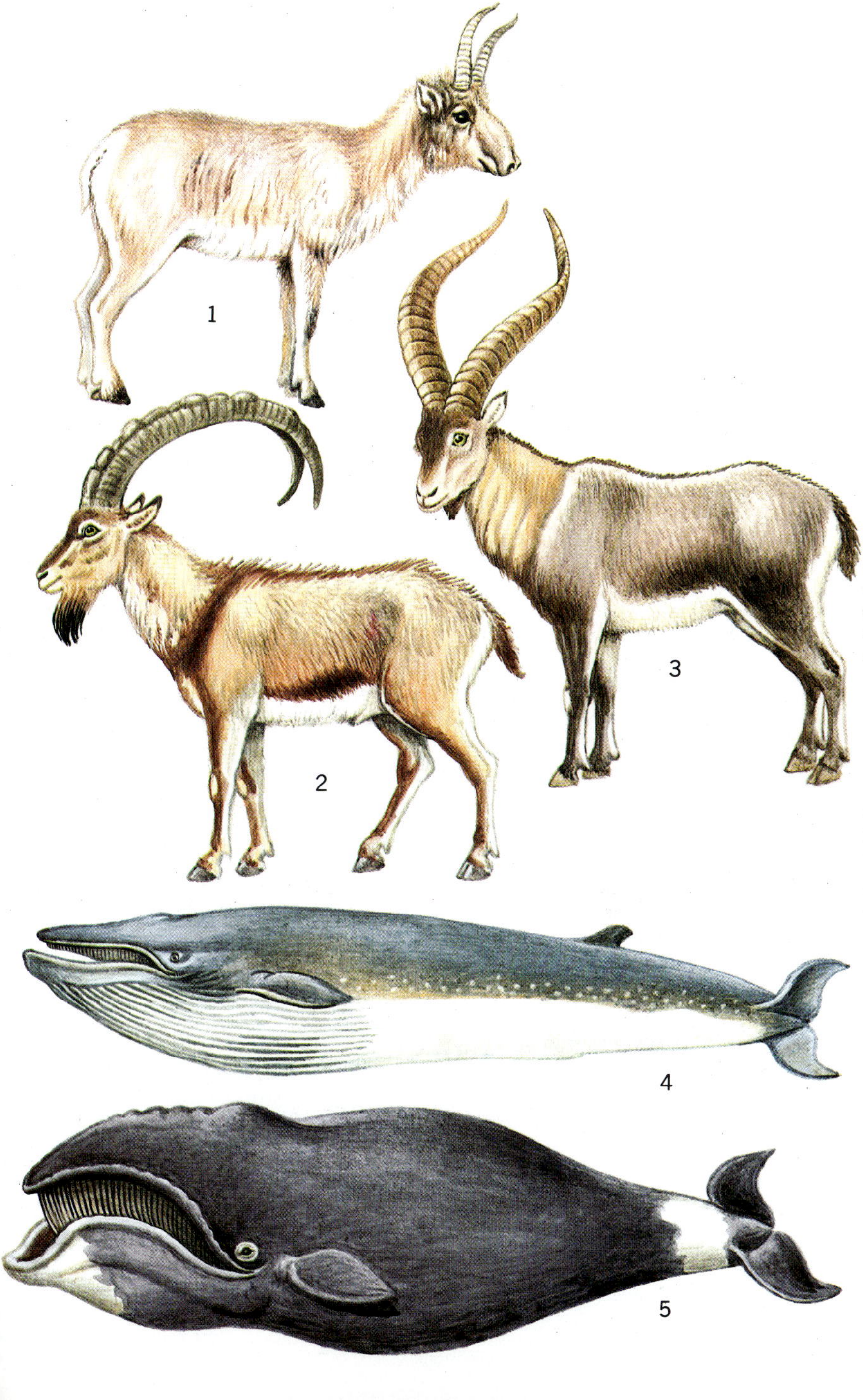
1
2
3
4
5

Säugetiere

Unterordnung: **Zahnwale** — *Odontoceti*
Familie: **Delphine** — *Delphinidae*

1 Gemeiner Delphin *Delphinus delphis.* Länge 180—260 cm. Die Tiere leben in mehr oder weniger großen Schulen. Ausgezeichnete Schwimmer, die in einer Stunde bis zu 35 km zurücklegen. Ihre Hauptnahrung sind Fische, doch fressen sie auch Kopffüßer, Muscheln, Quallen und andere Wirbellose des Meeres. Verbreitung: An der ganzen europäischen Atlantikküste häufig, Mittelmeer, Schwarzes Meer, Indischer Ozean, nördlicher Pazifik. Fehlt in den Polarmeeren.

2 Großtümmler *Tursiops truncatus.* Länge 2,5 m. Die Tiere leben in Schulen, ihre Nahrung sind hauptsächlich Fische. Das Weibchen gebiert gewöhnlich ein Junges, nur selten zwei. Dauer der Trächtigkeit 12 Monate, bis zum Alter von einem Jahr sorgt das Muttertier für das Junge. Der Großtümmler ist der am häufigsten in Ozeanarien gehaltene Wal, er wurde zum Gegenstand intensiver Forschungen. Das Gehirn des ausgewachsenen Tieres ist relativ groß, es wiegt 1500—1800 g. Verbreitung: Küstengewässer des Atlantiks in den tropischen und gemäßigten Zonen bis zu den britischen und nordfranzösischen Küsten im Norden, auch im Mittelmeer nicht selten.

3 Großer Schwertwal *Orcinus orca.* Länge ♂ oft bis zu 10 m, ♀ 3,80—4,60 m. In jedem Kiefer sitzen 20—28 sehr kräftige, scharfe Zähne. Schwertwale leben in Schulen zusammen, sie gehören mit zu den räuberischsten Meerestieren. Sie erbeuten Wale, Delphine, Robben und Fische. Sie jagen stets im Verband, wobei die einzelnen Tiere zweckgerichtet zusammenarbeiten. Verbreitung: Alle Meere und Ozeane, vor allem auf der Nordhalbkugel. Häufiges Vorkommen an der europäischen Atlantikküste, in seltenen Fällen gerieten Tiere weit stromaufwärts ins Binnenland.

4 Grindwal *Globicephala melaena.* Länge 6—7 m. Räuber, der sich oft in riesigen, von einem alten, erfahrenen Männchen geführten Schulen zusammenschließt. Die Weibchen gebären alle 2—3 Jahre ein Junges. Verbreitung: Nördliches Eismeer, Nordatlantik, Nordpazifik, bei den Faeroer-, Shetland- und Orkneyinseln, dringt sogar ins Mittelmeer ein.

5 Pottwal *Physeter macrocephalus.* Länge bis zu 25 m. Die Art bildet Schulen von 15—20 Tieren, früher, als es noch sehr viel mehr Pottwale gab, waren Schulen von mehreren hundert Exemplaren keine Seltenheit. Seine Nahrung besteht in der Hauptsache aus Kopffüßern und Fischen. Bei der Jagd steigt er in große Tiefen hinab, um dort den Tiefseekalmaren nachzustellen. Das etwa 3,5—4 m lange Pottwaljunge saugt etwa ein halbes Jahr Muttermilch. Der Pottwal gehört zu den am meisten gefangenen Walen, da sich sein Körper nahezu restlos verarbeiten läßt. Sehr begehrt ist auch Ambra, eine dunkle, wachsähnliche Masse aus den Därmen kranker oder toter Tiere, die zur Parfümherstellung verwendet wird. Verbreitung: Vorwiegend tropische Meere, weite Züge nach Norden und Süden. Oft an der europäischen Küste, hin und wieder dringen Tiere sogar ins Mittelmeer vor.

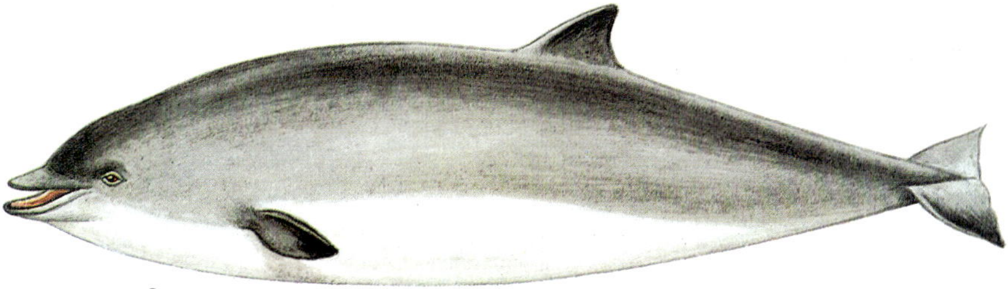

2

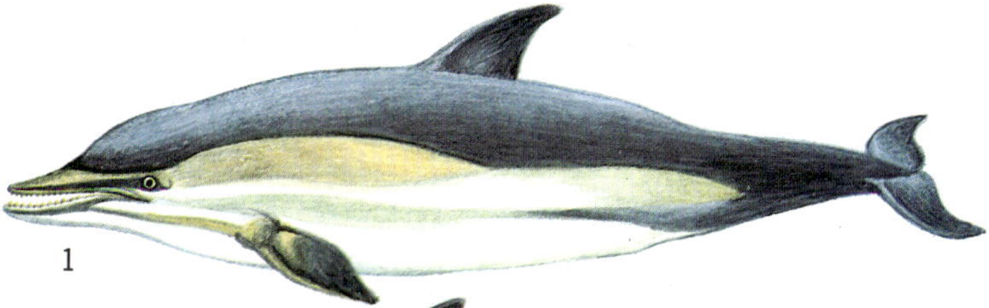

1

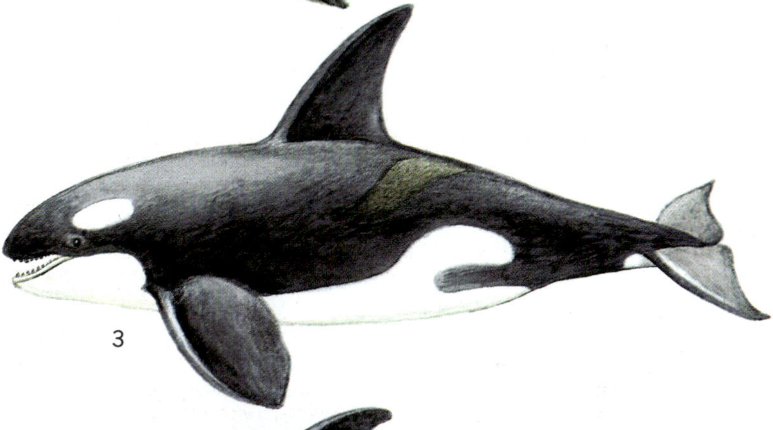

3

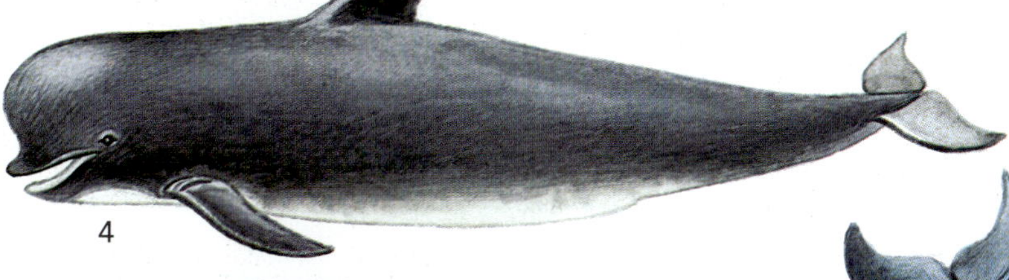

4

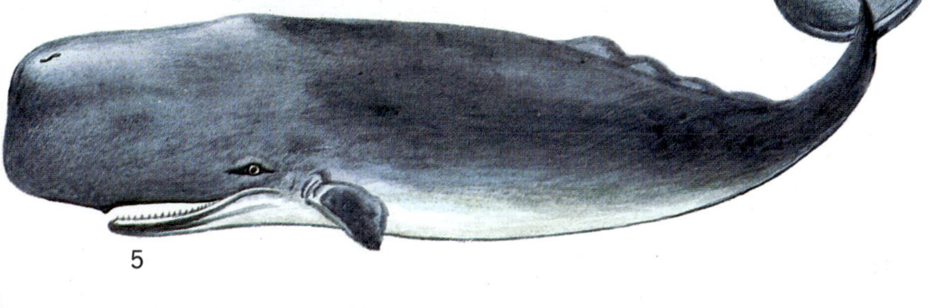

5

Literatur-Nachweis
für den Leser, der mehr aus dem Leben der Tiere erfahren möchte:

Bechyně, J.: Welcher Käfer ist das? 6. Aufl. 1974, Kosmos-Verlag, Stuttgart
Bruun/Singer/König: Der Kosmos-Vogelführer. 4. Aufl. 1978, Kosmos-Verlag, Stuttgart
Campbell, A. C.: Der Kosmos-Strandführer. 1977, Kosmos-Verlag, Stuttgart
Cerny, W.: Welcher Vogel ist das? 2. Aufl. 1977, Kosmos-Verlag, Stuttgart
Chinery, M.: Insekten Mitteleuropas. 1973, Parey Verlag, Berlin/Hamburg
Cochran, D. M.: Living Amphibians of the World. 1967, Doubleday & Co. Inc., Garden City, New York
Engelhardt, W.: Was lebt in Tümpel, Bach und Weiher? 7. Aufl. 1977, Kosmos-Verlag, Stuttgart
Felix/Toman/Hisek: Der große Naturführer. 5. Aufl. 1977, Kosmos-Verlag, Stuttgart
Forster, W.: Knaurs Insektenbuch. 1968, Droemersche Verlagsanstalt Th. Knaur, München/Zürich
Freude, H., Harde, K.-W., Lohse, G.: Die Käfer Mitteleuropas. 1964 Goecke und Evers Verlag, Krefeld
Frieling, H.: Was fliegt denn da? 22. Aufl. 1978, Kosmos-Verlag, Stuttgart
Grzimek's Tierleben, Bd. I–XIII. 1970, Kindler Verlag, Zürich
Jacobs, W., Renner, M.: Taschenlexikon zur Biologie der Insekten. 1974, Gustav Fischer Verlag, Jena
Janus, H.: Unsere Schnecken und Muscheln. 4. Aufl. 1973, Kosmos-Verlag, Stuttgart
Jurzitza, G.: Unsere Libellen. 1978, Kosmos-Verlag, Stuttgart
Maitland, P. S.: Der Kosmos-Fischführer. 1977, Kosmos-Verlag, Stuttgart
Makatsch, W.: Die Vögel Europas. 1966, Neumann Verlag, Radebeul
Mebs, Th.: Greifvögel Europas. 6. Aufl. 1978, Kosmos-Verlag, Stuttgart
Mebs, Th.: Eulen und Käuze. 4. Aufl. 1977, Kosmos-Verlag, Stuttgart
Möller Christensen, J.: Die Fische der Nordsee. 1976, Kosmos-Verlag, Stuttgart
Pfletschinger, H.: Einheimische Spinnen. 1975, Kosmos-Verlag, Stuttgart
Riedl, R.: Fauna und Flora der Adria. 1. Aufl. 1963, Parey Verlag, Berlin/Hamburg
Schindler, O.: Unsere Süßwasserfische. 5. Aufl. 1976, Kosmos-Verlag, Stuttgart
Smart, P.: Kosmos-Enzyklopädie der Schmetterlinge. 1977, Kosmos-Verlag, Stuttgart
Streble, H., Krauter, D.: Das Leben im Wassertropfen. 4. Aufl. 1978, Kosmos-Verlag, Stuttgart
Stresemann, E.: Exkursionsfauna von Deutschland. Volk und Wissen, Volkseigener Verlag, Berlin
Trutnau, L.: Europäische Amphibien und Reptilien. 1975, Belser Verlag, Stuttgart
Urania Tierreich, Bd. I–VI. 1968, Urania Verlag, Leipzig/Jena/Berlin
Warnecke, G.: Welcher Schmetterling ist das? 4. Aufl. 1975, Kosmos-Verlag, Stuttgart
Zahradnik, J.: Der Kosmos-Insektenführer. 1976, Kosmos-Verlag, Stuttgart

Register der abgebildeten Arten

Aal 200
Aalmutter 220
Abendpfauenauge 174
Ablepharus kitaibelii 244
Abramis ballerus 214
Abramis brama 214
Abramis sapa 214
Acanthinula aculeata 48
Acanthocardia aculeata 66
Acanthocardia echinata 66
Acanthocardia tuberculata 66
Acanthocinus edilis 130
Accipiter gentilis 274
Accipiter nisus 274
Acherontia atropos 174
Acilius sulcatus 106
Acipenser ruthenus 198
Acipenser sturio 198
Ackerschnecke 52
Acrocephalus arundinaceus 318
Acrocephalus scirpaceus 318
Actitis macularia 290
Alcyonium digitatum 36
Adalia bipunctata 122
Adamsia rondeletii 36
Adela degeerella 152
Adelocera murina 116
Admiral 166
Aedes vexans 184
Aegeria apiformis 154
Aegolius funereus 304
Aegypius monachus 272
Aelia acuminata 96
Aequipecten opercularis 60
Aeschna cyanea 90
Afterskorpion 80
Ägäischer Nachtfinger-Gecko 244
Agelastica alni 136
Aglais urticae 66
Aglaophenia tubulifera 34
Agonum sexpunctatum 106
Agrilus biguttatus 116
Agrumaenia carniolica 152
Aland 210
Alauda arvensis 312
Alburnoides bipunctatus 212
Alburnus alburnus 212
Alca torda 298
Alcedo atthis 306
Alces alces 368

Alectoris graeca 280
Alepisaurus ferox 206
Allactaga jaculus 366
Allolobophora caliginosa 74
Allolobophora rosea 74
Alopecosa acuminata 78
Alopex corsac 354
Alopex lagopus 354
Alopias vulpinus 196
Alosa alosa 200
Alosa fallax 200
Alpenbraunelle 316
Alpenmurmeltier 356
Alpensalamander 236
Alpenschneehuhn 280
Alpenspitzmaus 342
Alpenstrandläufer 292
Alytes obstetricans 238
Ameisenbuntkäfer 120
Amerikanische Bohrmuschel 68
Ammophila sabulosa 148
Amphimallon solstitiale 114
Amsel 326
Anarrhichas lupus 234
Anas acuta 264
Anas clypeata 264
Anas crecca 262
Anas penelope 262
Anas platyrhynchos 262
Anas querquedula 262
Anas strepera 262
Anatis ocellata 262
Ancylus fluviatilis 46
Andrena armata 148
Andricus fecundator 142
Andricus lignicolus 142
Anemonia sulcata 36
Anguilla anguilla 200
Anguillula aceti 38
Anguis fragilis 248
Angulus tenuis 68
Anobium punctatum 120
Anodonta cygnea 64
Anomala dubia 114
Anomia ephippium 62
Anoplius fuscus 146
Anquilla anquilla 200
Anser anser 268
Anser erythropus 268
Anser fabalis 268

Anthaxia nitidula 116
Anthocharis cardamines 160
Anthocoris nemorum 98
Anthonomus pomorum 138
Anthrenus scrophulariae 118
Anthrenus verbasci 118
Anthus campestris 314
Anthus spinoletta 314
Anthus trivialis 314
Apamea monoglypha 182
Apatele psi 182
Apatura ilia 164
Apatura iris 164
Apfelbaumgespinstmotte 154
Apfelblattsauger 100
Apfelblütenstecher 138
Apfelwickler 154
Aphodius fimentarius 112
Aphrodite aculeata 72
Apis mellifera 150
Aplocera plagiata 172
Apodemus agrarius 362
Apodemus flavicollis 362
Apodemus microps 362
Apodemus sylvaticus 362
Apollo 158
Aporia crataegi 160
Apterona crenulella 154
Aquila chrysaëtos 272
Aquila heliaca 272
Aquila pomarina 272
Araneus cucurbitinus 78
Araneus diadematus 78
Arca noae 58
Arche Noah 58
Arctia caja 180
Arctia villica 180
Ardea cinerea 258
Ardea purpurea 258
Arenaria interpres 286
Arengus minor 200
Arenicola marina 72
Argynnis paphia 164
Argyroneta Aquatica 78
Argyropelecus olfersi 206
Arianta arbustorum 56
Arion rufus 52
Arion subfuscus 52
Armadillidium vulgare 82
Aromia moschata 128

377

Arvicola terrestris 358
Ascalaphus libelluloides 102
Äsche 204
Asilus crabroniformis 186
Asio flammeus 304
Asio otus 304
Äskulapnatter 252
Aspisviper 254
Aspius aspius 210
Astacus astacus 84
Astarte sulcata 64
Asterias rubens 192
Astropecten aurantiacus 192
Athene noctua 304
Athous vittatus 116
Atlantische Makrele 232
Atlantischer Inger 194
Attagenus pellio 118
Auerhuhn 280
Aufgeblasene Flußmuschel 64
Augenmarienkäfer 122
Aurelia aurita 34
Aurorafalter 160
Austernbohrer 44
Austernfischer 286
Autographa gamma 182
Aythya ferina 266
Aythya fuligula 264
Aythya marila 264
Aythya nyroca 266

Bachflohkrebs 82
Bachforelle 202
Bachneunauge 194
Bachplanarie 38
Bachröhrenwurm 72
Bachsaibling 204
Bachstelze 314
Badenschwamm 32
Balaena mysticetus 372
Balaenoptera physalus 372
Balanoglossus clavigerus 192
Balkan-Zornnatter 250
Barbastella barbastellus 348
Barbus barbus 212
Barbus meridionalis 212
Bartmeise 326
Bastardmakrele 224
Baßtölpel 258
Baumfalke 278
Baummarder 350
Baumpieper 314
Baumschläfer 364
Baumwanze 96
Baumweißling 160
Behaarte Laubschnecke 54
Behaarter Schnelläufer 106
Bekassine 288

Belone belone 220
Bergente 264
Bergfink 334
Berglemming 358
Bergmolch 236
Bernhardskrebs 84
Bernsteinschnecke 48
Beroë cucumis 36
Bezoarziege 372
Biberratte 366
Bielzia coerulans 52
Bienenfresser 308
Bienenwolf 148
Biorhiza pallida 142
Birkenblattroller 138
Birkenmaus 364
Birkenspanner 172
Birkhuhn 280
Bisamratte 358
Bisamrüßler 344
Bison bonasus 370
Biston betularius 172
Bitterling 208
Blaniulus guttulatus 86
Blastophagus piniperda 138
Blatta orientalis 92
Blauer Erlenblattkäfer 136
Blauer Scheibenbock 128
Blauflügel-Prachtlibelle 88
Blauflüglige Ödlandschrecke 94
Blaugrüne Mosaikjungfer 90
Blauhai 196
Blaukehlchen 324
Blaukrabbe 84
Blaumeise 328
Blauracke 306
Blausieb 152
Blei 214
Blennius pholis 234
Bleßhuhn 284
Blicca bjoerkna 212
Blindschleiche 248
Blitophaga opaca 110
Blumenwanze 98
Blutrote Heidelibelle 90
Blutrote Zikade 100
Bohrkäfer 120
Bombus lapidarius 150
Bombus pomorum 150
Bombus terrestris 150
Bombycilla garrulus 314
Bombylius major 186
Bombina bombina 238
Bombina variegata 238
Borkenkäfer 138
Borstenmaul 206
Botaurus stellaris 260
Brachpieper 314

Brachsen 214
Brachvogel 288
Brandente 268
Brandmaus 362
Brandseeschwalbe 298
Branta bernicla 268
Branta canadensis 270
Braunbär 352
Braune Krabenspinne 76
Braune Venusmuschel 66
Braune Wegschnecke 52
Brauner Bär 180
Brauner Laubwiesendickkopf 156
Brauner Schlangenstern 192
Brauner Steinläufer 86
Brauner Süßwasserpolyp 34
Braunkehlchen 322
Braunwurzrüßler 138
Breitrandschildkröte 242
Brombeerzipfelfalter 162
Bruchus pisorum 132
Bruchwasserläufer 290
Bubo bubo 302
Buccinum undatum 44
Bucephala clangula 266
Buchdrucker 138
Buchenwollaus 100
Bücherskorpion 80
Buchfink 334
Bubo bubo 238
Bufo calamita 238
Bufo viridis 238
Bugula neritina 192
Bunte Kammuschel 60
Buntspecht 310
Bupalus piniarius 172
Buprestis rustica 116
Burhinus oedicnemus 294
Bürstenbinder 178
Buteo buteo 274
Byctiscus populi 138
Byrrhus pilula 116
Byturus tomentosus 122

Calcarius lapponicus 334
Calidris alpina 292
Calidris canutus 290
Caliroa cerasi 140
Calliactis parasitica 36
Callidium violaceum 128
Callimorpha dominula 180
Callionymus maculatus 228
Calliphora vicina 190
Calliptamus italicus 94
Callista chione 66
Callophrys rubi 162
Calopteryx splendens 88
Calopteryx virgo 88

Calyptraea chinensis 42
Campodea fragilis 88
Camponotus ligniperda 144
Canis aureus 352
Canis lupus 352
Cantharis fusca 118
Capra aegagrus 372
Capra ibex 370
Capra pyrenaica 372
Capreolus capreolus 368
Caprimulgus europaeus 306
Carabus auratus 104
Carabus auronitens 104
Carabus cancellatus 104
Carabus glabratus 104
Carabus hortensis 104
Carabus violaceus 104
Carapus acus 220
Carassius auratus 216
Carassius carassius 216
Carduelis cannabina 336
Carduelis carduelis 334
Carduelis chloris 334
Carterocephalus palaemon 156
Caspiomyzon wagneri 194
Cassida viridis 136
Castor fiber 358
Catocala sponsa 182
Celerio euphorbiae 174
Celerio galii 174
Cepaea hortensis 56
Cepaea nemoralis 56
Cepphus grylle 298
Cerambyx cerdo 128
Cerastoderma edule 66
Cerceris arenaria 148
Cercopis vulnerata 100
Cereus peduncolatus 36
Cerianthus membranaceus 36
Certhia brachydactyla 332
Certhia familiaris 332
Cerura vinula 176
Cervus elaphus 368
Cetonia aurata 114
C-Falter 166
Chalcides chalcides 244
Chamaeleo chamaeleon 244
Chamäleonfliege 184
Charadrius dubius 286
Charadrius hiaticula 286
Chauliodus sloani 206
Chelifer cancroides 80
Chilocorus renipustulatus 122
Chimaera monstrosa 198
Chinesisches Dach 42
Chionaspis salicis 100
Chlamys varia 60
Chlidonias niger 296

Chlorohydra viridissima 34
Chondrostoma nasus 208
Chrysaora hyoscella 34
Chrysis ignita 144
Chrysomela coerulans 134
Chrysomela staphylea 134
Chrysopa flava 102
Chrysopa perla 102
Chrysops caecutiens 184
Chthonius ischnocheles 80
Cicadella viridis 100
Cicindela campestris 104
Ciconia ciconia 260
Ciconia nigra 262
Cimex lectularius 96
Cinclus cinclus 316
Cionus scrophulariae 138
Circus aeruginosus 276
Circus cyaneus 276
Circus macrourus 276
Circus pygargus 276
Citellus citellus 356
Clausilia dubia 50
Clemmys caspica 242
Clethrionomys glareolus 360
Clossiana euphrosyne 164
Clossiana selene 164
Clupea harengus 200
Cobitis taenia 216
Coccinella septempunctata 122
Coccothraustes coccothraustes 334
Cochlodina orthosoma 50
Colias croceus 166
Coloradokäfer 134
Coluber gemonensis 250
Coluber hippocrepis 252
Coluber jugularis 250
Coluber najadum 250
Columba livia 300
Columba oenas 300
Columba palumbus 300
Conus mediterraneus 44
Conus ventricosus 44
Coracias garrulus 306
Coregonus lavaretus maraena 204
Coris julis 232
Coronella austriaca 250
Corvus corax 340
Corvus corone cornix 340
Corvus corone corone 340
Corvus frugilegus 340
Corvus monedula 340
Corymbites aeneus 116
Corymbites purpureus 116
Coscinia cribraria 180
Cottus gobio 222
Cottus poecilopus 222
Coturnix coturnix 282

Crabro cribrarius 148
Crangon crangon 84
Crenilabrus melops 232
Creophilus maxillosus 110
Crepidula fornicata 42
Crex crex 284
Cricetus cricetus 358
Crocidura leucodon 344
Crocidura russula 344
Crocidura suaveolens 344
Cryptocephalus moraei 132
Cryptocephalus sericeus 132
Cryptococcus fagisuga 100
Ctenolabrus rupestris 232
Ctenopharyngodon idella 214
Cuculus canorus 306
Curculio venosus 138
Cyaniris semiargus 162
Cychrus caraboides 104
Cyclopterus lumpus 224
Cyclothone signata 206
Cygnus bewickii 270
Cygnus columbianus 270
Cygnus cygnus 270
Cygnus olor 270
Cynips quercusfolii 142
Cyprinus carpio 214

Dachratte 362
Dachs 350
Dama dama 368
Damenbrett 168
Damhirsch 368
Daphnia pulex 82
Dasychira pudibunda 178
Dasypoda hirtipes 150
Dattelmuschel 70
Dectius verrucivorus 92
Deilephila elpenor 176
Delia brassicae 188
Delichon urbica 312
Delphinus delphis 374
Dendrocoelum lacteum 38
Dendrocopos major 310
Dendrocopos medius 310
Dendrocopos minor 310
Dendrolimus pini 168
Dentalium dentale 58
Dentalium vulgare 58
Dentex dentex 230
Deporaus betulae 138
Deraeocoris ruber 98
Dermestes lardarius 118
Dermochelys coriacea 242
Deroceras agreste 52
Deroceras reticulatum 52
Desmana moschata 344
Deutsche Wespe 146

Diaea dorsata 76
Dictyopterus aurora 118
Diplodus annularis 230
Diplolepis rosae 142
Diprion pini 140
Discus rotundatus 50
Distelfalter 166
Distelfink 334
Ditoma crenata 124
Dlochrysa fastuosa 134
Döbel 210
Dohle 340
Dolchwespe 144
Donauneunauge 194
Dorcadion pedestre 130
Dorngrasmücke 318
Dornhai 196
Dorsch 218
Dosinia lupinus 66
Dreissena polymorpha 66
Dreistachliger Stichling 222
Dreizehenmöwe 296
Drosophila melanogaster 188
Drosselrohrsänger 318
Dryocopus martius 308
Dryomys nitedula 364
Dukatenfalter 162
Dungkäfer 112
Dunkelbläuling 162
Dunkle Wegwespe 146
Dytiscus marginalis 106

Echinus esculentus 192
Ectobius lapponicus 92
Edelkrebs 84
Edelmarder 350
Edle Steckmuschel 60
Egretta garzetta 260
Eichelbohrer 138
Eichelhäher 338
Eichengallwespe 142
Eichenlinsengallwespe 142
Eichenspinner 168
Eichenprozessionsspinner 176
Eichenwickler 154
Eichenwidderbock 128
Eichhörnchen 356
Eiderente 266
Eilkäfer 106
Eingerollte Zahnschnecke 54
Eintagsfliege 88
Einzähnige Laubschnecke 54
Eisbär 352
Eisenia lucens 74
Eisenia submontana 74
Eissturmvogel 256
Eisvogel 306
Elaphe longissima 252

Elaphe quatuorlineata 252
Elaphe situla 252
Elch 368
Elephantenzahnschnecke 58
Eliomys quercinus 364
Elritze 208
Elster 340
Emarginula huzardi 40
Emberiza calandra 332
Emberiza citrinella 332
Emberiza schoeniclus 332
Emys orbicularis 242
Enchytraeus albidus 72
Endomychus coccineus 122
Engraulis encrasicholus 202
Ensis ensis 68
Ensis siliqua 68
Enterobius vermicularis 38
Ephemera danica 88
Ephestia kuehniella 156
Ephydatia fluviatilis 32
Epistrophe balteata 186
Epitonium clathrus 42
Erannis defoliaria 172
Erbsenkäfer 132
Erbsenmuschel 64
Erdeichel-Erbsenmuschel 64
Erdhummel 150
Erdkröte 238
Erdläufer 86
Erdschnurfüßer 86
Erebia medusa 168
Eremias arguta deserti 248
Eresus niger 76
Erinaceus concolor 342
Erinaceus europaeus 342
Eriocheir sinensis 84
Eristalis tenax 186
Erithacus rubecula 324
Erynnis tages 156
Eryx jaculus 248
Erzfarbiger Erlenblattkäfer 134
Erzschleiche 244
Erzschnellkäfer 116
Esox lucius 204
Esparsetten-Widderchen 152
Eßbare Herzmuschel 66
Eßbarer Seeigel 192
Essigälchen 38
Etrusker-Spitzmaus 344
Eudonia pavonia 170
Eudontomyzon danfordi 194
Eudromias morinellus 288
Eumenes pomiformis 146
Eumenes subpomiformis 146
Eupagurus bernhardus 84
Euplagia quadripunctaria 180

Euproctis chrysorrhoea 178
Europäische Auster 62
Europäische Eidechsennatter 252
Europäische Hornviper 254
Europäische Katzennatter 252
Europäische Sardelle 202
Europäische Sumpfschildkröte 242
Europäische Wanderheuschrecke 94
Europäischer Biber 358
Europäischer Halbfinger —
  Gecko 244
Europäischer Igel 342
Europäischer Maulwurf 346
Europäisches Chamäleon 244
Europäisches Mufflon 370
Eurydema oleracea 96
Euscorpius carpathicus 74
Exocoetus volitans 220

Fabriciana adippe 164
Falco columbarius 278
Falco peregrinus 278
Falco rusticolus 278
Falco subbuteo 278
Falco tinnunculus 278
Falco vespertinus 280
Fallkäfer 132
Fannia canicularis 188
Federpolyp 34
Feingefältelte
  Schließmundschnecke 50
Feingerippte
  Schließmundschnecke 50
Feldgrille 92
Feldhase 366
Feldlerche 312
Feld-Maikäfer 114
Feldmaus 360
Feld-Sandlaufkäfer 104
Feldschwirl 316
Feldsperling 338
Feldspitzmaus 344
Feldwespe 146
Felis silvestris 354
Felsentaube 300
Feuergoldwespe 144
Feuersalamander 236
Feuerwanze 96
Feuriger Perlmutterfalter 164
Ficedula albicollis 322
Ficedula hypoleuca 322
Fichtenkreuzschnabel 336
Fichtenrüßler 136
Fichtensplintbock 126
Fierasfer 220
Finnwal 372
Finte 200
Fischadler 278

Fischotter 352
Fitis 320
Florfliege 102
Flughörnchen 356
Flußbarbe 212
Flußbarsch 226
Fluß-Napfschnecke 46
Flußneunauge 194
Flußperlmuschel 64
Flußregenpfeifer 286
Flußseeschwalbe 296
Flußuferläufer 290
Forellenbarsch 228
Forficula auricularia 90
Formica fusca 144
Formica rufa 144
Fratercula arctica 300
Frauenfisch 208
Fringilla coelebs 334
Fringilla montifringilla 334
Frühe Adonislibelle 90
Frühjahrskiemenfuß 82
Frühlingsmistkäfer 112
Fuchshai 196
Fulica atra 284
Fulmarus glacialis 256
Furchenschwimmer 106

Gadus morrhua 218
Galemys pyrenaicus 344
Galerida cristata 310
Galeruca tanaceti 136
Gammaeule 182
Gammarus pulex 82
Gallinago gallinago 288
Gallinula chloropus 284
Gänsegeier 272
Garrulus glandarius 338
Garten-Bänderschnecke 56
Gartenbaumläufer 332
Gartenkreuzspinne 78
Gartenlaubkäfer 114
Gartenlaufkäfer 104
Gartenrotschwanz 322
Gartenschläfer 364
Gartenspitzmaus 344
Gasterosteus aculeatus 222
Gastrochaena dubia 70
Gastrophilus intestinalis 190
Gavia arctica 256
Gebänderte Prachtlibelle 88
Gebänderte Stumpfmuschel 68
Gebänderte
  Sumpfdeckelschnecke 42
Gebirgsstelze 312
Geburtshelferkröte 238
Gefleckte Diskusschnecke 50
Gefleckte Schnirkelschnecke 56

Gefleckter Eichenprachtkäfer 116
Gefleckter Leierfisch 228
Geflecktflügelige
  Ameisenjungfer 102
Gelbbauchunke 238
Gelbe Dungfliege 188
Gelbe Florfliege 102
Gelbhals-Johanneswürmchen 118
Gelbhalsmaus 362
Gelbspötter 318
Gemeine Bettwanze 96
Gemeine Buckelschnecke 40
Gemeine Glanzschnecke 50
Gemeine Graseule 182
Gemeine Keiljungfer 90
Gemeine Küchenschabe 92
Gemeine Kugelmuschel 64
Gemeine Nußmuschel 58
Gemeine Rosengallwespe 142
Gemeine Seemaus 72
Gemeine Skorpionsfliege 184
Gemeine Strandschnecke 42
Gemeine Waldschabe 92
Gemeine Wendeltreppe 42
Gemeine Wespe 146
Gemeine Wiesenwanze 98
Gemeiner Delphin 374
Gemeiner Gelbrandkäfer 106
Gemeiner Holzwurm 120
Gemeiner Ohrwurm 90
Gemeiner Regenwurm 74
Gemeiner Rückenschwimmer 98
Gemeiner Seestern 192
Gemeiner Sonnenfisch 228
Gemeiner Tintenfisch 70
Gemeiner Totengräber 110
Gemeiner Wasserfloh 82
Gemeiner Weichkäfer 118
Gemse 370
Genetta genetta 352
Geophilus longicornis 86
Geotrupes stercorarius 112
Geotrupes vernalis 112
Geränderte Tellerschnecke 46
Gerfalke 278
Gerippte Grasschnecke 48
Gerris gibbifer 98
Gestreifter Seewolf 234
Gestreifter Thunfisch 230
Geweihschwamm 32
Gewöhnliche Feilenmuschel 62
Gewöhnliche Napfschnecke 40
Gewöhnlicher Schiffsbohrwurm 70
Gewöhnlicher Thunfisch 230
Gezüngelte Naide 72
Gibbula divaricata 40
Gimpel 336
Ginsterkatze 352

Girlitz 336
Glänzende Tellerschnecke 46
Glänzendschwarze Holzameise 144
Glanzrüßler 136
Glatte Grasschnecke 48
Glatter Kalkrohrenwurm 72
Glatter Laufkäfer 104
Glatthei 196
Glattkäfer 104
Glattnatter 250
Glaucidium passerinum 304
Glis glis 364
Glischrochilus quadripunctatus 120
Globicephala melaena 374
Glockenpolyp 34
Gobio gobio 212
Gobio uranoscopus 212
Gobius niger 228
Goldafter 178
Goldammer 332
Goldbrasse 228
Goldbutt 234
Goldglänzender Laufkäfer 104
Goldkarausche 216
Goldlaufkäfer 104
Goldleiste 104
Goldmaid 232
Goldregenpfeifer 286
Gondschakal 352
Gomphus vulgatissimus 90
Gonepteryx rhamni 160
Grabkäfer 106
Grabwespe 148
Gracillaria filograna 50
Graphosoma lineatum 96
Graptodytes pictus 106
Grasfrosch 240
Grasgrüne Huschspinne 76
Grashüpfer 94
Graskarpfen 214
Graswurzeleule 182
Grauammer 332
Graubarsch 228
Graue Fleischfliege 190
Grauer Dickkopf 156
Graugans 260
Graureiher 258
Grauschnäpper 320
Grauspanner 172
Grauspecht 308
Griechische Landschildkröte 242
Grönlandwal 372
Große Buchenblattgallmücke 184
Große Egelschnecke 52
Große Herzmuschel 66
Große Hufeisennase 346
Große Köcherfliege 152
Große Maräne 204

381

Große Rinderdasselfliege 190
Große Schlammschnecke 46
Große Seenadel 222
Große Stubenfliege 188
Große Vielfraßschnecke 48
Großer Abendsegler 346
Großer Brauner Rüsselkäfer 138
Großer Eichenbock 128
Großer Frostspanner 172
Großer Fuchs 166
Großer Gabelschwanz 176
Großer Heldbock 128
Großer Kolbenwasserkäfer 108
Großer Kohlweißling 160
Großer Kurzflügler 110
Großer Petermännchen 232
Großer Roßkäfer 112
Großer Rotbarsch 222
Großer Scheibenbauch 224
Großer Schillerfalter 164
Großer Schwertwal 374
Großer Totengräber 110
Großer Waldgärtner 138
Großes Eichenkarmin 182
Großes Heupferd 92
Großes Mausohr 346
Großes Nachtpfauenauge 170
Großes Wiesel 348
Großgefleckter Katzenhai 196
Großköpfige Meeräsche 232
Großtrappe 282
Großtümmler 374
Gründling 212
Grüne Blattwespe 140
Grüne Fichtengallenlaus 100
Grüne Hydra 34
Grüner Schildkäfer 136
Grünes Blatt 172
Grünling 334
Grünspecht 308
Grus grus 282
Gryllotalpa gryllotalpa 92
Gryllus campestris 92
Gryllteiste 298
Gulo gulo 350
Güster 212
Gymnocephalus cernua 226
Gymnocephalus schraetser 226
Gymnodactylus kotschyi 244
Gyps fulvus 272
Gyrinus natator 106

Habicht 274
Habichtkauz 302
Haematopota pluvialis 184
Haematopus ostralegus 286
Haemopis sanguisuga 74
Hain-Bänderschnecke 56

Haliaetus albicilla 276
Halictus quadricinctus 148
Haliotis tuberculata 40
Halsbandschnäpper 322
Hamster 358
Hänfling 336
Harpalus rufipes 106
Hasel 210
Haselhuhn 280
Haselmaus 364
Häubchenmuschel 64
Haubenlerche 310
Haubenmeise 332
Haubentaucher 256
Hauhechel-Bläuling 162
Hausbock 128
Hausen 198
Hausmaus 362
Hausmutter 182
Hausratte 362, 364
Hausrotschwanz 322
Haussperling 336
Hausspinne 78
Hausspitzmaus 344
Hecht 204
Heckenbraunelle 316
Heidelerche 310
Helicella candicans 54
Helicella ericetorum 54
Helicella itala 54
Helicella obvia 54
Helicigona lapicida 56
Helicodonta obvoluta 54
Helix aspersa 56
Helix pomatia 56
Helle Artemis 66
Hemaris tityus 176
Hemidactylus turcicus 244
Heodes tityrus 162
Heodes virgaureae 162
Hepialus humuli 152
Hering 200
Heringshai 196
Heringskönig 222
Hermelin 348
Herpobdella octoculata 74
Hesperia comma 156
Himantopus himantopus 292
Himbeerkäfer 122
Hipparchus papilionarius 172
Hippocampus hippocampus 222
Hippoglossus hippoglossus 234
Hippolais icterina 318
Hippospongia communis 32
Hirschkäfer 112
Hirschlausfliege 190
Hirundo rustica 312
Hister cadaverinus 108

Hister impressus 108
Hister quadrinotatus 108
Höckerschwan 270
Hohltaube 300
Höllennatter 254
Holothuria tubulosa 192
Holzbiene 150
Holzbock 80
Holzschlupfwespe 140
Homarus gammarus 84
Honigbiene 150
Hopfenspinner 152
Hornhecht 220
Hornisse 146
Hornissenjagdfliege 186
Hornissenschwärmer 154
Hosenbiene 150
Huchen 202
Hucho hucho 202
Hufeisennatter 252
Hummer 84
Hundeegel 74
Hundfisch 204
Huso huso 198
Hydraena riparia 108
Hydrophilus caraboides 108
Hydrous aterrimus 108
Hydrous piceus 108
Hyla arborea 240
Hylecoetus dermestoides 120
Hylobius abietis 138
Hyloicus pinastri 174
Hylotrupes bajulus 128
Hypoderma bovis 190
Hypophthalmichthys molitrix 214
Hystrix cristata 366

Iberischer Steinbock 372
Ictalurus nebulosus 218
Idaea aversa 172
Idiacanthus fasciola 206
Iltis 350
Ilybius fenestratus 106
Ilyocoris cimicoides 98
Inachis io 166
Iphiclides podalirius 158
Iphigena plicatula 50
Ips typographus 138
Isognomostoma isognomostoma 56
Iulus terrestris 86
Ixobrychus minutus 260
Ixodes ricinus 80

Jakobskrautbär 180
Jakobsmuschel 60
Jagdfasan 282
Johannisechse 244
Julikäfer 114
Junikäfer 114

Jynx torquilla 308

Kabeljau 218
Käfermilbe 80
Käferschnecke 40
Kaiseradler 272
Kaisergoldfliege 190
Kaisermantel 164
Kalmar 70
Kamelhalsfliege 102
Kammolch 236
Kammseestern 192
Kampfläufer 292
Kanadagans 270
Kaninchen 368
Karausche 216
Karpatenmolch 236
Karpfen 214
Kartoffelkäfer 134
Kaspische Wasserschildkröte 242
Kaspineunauge 194
Katfisch 234
Katsuwonus pelamis 230
Katzenwels 218
Kaulbarsch 226
Kellerassel 82
Kernbeißer 334
Keulen-Eichelwurm 192
Kiebitz 286
Kiefernbuschborn-Blattwespe 140
Kiefern-Holzwespe 140
Kiefernschwärmer 174
Kiefernspanner 172
Kiefernspinner 168
Kiemenfuß 82
Kiemenschnecke 44
Kirschblattwespe 140
Kirschenfliege 188
Kleiber 332
Kleidermotte 154
Kleine Hufeisennase 346
Kleine Pilgermuschel 60
Kleine Seenadel 222
Kleine Schlammschnecke 46
Kleine Strandschnecke 42
Kleine Stubenfliege 188
Kleine Wassermaus 362
Kleiner Feuerfalter 162
Kleiner Fuchs 166
Kleiner Kohlweißling 160
Kleiner Kolbenwasserkäfer 108
Kleiner Malvendickkopf 156
Kleiner Ohrwurm 90
Kleiner Pappelbock 130
Kleiner Zwergprachtkäfer 116
Kleines Nachtpfauenauge 170
Kleingefleckter Katzenhai 196
Kleinspecht 310

Kleinwühlmaus 360
Klippenbarsch 232
Klumpenschwamm 32
Knäkente 262
Knoblauchkröte 238
Knotige Herzmuschel 66
Knutt 290
Ködewurm 72
Kohleule 182
Kohlfliege 188
Kohlmeise 328
Kohlschnake 184
Kohlwanze 96
Kolbenente 264
Kolkrabe 340
Kommafleck 156
Kompaßqualle 34
Kopfhornschröter 112
Korkschwamm 32
Kormoran 258
Körnerwarze 104
Körniger Schaufelläufer 104
Korsak 354
Kornweihe 276
Krabenspinne 76
Kranich 282
Kräuterdieb 120
Kreuzkröte 238
Kreuzotter 254
Krickente 262
Krimeidechse 246
Kuckuck 306
Kuckucklippfisch 232
Kugelige Glasschnecke 50
Kürbisspinne 78
Kurzdeckenbock 128
Küstenseeschwalbe 298

Labia minor 90
Labrus ossiphagus 232
Lacerta agilis 246
Lacerta lepida 246
Lacerta muralis 246
Lacerta taurica 246
Lacerta viridis 246
Lacerta vivipara 246
Lachmöwe 296
Lachs 202
Lagopus mutus 280
Lagria hirta 124
Lamna nasus 196
Lampetra fluviatilis 194
Lampetra planeri 194
Lampyris noctiluca 118
Ländlicher Prachtkäfer 116
Langohrfledermaus 346
Lanius collurio 314
Lanius excubitor 316

Laomedea geniculata 34
Laphria flava 186
Larus argentatus 294
Larus canus 294
Larus marinus 294
Larus minutus 294
Larus ridibundus 296
Lasiocampa quercus 168
Lasius fuliginosus 144
Lasurmeise 332
Laspeyresia pomonella 154
Laternenfisch 206
Laubfrosch 240
Laubkrautschwärmer 174
Lederkarpfen 214
Lederschildkröte 242
Lehmania macroflagellata 52
Lehmania marginata 52
Lemmus lemmus 358
Lemonia dumi 170
Leng 218
Leopardnatter 252
Lepidochiton cinereus 40
Lepidurus apus 82
Lepisma saccharina 88
Lepomis gibbosus 228
Leptinotarsa decemlineata 134
Leptocerus cinereus 152
Leptura rubra 126
Lepus europaeus 366
Lepus timidus 366
Leucaspius delineatus 208
Leuciscus cephalus 210
Leuciscus idus 210
Leuciscus leuciscus 210
Leucoma salicis 178
Levanteotter 254
Libellula quadrimaculata 90
Ligusterschwärmer 176
Lilienhähnchen 132
Lilioceris lilii 132
Lilioceris merdigera 132
Lima lima 62
Limax maximus 52
Limenitis reducta 164
Limosa limosa 288
Lindenschwärmer 174
Lindenwanze 98
Linienbock 130
Liopus nebulosus 130
Liparis liparis 224
Liparus germanus 138
Liparus glabrirostris 138
Lipoptena cervi 190
Lithobius forficatus 86
Littorina littorea 42
Littorina neritoides 42
Lochschnecke 40

Locusta migratoria 94
Locustella fluviatilis 316
Locustella naevia 316
Löffelente 264
Loligo vulgaris 70
Lomaspilis marginata 172
Lophius piscatorius 218
Lota lota 218
Loxia curvirostra 336
Lucanus cervus 112
Luchs 354
Lucilia caesar 190
Lullula arborea 310
Lumbricus rubellus 74
Lumbricus terrestris 74
Lungenqualle 34
Luscinia megarhynchos 324
Luscinia svecica 324
Lutra lutra 352
Lutreola lutreola 350
Lycaena phlaeas 162
Lygus pratensis 98
Lymantria monacha 140, 178, 190
Lymantria dispar 178, 190
Lymnaea auricularia 46
Lymnaea stagnalis 46
Lymnaea truncatula 46
Lynx lynx 354
Lyonetia clerkella 154
Lyrurus tetrix 280
Lytta vesicatoria 124

Macaca sylvanus 348
Macrocyclops fuscus 82
Mactra cinerea 68
Madenwurm 38
Magendassel 190
Magot 348
Maifisch 200
Maiwurm 124
Malachius bipustulatus 120
Malacosoma neustrium 168
Malpolon monspessulanus 252
Mamestra brassicae 182
Manica rubida 144
Maniola jurtina 168
Mantelmöwe 294
Marderhund 354
Margaritifera margaritifera 64
Marmorierte Grundel 226
Marmota marmota 356
Martes foina 350
Martes martes 350
Mattglänzender
  Blütenprachtkäfer 116
Mauerassel 82
Mauereidechse 246
Mauergecko 244

Maulwurfsgrille 92
Maurische Landschildkröte 242
Mäusebussard 274
Mausgrauer Schnellkäfer 116
Mauswiesel 348
Meerengel 196
Meerforelle 202
Meerneunauge 194
Meerohr 40
Meerschwalbe 220
Meerzahn 58
Mehlkäfer 124
Mehlmotte 156
Mehlschwalbe 312
Mehlzünsler 156
Melanargia galathea 168
Melasoma aenea 134
Meles meles 350
Meligethes aeneus 120
Melitta leporina 150
Meloe violaceus 124
Melolontha melolontha 114
Melonenqualle 36
Menschenfloh 190
Mergus serrator 266
Merlin 278
Merlucius merlucius 220
Merops apiaster 308
Mesocerus marginatus 96
Micrommata roseum 76
Micromys minutus 360
Micropterus salmoides 228
Microtus arvalis 360
Microtus nivalis 360
Mikiola fagi 184
Milchweiße Planarie 38
Milvus migrans 274
Milvus milvus 274
Mimas tiliae 174
Misgurnus fossilis 216
Misteldrossel 326
Misumena vatia 76
Mittelmeer-Barrakuda 224
Mittelmeerkegel 44
Mittelmeer-Miesmuschel 60
Mittelmeer-Weinbergschnecke 56
Mittelsäger 266
Mittelspecht 310
Mittlerer Schwarzer Rüsselkäfer 136
Mittlerer Weinschwärmer 176
Moderlieschen 208
Mola mola 224
Molorchus minor 128
Molva molva 218
Monachoides incarnata 54
Mönchsgeier 272
Mönchsgrasmücke 318
Mondfisch 224

Mondvogel 176
Monodonta articulata 40
Monticola saxatilis 324
Montifrigilla nivalis 336
Mooreidechse 246
Moorente 266
Moorfrosch 240
Moosschraube 48
Mopsfledermaus 348
Mordfliege 186
Mornellregenpfeifer 288
Moschusbock 128
Motacilla alba 314
Motacilla cinerea 312
Motacilla flava 312
Mugil cephalus 232
Muraena helena 200
Muräne 200
Mus musculus 362
Musca domestica 188
Muscardinus avellanarius 364
Muscicapa striata 320
Musculium lacustre 64
Mustela erminea 348
Mustela nivalis 348
Mustelus mustelus 196
Mutilla europaea 144
Mya arenaria 70
Myctophum punctatum 206
Myiatropa florea 186
Myocastor coypus 366
Myotis daubentoni 348
Myotis myotis 346
Myoxocephalus scorpius 224
Myrmeleon formicarius 102
Myzus cerasi 100
Mytilus galloprovincialis 60
Myxine glutinosa 194

Nabis rugosus 96
Nachtigall 324
Nachtreiher 260
Nagelrochen 198
Nase 208
Nassarius reticulatus 44
Natrix natrix 250
Natrix tessellata 250
Natteraugeneidechse 248
Nebelkrähe 340
Necrophorus germanicus 110
Necrophorus humator 110
Necrophorus vespillo 110
Nemobius sylvestris 92
Neomys fodiens 342
Nepa cinerea 98
Nereis diversicolor 70
Nerz 350
Nesselröhrenschildlaus 100

Netta rufina 264
Neuntöter 314
Neuroterus quercusbaccarum 142
Noctua pronuba 182
Noemacheilus barbatulus 216
Nonne 140, 178, 190
Nordafrikanisches
 Stachelschwein 366
Nordische Purpurschnecke 44
Nordseegarnele 84
Notiophilus biguttatus 106
Notonecta glauca 98
Nucella lapillus 44
Nucifraga caryocatactes 338
Nucula nucula 58
Nuculana minuta 58
Numenius arquata 288
Nutria 366
Nyctalus noctula 346
Nyctea scandiaca 302
Nyctereutes procynoides 354
Nycticorax nycticorax 260
Nymphalis antiopa 166
Nymphalis polychloros 166

Oberea oculata 130
Ocenebra erinacea 44
Ochlodes venatus 156
Ochotona pusilla 366
Ochsenauge 168
Octolasium lacteum 74
Odinshühnchen 292
Odobaenus rosmarus 356
Oeceoptoma thoracica 110
Oedemera podagrariae 124
Oedipoda caerulescens 94
Oenanthe oenanthe 322
Ohrschlammschnecke 46
Ohrenqualle 34
Olibrus aeneus 122
Ölkäfer 124
Ondatra zibethicus 358
Oniscus asellus 82
Ophidium barbatum 220
Ophioderma longicauda 192
Ophion luteus 140
Ophisaurus apodus 248
Ophisops elegans 248
Opilio parietinus 80
Oplomerus spinipes 146
Orcinus orca 374
Orgyia antiqua 178
Oriolus oriolus 338
Orneodes desmodactyla 156
Orthezia urticae 100
Oryctolagus cuniculus 368
Osmerus eperlanus 204
Osmylus chrysops 102

Osterluzeifalter 158
Ostgroppe 222
Ostrea edulis 62
Ostschermaus 358
Otiorrhynchus niger 136
Otis tarda 282
Oulema melanopus 132
Ovis musimon 370
Oxyporus rufus 110

Pagellus centrodontus 228
Paguristes oculatus 32
Pagurus arrosor 36
Palomena prasina 96
Palomena viridissima 96
Pandion haliaetus 278
Panorpa communis 184
Pantoffelschnecke 42
Panurgus calcaratus 148
Panurus biarmicus 326
Papageitaucher 300
Papilio machaon 158
Pappelblattroller 138
Pappelspinner 178
Pararge aegeria 168
Pararutilus frisii 208
Pararutilus frisii meidingeri 208
Parasitus coleoptratorum 80
Paravespula germanica 146
Paravespula vulgaris 146
Parnassius apollo 158
Parnassius mnemosyne 158
Parus ater 328
Parus caeruleus 328
Parus cristatus 330
Parus cyanus 330
Parus major 328
Parus montanus 330
Parus palustris 330
Passer domesticus 336
Passer montanus 338
Patella vulgata 40
Pecten jacobaeus 60
Pelamide 230
Pelecanus onocrotalus 258
Peleus cultratus 216
Pelmatohydra oligactis 34
Pelobates fuscus 238
Pelzkäfer 118
Pennatula phosphorea 36
Perca fluviatilis 226
Perdix perdix 282
Perforatella bidens 54
Perla burmeisteriana 90
Perleidechse 246
Perlfisch 208
Pernis apivorus 276
Petricola pholadiformis 68

Petromyzon marinus 194
Pfeifente 262
Pfeileule 182
Pfeilhecht 224
Pfeilnatter 250
Pferdeegel 74
Pferdespringer 366
Pflaumenbock 130
Phalacrocorax carbo 258
Phalangium opilio 80
Phalaropus lobatus 292
Phalera bucephala 176
Phalera bucephaloides 176
Phasianus colchicus 282
Philomachus pugnax 292
Phoca vitulina 356
Phoenicurus ochruros 322
Phoenicurus phoenicurus 322
Pholas dactylus 70
Pholcus opilionoides 76
Phoxinus phoxinus 208
Phryganea grandis 152
Philanthus triangulum 148
Phryxe vulgaris 190
Phyllobrotica adusta 136
Phyllobrotica quadrimaculata 136
Phyllodecta vulgatissima 134
Phyllopertha horticola 114
Phylloscopus collybita 320
Phylloscopus sibilatrix 320
Phylloscopus trochilus 320
Physeter macrocephalus 374
Phytocoris tiliae 98
Pica pica 340
Picromerus bidens 96
Picus canus 308
Picus viridis 308
Pieraas 72
Pieris brassicae 160
Pieris napi 160
Pieris rapae 160
Pigo 208
Pillenkäfer 116
Pillenwespe 146
Pimpla instigator 140
Pinna nobilis 60
Pipistrellus pipistrellus 348
Pirol 338
Pisaura mirabilis 78
Pisidium amnicum 64
Pitymys subterraneus 360
Pityophagus ferrugineus 120
Plagiodera versicolora 134
Plagionotus arcuatus 128
Planaria gonocephala 38
Planorbarius corneus 46
Planorbis planorbis 46
Platte Tellmuschel 68

Plattkäfer 122
Platypteryx falcataria 170
Plecotus auritus 346
Plectrophenax nivalis 332
Pleuronectes platessa 234
Plötze 208
Pluvialis apricaria 286
Pocadius ferrugineus 120
Podiceps cristatus 256
Podiceps nigricollis 256
Podiceps ruficollis 256
Podura aquatica 88
Polarfuchs 354
Polistes gallicus 146
Polistes nimpha 146
Polycelis cornuta 38
Polydesmus complanatus 86
Polydrosus mollis 136
Polydrosus sericeus 136
Polygonia c-album 166
Polyommatus icarus 162
Pomatoschistus minutus 228
Porcelio scaber 82
Portunus holsatus 84
Porzana porzana 284
Posthornschnecke 46
Potosia cuprea 114
Pottwal 374
Prachttaucher 256
Priapulus caudatus 38
Priapswurm 38
Prionace glauca 196
Prionus coriaceus 126
Proterorhinus marmoratus 226
Protula tubularia 72
Prunella collaris 316
Prunella modularis 316
Prunella montanella 316
Psammodromus hispanicus 248
Psithyrus rupestris 150
Psophus stridulus 94
Psylla mali 100
Pteromys volans 358
Pterostichus niger 106
Ptinus fur 120
Pulex irritans 190
Pupilla muscorum 48
Purpurbär 180
Purpurreiher 258
Purpurschnellkäfer 116
Pusa hispida 356
Putorius putorius 350
Putzkäfer 106
Pyralis farinalis 156
Pyrenäen-Desman 344
Pyrgus malvae 156
Pyrochroa coccinea 124
Pyrochroa serraticornis 124

Pyrrhidium sanguineum 128
Pyrrhocoris apterus 96
Pyrrhosoma nymphula 90
Pyrrhula pyrrhula 336

Quappe 218

Rabenkrähe 340
Rainfarn-Blattkäfer 136
Raja clavata 198
Rallus aquaticus 284
Rana arvalis 240
Rana dalmatina 240
Rana esculenta 240
Rana ridibunda 240
Rana temporaria 240
Rangifer tarandus 370
Rapfen 210
Raphidia notata 102
Rapsglanzkäfer 120
Rapsweißling 160
Rattus norvegicus 364
Rattus rattus 362
Räuberische Schildwanze 96
Raubspinne 78
Raubwürger 316
Rauchschwalbe 312
Rauhe Venusmuschel 66
Rauhfußkauz 304
Rebhuhn 282
Recurvirostra avosetta 292
Regenbogenforelle 202
Regenbremse 184
Regulus regulus 320
Reh 368
Rehschröter 112
Reiherente 264
Ren 370
Rettichkalkschwamm 32
Reusenschnecke 44
Rhagio scolopaceus 186
Rhagium inquisitor 126
Rhagoletis cerasi 188
Rhagonycha fulva 118
Rhinolophus ferrumequinum 346
Rhinolophus hipposideros 346
Rhizostoma pulmo 34
Rhodeus sericeus 208
Rhogogaster picta 140
Rhogogaster viridis 140
Rhyacophila vulgaris 152
Rhyparia purpurata 180
Rhyssa persuasoria 140
Riesenhüpferling 82
Rindenglanzkäfer 120
Rindenkäfer 124
Ringdrossel 326
Ringelbrasse 230

Ringelgans 268
Ringelnatter 250
Ringelrobbe 356
Ringelspinner 168
Ringeltaube 300
Riparia riparia 312
Rissa tridactyla 296
Rohrammer 332
Röhrenholothurie 192
Röhrenspinne 76
Rohrweihe 276
Rosapelikan 258
Roseneule 170
Rosenkäfer 114
Roßameise 144
Rostfarbiger Dickkopffalter 156
Rotbauchunke 238
Rote Waldameise 144
Rote Wegschnecke 52
Rötelmaus 360
Roter Waldregenwurm 74
Rotfeder 210
Rotfuchs 354
Rotfußfalke 280
Rothaarbock 128
Rothalsbock 126
Rothalsige Silphe 110
Rothalsiges Getreidehähnchen 132
Rothirsch 368
Rotkehlchen 324
Rötlichgelippte Laubschnecke 54
Rotmilan 274
Rotschenkel 290
Rübenaaskäfer 110
Rupicapra rupicapra 370
Russischer Bär 180
Rutilus frisii 208
Rutilus frisii meidingeri 208
Rutilus pigus 208
Rutilus rutilus 208

Saateule 182
Saatgans 268
Saatkrähe 340
Sabanajewia aurata 216
Säbeldornschnecke 94
Säbelschnäbler 292
Sacchiphantes viridis 100
Sägebock 126
Saiga-Antilope 372
Saiga tatarica 372
Salamandra atra 236
Salamandra salamandra 236
Salmo gairdneri irideus 202
Salmo salar 202
Salmo trutta trutta 202
Salmo trutta m. fario 202
Salticus scenicus 76

Salvelinus alpinus 204
Salvelinus fontinalis 204
Sammelmilbe 80
Sandbiene 148
Sandgrundel 228
Sandregenpfeifer 286
Sandklaffmuschel 70
Sandknotenwespe 148
Sandküling 228
Sandpier 72
Saperda populnea 130
Sarcophaga carnaria 190
Sarda sarda 230
Sardine 200
Sattelmuschel 62
Saturnia pyri 170
Saumrose 36
Saxicola rubetra 322
Scaeva pyrastri 186
Scaeva selenitica 186
Scala clathrus 42
Scardinius erythrophtalmus 210
Scatophaga stercorarium 188
Schafstelze 312
Scharlachroter Feuerkäfer 124
Schellente 266
Scheltopusik 248
Schizophyllum sabulosum 86
Schlagschwirl 316
Schlammfliege 102, 186
Schlammpeitzger 216
Schlammschwimmer 106
Schlangenfisch 220
Schlangenminiermotte 154
Schlanknatter 250
Schleie 210
Schleiereule 302
Schleimlerche 234
Schlingnatter 250
Schmeißfliege 190
Schmalbiene 148
Schmalbock 126
Schmarotzerhummel 150
Schmarotzerraubmöwe 296
Schmarotzerrose 36
Schmerle 216
Schmetterlingshafte 102
Schnarrschrecke 94
Schnatterente 262
Schneeammer 332
Schnee-Eule 302
Schneefink 336
Schneehase 336
Schneemaus 360
Schneider 212
Schnepfenfliege 186
Scholle 234
Schönbär 180

Schotenförmige Messerscheide 68
Schrätzer 226
Schreiadler 272
Schriftbarsch 224
Schwertförmige Messerscheide 68
Schwalbenschwanz 158
Schwammgallwespe 142
Schwammspinner 178, 190
Schwarze Kirschlaus 100
Schwarze Schlupfwespe 140
Schwarzer Apollo 158
Schwarzer Bär 180
Schwarzer Wasserspringer 88
Schwarzer Totengräber 110
Schwarzfleckenspanner 172
Schwargrundel 228
Schwarzhalstaucher 256
Schwarzmilan 274
Schwarzspecht 308
Schwarzstorch 262
Schwarzwasserläufer 288
Schwefelvögelchen 162
Schwertfisch 230
Schwimmwanze 98
Sciurus vulgaris 356
Scolia quadripunctata 144
Scolopax rusticola 288
Scomber scombrus 232
Scopula ornata 172
Scotia exclamationis 182
Scotia segetum 182
Scrobicularia plana 68
Scyliorhinus caniculus 196
Scyliorhinus stellaris 196
Sebastes marinus 222
Seeadler 276
Seefeder 36
Seefrosch 240
Seehase 224
Seehecht 220
Seehund 356
Seekarpfen 228
Seekatze 198
Seemansliebchen 36
Seepferdchen 222
Seeratte 198
Seeringelwurm 72
Seeskorpion 224
Seeteufel 218
Seezunge 234
Segelfalter 158
Segmentina nitida 46
Seidenreiher 260
Seidenschwanz 314
Sepia officinalis 70
Serica brunnea 114
Serinus serinus 336
Serranelus scriba 224

Sialis lutaria 102
Sichelspinner 170
Sichelwanze 96
Sicista betulina 364
Siebbär 180
Siebenpunkt 122
Siebenschläfer 364
Silberfischchen 88
Silberkarausche 216
Silberkarpfen 214
Silbermöwe 294
Silurus glanis 218
Singdrossel 324
Singschwan 270
Sinodendron cylindricum 112
Siphonophanes grubii 82
Sirex juvencus 140
Sitta europaea 330
Skabiosenschwärmer 176
Skorpion 76
Skua 296
Smaragdina cyanea 132
Smerinthus ocellatus 174
Solea solea 234
Somateria mollissima 266
Sorex alpinus 342
Sorex araneus 342
Sorex minutus 342
Spalax leucodon 360
Spanische Fliege 124
Spanischer Sandläufer 248
Sparus auratus 228
Speckkäfer 118
Sperber 274
Sperbergrasmücke 318
Sperlingskauz 304
Sphaerium corneum 64
Sphaeridium scarabaeoides 108
Sphinx ligustri 176
Sphyraena barracuda 224
Spießente 264
Spinnerameise 144
Spitzling 96
Splintbock 130
Spondylis buprestoides 126
Spongia officinalis 32
Spongilla lacustris 32
Spornammer 334
Sprattus sprattus 200
Springfrosch 240
Sprotte 200
Squalus acanthias 196
Squatina squatina 196
Stachelkäfer 124
Stachelschnecke 44, 48
Stachlige Herzmuschel 66
Staphylinus caesareus 110

Star 338
Stäublingskäfer 122
Steinadler 272
Steinbeißer 216
Steinbock 370
Steinbraunelle 316
Steinfliege 90
Steingreßling 212
Steinhuhn 280
Steinhummel 150
Steinkauz 304
Steinmarder 350
Steinpicker 56
Steinrötel 324
Steinschmätzer 322
Steinwälzer 322
Steinwälzer 286
Stelzenläufer 292
Stenobothrus lineatus 94
Steppenfuchs 354
Steppenweihe 276
Stercorarius parasiticus 296
Stercorarius skua 296
Sterlet 198
Sterna hirundo 296
Sterna paradisaea 298
Sterna sandvicensis 298
Stieglitz 334
Stint 204
Stizostedion lucioperca 226
Stizostedion volgense 226
Stockente 262
Stöcker 224
Stomoxys calcitrans 188
Stör 198
Strangalia maculata 126
Strangalia melanura 126
Stratiomys chamaeleon 184
Streber 226
Streckerspinne 78
Streckfuß 178
Streifenwanze 96
Streptopelia decaocto 300
Streptopelia turtur 300
Strix aluco 302
Strix uralensis 302
Sturmmöwe 294
Sturnus vulgaris 338
Stylaria lacustris 72
Suberites domuncula 32
Succinea putris 48
Sula bassana 258
Sumpfdeckelschnecke 42
Sumpfmeise 332
Sumpfohreule 304
Suncus etruscus 344
Sus scrofa 368
Sycon raphanus 32

Sylvia atricapilla 318
Sylvia communis 318
Sylvia curruca 320
Sylvia nissoria 318
Sympetrum sanguineum 90
Syngnathus acus 222
Syngnathus rostellanus 222
Syngnathus typhle 222
Systenocerus caraboides 112

Tabanus bromius 184
Tachyna fera 190
Tadorna tadorna 268
Tafelente 266
Tagpfauenauge 166
Talpa europaea 346
Tannenhäher 338
Tannenmeise 328
Tapetenmotte 154
Tarentola mauretanica 244
Taufliege 188
Taumelkäfer 106
Tedania anhelans 32
Tegenaria domestica 78
Tegenaria ferruginea 78
Teichfrosch 240
Teichhuhn 284
Teichmolch 236
Teichmuschel 64
Teichröhrsänger 318
Telescopus fallax 252
Tenebrio molitor 124
Tenthredo zonula 140
Teppichkäfer 118
Teredo navalis 70
Testudo hermanni 242
Testudo marginata 242
Tetragnatha extensa 78
Tetrao urogallus 280
Tetrastes bonasia 280
Tetropium castaneum 126
Tetrops praeusta 130
Tettigonia viridissima 92
Thalarctos maritimus 352
Thanasimus formicarius 120
Thaumetopoea processionea 176
Thea vigintiduopunctata 122
Thunnus thynnus 230
Thyatira batis 170
Thymallus thymallus 204
Thyria jacobaeae 180
Tibicen haematodes 100
Tinca tinca 210
Tineola bisellielia 154
Tipula oleracea 184
Tordalk 298
Torpedo marmorata 198
Tortrix viridana 154

Tote Manneshand 36
Totenkopf 174
Trachinus draco 232
Trachurus trachurus 224
Trachys minuta 116
Trauermantel 166
Trauerschnäpper 322
Trauerschneeschwalbe 296
Trichia hispida 54
Trichia unidentata 54
Trichophaga tapetzella 154
Triel 294
Tringa erythropus 288
Tringa glareola 290
Tringa hypoleucos 290
Tringa ochropus 290
Tringa totanus 290
Triops cancriformis 82
Triturus alpestris 236
Triturus cristatus 236
Triturus montandoni 236
Triturus vulgaris 236
Troglodytes troglodytes 316
Trogmuschel 68
Trombidium holosericeum 80
Tropinota hirta 114
Trottellumme 298
Trugbiene 148
Truncatellina cylindrica 48
Trunculariopsis trunculus 44
Tubifex tubifex 72
Tüpfelsumpfhuhn 284
Turdus merula 326
Turdus philomelos 324
Turdus pilaris 326
Turdus torquatus 326
Turdus viscivorus 326
Türkentaube 300
Turmfalke 278
Tursiops truncatus 374
Turteltaube 300
Typhlops vermicularis 248
Tyto alba 302

Uferschnepfe 288
Uferschwalbe 312
Uhu 302
Ukelei 212
Uleiota planata 122
Umbra krameri 204
Umberfisch 230
Umbrina cirrhosa 230
Ungenabelte Maskenschnecke 56
Unio pictorum 64
Unio tumidus 64
Upupa epops 306
Uria aalge 298
Ursus arctos 352

Vallonia costata 48
Vallonia pulchella 48
Vanellus vanellus 286
Vanessa atalanta 166
Vanessa cardui 166
Variimorda fasciata 124
Veilchen-Perlmutterfalter 164
Venus verrucosa 66
Vertigo pygmaea 48
Vespa crabro 146
Vielfraß 350
Vierfleck 90
Vierstreifennatter 254
Vimba vimba 216
Vipera ammodytes 254
Vipera aspis 254
Vipera berus 254
Vipera berus m. prester 254
Vipera lebetina 254
Vitrea crystallina 50
Vitrina pellucida 50
Viviparus fasciatus 42
Viviparus viviparus 42
Volucella pellucens 186
Vulpes vulpes 354

Wacholderdrossel 326
Wachsrose 36
Wachtel 282
Wachtelkönig 284
Wadenstecher 188
Waldbaumläufer 332
Waldbock 126
Waldbrettspiel 168
Waldeidechse 246
Waldgrille 92
Waldkauz 302
Waldlaubsänger 320
Waldmaus 362
Waldohreule 304
Waldschnepfe 288
Waldspitzmaus 342
Waldwasserläufer 290
Waldwühlmaus 360
Walroß 356
Wanderfalke 278
Wandergelbling 160
Wandermuschel 66
Wanderratte 362, 364
Wandersaibling 204
Wandkanker 80
Warzenbeißer 92

Wasseramsel 316
Wasserfledermaus 348
Wasserfrosch 240
Wasserläufer 98
Wasserpieper 314
Wasseralle 284
Wasserskorpion 98
Wasserspinne 78
Wasserspitzmaus 342
Weberknecht 80
Wechselkröte 238
Wegwespe 148
Weidenblattkäfer 134
Weidenmeise 332
Weidenschildlaus 100
Weinbergschnecke 56
Weißbrustigel 342
Weiße Enchyträe 72
Weiße Heideschnecke 54
Weißer Heilbutt 234
Weißfuchs 354
Weißstorch 260
Weitgenabelte Heideschnecke 54
Wels 218
Wendehals 308
Werre 92
Wespenbussard 276
Westblindmaus 360
Westgroppe 222
Westliche Sandboa 248
Wiedehopf 306
Wiesenmücke 184
Wiesen-Schwärzling 168
Wiesenspinner 170
Wiesenweihe 276
Wildkatze 354
Wildschwein 368
Wisent 370
Wolf 352
Wolfspinne 78
Wolgazander 226
Wollhandkrabbe 84
Wollkäfer 124
Wollkrautblütenkäfer 118
Wollschweber 186
Würfelnatter 250
Wurmschlange 248
Wüstenrenner 248

Xerolycosa nemoralis 78
Xiphias gladius 230
Xylocopa valga 150

Xylocopa violacea 150
Yponomeuta padellus 154

Zahnbrasse 230
Zander 226
Zahnlose Bohrmuschel 70
Zährte 216
Zangenbock 126
Zauneidechse 246
Zaungrasmücke 320
Zaunkönig 316
Zebra-Springspinne 76
Zebrina detrita 48
Zerynthia hypsipyle 158
Zerynthia polyxena 158
Zeus faber 222
Zeuzera pyrina 152
Ziege 216
Ziegenmelker 306
Ziesel 356
Zilpzalp 320
Zimmermannbock 130
Zingel 226
Zingel streber 226
Zingel zingel 226
Zipfelkäfer 120
Zitronenkäfer 160
Zitterrochen 198
Zitterspinne 76
Zoarces viviparus 220
Zobel 214
Zope 214
Zottiger Rosenkäfer 114
Zweipunkt 122
Zweizähnige Laubschnecke 54
Zwergdommel 260
Zwergfledermaus 348
Zwerggans 268
Zwergmaus 360
Zwergmöwe 294
Zwergpfeifhase 366
Zwergschwan 270
Zwergspitzmaus 342
Zwergtaucher 256
Zwerg-Windelschnecke 48
Zwergzikade 100
Zygaena filipendulae 152
Zylinderrose 36
Zylindrische Windelschnecke 48